日本思想大系2

聖徳太子集

家永三郎
藤枝晃
早島鏡正
築島裕

岩波書店刊行

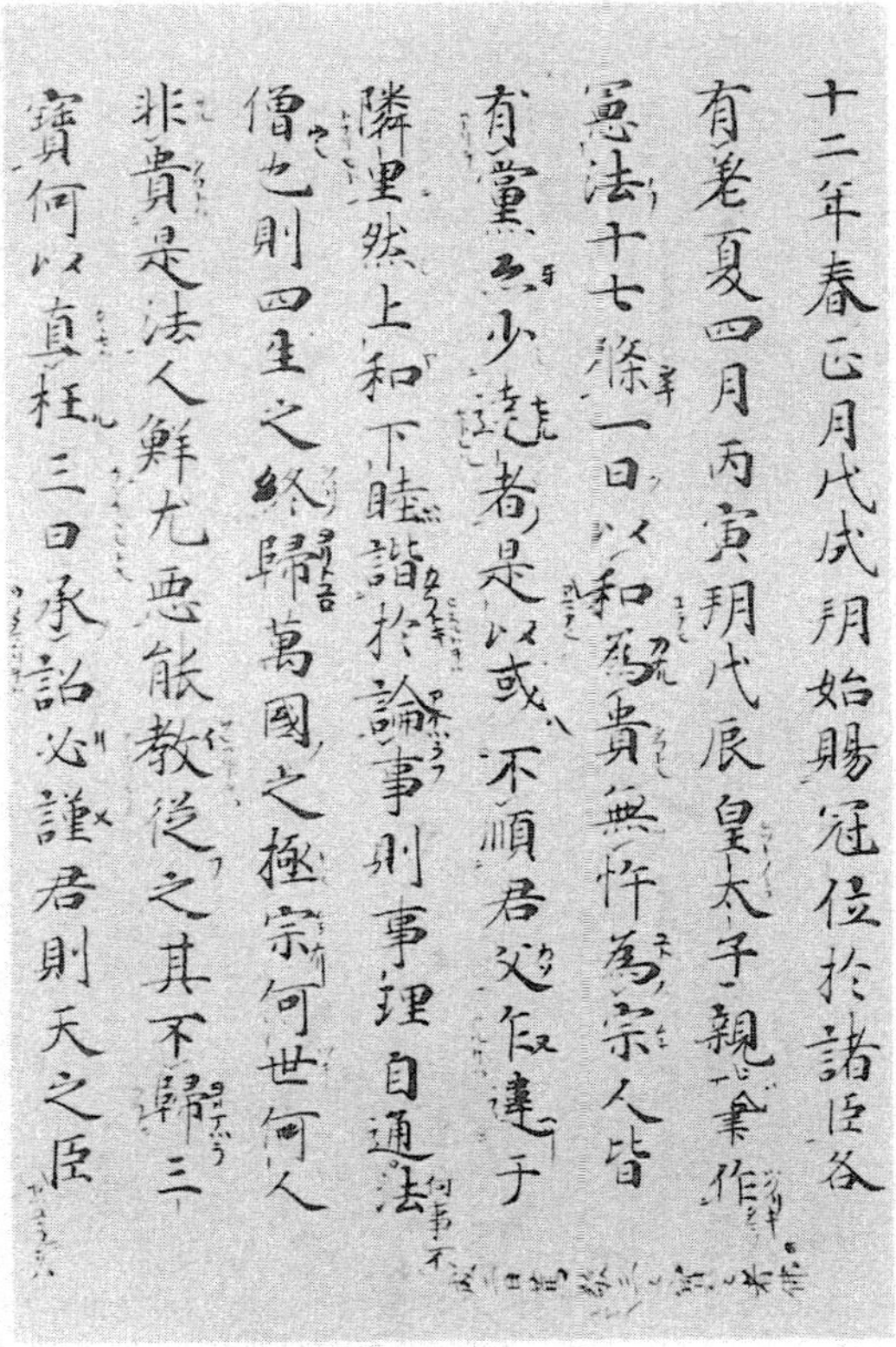

十二年春正月戊戌朔始賜冠位於諸臣各
有差夏四月丙寅朔戊辰皇太子親肇作
憲法十七條一曰以和為貴無忤為宗人皆
有黨亦少達者是以或不順君父乍違于
隣里然上和下睦諧於論事則事理自通法
僧也則四生之終歸萬國之極宗何世何人
非貴是法人鮮尤悪能教從之其不歸三
寶何以直枉三曰承詔必謹君則天之臣

憲法十七条（岩崎本「日本書紀」巻第二十二）
東洋文庫蔵

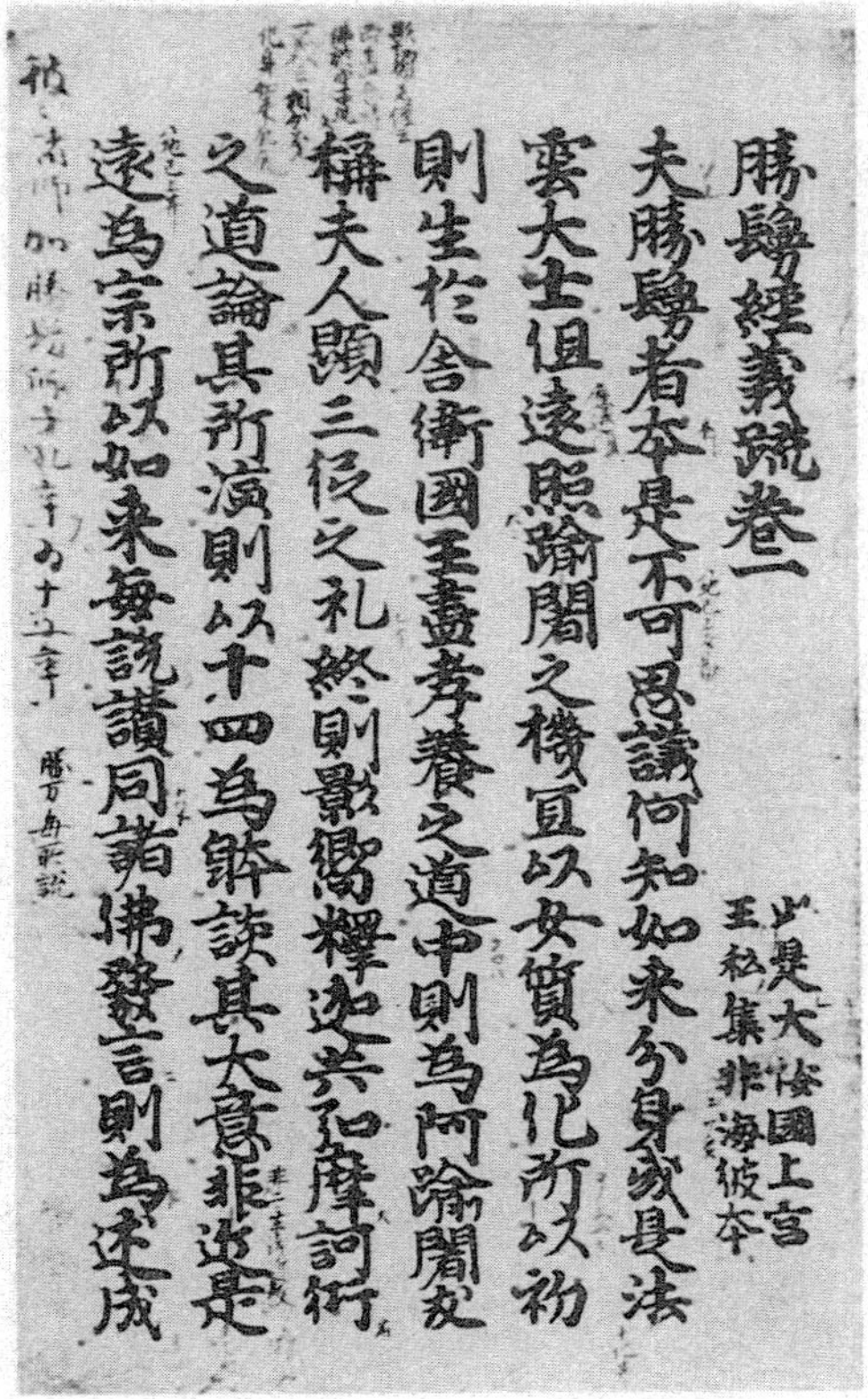

勝鬘經義疏巻一
此是大倭國上宮王私集非海彼本
夫勝鬘者本是不可思議何知如來分身或是法
雲大士但遠照踰闍之機宜以女質為化所以初
則生於舍衛國王家孝養之道中則為阿踰闍友
稱夫人顯三從之礼終則影響釋迦共弘摩訶衍
之道論其所演則以十四為躰談其大意非近是
遠為宗所以如來毎説讃同諸佛發言則為述成

勝鬘経義疏
法隆寺蔵

目次

解説

凡例

構成および分担

一　本巻には、聖徳太子の著作と伝えられる「憲法十七条」と三経義疏のうちの「勝鬘経義疏」ならびに参考資料、および聖徳太子の伝記としてもっとも多くの古記・古伝をふくむ「上宮聖徳法王帝説」を収めた。

一　本文・頭注・補注の作成は、次のとおり分担した。

本文（原文・訓下し文・校異）　築島

頭注・補注

「憲法十七条」の思想・歴史関係事項　家永

「勝鬘経義疏」の仏教教義関係事項　早島

「上宮聖徳法王帝説」の歴史・思想関係事項　家永

訓読・言語関係事項　築島

参考「E本」（敦煌本）　藤枝・古泉

一　解説はそれぞれの専門に応じ、掲出したとおりの題目を分担執筆した。

一　本文・頭注・補注は、原則として執筆者の見解を尊重する方針によったが、同一事項について矛盾した説明を生ずることのないように調整の努力をはらった。

一　解説は執筆者の所見のままに執筆し、解説相互の間ならびに解説と頭注・補注との間で見解を統一することはさし控えた。本巻所収のごとき学説上見解の対立・相違している文献とその内容とについて、しいて統一をはかるよりも、それぞれの現段階での研究水準を紹介し、今後の研究の進展のための礎石として利用に供するほうが適当かと考えたからである。

本文

〔憲法十七条〕

一　東洋文庫蔵岩崎文庫本「日本書紀」巻第二十二を底本とし、平安中期頃の加点と推定される朱点（略称「岩古朱」）を主とし、同じ頃の墨点第一次点（略称「岩古墨」）によって一部を補って訓下し文を作成し、平安中期当時の訓法を復原することを試みた。

一　底本に加えられた墨点第二次点（平安末期〈院政期〉頃の加点と推定される。略称「岩院墨」）は、朱点と近似した古訓法と考えられるので、校異欄（原漢文の左側余白）にその全訓を注記した。

一　底本の墨書の訓点のうち、右以外の、鎌倉時代以降室町時代に至る数次に亘る加点と推定されるもの（略称「岩後墨」）については、必ずしも平安時代以前の古訓法を伝承しているとは認められないので、すべて採用しなかった。但し墨書の校異等は参考のため校異欄に掲げた。

一　底本では全文が改行なく続いて記されているが、読解の便を計って、原漢文・訓下し文とも、各条ごとに改行とした。

一　底本の異体字は通行の字体（新字体）に改めたが、次のものについては、原漢文・訓下し文とも、底本のままの旧字体又は異体字を用いた。

遠　氣　歸　擧　羣　國　尒　辭　條　職　齊　對　當　獨　罸　萬　佛　辯　寶　與

一　（原漢文について）

1 句読点は、底本の漢文に加えられている平安時代加点の句切点(□・及び□・の・点)のままとした。

2 返点は、底本の平安時代加点の返点(□・の・点)及び鎌倉時代以降の返点(「レ」「一」「二」の類)はすべて省略し、平安中期点による訓読の語序に従い、現行の形式によって私に加えた。

3 文字の右傍にアラビア数字の番号を付し、原漢文の左側余白に校異を掲げた。

校異は、岩崎本の院政期の墨点(略称「岩院墨」)、同本の鎌倉時代以後の墨点(「岩後墨」)、宮内庁書陵部(もと図書寮)蔵「日本書紀」巻第二十二の本文と古訓点(永治二年〈一一四二〉点)(略称「図」)、及び北野天満宮蔵「日本書紀」巻第二十二の本文とその院政期加点の古訓点(略称「北」)を用い、それらと底本との異同を記した。

訓点校異は、原則として、岩崎本平安中期点に存しないもので他に存する場合と、岩崎本平安中期点と他との間で相違する場合とに限って登載し、岩崎本平安中期点に存して他に存しない場合は注記しなかった。又、ヲコト点と送仮名との相違、傍訓の位置の左右の相違なども校異の対象としなかった。

一 (訓下し文について)

1 底本の送仮名は片仮名、ヲコト点は平仮名によって翻字し、校注者が補読した部分は( )に囲んで示した。(なお、頭注・補注・解説で引用した文献の内、古訓点資料については、同様に原文の仮名を片仮名で、ヲコト点を平仮名で記した。)

底本の仮名(片仮名)・ヲコト点(平仮名)が漢字の振仮名になる場合には〈 〉を附し、校注者の私に附した振仮名には記号を附さないで、両者を区別した。

底本の「ヿ」「云」などの類は、「コト」「イフ」のように片仮名に改めた。

2 不読字の「之」「也」「則」「而」などは、〔 〕に囲んで訓下し文中に示した。

3 原文の反復符(ゝ)は、訓下し文でももとのままの形で示し、右傍にそれに相当する文字を注記した。

〔勝鬘経義疏〕

一　法隆寺蔵鎌倉時代版本（宝治元年（一二四七）版と推定されるもの）を底本とし、その本文に加えられた訓点のうち、ⓐ文永四年（一二六七）頃加点の朱点（以下「文朱」と略称する）を忠実に訓み下し、鎌倉時代における訓法を復原すべく試みた。

底本に加えられた訓点には、全体の基本をなす右の「文朱」のほか、少くとも次の数種類のものが認められる。

ⓑ墨点――ⓐと同じ頃の加点（略称「文墨」）

ⓒ朱点――応永十六年（一四〇九）頃の加点（略称「応朱」）

ⓓ墨点――ⓒと同じ頃の加点（略称「応墨」）

ⓔ朱点――ⓒⓓより以後の加点（略称「後朱」）

ⓕ墨点――ⓒⓓより以後の加点（略称「後墨」）

ⓑ～ⓕの諸訓点の内容は、頭注欄に注記した。

一　底本には「勝鬘経」の本文が記されていないので、読者の参考に資するために、訓下し文の該当箇所に、〇印を冠して対応する経本文を補った。

経本文の底本は、法隆寺所蔵の古刊本で、巻尾に「文永三年丙寅四月日彫之／菩提寺比丘証円」の刊記のあるものを用いた。この本には、朱点（文全体を字音直読し、句読点と四声・清濁点を施したもので、鎌倉時代の加点と認められる）と、墨点（訓読してその返点・送仮名等を施したもので、江戸時代の加点と認められる）とが加えられているが、これらは一往無視して、新たに句読点と返点とを加えた。（訓読は江戸時代の新しい訓法によるものであり、義疏の文永点とは食い違うものが非常に多いので、敢えて採用しなかった。）

一　底本は巻首から巻尾に至るまで全文改行をしていないが、読解の便を計って、原漢文・訓下し文とも、適宜改行にした。

一　底本の異体字は通行の字体(新字体)に改めたが、次のものについては、底本のままの旧字体又は異体字を用いた。

應 會 尒 釋 處 鄣 稱 證 條 盡 聲 雙 躰 當 佛 辨・辯(経文のみ) 邊 寶 餘

一　底本に存する漢文の注記の類はすべて省略した。

一　(原漢文について)

1　下欄に底本の丁数を〔一オ〕(第一丁表)、〔二ウ〕(第二丁裏)のように示し、丁の表裏の最初の字の上に区切りの記号(「)を付した。

2　句読点は、底本の朱点の句点(□・)及び読点(□・)は、もとのままの形で示し、校注者が加えた句切はすべて「、」の形で示した。この際、底本の朱点は文朱・応朱・後朱の種類があるが、点種の判別が困難であるため、その区別は示さなかった。

3　底本の、音(□)・訓(□)を表わす符点、「㆒」「㆓」「㆔」、「㆖」「㆗」「㆘」等の返読符、「｜」の形の合符(音合符・訓合符)等は、すべて省略した。

4　校異は、慶応義塾図書館蔵本(石井積翠軒・宝玲文庫旧蔵本、略称「慶応本」)、大正新修大蔵経本(略称「蔵本」)、明治二十八年島田蕃根刊本(略称「明治本」)、岩波文庫本(略称「文庫本」)などを使用し、必要に応じて異文を下欄に注記した。

一　(訓下し文について)

1　底本の訓点の翻字の方式、及び不読字の扱いは「憲法十七条」の場合と同様である。

2　音便形は、その有無を決定することが困難であるため、姑く音便形でない形を推定して訓み下した。但し「モッテ」(以)だけは例外として、「モテ」の形で表記した。(当時この種の文献では、促音はツで表記することは一般的でなく、無表記が一般的であったことによる。)

3　校注者の加えた振仮名、及び送仮名の補読の部分は、和訓の場合には、他の箇所における訓法、当時の他の訓点資料における訓法などを参看して定め、その仮名遣は歴史的仮名遣によった。字音の場合には、鎌倉時代中期の「呉音」の体系に基づいているものと推定し、無窮会蔵本大般若経音義（鎌倉初期写）、天理図書館蔵本大般若経音義（弘安九年写）、心空撰法華経音義（南北朝時代撰）等を参看して定めた。具体的には、舌内撥音尾（「信《しん》」「尊《そん》」など）と唇内撥音尾（「今《こむ》」「三《さむ》」など）とを区別し、舌内入声韻尾は「仏《ぶつ》」「述《じゅつ》」などだけを「―つ」として他はすべて「―ち」とすることとした。

〔上宮聖徳法王帝説〕

一　知恩院蔵「上宮聖徳法王帝説」を底本として底本通りの翻刻を右頁に示し、左頁にはその誤脱を補訂しつつ、平安初期よりも更に若干遡った年代、即ち奈良時代末頃の訓法を出来る限り再現することにつとめた。従って後補入の文字は一切対象としない。

一　改行は、原漢文では底本のとおりとし、訓下し文では、意によって適宜改行とした。

一　底本の異体字は通行の字体（新字体）に改めたが、次のものは底本のままの旧字体又は異体字を用いた。

　應　氣　歸　龜　擧　假　廣　國　嚴　尓　實　釋　壽　稱　證　盡　齊　雙　傳　當　冨　佛　邊　辨　寶

　發　賣　与　餘　勞

又、次のものは、訓下し文では（　）内の通行字体に改めた。

　关（癸）　罡（岡）　敍（殺）　䟽（疏）　蘓（蘇）　勑（勅）　啚（図）

一　（原漢文について）

1　底本の張数を本文中の該当箇所に傍記し、張の最初の字の上に区切りの記号（┓）を付した。

2　句読点・返点・送仮名・合符などは、すべて底本のままの形を示した。

3　底本の欠損部分は□で示した。

4　組版に表わすことの困難な底本の形状については、原漢文の左側余白に注記した。

一（訓下し文について）

1　補読は最少限に止め、敬語なども出来る限り少くした。

2　字音語は、仏教関係語・外国人名など最少限に止め、名詞・動詞などは出来る限り和語によることとした。

3　和語の中で、キケコソトノヒヘミメヨロの十二の音節を表わす仮名については、それぞれ甲類・乙類の使い分けがあったものと認め、甲類の音節を表わす仮名は平仮名で、乙類の音節を表わす仮名は片仮名で表記することとした。但し甲類の「へ」を表わす仮名には「𛂞」を用いた。（この方式は従来時折用いられていた所の、甲類―片仮名、乙類―平仮名の方式とは逆のものである。）また、ア行のエを表わす仮名には「え」、ヤ行のエを表わす仮名には「𛀁」を用いて区別した。甲類・乙類の区別の不明確なものは、姑く平仮名（甲類扱い）とした。なお、モの仮名に甲乙両類の区別が存するのは、奈良時代初期までと認めて、この区別は示さなかった。又、字音語については、甲乙二類の区別の判断をする根拠を得ることが困難であるため、すべて甲類扱い（平仮名）とした。

4　清音と濁音との区別をしたが、区別の不明確なもの（「うまやと」の「と」、「みささき」の「き」など）は、一往清音として扱った。

5　反復符号は、奈良時代には未だ十分に発達していなかったとの見解の下に、一切使用せず、「しらしめしし」のように同じ文字を反復して表記した。

6　字音については、当時一般に呉音が用いられていたものと推定し、その字音体系によった。その際、撥音尾・入声韻尾・拗音節などは、当時、表記されたとしても反切表記または類音表記が多く、仮名による表記は未だ十分に発達していなかったと考えられるが、現代の翻読の便を慮って、一往、仮名表記におきかえた形を仮定して記した。具体的には、撥音尾は、唇内撥音尾は「ム」表記（「三《さむ》」など）、舌内撥音尾は無表記（「権《ご》」「天《て》」など）、喉内撥音尾は「ウ」

表記(「堂《だう》」など)を採用した。入声韻尾は、「仏《ぶつ》」のみ「一つ」とし、他はすべて「一ち」とした。拗音は直音表記を採用して「勝《そう》」「聖《さう》」などとした。

7　原文に存する助字の類、「也」「之」「而」「於」「及」「者」などで、当時読まれなかったと推定されるものは、これらの文字を表記することを省略した。

8　原文の「与」を「ト」、「不」を「ズ」、「令」を「シム」などと訓ずる場合には、「与」「不」「令」などの文字を表記せず、ただ「と」「ず」「しむ」などとだけ表記した。

9　底本の欠損部分、及び底本の脱字と考えて補った文字は、( )に囲んで示した。

10　原文の分注に相当する訓下し文は、〈 〉に囲んで小字で一行に組んだ。

「憲法十七条」「上宮聖徳法王帝説」の歴史・思想関係事項の解説並びに注解の作成にあたっては、多くの先行研究の成果を利用させていただき、特に「憲法十七条」の出典については、日本古典文学大系「日本書紀」の注解に負うところが多かった。ここに厚く学恩を謝する。(家永)

本書校注にあたって、花山信勝博士、渡辺兼庸氏、桝田秀山師、高田良信師、阿部隆一博士、牧田諦亮博士、田中稔氏、小林芳規博士、山本信吉氏、石塚晴通氏、安田尚道氏より、御示教、御高配、御援助を頂いた。記して深謝の意を表し奉る。(築島)

*

本書の刊行にあたり、底本を使用させていただいた東洋文庫・法隆寺・知恩院、また参考資料の閲覧・複写などの便を与えられた各所蔵家・研究機関、並びに種々の面においてお世話になった多くの方々に、厚く御礼を申し上げる。

憲法十七条

家永三郎
築島裕　校注

夏四月丙寅朔戊辰・皇太子親[1]肇[2]作[3]㆓憲法十七條[4]㆒・

一曰・以㆑和[5]為[6]㆑貴・無㆑忤為㆑宗・人皆有㆑黨・亦少㆓達[7]者㆒・是以或[8]不㆑順㆓君父[9]㆒・乍[10]違㆓于隣里㆒・然・上和[11]下睦[12]諧[13]㆓於論[14]㆒㆑事・則事理[15]自通・何事不㆑成・

二曰　篤[16]敬[17]㆓三[18]ト寳[19]㆒ト者佛法僧[20]也　則四生[21]之終歸[22]・萬國之極宗[23]・何世何人・非㆑貴㆓是法[24]㆒・人鮮[25]㆓尤悪[26]㆒・能教[27]従[28]之・其不㆑歸[29]㆓三寳㆒・何以直㆑枉[30]・

三曰・承㆑詔[31]必謹[32]・君則天[33]之・臣[34]則地[35]之・天覆[36]・地載[37]・四時順行[38]万氣得㆑通[39]・地・欲㆑覆[40]㆑天則致㆑壊耳・是以君言[41]臣承・上行[42]下靡[43]・

1親―図・北「ミツカラ」　2肇―図・北「ハシメ」　3作―岩院墨「ツクリキ」、図・北「ツクリタマフ」　4條―岩院墨「ヲチ」、底本「を」ナシ　5和―岩院墨「カナル」　6為―北「シ」　7達―岩院墨「サトル」、図・北「サトリ」　8或―岩院墨「ハ」　9父―岩院墨「カソ」　10乍―岩院墨「又」、図・北「マタ」　11和―図・北「ヤ」　12睦―図・北「ムツ」　13諧―岩院墨「カナフトキ」、図・北「カナフルトキハ」　14論―岩院墨「アケツラフ」　15事理―北「事」無訓、「理」ニ「コト」トアリ　16篤―図・北「ア」　17敬―図・北「キヤマヒ」　18三―岩古朱、去声圏点アリ　19寳―岩古朱、平声圏点アリ、但シ存疑　20僧―岩院墨「ウシ」、図・北「ホウシ」　21生―図「ウマレノ」、北「ウマレ」　22歸―岩院墨「ヨリトコロ」　23宗―岩院墨「ナリ」　24法―図・北「ミノリ」　25鮮―図・北「スクナシ」　26悪―図・北「アシキモノ」　27教―岩院墨「イ」アリ、存疑、図「オシフルヲモて」、北「ヲシフルヲモて」　28従―岩院墨「フ」　29歸―岩院墨「ヨリマツラ」　30枉―岩院墨「ル」、図「マカレルを」、北「マカレ(る)を」　31詔―岩古朱「ミコトノシ」本ノママ、岩院墨「リ」、図・北「ミコトノリ」　32謹―岩院墨「メ」　33天―図・北「アメトス」　34臣―図「ヤツコラ」　35地―図・北「ツチトス」　36覆―図・北「オホヒ」　37載―図・北「ノス」　38行―岩院墨「オ」　39通―図・北「カヨフ」　40覆―岩院墨「オ」　41言―図・北「ノタマフトキハ」　42行下―底本「下行」ニ作リ、「行」ニ顛倒符ヲ附ス　43靡―図・北「ナヒク」

夏四月の丙寅の朔…　書紀、推古天皇十二年条。

憲シキ法　国語、晋語に「賞㆑善罰㆑姦、国之憲法也」、管子、七法に「有㆓一体之治㆒、故能出㆓号令㆒、明㆓憲法㆒矣」などの用例がある。日本でも明治まで法令一般についてこの語を用いた。constitution の訳語となったのは、明治以後。上宮聖徳法王帝説には「十七余(条の誤か)法」とあり、「憲法」の文字は無い。なお、古代では法と道徳とは峻別されていなかった。↓補

十七條　↓補

和グを以て貴しと為　礼記、儒行に「礼之以㆑和為㆑貴」、論語、学而に「礼之用、和為㆑貴」が長く出典とされていたが、最近滝川政次郎により、資治通鑑、建武元年条に「凡使人以㆑和為㆑貴」、医心方所引玉房指要に「交接之道、(中略)以㆑和為㆑貴」とあることが知られるにいたった。しかし、思想的には仏教の和合の精神によるとも考えられる。↓補

忤フルこと　忤の訓サカフルのサカはサカサマのサカと同語。反対する、対立するの意。

宗と為　主とする、最も肝要なこととするの意。

黨有り　左伝、僖公九年に「亡人無㆑党、有㆑党必有㆑讎」、論語、雍也に「以与㆓爾隣里郷党㆒乎」などの用例もあるが、管子、任法に「群党比周、以立㆓其私㆒、請謁任挙、以乱㆓公法㆒」、韓非子、難三に「無㆓比周㆒則公私分、公私分則朋党散」とあるなどの法家思想によるのであろう。↓補

達ル　通達する、道理をよく弁えるの意。↓補

君父に順は不　君父への随順を求めるのは、家父長制と専制君主制との確立していた中国の儒教の忠孝道徳による。「君」は十二条で「王」と書かれているが、具体的には「大王(おほきみ)」「すめらみ

*夏四月の丙寅の朔戊辰、皇太子親《〈ミ〉づか》(ら)肇(め)て*憲《〈イツク〉》シキ法*十七《〈トヲチアマリナ、ヲチ〉》條作(りき)。

一に曰(く)、*和《〈ヤハラ〉》グを以て貴(し)と為《す》。*忤《〈サカ〉》フルこと無(き)を*宗と為《す》。人皆*黨《〈タムラ〉》有(り)。亦*達《〈サト〉》ル者少(し)。是(を)以(て)或(は)君父に*順《〈カゾ〉》(は)不《ず》。*乍《〈又〉》〔于〕*隣里《〈サト、ナリ〉》(に)違(へり)。然(も)、*上和(ぎ)下睦《〈ムツ〉》(び)て〔於〕事を論《〈アゲツラ〉》フに諧《〈カナ〉》(ふ)ときは、〔則〕*事理《〈コト〉》自《おのづか》(ら)に通《〈カヨ〉》フ。何(の)事か成(ら)不《ざ》(ら)む。

二(に)曰(く)、*篤(く)三寶を敬《〈ヰヤマ〉》フ。*とと《(三寶)》は〔者〕佛法僧《〈ホトケノリホシ〉》(なり)〔也〕。〔則〕*四の生《〈ムマ〉》レ(の)〔之〕終(の)歸《〈ヨリドコロ〉》、萬の國(の)〔之〕極(れる)宗なり。何(の)世何(の)人か、是(の)*法《〈ミ〉のり》を*貴(び)非《〈ず〉》(あら)む。*人尤《〈ハナハ〉》ダ悪(しき)モノ鮮《すくな》(し)。能(く)教(ふる)をモチて従(ふ)*〔之〕。其(れ)*三寶に歸《〈ヨ〉》リマツラ不《ず》は、何(を)以(て)か枉《まが》レるを直(さ)む。

三に曰(く)、*詔《〈ミコトノシ〉》を承《うけ〈タマハ〉》(り)ては必(ず)謹メ。*君をば*〔則〕天とす〔之〕。*臣《〈ヤツコラマ〉》をば〔則〕地(と)す〔之〕。*天は覆(ひ)、地は載(す)。*四の時順(に)行《〈オ〉こな》(はれ)て万の氣《〈シルシ〉》通(ふ)こと得。地、天を覆《〈オ〉ほ》(は)む*(と)欲《す》(る)とき(に)は〔則〕壊《くづ》(れ)を致(さく)*耳《のみ》。是(を)以て君言《〈ノタマ〉》フをば臣承《うけ〈タマハ〉》る。*上行(ふ)ときは下靡

こと」。天皇の文字の使用前であろうが、ここではすべて中国風の称呼を用いている。↓補

乍　↓補

隣里　↓前頁注「黨有り」。周礼および論語、雍也、鄭玄注に「五家為ㇾ隣、五隣為ㇾ里」とある。サト、ナリの語は宇治拾遺物語に例あり。

上和ぎ下睦び　孝経、開宗明義に「先王有二至徳要道一以順二天下一、民用和睦、上下無ㇾ怨」、千字文に「上和下睦」。

事理　図書寮本(宮内庁書陵部蔵本)允恭元年紀に「事理灼然」とある。図書寮本允恭紀古訓に「事理」をコトワリと訓ずる。ここも或いはコトワリの下略と見るべきか。

篤く三寶を敬フ　推古二年紀の「詔二皇太子及大臣一、令ㇾ興二隆三宝一」という記事は、むしろこの条文などによって特定の年代に詔命があったかのように造作したのであろう。↓補

三寶は佛法僧なり　↓補

四の生レ　仏教で生物を卵生・胎生・湿生・化生に分つが、ここでは全人類の意。↓補

法　↓補

貴び非あらむ　↓補

人尤ダ悪しきモノ…教ふるをモチて従ふ　論語、陽貨に「唯上知与二下愚一不ㇾ移」とあるが、悉有仏性を説く大乗仏教思想によりこう言ったのであろう。↓補

之　動詞の下の「之」字は助字であって、代名詞(コレ)ではなく、漢籍の古訓では多く不読とする。ここもその一例。

三寶に歸リマツラ不は　↓「四の生レ」補。マツルは補助動詞で「帰依し申し上げる」の意。ズハのハは古く清音であった。

故承レ詔必慎。不レ謹[1]自敗。

四曰。羣[2]卿百[3]寮[4]。以レ礼[5]為[6]レ本。其治レ民之本。要[7]在二乎礼一。上不[8]レ礼。而下非レ齊[9]。下無レ礼。以必有レ罪。是以羣[10]臣有レ礼。位次[11]不レ乱。百姓有レ礼。國[12]家自治[13]。

五曰。絶レ饕[14]棄レ欲[15]明辯[16]二訴訟一。其百姓之訟。一日千事[17]。一」日尚尓。況乎累[19]レ歳。項治レ訟者[20]。得レ利[21]為レ常。見レ賄[22]聽[23]レ讞[24]。便有レ財之訟如二石投[25]ロ水。乏[26]者之訴似二水投ロ石。是以貧民則不レ知レ所レ由。臣道亦於焉闕。

六曰。懲レ悪勧レ善。古之良典[27]。是以无[28]レ匿二人善一。見レ悪必匡[29]。其諂[30]詐[31]者則為下覆[32]二國家一之利[33]器上。為下絶二人[34]民一之鋒[35]劔[36]上。亦佞[37]媚[38]者。對レ上則好[39]説[40]二

詔　↓補

君をば天とす臣をば地とす　管子、明法解に「君臣相与、高下之処也、如二天之与ロ地也」。

則　後世ではスナハチと訓ずるが、平安初期の古点本では訓まないことが多く、殊に漢籍の古訓点では後世まで不読の字とするのが例であった。上に動詞が来るときは、一般に…スルトキニハ(音便でトキンバ)と訓じた。

臣　中国では君に禄仕する官僚。ここでは臣連伴造国造等の大王に服属する世襲的特権階級。↓補

天は覆ひ地は載す　礼記、中庸に「天之所レ覆、地之所レ載」。孝徳即位前紀にも「天覆地載、帝道唯一」とある。

四の時順に行はれ　論語、陽貨に「四時行焉、百物生焉」。

むと欲る　↓補

耳　↓補

上行ふときは下靡く　論語、顔淵に「君子之徳風也、小人之徳草也。草尚二之風一必偃」、説苑、君道に「上之化レ下、猶二風靡ロ草」。

羣卿百寮　朝廷出仕の官僚の総称。具体的には「臣」と同じ。↓補

礼を以て本…要ず礼に在り　孝経、広要道に「安レ上治レ民、莫レ善二乎礼一」。

民　君から政治的支配と経済的収奪とを受ける人民。臣とは異なる。六条の「人民」と同じ。↓補

要ず　↓補

上礼不キとき…罪有り　韓詩外伝に「詩曰、俾二民不ロ迷、上無レ礼則不レ免二乎患一、下無レ礼則不レ免二乎刑一」。不をナシと訓ずるのは異例であり、一般には(アラ)ズと訓むのが例であった。

1 謹—岩院墨「メ」　2 羣卿—図「マチキミタチ」、北「群卿、マチキムタチ」　3 百寮—図・北「ツカサ〳〵」　4 寮—岩古朱「レ」アリ、字音「レウ」ノ韻尾無表記カ、存疑　5 礼—図・北「ヰヤ」　6 為—図・北「ヨ」　7 要—図・北「カナラス」　8 不—図・北「ナイトキハ」　9 齊—岩院墨「トヽ」、図・北「トヽノホラ」　10 羣—北「群」　11 次—図・北「ツイテ」　12 國家—岩院墨「アメノシタ」　13 治—図・北「マル」　14 饕—岩院墨「アチハヒノムサホリ」　15 欲—岩古朱「す」アリ、衍カ、岩院墨「タカラホシミ」　16 辯—岩院墨「サタメヨ」　17 事—岩院墨「アリ」　18 一日尚—岩院墨「一日《スラ》」、図「一日尚《スラ》」、北「一日尚《スラ》」　19 累—岩院墨「テヲヤ」、図・北「カサネテヲヤ」　20 者—岩院墨「ヒト、モ」　21 利—岩古朱、上声圏点アリ、岩院墨「クホサ」　22 賄—岩院墨「マヒナヒ」　23 聽—図「キヽ」、北「キ、シ」　24 讞—岩院墨「コトワリマウス」　25 投—図・北「ナクル」　26 乏—図「トモシキ」、北「トモシ」　27 典—岩院墨「ノリ」、図・北「ノリナリ」　28 无レ匿—図・北「無匱《スカクサ》」　29 匡—図・北「タ、ス」　30 諂—岩院墨「ヘツ」、北「ヘツラヒ」　31 詐—岩院墨「ア」、北「アサムク」　32 覆—図・北「クツカヘス」　33 利—図・北「トキ」　34 人民—岩院墨「オ」、図「オホムタカラ」(「ム」欠損)、北「オホタカラ」　35 鋒—図・北「スクレタル」　36 劔—図「ツルキ」、北「ツルキ」(「ル」ニ平声点、「キ」ニ上声点アリ、但シ共ニ存疑)　37 佞—図・北「カタマシク」　38 媚—図・北「コフル」　39 好—図・北「コノムて」　40 説—図・北「トキ」

（く）。故《かれ》詔を承（り）ては必（ず）慎メ。謹（ま）不《ず》は、自《おのづか》（ら）に敗《やぶ》（れ）ナむ。

四に曰（く）、羣卿百寮、礼《〈キヤビ〉》を以て本と為《せ》（よ）。其（れ）民《〈オ〉ほむたから》を治（むる）が〔之〕本、要《〈カ〉なら》ず〔乎〕礼に在（り）。上礼不《〈ナ〉》キときは、〔而〕下齊《〈ト〉のほ》（ら）非《ず》。下礼無（き）ときは、〔以〕必（ず）罪有（り）。是（を）以（て）羣臣礼有（る）ときは、位の次《ついで》乱（れ）不《ず》。百姓礼有（る）ときは、國家《〈アメノシタ〉》自（ら）に治る。

五に曰（く）、饕《〈アヂハヒノムサボリ〉》を絶（ち）、欲《〈タカラホシミ〉》を棄（て）て明に訴訟《〈ウタヘ〉》を辯《〈サダ〉》（め）よ。其（れ）百姓（の）〔之〕訟、一日に千（の）事アリ。一日スラも尚尓（なり）。況乎《いはむや》歳を累（ねて）ヲヤ。項《このころ》訟を治（むる）者《〈ヒトヾモ〉》、利《〈クホサ〉》を得て常と為《す》。賄《〈マヒナヒ〉》を見ては讞《〈コトワリマウ〉》ス（を）聴（く）。便（ち）財有（る）が〔之〕訟は、石をモて水に投（ぐる）が如（し）。乏（しき）者《〈ヒト〉》（の）〔之〕訴は、水をモて石に投（ぐる）に似（たり）。是（を）以て貧（しき）民は〔則〕由（る）所を知（ら）不《ず》。臣の道、亦於焉《〈コヽ〉》に闕《か》（け）ぬ。

六に曰く、悪（しき）を懲（し）善（き）を勧（むる）は、古（の）〔之〕良（き）典《〈ノリ〉》なり。是（を）以（て）人の善を匿《かく》（す）こと无《な》（かれ）。悪（しき）を見ては必（ず）匡《たゞ》（せ）。其（れ）諂《〈ヘツ〉ら》（ひ）詐《〈ア〉ざむ》（く）者は〔則〕國家を覆《〈クツ〉がへ》（す）〔之〕利《〈ト〉》（き）器為《た》（り）、人民《〈オ〉ほむたから》を絶（つ）〔之〕鋒《〈ト〉》キ釼《〈ツ〉るぎ》為《た》（り）。亦佞《〈カダ〉》ミ媚《〈コ〉》ブ（る）者（は）、上に對《むか》（ひ）ては〔則〕好（み）

齊ら非　↓補

百姓　四条・十六条の「民」、六条の「人民」と同じ。後世の「ひゃくしょう」とはやや異なる。

國家　ミカドとよみ、君主または朝廷を指す場合が多いが、ここでは民をふくむ支配体制をいう。アメノシタは天が覆っている下の意で、国土・天下をいう。天武八年紀の詔に「上責二下過一、下諫二上暴一、乃国家治焉」とあるは、この「国家自らに治る」によるか。↓補

饕を絶ち欲を棄て　老子、絶聖棄智の「絶レ聖棄レ智」（荘子、胠篋にも同文がみえる）という修辞を学んだ句か。饕は、左伝、文公十八年の「饕餮（とうてつ）」の杜預の注に「貪レ財為レ饕、貪レ食為レ餮」とあり、貪欲に飲食するの意。アヂハヒはアヂハフの名詞形。欲の訓タカラホシミのタカラは財宝、ミはウルハシミ・ウレシミなどのミで、形容詞語幹に接して名詞を作る接尾語。

明に訴訟を辯めよ　礼記、中庸に「慎思レ之、明弁レ之」。↓補

況乎　↓補

者　↓補

利　↓補

讞スを聴く　礼記、文王世子、鄭注に「讞之言白也」、漢書、景帝紀、顔師古注に「讞平議也」。↓補

石をモて水に投ぐるが如し　文選、運命論に「其言也如二以レ石投レ水、莫二之逆一也」。

水をモて石に投ぐるに似たり　文選、運命論に「其言也如二以レ水投レ石、莫二之受一也」。

貧しき民は由る所を知ら不　伝聖徳太子撰勝鬘経義疏に「能蔭二覆衆生貧人一」（本巻一〇六頁）。

悪しきを懲し善きを勧むる　左伝、成公十四年に「懲レ悪而勧レ善」。舒明即位前紀所見聖徳太子遺誡

下過一・逢[1]ㇾ下則誹二謗上失[2]一・其如ㇾ此人・皆无ㇾ忠[3]二於君一・无ㇾ仁二於民一・是大乱之本也

七曰・人各有ㇾ任・掌[4]宜[5]ㇾ不ㇾ濫・其賢哲[6]任[7]ㇾ官・頌[8]音則起・姧[9]者[10]有[11]ㇾ官・禍乱則繁・世少二生[12]知[13]一・尅[14]念作[15]ㇾ聖・事無二大[16]少[17]一・得ㇾ人必治・時無二急[18]緩[19]一・遇ㇾ賢自寛[20]・因ㇾ此國家[21]永久[22]社禝[23]勿[24]ㇾ危・故古聖王・為[25]ㇾ官・以求ㇾ人・為[26]ㇾ人・不ㇾ求ㇾ官・

八曰・羣[27]卿百寮・早[28]朝[29]晏[30]退[31]・公事靡[32]盬[33]・終日難ㇾ盡・是以遅朝[34]不ㇾ逮二于急[35]一・早退必事不ㇾ盡・

九曰・信[36]是義本・毎ㇾ事有[37]ㇾ信・其善悪成敗・要[38]在二于信一・羣[39]臣共信[40]何

1逢—岩院墨「は」 2失—図・北「アヤマチ」 3忠—図「イサヲシキ」、北「イサヲシキ」(「キ」欠損) 4掌—図・北「ツカサトルこと」 5宜—岩院墨(左傍)「シ」 6賢哲—図・北「サカシキヒト」 7任—岩院墨「ス」 8頌—図・北「ホムル」 9姧—図「カタマシキ」、北「カタマシ」 10者—図「人」、北「ヒト」 11有—図「タモツトキ」、北「タマツ□キ」 12生—図・北「ウマレナカラ」 13知—図・北(共ニ左傍)「シルヒト」 14尅—底本「冠」ニ作リ、岩院墨「尅」ト訂ス、図・北亦「尅」ニ作ル 15作—図「ナル」、北「ナス」 16大少—図「イサヽケト」 17少—岩院墨「イサヽケキ」、北「イサヽケト」 18無—図「ナリ」 19急—図「こと」、北「ナリ」 20寛—図・北「ユルヽカナリ」 21國家—岩院墨「アメノシタ」 22久—底本脱、岩古朱右補「久」トアルニヨリ補ウ、図・北「久」 23社禝—岩院墨「クニ」 24勿—図「ヤラス」、北「カラス」 25為—岩古朱、去声圏点アリ 26為—岩古朱、去声圏点アリ 27羣—北「群」 28早朝—図・北「マヰリ」 29朝—岩院墨「マヰリ」 30晏—北・図「オソク」 31退—北・図「マカテヨ」 32靡盬—図「摩盬《ナシイト》」、北「靡盬《ナシイト》」 33盬—底本「監」ニ作リ重書シテ「盬」ト訂ス 34朝—図「マイルトキハ」、北「マカルトキハ」 35急—岩院墨「スミヤケキ」、図・北「スミヤカナル」 36信—図・北「マコト」 37有—岩院墨「ヘシ」 38要—図・北「カナラス」 39羣—岩古朱「タ」アリ、存疑、北「群」 40信—岩院墨「アラ」

の「諸悪莫ㇾ作、諸善奉行」(増一阿含経・涅槃経等所見の七仏通戒偈の句)にも通ずる思想。

悪しきを見ては必ず匡せ 伝聖徳太子撰維摩経義疏に「一切不善理非二恒在一、終必有二遺除之義一」。

國家を覆す利き器 老子、将欲歙之に「国之利器不ㇾ可二以示ㇾ人也」(荘子、胠篋・韓非子、喩老にもみえる)。

人民 →一四頁注「民」・一五頁注「百姓」

佞ミ →補

下に逢ひては上の失を誹謗ル 論語、陽貨に「悪下居二下流一而訕ㇾ上者上」。→補

忠 臣の君にたいする道徳。民の道徳ではない。中国固有の徳目で、相当する純粋の日本語はない。→補

仁 儒教で五常の第一に置かれ、冠位十二階にも徳の次に仁があり、仁政は儒教的政治道徳の基本だが、ここでは仏教の慈悲・衆生済度の精神をもふくんでいるか。伝聖徳太子撰法華義疏に「譬下如来有二四摂四等六度一覆中救六道受苦衆生上」とある。→補

是れ大なる乱の本 孝経、五刑に「要ㇾ君者無ㇾ上、非二聖人一者無ㇾ法、非ㇾ孝者無ㇾ親。此大乱之道也」。

任 ヨサシは動詞ヨサスの連用形の転じた名詞。ヨサスはヨスに尊敬を表わす接尾語ス(四段)が附いた語で、「お寄せになる」「御委任なさる」の意。ヨサシは「(天皇による)御任命・御委任」の意。

賢哲官に任ス 尚書、咸有一徳に「任ㇾ官惟賢材」。賢哲の「哲」は爾雅、釈言に「智也」とある。サカシヒトは、形容詞サカシの語幹に、ヒトの複合した形。サカシは賢いの意。「賢遺臣、賢遺、此云左河之能莒里」(仁徳紀)、「禀性不儒、儒、左可之久」(興

て下の過《あやまち》を説(く)。*下に逢(ひ)ては〔則〕上の失《〈アヤマ〉ち》を誹謗《〈ソシ〉》ル。其(れ)此の如(き)人、皆〔於〕君(に)*忠《〈イサヲシサ〉》无(し)。〔於〕民(に)*仁《〈メグミ〉》无(し)。*是(れ)大(なる)乱(の)〔之〕本なり〔也〕。

七に曰(く)、人各(〻)*任《〈ヨサシ〉》有(り)。掌(る)こと濫《〈ミダ〉》レ不《ざ》(る)宜《べ》(し)。其(れ)*賢《〈サカシヒト〉》哲官に任《〈ヨサ〉》スときは、*頌《〈ホ〉》ム(る)音《こゑ》〔則〕起(る)。*姧《〈カダマ〉》(し)キ者《ひと》官を有《たも》(つ)ときは、*禍乱〔則〕繁(し)。世に*生(れなが)ラ知(る)こと少(し)。*尅《よ》(く)念(ひ)て聖と作《な》る。*事、大(き)なり少《〈イサ、〉》ケキ(こと)無(く)、人を得て必(ず)治《をさま》る。時、急《と》(く)緩《ゆる》(き)こと無(く)、賢に遇(ひ)て自《おのづか》(ら)に*寛《〈ユル、〉》(か)なり。此に因(り)て國家《〈アメノシタ〉》*永久(にし)て*社稷《〈クニ〉》危(から)*勿《ず》。故《かれ》*古の聖の王《〈キミ〉》(は)、*官(の)為(に)〔以〕人を求む。人(の)為(に)官を求(め)不《ず》。

八に曰(く)、羣卿百寮、*早《〈ハ〉や》(く)朝《〈マヰ〉》りて晏《〈オソ〉》(く)退《〈マカ〉》ヅ。*公の事靡盬《〈イトナ〉》シ。終日盡(し)難(し)。是(を)以(て)遅(く)朝《まゐ》(る)ときは〔于〕急《〈スミヤ〉》(かなるに)逮《およ》(ば)不《ず》。早(く)退《まか》(づる)ときは必(ず)事盡(き)不《ず》。

九に曰(く)、*信は是(れ)義《〈コトワリ〉》の本なり。事毎(に)信有(る)ベシ。其(れ)善(し)サ、悪(し)サ、成(り)敗(るゝ)こと、要《〈カ〉なら》ず〔于〕信に在(り)。羣臣共に信アラば、何

福寺本日本霊異記上序)。任ス→前注

頌ムる音 大王の政治を讃える評判。

姧しキ →一五頁「佞ミ」補

禍乱繁し 荀子、臣道に「迷二乱狂生一、夫是之謂二禍乱之従一レ声」。九条本延喜式平安中期点に「禍」をワサハヒと訓じ、前田本雄略紀院政期点に「行二乱於道一」をミタレヲミチニセルニアリテと訓ずる。

生れながラ知ること少し 論語、季氏に「生而知レ之者上也、学而知レ之者次也」。

尅く念ひて聖と作る 尚書、多方に「惟聖罔レ念作レ狂、惟狂克念作レ聖」。これまた悉有仏性の仏教思想によるところがあろう。「尅」は「剋」と同字で、後漢書、鄭興伝注に「剋、能也」とある。

事大きなり少ケキこと無く 「少」は太子伝・政事要略・拾芥抄等所引の文に「小」に作る。事の大小を問わずの意。ナリは連用形。イサ、ケキは形容詞イサ、ケシの連体形。イサ、ケシはイサ、カと同語源で、少量の意。後世は「事、大少と無く」と訓ずる所であるが、次の「緩」に「こと」のヲコト点があるので「…こと無く」と解読した。

寛か ユル、カはユルに接尾語ルカの複合した語。寛容である、きびしくないの意。観智院本名義抄「奢ユル、カナリ」。他にユルラカ(蜻蛉日記・源氏物語、若紫)・ユルナリ・ユルシの形もあった。

永久 →補

社稷 孝経、諸侯に「保二其社稷一、而和二其民人一」。社は土の神、稷は穀の神。転じて国家と同義。クニは岩崎本皇極紀平安中期朱点・前田本継体紀院政期点・北野本舒明紀院政期点同訓、図書寮本顕宗紀永治点には「社稷」をクニイへと訓ずる。

勿 「勿」は広韻に「無也」「莫也」とあり、一般に…コトナシ又は…コトナカレと訓ぜられる例であ

る。しかし図書寮本にヤラスとあるのを(アヤフ)カラスの誤写と推定してアヤフカラズと訓じた。

古の聖の王　政治の理想を古の聖王に求める中国思想による語。

官の為に…人の為に官を求め不　韓非子、外儲説左下に「管仲曰、君無レ聴二左右之請一、因レ能而受レ禄、録レ功而与レ官、則莫二敢索一レ官」。

早く朝りて晏く退ヅ　墨子、尚賢中に「賢者之治レ国也、蚤朝晏退、聴レ獄治レ政。是以国家治、而刑法正」。舒明八年紀にも「群卿及百寮、朝参已懈。自レ今以後、卯始朝之、巳後退之」とある。↓補

公の事靡盬シ　詩経、唐風、鴇羽に「王事靡レ盬、不レ能レ蓺二稷黍一」。潜夫論、愛日篇に「詩云、王事靡盬、不レ遑レ将レ父、言、在レ古閒暇而得レ行レ孝、今迫促不レ得レ養也」。↓補

信は是れ義の本　論語、学而に「信近二於義一、言可レ復也」。冠位十二階でも、仁義礼智信の順ではなく、仁礼信義智の順で、信が義の上にある。

忿を絶ち瞋を棄て　五条の「絶饕棄欲」と同様の修辞だが、ここでは忿怒と瞋恚とを煩悩の最大のものとしていましめる仏教思想による。↓補

各執レること有り　諸法無我を悟らず実有の見に固執する妄執・迷執を排する仏教思想による。

彼是ムズレば…彼は非むず　荘子、斉物論に「是二其所一レ非、而非二其所一レ是」。↓補

共に是れ凡夫　仏教で悟りを開くに至らぬを凡夫という。「君」「臣」「民」すべて地上の人類を「凡夫」とするこの思想は、天寿国繡帳銘所見の聖徳太子の遺語「世間虚仮、唯仏是真」の精神の先駆の観あり、その点では君臣の道を説く他の条

事不レ成・羣[1]臣无レ信・万事悉敗・

十日・絶レ忿[2]・棄レ瞋[3]不レ怒二人違[4]一・人皆有レ心・々各有レ執[5]・彼[6]是[7]則我非[8]・我是則彼非・我必非レ聖・彼必非レ愚[9]・共是・凡夫[10]耳・是非[11]之理[12]・詎能可レ定・相共賢愚如二鐶无一レ端・是以彼人雖レ瞋・還恐二我失一・我獨雖レ得・従レ衆[13]同擧[14]・

十一日　明察[15]二功[16]過[17]一賞[18]罰[19]必當[20]・日[21]者・賞[22]不レ在[23]レ功[24]・罰[25]不レ在[26]レ罪・執レ事羣[27]卿・宜[28]レ明二賞罰一・

十二日　國司[29]國造・勿レ斂[30]二百姓一・國非二二君一・民無二両主一・率[31]土兆[32][33]民以レ王[34]為レ主[35]・所[36]任官[37]司[38]皆是王臣[39]・何敢與レ公・賦[40]二斂百姓一・

十三日　諸任[41]レ官者・同知二職掌一・或病[42]或

1羣—北「群」　2忿—岩院墨「コヽロノイカリ」　3瞋—岩院墨「オモヘリノイカリ」、図「オモヘリ、オモテノイカリ」、北「オヘリ、オモテノイカリ」　4違—北「違」　5執—岩院墨「ルコト」、但シ存疑、図・北「トレルこと」　6彼—図・北「カレ」　7是—岩院墨「ヨムスレ」　8非—岩院墨「アシム」　9愚—図・北「オ」　10凡夫—岩院墨「タ、ヒト」　11是非—岩院墨「ヨクアシキ」、図・北「ヨミシアシムスル」　12理—岩院墨「コトワリ」　13衆—岩院墨・図・北「モロ〳〵」　14擧—図「マコナヘ」、北「マエナヘ」、共ニ「オコナヘ」ノ誤写ナルベシ　15察—図・北「アキラカシ」　16功—図・北(共ニ左傍)「イサミ」　17過—図・北「アヤ」　18賞—岩古朱「タマモシ」本ノママ、岩院墨「タマモノ」、図・北「タマモノ」、「賞罰」ハ底本「罰賞」ニ作リ、「賞」ニ顚倒符ヲ附ス　19罰—図「ツミナヘ」、北「ツカナヘ」　20當—図・北「アテ、ヨ」　21日者—岩院墨「ヒコロ」、図・北「コノコロ」　22賞—図・北「タマモノ」　23在—岩院墨「オイテセ」　24功—北(左傍)「イサミ」　25罰—岩院墨「ツミナヘ」　26在—岩院墨「オ」、図「セ」、北(左傍)「オイテセ」　27羣—北「群」　28宜—岩院墨(左傍)「シ」　29司—図・北「ミコトモノ」(共ニ誤カ)　30斂—岩院墨「ヲサメトラ」、図「ヲサメトルこと」、北「ヲサメレルこと」(誤カ)　31率土—岩院墨「クニノウチ」　32兆—底本

(の)事か成(ら)不《ざ》(ら)む。羣臣信无《な》(く)は、万の事悉《ことごと》(く)に敗(れ)む。

十(に)曰(く)、*忿《〈コヽロノイカリ〉》を絶(ち)、瞋《〈オモヘリノイカリ〉》を棄(て)て、人の違《たが》(ふ)を怒(ら)不《ざ》レ。人皆心有(り)。(心)*と各(と)執レること有(り)。*彼是《〈ヨ〉》ムズレば〔則〕我は非《〈アシ〉》ムず。我是《よ》(むずれ)ば〔則〕彼は非《あし》(む)ず。我必(ず)聖《さか》(しき)に非(ず)。彼必(ず)愚《おろか》(に)非(ず)。*共に是(れ)、凡夫《〈タヾヒト〉》(ならく)耳《のみ》。是《〈ヨ〉》ク非《〈ア〉》シキ〔之〕理《〈コトワリ〉》、詎《たれ》か能(く)定(む)可《べ》(け)む。相共に賢《さか》(しく)愚(なる)こと、*鐶《〈ミヽカネ〉》の端无《な》(き)が如(し)。是(を)以(て)彼(の)人瞋《いか》(ると)雖(も)、還(り)て我が失《〈アヤマチ〉》を*恐《おそ》(り)よ。我獨(り)得たりと雖(も)、*衆《〈モロヽヽ〉》に従(ひ)て同(じく)擧《〈オコナ〉》へ。

十一(に)曰く、*明に功《〈イサミ〉》過を察《〈ミ〉》て、賞《〈タマモ〉》シ罰《〈ツミナ〉》(ふる)こと必(ず)當《〈アタ〉》(れ)よ。*日者《〈ヒゴロ〉》、賞(すれ)ば功に在《〈オ〉》イテセ不《ず》。罰《〈ツミ〉》ナヘば罪に在《〈オ〉》(いてせ)不《ず》。事を執レる羣卿、賞(し)罰《つみな》(ふる)ことを明(す)宜《べ》(し)。

十二(に)曰く、*國の司《〈ミコトモチ〉》國の造、百姓《〈オ〉ほむたから》を*斂《〈ヲサメト〉》ラ勿《ざ》レ。*國(に)二の君非《〈アラ〉》ず。民(に)両の主《〈アルジ〉》無(し)。*率土《〈クニノウチ〉》の兆民《〈オ〉ほむたから》は、王《〈キ〉み》を以て主《〈ア〉るじ》と為《す》。*所任《〈ヨサ〉》セル官司《〈ミコトモチ〉》は皆是(れ)王の臣《〈ヤツコラマ〉》なり。何(を)モテ(か)、敢て公與《と》百姓に賦斂《〈ヲサメト〉》ラむ。

十三(に)曰(く)、*諸の官に任《〈ヨサ〉》セる者、同(じく)職掌《〈ツカサコト〉》を知レ。或は病シ或

文の政治思想から脱離する萌芽ともいえよう。↓補

鐶の端无きが如し　史記、田単伝に「奇正還相生如二環之無一レ端」。↓補

恐りよ　オソルは古く一般に上二段活用であった。下二段・四段の例もあったが、それらは稀用と認めて上二段活用として訓ずる。

衆に従ひて同じく擧へ　↓補

明に功過を察て賞シ罰ふること必ず當れよ　管子、九守に「用レ賞者貴レ信、用レ刑者貴レ必」、同、明法解に「乱主不レ察二臣之功労一、誉衆者則賞レ之、不レ審二其罪過一、毀衆者則罰レ之。如レ此者、則邪臣無レ功而得レ賞、忠正無レ罪而有レ罰。故功多而無レ賞、則臣不レ務レ尽レ力、行正而有レ罰、則賢聖無レ従レ竭レ能」、韓非子、主道に「功当二其事一、事当二其言一則賞、功不レ当二其事一、事不レ当二其言一則誅」。↓補

日者　↓補

國の司國の造　国司の文字が憲法十七条を大化以後の作とする根拠となっているけれど、例えば顕宗即位前紀に「白髪天皇二年冬十一月、播磨国司山部連先祖伊予来目部小楯、於二赤石郡一、親弁二新嘗供物一。〔一云、巡二行郡県一、収二斂田租一也。〕適会下縮見屯倉首、縦二賞新室一、以レ夜継上レ昼」とあるのが、文字どおり史実でないにせよ、大化前皇室勢力の地方伸張に伴ってこの種の官司がすでに設けられていたのではないか。ミコトモチのミコトは「御言」で、天皇の言の意、モチは「持」の意で、天皇の命令を持って地方へ行き統治するものを表わす語。国造は大化前の「国」という地域を世襲的に支配しつつ朝廷に服仕した地方豪族。国造が百姓に斂するのは当然であったのに、これを抑えようとするところに、憲法の中央集権制への

志向が端的に示されている。「国司国造」を連称する例は、天武十二年紀にもある。

斂　↓補

國に二の君非ず民に両の主無し　礼記、曾子問に「天無二二日一、土無二二王一」。聖徳太子の女が「天無二二日一、国無二二王一」と言ったと、皇極元年紀にあるは、この引用か。大化二年紀所引皇太子奏言にも、「天無二雙日一、国無二二王一。是故、兼二幷天下一、可レ使二万民一、唯天皇耳」とある。

率土の兆民は王を以て主と為　詩経、小雅、北山に「溥天之下、莫レ非二王土一、率土之浜、莫レ非二王臣一」。「率土」は「率土之浜」の略。詩経毛伝に「率循《ヘナリ》、浜涯《ヘナリ》也」とあり、天下の中をいう。

所任セル官司　大化前の「臣」の地位は世襲で、朝廷の任命する官僚ではなかったが、この頃すでに官僚化が進んでおり、憲法十七条はさらにそれを促進しようとしてこのように表現したものか。

諸の官に任せる者　十二条の「所任官司」と同例。

和フ　アマナフは形容詞語幹アマに接尾語ナフの複合した動詞で、「甘い状態になる」「和合する」の意。

曾より　「曾」は玉篇に「経也」、論語、為政の皇疏に「猶レ嘗也」とあり、石山寺本金光明最勝王経平安後期点にも「曾」をムカシと訓じている。

與り聞く　論語、子路に「冉子退レ朝、子曰、何晏也。対曰、有レ政。子曰、其事也、如有レ政、雖レ不二吾以一、吾其与二聞之一」。↓補

勿防きソ　ナフセキソのナ…ソは禁止表現。上代から平安初期までは、ナ絶エ・ナアナヅリのようにソを伴わない形もあった。古訓点では平安中期以降は少くなり、本点にも「勿」をザレと訓じた

使[1]有レ闕二於事一•然得レ知之日和[2]如二曾[3]識一•其以[4]非二與[5]聞一勿[6]二防[7]公務一•

十四曰[8]　羣臣百寮・無レ有二嫉妬一•我既嫉[9]レ人・ゝ亦嫉レ我•嫉妬之患[10]・不レ知二其極[11]一•所以・智勝[12]二於己[13]一・則不レ悦•才[14]優[15]二於己一・則嫉[16]妬[17]•是以五百之[18]乃[19]今遇レ賢[20]千載以難レ待二一聖一•其不レ得二賢聖一・何以治レ國•

十五曰　背レ私向レ公・是臣之道矣•凡人有[21]レ私・必有レ恨[22]有レ憾[23]・必[24]非レ同•非レ同則以レ私妨レ公•憾[25]起則違レ制[26]・害レ法•故[27]初章云・上[28]下和[29]諧其亦是情[30]歟•

十六曰　使レ民以[31]レ時・古之良典[32]•

「非」ニ作リ、原訂シテ「兆」トス　33兆民—岩院墨「オ」、図「オホムタカラ」、北「兆民《オホムタカラ》」　34王—岩院墨「キ」、北「キミ」(後点カ)　35主—岩院墨「ア」、図・北「アルシト」　36所任—岩院墨「ヨサセル」　37官—北「ツカサ」　38司—岩院墨「ミコトモチ」　39臣—岩院墨「ヤツコラナリ」　40賦斂—岩院墨「ヲサメトラム」　41任—岩院墨「ヨサセ」　42病—図・北「ヒシ」】

1使—図「ツカヒシて」、北「ツカヒと(し)て」　2和—岩院墨「アマナフコト」　3曾—図・北「イムサキヨリ」　4以非—底本「非以」ニ作リ、「以」ニ顚倒符ヲ附ス　5與—岩古朱、去声圏点アリ、図・北「アツカリ」　6勿防—図・北「ナサマタケソ」　7防—岩院墨「ク」　8曰—此下底本モト「曰」字アリ、擦消シテ一字空白トス　9嫉—岩院墨「トキ」　10患—北「ヘ」　11極—図・北「マリ」　12勝—図「マサルトナラハ」、北「マサトルナラは」　13己—「己に」ノ「に」ハ岩古墨ノヲコト点ニヨル　14才—岩院墨・図・北「カト」　15優—図・北「マサルトナラハ」　16嫉妬—岩院墨「ネタム」、北「嫉妬《ネタム》」　17妬—底本「妬」ニ作ル、今改　18之—此下岩後墨「後」ヲ補フ、北(左傍)後墨「後イ本」トアリ　19乃—図・北「イマシ」　20賢—岩後墨「ヒト」　21有—図・北「レは」　22恨—北「トキ」、誤カ　23憾—図・北「憾《ウラミ》」　24必—図・北「ラス」　25憾—図・北「憾」　26制—北「コトハリ」　27故—図「の」、北「の」、北(傍書、後筆カ)「初イ」　28上下和諧—北「上下和諧《アマナヒト、ノホル》」　29和—岩院墨「アマナヒ」　30情歟—図・北「情歟《コヽロナルカナ》」　31以—図・北「スルは」　32典—岩院墨「ノリナリ」

(は)使と(し)て〔於〕事に闕《おこた》(る)こと有(り)。然(も)知(る)こと得(む)〔之〕日には、*和《〈アマナ〉》フこと*曾《〈ムカシ〉》より識《し》(るが)如(くせよ)。其(れ)*與《あづか》(り)聞(くこと)非《な》(しと)イフを以(て)公(の)務《〈マツリゴト〉》を*勿《〈ナ〉》防(き)ソ。

十四(に)曰(く)、羣臣百寮、*嫉《〈ウラヤ〉》ミ妬《〈ネタ〉》ムこと有(る)こと無(かれ)。我既に人を嫉《〈ウ〉らや》(む)ときは、(人)と亦我を嫉(む)。嫉(み)妬(む)〔之〕*患《うれへ》、其(の)極を知(ら)不《ず》。所以《このゆゑ》(に)、智《〈サトリ〉》〔於〕*己に勝(る)ときは、〔則〕*悦《よろこ》(び)不《ず》。*才《〈カ〉ど》〔於〕己(に)優(る)ときは、〔則〕嫉妬《〈ネ　タ〉》ム。是(を)以(て)*五百《〈イホトセ〉》に(し)て〔之〕乃《〈イマ〉》(し)今賢《〈サカシヒト〉》に遇(ふとも)、*千載に(し)て〔以〕一の聖を待(つ)こと難(し)。其(れ)賢(しき)聖を得《え》不《ず》は、何(を)以(て)か國を治(め)む。

十五(に)曰く、*私を背《そむ》(き)て公に向(ふ)は、是(れ)臣(の)〔之〕道なり〔矣〕。凡(そ)人私有(る)ときは、必ず恨有(り)、憾《うらみ》有(る)ときは、必(ず)同《〈ト、ノホ〉》ラ非《ず》。同《とゝのほ》(ら)非《ざ》(る)ときは、〔則〕私を以て公を妨(ぐ)。憾《うらみ》起(る)ときは、〔則〕制《〈コトワリ〉》に違(ひ)、法を害《〈ヤブ〉》ル。故*初の章《〈クダリ〉》に云(く)、上下和《〈アマナ〉》ヒ諧《〈ト、〉のほ》(る)は、其(れ)亦是(の)情《こゝろ》なる歟《〈カナ〉》。

十六(に)曰(く)、*民を使(ふ)に時を以(て)す(る)は、古(の)〔之〕良(き)典《〈ノリ〉》な

例もある。
嫉ミ妬ム…無かれ　忿・瞋と同じく嫉・妬を煩悩として戒める仏教思想。↓補
患　↓補
己　↓補
悦び不　↓補
才　カドは「才」「才能」の意で、日本書紀古訓をはじめ、宇津保物語・源氏物語などに見える。観智院本名義抄に「稜カト(平・上濁)」とあるのと関係ある語で、物の稜線の意から、突出した部分、傑出した才能の意となった語と思われる。
五百にして乃し今賢に遇ふ　孟子、尽心下に「由二文王一至レ於二孔子一、五百有余載」。↓補
千載にして…難し　文選、三国名臣序賛に「千載一遇賢智之嘉会、遇レ之不レ能レ無レ欣」。原文に「千載以難待一聖」の「以難」は文字倒置との説がある。
私を背きて公に向ふは是れ臣の道　韓非子、五蠹に「背レ私謂二之公一、公私之相背也、乃蒼頡固以知レ之矣」、同、飾邪に「人臣有二私心一、有二公義一。修レ身潔白、而行レ公行レ正、居レ官無レ私、人臣之公義也」。一二頁注「黨有り」に引く管子・韓非子にも、背私向公の義と朋党比周の害とが一体のものとして説かれている。ここでは具体的には、「公」は「君」の立場を、「私」は「臣」の立場を指す。天武四年紀に、天皇が大分君恵尺に与えた詔に「汝恵尺也、背レ私向レ公、不レ惜二身命一」とあるのは、この引用か。ソムクは「背向く」の意。古くは…ヲソムクのように助詞ヲをとった。
初の章に云く上下和ヒ諧る　一条の「上和下睦」うんぬんを指す。

民を使ふに時を以てするは古の良き典　論語、学而に「使レ民以レ時」とあり、これを「古之良典」と言ったのであって、七条の「古聖王」と同様に、政治の理想を古代に求める儒教思想。

故[1]冬月有レ間・以可レ使レ民・従レ春至レ秋・農桑之節[2]・不レ可レ使レ民・其不レ農[3]・何食・不レ桑・何服[4]・

十七曰　夫・事不レ可ニ獨断一・必與レ衆[5]・宜レ論[6]・少[7]事是軽・不レ可ニ必[8]衆[9]一・唯逮レ論ニ大事一・若疑レ有レ失[10]・故與レ衆相辨辭[11]則得レ理・

1故—図・北「に」　2節—図・北「トキナリ」　3農—図・北「ナリハヒ」　4服—岩院墨「キム」　5衆—図・北「モロ〳〵」　6論—図・北「アケツラフ」　7少事—図・北「少事《イサヽケク》」　8必—図・北「モ」　9衆—図・北「モロ〳〵ス」　10失—図「アヤマツを」トアリ、誤アルカ、北「アヤマツ」　**11**辭—岩院墨(左傍)「コト」

農桑の節なり民を使ふ可から不　漢書、五行志に「使レ民以レ時、務在レ勧二農桑一」。「使」とは、労役を課すること。十二条とともに、「君」「臣」より成る支配階級が「民」から収奪する体制を当然の前提とし、その前提下での収奪の権限ないし効率を論じているにすぎず、五条の仁政思想よりも支配階級本位の思想が濃く出ている。↓補

事獨り断ム可から不　管子、明法解に「明主者兼聴独断」。

必ず衆與論ふ宜し　↓一九頁「衆に従ひて同じく擧へ」補

り。故冬の月に間《〈イトマ〉》有(り)、以て民を使(ふ)可《べ》(し)。春従《よ》(り)秋に至(るま)でに、*農《〈ナリハヒ〉》桑《〈コガヒ〉》(の)〔之〕節《〈トキ〉》(なり)、民を使(ふ)可《べ》(から)不《ず》。其(れ)農《〈ナリハ〉ひ》(せ)不《ず》(は)、何《〈ナニ〉》(を)か食《くら》(は)む。桑(せ)不《ず》は、何(をか)服《〈キ〉》む。

十七(に)曰く、夫(れ)事獨(り)断《〈サダ〉》ム可《べ》(から)不《ず》。*必(ず)衆與《〈モ〉ろ〻と》論《〈アゲツラ〉》(ふ)宜《べ》(し)。少《〈イサ、ケ〉》キ事は是(れ)軽(し)。必(ずしも)衆《〈モロ、、〉》(とす)可《べ》(から)不《ず》。唯大(なる)事を論《あげつら》(ふ)に逮《およ》(び)ては、若(し)失有(る)ことを疑(ふが)故(に)、衆與《〈モ〉ろ〻と》相辨《〈ワキマ〉》フルときは辞《こと》〔則〕理を得。

勝鬘経義疏

早島鏡正
築島裕
校注

勝鬘経義疏 巻▽一

此是大倭国上宮
王私集非海彼本

〔一オ〕

巻一—法隆寺蔵後刷本及び慶応本なし

夫勝鬘者本是不可思議、何知如来分身、或是法雲大士・但遠照
踰闍之機宜以女質為化、所以初則生於舎衛国王盡孝養之道、中
則為阿踰闍友稱夫人顕三従之礼、終則影嚮釋迦共弘摩訶衍之道、
論其所演則以十四為躰、談其大意、非近是遠為宗、所以如来、
毎説讃同諸佛発言、則為述成、
「勝鬘者世以七寶厳其肉身、而今以万行 〔一ウ〕

1巻一 ↓補

2化 ↓補

3所以 ↓補

4礼 ↓補

5為 古訓点では「為二…一」の場合、「…トナス」とはよまずに「…トス」とよんだ。ここもその連用形の例として「…トシ」と訓じたものと推定される。

6言 文永点朱点(以下「文朱」と略称)片仮名「ニ」あり。

7同ナリ 「ドウナリ」と訓んだと思われる。古訓点によく現れる例。なお、「同」に文朱ヲコト点「く」あり。

此は是れ… 二行の撰号は後人の加筆と思われる。↓補

総説 義疏を著わすに際し、序として掲げる文。総説は、〔一〕釈尊と勝鬘夫人、〔二〕経の題名、〔三〕序説・正説(本論)・流通説(結語)の三区分、の三つに分けられる。

◈夫レ… 〔一〕釈尊と勝鬘夫人

勝鬘 勝鬘夫人(しょうまんぶにん)のこと。夫人は王妃をいう。梵語名シュリーマーラー(幸福の花飾り)。↓補

本 本地のこと。迹化にたいしていう。

如来 釈尊を指す。『勝鬘経』では、仏あるいは世尊と呼んでいる。

法雲の大士 大乗の求道者が第五十二位の仏の階位に至るために修行に励むうち、第五十位の法雲地(真理の雨に浴する境地)すなわち第十地に達した者をいう。大士はマハーサットヴァ(音写語、摩訶薩)の訳で、偉大な求道者の意味。

踰闍 阿踰闍(アヨーディヤー)の略。舎衛国と並

勝《しよう》鬘《まん》経《ぎやう》義《ぎ》疏《しよ》 [1]巻一《まきのいち》

此*（は）是（れ）大倭国上宮王ノ私ノ集（にして）海彼の本（に）非（ず）

（総　説）

夫《〈ツ〉》レ勝鬘（は）〔者〕*本《もと》は是れ不可思議なり。何《なに》か*如来《によらい》の分身、或は是（れ）*法雲《ほふうん》の大士なりといふこと（を）知（ら）む。但（し）遠ク*踰闍《ゆじや》の〔之〕*機宜《きぎ》を照（し）て女《によ》質《しち》を以て[2]化《くゑ》を為《な》す。[3]所以《〈コノユヘニ〉》に初には〔則〕〔於〕*舎衛国《しやゑいこく》の王のところに生（れ）て孝《けう》養《やう》の〔之〕道を盡し、中ゴロハ〔則〕阿踰闍《あゆじや》の*友稱《うしよう》の夫人《ぶにん》と為《な》（り）て*三従《さむじゆ》の〔之〕[4]礼《〈レイ〉》を顕し、終には〔則〕*影響《やうがう》の釋迦《しやか》と共に*摩訶衍《まかえん》の〔之〕道を弘む。其の所演《しよえん》を論（ずれ）ば〔則〕十四*を以て躰《たい》と[5]為《〈し〉》、其の大意《だいい》を談《だむ》（ずれ）ば、*非近是遠《ひごんぜをん》を宗《しう》（と）為《〈す〉》。所以《このゆゑ》に如来、毎《つね》に讃（じ）て諸佛ノ発《はち》[6]言《ごん》と[7]同《どう》ナリト説ク。〔則〕*述成《じゆつじやう》を為《し》タマフなり。

○勝鬘師子吼一乗大方便方広経　　求那跋陀羅訳

「勝*鬘」といふは〔者〕世には*七寶《しちほう》を以て其の肉身を厳《かざ》る。〔而〕今は万行《まんぎやう》を以

ぶ北インドの都城の一つで、サラユー河に沿う。

機宜　仏道を修めるにふさわしい善男子・善女人。

舎衛国　コーサラ国の都城を舎衛城（シュラーヴァスティー）というが、いまはコーサラ国のこと。当時の国王波斯匿（プラセーナジット）と末利（マッリカー）夫人との間に姫として生まれたのが勝鬘夫人である。

友稱　阿踰闍国の王ヤショーミトラ。

三従　家にいては父に従い、嫁しては夫に従い、夫の死後は子に従うという、女性の守るべき婦徳。

影響　底本の訓点により「影響の釈迦」と読むならば、本地の仏が人間の姿をとって釈尊と示現している意味となり、「影向」と同義となる。他方、「釈迦に影響して」と読むならば、求道者勝鬘が釈尊の教化を助けるべく、あたかも影の形に随い響の声に応ずるごとく、釈尊につき随って教化の輔佐役をするという意味になる。

摩訶衍　梵語マハーヤーナ（大乗。大きな乗物の意味）の音写語。『勝鬘経』では「一乗」とも呼んでいる。

十四　『勝鬘経』の本文を太子義疏が十四章に分けることをいう。↓補

非近是遠を宗と為　経の本旨は、卑賤な小乗の教えを説くことでなく、久遠のいにしえから諸仏によって説示されてきた深遠な大乗の教えを明らかにすることである。

述成　釈尊が勝鬘夫人のために敷衍して説明を加えられたことをいう。

◈勝鬘…　〔二〕経の題名『勝鬘師子吼一乗大方便方広経』を解釈する

七寶　金・銀・瑠璃（青玉）・頗黎（水精）・車渠（白珊瑚）・赤珠（赤真珠）・碼碯（深緑玉）の七。

厳其法身、故云勝鬘、師子吼者自宣大理無所怖畏、義同師子不畏衆狩、故云師子吼、勝鬘就當躰得名、師子挙譬為稱、一乗大方便方広者挙其所説之法、経者訓法訓常、聖人之教雖復時移易俗、不能改其是非、故云常、亦為物軌則、故稱法、而此是漢中之語、外国云修多羅、修多羅五義亦如常釋、修多『羅雖有五義、〔二オ〕要在涌泉縄墨二義、即同経之法常二義、故以此経代彼修多羅也、諸経得名不同、今此経、上言勝鬘師子吼、是挙人下言一乗大方便方広、是挙法雙挙人法為題故云勝鬘・師子吼一乗大方便方広経、

夫大聖、應世為物説法、不撰経巻之多少・不別明理之深浅、皆用三段為説、第一序説・序是漸由為義、第二正説・正者経之正躰・

1 **い**　古代の国語における助詞。語義を強調する場合に用いられており、間投助詞のような性格が強い。古訓点には平安時代以後にまでも伝承されるが、概して十世紀半ばごろまでが下限であって、本訓点に「い」が見えることは、この訓点の祖先が平安中期以前まで遡ることを推測する一因となると思われる。

2 **狩**　室町期以後の朱点(以下「後朱」と略称)「ケタモノ」あり。

3 **畏り不る**　「オソル」の活用は、後世は下二段活用であるが、平安時代には上二段活用・四段活用が主で、下二段活用は稀であった。上二段活用は平安初期以来最も広く行われていた活用であるから、この訓下し文ではすべて上二段活用として補読することとした。

4 **の**　後朱か。

5 **涌**　後朱「ワク」あり。

6 **應**　「応」字の古い時期の字音は決定困難であるが九条本法華経音鎌倉初期点に「ヲウ」とある(但しオとヲとの混同あるか)のに基づいて「オウ」と定めた。

7 **用**　後朱「モテ」あり。

て其の*法身《ほふしん》を厳る。故に勝鬘と云(ふ)。「師子吼《ししく》」といふは〔者〕自《〈ミ〉づか》(ら)*大理を宣《の》(ぶる)に怖畏《ふい》する所無(し)。義い[1]*師子の*衆《しゆ》[2]狩《〈シュ〉》(を)畏《[3]おそ》(り)不《ざ》(る)に同《どう》なり。故に師子吼と云(ふ)。勝鬘は當躰《たうたい》に就て名を得たり。師子は譬《ひ》(を)挙(げ)て稱《しよう》(と)為《す》。「*一乗大方便方広」といふは〔者〕其の[4]所説《しよせち》(の)〔之〕法を挙(ぐ)。「*経」といふは〔者〕法と訓じ常と訓ず。聖人《しやうにん》の〔之〕教は復も時移り俗易《〈カワ〉》ル(と)雖(も)、其の是非を改(むる)こと能(は)不《〈ず〉》。故(に)常と云(ふ)。亦*物の軌則《くゐそく》為《〈た〉》り。故(に)法と稱ず。〔而〕此は是(れ)*漢中の〔之〕語なり。*外国には修多羅《しゆたら》と云(ふ)。*修多羅の五義は亦常(に)釋するが如し。修多羅に五義有(りと)雖(も)、要しては[5]涌泉《ゆせん》と縄墨《じようもく》との二義に在り。即(ち)「経」の〔之〕法と常との二義(に)同なり。故(に)此の「経」(を)以て彼の「修多羅」に代(ふる)なり〔也〕。諸経に名を得(る)こと不同なり。今此の経に、上に「勝鬘師子吼」と言(ふ)は、是(れ)人を挙(げ)て、下に「一乗大方便方広」と言(ふ)。是(れ)法を挙(げて)雙(べ)て*人《にん》法《ほふ》を挙(げ)て題と為《す》る(が)故に「勝鬘師子吼一乗大方便方広経」と云(ふ)。

*夫(れ)*大聖《だいしやう》の、世に[6]應《おう》じて物の為に法を説(き)タマフ、経巻(の)〔之〕多少を撰《〈エラ〉》バ不《〈ず〉》、明理《みやうり》の〔之〕深浅《じむせん》を別(た)不《〈ず〉》、皆三段を[7]用《も》(て)説を為す。第一には*序説《じよせち》。序(は)是(れ)*漸(く)由て義と為《〈す〉》。第二には*正説《しやうせち》。正といふは〔者〕経の〔之〕正躰

法身　ダルマ・カーヤ(真理そのものを本体とするもの)。釈尊に出会ってから、夫人はあらゆるすぐれた善行によって法身の自己を飾る者となった。
大理　大乗の説く究極の真理。
師子　獅子に同じ。
衆狩　多数の獣。
一乗大方便方広　さとりに至る唯一の教え(一乗)にして、人びとに真実を体得させるてだて(大方便)であるところの、広大な教え(方広)という意。
経といふは…　経(スートラ、音写は修多羅)とは、法(ダルマ、真理の教え)であり、また常住不変の教えであるという。
物　教化に浴する人びと。
漢中の語　経とは中国の翻訳語という意。
外国　インドを指す。
修多羅の五義　『雑阿毘曇心論』巻八には、1生れ出る、2泉のように涌く(涌泉)、3顕示する、4大工のすみなわ(縄墨)、5首飾りの糸すじ、の五義を出す。
人法　教えを説く人(能説)と、説かれる教え(所説)の二つ。

◈**夫れ**…　〔三〕序説・正説・流通説の三区分
大聖　偉大なる聖者釈尊。
序説　本論に入る前に説く序論。
漸く由て　「漸由」(発端・因由の意味)と読めば、理解できよう。
正説　経の本論の部分。

第『三流通説。謂、伝之後世、須此三所以者、良由衆生従来迷〔二ウ〕塵加復神鈍、若卒聞深理、非但不能受行、更生謗心還墜三塗。是以聖人先現殊常之相令物生楽、於是、衆生因此序相即発楽應聞深理之心、故即為説正躰、序正既竟、必時衆生皆得蒙益。而大聖垂慈説法、非但當時獲利、遠及末代皆同令福、故末即為説流通以勧之也、

三段文處者、従『初訖咸以清浄心・嘆佛実功徳、名為序説、従〔三オ〕如来妙色身世間无与等以下、訖汝已親近・百千億佛能説此義以来明為正説、従尒時世尊放勝光明普照大衆竟経、為流通説、

1 **須ゐる** 「モチヰル」の語は古くは必ずワ行上一段活用である。「モチウ」(ワ行上二段活用)や「モチフ」(ハ行上二段活用)は後世の転化形である。本来「持ち」+「率(ゐ)る」(ワ行上一段活用)の複合語であるから、当然である。阿毗達磨雑集論平安初期点の「須毛知ゐ弖」など古例が多い。

2 **塵に迷ひ** 別訓「迷塵して」。

3 **加復** 後朱「マス〳〵」あり。

4 **是ニ〔於〕** 「於是」を訓ずるに、古くはすべて「コ、ニ」であって、「於」は「ニ」と訓ずるか、又は不読としていた。「コ、ニオイテ」は後世の訓法である。

5 **生** 「と」あり。「は」の誤か。

6 **應き** 「応」字は後世では「マサニ…ベシ」と再読する字であるが、古くは一般に再読せず、「ベシ」とだけ訓じた。

7 **蒙る** 「カウブル」は「カガフル」から転じた語で、「カガフル」の例は金剛波若経集験記平安初期点に見え、「カウブル」の例は平安中期の土左日記以降に見られる。

8 **得** 下の動詞から返読する場合、後世は「…スルヲウ」と訓ずるが、古くは「…スルコトウ」、又は「…スルコトヲウ」と訓じた。本点には両形が見られる。

9 **處** 「を」あり。「といふは」の誤か。

10 **以下** 古くは一般に「(…ヨリ)シモツカタ」と訓ずる。

流通説　経が後世に流布して伝わることを説いて結語とする部分。
塵に迷ひ　塵とは五塵(五境)のことで、五つの感官が認識の対象としてとるところのもの。いろ・かたちあるもの(色)、音声、香り、味、触れられるものの五つ。
神　心のこと。
受行　教えを身につけて実践すること。
謗心　教えをそしる心。
三塗　地獄・餓鬼・畜生の三悪道。
聖人　釈尊のこと。
殊常の相　平常とちがった説き方。
楽　願いに同じ。
序正　序説(序論)と正説(本論)。
當時の獲利　その時代の人びとが利益を獲ること。
福せ令め　福徳を与えること。

なり。第三には*流通説《るづうせち》。謂(く)、之を後世《ごせ》に伝(ふ)るなり。此の三を[1]須《もち》(ゐる)所以者〈は〉、良《まこと》に衆生《しゆじやう》従来〈ムカシヨリ〉*[2]塵に迷(ひ)加[3]復*神鈍なるに由て、若(し)卒《にはか》に深理《じむり》を聞かば、但*受行《じゆぎやう》すること能(は)不《ざ》(る)のみに非ず、更に謗*心を生(じ)て還(り)て*三塗《さむづ》に墜《お》(ち)む。是《ここ》を以《も》て聖*人先づ殊*常の〔之〕相《さう》を現じて物(を)して*楽《ねがひ》を生ぜ令(む)。[4]〈コ、〉是ニ〔於〕、衆生[5](は)此の序相に因て即(ち)楽《ねが》(ひ)て深理を聞(く)[6]應《べ》(き)〔之〕心を発《おこ》す。故(に)即(ち)為に正躰を説ク。序*正既に竟(り)ぬ。必(ず)時の衆生皆益《やく》を[7]蒙《かうぶ》(る)こと得[8](む)。〔而〕大聖の慈を垂(れ)て法を説(き)タマフこと、但當*時の獲利《ぐゐやくり》のみに非ず、遠ク末代に及(ぶま)で皆同(じ)く福*せ令(め)タマフ。故(に)末に即(ち)為に流通を説(き)て以て之を勧(む)〔也〕。

三段の文處《もん[9]じよ》(といふは)〔者〕、初従《よ》(り)「咸以清浄心《げむいしやうじやうしむ》。嘆佛実功徳《たんぶつじちくどく》」(に)訖《をは》(るまでは)、名《なづ》(け)て序説と為〈す〉。「如来妙色身《によらいめうしきしん》。世間无与等《せけんむよとう》」従《よ》(り)[10]以下《しもつかた》、「汝已親近《によいしんごん》。百千億佛《ひやくせんおくぶつ》。能説此義《のうせちしぎ》」といふに訖《をは》(るより)以来《このかた》は、明に正説《しやうせち》と為《す》。「尒時《にじ》世尊《せそん》。放勝光明《はうしようくわうみやう》。普照大衆《ふせうだいしゆ》」(といふ)従(り)経の竟《をはり》マデは、流通説と為《す》。

1 **事** 「と」あり。衍か。
2 **序** 「に」あり。衍か。
3 **不** 「に」あり。「といふこと」の誤か。

序　説　序説を〔一〕通序(どの経にも共通している序)と、〔二〕別序(とくに本経のためにある序)の二つに分ける。釈尊在世時代、コーサラ国の首都舎衛城とマガダ国の首都王舎城は、インドの政治・経済・文化の中心であり、釈尊は両首都に滞在して長期にわたる教化を行なった。『観無量寿経』の主人公がマガダ国王妃韋提希(いだいけい)夫人であるのにたいして、本経のそれはコーサラ国の王女でアヨーディヤー国王妃勝鬘夫人であることは、きわめて興味深い。

如是等の五事　1「是の如く」という「信」、2「我、聞けり」という「聞」、3「一時」(あるとき)という「時」、4「仏」という「主」、5「舎

就第一序説初開為二、一通二別。如是等五事普貫衆経、故名通序、遺書感佛、正為此経、非為餘経、故稱別序、

就第一通序即有二、一明阿難所伝不謬、證人是可信、二有住『處同聞、明説経之根本、證法是可信、人能弘法故先證、法由人弘故後證、〔三ウ〕

如是者、惣挙一教之始終也。両物相似曰如、一物无非曰是、如来与阿難、談其聲口必一八既殊。金肉非同、故於文

(序　説)

第一の序説に就(て)初に開(き)て二と為《(す)》。一(に)は通、二には別《べち》(なり)。「如*是」等の五事[1]は衆経《しゆきやう》に普貫《ふくわん》す。故(に)通序と名く。書*(を)遺(して)佛(を)感ずるは、正(し)ク此の経(の)為なり。餘(の)経(の)為には非ず。故(に)別序[2]と稱ず。

○如レ是我聞。一時。佛住二舎衛国祇樹給孤独園一。

第*一の通序に就(て)即(ち)二有(り)。一には阿難*の所伝謬《あやま》(た)不《ず》[3](といふことを)明(し)て、人(は)是(れ)信(ず)可《べ》(し)といふことを證(ず)。二(に)は住《ぢう》處《しよ》と同聞《どうもん》と有(り)て、説経(の)〔之〕根本を明(し)て、法(は)是(れ)信(ず)可(し)といふことを證ず。人は能く法を弘(むる)が故に、先づ證じ、法は人に由て弘(まる)が故に、後に證ず。

「如是*」といふは〔者〕、惣(じ)て一*教の〔之〕始終(を)挙ぐ〔也〕。両物相似《りやうもちさうじ》せるを「如」と曰《い》(ひ)、一物として非无*《な》(き)を「是」と曰(ふ)。如来と阿難与《と》、其(の)聲口《しやうく》を談(ずれ)ば、必(ず)一八*既に殊なり。*金肉《こむにく》、同《どう》に非ず。故に文《もん》に

衛国の祇樹給孤独園」という「処」の五つ。

書を遺して…と稱ず　勝鬘夫人の両親が彼女に手紙を送り、それによって彼女が釈尊の感化に浴するに至ったいわれは、まさしく本経のためのものだから、他の経の序とすべきではない。それ故に、これを別序とするの意。

◈**第一の通序…**　〔一〕通序を二つに分け、まず五事の前三によって、㈠人の信ずべきことを明かし、ついで五事の後二によって、㈡法の信ずべきことを明かす。

阿難　梵語アーナンダの音写。釈尊のいとこといわれ、釈尊晩年の二十五年間、寸時も離れずに仕え、入滅に立会った。十大弟子の一人で、釈尊の教説を多く学んだ第一人者であったから、多聞《(たもん)》第一と称せられた。いま、通序の「我」とは阿難であると解釈している。

◇**如是といふは…**　㈠人の信ずべきことを明かす

一教の始終　一説法の全体。

非无き　たがわないこと。「如是」(このようにの意)は原語の「エーヴァム」(副詞形)である。

一八　一音と八音。阿難は一種類の肉声(一音)だけをもつが、釈尊には八つのすぐれた音声がある。すなわち1極好音—聞く者をして仏道に引き入れる妙なる音声、2柔軟音—やさしくおだやかな音声、3和適音—調和のある和らいだ優雅な音声、4尊慧音—聞く者をして智慧を体得させる音声、5不女音—男性的で畏敬の念を起こさせる音声、6不誤音—聞く者をして正しい見解を抱かせるあやまちのない音声、7深遠音—深遠な道理をさとらせる音声、8不竭音—聞く者をして尽きることなくさとらせる明瞭な音声、の八つである。

金肉　金口の声と肉声の二つ。

曰如、一八金肉雖異、即其所明即是一物、故於理曰是、我聞者・言、阿難親従佛聞所伝不謬・且欲表異外道我自然知之過、一時者・明如来所説経教其数无量、「而阿難、得佛覚三昧一時皆領、〔四オ〕故云一時、

第二挙住處同聞、證法是可信、

舎衛是城名、梁云聞物、此城慇富多有名珍遠聞四方、故云聞物、国名憍薩羅、今以城目国、故言舎衛、是十六大国中之一、祇樹給孤独園者、樹嘱太子祇達、園嘱給孤長者、二人共立精舎、今以両主標名、故云祇樹給孤独園、同聞衆、略无也・或云、説此経時在乎後宮、上唯諸「天、下唯綵女、闕无大士、不足以此證〔四ウ〕経、故闕之也・而此経下流通之初、既云放勝光明

1 **即**　応永点墨点(以下「応墨」と略称)「チ」あり。

2 **是**　応墨「レ」あり。

3 **然**　「に」あり。衍か。

4 **知**　後朱「ノ」あり。

5 **欲るなり**　「欲」の古訓法には種々あり、「…マクホッス」「…ムトオモフ」「…ムトス」「…ムトホッス」などあるが、本点中の「将に滅せむと欲(す)る時」(一四一頁)の例によって、すべて「…ムト欲(ス)」と訓ずることとした。

6 **難**　後朱「ニ」あり。

7 **得**　後朱「エセ□メテ」あり。

8 **アテ**　「アリテ」の転で、「アッテ」という促音便であったのを促音「ツ」を表記しなかったもの。「ツ」表記の例は平安時代末から見えはするが、極く僅であって、一般的でなかった。鎌倉時代にもこのような無表記が普通であった。

9 **之也**　「之」も「也」も文末の場合には読まないのがこの訓点の例であり、古代の仏書の訓点の通例である。

於《おい》て「如」と曰(ふ)。一八金肉異なりと雖(も)、即(ち)其の所明《しよみやう》[1]即(ち)是[2](れ)一物なり。故に理に於て「是」(と)曰(ふ)。「我聞」といふは〔者〕言(く)、阿難親(し)く佛に従(ひ)て聞(きたてまつる)をもて所伝謬(た)不《ず》。且《マタ》*外道《げだう》の我自《がじ》然《ねん》[3]知《ち》[4](の)〔之〕過《くわ》(に)異なりと表せむと欲《す》[5]るなり。「一時」といふは〔者〕、如来の所説の経教は其の数无量(なれ)ども、〔而〕阿難[6]、*佛覚三昧《ぶつかくさむまい》を得[7]て一時に皆領*(ず)といふことを明す。故に「一時」と云(ふ)。

第*二に住處と同聞とを挙(げ)て、法(は)是(れ)信ず可《べ》(し)といふことを證ず。

「舎*衛」は是(れ)城の名なり。梁《りやう》には聞物《もんもち》と云(ふ)。此の城は*愍富《みんぶ》にして多(く)*名珍《みやうちむ》有(り)て遠く四方に聞ュ。故に聞物と云(ふ)。国をば憍薩羅《けうさら》と名(く)。今は城(を)以(て)国に目《なづ》く。故(に)「舎衛」と言(ふ)。是(れ)十*六大国の中の〔之〕一なり。「*祇樹給孤独園《ぎじゆぎふこどくをん》」といふは〔者〕、「樹」を(ば)太子祇達《ぎたつ》に嘱《ぞく》し、「園」をば給孤長者《ぎふこちやうじや》(に)嘱す。二人共に精舎《しやうじや》を立(つ)。今両主を以て名を標せり。故に「祇樹給孤独園」と云(ふ)。*同聞衆《どうもんしゆ》は、略(し)て无(きなり)〔也〕。或(は)云(く)、此の経(を)説(き)タマヒし時は〔乎〕*後宮《ごぐう》に在り。上は唯《たゞ》し諸天、下は唯し*綵女《さいによ》のみアテ[8]、闕《か》(け)て大*士无《な》し。此(を)以て経(を)證ずるに足(ら)不《ず》。故に闕(く)〔之也[9]〕。〔而〕此の経の下の流*通の〔之〕初に、既に「放勝光明《はうしようくわうみやう》。

外道…欲るなり　外道とは仏教以外の異教または異教徒のこと。異教徒が神秘的霊感によって神の啓示を知る、というような過誤に陥るのとはまったく異なることを表明せんとしているの意。

佛覚三昧　真理をさとるための心統一。

領ず　領解する。

◇第二に住處と同聞…　(二)法の信ずべきことを明かす

舎衛　コーサラ(憍薩羅)国の首都シュラーヴァスティーの音写。中国の南朝の梁代(五〇二―五五七)にこの語を「聞物」と訳したとする。インドの首都は城塞で築かれているから舎衛城と呼び、コーサラ国名の代りに首都名を使って舎衛国とも称する。

愍富　強富の意か。法隆寺昭和会本(以下「昭和会本」と略称)には殷富とする。

名珍　珍しい物産。

十六大国　釈尊当時のインドにおける大国十六をいう。

祇樹給孤独園　舎衛国の太子である祇達(祇陀、ジェータ)が所有していた祇陀林を、富商の須達多(スダッタ)が購入して、釈尊の教団に寄進し、多くの僧坊を建てた。略して祇園精舎という。須達多は熱心な仏教徒で、「孤独な人びとに食を給する資産者」(給孤独長者)と呼ばれていた。かれら両人が協力してできたから、この僧園に両者の名前が付けられている。

同聞衆　仏の説法を一緒に聞いた聴衆。

後宮　アヨーディヤー国の奥殿。

綵女　女官。この直後に出す「采女」と同じ。

大士　→二六頁注「法雲の大士」

流通　流通分のこと。→三四三頁

普照大衆、豈言復无衆、且今、言以住處同聞、證法是可信者、豈其挙彼踰闍宮處宮中采女哉、是即付嘱之時處衆也・故知、略即明矣、

就第二別序、亦開為二、第一従時波斯匿王以下、訖敬授勝鬘、名外縁序、第二従勝鬘得書歓喜以下、訖嘆佛実功德名内因序、言・『尊者遺書、為説此経之外縁、云外縁序、勝鬘嘿念感佛、〔五オ〕為説此経之内因、故云内因序、

就第一外縁序、亦有三、第一王及夫人共談勝鬘心明根利、宜聞深法德行、第二従夫人白言以下、言畢即作書讃佛功德、遣信令聞、第三従使人奉書以下、明使人奉書至阿踰闍国而奉、

1 **略…** 応朱「略セリトイフコト即(チ)明〈アキラカ〉ナリ」とあり。
2 **故に** 応墨「故ニ」あり。
3 **宜キ** 再読。
4 **言** 文永点墨点(以下「文墨」と略称)「イ、」あり。
5 **作** 文墨「テ」あり。
6 **信** 応永点朱点(以下「応朱」と略称)「ツカヒ」あり。

普照大衆《ふせうだいしゆ》」と云(ふ)。豈に復、衆无(し)と言(はむ)や。且《しばら》く今、住處と同聞とを以て、法は是(れ)信(ず)可《べ》(し)といふことを證ずと言(は)バ〔者〕、豈に其レ彼の踰闍宮處《ゆじやくうしよ》の宮中《くうぢう》の采女《さいによ》を挙(げむや)〔哉〕。是(れ)即(ち)付嘱《ふぞく》の〔之〕時處の衆(なり)〔也〕。故に知(り)ぬ。略[1](し)て即(ち)明すなり〔矣〕。

*第二の別序に就て、亦開(き)て二(と)為。第一に「時波斯匿王《じはしのくわう》」(といふ)従《よ》(り)以下、「敬授勝鬘《きやうじゆしようまん》」といふに訖《をは》(るまで)は、外縁序《ぐゐえんじよ》と名(く)。第二に「勝鬘得書《しようまんとくしよ》。歓喜《くわんぎ》」(といふ)従《よ》(り)以下、「嘆佛実功徳《たんぶつじちくどく》」といふに訖(るまで)は、内因序と名(く)。言(ふこゝろ)は、尊者の書(を)遣(す)は、此の経を説ク〔之〕外縁為《〈た〉》り。(故[2]に)外縁序と云(ふ)。勝鬘嘿念《もくねむ》して佛(を)感ずるは、此(の)経(を)説く〔之〕内因為《〈た〉》り。故(に)内因序と云(ふ)。

*第一の外縁序に就て、亦三有(り)。第一には王(と)〔及〕夫人(と)共に勝鬘の*心明に根利にして、宜(し)ク深法(を)聞(く)宜《〈べ〉》[3]キ徳行《とくぎやう》を談(ず)。第二(に)「夫人白言《ぶにんびやくごん》」(といふ)従《よ》(り)以下は、言[4](ひ)畢(り)て即(ち)書を作[5](り)て佛の功徳(を)讃(じ)て、信[6]《つかひ》を遣(して)聞(か)令(む)。第三に「使人奉書《しにんぶしよ》」(といふ)従《よ》(り)以下は、*使人書(を)奉《うけたまは》(り)て阿踰闍国に至(りて)〔而〕奉(る)といふことを明す。

付嘱　仏の説法が終って、これを世に流布するようにと、仏が聴衆に依嘱すること。↓三四五頁

◈第二の別序に…　〔二〕別序　以下は、本論に入るための序で、㈠外縁序(間接の由来を述べる序)と、㈡内因序(直接の由来を述べる序)の二つに分ける。

◇第一の外縁序…　㈠間接の由来を述べる序　コーサラ国の波斯匿(プラセーナジット)王と末利(マッリカー)王妃は敬虔な仏教徒であった。ある日のこと、アョーディヤー国王に嫁した娘の勝鬘夫人も善き仏教徒になってほしいという親の願いを、夫婦の語らいのなかで確かめ合った。そこで両親はさっそく、女官の旃提羅(チャンディラー)を使者として、信書を勝鬘夫人の許に届けることとなった。

心明に根利にして　心が聡明で資質が優れていて。

使人　使者。女官の旃提羅を指す。

時者、言勝鬘、應聞常住之時也。信法未久者謂、信大乗法未久
也。言。王与夫人、但『信小乗法来久而未信大乗、如来在一樹 〔五ウ〕
下説法時、波斯匿王、撃鼓来奉佛、佛知故問此何聲也。阿難依
実而答。時佛言、世王撃生死鼓、我為法王、宜撃法鼓、即説法
鼓経、於是、王及夫人、始信大乗未久即遣使告於女勝鬘也。故▽ 故—文庫本なし
一云、時者是謂説法鼓経時也。解此信法未久、種種不同、然推
尋本末、唯此應當、故不記也、是我之女者。讃重之辞也。言、
『相子不過父母、 〔六オ〕

1 **愍**　蔵本「敏」に作る。
2 **時**　「を」あり。「といふは」の誤か。
3 **者謂く**　「甲者謂乙」のような語句は、後世は「甲トハ乙ヲ謂〈イ〉フ」のように訓ずるのが普通であるが、古くは「…トイフハ謂〈イ〉ク」のように訓ずるのが常であった。この場合、「者」字の直前の字に「トイフハ」と仮名又はヲコト点で附訓し(音便でトイハ・トイッパなどともなる)、「者」を不読とすることが多かったが、時には「者」字にトイフハと附訓したこともある。
4 **夫人与**　このような「与」は後世は「…トトモニ」と訓ずるが、古くは「…ト」とのみ訓じた。↓九一頁「即(ち)上の十大受与〈と〉同なり」。
5 **信ぜ未**　「未」は後世は「イマダ…ズ」と再読するが、古くは再読せず「…ズ」とだけ訓ずるのが普通であった。本訓点もこの例に拠っている。
6 **宜シ**　再読。
7 **久**　応朱「カラ」あり。
8 **未**　応朱「スシテ」あり。
9 **女**　応朱「ムスメ」あり。
10 **故**　文朱抹消。

○時。波斯匿王。及末利夫人。信レ法未レ久。共相謂言。勝鬘夫人。是我之女。聡慧利根。通[1]敏易レ悟。若見レ佛者。必速解レ法。心得レ無レ疑。

宜三時遣レ信。発二其道意一。

「時[2]」(といふは)〔者〕、言(ふこゝろ)は、勝鬘、*常住《じやうぢう》を聞(く)應《べ》(き)〔之〕時(なり)〔也〕。「信法未久《しんぼふみく》」といふは〔者[3]〕謂(く)、大乗の法(を)信じて久(しから)未《ざ》(るなり)〔也〕。言(ふこゝろ)は、王と夫人与[4]《と》、但(し)小乗の法(を)信じて来《このかた》は久し(く)〔而〕大乗(を)信[5](ぜ)未《ず》。如来、一の樹下に在《〈イマ〉》(し)て、法(を)説(き)タマフ時に、波斯匿王《はしのくわう》、鼓《つゞみ》を撃(ち)て来《きた》(りて)佛に奉る。佛、知(り)タマへども故《こと〈サラ〉》に此は何の聲ぞと問(ひ)タマフ〔也〕。阿難*実に依て〔而〕答(ふ)。時に佛の言《のたま》(は)く、*世王は生死《しやうじ》の鼓を擊つ、我は法王為《た》り、宜(し)ク法の鼓を撃(つ)宜[6]《べ》シ。即(ち)*法鼓経《ほふくきやう》を説(き)タマフ。是於《に》、王(と)〔及〕夫人(と)、始(めて)大乗(を)信じて久し[7](から)未[8]《ず》(して)即(ち)使を遣(し)て〔於〕女[9]勝鬘に告(げ)タマフ〔也〕。〔故〕[10]*一には云(く)、「時」といふは〔者〕是(れ)法鼓経を説(き)タマフ時を謂フ〔也〕。此の「信法未久」を解《げ》するに、種種に不同なり。然(れども)本末を推尋するに、唯*此のみ當る應《べ》し。故(に)記(せ)不《ざ》る(なり)〔也〕。「是《ぜ》我之女《がしによ》」といふは〔者〕、*讃重《さんぢう》の〔之〕辞(なり)〔也〕。言(ふこゝろ)は、*相子父母《ぶも》

常住　常住不変の真実を説く教え。本経で明かす一乗の教えのこと。

実に依て　ありのままに。

世王は生死の…　この釈尊のことばは、「世俗の王たる者は、生死・輪廻の迷いの鼓を打つが、わたしは真理の教えを説く法王だから、真理の鼓を打とう」という意味である。

法鼓経　現存する『大法鼓経』二巻(劉宋、求那跋陀羅の訳。大正蔵九、二九〇)に相当する。この経は大乗の『涅槃経』や『法華経』の中心思想を盛り込んでおり、釈尊晩年の説法とされている。

一　一説の意味。

此　上述の解釈。

讃重　ほめたたえること。

相子…莫し　わが子を見るのは父母に過ぎる者なく、わが臣下を知るのは君主にしくはない。

1 過 応朱「スキ」あり。
2 如 応朱「シクハ」あり。
3 爽 応墨「サウ」「イサキヨシ」あり。
4 易 応墨「イ」あり。
5 表 応墨「ヲモテ」あり。
6 裏 文墨「リ」「ウラ」あり。
7 稟 文墨「ウクル」あり。
8 嘆 応墨「ルヲ」あり。
9 聴 応墨「ヲ」あり。
10 神 文墨去声複圏点あり。
11 情 文墨去声複圏点あり。
12 失 応朱「ス」あり。

知臣、莫如君王、我子之稱、不別自他、唯在於善、今勝鬘既為己子、且有明徳、應聞勝道、故亦、自稱我子也、聡慧利根者、耳善聴曰聡、心明察曰慧、聡察爽明、謂之利根、通敏易悟者、聞表達裏、謂之通、善聴之所致、照了深明、謂之敏、善察之所致、遇理即解、謂之易悟、利根之所致、前句談其性能、後句言其功用、共相成也・稟教、必由善聴、「故嘆聴為首、此、明器已〔六ウ〕具、必速解法者、一聞即悟、不待再教、心得无疑者、神情開朗无小乗疑滞也・宜時遣信発其道意者、時有二、一年時・二機時・皆不可失也、此明可納実也、

に過[1](ぎ)不《〈ず〉》。知臣、君王に如[2](くは)莫し。我子(の)〔之〕稱は、自他を別(た)不《〈ず〉》。唯〔於〕*善に在り。今勝鬘は既に己《おの》が子為《〈た〉》り。且明徳《みやうとく》有(り)て、*勝道(を)聞(く)ベキに應ぜり。故に亦、自《〈ミ〉づか》(ら)我子と稱ず〔也〕。「聰慧利根《そうゑりこん》」(といふは)〔者〕、耳に善く聴(く)を「聰」と曰(ひ)、心に明(か)に察するを「慧」(と)曰(ふ)。聰察《そうさち》[3]爽明《さうみやう》なる、之を「利根」と謂(ふ)。「通敏易悟[4]」といふは〔者〕、表を聞[5](き)て裏[6]を達する、之を「通」と謂(ふ)。善聴の〔之〕致(す)所なり。照了深明《せうれうじむみやう》なる、之を「敏」と謂(ふ)。善察の〔之〕致(す)所なり。理に遇(ひ)て即(ち)解《さと》る、之を「易悟」と謂(ふ)。利根の〔之〕致(す)所なり。前の句は其の*性能《しやうのう》を談じ、後の句は其の*功用《くゆう》を言(ふ)。共に相ヒ成《じやう》ずるなり〔也〕。教を稟[7](くる)は、必ず善聴に由る。故(に)嘆[8]の聴[9]を首と為《〈す〉》。此は、*器已に具せりといふこと(を)明《あか》す。「必速解法《ひちそくげほふ》」(といふは)〔者〕、一タビ聞(き)て即(ち)悟る。再タビ教(ふる)ことを待(た)不《〈ず〉》。「心得无疑《しむとくむぎ》」といふは〔者〕、*[10]神情[11]開朗にして小乗の*疑滞无(し)〔也〕。「宜時遣信《ぎじけんしん》。発其道意《はちごだうい》」(といふは)〔者〕、「時」に二有(り)。一は*年時。二(は)*機時。*皆失《[12]しち》(す)可(から)不《ず》〔也〕。*此は可納実を明す〔也〕。

○夫人白言。今正是時。王及夫人。与㆓勝鬘書㆒。略讃㆓如来。無量功徳㆒。

即遣㆔内人。名㆓旃提羅㆒。

善 長所、美点。

勝道 勝れた仏道。

性能 (夫人の)性質や能力。

功用 (夫人の)すぐれた働き。

器 大乗の教えを聞くべき器。

神情 心情。

疑滞 疑念や執心。

年時 歳月。

機時 ちょうどその時という機会(チャンス)。

皆失す可から不 年時といい機時といい、「時」というものはとり逃がすべきではないの意。

此は可納実を明す 夫人が釈尊の説かれる真実の教えを聞いて、「これを信受すべきである」(実を納〈い〉る可き)ということを明かす。

従夫人白言以下第二遣信、
略讃如来无量功徳者、聖徳无量、不可備陳、故粗標三徳也、
第三明使人致彼奉書、可見、此明正内実、可見、
従勝鬘得書以下第二内因序、分為「五、〔七オ〕
第一、明得書歓喜、亦可見、
生希有心者謂、聞常住也、通而為論、常住本然、但、聞是希、
故云希有、
▽二初行偈、欲修供養、
而勝鬘、但見書、那得言我聞佛音聲

1 **量** 文朱「なり」の点一部分欠。
2 **備** 室町期以後の墨点(以下「後墨」と略称)「ツ」あり。
3 **陳** 後墨「シ」あり。
4 **粗** 後墨「ホ、」あり。
5 **論** 文墨「ヲ」あり。
6 **為** 文墨「ナサハ」あり。
7 **而** 応墨「ニ」あり。
8 **書** 後墨「ヲ」あり。
9 **那** 「ナ」の下傍訓一字未詳。

三徳 法身と解脱と般若の三つの徳性。第一、歎仏真実功徳章および第五、一乗章を参照。
使人 女官の旃提羅(菩提流志訳には真提羅とする)は、チャンディラーの音写で、月の如きもの、月より生じたものという意。
見つ可し この点については、直接、経文に当って理解するがよいの意。花山信勝によれば、これとほぼ同じ表現の「亦可レ見」「皆可レ見」を合わせると、『勝鬘経義疏』では四十四個所、『法華義疏』では百四十個所あるという(『勝鬘経義疏の上宮王撰に関する研究』昭和十九年、岩波書店)。しかしながら、敦煌本

二初…但見—この十三字、底本誤って前々行の「常住也」の直後、「通而為論」の直前にあり。今これを訂す

「夫人《ぶにん》白言《びやくごん》」(といふ)従《よ》(り)以下は第二に信《つかひ》(を)遣す。

「略讃如来。无量功徳」といふは〔者〕、聖徳无量なり[1]。備[2]に陳[3]ず可(から)不《〈ず〉》。故に粗[4]三*徳を標(す)〔也〕。

○使人奉㆑書。至㆓阿踰闍国㆒。入㆓其宮内㆒。敬授㆓勝鬘㆒。

第三に使*人彼《かしこ》に致《いた》(り)て書を奉(る)といふことを明す。見*(つ)可(し)。此*(は)正内実《しやうないじち》(を)明す。見(つ)可(し)。

「勝*鬘得書」(といふ)従《よ》(り)以下(は)第二に内因序(なり)。分(ち)て五と為。

○勝鬘得㆑書。歓喜頂受。読誦受持。生㆓希有心㆒。向㆓旃提羅㆒。而説㆑偈言。

第一には、書を得て歓喜(す)といふことを明(す)。亦見(つ)可(し)。

「生希有《しやうけう》心《しむ》」といふは〔者〕謂(く)、常*住(を)聞(くなり)〔也〕。通じて〔而〕論[5](を)為[6]す。常住は本然《ほんねん》なり。但、是(を)聞(く)こと希なり。故(に)「希有」と云(ふ)。

○我聞佛音聲。世所㆑未㆓曾有㆒。所㆑言真実者。應㆔當修㆓供養㆒。(第一偈)

二に初の行の偈(は)、供養を修せむと欲《す》(る)なり。

而[7](るに)勝鬘、但、書を見て[8]、那[9]《〈ナ〉ん》(ぞ)「我《が》聞《もん》佛《ぶつ》音《おむ》聲《じやう》」と言(ふ)ことを得(むと)

『奈93』(第三章以下)には、太子義疏の文章の四分の三が見出され、また「本義云」として引用する十四個所は、いずれも敦煌本と同じ文であり、「本義」の注釈のうち、これを略して「可㆑見」「亦可㆑見」などとした個所は、太子義疏を通じて三十九個所を数えるという(「敦煌本『勝鬘義疏本義』」九頁、『聖徳太子研究』第五号所収)。

此は正内実を明す　四一頁注に出す「此明可納実」をうけていると解すれば、「此れ正しく実を内(い)るることを明かす」と読むべきであろう。

◇勝鬘得書といふ…　㈡直接の由来を述べる序両親から「一度、釈尊にお目にかかって、み教えを聞くように」という、なつかしい手紙を勝鬘夫人はもらった。親の慈愛に感激しつつ読むうちに「この世に仏在ます」ということばにうたれて、急に心の隅々まで明るくなり、いまだかつて覚えぬ深い感動におそわれた。そこで、夫人は使者チャンディラーに向って、釈尊の徳をたたえる偈(詩句)を詠んだ。すると、彼女の願いが達したのであろうか、釈尊は空中にその姿を現わしてとどまった。彼女はおつきの者たちとともにうやうやしく合掌して、さらに釈尊の徳をたたえた(経文では十四偈を出すうち、前半の四偈がいまの部分に相当する。後半の八偈は、第一、歎仏真実功徳章に区分する)。直接の由来を述べる内因序を五つに分ける。すなわち、1夫人は両親の手紙を見て歓喜する、2釈尊を供養したいという願いをおこす(第一偈)、3黙然として釈尊を心中に祈念する(第二偈)、4釈尊は夫人の祈念に答えたもう(第三偈)、5身・口・意の行為によって釈尊を供養する(第四偈)。

常住　→三九頁注

者、聲以伝意、書以伝聲、故書義、云聞佛聲、又見聞覚者、従
書得解、亦稱為聞、世所未曾有者・言・我理雖本然、但拠故我
云未曾、明一生未曾聞常住、真実者、聖躰円備非偽曰真、至徳
凝然无虚曰「実、〔七ウ〕

有一行偈明嘿念感佛、

言・如来應世為物无偏、我雖无知女人、亦入世数、願垂慈心得
見耶、

一行偈、明佛應其感、

而應於空中者・若在宮内、或履渉艱難、且、欲表如来法身无相、
猶如虚空也、如来項後常光、但七尺而

1 **従**　未詳点あり。
2 **解**　応墨「スルコト」あり。
3 **但**　応朱「タヽ」あり。
4 **故我に拠りて**　応墨「我拠(る)カ故ニ」と訓ず。
5 **得**　文朱去声圏点あり。
6 **在**　応墨又は後墨「マシ〱」「マシマサハ」あり。未読点一箇あり。
7 **履**　応朱上声圏点あり。
8 **渉**　応朱上声圏点あり。

聞佛聲　チベット訳によれば、「この「仏」という御ことばは」となっている(月輪賢隆『蔵漢和三訳合璧勝鬘経・宝月童子所問経』七頁、昭和十五年、興教書院)。信書のなかで「この世に仏在ます」と、父母から知らされた夫人は、世に極めてまれなことばであるといって「仏」と口ずさんだのであろう。

見聞覚　一般には、六つの感官がもつ識別作用を四つにまとめて、見(眼の作用)と聞(耳の作用)と覚(鼻・舌・身の作用)と知(意の作用)とする。底本の訓法では恐らく「見聞の覚」と読み、「書に従ひて解することを得」に続けようとしたのであろう。

我理本然なりと…といふことを明す　勝鬘夫人が仏の音声をこれまで聞いたことがなかったと述べているのは、本来、自己自身は常住・真実の体現者(法身)であるけれども、ここでは輪廻の存在者としての姿をとっている立場から「いまだかつて云云」といい、人間に生まれて常住・真実の教えを始めて聞く身となったことを明かしている。

至徳凝然　すぐれた徳が完備しているさま。

世に應じて…无し　世間の人びとにたいして分けへだてなく救いの手をさしのべること。

我れ无知の女人なりと…得しめタマへ　勝鬘夫人の告白。わたしは無知な女性であるけれども、釈尊の救いを蒙むるそれらの人びとの中の一人でもある。願わくは、慈しみの心を垂れて、お姿を拝見させてください。↓補

如来の法身…如し　釈尊は真理を身体とする法身の仏であって、この法身はかたちのないもの(無相)で、あたかも虚空のようなものである。

項の後の常光　釈尊の頭頂から常に放たれる光明。

ならば〔者〕、聲は以て意を伝へ、書は以て聲を伝フ。故(に)書を(ば)義をもて、*「聞佛聲」と云(ふ)。又「*見聞覚《けんもんがく》」といふは〔者〕、書(に)従[1](ひ)て解[2]《げ》(することを得、亦稱(じ)て「聞」と為。「世所未曾有」といふは〔者〕、言(ふこゝろ)は、*我理本然なりと雖(も)、但[3](し)故[4]《こ》我《が》(に)拠(り)て「未曾」と云(ふ)。一生に曾て常住を聞(か)未《ず》といふことを明す。「真実」と者《(い)》ふは《(へ)》、聖躰《しやうたい》円備にして偽《いつはり》に非(ざる)を「真」と曰(ふ)。*至徳凝然にして虚无(き)を「実」(と)曰(ふ)。

○仰惟㆓佛世尊㆒。普為㆓世間㆒出。亦應㆘垂㆓哀愍㆒。必令㆗我得㆖見。(第二偈)

一行(の)偈《げ》有(るは)嘿念《もくねむ》して佛を感ずといふことを明す。言(ふこゝろ)は、如来は*世に應じて物(の)為に偏无(し)。*我れ无知の女人なりと雖(も)、亦世数に入レリ。願(は)クは慈心を垂(れ)て見(る)こと得[5](しめ)タマへ〔耶〕。

○即生㆓此念㆒時。佛於㆓空中㆒現。普放㆓浄光明㆒。顯㆓示无㆑比身㆒。(第三偈)

一行の偈《げ》は、佛、其の感に應ジタマフことを明す。而(る)に〔於〕空中に應ずることは〔者〕、若(し)宮内《くうない》に在し[6]、或は履[7]《(リ)》渉[8]《せふ》(を)イハゞ艱難《かんなん》なるべし。且《ま(タ)》、*如来の法身は无相なること、猶《なほ》(し)虚空の如(し)といふことを表《へう》せむと欲《す》〔也〕。如来の*項《うなじ》(の)後《うしろ》の常光は、但(し)七尺にして〔而〕

已、今、欲表勝鬘将説一乗円果常住之理故、普身皆放、

一行偈明三業供養、可見、

接足礼者、雖有空中、以接足礼致敬、非適接也、

1 已　応朱「ヤミヌ」あり。

2 将に　「将」字は、後世は一般に「マサニ…ムトス」と再読するが、古くは必ずしもこのようなよみ方とは限らなかった。本点本では再読の例もあるが、ここのように再読でなく、「マサニ…べシ」とよむ例もある。

3 放　応墨「ツトイフ」あり。

4 適　文墨「マコトニ」あり。

5 接　文墨「トルニ」あり。

已[1](みぬ)。今は、勝鬘に将に[2]一*乗円果の常住(の)〔之〕理を説(き)タマフべしといふことを表《へう》せむと欲《す》るが故に、普*身より皆放[3](つ)といふ。

○勝鬘及眷属。頭面接レ足礼。咸以二清浄心一。歎二佛実功徳一。(第四偈)

一行の偈は三*業の供養を明す。見(つ)可《べ》(し)。

「*接足礼《せふそくらい》」といふは〔者〕、空中に有(り)と雖(も)、接足礼を以て敬(を)致(す)。*適[4](に)接[5]《と》(るに)非(ず)〔也〕。

一乗円果の常住の理　一乗(唯一にして究極の教えである大乗)に基づく完全なさとり(円果)である、常住不変の真理(常住之理)の意。

普身　釈尊の身体全体をいう。

三業　身業(身体的行為)・口業(ことば)・意業(心で思うこと)の三つの行為。仏教ではわれわれの行為のすべてを三業で表わす。経文の「清浄心」とは、仏にたいして起した清らかな信心をいう。

接足礼　インド一般の礼法のうちで、最敬礼による礼法。両手で相手の両足をとり、頭面をそれに接して頂く。

適に接るに非ず　古訓点では「適」を「まことに」と読む。花山信勝は「まさに」と読み、太子独自の用法とみる(前掲書、二五三頁)。

〔八オ〕

従「如来妙色身以下、経□之第二正説、就中凡有十四章、大分為三、第一挙初五章明乗之躰、言・万善・皆為乗躰、挙中八章明乗之境、言・有作无作八聖諦、皆為乗境、挙後一章、明行乗人、言・三忍菩薩、御此乗而行・

就第一明乗躰中五章、亦分為二、第一初三章明自分行、言・勝鬘本是不可思議、但迹在七地、今初三章明七地行、故云自分行、第二後二「章、明他分行、明八地以上之行、非其七地之分、故〔八ウ〕云他分行、自分行中三章、第一嘆佛真実功徳章・第二十大受章、第三三大願章、

□—底本欠、慶応本により「中」を補入す

1 御　応朱「キョシテ」「マシ〈〈テ」あり。
2 嘆　不明一字あり。

正　説　これより本論に入る。まず、本論に入るにあたって趣旨を述べる。すなわち、全十四章を大きく三つに分け、一乗の教えの本体(乗の体)、一乗の教えが説き明かす真理観察の対

(正　説)

「如来妙色身」(といふ)従《よ》(り)以下(は)、経の(中)(の)〔之〕第二の正説なり。中(に)就(て)凡(そ)十四章有(り)。大に分(ち)て三(と)為《す》。第一には初の五章を挙(げ)て乗(の)〔之〕躰を明す。言(ふこゝろ)は、*万善《まんぜん》を、皆乗の躰と為《（す）》。中の八章を挙(げ)て乗の〔之〕*境を明す。言(ふこゝろ)は、*有作无作《うさむさ》の八聖諦《はちしやうたい》を、皆乗の境と為《す》。後の一章を挙(げ)て、行乗《ぎやうじよう》の人を明す。言(ふこゝろ)は、*三忍の菩薩、此の乗に御[1](し)て〔而〕行ず。

第一に乗の躰を明(す)が中の五章に就て、亦分(ち)て二(と)為。第一に初の三章は*自分行を明す。言(ふこゝろ)は、勝鬘は本は是(れ)不可思議なり。但(し)迹《じやく》は七地に在り。今初の三章は七地の行を明す。故に自分行と云(ふ)。第二に後の二章は、他分行を明す。八地以上の〔之〕行を明(し)て、其の七地(の)〔之〕分に非(ず)。故(に)他分行と云(ふ)。自分行の中の三章といふは、第一には、嘆[2]佛真実功徳章、第二には十大受章、第三には三大願章なり。

象(乗の境)、および一乗の教えを実践する人(行乗の人)とする。したがって、本論の全体は「一乗」を明かすことを趣旨としているといえよう。正説の科文については↓補(表1)
万善　仏果のさとりを得るよろずの善。
境　ここでは真理観察の対象としてとるところの四聖諦(聖なる四つの真実)をいう。
有作无作の八聖諦　有作の四聖諦と無作の四聖諦を合わせて八聖諦とする。有作の四聖諦とは、生と滅、迷と悟の二元相対のなかで真実を観察していくところの相対の四聖諦をいう。無作の四聖諦とは、生と滅、迷と悟などの矛盾し差別するものが、矛盾せず無差別のもので、そのことが真実であると観察していくところの絶対の四聖諦をいう。↓補
三忍の菩薩　真理を把握する智慧をもつ三種の求道者。第十四、真子章を見よ。「忍」とは、真理をしっかりと把握し体得する智慧、またはその智慧を得た境地をいう。求道者の十地の階位にあてはめれば、信忍は煩悩のけがれなき信心を得た初地・第二地・第三地の階位で得るもの、順忍は不生不滅の道理に随順してその体得に向う第四・第五・第六地の者が得るもの、無生法忍は不生不滅の道理を体得しおわった第七・第八・第九地の求道者に属する。
自分行　太子義疏は、求道者の実践を、大乗仏教で説く自利と利他の面から、自分行と他分行とに分けている。そして自分行を歎仏真実功徳章・十大受章・三大願章の三章に、また他分行を摂受正法章・一乗章の二章に配当して、前者を第七地以下の求道者の実践とし、後者を第八地以上の求道者のそれであると規定した。↓補

今第一嘆如来真実章・此章来意者、勝鬘前来未聞常住、但今因父母、遺書、乃得聞、所以嘆今日常住真実願為帰依、異於昔日帰依无常、且行善之義、本在帰依、今、欲広明万行之道、故以帰依為首也、所以優婆塞戒『経云、若不依三寶受戒、戒不堅強、〔九オ〕如綵色无膠、就此章中、又開為二、第一有五行偈、正嘆常住真実、願為帰依、第二従哀愍覆護我以下、竟章、請救、

就第一、正歎中、五行偈、分為四、第一初二行偈、嘆法身、次一行偈歎解脱、次一行偈嘆波若、次一行偈惣歎三徳、而常言佛地万徳円備、何意、但拠此三徳為歎者・法身是万徳之正躰・解脱是断・波若

1 **来**　文墨「ヨリ」あり。
2 **未**　応朱「タ」あり。
3 **乃**　後世「スナハチ」と訓ずる字であるが、古くは「イマシ」と訓ずるのが例であった。
4 **且**　応墨「ツ」あり。
5 **故**　応墨「カルカユヘニ」あり。「カルガユヱニ」は「斯(か)有(あ)るが故(ゆゑ)に」の音約で、古く文首の「故」を訓ずるのに多く用いられた。
6 **无**　ヲコト点一箇未読。
7 **波**　「と」あり。衍か。

（第一　歎佛真実功徳章）

*今第一（に）嘆如来真実章《たんによらいしんじちしやう》といふは、此の章の*来意は〔者〕、勝鬘前[1]来より常住（を）聞（か）[2]未《ず》。但今父母の、書を遣（す）に因て、[3]乃《いま》（し）聞（く）こと得。所以に《このゆゑ》今日の常住真実を嘆（じ）て願（ひ）て帰依《くゐえ》を為《す》。〔於〕昔日の帰依の无常には異なり。[4]且（つ）善を行ずる〔之〕義は、本《もと》帰依に在（り）。今、広（く）万行の〔之〕道を明（さ）むと欲《し》て、[5]故に帰依を以て首と為〔也〕。所以に*優婆塞戒経《うばそくかいきやう》に云（く）、若（し）三寶に依（ら）不《ず》して戒（を）受（け）ば、戒、堅強《けんがう》（なら）不《ざ》ること、*綵《〈サイ〉》色《しき》に膠《にかは》[6]无（きが）如しといへり。此の章の中に就て、又開（き）て二（と）為。第一には五行の偈有（り）て、正（しく）常住真実を嘆（じ）て、願（ひ）て帰依を為《〈す〉》。第二には、「哀愍覆護《あいみんふご》我《が》」（といふ）従《よ》（り）以下、章の竟（るま）では、救を請ず。

*第一に、正（し）く歎ずる中の、五行の偈に就て、分（ち）て四（と）為《す》。第一に初の二行の偈は、法身を嘆じ、次の一行の偈は解脱を歎じ、次の一行の偈は波若を嘆じ、次の一行の偈は惣（じ）て三徳を歎ず。〔而〕常には*佛地は万徳円備《まんとくゑんび》なりと言ヒ、何の意をもて、但し此の三徳にのみ拠て歎（ずること）を為《〈ナス〉》す（と）ならば〔者〕、法身は是（れ）万徳の〔之〕正躰（なり）。解脱は是（れ）*断（なり）。[7]波若

歎佛真実功徳章　この章は、〔一〕仏徳をたたえて帰依する、〔二〕釈尊の確約、の二つの部分に分けられ、八偈のうち前五偈が〔一〕、後三偈が〔二〕に当たる。

◈今第一…　Ⅰ本章の位置とあらまし

来意　本章がたてられた由来。

優婆塞戒経　北涼の曇無讖の訳(四二六年)。小乗の『善生経』や『六方礼経』を大乗の立場から改変したもの。善生長者にたいして、釈尊が大乗の優婆塞(在家信者)の守るべき戒めを説いている。

綵色に…如し　あたかも、着物を色染めするときに、色が膠(にかわ)で接着していないようなものである。

◈第一に…　Ⅱ本章を解釈する　〔一〕仏徳をたたえて帰依する

仏の三つの徳性によって、第一偈と第二偈は法身(真理を身体とするもの)の徳性を、第三偈は解脱(煩悩の束縛を超えた自由の境地)の徳性を、第四偈は般若(智慧)の徳性を、そして第五偈は総括して三つの徳性をたたえる。仏徳をたたえることは、仏にたいする帰依の信心から起こる。太子義疏は、経文の奥にひそむ仏のすがたと、仏に帰依していく人間の在り方を適切に把えている。

佛地　仏のさとりの境地。

断　煩悩を断じ尽して自由自在であること。

是「智。然即万徳之中、此三為要、若挙此三徳、即餘徳自顕、〔九ウ〕
所以但拠此三徳為歎也。且、上父母相聞、既云聖徳无量、不可
備陳、故但略歎三徳尒也、所以勝鬘亦従但嘆三徳也。釋此意、
義家種種不同、而要在於此、故不記也、
就第一、歎法身中二行、分為二、第一一行半偈嘆應身、第二挙
二句嘆真身、何即、非本、无以垂迹、非迹、无以顕本、是以、
於諸歎處中、「常為雙歎、〔一〇オ〕
如来妙色身、世間无与等者。歎无等、言。梵天在上、莫能見佛
頂、无比不思議者、比類。言。衆識非所思議也。如来色

1 顕　応墨「アラハル、」あり。
2 聞　文墨・応朱「ケリ」あり。
3 亦　応朱「タ」あり。
4 非　応朱「レ」あり。
5 非　応朱「レ」あり。
6 諸　文墨「ノ」あり。
7 處　文墨「ノ」あり。
8 中　文墨「ニ」あり。
9 於　応墨「テ」あり。

は是(れ)智なり。然(らば)即(ち)万徳の〔之〕中には、此の三を要と為《〈す〉》。若(し)此の三徳を挙(ぐ)レば、即(ち)餘の徳 自《〈ヲ〉のづか》(ら)顕[1]る。所以《このゆゑ》に但(し)此の三徳に搃て歎(ずること)を為す〔也〕。且《〈マタ〉》、上の父母は相ヒ聞[2](けり)。既に聖徳无量なり、備に陳(ず)可《べ》(から)不《ず》。故に但略(し)て三徳を歎(ずる)こと尓《しか》(なり)〔也〕と云(ふ)。所以《このゆゑ》に勝鬘も亦[3]従て但し三徳を嘆ず〔也〕。此の意を釋するに、*義家種種に不同(なれ)ども、〔而〕要は〔於〕此に在り。故(に)記せ不《ず》〔也〕。

○如来妙色身。世間无与等。无比不思議。是故今敬礼。(第一偈)

如来色無盡。*智恵亦復然。一切法常住。是故我帰依。(第二偈)

第一に、法身を歎ずる中の二行に就て、分(ち)て二(と)為。第一には*一行半の偈をもて*應身(を)嘆じ、第二には*二句(を)挙(げ)て*真身(を)嘆ず。何(と)ならば即(ち)、本に非[4](ざれ)バ、以て迹を垂(るゝ)こと无し。迹に非[5](ざれ)バ、以て本を顕(す)こと无(し)。是《〈コヽ〉》を以て、諸[6]の歎處[7]の中[8](に)於[9]て、常(に)雙《〈ナラ〉》ベテ歎(ずること)を為《〈ス〉》。

「如来妙色身。世間无与等」(といふは)〔者〕、*无等を歎ず。言(ふこゝろ)は、*梵天上《かみ》に在(れ)ども、能く佛頂を見(る)こと莫《〈ナシ〉》し。「无比不思議《むひふしぎ》」といふは〔者〕、*比類たるをイフ。言(ふこゝろ)は、衆識《しゅしき》い思議する所に非(ず)〔也〕。「*如来色《にょらいしき》

義家 注釈家。

智恵 「智慧」とあるべきところ。以下同。

一行半の偈 第一偈と第二偈の前半。

應身 人びとの能力に応じて教化すべく、肉体をとって現われた仏。

二句 第二偈の後半。

真身 真理および真理の働きを身体としている仏で、応身として現われるもとの仏。法身をたたえるのに、真身という仏の本来の地位(本地、本)と、応身というこの世に教化の迹を示す仏の地位(迹地、迹)の両者をもってする所以を、つぎに論ずる。↓補

无等 アサマ。仏の異名。仏は他に等しいものがないからである。

梵天 ブラフマー。バラモン教の最高神。釈尊とならんで尊敬され、釈尊が最初に説法することを決意したのは、梵天の勧めであったということ(梵天勧請)は、古来有名である。仏教内においては、梵天は他のインドの神々と同様に、守護神の地位を与えられた。

比類たるをイフ 「无比」の「比」とはくらべ類別する意味である。

如来色无盡…无しと言フ 如来のすぐれた色身(肉身)に無尽の働きのあることを説く。一般にわれわれの心は、応身として現われた色身の働きを見て、ときにはあり、ときにはないと思う。ところが、如来の働きは、いかなる人の心にも窮まることなく応じて働いている。

无盡者、言・感者、言見應謂有興癈、故云有感即應无有窮巳、此四句皆嘆色、智恵亦復然者、歎心、亦如上歎色、无比、无盡也、是故今敬礼、結歎應身、義家云、此句應在第二行偈上二句次、而出経者、欲以結皆在偈末故、然也・一「切法常住者、第〔一〇ウ〕二歎真身、明應即、随感而現、但真身凝然、常住者不動、且餘徳通在因地、故只就常住為歎、

私釋少異・初一行歎應身、後一行全嘆真身、如来色无盡者、无盡謂、是常住、歎真身无色常住、何即既為色法、理為不盡、既云不盡即非色常住、自明・故云如来色无盡、亦可以智為色、亦、可是應色之本、故云色、智慧亦復然者、正歎真身、言・亦「无〔一一オ〕盡常住也。一切法常住者、

1 **謂**　応朱「ヲモヘリ」あり。
2 **言**　応朱「言」字を抹消。
3 **且**　応墨「タ」あり。
4 **少き**　「少」は古訓点で「スコシキ」と訓まれる例が多い。副詞で、「ナリ」などは伴わず、このままの形で下の語を修飾する。
5 **盡**　更に応朱「といふは」あるか。
6 **明**　文墨「ナリ」あり。
7 **亦**　応朱「タ」あり。
8 **是**　応墨「レ」あり。

无《む》盡《じん》」といふは〔者〕、言（ふこゝろ）は、感といふは〔者〕、應を見て興癈有（り）と[1]謂《おも》（へり）。故に云（く）感有（れ）ば即（ち）應じて窮已〈シ〉有（る）こと无（し）と言フ[2]。此（の）四句は皆色を嘆ず。「智《ち》恵《ゑ》亦《やく》復《ぶ》然《ねん》」といふは〔者〕、心を歎ず。亦上に色を歎ずる（が）如く、无比なり、无盡なり〔也〕。「是《ぜ》故《こ》今《こん》敬《きやう》礼《らい》」といふは、應身を歎（ずる）ことを結す。義家の云く、此の句は第二の行の偈の上の二句の次に在（る）應《べ》し。〔而〕*出経者い、結を以て皆偈の末に在〈ヲ〉カムと欲《す》（るが）故に、然るなり〔也〕。「一切法常住」といふは〔者〕、第二に真身を歎ず。*應は即（ち）、感に随（ひ）て〔而〕現じ、但し真身は凝然なりと明す。「常住」といふは〔者〕不動なり。[3]*且餘の徳は通じて因地に在り。故（に）只常住に就て歎（ずることを）為〈す〉。*私の釋は[4]少《すこし》き異なり。*初の一行は應身を歎じ、*後の一行は全《もはら》に真身を嘆ず。「如《にょ》来《らい》色《しき》无《む》盡《じん》」といふは〔者〕、「无盡」[5]といふは謂く、是（れ）常住なり。真身の无色の常住を歎ず。何（と）ならば即（ち）、既に色法と為〈せ〉り。理い不盡と為〈せ〉むや。既（に）不盡（と）云（ふは）即（ち）非《ひ》色《しき》の常住といふこと、自（ら）明[6]（なる）が故に「如来色无盡」と云（ふ）。[7]*亦智を以て色と為可〈すべ〉し。亦、是[8]（れ）應色（の）〔之〕本なる可《べ》（し）。故に色と云（ふ）。「智慧亦復然」といふは〔者〕、正（しく）真身を歎ず。言（ふこゝろ）は、亦无盡常住なり〔也〕。「一切法常住」といふは〔者〕、

出経者…然るなり　本経を誦出した人がこの句を結びのことばと考え、第一偈の末尾に置こうとしたから、このようになっているの意。

應は即ち…凝然なり　如来は人びとの祈念に随って応身としてのすがたを現わしたが、その真身は、本来、不変不動である。

餘の徳…歎ずることを為　「常住」以外の他のもろもろの徳性は、仏の境地に達する以前の求道者の段階(因地)に共通するものであるから、ここでは「常住」のみをたたえる。

私の釋　太子義疏の解釈。

初の一行　第一偈。

後の一行　第二偈。

智を以て…可し　如来の色無尽の「色」を無色・常住のものと解した外に、「色」を無尽の智慧と解してもよく、また仏の色身がすべての人びとに働きかける根本(応ㇾ色之本)と解してもよいの意。

惣真身諸法、

次一行、嘆解脱、

心過悪者謂、三毒四倒、身四種者謂四大、此二句歎脱三界内四住地悪・又解、謂身三悪・四種謂口四悪、離為十悪、明摂三界内悪盡、已到難伏地者、難伏地謂、金剛心、夫魔有四種、一天魔・二煩悩魔・三陰魔・四死魔・金剛心不為天魔外道所伏、且結惑浄盡降煩悩魔、但未免行陰魔及生滅『死魔、故云難伏地、〔二ウ〕一云、難伏地即是佛地、言・佛地非四魔得伏故云難伏地、此句、歎脱三界外无明住地悪、又云、上二句嘆有餘解脱、下一句歎无餘解脱、因盡謂有餘、果亡謂无餘、前歎離四住地、抛因盡、證果亡、

1 **謂**　文墨「ラク」あり。
2 **悪**　文墨「ト」あり。
3 **為**　文墨「ス」あり。
4 **摂**　文墨「ヲサム」あり。
5 **浄**　文墨「キヨク」あり。
6 **免**　文墨「マ」あり。
7 **魔**　文墨「ノ」あり。
8 **盡**　応朱「クル」あり。
9 **前の**　「の」は準体助詞で「…のもの」の意。

真身の諸法　真身の語で呼ばれるすべてのことがら。

心過悪　これとつぎの「身四種」を合わせて、チベット訳は「身・口・意のもろもろの過失」としている。中国の吉蔵(嘉祥大師、五四九—六二三)著『勝鬘宝窟』(大正蔵三七、六上)に出す有人説のどれにも義疏の解釈は見当らない。

三毒　貪り・怒り・迷妄の三つの毒心。煩悩の代表とされる。

四倒　四顚倒。四種の顚倒の見解で、無常を常と見、苦を楽と見、不浄を浄と見、無我を我と見なすこと。

四大　地・水・火・風の四つの構成要素。

三界　欲界(欲の世界)・色界(物質の世界)・無色界(超物質の世界)の三つで、いずれも迷いの世界

惣(じ)て*真身の諸法なり。

○降ニ伏心過悪一。及与ニ身四種一。已到ニ難伏地一。是故礼ニ法王一。(第三偈)

次の一行は、解脱を嘆ず。

「*心過悪」といふは〔者〕謂く、*三毒と*四倒となり。「身四種」といふは〔者〕謂(く)、*四大なり。此の二句は*三界内の*四住地の悪を脱(する)こと(を)歎ず。又、解《げ》す。[1]謂(へらく)、身の*三悪(なり)。四種といふは謂く、口《く》の*四悪、*[2]十悪と[3]為《(す)》(ること)を離して、三界内に[4]摂(す)る悪盡(く)といふことを明す。「已到難《いたうなん》伏地《ぶくち》」といふは〔者〕、「難伏地」といふは謂(く)、金剛心なり。夫れ*魔に四種有(り)。一は天魔、二は煩悩魔《ぼんなうま》、三は陰魔《おむま》、四は死魔なり。金剛心は天魔外道の為に伏所《(せ)》(らる)るに(あら)不《(ず)》。且《しばら》ク*[5]結惑浄く盡(き)て煩悩魔を降す。但(し)*行陰魔と〔及〕*生滅死魔と(を)[6]免(れ)未《ず》。故に難伏地と云(ふ)。一(に)は云(く)、難伏地(といふは)即(ち)是(れ)佛地なり。言(ふこゝろ)は、佛地は[7]四魔(の)伏すること得(るに)非(ざるが)故に難伏地と云(ふ)。此の句は、三界(の)外の*无明住地の悪を脱(する)ことを歎ず。又云(く)、上の二句は*有餘の解脱(を)嘆じ、下の一句は无餘の解脱を歎ず。*[8]因盡(くる)を有餘と謂ヒ、*果、亡《まう》ずるを无餘と謂フ。[9]前《さき》のは四住地を離することを歎ず。因盡(く)るに抛て、果、亡(ずる)を

に属する。

四住地　煩悩を四種に分けたもの。すなわち、見一処住地(三界のあらゆる邪な見解)・欲愛住地(欲界のあらゆる邪な思慮)・色愛住地(色界のあらゆる邪な思慮)・有愛住地(無色界のあらゆる邪な思慮)。

三悪　殺生・偸盗・邪淫の、身体でなす三つの悪行。

四悪　妄語・二枚舌・悪口・おべっかの、口でなす四つの悪行。このつぎに、意(心)でなす三つの悪行、貪り・怒り・迷妄の三毒が省略されている。

十悪　身三、口四、意三の十悪をいう。この十悪は、迷いの三界内のすべての悪をおさめとっている。

魔に四種有り　四魔とは、天魔(死をのがれようとする者をさまたげるもの)、煩悩魔(人を死に至らせる煩悩)、五陰魔(身心の全存在)、死魔(死そのもの)をいう。

結惑　煩悩のこと。

行陰魔　われわれの意志作用の魔。

生滅死魔　生滅流転せしめ死に至らせる魔。

无明住地　さきに出した四住地の煩悩の外に、『勝鬘経』は無明住地の煩悩をたてる。これは迷いの三界の外に在り、諸煩悩の根本とされる無明(真理にたいする無知)をいう。

有餘の解脱　心の束縛から離れているが、まだ身体をたもっている状態の解脱。つぎの無余の解脱(身体の死によって、身心ともに束縛から離れて完全な自由を得た状態)にたいする語。

因　迷いを引きおこす煩悩の因。

果　煩悩の因によって生じた苦しみの果をうける肉体。

後歎離无明、挙果亡證因滅、則其実雙亡明矣。法雲法師云、生死有二種、一分段生死。二変易死。此言心者、是変易生死果。過悪者、是変「易生死因。身者、分段生死果。四種者、分段生〔三オ〕死因、前明断无明住地変易果亡、後明除四住地分段報滅、故言降伏、已到難伏地者、煩悩伏智、不出二種、一鄣令不見法相、二感使无常、金剛心起断惑斯盡、照見法相、免於惑累故言難伏地、猶有煩悩感彼心起不免无常、果累猶在故、不言不可伏、已之言過。過金剛心至佛地、免无常生滅、果累亡。因「果雙亡、故解〔三ウ〕脱、私意少異、金剛心所難伏者唯是陰魔死魔、如来已過此二境、故云已倒難伏地、

1 **此に言**　後朱「コ、ニイウ」あり。
2 **鄣**　応朱「サヘテ」あり。
3 **斯**　文墨「レ」あり。
4 **盡**　文墨「コト〳〵ク」、応朱「ツキヌ」あり。
5 **累**　応朱「ルイヲ」あり。
6 **免**　応墨「マヌカル、」あり。
7 **不あるなり**　「不」に「ず」と「なり」との点が認められ、「ず(ある)なり」と訓まれる。平安中期以後には一般に「さるなり」と転じた語法で、「ずあるなり」の形は古い時代の語法の残存かと思われる。
8 **已**　応朱「イ」あり。
9 **至**　朱傍書「至」あり。
10 **伏**　文墨「ナル」あり。
11 **所**　文墨「ハ」あり。

證ず。後のは无明を離することを歎ず。果、亡ずることを挙(げ)て、因、滅するを證ず。〔則〕其の実には雙(じ)て亡(ず)といふこと明(か)なり〔矣〕。*法雲法師の云(く)、*生死に二種有(り)。一(に)は*分段生死《ぶんだんしやうじ》、二には変易死《へんやくし》(なり)。此[1]に〔言〕「心」といふは〔者〕、是(れ)*変易生死の果なり。「過悪」といふは〔者〕、是(れ)変易生死の因なり。「身」といふは〔者〕、分段生死の果なり。「四種」といふは〔者〕、分段生死の因なり。前(の)は、无明住地を断(じ)て変易の果亡(ず)といふことを明し、後のは四住地を除(き)て分段の報滅(す)といふこと(を)明す。故(に)「降伏」と言(ふ)。「已到難伏地《いたうなんぶくち》」といふは〔者〕、*煩悩智を伏するは、二種には出(で)不《ず》。一には鄣[2](へて)法の相を見不《ざ》(ら)令《し》(む)。二には感じて无常に《ナ》(あら)使《ラ》む。金剛心起(り)て惑《わく》を断じて斯[3](れ)盡[4](き)ぬるとき(に)、法の相を照見す。〔於〕惑[5]累を免[6](るゝ)が故に「難伏地」と言(ふ)。猶し煩悩有(り)て*彼の心を感じて起(り)て无常を免(れ)不《ず》。*果累猶在(る)が故に、不可伏と言(は)不[7]《ず》(ある)なり。「已[8]」の〔之〕言は過なり。金剛心を過(ぎ)て佛地に[9]至(り)て、*无常生滅を免(れ)て、果累亡じぬ。因果雙(じ)て亡ぜり。故に解脱なり。私意は少《すこし》き異なり。金剛心に難伏[10]する所[11]は〔者〕唯是(れ)陰魔と死魔となり。如来は已に此の*二境を過(ぎ)タマヘリ。故に「已倒難伏地」と云(ふ)。

法雲法師　光宅寺法雲(四六七—五二九)。梁代の三大法師の一人。『法華義疏』では、法雲の『法華義記』(大正蔵三三)をひんぱんに引用しているが、二種の生死について同書の五七三頁中と六三〇頁上を見よ。ここの「云く」は本頁十五行「…故に解脱なり」まで。

生死　輪廻・流転と同じ。迷いの生存をへめぐること。生死輪廻(ジャーティマラナ・サンサーラ)ともいう。

分段生死　輪廻する凡夫の生死。限定された寿命や肉体を与えられて輪廻することで、有為生死ともいう。

変易生死　輪廻を超えた聖者の生死。阿羅漢・縁覚・菩薩などの聖者は迷いの三界外における意生身の果報をうけて、三界内にやってきて菩薩行を修める。その身は自己の願力によって寿命や肉体を改変できるから、そのような変易身をうけることを変易生死という。

煩悩…使む　煩悩が智慧の働きをくらます場合に二通りあり、一つには万有のありのままのすがたを人びとに見せないようにすること。二つには万有を見あやまって無常であると感受させることである。

彼の心を感じて起りて　彼の心の起るに感じて、の意。

果累　煩悩による苦しみを感受する身体。

无常生滅　無常・生滅の身をうけること。

二境　金剛心にとって退治しがたい対象である陰魔と死魔の二つ。金剛心(金剛すなわちダイヤモンドのごとく、堅固な心で煩悩を摧破する境地)とは、等覚の位をいう。仏の位の一歩手前で、求道者の階位五十二位のうちの第五十一位をいう。

是故礼法王結歎、

次一行嘆波若、

知一切尒炎、智慧身自在者、尒炎梁言智母、智母謂、真諦境、空、為生智之本、故稱世空、既无為所生智慧、故自在、此二句歎空智、摂持一切法者謂、照有参差、摂持万境、此一句嘆有智、而世諦亦能生智、但生智劣故、不与「母名、一解言、上二句歎〔三オ〕実智、下一句嘆方便智、尒炎者、即此二諦能生乎智、故通稱智母、智慧身自在者、即是照二諦分明、縦任下句・摂持一切法者、明能以方便摂持衆生、化令生善、是故今敬礼、亦結歎、

世―文庫本「母」に作る

次一行偈、惣歎、可見、

1 **炎** 蔵本「焔」に作る。
2 **梁** 応朱「リヤウニハ」あり。
3 **空** 文墨「ト」あり。
4 **稱** 文墨「ス」あり。
5 **有を…参差にして** 文墨は「有ノ参〈シ〉差ヲ照シテ」と訓ずる。
6 **母** 文墨「ノ」あり。
7 **炎** 文墨「ト」あり。
8 **智** 文墨「ヲ」あり。
9 **生** 文墨「ス」あり。
10 **縦** 応朱「ジウニン」、「ホシイマヽ」あり。

次の一行 第四偈。
波若 梵語プラジュニャー、パーリ語パンニャーの音写。般若とも書き、智慧と訳す。
尒炎 ジュネーヤ(認識されるべきもの。所知)の音写語。智慧によって観察される対象。
梁 中国南朝の梁の国。漢訳語では「智母」という意。
真諦 パラマールタ・サティヤ(最高・究極の真実)の漢訳語。第一義諦、勝義諦とも訳す。世俗諦(世諦ともいう)にたいする語。
空智を生ずる…自在なり 文庫本によれば「…故に母と称ず。空は既に…」と訓まれる。真諦としての空性は、対象を観察する智慧を生ずる根本で

あるから「母」と称する。本来、この空性は無為(生滅変化しないもの。有為にたいする語)のものであり、空性に基づく智慧(空智)を身につけた仏は、自由自在の働きを示す。
有を…参差にして 智慧が千差万別のあらゆる存在を観察の対象とするの意。
万境 すべての対象。
有智 仏が存在の世界(有)においてあらわす智慧。空智と有智に分ける解釈を『勝鬘宝窟』(大正蔵三七、一六中)は「有人説」として出す。敦煌本は第三章(三大願章)以下の注釈書であるが、ここにいう「有人説」とは敦煌本の説であったかもしれない。
世諦 サンヴリティ・サティヤ、またはヴィヤヴァハーラ・サティヤ(世間の言語・慣習において真実とされるもの)の漢訳語。世俗諦、俗諦ともいう。真諦にたいする語。
母名 智母という名まえ。
一は解して… ある注釈家はこのように解釈して言う…。
実智 真実そのものの智慧。これにたいして、方便智(権智)は実智の具体的な働きをいう。↓補
二諦 真諦と世諦。この二諦は一切種智(仏智)を生じる。
二諦を…任す 一般には「二諦を照すこと分明にして、縦任(思いのまま)なり。下の句の」と読むが、底本の訓法によれば「如来が真諦と俗諦の二諦の道理を明白に説示なさるが、そのことは次の句の説明にゆだねている」の意味となる。如来の説法が二諦に基づくとする大乗の立場からすれば、底本の訓法は誤っていない。
次の一行の偈 第五偈。

「是故礼法王《ぜこらいほふわう》」といふは、歎を結す。
○知二一切尒炎一。[1] 智恵身自在。摂二持一切法一。是故今敬礼。(第四偈)
次*の一行は、波若*を歎ず。

「知一切尒炎《ちいちさいにえむ》。智慧身自在《ちゑしんじざい》」といふは〔者〕、尒炎をば*[2]梁には智母と言(ふ)。智母といふは謂く、真*諦の境なり。空*、智を生ずる〔之〕本と為《す》。故に世空と称[3]ず。既に无為所生の智慧なり。故に自在なり。此の二句は空智を歎ず。「摂持《せふぢ》[4]一切法《いちさいほふ》」といふは〔者〕謂(く)、*[5]有を照(す)こと参差《しむじ》(に)して、*万境《まんぎやう》(を)摂持《せふぢ》す。此の一句は有智*を嘆ず。〔而〕世*諦《せたい》も亦能(く)智(を)生ず。但(し)智を生ずること劣なるが故に、*[6]母名《もみやう》を与(へ)不《ず》。一*は解(し)て言(ふ)、上の二句は実智*を歎じ、下の一句は方便智を嘆ず。「尒炎」[7]といふは〔者〕、即(ち)此の二諦*能く《ク》〔乎〕智を[8]生ず。[9]故に通じて智母と称ず。「智慧身自在」といふは〔者〕、即(ち)是(れ)二*諦を照(す)こと分明に、縦[10]に下の句に任《まか》す。「摂持一切法」といふは〔者〕、能(く)方便を以て衆生を摂持して、化して善を生ぜ令《し》(む)といふことを明す。

「是故今敬礼」といふは、亦歎を結す。
○敬二礼過稱量一。敬二礼無譬類一。敬二礼无邊法一。敬二礼難思議一。(第五偈
次*の一行の偈は、惣(じ)て歎ず。見(つ)可(し)。

従哀愍覆護我以下、章中第二請護、言• 我雖歎佛真実、帰依常住、若佛、不相随救、即帰依不尊、故就佛請護、就中分為四、

第「一一行偈直請護、〔三ウ〕

法者法身、万善為種、

次一行偈、如来、許護、

請唯二世、許兼往世、明護之深遠、

次一行半、因佛許護、重請致敬、言• 如来久遠救我者、我必已作善、

1 救 文墨「ク」あり。
2 身 別に「に」の点があるが、「法身に」は連用中止法として訓まれる。
3 許 応墨「コ」あり。
4 兼 応墨「リ」あり。
5 許 応墨「タマフ」あり。
6 遠 文墨「ヨリ」あり。
7 作 文墨「ナセリ」あり。

◈哀愍覆護我…　㈡釈尊の確約
第六偈と第八偈(第七偈は釈尊のことば)によって、夫人は釈尊の救いを請う。ついで、夫人が仏の真実の功徳をたたえる善行を積むことを前提として、釈尊はつぎの二つの確約を夫人に与えた。第一は人間界と神々の世界で自在王となり、いつの世でも釈尊にめぐりあえるということ。第二は二万アサンキャ劫を経たのち、普光如来という仏になることができるということ。そして、釈尊は普光如来の浄土とそこに生まれる人びとの特徴を夫人に説明された。

第一の一行の偈　第六偈。

種　さとりをうる因種。チベット訳によれば「法種」の「法」を菩提、「種」を種子とす。

次の一行の偈　第七偈。

二世…往世　二世とは現世と来世、往世は過去世のこと。

次の一行半　第八偈と散文の一行。

「*哀愍覆護我」(といふ)従《よ》(り)以下は、章の中の第二に護を請ず。言(ふこゝろ)は、我レ佛の真実を歎じ、常住に帰依すと雖(も)、若(し)佛、相ヒ随(ひ)て救[1](ひ)タマハ不〈ず〉は、即(ち)帰依い尊(から)不〈じ〉。故に佛に就て護を請ず。中(に)就て分(ち)て四(と)為《す》。

○哀愍覆二護我一。令二法種増長一。此世及後生。願佛常摂受。(第六偈)

第*一の一行の偈は直に護を請ず。

「法」といふは〔者〕法身[2]なり〈に〉。万善《まんぜん》を「種*」と為《す》。

○我久安二立汝一。前世已開覚。今復摂二受汝一。未来生亦然。(第七偈)

次*の一行の偈は、如来、護を許(し)タマフ。

請ずるは唯二*世ナレども、許[3](すこと)は往世を兼[4](ね)たり。護の〔之〕深遠なるを明す。

○我已作二功徳一。現在及餘世。如レ是衆善本。唯願見二摂受一。(第八偈)

次*の一行半は、佛、護(を)許[5](し)タマフに因て、重(ね)て請じ(て)敬を致す。

　尓時勝鬘及諸眷属。頭面礼レ佛。

言(ふこゝろ)は、如来久遠《くをん》[6]より我を救(ひ)タマハヾ〔者〕、我レ必ず已に善を作[7](せり)。

1 謂　文墨「ク」あり。
2 世　文墨「ヲ」あり。
3 作　文墨「ナス」あり。
4 息　文墨「ヤムコト」あり。
5 佛　「と」あり、衍か。
6 記　文墨「ス」あり。

餘世謂、未来・若三世常護者、即作善、无息、故更請賜記、
第四、従佛於衆中以下、明佛賜記、亦分為六、第一許因、第二、
従當復供養以下、許果、第三、従彼佛国土以下、許其国无穢、
第四、従彼国『衆生以下、記其純浄、第五、従勝鬘夫人以下、〔四オ〕
明人天発願、第六、明佛賜記人天、皆可見彼、

「餘世」といふは謂(く)[1]、未来なり。若(し)三世[2]に常に讃(し)タマハヾ〔者〕、即(ち)善を作[3](す)こと、息[4]《や》(む)こと无し。故に更に記*(を)賜(ふ)べしと請ず。

○佛於二衆中一。即為受記。汝歎二如来真実功徳一。以二此善根一。當下於二无量阿僧祇劫一。天人之中。為二自在王一。一切生處。常得レ見レ我。現前讃歎。如レ今无レ異。當下復供二養无量阿僧祇佛一。過中二万阿僧祇劫上。當下得二作佛一。号中普光如来。應正遍知上。彼佛国土。无二諸悪趣一。老病衰悩。不適意苦一。亦无二不善悪業道名一。彼国衆生。色力寿命。五欲衆具。皆悉快楽。勝二於他化自在諸天一。彼諸衆生。純一大乗。諸有レ脩二習善根一衆生。皆集二於彼一。勝鬘夫人。得二受記一時。无量衆生。諸天及人。願レ生二彼国一。世尊悉記三皆當二往生一。

第四に、[5]「佛於衆中」(といふ)従《よ》(り)以下(は)、佛の、記を賜(ふ)ことを明す。亦分(ち)て六と為。第一には因を許す。*第二に、「當復供養《たうぶくやう》」(といふ)従《よ》(り)以下(は)、果を許す。*第三に、「彼佛国土《ひぶつこくど》」(といふ)従《よ》(り)以下(は)、其の国に穢无(きこと)を許す。*第四に、「彼国衆生」(といふ)従《よ》(り)以下は、其の純浄を記[6]す。第五に、「勝鬘夫人」(といふ)従《よ》(り)以下(は)、*人天の発願《ほつぐわん》(を)明す。第六に、佛、記を人天に賜(ふ)ことを明す。皆、*彼を見(つ)可(し)。

記　記別(ヴィヤーカラナ)の略。仏が弟子にたいして未来にうるであろうさとりの内容を説明して確約すること。記別を与えるのを授記、受けるのを受記という。

第二に　経文の「二万阿僧祇劫」は、チベット訳では「二百万阿僧祇劫」とする。「阿僧祇」は無数を表わす単位で、「劫」も無限の時間を表わす。また「普光如来」をチベット訳では「普賢如来」とする。

第三に　普光如来の仏国土には諸の悪趣がないというのは、さとりの世界だからである。かかる表現は、例えば阿弥陀如来の浄土に三悪趣(地獄・餓鬼・畜生)がないというのと同じ。

第四に　経文の中「色力」とは、容貌・身体と威力のこと。「五欲衆具」とは、いろとかたち・音声・香り・味わい・触れられるものの五つの対象によって起す欲望を「五欲」といい、これらの五欲を受用できる多くの物を「五欲衆具」という。また、普光如来の仏国土が他化自在諸天より勝れているというのは(チベット訳は他化自在天のごときとする)、インド人の理想とした他化自在天の天宮の表現をかりている。これは阿弥陀如来の浄土の説明にもみられる。「皆集於彼」とは、善根を修習する者たちはかの普光如来の仏国土に集会するの意。

人天　経文に「諸天及人」とあるように、神々および人間のこと。

彼　経文。

従尒時勝鬘夫人聞受記已以下、明自分行中之、第二十大受章、嘆佛真実、求依常住、本、為修善、且、帰依、即異於昔、戒亦應改於昔、所以、今、受大受、異於昔日小乗五戒也、就中、開為三、第一、明受戒方便、第二、従世尊我従今日以下、正明受戒、第三、従法主世尊「以下、竟章立誓断疑、将欲受戒故、先〔四ウ〕修容儀、以静其志、修儀静志、要為受戒、故第二即有受戒、受戒既竟、即大衆、疑勝鬘既為女人、所志應弱、而今其所受甚重且遠、恐将口不當実、是以第三立誓断疑以成其受、

1 **已** 文墨「イ」あり。
2 **求** 文墨「モトムル」あり。
3 **本** 文墨「ト」あり。
4 **改** 文墨「アラタム」あり。
5 **章の竟るまでは** 原文をこのようによむのは、一種の意訳的訓法であって古訓点に時折例が見られる。
6 **容** 応墨「ヨウ」あり。
7 **志** 文墨「サシ」あり。
8 **静** 文朱、去声圏点あり、文墨「シツカニス」あり。又、「シツム」あり。後墨か。
9 **有** 文墨「リ」あり。
10 **所** 応朱「ロ」あり。
11 **弱** 文墨「ヨハカル」あり。
12 **口** 文墨「イ」あり。

（第二　十大受章）

*「尓時《にじ》勝鬘夫人《しようまんぶにん》。聞受記已《もんじゆきい》[1]」（といふ）従《よ》（り）以下は、自分行《じぶんぎやう》を明（す）が中の〔之〕、第二の十大受章なり。佛の真実を嘆（じ）て、常住《じやうぢう》に依ラムと求[2]（むる）ことは、本《もと》[3]、善を修（せむ）が為なり。且《また》、帰依《くゐえ》、即（ち）〔於〕*昔に異なり。戒も亦〔於〕昔を改[4]（む）應《べ》し。所以《このゆゑ》に、今、大受を受（くる）こと、〔於〕昔日《しやくにち》の小乗の五戒に異なり〔也〕。中（に）就て、開（き）て三（と）為《す》。第一には、受戒の方便（を）明す。第二に、「世尊《せそん》。我従今日《がじゆこむにち》」（といふ）従《よ》（り）以下（は）、正（しく）受戒を明す。第三に、「法主世尊《ほふしゆせそん》」（といふ）従《よ》（り）以下、章[5]の竟（るまで）は誓を立（て）て疑を断ず。将に戒を受（けむと）欲《す》（る）が故に、先づ容[6]儀を修《〈ヲサ〉》メ、以て其*[7]の志を静[8]む。儀を修（め）て志を静（にする）こと、要は戒（を）受（けむ）が為なり。故に第二に即（ち）受戒有り[9]。受戒既に竟《をは》（り）ぬレバ、即（ち）*大衆い、勝鬘は既に女人為《〈た〉》り。志す所[10]、弱[11]（かる）應《べ》し。〔而〕今其の所受は甚重にして且《〈マタ〉》遠し。恐（るらく）は将に口[12]い実に當（ら）不《〈ず〉》（あ）ラムカ《〈むか〉》と疑フ。是を以て第三に誓（を）立（て）て疑を断（じ）て以て其の受を成ず。

○尓時勝鬘。聞㆓受記㆒已。恭敬而立。受㆓十大受㆒。

十大受章　仏が勝鬘夫人にたいして、未来世には普光如来と名づける仏となるであろうと確約されたのを聞いて、夫人は合掌して仏に向って立ち、十の大いなる誓戒(十大受)をたてて、それを身に修めていくことを誓った。「受」とは受誓・受戒することで、誓戒をしっかりと身につけ、たもつ意味である。本章は次の第三、三大願章とともに、夫人が仏道を修める決意を表明する個所として、古来、有名である。十大受章を三つに分ける。

◈尓時勝鬘…　I本章の位置とあらまし

昔に異なり　帰依の態度が以前とちがっているのだから、そのとき受けた小乗の五戒を改め、いまは大乗の戒である十大受を受けるべきであるの意。

志を静む　心を静める。

大衆い…と疑フ　人びとの中で「夫人は女性だから、誓戒を守る決意は弱いであろう。それなのに、いま受けようとする誓戒は、きわめて重くかつ深遠なものである。多分、口でいうことと実際に行なうこととが一致しないのではあるまいか」と疑念が生じたの意。

恭敬而立者、常時受戒、必須著地、今佛、處空、若著地、即言接、奢遠、故立而為受、受十大受者、上受是能受之心、下受是所受十戒、昔日雖「復五戒、所求者小乘、今以常住菩提為期、〔一五オ〕故云大受、

就第二正受戒中、凡有十戒、亦開為三、第一初五戒、名為摂律儀戒、律者類也・儀者容儀・此五戒、止於意悪、而容儀之類、自不失法、第二、従不自為己以下、有四受、名為摂衆生戒、第三、従摂受正法終不忘失以下、有一受、名為摂善法戒、将欲化他、要必先正己身、所以先受自行、大士正己、要為化「物、故〔一五ウ〕次有摂衆生戒、化物之道、非但止悪、要修福善、故第三有摂善法戒、然第一以自行為本、兼顕化他、第

1 **須** 応墨・後墨「モチユ」あり。古形は「モチキル」で、中世以降ヤ行上二段活用「モチユ」が発生した。
2 **著地せば** 文墨「地ニ着カバ」とあり。
3 **遠** スリケシ「なり」あり。
4 **五** 文墨「ツノ」あり。
5 **五** 文墨「ノ」あり。
6 **意** 文墨「イノ」あり。
7 **止** 応朱「ヤメ」、応墨「テ」あり。
8 **有** 解読不明ヲコト点一箇あり。
9 **摂** 後墨「セツ」あり。「セフ」は鎌倉時代以後、次に無声子音が来る場合、語尾が促音化して「セツ」となった。
10 **必** 文墨「ス」あり。
11 **己** 文墨「カ」あり。
12 **身** 文墨「ミ」あり。
13 **正** 文墨「タ、シクス」あり。
14 **有** 「る」あり。「り」の誤か。
15 **止** 文墨「ヤムル」あり。
16 **要** 文墨「カナラズ」あり。
17 **善** 文墨「ヲ」あり。

「*恭敬而《くぎやうに》立《りふ》」といふは〔者〕、常の時に戒を受(くるに)は、必(ず)地に著(く)ことを須[1]《もち》(ゐる)。今佛、空*に處しタマヒ、若(し)著地[2]《ぢやくぢ》せば、即(ち)*言《〈コトバ〉》の接《〈ツイ〉》キ、奢《〈ハルカ〉》ニ[3]遠《〈トヲ〉》シ。故に立(ち)て〔而〕受を為《〈ナ〉》ス。「受十大受」といふは〔者〕、上の「受」は是(れ)能*受(の)〔之〕心なり。下の「受」は是(れ)所受の十戒なり。昔日には復五戒なり。求(む)る所は〔者〕小乗なりと雖ども、今常住の菩提(を)以て期*と為《〈す〉》。故に「大受」と云(ふ)。

第*二の正受戒中に就て、凡(そ)十戒有り。亦開(き)て三と為。第一に初*の五[4]戒をば、名(け)て*摂律儀戒《せふりちぎかい》と為《〈す〉》。律といふは〔者〕類なり〔也〕。儀といふは〔者〕容儀なり。此の五戒[5]は、〔於〕意*[6]の悪を止[7](め)、而も容儀の〔之〕類なり。自(ら)法を失(せ)不《〈ず〉》。第二に、「不自為己」(といふ)従《よ》(り)以下、四*受有[8](り)。名(け)て[9]摂衆生戒《せふしゆじやうかい》と為《〈す〉》。第三(に)、「摂受正法《せふじゆしやうぼふ》。終不忘失《しうふまうしち》」(といふ)従《よ》(り)以下は、一*受有(り)。名(け)て摂善法戒と為《〈す〉》。将に他を化《くゑ》せむと欲《す》(るとき)には、要は必[10](ず)先づ己[11](が)身[12]を正[13](しく)す。所以《このゆゑ》に先づ自行を受(く)。大士の己を正(しくする)ことは、要は物*(を)化(せむが)為なり。故に次に摂衆生戒有[14](り)。化《くゑ》物《もち》の〔之〕道は、但悪を止[15](むる)のみに非ず、要[16]《かなら》(ず)福善[17](を)修す。故に第三に摂善法戒有り。然(る)に第一は自行を以て本と為《し》て、兼(ね)て化他《くゑた》を顕じ、第

◈**恭敬而立…**　Ⅱ本章を解釈する〔一〕誓戒を受ける夫人の態度

空に處し　仏が空中にとどまっていること。

若し…言の接キ奢ニ遠　夫人が着座したままならば、その声は仏にとどきかねるの意。

能受の心　主体的に誓戒を受けようとする心のこと。

期　所期の目的。

◈**第二の…**　〔二〕十の大いなる誓戒を受ける　↓補

初の五戒　第一受から第五受。

摂律儀戒　もろもろの悪をなすまいと誓う戒め。これとつぎに出す摂衆生戒(生きとし生けるものの利益を計ろうと誓う戒め)と摂善法戒(もろもろの善をなそうと誓う戒め)の二つを合わせて、三聚浄戒(三つの清らかな誓戒)という。

意の悪を…法を失せ不　心の悪を制止して、いかなる場合の容儀でも、おのずから理法にはずれないものとなるの意。

四受　第六受から第九受。

一受　第十受。

物を化せむが為なり　物とは生きとし生けるもの、衆生をいう。この文は、つぎに出す「化他」と同じく、衆生を教化することをいう。

1 仍 応墨「ナヲシ」あり。
2 五 文墨「ツノ」あり。
3 精 応墨「クハシク」あり。
4 妨 応朱抹消。後朱「フセク」、後墨「防」あり。
5 長 応朱抹消。応墨「皁」あり。
6 於て 「於」は位置を示す場合、古訓点では「…ノ(ガ)ウヘニ」又は「…ニシテ」と訓ずるのが例であった。本例は後者の場合。七九頁には「於彼彼処」の「於」に「して」のヲコト点を附している。
7 兄祑 応墨「ケイチツヲ ヲヤカタ也チウトヨム時是也」「チツハ父也」あり。
8 恚 応墨「イ」あり。
9 言 応朱「フ」あり。
10 止 応朱「メ」あり。
11 卑 応墨「ヒノ上ニ」あり。
12 禁 応墨「ムル」あり。

二以化他為宗、仍明自行、第三合明自行化他、即備挙大士之行明矣、

就第一摂律儀中五戒、分為三、

第一初一受明昔日所受小乗五戒、猶不起犯心、小乗戒法、但制身口、不制於心、今又更精其先所行、明清浄之極也。此戒既妨昔日、故在『初也、〔六オ〕

第二有二受、明於尊長二境、誓不起悪、▽第三有二受、明於自他二境、誓不起悪、

於諸尊長不起慢心者、三處為尊、兄祑為長、於諸衆生不起恚心者、通言含識之類、然所以尊上止慢、於卑禁瞋者。解

第三…起悪―この十五字文庫本になし

二は化他を以て宗と為て、[1]仍《なほ》し自行《じぎやう》を明し、第三は合《がふ》(し)て自行化他を明す。即(ち)備《つぶさ》に大士の〔之〕行を挙(ぐる)こと明(か)なり〔矣〕。

第一の摂律儀《せふりちぎ》の中の五[2](つの)戒に就て、分(ち)て三と為《す》。

○世尊。我従二今日一。乃至二菩提一。於二所受戒一。不レ起二犯心一。(第一受)

第一に初の一受は昔日の所受の小乗の五戒において、猶(し)*犯心《ぼむじむ》を起さ不《ず》といふことを明す。小乗の戒法は、*但身口《しんく》をのみ制(し)て、〔於〕心《しむ》を制せ不《ず》。今は又更に其(の)先の所行を[3]精《くは》(しくし)て、*清浄《しやうじやう》の〔之〕極《ごく》(を)明す〔也〕。此の戒は既(に)*昔日を[4]妨《まう》(ず)。故に初に在る(なり)〔也〕。

○世尊。我従二今日一。乃至二菩提一。於二諸尊長一。不レ起二慢心一。(第二受)

世尊。我従二今日一。乃至二菩提一。於二諸衆生一。不レ起二恚心一。(第三受)

第二に二受有(り)。[5]尊長《そんちやう》(の)二境に於《し》(て)、悪を起(さ)不《〈じ〉》と誓(ふ)ことを明す。*第三に二受有(り)。自他の二境に[6]於《し》て、悪(を)起(さ)不《〈じ〉》と誓(ふ)ことを明す。

「於《お》諸尊長《しよそんちやう》。不起《ふき》慢心《まんしむ》」といふは〔者〕、*三處《さむじよ》を「尊」と為《〈し〉》、*[7]兄秩《くゐやうちち》を「長」と為《〈す〉》、「於《お》諸衆生《しよしゆじやう》。不起《ふき》[8]恚心《いしむ》」といふは〔者〕、通(じ)て*含識《がむじき》の〔之〕類を[9]言(ふ)。然(るに)尊の上《うへ》に慢を[10]止(め)、[11]卑に於て瞋《しん》を[12]禁《とど》(むる)所以は〔者〕、解*するに三《さむ》

犯心　戒めを犯す心。

身口をのみ…心を制せ不　われわれの行為は身体的行為と口で話す行為と心中で思う行為との三つよりなる。これを身口意の三業という。

清浄の極　原始仏教いらい、心清浄道(心の清浄を得しめる道)は仏道の究極とされている。

昔日を妨ず　小乗の五戒は、大乗の人びとも当然たもっていくべきであるの意。

第二に二受有り　第二受と第三受をいう。

尊長の二境に於て　「尊」と「長」の二つの対象において。「境」とは対象のこと。

第三に二受有り　第四受と第五受。

三處　師と父と君との尊敬すべき三つの対象。

兄秩　明空によれば「兄之品位」すなわち、目上の兄姉をいう(『勝鬘経疏義私鈔』大日本仏教全書七、三下)。『勝鬘宝窟』(大正蔵三七、三上)では兄姉のことを「長」というとし、「尊」を師父と解釈する。

含識の類を言ふ　経文の「諸衆生」とは、意識を有する生類一般をいうの意。

解するに三種有り　目上の者と目下の者の関係を三つの解釈から論じている。人情の機微をつかんだもので、憲法十七条の条文(たとえば第一、第六、第十、第十四、第十五条)と対応するところがある。

有三種、一云凡人之情於上楽等故、起慢、於下求適故、起瞋、二皆非道、所以尊上止慢、卑上防瞋、二云、尊上多生瞋而慢少・何即尊者憑其高貴、好「淩群下、故下多生瞋、而其徳自可敬、〔一六ウ〕故慢生少、卑上慢多生而瞋少・何即為己在下理自可淩、故生慢即多縦横随我、故生瞋少・言・今、於尊上、少慢尚不起、況乎卑上多生慢、又卑上少瞋尚不止起、況乎尊上多瞋、是皆挙軽況重、三云、尊▽長是可敬境、恐慢与敬相違故、尊上止慢、卑是可慈境、恐瞋与慈相違故、卑上止瞋、

長—文庫本「者」に作る

1 有　応墨「リ」あり。
2 凡　応墨「ソ」「ホン」あり。
3 適　応墨「シタカエント」あり。
4 止　文墨「メ」あり。
5 防　応墨「フセ」あり。なお古く「フセク」の「ク」は清音であった。
6 多　応墨「ク」あり。
7 憑　応墨「タノン」あり。
8 群　応朱去声複圏点あり。
9 下　応朱平声圏点あり。
10 淩　文朱振仮名「ド」の濁点のみ後朱か。応墨「加也」あり。
11 下　文墨「ヘハ」あり。
12 多　文墨「ク」あり。
13 為　応墨「ヲイ」あり。
14 随　応墨「フ」あり。
15 慢　応朱「スラ」あり。
16 尚　応墨「ヲ」あり。
17 瞋　応墨「スラ」あり。
18 尚　応墨「ヲ」あり。
19 止　文朱抹消。
20 多　応墨「ヲヽカランヤ」あり。
21 慈　応墨「イツクシム」あり。

種《じゆ》[1]有(り)。一は云(く)、凡[2](そ)人(の)〔之〕情は上に於(て)は等(しからむこと)を楽《ねが》(ふ)が故に、慢を起し、下に於(て)は適*[3](せむこと)を求(むる)が故に、瞋を起す。二(つ)ながら皆非道なり。所以《このゆゑ》に尊の上には、慢を止め[4]、卑の上には瞋(を)防[5]ク。二は云(く)、尊の上には多[6]く瞋を生(じ)て〔而〕慢は少し。何(と)ならば即(ち)尊者は其の高貴を憑[7](み)て、好(み)て*群《ぐん》[8]下《げ》[9]を淩《〈アナド〉》[10]ル。故に下[11](は)多[12](く)瞋を生ず。〔而〕其(の)徳*自《〈ヲ〉のづか》(ら)敬(す)可し。故に慢の生(ずること)は少し。卑の上には慢は多く生(じ)て〔而〕瞋は少し。何(と)ならば即(ち)*己の下に在(る)に為《おい》[13]て理い自(ら)淩《りよう》ず可《べ》し。故に慢を生ずることは即(ち)多く*縦横《じゆうわう》に我に随[14](ふ)。故に瞋を生ずることは少し。言(ふこゝろ)は、今*、尊の上に於て、少慢[15](すら)尚[16]起(さ)不《ず》。況や〔乎〕卑の上に多く慢を生ぜむや。又卑の上に少瞋[17](すら)尚[18]〔止〕[19]起(さ)不《〈ず〉》。況や〔乎〕尊の上に瞋多[20](からむ)や。是(れ)皆*軽《きやう》を挙(げ)て重を況ず。三は云(く)、尊長は是(れ)敬(ず)可《べ》き境なり。慢(と)敬与《と》相違せることを恐(るゝ)が故(に)、尊の上に慢を止《とゞ》む。卑は是(れ)慈[21](しむ)可《べ》き境なり。瞋(と)慈与《と》(の)相違せることを恐(るゝ)が故に、卑の上に瞋を止む。

〇世尊。我従㆓今日㆒。乃至㆓菩提㆒。於㆓他身色。及外衆具㆒。不㆑起㆓嫉心㆒。

適せむこと　目下の者を思い通りに従わせようとすること。明空(前掲書、二三頁下)は「適」を「逼」とするから、その場合は目下の者よりも優れようと気を張ることの意味になる。

群下　目下の者。

徳自ら敬す可し…　目上の者の美徳は他の人びとからおのずと敬われるに値するから、慢心の生ずることが少ない。

己の下に在るに為て…　目上の者にとって目下の者は下位に置かれているから、道理として目上の者は目下の者をしのいでいる。

縦横に我に随ふ　ほしいままに振舞う。

今　第二受の誓戒をたもつことになった「今」の意味。

軽を挙げて重を況ず　悪心の軽い事例を挙げて重い事例になぞらえ、重い事例をも戒める。「況」は比況の意。

〔一七オ〕

第三、有二受、於自他二境、誓「不起悪、言・於他、不起嫉、於自不起堅▽、可見、

堅—文庫本「慳」に作る

就第二摂衆生戒四受、亦分為二、第一有二受、同明慈心与楽、

第二有二受、亦同明悲心抜苦、

就第一有二受、自分為二、初受明与楽果、後受明与楽因、不自為己・受畜財物者明止善、従凡有所受以下、明行善、不自為己・行四摂法者、明止善、従為一切衆生以下、明行善、

1 不　応朱「シト」あり。
2 就　蔵本「熟」に作る。
3 不　疏文「无」に作る。
4 无　蔵本此下「罣」あり。
5 与　応墨「ル」あり。

(第四受)

世尊。我従二今日一。乃至二菩提一。於二内外法一。不レ起二慳心一。(第五受)

第三に、二受*有(り)。自他の二境に於て、悪を起(さ)不《じ》[1]と誓フ。言(ふこゝろ)は、他に於ては、嫉*(を)起(さ)不《ず》、自に於ては堅*を起(さ)不《ず》。見(つ)可(し)。

第二の摂衆生戒の四受に就て、亦分(ち)て二(と)為《す》。第一*(に)二受有り。同(じ)く慈心与楽を明す。第二*に二受有り。亦同(じ)く悲心抜苦を明す。

○世尊。我従二今日一。乃至二菩提一。不三自為レ己。受二畜財物一。凡有レ所レ受。悉為三成二就[2]貧苦衆生一。(第六受)

世尊。我従二今日一。乃至二菩提一。不三自為レ己。行二四摂法一。為二一切衆生一故。以二不[3]愛染心。无厭足心。无[4]礙心一。摂二受衆生一。(第七受)

第一に二受有るに就て、自(ら)分(ち)て二(と)為《す》。初の受は楽の果を与(ふる)こと(を)明し、後の受は楽の因を与[5](ふる)ことを明す。「不自為己。受畜財物」といふは〔者〕、止善*《しぜん》を明す。「凡有所受」といふ従《よ》(り)以下は、行善*《ぎやうぜん》を明す。「不自為己。行四摂法*」といふは〔者〕、止善を明す。「為一切衆生」(といふ)従《よ》(り)以下(は)、行善を明す。

二受有り　第四受と第五受。

嫉　羨望する心。経文の「他の身色及び外の衆具」とは、他人の容貌・身体や他人の受用する装身具や道具をいう。チベット訳は「他人の幸福や光栄」とする。

堅　慳のこと。物惜しみする心。経文の「内外の法に於いて」とは、自己の内心においても外にあらわれる行為においても の意。

第一に二受有り　第六受と第七受。これは慈愛の心をもって生けるものたちに楽しみを与えることを誓う誓戒である。

第二に二受有り　第八受と第九受。これは同情の心をもって生けるものたちの苦しみを抜くことを誓う誓戒である。

止善　制止による善。↓補

行善　実行による善。↓補

四摂法　求道者(菩薩)が人びとをさとりに導く四つの方法。すなわち、布施(真理の教えを説いたり、ものを与えたりすること)・愛語(やさしい言葉をかけること)・利行(身口意で行なう善行によって、人びとの利益を計ること)・同事(相手と同じ立場に立って導くこと)の四つ。

以▽无愛染心者、謂无貪心・无厭足心『者、无瞋心、无㝵心者、
无疑心、▽末又云、以无愛染心者謂、不以愛見悲、若有愛見、即
化道為漏、亦於生死有厭足、且化物有㝵、又云、▽无以愛染心者、
▽説不同凡夫、无厭足心者不同二乗、无㝵心者同於大士、
第二有二戒、明悲心抜苦、亦自為二、初明抜苦果、後明抜苦因、
従若見孤独以下、明止善、

〔一七ウ〕
无—本経「不」に作る
末—文庫本なし
无以—本経「以不」に作る
説—文庫本「謂」に作る

1 謂 応墨「ヒ」「説クニ」あり。
2 足 傍書「止也」あり。
3 疑 応墨「癡」「ヒ」あり。
4 末 文朱抹消。
5 見 応墨「ノ」あり。
6 且 後朱「ツ」あり。
7 㝵 応墨「サワリ」あり。
8 於 蔵本、此上「能」あり。

「以无愛染心《いむあいぜむしむ》」といふは〔者〕、无貪《むどむ》の心(を)謂[1](ふ)。「无厭《むゑむ》[2] 足心《そくしむ》」といふは〔者〕、无瞋《むしん》の心なり。「无㝵心」といふは〔者〕、*无疑《むぎ》[3]の心なり。〔末〕*[4]又云(く)、「以无愛染心」といふは〔者〕謂(く)、愛見*[5](の)悲(を)以て(セ)不《〈ず〉》。若(し)愛見有(ら)ば、即(ち)化道*、漏を為す。亦生死*に於て厭足有(ら)ば、且[6]化物に㝵有り[7]。又云(く)、「无以愛染心」といふは〔者〕、凡夫*(に)同《どう》(なら)不《ず》と説く。「无厭足心」といふは〔者〕二乗*に同(なら)不《ず》。「无㝵心」といふは〔者〕〔於〕大士*に同なり。

○世尊。我従ニ今日一。乃至ニ菩提一。若見ニ孤独。幽繋疾病。種種厄難。困苦衆生一。終不ニ暫捨一。必欲ニ安隠一。以レ義饒益。令レ脱ニ衆苦一。然後乃捨。(第八受)

世尊。我従ニ今日一。乃至ニ菩提一。若見ニ捕養。衆悪律儀。及諸犯戒一。終不ニ棄捨一。我得レ力時。於ニ彼彼処一。見ニ此衆生一。應ニ折伏一者。而折ニ伏之一。應ニ摂受一者。而摂ニ受之一。何以故。以ニ折伏摂受一故。令ニ法久住一。法久住者。天人充満。悪道減少。於[8]ニ如来。所転法輪一。而得ニ随転一。見ニ是利一故。救摂不レ捨。(第九受)

第二に二*戒有(り)。悲心抜苦《ひしむばちく》を明(すに)、亦自(ら)二(と)為《す》。初には抜苦の果を明し、後には抜苦の因を明す。「若見孤独《にゃくけんこどく》」(といふ)従《よ》(り)以下は、止善《しぜん》を

无疑の心　真理にたいして疑心のないこと。他の本で「疑」を「癡」とする場合は、癡は愚癡の略で、真理にたいする迷妄を指すことになる。また経文の「无礙心」(義疏の「无㝵心」)は無碍自在心であるから、「无疑」と「无礙」とでは意味がちがってくる。

又云く　また一説によれば。

愛見の悲　自他に愛着した見解をもって接する同情心。

化道漏を為す　教化の道から漏れる者が生ずる。

生死に於て…㝵有り　迷いの世界から解脱しようとする求道の歩みに怠け心が起こるならば、人びとを教化するさまたげが生じる。

凡夫　聖者の段階に達しない人。

二乗　声聞と縁覚の聖者で、大乗の求道者(菩薩大士)からすれば小乗の人びとである。

大士　大乗のすぐれた求道者。経文の「无礙心」をチベット訳では「不退転の心」とする。

二戒有り　第八受と第九受。

従必欲安隠以下、明行善、
少无父曰孤、老无子曰独、在囹「固▽為幽、有枷鎖曰繋、刑惚曰 〔八オ〕 固—文庫本「固」に作る
疾、疾甚曰病、在我稱厄、談彼曰難、自覚曰困、外逼曰苦、以
義饒益者、義猶理也。以理斉十苦也。然後、謂令至菩提乃捨也。
就抜苦因亦有止行、従若見捕養以下、明止善、従我得力時以下、
明行善、
外求曰捕、内畜曰養、衆悪律儀謂、十六悪律、見涅槃経、及諸
犯戒者言、違具本誓者也。悪律儀発始更悪、犯戒初善後悪者也。
「我得力時者力有二種、一勢力。二道力、於彼彼處者、若不行 〔八ウ〕
善即諸道皆閉流転生死、遷移六趣、所以大士於彼彼處皆見此人
重悪即

1 **老** 応墨「ヲイテ」あり。
2 **枷** 文朱上声点、応墨上声圏点あり。
3 **鎖** 文朱上声点、応墨上声圏点あり。
4 **繋** 文朱平声点、応墨平声圏点あり。
5 **困** 応墨去声圏点、「コン」「苦也」あり。
6 **外** 応墨「ヨリセムル」あり。
7 **斉** 応墨「スクフ」あり。
8 **畜** 応墨「タク」あり。
9 **見** 応墨「リ」あり。
10 **具** 傍書「其イ」あり。
11 **悪** 文墨「ナル」あり。
12 **閉** 後墨「トシテ」あり。
13 **遷** 文朱平声点、応墨平声圏点あり。
14 **移** 文朱上声点、応墨平声圏点あり。
15 **重** 応墨平声複圏点あり。

少くして 幼少にして。
囹固 囹圄に同じ。牢獄のこと。
枷鎖 刑具のくびかせと鎖。
刑惚 刑悩または軽悩か(刑は形・軽に通ず)。
我に在るを…難と曰ふ 自己のわざわいを「厄」といい、他人からうけた厄を「難」という。
自覚…苦と曰ふ 罪を犯して自覚するのを「困」といい、誰かによって罪におとされるのを「苦」

明す。「必欲安隠《ひちよくあんおん》」（といふ）従《よ》（り）以下は、行善《ぎやうぜん》を明（す）。

　*少（く）して父无（き）を「孤」と曰（ひ）、老[1]（い）て子无（き）を「独」と曰（ふ）。*囹固《〈レイゴニ〉》に在（る）を「幽《えう》」と為《〈す〉》。*枷《か》[2]鏁《さ》[3]有（る）を「繫《けい》[4]」と曰（ふ）。*刑惚《ぎやうなう》を「疾《しち》」と曰（ひ）、疾の甚しきを「病」と曰（ふ）。我*に在（る）を「厄」と稱（じ）、彼を談じて「難」と曰（ふ）。自*覚を「困[5]」と曰（ひ）、外[6]（より）逼（むる）を「苦」と曰（ふ）。「以義饒益《いぎねうやく》」といふは〔者〕、「義*」は猶し理なり〔也〕。理を以て十*の苦を斉《すく》[7]（ふ）なり〔也〕。然《しか》うして後に、菩*提に至（ら）令（め）て乃（し）捨せむと謂フ〔也〕。

　抜苦の因（に）就て亦止*と行と有（り）。「若見捕養《にやくけんぶやう》」（といふ）従《よ》（り）以下は、止善（を）明（す）。「我得力時《がとくりきじ》」（といふ）従《よ》（り）以下（は）、行善（を）明（す）。

　外*に求（むる）を「捕《ぶ》」と曰（ひ）、内に畜《たくは》[8]（ふ）るを「養《やう》」と曰（ふ）。「衆悪律儀《しゆあくりちぎ》」といふは謂く、十*六の悪律なり。涅槃経《ねちはんぎやう》に見[9]（えたり）。「及諸犯戒《ぎふしよぼむかい》」といふは〔者〕言く、具《ぐ》[10]（の）*本誓《ほんぜい》（に）違《ゐ》する者《もの》（なり）〔也〕。「悪律儀」は発始《ほちし》より更に悪なり。「犯戒」は初には善にして後に悪[11]（なる）者（なり）〔也〕。「我得力時《がとくりきじ》」といふは〔者〕、力に二種有（り）。一は勢力《せいりき》、二は*道力《だうりき》なり。「於彼彼處《おひひしよ》」といふは〔者〕、若（し）善を行（は）不《ざ》（る）ものは即（ち）諸道皆閉[12]（ぢ）て生死に流転し、六*趣に遷[13]移[14]す。所以《このゆゑ》に大士（は）彼彼の處（に）於《〈し〉》て皆此（の）人を見て重悪[15]をば即

という。

義は猶し理なり　義の原語は一般に梵語「アルタ」が使われ、意義・目的・道理・利益などの意味がある。注釈で「義」は「理」であると解したのは当然であろう。しかしながら、求那跋陀羅が「アルタ」を「義」と訳したのにたいして、チベット訳が、世俗の「利」である「財産」と訳しているのは、第六受の内容からいっても正しい（菩提流志訳も「善」と訳している）。

十の苦　「孤」より「苦」までの十の苦。

菩提に…捨せむ　人びとをさとりの世界に至らしめてから、かれらのなすに任せて、互いに妨げまいと誓うこと。

止と行　止善と行善。↓七五頁注「止善」・「行善」

外に求むるを…養と曰ふ　野外で鳥獣などを捕えることを「捕」、家でそれらを飼育することを「養」という。

十六の悪律　北本『涅槃経』巻二九に出す十六悪律儀。牛・羊・猪豚・鶏の各々について、1利益のために飼育し、肥らせてから売る、また2利益のために買ってから屠殺するから、通じて八つの悪行が数えられる。ついで、捕魚・捕鳥・狩猟・劫盗・魁膾（古注によれば生肉の販売。または魁党つまり賊の頭の誤記か）・両舌（二枚舌）・獄卒・呪竜の八つを加えて十六とする。

本誓　仏が定められた根本の誓戒。直前の「具の」は、「其の」の写誤であろうという（凝然『勝鬘経疏詳玄記』大日本仏教全書七、四一頁下）。

道力　さとりを完成して得たところの力。

六趣　地獄・餓鬼・畜生・修羅・人間・天上（神々）の六道のことで、いずれも輪廻の生存である。

以勢力折伏、軽悪即以道力摂受、息悪修善、即聖化久住・聖化住世、即善来悪去、故天人充満悪道減少・道器既増、即佛法輪恒可転、

就第三有一受、名摂善法戒、亦分為三、第一直明不忘摂受正法、第二釋不忘、『第三結不忘、〔九オ〕

終不忘失・摂受正法者、既云摂受正法、是八地以上行、故云他分行、今勝鬘、迹在七地、而言不忘者、但、願得八地以上、故摂受正法之心、暫不敢忘、非言自得而不忘也・

1 軽　文墨去声圏点あり。
2 摂　蔵本此下「受」あり。
3 敢　応墨「アエ」あり。
4 願　文墨「フ」あり。

(ち)勢力を以て*折伏《しやくぶく》し、[1]軽悪《きやうあく》をば即(ち)道力を以て摂受《せふじゆ》す。悪を息《や》め善を修せば、即(ち)*聖化《しやうくゐ》久住《ちう》す。聖化世に住すれば、即(ち)善来り悪去る。故に天人充満し悪道減少す。*道器既に増《ぞう》じぬ。即(ち)*佛の法輪恒《とこしなへ》に転(ず)可《べ》し。

○世尊。我従二今日一。乃至二菩提一。摂二受正法一。終不二忘失一。何以故。忘二失法一者。則忘二大乗一。忘二大乗一者。則忘二波羅蜜一。忘二波羅蜜一者。則不レ欲二大乗一。若菩薩。不三決二定大乗一者。則不レ能レ得下。[2]摂二正法一欲上。随二所楽一入。永不四堪三任。越二凡夫地一。我見二如レ是。无量大過一。又見下未来。摂二受正法一。菩薩摩訶薩。无量福利上。故受二此大受一。(第十受)

第三に*一受有(り)て、摂善法戒と名(くる)に就て、亦分(ち)て三(と)為《す》。第一には直(に)*摂受正法を忘(ぜ)不《ず》といふことを明し、第二には不忘《ふまう》を釋し、第三には不忘(を)結(す)。

「終不《しうふ》忘失《まうしち》。摂受正法」といふは〔者〕、既に摂受正法と云(ふ)。是(れ)*八地以上の行なり。故に他分行と云(ふ)。今勝鬘は、*迹は七地(に)在り。而(も)不忘と言(ふは)〔者〕、但、八地以上を得て、故《ナヲ》し摂受正法の〔之〕心、暫(く)も敢[3](へ)て忘(ぜ)不《じ》と願[4](ふ)〔也〕。自ラ得て〔而〕忘(ぜ)不《ず》(と)言(ふ)には非(ず)〔也〕。

折伏し…摂受す　仏道を完成させる方法として、折伏と摂受(救いとること)は二にして不二のものとされている。

聖化　聖なる教化。

道器　仏道を修行する人。

佛の法輪恒に転ず可し　仏の真理の教えの輪が永久に転じつづけるであろう。仏の教えを説法することを、法輪を転ずるという。経文の「随転することを得ん」とは、釈尊が法輪を転じたもうたのに随って、そのようにいついつまでも転じていくことができるという意。

一受有りて　第十受をいう。

摂受正法　仏の説かれた正しい真理の教えを、しっかり身につけること。

八地以上の行　第八地以上の求道者がなす高度な実践行で、これは自利を越えて利他をなす実践行であるから、他分行と呼ばれる。

迹は七地に在り　勝鬘夫人がこの世に人間として出現し、第七地の凡夫の姿をとっているの意。

就第二釋中凡有三行三欲、三行是八地以上行・三欲謂、七地以還欲・三行者、一摂受正法行・二大乗行・三波羅密行・七地以還、非不大乗、但大義未顕、何者・七地以還、「断結与二乗斉同、〔一九ウ〕出三界、而未及八地以上冥合衆流更无異趣、故大義不明、波羅密者名到彼岸、七地以還亦是无相彼岸、但未能並照、故波羅密義、亦未彰、七地以還亦修万行、但一念之中不能斉故、亦不得摂受之名、所以摂受大乗波羅密皆在八地以上、為明、三欲即是願得此三行之心、故七地以還許其有也、而此三行皆是八地以上一「心上用、但随義立別名耳・故云若不忘失法、即三行都忘、三行既忘、即三行之欲亦、皆忘也・應有波羅欲、略无也・列行則以摂受為先、列欲

以—底本字画欠損あり
〔二〇オ〕
不—慶応本この部分削除一字分空白あり
羅—此下文庫本「蜜」あり

1 **波羅密行**　「波羅蜜行」に同じ。「密」「蜜」通用か。以下の例も同じ。
2 **斉同**　応墨「ヒトシク」あり。但し白粉にて文朱・応墨を消し、更に後朱「ヒトシク」あり。
3 **彰**　応墨「アラハレス」あり。
4 **修**　応墨「スレトモ」あり。
5 **斉**　応墨「ヒトシクスル」あり。
6 **為**　応墨「ナ」あり。
7 **其**　文墨「レ」あり。
8 **有**　応墨「リト」あり。
9 **心**　応墨「ノ」あり。
10 **上**　応墨「ノ」あり。
11 **耳**　応墨「ノミ」あり。
12 **不**　文朱抹消。
13 **都**　応墨「ヘテ」あり。
14 **列**　応墨「ツラヌル」あり。

第二に釋するが中に就て凡そ三行*と三欲*と有(り)。三行は是(れ)八地以上の行なり。三欲(といふ)は謂(く)、七地以還《いぐゑん》の欲なり。三行といふは〔者〕、一は摂受正法行、二は大乗行、三は波羅密行なり。[1] 七地以還も、大乗に(あら)不《ざ》(る)には非(ず)。但大の義顕《〈アラハ〉》レ未《〈ず〉》。何(と)ならば〔者〕、七地以還は、結*を断ずること二乗与《〈と〉》[2]斉同《ひと》シく、三界*を出づ。而(れども)八地以上の衆流に冥合《みやうがふ》して更に異趣无きには及(ば)未《〈ず〉》。故に大の義明ナラ不《〈ず〉》。「波羅密」といふは〔者〕到彼《たうひ》岸《がん》と名く。七地以還も亦是(れ)无相*の彼岸なり。但し並(べ て)照(す)こと能(は)未《〈ず〉》。故に波羅密の義、亦彰[3](は)レ未《〈ず〉》。七地以還も亦万行を修[4]すれども、但*(し)一念の〔之〕中に斉[5](しく)すること能(は)不《ざ》(る)が故に、亦摂受の〔之〕名を得不《〈ず〉》。所以《このゆゑ》に摂受と大乗と波羅密とは皆八地以上に在(り)て、明(すこと)を為《な》[6]せり。三欲は即(ち)是(れ)此の三行を得ること(を)願フ〔之〕心なり。故に七地以還は、其[7](れ)有[8](り)と許す〔也〕。而(れども)此の三行は皆是(れ)八地以上の一*[9]心の上[10]の用なり。但(し)義に随(ひ)て別の名(を)立(つらく)耳[11]。故(に)若(し)〔不[12]〕法を忘失《まうじち》すれば、即(ち)三行都[13]《すべ》て忘《まう》じぬ、三行既に忘じぬれば、即(ち)三行の〔之〕欲も亦、皆忘ずと云(ふ)〔也〕。波羅欲有る應し。略(し)て无き(なり)〔也〕。行*を列[14](ぬるときに)は〔則〕摂受を以(て)先と為《〈し〉》、欲*(を)列(ぬる

三行　三つの実践行。第八地以上の求道者のなす実践行で、摂受正法行(正法をしっかり身につける実践行)・大乗行(大乗の仏道を完成する実践行)・波羅蜜行(六つの徳目を完成する実践行)の三つをいう。

三欲　三つの実践行を完成したいと願う思念。これは第七地以前の求道者がもっている欲求。

結　煩悩。

三界を出づ…及ば未　迷いの世界を超えてはいるが、すべての人びとの中に入り、手をたずさえてへだてなく、かれらを救っていこうとする第八地以上の求道者には、とうてい及ばない。

无相の彼岸…照すこと能は未　第七地以前の求道者でも、形相を離れた(無相)さとりの世界(彼岸)に達しているが、いまだ、形相あるもの(有相)と形相を離れたものとの二つをともに照らして、二つが不二のものであることをさとることができない。

但し一念の…能は不るが故に　第八地以上の求道者のように、一思念(一心)の中によろずの善を修得することはできない。「斉しくすること」とは斉修の意。

一心の上…立つらく耳　一心の中においてなす働きである。ただ、この働きを意味の上から示すために、三通りの名称を使っただけである。

行を列ぬるときには　三行の順序をいえば。

欲を列ぬるときには　三欲の順序をいえば。

1 **蓋**　応墨「ケタシ」あり。
2 **便**　応朱「ヒム」あり。
3 **逐**　応墨「シタカテ」「ヲフ」あり。
4 **雖**　蔵本「唯」に作る。

則以大乗為初是蓋逐便无大意也、従随所楽入以下明失行即起悪也、

従我見如是以下、第三結不忘、言・忘則致禍、不忘得福、故受不忘、

従法主世尊以下、章中第三、立誓断疑、就中亦有四、第一佛前立誓、「第二、従説此▽語時以下、明雨花、出聲為證、

〔三〇ウ〕
此―本経「是」に作る

とき）には〔則〕大乗を以て初と為《す》（る）ことは是（れ）蓋[1]し*[2]便に逐[3]（ひて）大意《だいい》は无き（なり）〔也〕。「随所楽入《ずいしょらくにゅう》」（といふ）従《よ》（り）以下は、*行を失（し）て即（ち）悪を起（す）ことを明（す）〔也〕。

「我見如是」（といふ）従《よ》（り）以下は、第三に不忘（を）結す。言（ふこゝろ）は、忘ずれば〔則〕禍を致し、忘レ不《ず》は福を得。故に*不忘（を）受く。

○法主世尊。現為㆑我證。雖[4]㆓佛世尊。現前證知㆒。而諸衆生。善根微薄。或起㆓疑網㆒。以㆓十大受。極難㆑度故。彼或長夜。非㆓義饒益㆒。不㆑得㆓安楽㆒。為㆑安㆑彼故。今於㆓佛前㆒。説㆓誠実誓㆒。我受㆓此十大受㆒。如㆑説行者。以㆓此誓㆒故。於㆓大衆中㆒。當㆘雨㆓天華㆒。出㆗天妙音㆖。説㆓是語㆒時。於㆓虚空中㆒。雨㆓衆天華㆒。出㆓妙聲㆒言。如㆑是如㆑是。如㆓汝所説㆒。真実无㆑異。彼見㆓妙華㆒。及聞㆓音聲㆒。一切衆會。疑惑悉除。喜踊无量。而発㆑願言。恒与㆓勝鬘㆒。常共倶會。同㆓其所行㆒。世尊悉記㆔。一切大衆。如㆓其所願㆒。

「*法主世尊」（といふ）従《よ》（り）以下は、章の中の第三に、誓を立（て）て疑を断ず。中に就て亦四有（り）。*第一には佛前にして誓を立（つ）。第二に、「説此語時」（といふ）従《よ》（り）以下は、*花を雨（ふら）し、聲を出して證を為《す》（る）こと（を）

便に逐ひて…无きなり　単に便宜的なことで、そこに本旨があるわけではない。

行を失して…悪を起す　正法の実践から退失して、悪心を起こす。この一段の経文の意味は、正法を身につけようと願わない者は、自分勝手な生活に安住して、永久に迷いの凡夫の身から離れることができないという。

不忘を受く　身につけて忘れないこと。

◈**法主世尊…**　〔三〕夫人の誓戒が真実であるというあかし

仏が証人となって、勝鬘夫人の誓戒が真実のものであることを直接証明された。しかしながら、世の中には女性の身で何ができるかと疑念を抱く者も少なくないであろうから、そのような疑念をとり除くためにも、これらの誓戒の真実であることを示すあかしとして、空中から天花が降りそそぎ、天の声が聞こえることを願った。夫人の願い通りになったのを見て、その場に集まった人びとは「勝鬘夫人と行動をともにする身となろう」という願いをおこし、その確約を仏から与えられた。

第一には…立つ　この一段の経文中、「彼れ或いは長夜に、義もて饒益するに非ず、安楽を得ざらん」とは、わたくしに疑惑を抱く者たちは長い間、真実の教えのめぐみに浴せず、安楽の境地を得ないであろうという意。チベット訳は「かれらは長い間、自らを害ね、苦しみ、損失するでありましょう」とする。

花を…證を為る　空中から天花をふらし、天の妙音を響かせることが、真実を証明するあかしであるとする表現は、仏典の随処に出てくる。

言、有聲必有言、故以聲、證言非虚、有花必有実、故以花、證
行必果、第三、従彼見妙花以下、明衆疑得断、仍発願、第四、
明佛為賜記、可見、

1 **言** 応墨「コトハ」あり。
2 **果** 応墨「ミアリ」あり。
3 **衆い疑を** 「い」は「の」の誤点か、存疑。

明す。言（ふこゝろ）は、聲*有（れ）ば必（ず）言有り。故に聲（を）以て、言[1]は虚に非（ざる）べしと證ず。花有（れ）ば必（ず）実有（り）。故*（に）花（を）以て、行は必（ず）果[2]あるべしと證ず。第三に、「彼見妙花《ひけんめうくゑ》」（といふ）従《よ》（り）以下は、衆[3]い疑を断ずること得て、仍《なほ》（し）願を発（す）といふことを明す。第四には、佛、為に記*を賜（ふ）といふことを明す。見（つ）可《べ》（し）。

聲有れば…非ざるべしと證ず　天の妙音が発せられているならば、その声は真実をあらわす言葉に外ならない。そこで、天の妙音を聞かせて、夫人の言葉が虚偽でないことを証明している。

故に花…あるべしと證ず　花が咲けば実のなるという道理があるから、まず天の妙声をふらして、夫人の行ないには必ずさとりの果実が生ずるであろうと証明している。

記　確約。世尊は「この会座に集った者たちはみな、勝鬘夫人から離れることはないであろう」との確約を与えられた。

1 慰　蔵本「隠」に作る。
2 我　文墨「レ」あり。
3 将　応朱「に」あり。
4 将る　再読。
5 但　文墨「シ」あり。

三大願章　仏に帰依し、十の大いなる誓戒をたもつ身となった夫人が、さらに三つの願いを仏の前でたてる。これを聞いた仏は、求道者たちのたてるもろもろの願いといえども、みなこれらの三つの願いの中におさまってしまう、と夫人をたたえる。本章は三つに分けられる。なお、最近発表された敦煌写本『奈93』に基き『玉24』と対校したテキスト、古泉円順「敦煌本『勝鬘義疏本義』」(『聖徳太子研究』第五号所収)は、第三章からの注釈があるので、以下、これを敦煌本と呼んで、随時参照することにする。

◈**尒時勝鬘…**　I本章の位置とあらまし

勝願　すぐれた願い。かつて以前にたてた願いは小乗の立場のものであったから、いまここでおこ

従尒時勝鬘復於佛前以下、自分行中、第三三大願章・帰依受戒、既殊於昔、故願亦更発勝願、遠期常住法身、異於昔日願身滅智亡、就中、開為三、第一、明為願作願、第二、従「以此善根以 〔三オ〕
下、正発三願、第三、従尒時世尊以下、明佛述成、
以此実願者、通言以我今将願三大願也、明大士立壊、非但自為、必先為物、故云安慰衆生、一云、実願者必行其行、

壊—文庫本「懐」に作る

(第三　三大願章)

「*尒《に》時《じ》勝鬘《しょうまん》。復《ぶ》於《お》佛前《ぶつぜん》」(といふ)従《よ》(り)以下は、自分行の中、第三の三大願章なり。帰依《くゐえ》と受戒《じゅかい》と、既に〔於〕昔に殊なり。故に願も亦更(に)勝*願を発《おこ》す。遠く*常住の法身を期《ご》することは、〔於〕*昔日《しゃくにち》の身滅智《しんめちち》亡《まう》を願(ずる)に異なり。中(に)就て、開(き)て三(と)為《す》。第一には、願*(の)為に願を作すことを明(す)。第二に、「以此善根《いしぜんごん》」(といふ)従《よ》(り)以下は、正(しく)三*願を発す。第三に、「尒《に》時世尊《じせそん》」(といふ)従《よ》(り)以下は、佛の述*成《じゅつじゃう》を明す。

○尒時勝鬘。復於ニ佛前一。発ニ三大願一。而作ニ是言一。以ニ此実願一。安ニ慰[1]无量。无邊衆生一。

「*以此実願《いしじちぐわん》」といふは〔者〕、通*(じ)て我[2]今将[3](に)三大願を願ぜむと将[4]〈す〉るを以てすと言(ふ)〔也〕。大士*の壊《コ、ロ》を立(つる)ことは、但[5](し)自(ら)の為には非ず。必(ず)先づ物*の為なり(と)明す。故に衆生を安慰すと云(ふ)。一に云(く)、「実願*」といふは〔者〕必(ず)其*の行を行ず。

○以ニ此善根一。於ニ一切生一。得ニ正法智一。是名ニ第一大願一。

我得ニ正法智一已。以ニ无厭心一。為ニ衆生一説。是名ニ第二大願一。

す願いはそれよりすぐれた大乗の願いであるの意。

常住の法身を期すること　常住不変の真理を身体とするものになろうと期待すること。

昔日の…異なり　かつて以前におこした小乗の願い――身心ともに滅無に帰した涅槃(灰身滅智と一般にいう)を得ようとする願い――とは異なっている。

願の為に願を作す　三つの願いをおこすことを願う。

三願　三つの願い。三大願と同じ。勝鬘夫人が釈尊の面前で三大願をたてた状況は、たとえば法蔵菩薩が世自在王仏の前で四十八願をたてた場面を彷彿させるものといえよう(『無量寿経』上巻)。太子義疏の注釈によれば、第七地以前の求道者の諸願は、すべてこの三願に総括されるという。そしてこの三願は「摂受正法」という一大願に帰するが、一大願は1求道者の諸願を含むもの(願摂)であり、また2求道者のすべての実践行を含むもの(行摂)であるという。

述成　仏がつけ加えて説明されること。

◈**以此実願**…　Ⅱ本章を解釈する　〔一〕願いの心をおこす

通じて…言ふ　つぎに明かす三つの願いに共通して、それらの願いをたてようとする夫人の願いを指している。

大士の壊　すぐれた求道者の本懐すなわち本願。

物　生きとし生けるもの(衆生)。

実願　真実の願。チベット訳によれば、原語は「サティヤーディシュターナ」(真実の決意、ないし真実の受持)である。

其の行を行ず　願は必ず願成就のための修行を伴うから、そのようにいう。

1 願　応朱「フ」あり。
2 要　応墨「ス」あり。

就第二、正発三願中、自有三願、
第一願、願得正法智、正法智者謂、上住之智、
第二願、願為衆生説、
第三願、願護法、
第一第三二願、要就自行、兼明化他、中間一願、因明化他、幷
『顕自行、即与上十大受同、〔三ウ〕
第三、如来述成、可見、
而此三願、並是住前之願、而言摂受諸願者、此但取住前諸願、
非兼八地以上願也、

上―明治本「常」に作る

我於レ摂ニ受正法一。捨ニ身命財一。護ニ持正法一。是名ニ第三大願一。

第*二に、正(し)く三願を発《おこ》す中に就て、自(ら)三願有り。

第一の願は、正*法の智を得むと願(ず)。「正法智」といふは〔者〕謂(く)、上*住の〔之〕智なり。

第*二の願は、衆生(の)為に説(かむと)願ず。[1]

第*三の願は、法(を)護《ご》せむと願ず。

第一と第三との二願は、要《かなら》(ず)自行《じぎゃう》に就て、兼(ね)て化他《けた》を明す。中間《ちゅうげん》の一願は、化他を明(すに)因て、幷《びゃう》じて自行を顕す。即(ち)上の十大受与《と》同なり。

○尓時世尊。即記ニ勝鬘一。三大誓願。如ミ一切色。悉入ニ空界一。如レ是菩薩。恒沙諸願。皆悉入ニ此。三大願中一。此三願者。真実広大。

第*三には、如来述成《じゅつじゃう》しタマフこと、見(つ)可《べ》(し)。

〔而〕此の三*の願は、並に是(れ)住*前の〔之〕願なり。〔而〕諸願を摂受すと言フは〔者〕、此は但し住前の諸願を取る。八地以上の願を兼(ぬる)には非(ず)〔也〕。

◈第二に…　〔二〕三つの願い

正法の智　正法を体得するための智慧。

上住の智　このあとの「第七地以前の求道者がたてる願い」(住前之願)という注釈文によれば、「上住」は第七地以前の位といえよう。他本は「常住の智」とするが、一乗＝正法＝常住真実を明かす経の趣旨からして、これは正法の智と同じになる。吉蔵『勝鬘宝窟』(大正蔵三七、三六上)では、初発心の位から正法の智を学ぶという。

第二の願　経文の「无厭心」とは、怠けたりおじけたりしない心。

第三の願　経文の「身と命と財を捨てて」は、チベット訳によれば「身体と生命を顧みずして」とあり(菩提流志訳も同じ)、「財」の相当語はない。

自行　自利の行。

化他　利他の行。

中間の一願　第二願のこと。

上の十大受与同なり　吉蔵『勝鬘宝窟』(右同)によれば、第一願(求正法智願)は自行願で摂律儀戒を成就し、第二願(説智願)は外化願で摂衆生戒を成就し、第三願は護法願で摂善法戒を成就するという。十大受を三聚浄戒に配当している点については、第二章参照。

◈第三には…　〔三〕仏は願いの真実であることを確約する

三の願　経文の「一切の色の悉く空界に入るが如し」とは、いろ・かたちあるもの(色)のすべては、空界に属し、その中に摂入しているようにの意。

住前の願　本頁注「上住の智」参照。

1 **一** 応朱「ニ」あり。
2 **入** 応朱「スル」あり。
3 **義** 文墨「ヲイフ」あり。
4 **法** 後墨「ホウ」あり。
5 **摂** 文墨「ヲイフ」あり。
6 **生** 文墨「カ」あり。

摂受正法章　十の大いなる誓戒は三つの願いの中に含められるということが仏に

従尓時勝鬘白佛言以下、明乗躰中、第二挙二章、明他分行、二章即自為二、第一摂受正法章。明万善出生義、言、八地以上一念心中、能生五乗諸善、第二、入一乗章、収入一義、言、惣取能生八地之行所生五乗諸善皆「入一乗。 〔三オ〕

一往釋摂受正法、能摂万行之心為摂受、所修之善、當理非邪、故言正、為物軏▽則、故言法、而釋此摂受正法、種種不同。或云、夫善皆能摂生衆生諸行故、自凡至聖皆取以為摂受正法、或云、外凡之善皆以相心而作故、不得為摂受正法、但内凡以上可取、或云、内凡猶未得真解故、亦未足取、但初地以上、正是真観故、従此可取、

軏—文庫本「軌」に作る

よって説かれたから、勝鬘夫人はこれをうけて、自己の理解するところ、すなわち三つの願いは摂受正法の一大願の中に含められるということを、堂々と披歴する。本章は本経の眼目の一つであるから、注釈は序としてまず、摂受正法章の位置付けをのべ、ついで章を二つにわけて、摂受正法に求道者のあらゆる願いが包摂される面(願摂)と、またかれらのあらゆる実践行が包摂される面(行摂)との二面から捉え、もって摂受正法が願と行を出生するということを明らかにする。

◈**尒時勝鬘**…　I摂受正法の意義と本章のあらまし

乗の躰　一乗の教えの本体。四九頁注「自分行」および同頁の注釈文を見よ。

二章　いまの摂受正法章とつぎの一乗章をいう。

五乗　人・天・声聞・縁覚・菩薩の五種の教え。

入一乗章　あらゆる善をおさめとって一乗の教えに帰入する章。一乗章ともいう。

一往　概略。

理に當りて　道理にかなっていて。

物の軌則　人びとにとっての規範・法則。

或は云く　一説によれば。

凡自り…取りて　凡夫を初めとして聖者に至るまでの諸善をいう。

外凡　つぎに出す内凡とともに、凡夫位を内・外にわけた一つ。外凡位から内凡位に進み、ついで聖者位に向うのが仏道の階程である。

相心　彼此相対する心。

内凡以上を取る可し　内凡位以上の者のなす善が摂受正法を実践することができる。

真の解　真の解脱。

真観　正しい真理観。

(第四　摂受正法章)

「*尒《に》時《じ》。勝鬘《しようまん》白佛言《びやくぶつごん》」(といふ)従《よ》(り)以下は、乗*の躰を明(す)が中に、第二に二*章を挙(げ)て、他分行を明(す)。二章を即自《すなは》(ち)二(と)為《す》。第一には摂受《せふじゆ》正法章《しやうぼふしやう》(なり)。万善出生《まんぜんしゆつしやう》の義を明す。言(ふこゝろ)は、八地以上の一念の心の中に、能(く)五*乗の諸善を生ず。第二には、入*一乗章(なり)。一[1](に)収《しゆ》[2]入《にふ》(する)義[3](をいふ)。言(ふこゝろ)は、惣(じ)て能生の八地の〔之〕行と所生の五乗の諸善とを取(り)て皆一乗に入(るなり)。

一*往をもて摂受正法を釋せば、能(く)万行を摂する〔之〕心を「摂受」と為《す》。所修の〔之〕善い、理*に當(り)て邪に非ず。故に「正」と言(ふ)。物*の軌則《くゐそく》為《〈た〉》り。故に「法[4]」と言(ふ)。〔而〕此の摂受正法を釋すること、種種に不同なり。或*は云く、夫(れ)善は皆能(く)摂[5](して)衆生の諸行を生[6]ずるが故に、凡*自《よ》(り)聖に至(る)マデ皆取(り)て以て「摂受正法」と為《〈す〉》。或は云く、外*凡の〔之〕善は皆相*心《さうじむ》を以て〔而〕作(す)が故に、「摂受正法」と為《す》(る)ことを得不《〈ず〉》。但し内*凡以上を取(る)可《べ》(し)。或は云く、内凡は猶し真*の解を得未《ざ》(る)が故に、亦取るに足(ら)未《〈ず〉》。但し初地以上は、正(し)く是れ真*観なるが故に、此従《よ》(り)取(る)可《べ》

1 臨　後墨「ノソンテ」あり。
2 證　後墨「シ」あり。
3 弁　文朱抹消。
4 那　応朱「ソ」あり。
5 中　更に応朱「に」あり。
6 得　応朱「ン」あり。
7 三　文墨「ノ」あり。

而今所須者、『八地以上一念之中備修万行之心為摂受、所修之　〔三ウ〕
行、當理非邪、故言正、為物⿱艹軌▽則、故言法、初地以上七地以還　⿱艹軌—文庫本「軌」に作る
之行、実是真无漏故、亦應言正、為物⿱艹軌▽則故、亦可稱法、然但　⿱艹軌—文庫本「軌」に作る
一念之中、不能備修万行、亦未並観故、猶不得摂受之名、且臨
文自證、若盡弁取七地以下以為摂受正法者、那得言菩薩所有恒
沙諸願、一切皆入一大願中、所謂摂受正法・『所言自分他分、　〔三オ〕
以此為弁也・

就中初開為二、第一、従初訖有大功徳・有大利益、明願摂、第
二従勝鬘白佛言・我當承佛神力竟章、明行摂受▽、私釋少異、此　受—文庫本なし
章正以出生義為宗、但物聞上三願便謂願極於此、故一往従初訖
有大利益、先明七地以下恒沙諸願、皆入八地以上一念

今の須ゐる所　今ここで採用する解釈。
七地以還　第七地以前。
无漏　煩悩の汚れのない状態。煩悩は漏出するから、煩悩のことを漏または有漏という。
並べて…故に　同時に観察することができないから。
且文に臨みて自證するに　「今の須ゐる所は」より以下「弁ずることを為」までは、注釈者の見解を打出している。とくに、「且文に臨みて自証するに」の句は、前文をうけて省略したかたちでさらに自身の理解を明示しようとしている。だが、注釈者の本章にたいする立場は、つぎに出す「私釈は少しき異なり」以下に説かれる。
恒沙の諸願　ガンジス河の砂(恒沙)の数ほどもある無数の願い。
自分他分…為　ここが自分行と他分行とを弁別する点である。
私釋…異なり　さきに「一往をもて摂受正法を釈せば云云」と述べて、諸師の解釈を挙げ、本章の趣旨は求道者の諸願が摂受正法という一大願の中に収入することを説くものと考えられていたが、しかしながらそうではなく、求道者の諸願は一大願から出生することを明かすのが本章の趣旨であるとする。これは注釈者の独自の見解であるが、如来蔵思想を説く本経の趣旨からみても、また大乗仏教の本願思想からいっても、仏願が衆生の願をうみ出すという把握の仕方は、卓越したものといえよう。
物　衆生。
一往…イハヾ　さし当って説くのである、という意。

(し)。〔而〕*今の須《もち》(ゐる)所(は)〔者〕、八地以上の一念の〔之〕中に備《つぶさ》に万行を修する〔之〕心を「摂受」と為《す》。所修の〔之〕行い、理に當(り)て邪に非ず。故に「正《しやう》」と言(ふ)。物の軌則為《〈た〉》り。故に「法」と言(ふ)。初地以上*七地以還《いぐゑん》の〔之〕行も、実《まこと》に是(れ)真の*无漏《むろ》なるが故に、亦「正」と言(ふ)應《べ》し。物の軌則為《〈た〉》るが故に、亦「法」と稱ず可《べ》し。然(れ)ども但し一念の〔之〕中に、備に万行(を)修すること能(は)不《〈ず〉》。亦*並(べ)て觀(ぜ)未《ざ》(る)が故に、猶し「摂受」の〔之〕名(を)得不《〈ず〉》。*且《また》文に臨[1](み)て自證[2](するに)、若(し)盡く〔幷〕[3]七地以下(を)取(り)て以て「摂受正法」と為《〈せ〉》ば〔者〕、那[4]《なん》(ぞ)菩薩《ぼさつ》所有の*恒沙《ごうじゃ》の諸願、一切皆、一の大願の中[5]に入(るを、謂《い》(は)所《ゆ》(る)「摂受正法」なりと言(ふ)ことを得[6](む)。言(ふ)所(の)*自分他分は、此(を)以て弁(ずることを)為《す》〔也〕。

中に就て初(に)開(き)て二(と)為《す》。第一に、初従《よ》(り)「有大功德《うだいくどく》。有大利益《うだいりやく》」(に)訖《をは》(るまでは)、願摂《ぐわんせふ》を明す。第二に、「勝鬘白佛言《しようまんびやくぶつごん》。我當承佛神力《がたうじようぶつじんりき》」(といふ)従《よ》(り)章(の)竟《をはり》(まで)は、行の摂受を明す。*私釋は少《すこ》しき異なり。此の章は正(しく)出生の義を以て宗(と)為《〈す〉》。但し*物い上の三[7]願を聞(き)て、便(ち)願は〔於〕此に極(れ)りと謂《おも》へり。故に*一往といふをもてイハヾ初従《よ》(り)「有大利益」(に)訖《をは》(るまで)は、先づ七地以下の恒沙の諸願をば、皆八地以上の一念

願中、若論其至極、正在於此、第二、従勝鬘白佛我當承佛以下、
正明出「生義、 〔三ウ〕
第一、明願摂中、亦有二、第一正明願摂、第二明如来讃成、
就第一正明願摂中、即有三、第一明勝鬘受命、第二明佛許説、
第三、従勝鬘白佛以下、正明願摂、
承佛威神者・外形端粛曰威、内心難測曰神、而今承者直是、如
来、許已有説恣其所弁、非謂異術相加木石、使能言之、前三章、
不求承威、但従此章乃請承威、則所謂自分他分、亦可證、調伏

1 明 「と」あり。「す」の誤か。
2 端 応墨「タン」あり。
3 粛 応朱「イツクシ」あり。
4 威 文墨「イ」あり。
5 測 応墨「ハカリ」あり。
6 已 文墨「ヲノレニ」あり。誤点か。
7 其 文墨「ノ」あり。
8 恣 文墨「マヽニセヨト」あり。
9 許 文墨「タマフ」あり。
10 術 応墨「シツ」あり。
11 石 応墨「シヤク」あり。
12 承 応墨「ウクルコト」あり。
13 承 応墨「ウケント」あり。
14 分 文朱、更に「に」あり、或いは「も」の誤か。応朱「トイフコト」あり。

の願の中に入る。若(し)其の至極を論ぜば、正(しく)〔於〕此《こゝ》に在(り)といふことを明(す)。第二に、「勝鬘白佛《しようまんびやくぶつ》。我《が》當承佛《たうじようぶつ》」(といふ)從《よ》(り)以下(は)、正(しく)出生の義を明す。

第*一に、願摂《ぐわんせふ》[1]を明(す)が中に、亦二有り。第一には正(しく)願摂を明し、第二には如来の讃成(を)明す。

第*一に正(しく)願摂を明(す)が中に就て、即(ち)三有り。第一には勝鬘命*(を)受(くる)ことを明し、第二には佛の許*説《こせち》(を)明す。第三に、「勝鬘白佛」(といふ)從《よ》(り)以下(は)、正(しく)願摂を明す。

○尒時。勝鬘白レ佛言。我今當下復。承二佛威神一。説中調伏大願。真実无上異。

「承佛威神《じようぶつゐじん》」(といふは)〔者〕、*外形《ぐゐぎやう》[2]端粛《シク》[3]なる(を)「威」[4]と曰(ひ)、内心測[5](り)難(き)を「神」と曰(ふ)。而(る)に今「承《じよう》」といふは〔者〕、直*に是(れ)如来已[6]に説(く)こと有(り)て其[7]の所弁を恣[8](にせよと)許[9](したまふ)こと(をいひ)、異*[10]術をもて木《もく》石《しやく》[11]に相ヒ加(へ)て、能く之(を)言(は)使《シ》ムと謂(ふ)には非ず。前の三章は、威*を承[12](くる)ことを求(め)不《ず》。但し此の章從《よ》(り)乃(し)威を承[13](け)むと請《しやう》ず。〔則〕謂《い》(は)所《ゆ》(る)自*分他分[14]といふこと、亦證ず可《べ》(し)。「調伏《てうぶく》

◈第一に願摂を明す　Ⅱ本章を解釈する　〔一〕願摂

この一段の科文→補(表2)

◇第一に…　㈠まさしく願摂を明かす

命を受くること　三大願章で仏が夫人に確約したことは、夫人の三大願が真実であるということであった。これは夫人みずからがその内容を説いてよいとの仏の意向を示すものだから、その意向をうけるというのを「命を受くる」という。

許説　説いてよいという許可。

外形端粛　容姿の端正で威厳のあること。

直に是れ…許したまふことをいひ　「夫人がもしも説こうとすることがあれば、その会得しているところを欲するままに説きなさい」と、直ちに許されたことを意味する。

異術をもて…謂ふには非ず　威神力とは、もの言わぬ木石にある種の呪術を行なって、木石にしゃべらせるという不思議な力のことではない。「承仏威神」の解釈と異術の譬えは敦煌本に同じ。

威　仏の威神力。

自分他分…證ず可し　前三章は自分行で今の章から他分行に入るが、自分行では仏の威神力を請わなかったのに、他分行からそれを請うことになる。注釈者は仏の威神力に注目し、自分行と他分行の区別がたてられるわけの証明は、仏の威神力を請うか請わないかによると解する。他分行の段階で仏の威神力を仰ぐところに、自分行よりすぐれた他分行の他分行たる所以があるといえる。およそ、仏力=他力を蒙らない仏道修行はありえないからである。浄土教の他力思想もこの面を明らかにしたものである。

「大願者・心、恒附理、為調伏、无徳不期、為大願、真実无異 〔二四オ〕
者言・与佛昔願无異也、又云、如佛所説无異、
▽許聴可見、 許聴―此上文庫本「第二」を補入
第三正明願摂、
恒沙諸願、皆入、一大願中者・一願謂、八地以上一念心中願・
言・七地以下恒沙諸願、皆入八地以上一念願中、故云皆入一大
願中、所謂摂受正法者出一願躰与万行正法、即是八地以上一念
上用、故云摂受正法・真為大「願也、 〔二四ウ〕

1 **附** 応墨「スル」あり。
2 **言** 蔵本なし。
3 **者** 蔵本なし。
4 **法** 応墨「ト」あり。
5 **願** 応墨「ノ」あり。
6 **出** 応墨「ス」あり。
7 **植** 蔵本「殖」に作る。

心恒に理に附するを 人びとの心がつねに道理にかなうようにすることをの意。

徳として…无きを すべての徳を身につけようと期することをの意。

又云く これは敦煌本の説で、この直前の「調伏大願」の解釈も敦煌本と全同である。但し、「仏の昔の願与異なること无し」は太子義疏の考えである。

許聴 許も聴も、ゆるすの意。

大願《だいぐわん》」(といふは)〔者〕、心、*恒《つね》に理に附[1](する)を、「調伏」と為《す》。徳*として期《ご》せ不《ず》といふこと无(き)を、「大願」と為《す》。「真実无異《しんじちむい》」といふは〔者〕、言(ふこゝろ)は佛の昔の願与《と》異なること无(し)〔也〕。又*云(く)、佛の所説の如(く)して異なること无し。

○佛告㆓勝鬘㆒。恣聴㆓汝説㆒。

(第二に)*許聴《こちやう》は見(つ)可(し)。*

○勝鬘白㆑佛言[2]。菩薩所有。恒沙諸願。一切皆入㆓一大願中㆒。所㆑謂摂受正法。摂受正法者[3]。真為㆓大願㆒。

第三には正(し)く願摂を明す。

「恒沙諸願《ごうじやしよぐわん》。皆入《かいにふ》。一大願中《いちだいぐわんちう》」といふは〔者〕、「一願」といふは謂(く)、*八地以上の一念の心の中の願なり。言(ふこゝろ)は、七地以下の恒沙の諸願を、皆八地以上の一念の願の中に入る。故に「皆入。一大願中」と云(ふ)。「所謂摂受《しよゐせふじゆ》正法《しやうぼふ》」といふは〔者〕*一願[5]の躰と万行の正法与《(と)》[6]を出す。即(ち)是(れ)八地以上の一念の上の用なり。故に「摂受正法。真為大願」と云(ふ)〔也〕。

○佛讃㆓勝鬘㆒。善哉善哉。智慧方便。甚深微妙。汝已長夜。植[7]㆓諸善本㆒。来世衆生。久種㆓善根㆒者。乃能解㆓汝所説㆒。汝之所説。摂受正法。

見つ可し　敦煌本ではこの個所を、「深心、理に会せば、言必ず機を得ん。故に仏(恣ままに〔汝の説くことを〕聴す)となり」とある。

八地以上…願なり　敦煌本では第八地の願とする。また、「一念」を「一心」とし、第七地以下の恒沙の諸願は第八地の「一心」におさまるとする。

一願の躰と…を出す　摂受正法(正法を摂受すること)というのは一大願の本体(本質)であることと、あらゆる実践行を具えた正法であることを示す。花山信勝(前掲書、二一八頁)によれば、「与」の字は「歟」または「也」の誤字と見て、初句の「所謂摂受正法」は体につき、後句の「摂受正法真為大願」は用につくと解釈し、それ故に注釈の部分を「一願の体を出す(歟、又ハ也カ)。万行正法は即ち是れ八地以上の一念の上の用なり」と読むべきだとしている。また「与」は「以」の意味を有するから、ここは「…一願の躰を出す。万行の正法は、即ち是れ八地以上の一念の上の用なるを以ての故に…」とも読める。吉蔵の注釈は「恒沙諸願皆入一大願」の句は「大願を称歎す」る文で、「用を摂し体に帰す」ることを明かし、または人びとに一正観を修めることを勧めるものであるとしている。この解釈によれば、訓読文の通りに読んでもよいと思われる。なぜならば、用とは体としての一大願のもつ「万行の正法」の実践をいうから、摂受正法は願と行との二つが具足するもので、体用不離のものである。かかる願行具足の摂受正法だからこそ、「真に大願と為す」といわれるのであろう。ところで、注釈文の「是れ八地以上の一念の上の用なり」の「用」は、「万行の正法」の「用」が、求道者の「用」となって働き出す点を指していると解すべきである。

従佛讃勝鬘以下、明願摂中、第二、如来讃成、就中亦有五、第一讃其現徳、第二従汝已長夜以下、歎其往因、第三従汝之所説以下、歎其所説与諸佛同、第四従我今得无上菩提以下、嘆説与釋迦同、然釋迦即入諸佛、但是一化之主・故更別挙、第五従如是我説以下、歎摂受正法所有功徳、

不得邊際者、只是摂受正法、理深幽遠説不可盡、故「云不得邊〔三五オ〕際、如来智慧弁才・亦无邊際者、釋疑、若摂受功徳、不得邊際者、亦應无能解此理者、誰以此理

1 辨　蔵本「辯」に作る。
2 弁　「は」あり。衍か。

皆是過去。未来現在。諸佛已説。今説當㆑説。我今得㆓无上菩提㆒。亦常説㆓此。摂受正法㆒。如㆑是我説。摂受正法。所有功徳。不㆑得㆓邊際㆒。如来智慧辨[1]才。亦无㆓邊際㆒。何以故。是摂受正法。有㆓大功徳㆒。有㆓大利益㆒。

*「佛讃勝鬘《ぶつさんしようまん》」(といふ)従《よ》(り)以下は、願摂を明(す)が中に、第二に、如来の讃成といふ(が)中に就(て)亦五有(り)。第一(には)其(の)現*徳(を)讃(ず)。第二(に)「汝已長夜《によいちやうや》」(といふ)従《よ》(り)以下は、其(の)往*因(を)歎(ず)。第三(に)「汝之所説《によししよせち》」(といふ)従《よ》(り)以下(は)、其(の)所説(の)諸佛与《と》同なりといふことを歎ず。第四(に)「我《が》今得无上菩《こむとくむじやうぼ》提《だい》」(といふ)従《よ》(り)以下(は)、説《せち》することを釋迦与《と》同なりといふこと(を)嘆ず。然(るに)釋迦は即(ち)諸*佛に入(れども)、但(し)是(れ)*一化《いちくゐ》(の)〔之〕主なり。故に更(に)別に挙ぐ。第五(に)「如是《によぜ》我《が》説《せち》」(といふ)従《よ》(り)以下(は)、摂受正法の所有の功徳(を)歎ず。

「不得邊際《ふとくへんざい》」と(いふは)〔者〕、只是(れ)摂受正法の、理深く幽遠《えうゑん》にして説することを盡(す)可《べ》(から)不《ず》。故(に)「不得邊際」と云(ふ)。「如来智《によらいち》慧《ゑ》[2]弁才《べんざい》。亦《やく》无邊際《むへんざい》」と(いふは)〔者〕、*疑を釋(す)。若(し)摂受の功徳は、邊際(を)得不《ず》(は)〔者〕、亦能(く)此(の)理(を)解する者《もの》无(かる)應《べ》(し)。誰か此(の)理を以

◇佛讃勝鬘… ㈡仏が夫人をたたえる

現徳　現世の徳。

往因　果としての現徳をもたらした過去世の因徳。

諸佛に入れども　釈尊も諸仏の一人に数えられるの意。

一化の主なり　勝鬘夫人は釈尊と同時代の生まれで、釈尊の教化をうけつつあるから、釈尊を指して、この世における教化の主という。

疑を釋す　経文の「如是我説。摂受正法。所有功徳。不得辺際」について、疑問を起す人があろうから、その疑問に答えるのが、「如来智慧弁才。亦无辺際」なのだという。「疑」の提起は敦煌本にも出す。経文の「如是我説…亦无辺際」をチベット訳(四五頁注に出す月輪訳。外に高崎訳を採るときはその旨を示すことにする)によって示せば「かくの如く、正法を正受する教示を、私が様々に説いたけれども、正法を正受する諸の功徳の辺際には達しない。如来の弁才に於ても亦、その辺際に達しない」とする。つまり、釈尊がみずからへりくだって、摂受正法のすぐれた功徳を称えているのである。

1佛 応墨「ト」、後朱「ト」あり。
2為 応墨「ルニ」、後朱「ス」あり。
3阿難 応墨右訓「ナンソカタカラン」、応墨左訓「アナン」あり。
4恵 後朱抹消。
5无 右傍仮名一字あり、「ト」か。
6者 文墨「ナラハ」あり。

為説衆生耶、故釋曰・佛智從无邊理而生故、佛智亦无邊際、今以无邊際之智還▽昭无邊際之理為佛、▽阿難、所以稱為一切種智、從何以故以下、仍釋佛智无邊際、標疑云・何以如来▽恵智亦无邊際耶、釋曰・此摂受正法之理、有大功徳利益、故所「生佛智亦〔三五ウ〕无邊際也、亦釋、何以摂受所有功徳、无邊際者、此摂受正法、上能感種智、下能化衆生、如是功徳利益、説不可盡、故不得邊際也、

從我當承佛神力以下、第二明▽摂行、私云、正明出生義、又開為二、第一、正明行摂、第二、從尒時世尊・於勝鬘所説以下、竟章、亦明如来讃成、

就第一正明行摂、又分為三、第一先出行摂之躰、亦可能生之躰、第二「從譬如劫初成時以下、正明出生義、第三從世尊摂受〔三六オ〕

昭―文庫本「照」に作る
阿―文庫本「何」に作る
恵智―文庫本「智慧」に作る
摂行―文庫本「行摂」に作る

(て)説(き)て衆生(の)為《た〈め〉》にせむ耶《〈や〉》。故(に)釋して曰(く)、佛智は无邊の理從《よ》(り)〔而〕生ずるが故に、佛智亦邊際无し。今无邊際の〔之〕智を以て還(り)て无邊際の〔之〕理を*昭《あか》すを佛[1]と為[2]《す》。阿[3]難、所以《このゆゑ》に稱(じ)て*一切種智と為《〈す〉》。「何以故《がいこ》」(といふ)從《よ》(り)以下(は)、仍《なほ》(し)佛智邊際无(き)ことを釋す。疑(を)標(し)て云(く)、何(を)以てか如來の恵[4]智亦邊際无[5](き)と〔耶〕。釋(して)曰(く)、此の攝受正法の〔之〕理は、大功德利益有(り)。故に*所生の佛智も亦无邊際(なり)〔也〕。亦釋(すらく)、何(を)以てか攝受の所有の功德、邊際无きと(ならば)〔者〕[6]、此の攝受正法い、上《か〈み〉》能(く)*種智を感じ、下能(く)衆生を化す。是(の)如きの功德利益、説(く)とも盡(す)可《べ》(から)不《ず》。故(に)邊際を得不《ず》〔也〕。

*「我《が》當承佛神力《たうじようぶつじんりき》」(といふ)從《よ》(り)以下(は)、第二(に)攝行(を)明(す)。*私《ひそか》(に)云(く)、正(し)く出生の義を明す。又開(き)て二(と)為《す》。第一に、正(し)く行攝《ぎやうせふ》を明す。第二に、「尒時世尊《にじせそん》。於勝鬘所説《おしようまんしよせち》」(といふ)從《よ》(り)以下、章を竟(ふるま)で、亦如來の讃成《さんじやう》を明(す)。

第一(に)正(し)く行攝を明(す)に就て、又分(ち)て三と為。第一に、先づ行攝の〔之〕躰(を)出し、亦《また》可*能生(の)〔之〕躰なり。第二(に)、「譬如劫初成時《ひにょこふしよじやうじ》」(といふ)從《よ》(り)以下(は)、正(し)く出生の義を明(す)。第三(に)、「世尊《せそん》。攝受《せふじゆ》

昭す　文庫本の「照」にしたがえば、智慧によってさとるの意となる。

一切種智　あらゆるものに関して、平等の相に即して差別の相を知りきわめる智慧。一切智ともいう。

所生の佛智　摂受正法という真理から生じた仏智。

種智　一切種智のこと。

◈**我當承佛神力**…　〔二〕行摂行摂を二つに分け、㈠まさしく行摂を明かす、㈡仏が夫人をたたえる、の部分とする。以下の㈠の部分はさらに、1行摂の体、2出生の義、3法と人の相即、の三つに分けられる。

私に云く　注釈者の見解をはっきり打出して、願摂につづいて行摂もまた、摂受正法からの出生である旨を主張しようとする。但し、以下の科文は敦煌本のそれと同じ。この一段の科文↓補(表3)

能生の躰　出生説によって行摂を明かそうとするから、行摂の体を言い換えて出生させる本体という。

正法摂受正法者以下、明相即以釋物疑、
第一中亦有三、第一受命、第二許聴・第三、従白佛以下、正出
行躰、皆可見、
広大義者謂、行躰也、一云、牒前句、従則是无量以下、皆釋広
大、八万四千法門、餘疏有記、而今不記、
就第二明其出生義、凡有四譬、分為二、第一初二譬、明法能出
生、第二、後二譬『明人能出生、所以知者前二譬直言摂受正法 〔三六ウ〕
而不見善男女、後二譬即合中皆言善男女、
就第一明法能出生中二譬、自分為二、

1 言　蔵本なし。
2 行　文墨「ノ」あり。
3 牒　文墨「スル」あり。
4 知　文墨「ル」あり。
5 所以　文墨「ヘ」あり。
6 言　文墨「言ナリ」あり。

正法《しやうぼふ》。摂受正法者《せふじゆしやうぼふしや》」(といふ)従《よ》(り)以下は、相即を明(し)て以て物*の疑を釋す。

○勝鬘白ㇾ佛。我當下承二佛神力一。更復演中說。摂受正法。広大之義上。佛言便說。勝鬘白ㇾ佛言。[1]摂受正法。広大義者。則是无量。得二一切佛法一。摂二八万四千法門一。

第*一の中に亦三有(り)。第一には命(を)受(く)。第二には許聽《こちやう》。第三(には)、「白佛《びやくぶつ》」(といふ)従《よ》(り)以下は、正(しく)行の躰を出す。皆見(つ)可《べ》(し)。「広大義」と(いふは)〔者〕謂(く)、行[2](の)躰(なり)〔也〕。一(に)云(く)、前*の句を[3]牒《てふ》(する)なり。「則是无量《そくぜむりやう》」(といふ)従《よ》(り)以下は、皆「広大」を釋す。「八*万四千の法門」、餘*の疏に記(する)こと有(り)。而(れども)今記(せ)不《ず》。

第*二(に)其の出生の義を明(す)に就(て)、凡(そ)四譬有(り)。分(ち)て二(と)為《す》。第一に初の二譬は、法*の能出生《のうしゆつしやう》を明(す)。第二に、後の二譬は人*の能出生を明す。知[4](る)所以《ゆゑ》[5](は)〔者〕前の二譬は直に「摂受正法」と言(ひて)〔而〕善男女《ぜんなむによ》(を)ば見《あらは》(さ)不《ず》。後の二譬には即(ち)合*の中に皆「善男女」と言[6](へば)なり。

第一に法の能出生を明す(が)中(の)二譬に就て、自(ら)分(ち)て二(と)為。

物の疑 人びとの疑問。
◇第一の中に… ㈠の1 行摂の体
前の句を牒するなり 経文の「无辺際」の句を標示しているの意。この説は敦煌本と同じ。
八万四千の法門 釈尊の教説の総称。ここでは、摂受正法は釈尊の全教説を統摂することを述べる。慧遠や吉蔵の注釈書には『賢劫経』の説明を出している。広くこの語は知られ、かつ説明されているものだから、ここでは説明を省略したのであろう。仏の徳性の数や人びとの煩悩の数を掛け合わせて、釈尊の説法の数としている解釈は、いささか根拠とするに足らない。ただし、仏弟子アーナンダ(阿難)が、みずから詠じた詩句のなかに「わたくしは、ブッダから八万二千の教えと、修行僧たちから二千の教えを会得した。わたくしはこれらの八万四千の教えを会得している」(『テーラ・ガーター』一〇二四偈)とあるから、このほうが八万四千の法門についての正しい伝承であろう。
餘の疏 敦煌本は六行にわたって詳説している。

◇第二に… ㈠の2 出生の義 出生を明かすうち、これを分けて法の出生と人の出生とする。
法の能出生 法すなわち真理の教えをしっかり身につけるという教え(摂受正法)がすぐれた働きや利益を生み出していくということ。
人の能出生 人すなわち真理の教えをしっかり身につけた人(摂受正法者)がすぐれた働きや利益を生ずること。
合 合譬(→一〇七頁注「開合」)のこと。

第一雲興譬・明其蔭覆之義、言八地以上摂受正法、能蔭覆衆生貧人、亦第二有大水譬、明其洗蕩之用、言八地以上摂受正法、亦能洗蕩衆生垢累、

就第一雲譬即開合為二、譬中即、有四句、

初句譬如劫初成時譬八「地以上真身初建、第二句普起大雲、譬〔三七オ〕應身説法、此二句皆為能生接受作譬、第三句雨衆色雨譬能生五乗因、第四句及種種寶、亦譬能生五乗果、此二句皆為所生五乗作譬、

第二合譬有三句、

初句如是摂受正法、併合上能生中劫成雲興二譬、言、八地以上真身初建、垂應化物、則義同劫成雲興、第二句雨无量福報、

1洗蕩　「洗」に後墨平声圏点及び「アライ」、「蕩」に後墨平声圏点及び「トラカス」あり。
2接　応墨「セウ」あり。

第一(には)雲興《うんごう》(の)譬。其レ陰覆《おむ〈フ〉》の〔之〕義を明す。言(ふこゝろ)は八地以上の摂受正法、能く衆生の*貧人《びんにん》を陰覆《おむ〈フ〉》す。亦第二に大水譬《だいすいひ》有り。其(れ)*1洗蕩《〈セムタウ〉》の〔之〕用《ゆう》を明す。言(ふこゝろは)八地以上の摂受正法(も)、亦能く衆生の垢累《くるい》を洗蕩(す)。

○譬如㆘劫初成時。普興㆓大雲㆒。雨㆗衆色雨。及種種寶㆖。

第一の雲譬《うんび》に就て即(ち)開*合を二と為。譬の中に即(ち)、四句有(り)。初の句に「譬《ひ》如劫初成時《にょこふしょじゃうじ》」(といふは)八*地以上の真身の初建に譬(し)、第二の句に「普起大雲」といふは、應身の説法に譬す。此*の二句は皆能生の接受《2せふじゅ》の為に譬(を)作す。第三の句に「雨衆色雨《うしゅしきう》」といふは能く五*乘の因を生ずるに譬す。第四の句に「及種種寶《ぎふしゅじゅほう》」といふは、亦能く五乘の果を生(ずる)に譬す。此の二句は皆所生の五乘の為に譬を作(す)。

○如㆑是摂受正法。雨㆓无量福報。及无量善根之雨㆒。

第二の合譬《がふひ》に三句有(り)。初の句には「如是摂受正法」といふは、上の能生の中の「*劫成《こふじゃう》」と「雲興《うんごう》」との二譬を併合《びゃうがふ》す。言(ふこゝろ)は、八地以上の真身の初建(に)、應*を垂(れ)て物を化す。〔則〕義い劫成と雲興とに同なり。第二の句に「雨无量福報《うむりゃうふくほう》」とい

貧人を陰覆す　心の貧しい人びとを覆護する。「貧人」の語は敦煌本にない。

洗蕩　洗い流すこと。

開合　開譬(譬えを挙げること。敦煌本は作譬という)と合譬(譬えを本論にもどして説明すること)。

八地以上…初建に譬し　第八地以上の求道者にとって、真理そのものを身体となす真身が初めて得られることを譬える。真身とつぎに出す応身については、第一、歎仏真実功徳章のなかで、法身を本迹に分け、真身が本地、応身が迹地であると解釈している(五三頁)。真身に関して、渡部孝順「三経義疏に見える真身について」(四天王寺、聖徳太子研究会の研究発表、昭和四十八年十二月)の発表がある。それによれば太子が三経義疏の中で真身の語を正面から一貫して使用していないわけは、インドや中国仏教の展開の上で、真身という仏身観は初めから影の薄いものとされていたからだという。敦煌本には「真身」が「法身」となっており、「此れ八地の大士、法身初成に譬ふる也」という。

此の二句…譬を作す　この二句は摂受正法がすぐれた働きや利益を生ずることを譬えている。

五乗の因　摂受正法の教えが人間・神々・聖者の位に達する人(声聞)・みずからさとる人(縁覚)・求道者(菩薩)の五つの教えを生じさせる原因となることを譬える。この因によって生じた五乗は果といわれる。

劫成　劫初。この世の初め。

應を垂れて物を化す　真身が初めて得られると、応身のすがたをとって人びとを教化する。

退合上所生中及種種寶、「言八地以上摂受、能生五乗果、即、〔二七ウ〕
義同雨種種寶、第三句及无量善根之雨、超合上所生中雨衆色雨、
言能生五乗因、即、義同雨衆色雨、
就第二大水譬開為三、第一開比・第二合比・第三雙結、
開合比中亦有四句、
初句又如劫成時、亦比八地以上真身初建、第二句、有大水聚、
亦、比應身説法、此二句亦皆為能生摂受作比、第三句、出生三
千大千界「蔵者比能生菩薩大乗、第四句及四百億種種類州、比〔二八オ〕
能生四乗、

1 退　応墨又は後墨「シリスイテ」あり。
2 合　「る」あり。「す」の誤か。
3 超　応墨「コヘテ」あり。
4 合　後朱入声複圏点あり。
5 初　疏文になし。
6 合　後朱抹消。
7 比　応墨「ス」あり。
8 薩　「て」あり。「の」の誤か。

ふは、*退[1](き)て上の所生の中の「及種種寶《ぎふしゆじゆほう》」に合《がふ》[2](す)。言(ふこゝろ)は八地以上の摂受は、能く五乗の果を生ず。即(ち)、義い種種の寶を雨《あめ》(ふらす)に同なり。第三の句に「及无量善根之雨《ぎふむりやうぜんごんしう》」といふは、*超[3](え)て上の所生の中の「雨《う》衆《しゆ》色《しき》雨《う》」に合す。言(ふこゝろ)は能く五乗の因を生ずるは、即(ち)、義い衆色の雨を雨(ふらす)に同なり。

第二の大水譬に就て、開(き)て三(と)為。第一には開比*、第二に(は)合比[4]、第三*には雙結す。

○世尊。又如㆘劫初成時[5]。有㆓大水聚㆒。出㆗生三千。大千界蔵。及四百億。種種類洲㆖。

開合比[6]の中に亦四句有(り)。

初句に「又《う》如劫成時《にょこふじやうじ》」といふは、亦八地以上の真身の初建に比[7]す。第二の句に、「有《う》大水聚《だいすいじゆ》」といふは、亦、應身の説法に比す。此(の)二句は亦皆能生の摂受の為に比(を)作(す)。第三(の)句に、「出生三千。大千界蔵」と(いふは)〔者〕能(く)*菩薩[8](の)大乗を生ずるに比す。第四の句に「及四百億《ぎふしひやくおく》。種種類州《しゆじゆるいしう》」といふは、能く四*乗を生ずるに比す。

○如㆑是摂受正法。出㆓生大乗。无量界蔵。一切菩薩。神通之力。一切

退きて…合す　前にもどって、先に述べた「摂受正法から五つの果報を得る人びとが生ずるという譬え」すなわち、「及び種々の宝」の譬えをもって説明する。

超えて　「退きて」と同じ。もう一つ前にもどっての意。

開比　開譬に同じ。

第三には…四句有り　昭和会本には「第三に雙べて開合を結す。比の中に亦四句有り」とする。底本の「雙結す」は開譬と合譬を一つにして結論づけるの意。「開合比」は、開比とすべきである。

菩薩の大乗　求道者の実践する大乗の教え。

四乗　一〇七頁注「五乗の因」のうち、菩薩乗を除いた四つの教え。

1 地　応墨「ノ」あり。
2 有　後朱「ルニ」あり。
3 合　文墨「ス」あり。
4 取　文墨「ル」あり。

第二合比、即、有五句、

初句如是摂受正法亦併合上能生中劫成大水二比、言、八地真身初建・垂應説法、即、義同劫成有大水聚也・第二句出生大乗・无量界蔵・一切菩薩・神通之力者、合上所生中出生三千大千界蔵、第三句一切世間・安隠快楽、挙人乗合上四百中一百州、第四句「一切世間・如意自在、挙天乗合上四百中二百州、第五句〔二六ウ〕及出世間安楽、挙二乗共合上四百中三四百州、明二乗同出三界故共合也、

劫成乃至・天人・本所未得・皆於中出者・第三雙結開合、

劫成取開比之初、天人本所未得、取合比之末、出世間安楽是天人本所未得、

世間。*安隠快楽。一切世間。如意自在。及出世間安楽。

第二の合比に、即(ち)、五句有(り)。

初句(の)「如是摂受正法」といふは亦上(の)能生の中の「劫成《こふじやう》」と「大水」との二比に併合《びやうがふ》す。言(ふこゝろ)は、[1]八地の真身の初建(に)、應を垂(れ)て説法すること、即(ち)、義い*劫成して大水(の)聚(ること)有[2]るに同なり〔也〕。第二の句に「出生《しゆつしやう》大乗《だいじよう》。无量界蔵《むりやうかいざう》。一切菩薩《いちさいぼさち》。神通之力《じんづうしりき》」と(いふは)〔者〕、上の所生の中の「出生《しゆつしやう》三千《さむぜん》。大千界蔵《だいせんかいざう》」に*合し、第三(の)句に「一切世間《いちさいせけん》。安《あん》隠快楽《おんくあらく》」といふは、*人乗《にんじよう》を挙(げ)て上の「*四百」の中の*一百州に合[3](す)。第四(の)句に「一切世間。如意自在」(と)いふは、*天乗を挙(げ)て上の四百の中の*二百州に合す。第五の句に「及出世間安楽《ぎふしゆつせけんあんらく》」といふは、*二乗を挙(げ)て共に上の四百の中の*三四百州に合す。二乗は同(じ)く*三界を出(づる)が故(に)共に合(す)といふこと(を)明す〔也〕。

〇劫成乃至。天人本所レ未レ得。皆於レ中出。

「劫成乃至。*天人本所未得。皆於中出」と(いふは)〔者〕、第三に開合を雙結す。「劫成《こふじやう》」といふは開比の〔之〕初を取る。[4]「天人本所未得《てんにんほんしよみとく》」といふは、合比(の)〔之〕末を取る。「出世間安楽」といふは、是(れ)天人の本ヨリ得未《ざ》(る)所なり。

安隠　「安穏」に同じ。以下同。

劫成して　天地創造の初めのとき。

合し　譬えをもって説明する。

人乗　人間乗。人間のための教え。

四百　四百億の類洲(種々の島すなわち陸地)。仏教の宇宙観では、水輪の上部に金輪があり、金輪の中央に聳える須弥山の四方に塩海に浮んだ四大洲があるとする。四百億の類洲を四つに分けたのが、この四大洲で、須弥山の東方に勝身(しんしょう)洲、南方に贍部(せんぶ)洲、西方に牛貨(ごか)洲、北方に倶盧(くる)洲がある。それぞれ地形を異にしており、東方の洲は半月形、南のは台形、西のは円形、北のは正方形で、南の贍部洲は閻浮提(えんぶだい)とも書くが、われわれ人間の住む世界である。

一百州　第一の百億の陸地。

天乗　神々のための教え。

二百州　第二の百億の陸地。

二乗　声聞乗と縁覚乗の二つ。

三四百州　第三と第四の百億の陸地。

三界　欲界・色界・無色界の三つ。迷いの世界の総称。

天人　神々と人間。

比取其初、合取其末、中間為略故、云乃至、皆於中出者雙結、
大千界蔵及四「百億類州、皆従劫中而出。亦天人本所未得、皆〔三九オ〕
従摂受而生也。
此二比有三可弁、一為本作比、即二比皆、云劫初成時、故文意
皆同。二為迹作比、前比普興太雲、後比有大水聚、故意一文異、
三為所生作比、前比合人而弁因果、後比弁人而合因果、故文意
皆異。然亦无本意、但聖人説法互挙而明也、
従又如大地以下明出生中第二明人能出成、就「中亦有二比、自〔三九ウ〕
為二、第一名重担比、明八地以上大士、荷負衆生之義、第二名
寶蔵比、明八地以上大士為衆生蘊蔵之義、
就第一重担比、即開合為二、

太—文庫本「大」に作る

1 **取** 文墨「リ」あり。
2 **及** 応墨「ヒ」あり。
3 **為** 応墨「ニ」あり。
4 **合** 応墨「テ」あり。
5 **果** 応墨「ヲハ」あり。
6 **合** 応墨「イハヌ」あり。
7 **本** 文朱抹消して「大」と訂す。
8 **意** 応墨「ハ」あり。
9 **明** 応朱「アカス」あり。
10 **担** 応墨「タン」あり。
11 **荷負** 応墨「ニナイヲフ」あり。
12 **担** 「い」あり。汚点か。

比は其の初を取る　開譬(四句より成る)を示すために、第一句の「劫成」の語をとり出す。
合は其の末を取る　合譬(五句より成る)を示すために「天人本所未得」(神々や人間が本来享受できない出世間の安楽)の語をもってしたが、これは合譬の末句たる第五句「出世間安楽」を指すものである。

*比《ひ》は其の初を取る[1]。*合《がふ》は其の末を取る。中間《ちうげん》は略を為《す》る(が)故に、「乃至」と云(ふ)。「皆於《かいお》中出《ちうしゆつ》」(と)いふは〔者〕雙結*す。大*千界蔵〔及〕[2]四百億の類州は、皆劫の中従《よ》(り)〔而〕出す。亦天人の本ョリ得未《ざ》(る)所なり。皆摂受従《よ》(り)〔而〕生ず〔也〕。

此の二比に三有(り)て弁(ず)可《べ》(し)。一には本*(の)為に比(を)作(す)。即(ち)二比に皆、「劫初成時《こふしよじやうじ》」と云(ふ)。故に文(も)意も皆同《どう》なり。二には*迹《じやく》(の)為[3](に)比(を)作(す)。前の比には「普《ふ》興太雲《こうたいうん》」とイフも、後の比には「有《う》大水《だいすい》聚《じゆ》」とイフ。故に意《こゝろ》は一にして文は異なり。三には所*生の為に比(を)作す。前の比は人を合[4](し)て〔而〕因果(を)弁じ、後の比は人を弁(じ)て〔而〕因果[5]を合[6]す。故に文も意も皆異なり。然(れ)ども亦本[7]意[8]无(し)。但(し)聖*人の説法は互に挙(げ)て〔而〕明[9](す)〔也〕。

「又《う》如大地《によだいち》」といふ従《よ》(り)以下は出生を明(すが)中の第一に人の能出成を明(す)。中(に)就て亦二比有り。自(ら)二と為《す》。第一を重《ちう》[10]担《たむ》比と名く。八地以上の大士の、衆*生を荷負[11]する〔之〕義を明す。第二をば寶蔵比と名く。八地以上の大士の衆生(の)為に*藴蔵《うんざう》の〔之〕義を明す。

第一の重担[12](の)比に就て、即(ち)開合を二(と)為《す》。

雙結す　以下の「大千界蔵」より「皆摂受従り生ず」までを指す。この世の初めに大水の聚(あつまり)から全世界や無数の陸地が出生したことと、および神々や人間が享受したこともない出世間の安楽が摂受正法という実践の根本から出生することとを、ならべ挙げて譬えの結びとする。

大千界蔵　経文の「三千大千界蔵」の略。仏教の宇宙観は須弥山説であるが、これによれば、須弥山を中心に九山八海(くせんはつかい)があり、四大洲や日月が配置されて、これで一世界を形成する。一世界を一千集めて小千世界、小千世界を一千集めて中千世界、中千世界を一千集めて大千世界と呼ぶ。一大千世界の中に小・中・大の三種の千世界を含むから、一大千世界を三千大千世界ともいう。宇宙は無数の三千大千世界を内蔵して形成されている。

本の為に比を作す　仏の真身という根本を示すために、二つの譬えを挙げる。

迹の為に比を作す　真身から応身にすがたを変えて、仏が人びとを救う働きを示すために、二つの譬えを挙げる。

所生の為に…因果を合す　前の譬えは出生についての因と果を論じて、兼ねて摂受正法の実践者を説く。後の譬えは摂受正法の実践者を論じて、兼ねて出生の因と果を説く。

聖人の説法　聖者勝鬘夫人の説法。

衆生を荷負する　大乗の求道者が生きとし生けるものを自己の重荷として担ぎ、さとりの彼岸に渡す利他行を実践するという表現である。例えば『無量寿経』にも「群生を荷負して之を重担と為す」の句がある。

藴蔵　真理の教えの宝を所蔵していること。

就開比、即有二、第一初二句為八地以上能負人作比、第二従何
等為四以下、為所負法作比、有四句、
一大海比菩薩、言広抱衆生、即如大海抱納无窮、故以為比、二
諸山・比縁覚乗、言真高出亦「如衆山之高、故以為喩、三草木・〔三〇オ〕
比聲聞乗、言其頭数繁多、如草木、故以為比、四衆生、共・比
人天乗、人天乗但在生死中、如衆生處處受生、故以為況、
第二合比・分為三、第一正合・第二結合・第三讃歎能負人、
就第一正合中亦有二、第一合能負人比・第二合所負法比、

1 **海** 此下応朱「以イ」補入あり。
2 **抱** 後朱「ウダク」あり。
3 **抱** 後朱「ハウ」あり。
4 **出** 文墨「ナルコト」あり。
5 **頭** 応朱上声複圏点あり。
6 **況** 文墨「タトヘ」あり。
7 **合** 応朱入声複圏点あり。
8 **人** 応墨「ニ」あり。
9 **合** 応墨「スル」あり。
10 **法** 応墨「ニ」あり。
11 **合** 応墨「スル」あり。

〇又如㆔大地。持㆓四重担㆒。何等為㆑四。一者大海。二者諸山。三者草木。四者衆生。

開比に就て、即(ち)二有(り)。第一に初の二句は八地以上の能負の人*(の)為《た〈め〉》に比(を)作(す)。第二に「何《が》等《とう》為《ゐ》四《し》」(といふ)従《よ》(り)以下(は)、所負の法*の為《た〈め〉》に比を作す。四句有り。

一に「大海」[1]を菩薩に比す。言(ふこゝろ)は広く衆生を抱(く)[2]こと、即(ち)大海の*[3]抱納《はうなふ》无窮《むぐ》なるが如く、故に以て比を為す。二には「諸山」(を)縁覚乗に比す。言(ふこゝろ)は真に高出(なること)[4]亦衆山《しゅせん》の〔之〕高(き)が如し。故に以て喩(と)為《〈す〉》。三に(は)「草木」(を)聲聞乗*に比す。言(ふこゝろ)は其の頭数《[5]づしゅ》繁多なること、草木の如し。故に以て比と為《〈す〉》。四に「衆生」(を)共に人天乗《にんてんじよう》に比す。人天乗*は但し生死《しやうじ》の中に在(り)。衆生の處處に受生《じゆしやう》するが如し。故に以て沉[6]と為《す》。

第二に合比[7]。分(ち)て三と為《〈す〉》。第一には正(し)く合す*。第二には結合《けちがふ》*す。第三には能負の人を讃歎《さんだん》す。

第一の正合の中に就て亦二有(り)。第一(に)能負の人[8]に合する比[9]、第二に所負の法[10]に合する[11]比(なり)。

能負の人　四種の重き荷の担い手。能と所の二字を使い分けて、行為の主体を「能」、主体の行為・作用をうけるものを「所」とする。仏教用語では、荷負する人(能負)と荷負される荷物(所負)のごとくである。

所負の法　法はもの意で、四種の重き荷をいう。

抱納无窮　ことごとく抱きかかえて、きわまるところがないこと。「大海」から「衆生」までの四つを説明する語は、敦煌本と同じ。

聲聞乗…草木の如し　聖者の位に達する人たち(声聞乗)は、みずからさとる人たち(縁覚乗)にくらべて、教えを聞いて漸次にさとっていくから、もともと資質が劣っている。それで、凡夫位の者が修行して聖者の位に入っても、その段階には四種があり、最高位は阿羅漢位と呼ばれる。それ故に、草木が種々雑多にわたるのに譬える。

人天乗は…受生するが如し　人天乗とは人びとや神々をいうが、いずれも生死(しょうじ)すなわち輪廻(りんね)の種々の生存を受けて、迷いの世界に流転し続ける。

正しく合す　合譬の本論。

結合す　合譬の結論。

踰彼大地者地唯負形、不如大士兼負形神教令改悪修善、故云踰彼大地、

第二合『所負法▽、唯倒合先合衆生比、可見、

〔三〇ウ〕
法—此下文庫本「比」あり

従聲聞以下、合上草木比、従縁覚以下合上諸山比、従大乗以下合上大海比、言・八地以上大士、能負五乗衆生、則義同大地負此四種也、

第二結合、可見、

1 踰　蔵本「喩」に作る。
2 踰　文朱左訓「コユ」あり。
3 就　蔵本「熟」に作る。

形を負し　形あるもの(物質)を担う。
形神　身体と精神。

唯し倒合…合す　ただし、合譬の順序が前後して、開譬に挙げる四つと順序が逆になっているから、衆生譬の説明が先にくる。

五乗　人乗・天乗・声聞乗・縁覚乗・菩薩乗。

四種　大海・諸山・草木・衆生。

○如レ是摂受正法。善男子善女人。建二立大地一。堪三能荷二負。四種重任一。踰[1]二彼大地一。

[2]「踰《ゆ》彼《ひ》大地《だいぢ》」と(いふは)〔者〕、地は唯《たゞ》し形を負*し、大士の兼(ね)て形神《ぎやうしん》*を負(し)て、教(へて)悪を改め善を修(せ)令(むる)には如《し》(か)不《ず》。故に「踰彼大地」と云(ふ)。

○何等為レ四。謂離二善知識一。无聞非法衆生。以二人天善根一。而成二就[3]之一。求二聲聞一者。授二聲聞乗一。求二縁覚一者。授二縁覚乗一。求二大乗一者。授以二大乗一。

第二に所負の法に合す。唯*し倒合して先づ衆生比に合す。見(つ)可《べ》(し)。「聲聞」(といふ)従《よ》(り)以下は、上の草木比《さうもくひ》に合す。「縁覚」(といふ)従《よ》(り)以下(は)上の諸山比《しよせんひ》に合す。「大乗」と(いふ)従《よ》(り)以下(は)上の大海比《だいかいひ》に合す。言(ふこゝろ)は、八地以上の大士、能く五乗*の衆生を負《ふ》すること、〔則〕義い大地の此の四*種を負(ふ)に同なり〔也〕。

○是名丁摂受正法。善男子善女人。建二立大地一。堪丙能荷乙負。四種重任甲。

第二に結合す。見つ可《べ》(し)。

從世尊以下、合中第三、讃歎能負人、亦可見、

友是相救為義、然請而後救、即、非真友、故云作不請之友、菩薩、化物如慈母就嬰兒、故云為世法母、

從又如大地・有『四種寶藏以下、第二寶藏比・明八地為衆生藴〔三一オ〕藏之義、即、開合為二、

開比中亦有二、第一正比、第二結比・正比中亦有二、

第一初二句為能藴藏作比、可見、

第二為所藴藏法作比、有四句、无価比菩薩乗、

1 救　文墨「クハ、」あり。
2 云　応朱「フ」あり。
3 嬰兒　後墨「ヨニ」あり。
4 義　文墨「ナリ」あり。
5 為　後墨「ヨツテ」あり。

○世尊。如レ是摂受正法。善男子善女人。建二立大地一。堪三能荷二負。四種重任一。普為二衆生一。作二不請之友一。大悲安三慰。哀三愍衆生一。為二世法母一。

「世尊」(といふ)従《よ》(り)以下(は)、合の中の第三に、能負の人を讃歎す。亦見(つ)可《べ》(し)。

「友」といふは是れ*相救《さうぐ》を義と為《す》。然(る)に*請(じ)て〔而〕後に救[1](は)ば、即(ち)真友《しんう》に非ず。故に「作不請之友《さくふしやうしう》」と云[2](ふ)。菩薩(の)物を化(する)は、慈母の*嬰児《やうに》[3]に就(く)が如し。故に「*為世法母《ゐせほふも》」と云(ふ)。

○又如三大地。有二四種寶蔵一。何等為レ四。一者无価。二者上価。三者中価。四者下価。是名二大地。四種寶蔵一。

「又《う》如大地《にょだいち》。有《う》四《し》種寶蔵《しゅほうざう》」と(いふ)従《よ》(り)以下は、第二に寶蔵比。八地は衆生の為《た〈め〉》に蘊蔵する〔之〕義[4]を明す。即(ち)、開合を二と為《〈す〉》。

開比の中に亦二有(り)。第一に(は)*正比、第二には*結比なり。正比の中に亦二有(り)。

第一に初の二句は*能蘊蔵《のううんざう》に為[5]《よ》(りて)比を作す。見(つ)可《べ》(し)。

第二に所蘊蔵法の為《た〈め〉》に比を作(す)。四句有り。「*无価《むけ》」をば菩薩乗に比す。

相救　互いに救い合うこと。

請じて…非ず　友人から救いを請われてから、かれを救うのであれば、真の友ではない。経文「作二不請之友一」(不請の友となる)について類似の表現が諸経論に見える。伝聖徳太子の『維摩経義疏』にも、「仏国品」の「衆人不レ請、友而安レ之」の文を解釈するうち、僧肇のことば「真友不レ待レ請、護如三慈母之赴二嬰児一」を引用している。相手の請いを待つことなく、進んでその友となるというのが「不請の友」の意味であることが知られる。『無量寿経』にも「為三諸庶類一、作二不請之友一」とあり、大乗の求道者が実践する利他行を表現する句として有名である。

嬰児　みどり児。前注に出す僧肇のことばを参照。

為世法母　世の法母と為るとは、この世の人びとにとって、真理の教えを説いて導く母となるの意。チベット訳には、「法に依って世界の母となる」と訳す。

正比　正譬。まさしく譬えを出すこと。

結比　結譬。譬えを結ぶこと。

能蘊蔵　もろもろの宝を集め蔵している主体、すなわち正法を摂受する人。所蘊蔵はその人によって所蔵されている真理の教えの宝をいう。敦煌本では能蘊蔵を「能生の人」、所蘊蔵を「所生の法」とする。

无価　値段のつけられないほどの価値あるもの。

1 心　文墨「本」あり。
2 言　応朱「フ」あり。
3 解　応朱「ク」あり。
4 為　応朱「ナス」あり。

上価比縁覚乗、中価比聲聞乗、下価比人天乗、
是名有四種寶蔵者、第二結、
就第二合比亦有三、第一正合・第二讃歎・第三明即、正合中亦
有二、第一合「能藴蔵比、第二合所藴蔵比、〔三一ウ〕
得衆生・四種最大寶者解有四種、第一解言・五乗之善、義属衆
生、八地大士、備之在心、故言得衆生寶、第二云、八地以上大
士、得教化四種衆生之寶故、云得衆生寶、第三云、摂受正法由
教化四種衆生而得故、言得衆生寶、第四解・四種衆生善根、並
由八地菩薩為得故、云得衆生寶、而第一第二解、但言本末有異、
大意「似同、第三第四解、但其處得、〔三二オ〕

「上価《じやうけ》」をば縁覚乗に比(す)。「中価《ちうけ》」をば聲聞乗に比す。「下価《げけ》」をば人天乗に比す。

「是名《ぜみやう》。有四種寶蔵《うししゆほうざう》」といふは〔者〕、第二(に)結す。

第二の合比に就て亦三有(り)。第一には正合(す)。第二には讃歎す。第三には即*を明す。正合の中に亦二有(り)。第一には能薀蔵比に合(す)。第二には所薀蔵比に合す。

○如㆑是摂受正法。善男子善女人。建㆓立大地㆒。得㆓衆生四種。最上大寶㆒。

「得衆生四種。最大寶」といふは〔者〕、解《げ》するに四種有(り)。第一(に)解して言く、五乗*(の)〔之〕善は、義い衆生に属《ぞく》す。八地の大士、之を備《そな》(へ)て*[1]心に在《〈ヲ〉》ク。故(に)「得衆生寶《とくしゆじやうほう》」と言[2](ふ)。第二に云(く)、八地以上の大士の、四種の衆生を教化《けうくゑ》する〔之〕寶を得るが故に、「得衆生寶」と云(ふ)。第三に云(く)、摂受正法は四種の衆生を教化するに由て〔而〕得(る)が故に、「得衆生寶」と言(ふ)。第四に解《げ》[3]す(らく)、四種の衆生の善根*は、並に八地菩薩に由て得為《〈た〉》[4]る(が)故に、「得衆生寶」と云フ。而(る)に第一第二の解は、但し本末*を言《〈い〉》ふこと異すること有(り)て、大意は同なるに似たり。第三第四の解は、但し其れ得*

即を明す　相即を明かす。

五乗の善　人乗を初め菩薩乗の五種の教えによって修める諸善。この第一の解は敦煌本の説である。

心に在ク　自己の心中に所蔵する。摂受正法の者(八地の大士)は五乗の修める諸善を自心の内証として領受しているの意。

善根　諸善を生ずる根本。

本末…似たり　第一の解釈が本(八地の大士の自内証だから)、第二の解釈が末(八地の大士が衆生を教化するという化用を明かすから)を中心に述べている点で異なるけれども、意味は大体類似している。

其れ得を處る　昭和会本は「其所㆑得」と読む。「処」は、おく、きめる、わかつと読む。訓点本の「コトハル」は、分別・処理の意味であろうか。第三の解釈と第四の解釈とでは、その得るところのものを分けると、上としての摂受正法と下としての衆生の善根となり、それぞれ異なっているの意。

上下各異、故語意皆不同・且第四解於文即便、但此未合所藴蔵、
然以後結文為推、亦所是也、第三解好即好矣、但其取之甚遠也・
第一第二、随念為用、而四種寶中唯无価最上、那得皆是最上者、
以勝兼劣故、通稱最上、又云、餘三始終會成上価故通稱最上、
従何等為四以下、第二合所藴蔵法、
従无聞以下、合上下価、『従聲聞以下合上中価、従縁覚以下、 〔三ウ〕
合上上価、従大乗以下、合上无価、

1 處 応朱「コトハル」あり。
2 便 応朱「ヒン」あり。
3 亦 応朱「タ」あり。
4 是 後朱平声複圏点あり。
5 所 応朱「ロ」あり。
6 用 後墨「ヨウ」あり。
7 為 応朱「ナセ」あり。
8 上 応墨「ナルコト」あり。
9 得 応墨「ウト」あり。
10 以 文朱右傍に「答」あり。

を[1]處《ことわ》(ること)、上下各(〻)異なり。故に語も意も皆不同なり。且《また》第四の解(は)*文に於て即(ち)[2]便《びん》なり。但し此には所藴蔵に合(せ)未〈ず〉。然(る)に後の結文《けちもん》を以て推《すい》を為〈ナ〉ス。亦[3]是[4]なる所[5](なり)〔也〕。第三の解は*好《かう》(に)して即(ち)好《かう》なり〔矣〕。但(し)其(の)之を取(る)こと甚遠《じむをん》(なり)〔也〕。第一第二は、*念《ねむ》に随(ひ)[6]て用を為〈し〉[7]、而(る)に四種の寶の中に唯し无価《むけ》のみ最上[8]なり。那《なん》ぞ皆是(れ)最上なる(こと)を得るとならば[9]〔者〕、勝、劣を兼(ぬる)を以て[10]の故に、通(じ)て最上と稱ず。又云(く)、*餘の三は始終會《しじゆうゑ》して上価《じやうけ》と成《じやう》ずるが故(に)、通(じ)て最上と稱ず。

○何等為㆑四。摂受正法。善男子善女人。无聞非法衆生。以㆓人天功徳善根㆒。而授㆓与之㆒。求㆓聲聞㆒者。授㆓聲聞乗㆒。求㆓縁覚㆒者。授㆓縁覚乗㆒。求㆓大乗㆒者。授以㆓大乗㆒。

「何等為四《がとうゐし》」(といふ)従《よ》(り)以下は、第二に所藴蔵の法に合す。「无聞」(といふ)従《よ》(り)以下は、上の「下価《げけ》」に合す。「聲聞」(といふ)従《よ》(り)以下は上の「中価《ちうけ》」(に)合す。「縁覚」(といふ)従《よ》(り)以下は、上の「上価」に合(す)。「大乗」(といふ)従《よ》(り)以下は、上の「无価」に合す。

○如㆑是得㆓大寶㆒衆生。皆由㆘摂受正法。善男子善女人。得㆗此奇特。

文に於て…所なり　第四の解釈は、語句の解釈には好都合であるが、所蔵されている宝の譬えに合致しない。だが、後出の結びの文章から推察すれば、至当とされようの意。
好にして…甚遠なり　讃言としては善いには善い（悪くはない）が、経文とこれを解釈する第三の説明文とでは文義が顛倒しているから、意味をつかむことが難しい。
念に随ひて用を為　各自の見解にしたがって採用してよい。
餘の三　無価を除いた他の三つ。

従如是以下、合中第二結[▽]、

従世尊以下、合中第三、明即、

而前重担譬、但結而不明即、今此寶蔵譬、即而不結者、前重担譬、即言以身為負、於事可難、而負非他身、故即義可信、所以結而不明即也、寶蔵譬況言有寶、故即義、難明、而非以身負故、於事可易、所以即以不結、且、前重担『譬、既言踰彼大地、今〔三オ〕此寶蔵譬、直言得衆生寶、此亦同此意也・

従世尊摂受正法・摂受正法者以下、正明行摂中第三、明相即以釋物疑、上正明出成中、前二比明法能出成、後二比明人能出成、物謂、人非法、法非人、二躰各異、

1 況　応墨「タトイトシテ」あり。
2 明　応朱「ア」あり。
3 担　「い」あり、存疑。

結—文庫本「歟」に作る

希有功徳。上

「如是」(といふ)従《よ》(り)以下は、合*の中の第二の結なり。

〇世尊。大寶蔵者。即是摂受正法。

「世尊」(といふ)従《よ》(り)以下は、合の中の第三に、即を明す。

而(る)に前の重担譬《ちうたむひ》には、但し結*(し)て〔而〕即を明(さ)不《ず》。今此の寶蔵譬は、即*して〔而〕結(せ)不《ざ》(る)ことは〔者〕、前の重担譬には、即(ち)「身*(を)以て負(を)為《(ナ)》ス」と言フ。事*に於て難カル可《べ》し。〔而〕負(する)こと他身に非(ず)。故に即の義を信ず可《べ》し。所以に結(し)て〔而〕即を明(さ)不《ず》〔也〕。寶蔵譬は況[1]して寶有(りと)言フ。故(に)即の義、明[2](ら)め《(メ)》難し。〔而〕身*を以(て)負(する)に非(ざるが)故に、事(に)於て易(かる)可《べ》し。所以に即して以て結せ不《ず》。且《また》、前の重担譬[3]には、既に「踰彼大地《ゆひだいぢ》」と言フ。今此(の)寶蔵譬には、直に「得衆生寶」と言フ。此れ亦此(の)意に同なり〔也〕。

「世*尊。摂受正法。摂受正法者」(といふ)従《よ》(り)以下は、正(し)く行摂《ぎやうせふ》を明す(が)中の第三に、相即を明(し)て以て物の疑を釋(す)。上に正(し)く出成《*しゆつじやう》を明す中に、前*の二比には法《ほふ》(の)能出成《のうしゆつじやう》を明し、後*の二比には人の能出成を明す。物*い謂《い》(へ)ラく、「人は法に非ず。法は人に非(ず)。二躰各(と)異なり。

合の中の第二の結なり 合譬の第二、摂受正法の人をたたえる部分である。「結」は前出の「讃歎」に相当する。

結して即を明さ不 重担の譬えでは、結びの言葉があるが、重担がすなわち摂受正法であるという相即を説明していない。

即して結せ不ることは 宝蔵の譬えでは、宝蔵すなわち摂受正法であるという相即を説明しているが、結びの言葉がない。その理由はつぎのごとくである。

身を以て負を為ス 求道者が自身で重き荷を負うていく。

事に於て 実際においては。

身を以て…可し 自身で重き荷を負うようにしていくのではないから、実際に宝を得ることは易しいであろう。

◇世尊摂受正法… ㈠の3 法と人の相即

法と人の相即を明かすうち、まず、イ法と法の相即、ついで、ロ人と法の相即に分けて解釈する。但し、前者の「法と法」は「法と人」と見るべく、後者の「人と法」と対応すると考えてよいであろう。「法」に力点を置くのと「人」に力点を置くのとの二面から説く。

出成 「出生」の同音誤写であろう。

前の二比 大雲の譬えと大水の譬え。

後の二比 重担の譬えと宝蔵の譬え。

物い謂へラく 誰か人はつぎのような疑問を抱くであろう。以下、二説を出すが、敦煌本に同じ。

「い」→二八頁注

故今致此亦不同、又因此広生諸疑、諸万行正法異於摂受正法、

密—文庫本「蜜」に作る。以下同

摂受正法異於波羅密▽、故挙此相即為釋也、就中開為二、『第一従

〔三三ウ〕

初訖摂受正法・即是波羅密、先明法法相即、第二、従世尊我今・

承佛威神・更説大義以下、明人法相即、然疑本但在人法、此情

即一往難遣・所以先明法法相即因令稍解、後明人法相即以遣之

也、

就第一法法相即中、分為二、第一万行正法即、摂受之心、第二、

従无異波羅密以下、明波羅密即万行正法、

就第一中即有五句、初二句雙牒、中『二句雙明无異、後一句雙

〔三四オ〕

明相即、

初摂受正法此牒所摂万行正法、後摂受正法此牒能摂

1 諸 応朱「〱」、応墨「諸之〱」、応墨左右に消符「ヒ」あり。
2 義 「を」と見ゆる点あり、存疑。
3 然 応墨「ルニ」あり。
4 先 応朱「ツ」あり。
5 稍 応墨「少シ也ホノカニ也」あり。
6 行 応墨「ノ」あり。
7 心 応墨「トイフ」あり。
8 即 応朱「チ」あり。

故に今比*(を)致(す)こと亦不同なり」。又此に因て広く諸[1]の疑を生ず。「諸の万《まん》*行《ぎやう》の正法は〔於〕摂受*正法に異なり。摂受正法は〔於〕波羅密に異なり」。故(に)此の相即を挙(げ)て釋と為《〈す〉》〔也〕。中に就て開(き)て二(と)為。第一(に)初従《よ》(り)「摂受正法《せふじゆしやうぼふ》。即是波羅密《そくぜはらみち》」に訖《をは》(るま)で、先(づ)法法《ほふほふ》の相即(を)明し、第二に「世尊《せそん》。我今承佛威神《がこむじようぶつゐじん》。更説大義《きやうせちだいぎ》[2]」(といふ)従《よ》(り)以下は、人法《にんぼふ》の相即を明す。*[3]然るに疑の本は但し人法に在り。此*の情《〈コ、ロ〉》は即(ち)一往をもて遣《や》リ難(し)。所以《このゆゑ》に[4]先づ法法の相即を明(し)て因て稍《〈ヤウヤ〉》[5]ク解《げ》せ令《し》め、後に人法の相即を明(し)て以て之を遣る〔也〕。

第*一の法法の相即の中に就(て)、分(ち)て二と為《〈す〉》。第一に万行[6]の正法(は)即ち、摂受の〔之〕心[7]なり(といふ)。第二に、「无異波羅密《むいはらみち》」(といふ)従《よ》(り)以下(は)、波羅密(は)[8]即(ち)万行の正法なりと明す。

○世尊。摂受正法。摂ニ受正法一者。无レ異ニ正法一。无レ異レ摂ニ受正法一。

正法即是。摂ニ受正法一。

第*一の中に就(て)即チ五句有り。初*の二句は雙(じ)て牒《てふ》し、中の二句は雙(じ)て无異を明し、後の一句は雙(じ)て相即(を)明す。

初の摂受正法は此は所摂《しよせふ》*の万行の正法を牒《てふ》し、後の摂受正法は此は能摂*(の)

比を致すこと　法と人に関して両者の譬えをなすこと。

万行の正法　よろずの善の根本である正法。

摂受正法　つぎの摂受正法ともに、敦煌本は「摂受之心」としており、このほうがわかり易い。

然るに　これ以下は、さきの疑問をうけて、相即を説く所以を説明する。

此の情…難し　この考えを一度で改めることは困難である。

◇第一の…　㈠の3イ法と法の相即

求道者にとって、真理の教えとそれをしっかり身につけることとは別のものではなく、思想がそのまま実践であるという仏教の理念どおりに、真理の教えを身につける人自体が真理の教えである旨を明かす。そして、真理の教えを身につける具体的実践として、六つの完成(六波羅蜜、六度)と呼ばれる布施・持戒・忍辱・精進・禅定・智慧を説く。

初の二句は…相即を明す　初めの二句(摂受の正法と、正法を摂受する者とは)は摂受されるところの正法と、その正法を摂受する心の二つをとりあげ、中の二句(正法に異なることなく、正法を摂受する〔者〕に異なることなし)はその両者がいずれも相異なるものでないことを明らかにし、後の一句(正法は即ち是れ正法を摂受する〔者〕なり)は両者が相即するものであることを説いている。太子義疏の注釈によれば、正法を摂受する者の「者」を、「心」としているが、正法の「法」にたいして「人」を指していることは、いうまでもない。

所摂　摂受される正法をいう。

能摂　正法を摂受する者(心)をいう。

之心、无異正法者、明能摂之心、无異所摂万行正法、无異所摂　所―文庫本なし
受正法者、明所摂万行正法、无異能摂之心、正法即是摂受正法
者明万行正法、即是摂受之心、次應言摂受正法即是正法、経文
闕也、言八地以上既是法身、故以万行正法為心、以心為万行
「正法、心法一躰更无二相、故云万行正法即是心、心即万行正　〔三四ウ〕
法也、七地以下自未法身、且不能一念備修故不得然、
第二明波羅密即万行法、分為三、第一正明相即、第二、従何以
故以下、挙六度法釋正法即波羅密義、第三、従是故世尊以下、
結即義、
无異波羅密者謂、摂受正法、无異於波羅密

1 **者**　「といふは」あり。衍か。
2 **所**　文朱抹消。
3 **言**　応墨「ニ」あり。
4 **即**　応朱「チ」あり。
5 **自**　応朱「ミ」あり。
6 **未**　応朱、右に「タ」左に「ス」あり。
7 **念**　「に」あり。「もて」の誤か。
8 **密**　応朱「イフ」あり。
9 **密**　「せ」あり、「いふは」の誤か。

次に…闕けたり　第五句の対比として「正法を摂受する〔者〕は即ち是れ正法なり」の句が第六句としてあるべきである、と太子義疏は指摘する（敦煌本も同じ）。第五句と太子義疏の指摘する第六句は、人と法の相即を語る文である。第五、一乗章の注釈の中でも義疏は「法身というのは真理のことであり、如来はその真理の実践者である」（二三一頁）と述べ、法と人の相即を明かしている。

〔之〕心を牒す。「无異正法」といふは〔者〕[1]、能摂の〔之〕心、所摂の万行の正法に異(なる)こと无《な》(し)といふことを明す。「无異〔所〕[2]摂受正法」といふは〔者〕、所摂の万行の正法(は)、能摂の〔之〕心に異(なる)こと无《な》(し)といふことを明す。「正法即是。摂受正法」といふは〔者〕、万行の正法(は)即(ち)是(れ)摂受の〔之〕心なりと(いふことを)明す。次に*「摂受正法即是正法」と言フ應《べ》(し)。経文(に)闕(け)たり〔也〕。言[3](ふこゝろ)は八地以上は既に是(れ)法身なり。故に万行(の)正法を以て心と為《し》、心を以(て)万行(の)正法と為《(す)》。心と法と一躰にして更に二相无し。故に万行(の)正法(は)即(ち)是(れ)心なり、心(は)即[4](ち)万行(の)正法なりと云(ふ)〔也〕。七地以下は自[5](ら)法身に(あら)未《ず》[6]。且《また》、一*[7]念を(もて)備に修(する)こと能(は)不《ざ》(るが)故(に)、然*《(ル)》することを得不《ず》。

　第二に波羅密(は)即(ち)万行の法(なり)とイフコトを明す。分(ち)て三(と)為。第一に正(し)く相即を明す。第二に「何以故」と(いふ)従《よ》(り)以下(は)、六*度の法を挙(げて)正法即波羅密《しやうぼふそくはらみち》[8]といふ義を釋す。第三に「是故世尊《ぜこせそん》」(といふ)従《よ》(り)以下(は)、即の義を結す。

　○世尊。无㆑異㆓波羅蜜㆒。无㆑異㆓摂受正法㆒。摂受正法。即是波羅蜜。

「无*異波羅密[9]」といふは〔者〕謂く、摂受正法は、〔於〕波羅密に異(なる)こと

法と人の関係を、道と得道者(道を体得した人、または道を求めつつある人)ということばに置き換えてみるならば、道は無限に数多くの得道者をうみ出すものであるが、その道をさとるためには、先に歩む得道者を通して後に続く者が道を把握していく、という構造になるであろう。例えば『歎異抄』第七章を二つの部分に分けて、「1念仏者は無碍の一道なり。2そのいはれいかんとならば、信心の行者には云々」という文につき、1の「念仏者」は「念仏は」・「念仏というは」と読むための「者」の字が付してあるから、1の句は念仏自体、つまり法を明かしている、2の句は念仏者、つまり人を明かしているから、第七章全体の主旨は、念仏者を通して念仏を知るということになる。人法の相即を強調する義疏の精神が、『歎異抄』に記す親鸞のことばに連続していることは、仏教の実践道の大系を把える上に興味がある。

一念をもて備に修すること　正法を一思念の中に完全に身につけること。

然することを得不　法と人(心)の相即が得られない。

六度の法　さとりの彼岸に渡るための六つの完成徳目。六波羅蜜ともいう。経文には、檀波羅蜜(布施の完成)・尸羅波羅蜜(戒めの完成)・羼提波羅蜜(忍耐の完成)・毘梨耶波羅蜜(精励の完成)・禅波羅蜜(禅定の完成)・般若波羅蜜(智慧の完成)とする。

无異波羅密といふは…　正法の具体的実践が波羅蜜であるから、ここでは「法」が波羅蜜であり、「人」は摂受正法〔者〕である。したがって、正法を摂受する〔者〕は波羅蜜と異ならないと解すべきである。

也、摂受正法。即是波羅密者明即、文、不足、亦闕也。

1 无　「き」あり。「し」の誤か。
2 就　蔵本「熟」に作る。以下同断。
3 羅　蔵本なし。
4 苦　蔵本「若」に作る。

文不足なり 「波羅蜜即是摂受正法」(波羅蜜は即ち是れ摂受正法〔者〕なり)の一句が経文に欠けていると、太子義疏は指摘する。

乃至捨身支節 「身支節」とは身体に三十二の支分があるので、このようにいう。「乃至」とは、布施の行為中、自己の身体を施す捨身が最も困難であり、それ以外の布施は易しいから、このようにいう。

六根 眼・耳・鼻・舌・身・意の六つの感官。

四威儀 行・住・坐・臥の四つ(われわれの全生活)に関する守るべき規則。

不外向心 六根の働く対象(色・声・香・味・触・法の六つを六塵または六境という)に心をむけないこと。

一切論 内の五明(ごみょう)のこと。1声明、語学文学。2因明(いんみょう)、論理学。3内明、教理学。4医方明、医学・薬学。5工巧明(くぎょうみょう)、諸の学芸・技術。

无[1](し)〔也〕。「摂受正法。即是波羅密」といふは〔者〕即を明(す)なり。文[*]、不足なり。亦闕(け)たり〔也〕。

○何以故。摂二受正法一。善男子善女人。應三以レ施成就[2]二者。以レ施成就。乃[*]至捨二身支節一。将二護彼意一。而成二就之一。彼所二成就一衆生。建二立正法一。是名二檀波羅蜜一。應三以レ戒成就二者。以下守二護六根[*]一。浄二身口意業一。乃至正中四[*]威儀上。将二護彼意一。而成二就之一。彼所二成就一衆生。建二立正法一。是名二尸[3]羅波羅蜜一。應三以レ忍成就二者。若彼衆生。罵詈毀辱。誹謗恐怖。以二无恚心。饒益心。第一忍力。乃至顔色无変一。将二護彼意一。而成二就之一。彼所二成就一衆生。建二立正法一。是名二羼提波羅蜜一。應下以二精進一成就上者。於二彼衆生一。不レ起二懈心一。生二大欲心一。第一精進。乃至苦[4]四威儀一。将二護彼意一。而成二就之一。彼所二成就一衆生。建二立正法一。是名二毗梨耶波羅蜜一。應三以レ禅成就二者。於二彼衆生一。以二不乱心。不[*]外向心。第一正念。乃至久時所作。久時所説一。終不二忘失一。将二護彼意一。而成二就之一。彼所二成就一衆生。建二立正法一。是名二禅波羅蜜一。應下以二智慧一成就上者。彼諸衆生。問二一切義一。以二无畏心一。而為演二説。一[*]切論。一切工巧。究竟明處。乃至種種。工巧諸事一。将二護彼意一。而成二就之一。彼所二

1 **正**　朱抹消。応墨「聖歟」あり。
2 **釋**　文朱「て」あり。重複か。
3 **正**　応墨「ナリ」あり。
4 **法**　文朱抹消。
5 **義**　文庫本「乗」に作る。

「第二挙六度、釋正法即波羅密、〔三五オ〕
標疑云・何以正法即是波羅密耶、正釋曰・八地大士欲以随機度物故、一念之中修此六度、而此六度行、當理非邪故、即是正、法、為物軌則、故即是法・无相修行故、即是波羅密・故云即正法也、此中六度皆以此意為釋也、彼者謂、彼八地以上、
従是故以下、第三結即義、
従世尊我今以下、明相即中、第二明人法相即、又「分為三、第〔三五ウ〕一正明人法相即、第二従何以故以下、亦釋相即義、第三従何等為三以下、出捨三分義、

八地大士…欲するが故に　第八地以上のすぐれた求道者は、人びとの能力に応じてかれらを救おうと思うから。原文「八地大士欲ニ以随レ機度レ物故」

成就一衆生。建二立正法一。是名二般若波羅蜜一。

第二に六度を挙(げ)て正法即波羅密といふ(こと)を釋す。疑を標して云(く)、何を以てか正法(は)即(ち)是(れ)波羅密なるや《ナル》〔耶〕。正[1](し)く釋[2]して曰(く)、八地*大士(は)以て機に随(ひ)て物を度せむと欲《す》るが故に、一念の〔之〕中に此の六度を修す。而(る)に此の六度の行、理に當(り)て、邪に非(ざる)が故(に)、即(ち)是*(れ)「正」[3]なり。法[4](として)、物の軌則《くゐそく》為《た》り。故に即(ち)是(れ)「法」なり。*无相《むさう》に修行するが故に、即(ち)是(れ)「波羅密」なり。故に「即正法」と云フ〔也〕。此*の中の六度は皆此の意を以て釋を為《な》すなり〔也〕。「彼」と(いふは)〔者〕謂く、八地*以上に彼《ひ》す。

○是故世尊。无レ異二波羅蜜一。无レ異レ摂二受正法一。摂受正法。即是波羅蜜。

「是故」(といふ)従《よ》(り)以下(は)、第三に即の義を結す。

「世尊*。我今」(といふ)従《よ》(り)以下(は)、相即を明す(が)中の、第二に人法の相即を明す。又分(ち)て三と為《す》。第一には正(し)く人法の相即を明す。第二に「何以故《がいこ》」と(いふ)従《よ》(り)以下は、亦相即の義を釋す。第三に「何等為三《がとうゐさむ》」と(いふ)従《よ》(り)以下(は)、三*分を捨する義を出す。

○世尊。我今承二佛威神一。更説二大義[5]一。佛言便説。勝鬘白レ佛。摂受正

とあるうち、「欲以」は「以欲」の誤りではなかろうかといわれる。『法華義疏』草稿本には、しばしば返点(レ)を使って文字を上下しており、恐らく「欲レ以」とあったのを転写の際、「レ」に気附かなかったためであろう(花山信勝、前掲書二二三頁)。

是れ正なり…法なり　本章の初め(九三頁)にも同じ解釈を出しているが、そこでは正法は万善であるとする。いまは、正法は六度であるとみる。正法の原語はサッダルマで、妙法とも訳す。

无相に修行する　なんらの執われもなく、報いを求めることなく修行する。

此の中の…釋を為す　六度の「度」すなわち波羅蜜の精神を説いたから、六度の一つ一つもこの精神に則って解すべきであるの意。

八地以上に彼す　原文は「彼の八地以上なり」と読むべきであろう。訓読文のごとくならば、「彼」は「比」の意味か。

◇世尊我今…　㈠の3ロ　人と法の相即

摂受正法の実践として六度を説いたから、ここではそれを実践する求道者は自己をも棄てて空観《くうがん》に住すべきであるとし、もって「人」の面から「法」との相即を明かす。

三分を捨する　自己に属する身体と生命と財産の三種の所有物を喜捨する。一般に布施(ダーナ)の語が使われるが捨施(チャーガ)も原始仏教以来、施すことの意味で使われている。ところで、以下に出す「此の捨の心は、即ち是れ摂受正法の心なり」(一三五頁)の文によれば、捨は四無量心の第四、捨無量心のそれであるとも考えられる。つまり捨(ウペッカー)は有無などの二辺に執われない平静心で、前出の「无相に修行する」心である。

摂受正法・摂▽受正法者、亦牒・上句牒法、下句牒人、无異摂受 摂受正法—蔵本なし
正法者謂、人无異於法、无異摂受正法者謂、法无異於人、此二
句雙明无異、次應明即、文、不足、亦闕也、所以知此明人法相
即者、此則言摂受正法善男女故也、

第二釋相即義、

標疑云・何以『人即法耶・釋曰・八地以上人、為摂受正法、捨 〔三六オ〕
三種分、此捨之心、即是摂受正法之心、即以此心既成此行人、
然即▽、此摂受正法之心、安得異於捨此三種分人、 即—蔵本「則」に作る

第三出捨三分義、因上焰明之也、又

1 亦　応朱「タ」あり。
2 法　「といふは」あり、次の「者」に附すべきを誤れるか。
3 明　応朱「イフ」「スト」あり。
4 安　応朱「イツクムソ」「ナムゾ」あり。
5 得　応朱「ム」あり。

法。摂ニ受正法一者。无レ異ニ摂受正法一者。摂ニ受正法一。善男子善女人。即是摂受正法。

「摂受正法。摂受正法者」といふは、亦牒す。[1] 上の句は法を牒す。下の句は人を牒す。「无異摂受正法」といふは〔者〕謂く、人は〔於〕法に異(なる)こと无し。「无異摂受正法者」[2](と)いふは謂く、法は〔於〕人に異(なる)こと无(し)といふ。此の二句は雙(じ)て无異を明す。次に即を明す應《べ》シ《(し)》。文、* 足(ら)不《ず》。亦闕(け)たり〔也〕。此は人法の相即を明スト[3]いふことを知(る)所以《ゆゑ》(は)〔者〕、此《(コヽ)》に〔則〕「摂受正法。善男女」と言フ故(なり)〔也〕。

○何以故。若摂ニ受正法一。善男子善女人。為三摂ニ受正法一。捨ニ三種分一。

第二に相即の義を釋す。

疑(を)標して云(く)、何を以てか人即(ち)法なる耶《(や)》。釋して曰(く)、八地以上の人、正法を摂受せむが為に、三種の分(を)捨す。此*の捨の〔之〕心は、即(ち)是れ摂受正法の〔之〕心なり。即(ち)此の心(を)以て既に此(の)行を成す人なり。然(ら)ば即(ち)此の摂受正法の〔之〕心い、安(ぞ)[4]〔於〕此の三種の分を捨する人に異(なること)を得む[5]。

第三には、三分を捨する義を出す。上*の焔《(ホノカ)》ナルに因て之(を)明(す)〔也〕。又

文足ら不　正法を摂受する「人」と正法の「法」との相即を説くべきであるのに、経文ではこれが欠けているの意。敦煌本には「経文闕也」という。

此の捨の心は…を得む　この個所の意は敦煌本と同じ。

上の焔ナルに因て　焔は赤熱以前の状態。あきらかの意。この句の意味は、第二「相即の義を釈す」にふれたから、ここで詳説する次第であるの意。

分為四、第一正明三分義、第二従世尊如是以下、讃嘆捨三分人、
第三従世尊又善男子以下、明捨三分時節、第四従世尊我見・摂
受正法以下、引佛為證、
『就第一正明捨三分中、即有二、　〔三八ウ〕
第一直惣挙三分、何等為三、謂、身命財是、
第二従捨身者以下、別出三分躰、
従捨身以下、別明捨身、従捨命以下明捨命、従捨財以下、明捨
財、旧釋、捨身謂、自放為奴、捨命、

1 老病　蔵本なし。
2 挙　応朱「ク」あり。
3 財　応墨「トイフヨリ」あり。
4 旧　応墨「フルヒト」あり。
5 自　応朱「ミ」あり。
6 放　応朱「ホシ、イマニ」あり。
7 奴　応朱「ヤツコ」あり。

佛を引きて證を為す　仏のすぐれた徳性を引用して、真理の教えをしっかり身につけた人の得る美徳の証明としている。

旧の釋すらく　「得人天殊勝供養」までの一段は、敦煌本の解釈文とほとんど一致する。

自ら放に奴と為ル　良民の身分を自らすてて奴隷となる。

分(ち)て四(と)為《す》。第一に正(し)く三分の義を明す。第二(に)「世尊。如是」(といふ)従《よ》(り)以下は、三分を捨(す)る人を讃嘆《さんだん》す。第三に「世尊《せそん》。又《う》善男《ぜんなむ》子《し》」と(いふ)従《よ》(り)以下(は)、三分を捨する時節を明す。第四に「世尊《せそん》。我見《がけん》摂受正法《せふじゆしやうぼふ》」と(いふ)従《よ》(り)以下(は)、佛*を引(き)て證を為す。

○何等為㆑三。謂身命財。善男子善女人。捨㆑身者。生死後際等。離㆓老病死㆒。得㆘不壊常住。无㆑有㆓変易㆒。不可思議功徳。如来法身㆖。捨㆑命者。生死後際等。畢竟離㆓[1]老病死㆒。得㆓无邊常住。不可思議功徳㆒。通㆓達一切。甚深佛法㆒。捨㆑財者。生死後際等。得㆘不㆑共㆓一切衆生㆒。无盡无減。畢竟常住。不可思議。具足功徳㆖。得㆓一切衆生。殊勝供養㆒。

第一に正(し)く三分を捨(する)ことを明(す)が中に就て、即(ち)二有(り)。第一(に)直に惣《そう》じて三分を[2]挙ぐ。「何等をか三と為(る)。謂(く)、身《しん》と命《みやう》と[3]財《ざい》と(なり)」(といふは)是なり。

第二に「捨身者」(といふ)従《よ》(り)以下は、別して三分の躰を出す。「捨身《しやしん》」(といふ)従《よ》(り)以下は、別して捨身(を)明す。「捨命《しやみやう》」と(いふ)従《よ》(り)以下は捨命(を)明す。「捨財《しやざい》」(といふ)従《よ》(り)以下は、捨財を明す。*4旧《ふるき〈ひと〉》の釋(すら)く、「捨身」といふは謂く、*5自(ら)[6]放に[7]奴と為《〈ナ〉》ル。「捨命」といふは、

為人取死、今云、捨命捨身皆是死也。但建意異耳。若如投身餓虎、本在捨身、若義士見色授命、意在捨命、捨財謂身外之物、後際等者謂、未来、未来『則无際。謂、常捨明矣、又云、金剛心為後際、離老病死者謂、分段生死、无有変易者謂、変易生死也。此言得者謂、令得衆生也、功徳法財、非如世財五家共有、得一切衆生。殊勝供養者、語少倒、應言得供養殊勝一切衆生、或順文直釋、得人天殊勝供養、

従世尊以下、第二、嘆捨三分人、可見也。

色―文庫本「危」に作る

〔三七オ〕

1 **建**　応朱「タツル」あり。
2 **餓**　後朱「ウヱ」「ヒダルシ」あり。
3 **虎**　後墨「コ」あり。
4 **投**　応朱「トウスル」、後朱「ナグル」あり。
5 **士**　応朱上声複圏点あり。
6 **色**　応朱「ロ」、後朱「アヤウキコトヲ」あり。
7 **命**　後墨「メイヲ」あり。
8 **授**　文墨「クルハ」、後墨「イタス」あり。
9 **言**　後朱「イツハ」あり。
10 **養殊勝一切衆生**　「養」に文墨「ヲ」、「殊」に応墨「ス（以下三字分擦消）」、「切」に応墨「ノ」、「生」に応墨「ニ」あり。
11 **言**　応朱「フ」あり。
12 **北**　蔵本「丘」に作る。

意を建つること異なり　心もちがちがっている。

↓補

身を餓虎に投ずる　薩埵王子（さったおうじ）が餓えた虎に身を施したこと（『金光明経』捨身品）や、雪山童子（せっせんどうじ）が法を聞くために羅刹（らせつ）に身を与えたこと（『涅槃経』北本、巻十四）など、大乗の求道者の利他行として捨身が強調されている。

義士…捨命に在り　忠義の士が危急に直面している君主を見て生命をなげ出す場合は、その意味からして捨命にあたる。「見色」は敦煌本に「見危」とある。これに従うべきである。

身外の物　肉体以外の自己の所有する財物。

未来…明かなり　経文「生死後際等」のうち、「後際」は未来で、それは無際（無限の時間）と解

する。吉蔵の『勝鬘宝窟』(大正蔵三七、三六下—三七上)には「生死」に三際を分け、前際を過去、中際を現在、後際を未来とする説、「生死」を前際、「涅槃」を後際とし、生死即涅槃の空・平等観を得るのが「捨」の真の意味であるとする説、また具縛の凡夫を生死の前際、求道者の金剛三昧を生死の後際とし、ついに仏果をさとる一切智を得るから両者は等しいの説を掲げている。チベット訳には、善男子・善女人が身体を喜捨することによって、輪廻の世界の続く限り存在する仏身を得るとしているから、経文は「生死の後際と等しくして」と読むべきであろう。

常に捨す…明かなり　敦煌本は「常に身を捨する也」とある。「常捨明」は「常捨身」の誤り。

分段生死なり　輪廻する凡夫の生死(分段生死)を離れることを示しているの意。

変易生死なり　輪廻を超えた聖者の生死(変易生死)をとらないことを示しているの意。

衆生…なり　経文の「不壊常住と無有変易と不可思議功徳と如来法身」を人びとに体得させる。

世財の…非ず　五家とは均田法の用語。世間の財産たる五人隣組の共有財産よりも、出世間の「功徳の法財」が「不共」のものですぐれているの意。

語は少し倒せり　敦煌本は「語倒」といい、以下同様の説明を施している。この句の意味はつぎの通り。経文通りならば「神々や人間から立派な供養を受ける」という意味になるが、実際は経文の文言がいささか錯倒しているから、「殊勝の一切の衆生を供養することを得るなり」と訂正すべきであるという。求道者の自利を抑えて、積極的に奉仕していく利他の精神を強調して、そのために経文を読みかえていくべきであるとする。

人《ひ〈と〉》の為に死を取る。今云く、「捨命」「捨身」は皆是(れ)死なり〔也〕。但(し)意*を建[1](つ)ること異なり〔耳〕。若(し)身*を餓虎《がこ》[2][3]に投[4](ずる)が如きは、本《も〈と〉》捨身に在り。若(し)義*士[5]色[6]を見て命[7]を授[8](くる)は、意、捨命に在り。「捨財」(と)いふは身*外《しんぐゑ》の〔之〕物を謂フ。「後際等《ごさいとう》」といふは〔者〕謂く、未来(をいふ)。未*来といふは〔則〕无際なり。謂く、常*に捨(す)といふこと明(か)なり〔矣〕。又云く、金剛心を後際《ごさい》と為《〈す〉》。「離老病死《りらうびやうし》」といふは〔者〕謂く、分*段生死なり。「无有変易《むうへんやく》」といふは〔者〕謂く、変*易生死なり〔也〕。此に「得《とく》」と言《〈い〉》[9](ふ)は〔者〕謂く、衆*生に得令(む)る(なり)〔也〕。功徳の法財は、世*財の五家共に有るが如(き)には非ず。「得一切衆生《とくいちさいしゆじやう》。殊勝供養《しゆしようくやう》」と(いふは)〔者〕、語*《〈こと〉》は少し倒《たう》せり。「得供養《とくくやう》[10]殊勝一切衆生《しゆしよういちさいしゆじやう》」と言[11](ふ)應《べ》(し)。或は文に順じて直に釋せば、人天《にんでん》の殊勝の供養を得(る)なり。

○世尊。如㆑是捨㆓三分㆒。善男子善女人。摂㆓受正法㆒。常為㆔一切諸佛所㆑記。一切衆生之所㆓瞻仰㆒。

「世尊」(といふ)従《よ》(り)以下は、第二に、三分を捨する人を嘆ず。見(つ)可《べ》し〔也〕。

○世尊。又善男子善女人。摂㆓受正法㆒者。法欲㆑滅時。比丘比北[12]尼。

〔三七ウ〕

従世尊又善男子以下、第三明捨三分時節、言夫護法之功、「在法将滅、滅而更興、護功乃顕也・就中有二、第一正明捨三分時節、明要在法欲将滅時、必以正道心乃可為也・第二従入法朋者以下、明佛、賜記得時捨三分人、皆可見也・

従世尊我見以下、出三分義中、第四引佛為證、證言行虚也、

従尒時世尊於勝鬘以下、章中、第二如来讃成、就中亦有二、第一讃成・第二従是故

行—文庫本「非」に作る

1 **優**　蔵本「憂」に作る。
2 **夫**　文墨「レ」あり。
3 **滅**　「に」あり。「将」に附すべきか。
4 **将**　文朱無けれども再読か。応墨「するに」・後朱「するに」あり。
5 **滅**　応朱「セムトスルヲ」あり。
6 **興**　応朱「トキハ」あり。
7 **顕**　文墨「アラハナリ」あり。
8 **滅**　応朱「セムト」あり。
9 **欲**　応朱「スル」あり。
10 **為**　応朱「ナス」あり。
11 **可**　後朱あり。未読。
12 **鬘**　「む」あり。「と」の誤か。

優婆塞優婆夷[1]。朋党諍訟。破壊離散。以㆓不諂曲。不欺誑。不幻偽㆒。愛㆓楽正法㆒。摂㆓受正法㆒。入㆓法朋中㆒。入㆓法朋㆒者。必為㆔諸佛。之所㆓授記㆒。

「世尊。又善男子」(といふ)従《よ》(り)以下は、第三に三分を捨する時節を明す。言*(ふこゝろ)は夫れ[2]護*法の〔之〕功《く》は、法、将(に)滅せ[3]むと将《す》[4](るに)在り。滅せ[5]むとするを〔而〕更に興*[6](ずる)ときは、護の功《く》乃《いま》し顕[7]なり〔也〕。中(に)就(て)二有(り)。第一に正(し)く三分を捨する時節を明す。要は法将に滅せ[8]むと欲《〈す〉》[9]る時に在(り)て、必ず正*道の心を以て乃し為《な》[10](す)可《べ》[11](し)といふこと(を)明す〔也〕。第二に「入法朋者《にふほふぼうじや》」(といふ)従《よ》(り)以下は、佛《ほと〈け〉》、時を得て三分を捨する人に記*を賜(ふこと)を明(す)。

○世尊。我見㆓摂受正法。如㆑是大力㆒。佛為㆓実眼実智㆒。為㆓法根本㆒。為㆔通㆓達法㆒。為㆓正法依㆒。亦悉知見。

皆見(つ)可《べ》(し)〔也〕。

「世尊。我見」(といふ)従《よ》(り)以下は、三分の義を出す(が)中の、第四に佛《ほと〈け〉》を引(き)て證と為《す》。行*(は)虚なりと言ハム(こと)を證ず〔也〕。

「尒*時世尊《にじせそん》。於勝鬘《おしようまん》[12]」(といふ)従《よ》(り)以下は、章の中の、第二に如来の讃成《さんじやう》なり。中(に)就て亦二有(り)。第一(には)讃成。第二(に)「是故」(といふ)従《よ》

言ふこゝろは　この説明は敦煌本に同じ。

護法の功　真理の教え(正法)を護持する人が得る功徳。

興ずる　真理の教えの滅尽(法滅)しつつあるのを復興する。敦煌本には「在法将滅。滅而更挙」とある。「興」は「挙」の誤写ならん。したがって護法の功が挙がるという意になろう。

正道の心　仏道を実践しようとする正しい心。

記　未来には必ず成仏する者となるという仏の確約。

行は…證ず　経文に仏が「亦、悉く知見したまふ」とあるのをうけて、この一句がある。つまり、正法滅尽の時における僧尼の出家や男女の在家信者の虚仮・不実の行状が、仏知見の真実の下に照らし出されると解するからである。原文は「証言行虚也」とあるが、花山信勝の見解(前掲書、二二四―五頁)によれば、「行」は「不」または「非」の誤写と考えられるとし、したがってこの句を「言えること虚に非ずと証するなり」(花山訳『勝鬘経義疏』、国訳一切経、和漢選述一六、一二三頁)と読んでいる。この訓読に従えば「これまで述べてきた勝鬘夫人のことばが虚偽でないことを証明しているのである」となる。

◇尒時世尊…　㈡仏が夫人をたたえる

以下は行摂のうち、㈡仏が夫人をたたえる部分で、さらに二つに分けられる。勝鬘夫人が真理の教えをしっかり身につけることの難しさとその努力を、身体と生命と財産の三つをなげうつことによって説いたので、それを聞かれていた仏は、夫人の説法をほめたたえて、力士と牛王と須弥山王を譬えに出し、真理の教えをしっかり身につけることの意義と効果と利益を強調する。

1 過　応墨「勝歟」あり。
2 三　応墨「□ッ」あり。
3 行　応墨「ノ」あり。
4 行　文墨「ナリ」あり。
5 能　応墨「ク」あり。

以下、結勧、

就第一讃成又開為「二、第一直述・第二別述・就中有三、第一挙力士譬明勝人天乗、第二挙牛王譬明過二乗、第三挙須弥山王譬、明勝七地以還大乗、三中即、有開合、皆可見・

摂受正法謂、八地以上万行中之一行、以摂取心者謂、万行之心、七地以還亦能捨身命、

勧—蔵本「歓」に作る

〔三八オ〕

(り)以下は、結勧《けちくわん》す。

○尒時世尊。於二勝鬘所説。摂受正法。大精進力一。起二随喜心一。如レ是勝鬘。如二汝所説一。摂受正法。大精進力。如下大力士。少触二身分一。生中大苦痛上。如レ是勝鬘。少摂二受正法一。令二魔苦悩一。我不レ見丁餘一善法。令二魔憂苦一。如丙少摂乙受正法甲。又如三牛王。形色无比。勝二一切牛一。如レ是大乗。少摂二受正法一。勝二於一切。二乗善根一。以二広大一故。又如三須弥山王。端厳殊特。勝二於衆山一。如レ是大乗。捨二身命財一。以二摂取心一。摂二受正法一。勝下不レ捨二身命財一。初住二大乗一。一切善根上。何況二乗。以二広大一故。

第*一の讃成に就(て)又開(き)て二(と)為。第一には直述《*ちきじゆつ》。第二には別述*。中(に)就(て)三有(り)て、第一(には)力士譬《*りきしひ》を挙(げて)人天乗《*にんでんじよう》(に)勝(れ)たりと(いふことを)明(す)。第二(に)牛王譬《ごわうひ》(を)挙(げ)て二乗*に過[1](ぎ)たりと(いふことを)明(す)。第三(に)須弥山王譬《*しゆみせんわうひ》を挙(げ)て、七地以還《*しちぢいぐゑん》の大乗に勝(れ)たりと(いふことを)明す。三[2]の中に即(ち)開合*有(り)。皆見(つ)可《べ》(し)。

「摂受正法」といふは謂(く)、八地以上の万行[3]の中(の)〔之〕一行[4](なり)。「以摂取心」と者《〈い〉》ふは謂(く)、万行(の)〔之〕心なり。七地以還も亦能[5]く身命《しんみやう》を

◇第一の…　㈠の1　まさしく夫人をたたえる
直述　まず総論として仏がほめたたえる。
別述　各論に分けて仏がほめたたえる。
力士譬　経文の「少しく身分に触るる」の中の「身分」を、菩提流志訳に「末摩」(身体中に在って、傷つけられると死を齎らす部分)とする。
人天乗　人間界や神々の世界に生まれる教えを実践する人びと。
二乗　聖者の位に達する教えや、みずからさとる教えを実践する人びと。
須弥山王　仏教宇宙観に説く想像上の山。金輪の中央に須弥山(スメール山)が聳え、これを同心に七つの山脈が方形にとり囲む。須弥山の高さは約五十六万キロメートルとされるから、文字通り諸山の王であると信じられている。
七地以還　第七地以下の求道者。
開合　開譬と合譬。↓一〇七頁注

但、形於八地以上一念備修▽備修故云不捨、
就第二結勧、亦有四、一広勧・二広結・三略勧・四略結・
開示衆「生謂人天乗、即対上力士比、教化衆生謂二乗、即対上
牛王比、建立衆生謂、七地以還・即対上須弥山比、此皆広勧、
如是▽太利結人天乗、如是大福者結二乗、如是大果者結七地以還
大乗、亦対三譬為結、此名広結、
従勝鬘我於以下、略勧・従是故以

備修—文庫本なし。慶応本この部分削除一字分空白あり

〔三八ウ〕

太—文庫本「大」に作る

1 形　応墨「タクラヘテ」、後墨「シテ」あり。
2 備修　文朱抹消。
3 故　応朱「ニ」あり。
4 捨　文墨「せる」あり。
5 祇　此下蔵本「阿僧祇」あり。
6 勝鬘　蔵本なし。
7 生　応墨「イハ」あり。
8 結　文墨「ト」あり。

形ずる 第七地以下の者は第八地以上の修行形式をまねる。

◇第二の… ㈡の2 夫人にすすめる

開示衆生といふは 以下、経文の「教化衆生」「建立衆生」とともに、それぞれの「衆生」が三つの譬えのどれに対応するかを説く。

捨(す)。但、〔於〕八地以上の一念に備に修(す)《〈す》る《る〉》に*[1]形《ぎやう》(ずるが)〔備修〕[2]故[3](に)不捨[4]と云(ふ)。

○是故勝鬘。當㆘以㆓摂受正法㆒。開㆓示衆生㆒。教㆓化衆生㆒。建㆗立衆生㆖。如㆑是勝鬘。摂受正法。如㆑是大利。如㆑是大福。如㆑是大果。勝鬘。我於㆓阿僧祇[5]劫㆒。説㆓摂受正法。功徳義利㆒。不㆑得㆓邊際㆒。是故[6]勝鬘。摂受正法。有㆓无量无邊功徳㆒。

第*二の結勧《けちくわん》に就(て)、亦四有(り)。一(には)広勧、二(には)広結、三(には)略勧、四(には)略結(なり)。

「開示衆生」*といふは謂(く)、人天乗なり。即(ち)上の力士比に対(す)。「教化衆生《けうくゐしゆじやう》」といふは謂(く)、二乗(なり)。即(ち)上の牛王比に対す。「建立《こんりふ》衆生《しゆじやう》」[7]とい《〈イ》ふは《ハ〉》謂(く)、七地以還(なり)。即(ち)上の須弥山比に対(す)。此は皆広勧(なり)。

「如是《によぜ》太利《たいり》」といふは人天乗を結(す)。「如是《によぜ》大福《だいふく》」といふは〔者〕二乗を結(す)。「如是大果」(といふは)〔者〕七地以還の大乗を結(す)。亦三譬に対して結(を)為す。此をば広結[8](と)名(く)。

「勝鬘我於《しようまんがお》」(といふ)従《よ》(り)以下は、略勧(なり)。「是故《ぜこ》」(といふ)従《よ》(り)以

下略結、可見也、

下（は）略結（なり）。見（つ）可《べ》（し）〔也〕。

従佛告勝鬘・汝今更説以下、明他分行中第二一乗章、明惣収能生摂受所生五乗、『皆入一乗、就中初開為二、第一正明皆入一〔三九オ〕乗、第二明一躰三寶、一乗是一躰三寶之因・一躰三寶是一乗之果、欲以果一躰、為況因一故、第二挙一躰三寶、明果既是一、則因一明也、且夫昔日梯橙三寶及五乗之別同是方便之説、非是実説、今則既會五乗入於一乗同為常住一果之因、故亦明昔日梯橙三寶非是究竟、唯今日常住一躰為帰『依之極也、〔三九ウ〕

▽一然是无二之稱、乗是運出為義、釋一義、義家種種不同、一云、一則、本无、

一然―文庫本「然一」に作る

1 **収**　応朱「取」あり。
2 **入**　応墨「コトヲ」あり。
3 **二**　後墨「ニハ」あり。
4 **明**　後墨「ス」あり。
5 **一**　応朱「ナリトイフコト」あり。
6 **梯橙**　応墨「テイトウ」あり。応墨声点「平平」、更に後朱声点「平平」あり。
7 **別**　応朱「コトハ」あり。
8 **乗**　応墨「ヲ」あり。
9 **極**　右傍擦消の痕あり。未読。
10 **然も一は**　「然」に応朱「モ」、「一」に応墨「ハ」あり。文墨「然」の左に「一」の上に返る訂正符あり。

一乗章　前章の摂受正法章では、本経の中心課題たる正法(真理の教え)と正法を摂受すること(真理の教えをしっかり身につけること)を正面から論じたので、いまの一乗章では、正法を摂受することが仏教全体の中で、いかなる位置を占めるかを説こうとする。すなわち、正法というのは、大乗の究極の教えを表わし、真実の世界を説く教えであるから、一乗(一つの乗り物、さとりに至る唯一絶対の教え)という。そして、従来のさまざまな教えは、この一乗に至る方便(てだて、手段)の教えに外ならないとし、ついで、涅槃(さとりの境地)は仏にのみあって、仏だけが人びとの最高帰依処であることを説明する。

◈**佛告勝鬘**…　Ⅰ一乗の意義と本章のあらまし　一乗章の序文として、本章を二つに分ける意味を説き、ついで一乗という語の語義解釈を詳説する。

他分行　他分行を明かす二章のうち、その第一は

（第五　一乗章）

「*佛告勝鬘《ぶつがうしようまん》。汝今更説《によこむきやうせち》」（といふ）従《よ》（り）以下（は）、*他分行（を）明（すが）中の第二の一乗章なり。惣（じ）て*能生の摂受と*所生の五乗とを収[1]（め）て、皆一乗（に）入（ることを）明す。中（に）就て初に開（き）て二（と）為《す》。第一には正（し）く皆一乗に入[2]（ることを）明し、第二[3]には*一躰の三寶を明[4]（す）。一乗は是（れ）一躰の三寶（の）〔之〕因、一躰の三寶は是（れ）一乗（の）〔之〕果なり。果の一躰なるを以て、為に*因一《いんいち》に況《くゐやう》セムト欲《す》る（が）故なり。第二（には）一躰の三寶を挙（げ）て、果既に是（れ）一ナリ、〔則〕因一[5]（なりといふこと）明（かなりと）明す〔也〕。且夫（れ）*昔日の*[6]梯橙《たいとう》の三寶（と）〔及〕五乗（の）〔之〕別[7]（なることとは）同（じ）く是（れ）方便（の）〔之〕説なり。是（れ）*実説には非（ず）。今（は）〔則〕既に五乗を會《ゑ》[8]（し）て〔於〕一乗に入（れ）て同（じ）く*常住一果《じやうぢういちくわ》（の）〔之〕因と為《す》。故（に）亦昔日の梯橙の三寶は是（れ）究竟《くきやう》に非（ず）、唯、今日の常住の一躰を帰依《くゐえ》（の）〔之〕極《ごく》[9]と為《す》といふこと（を）明す〔也〕。

然[10]（も）「*一」は是（れ）无二（の）〔之〕稱なり。「乗」は是（れ）*運出《うんしゆつ》を義と為《す》。一の義を釋（する）に、*義家《ぎけ》種種《しゆじゆ》に不同なり。一（に）云（く）、一は〔則〕*本《もと》は无し。

摂受正法章、第二が今章である。

能生の摂受　すべての教え（五乗を指す）を出生するところの摂受の正法。

所生の五乗　摂受の正法から出生する五乗。五乗とは五種の人びとの教えで、人乗・天乗・声聞乗・縁覚乗・菩薩乗。

一躰の三寶　仏宝（仏のこと）・法宝（仏の説かれた真理の教え）・僧宝（仏を信じ仏の説かれた教えを実践する仏教徒の集い）の三つは、仏教徒の帰依の根拠であり、資格条件であるから三種の宝という。この三宝は本質上、別々のものでなく一体であるから、一体の三宝と呼ぶ。

因一　原因が同一であること。

昔日　本経は大乗仏教の立場に立って、釈尊在世時および滅後の部派仏教を論ずるから、本経に明かす一乗や一体の三宝という真実の教えからすれば、それまでの仏教は釈尊の方便の教えでしかないという。それで本経以前を指して、昔日という。この表現は、例えば『妙法蓮華経』にも使われている。

梯橙の三寶　一体の三宝に対する語。仏法僧の三宝は一つ一つ別のものであり、漸次にさとりを開く人びとの帰依処だから、方便の三宝であるという。

実説　方便に対する真実の教え。

常住一果の因と為　人びとをして常住不変の仏果を得る原因とさせようとする。

一は…稱なり　以下、一乗の語義解釈で、一と乗の各ゝについての諸説を述べる。

運出　人びとを乗物に載せて運び出すこと。

義家　解釈家。

本は无し　本来無なることの意。

但欲破三故・故云一也・二云、一是果一義、乘是因名、言因中善品、雖復種種、終必帰於一果、故以果義一、名因謂之一也、三云、一与乗皆是因名、因中善品、雖復種種不同、而其流義、一故・故云一、第一解、好則好矣、但疑十方浄土无三乗之別、亦應不説一乗之道、「而十方浄土皆説一乗、若尓、那、得言但〔四〇オ〕欲破三故一也・但第二与第三釋皆可為用、然今義家多就因一為釋、仍弁大少▽者不求自度、斉▽物為先、等流佛果稱為大乗、化物為患、但求自度、臧彼无実名曰少▽乗、大乗一乗、大意雖復同、所以少異、大乗猶是三中之別名・一乗則无三二之稱、波若維摩、雖名大教而

少―本のまま
斉―文庫本「済」に作る
少―本のまま

1 故　後朱「コトサラニ」あり。
2 乘　応墨「ハ」あり。
3 是　応墨「レ」あり。
4 因　応墨「ノ」あり。
5 名　応墨「ナリ」あり。
6 言　文墨「ハ」あり。
7 中　文墨「ノ」あり。
8 品　文墨「ハ」あり。
9 果　後墨「ノ」あり。
10 一　文墨「ナルヲ」あり。
11 因　「る」あり。衍か。
12 謂　文墨「フ」あり。
13 名　後墨「ナリ」あり。
14 中　後墨「ノ」あり。
15 流　応墨「ノ」あり。
16 一　応墨「ノ」あり。
17 好　後墨「ナリ」あり。
18 欲　文墨「シテ」あり。
19 用　応朱「コト」あり。
20 物　「か」あり。衍か。応墨「ヲ」あり。
21 斉　応墨「スクウ」あり。
22 先　応墨「ト」あり。
23 為　応墨「シテ」あり。
24 果　文墨「ニ」あり。
25 患　後墨「ウレイ」「ケン」あり。
26 為　応墨「シ」あり。
27 求　文墨「メ」あり。
28 実　後墨「ヲ」あり。
29 臧　応墨「ヨミスルヲ」あり。
30 名　応墨「テ」あり。
31 同　応朱更に「なり」あり。
32 異　応墨「ナル」あり。

33 乗　応墨「ハ」あり。

三　三乗（声聞乗・縁覚乗・菩薩乗）。
果一　結果が同一であること。
善品　さとりを得るための諸善。
流の義　「流」は等流の略。先のものと後のものが因果関係にありながら、しかもこの二つが同一の性質をもっているとき、先のものにたいして後のものを等流という。種々な善が一乗という善に帰すると解するのが、第三説の解釈である。
好にして好なり　もっともであるの意。
疑はくは…　つぎのような疑問が生ずるであろう。すなわち、あらゆる諸仏の浄土では三乗が区別して説かれていないのだから、一乗も説かれていないはずである。しかしながら、実際は一乗が説かれている。そうであるならば、どうして「三乗を破析しようとするから、その理由で一という」（第一説）ということができようか。
大少を弁ゼ者　「少」は「小」の誤写。大乗と小乗の区別をいえば。
自度　自己をさとりの彼岸に渡らせること。自己自身の救い。
佛果に等流す　自他ともに同一の仏果を得ること。
彼の无実を臧す　自分たちの有名無実のさとりをたたえる。
三が中の別名　声聞乗・縁覚乗・菩薩乗の三乗の中の、菩薩乗についての別名が大乗である。
无三二の稱なり　一乗とは三乗でも二乗（声聞乗・縁覚乗）でもないという教えの名称である。↓補
波若と維摩　『般若経』と『維摩経』。
大教　大乗の教え。

但（し）三*（を）破（せむと）欲《す》（るが）故（に）、故《か》[1]レ一ト云（ふ）〔也〕。二（に）云（く）、一は是（れ）果*一の義、乗[2]は是[3]（れ）因[4]の名[5]なり。言[6]（ふこゝろ）は因の中[7]の善品*[8]《ぜんぼむ》は、復種種なりと雖（も）、終に必（ず）〔於〕一果に帰《くゐ》す。故（に）果の義[9]一[10]（なる）を以（て）、因[11]に名（け）て之を一ト謂[12]（ふ）〔也〕。三（に）云（く）、一（と）乗与《〈と〉》（は）皆是（れ）因の名[13]なり。因の中[14]の善品は、復種種不同なりと雖（も）、〔而〕其の流*[15]《る》の義、一（なるが）故（に）、故《か》レ一ト云（ふ）。第一[16]の解《げ》（は）、好*（に）して〔則〕好[17]なり〔矣〕。但（し）疑*（は）くは十方（の）浄土に三乗（の）〔之〕別《こと》（なる）コト无くは、亦一乗（の）〔之〕道を説（か）不《ざ》（る）應《べ》（し）。而（も）十方の浄土に皆一乗を説（く）。若（し）尓（らば）、那《なん》ゾ、但（し）三を破（せむと）欲[18]《し》て故《か》レ一（なり）ト言（ふこと）を得（む）〔也〕。但（し）第二（と）第三与《〈と〉》の釋（は）皆用[19]（ゐる）コトを為可《すべ》（け）む。然（れども）今（の）義家（は）多く因一に就（て）釋を為（す）。仍（し）大少*を弁ゼ者《ば》、*自度をば求（め）不《ず》、物[20]を斉[21]《すく》（ふ）を先[22]と為[23]《〈し〉》、佛果*[24]（に）等流《とうる》（するを）稱（じ）て大乗と為《す》。物を化（する）を患[25]《うれ》へト為[26]《す》。但（し）自度を求[27]（め）、彼*の无実[28]を臧[29]《よみ》（するを）名[30]（けて）少乗と曰（ふ）。大乗と一乗とは、大意は復同[31]なりと雖（も）、少《すこ》しき異[32]なる所以《ゆゑ》は、大乗[33]（と）いふは猶（し）是れ三*が中（の）〔之〕別名、一乗といふは〔則〕无*三二（の）〔之〕稱なり。*波若《はんにゃ》と維摩《ゆいま》とは、大*教と名（く）と雖（も）〔而〕一

不名一乗、是其所以也、為例一乗釋大「亦應有二、果義▽一家云・
大是果名、為言佛果為大、因一家云、亦是因名、言菩薩不求自
度与物等流、即運心広大故云大也、若論乗躰、善有二種、一報
善・二習善・報善、雖有脱重令軽之能但匿▽金剛以還不致▽於佛果
故・只是縁由、不為正躰、故今但以習善為躰、又解与善、解是
乗之本、善是乗之末、今就末為乗、不以本為乗、何則、道有通
不通、若以解「為乗、則乗名不広、善、即乃至一稱南无、无非
是善故・乗名即広、所以只就末為乗躰、又凡夫向三有善亦不為
乗躰、何即又乗是為出生死期作常住果、凡夫向三有善、但期三
界之内、不指常住、故亦不為乗躰、若

〔四〇ウ〕
義―文庫本、上の「二」につづける
匿―文庫本「逗」に作る
致―文庫本「到」に作る
〔四一オ〕

1 **不** 「る」あり。「す」の誤か。
2 **為** 応朱「コレ」「若シ」、後朱「モシ」あり。
3 **一家** 後墨「イツケノ」あり。
4 **流** 文墨「セリ」あり。
5 **脱** 応墨「ヌ」あり。
6 **有** 応墨「リ」あり。
7 **匿** 文墨「カクレテ」あり。
8 **由** 後墨「レリ」あり、或いは後朱か。
9 **躰** 文墨「ト」あり。
10 **与** 文墨「ニヲイテイフ」あり。
11 **非** 「を」あり。衍か。
12 **出** 後墨「ン」あり。
13 **為** 後墨「ニ」あり。
14 **作** 応墨「ント」あり。
15 **期** 応墨「ス」あり。

為し一乗…一家の云く いま、もし一乗をとり挙げて大乗の「大」の意味を解釈すれば、二通りのものがあろう。結果の意味を同一と解する人(果義一家)は、以下のごとくに説く。花山信勝(前掲書、二二七頁)は、「果義」の「義」を「大」のつぎに入れて、「一乗に例を為さば、大の義を釈するに、亦まさに二あるべし。果一の家の云く」と読んでいる。
因一の家 因の義について、ある見解をもつ人。
運心 心を利他に運ぶこと。
乗の躰 「乗」の本体。つぎに「善なり」の説明が欠けていると見るべきである。
報善 修行の結果得られた善。

乗とは名（け）不[1]《ず》。是（れ）其の所以《ゆゑ》（なり）〔也〕。為*[2]《も》（し）一乗に例して大（を）釋（するに）亦二有（る）應《べ》（し）。果義一[3]家の云（く）、大は是（れ）果の名なり。佛の果を大と為《す》（と）言（はむが）為なり。因*一の家の云（く）、亦是（れ）因（の）名なり。言（ふこゝろ）は菩薩は、自度を求（め）不《ず》して物与《も〈の〉と》等《とう》流[4]《る》（せり）。即（ち）運*心広大なるが故（に）大と云（ふ）〔也〕。若（し）乗*（の）躰を論ぜば、善に二種有（り）。一（は）報*善、二（は）習*善。報善は、重*（き）を脱[5]（し）て軽（から）令《し》（むる）〔之〕能有[6]（り）と雖（も）、但（し）金*剛以還《いぐゑん》に匿[7]《かく》（れて）佛果於《〈に〉》致《いた》（ら）不《さ》（るが）故（に）、只是（れ）縁*由[8]なり。正躰と為《せ》不《ず》。故（に）今（は）但（し）習善を以（て）躰[9]（と）為《す》。又解*《げ》と善与[10]《〈と〉》、解は是（れ）乗（の）〔之〕本なり。善は是（れ）乗（の）〔之〕末なり。今末に就（て）乗と為《す》。本（を）以て乗と為《せ》不《ず》。何（と）ナラバ〔則〕、道に通と不通と有（り）。若（し）解を以て乗と為《〈せ〉》ば〔則〕乗の名広（なら）不《ず》。善は、即（ち）乃*《ない》至《し》一（たび）南无（と）稱（するも）、是（れ）善に非[11]（ず）といふこと无（きが）故（に）。乗の名は即（ち）広なり。所以《このゆゑ》（に）只末（に）就（て）乗の躰と為《す》。又凡*夫の三有に向《かう》する善を亦乗の躰と為《せ》不《ず》。何（と）ナラバ即（ち）又乗は是（れ）生*死を出[12]（でむが）為[13]（に）常*住《じやうぢう》の果を作[14]《な》（さ）む（と）期[15]《ご》（す）。凡夫の三有に向（す）ル善は、但（し）三界（の）〔之〕内を期《ご》して、常住を指《さ》（さ）不《ず》、故（に）亦乗の躰と為《せ》不《ず》。若

習善　身に修めていくところの善。→補

重きを…能有り　重い悪業煩悩をのがれさせ、これらを軽減させる働きをもつ。

金剛以還に匿れて　金剛喩定（仏のさとりを得る直前の禅定）以前の段階にかくれて。

縁由　報善は仏果に至ることを助ける縁（条件）にすぎないの意。

解と善与　理解すること（解）と善との関係からいえば。以下は、乗の本体たる解を斥けて、その本体から分れた枝末としての善をもって、乗の本体とする。

乃至一たび南无と稱ずるも　たった一度でも「南无仏（仏に帰依したてまつる）」と口に称えることも。この注釈文は恐らく『法華経』方便品第二の偈から採用していると思われる。「若し、人、散乱の心にて　塔廟の中に入りて　一たび南無仏と称せば　皆、已に仏道を成ぜり」（岩波文庫『法華経』上一一六頁）。あらゆる善が「南无仏」におさまるという解釈は、義疏が強調する「一体の三宝」（二三三頁）の具体的把握である。このことは、義疏の仏教理解が現実生活に即したものであることを示すとともに、「理（り）」よりも「事（じ）」に力点を置いた鎌倉仏教の祖師たちに承けつがれていった。「乃至」は、一多を含み、度数に定まりのないことを示す語。『無量寿経』の「乃至十念」「乃至一念」の用法は、中国・日本の浄土教では重要なテーマとなった。

凡夫の三有に向する善　凡夫が修め積んで、欲界・色界・無色界（三有、迷いの世界）に趣くところの善。

生死　迷いの世界。輪廻のこと。

常住の果　常住不変の仏果。

論收會、會三善癡三教、破三執、又云、善即今昔雖殊、即是一善、理、无可會、但教則立名義各異故・會之入一、所以、文則言、正法住正法滅「為大乗故、説三執如前、〔四一ウ〕

就第一從▽正明一乗・中又分為三、第一從初訖出世間善法惣會五乗、第二從如世尊説六處以下別會二乗因、第三從世尊阿羅漢辟支佛有怖畏以下即會二乗果、前摂受正法章、但取能生之心以為摂受正法、不取所生五乗之行、即取義未盡、今此章盡、取能生所生、皆入一乗、故先有惣會也、人天未有別求、亦、未定大「少〔四二オ〕之名、則因惣會理自可足、七地以還本来求佛、自為大乗、无應重會、但二乗為物所信莫不謂有別因果、所

從―文庫本なし

1 **乗** 文朱「を」あり、「の」の誤か。
2 **從** 文朱抹消。
3 **正** 応墨「ク」あり。
4 **中** 応墨「ニ」あり。
5 **就** 文朱「リ」あり、存疑。
6 **法** 文墨「といふ」あり。
7 **惣** 応墨「シテ」あり。
8 **乗** 応墨「ヲ」あり。
9 **會** 応墨「ス」あり。
10 **乗** 後墨「ノ」あり。
11 **因** 応墨「ヲ」あり。
12 **心** 応墨「ヲ」あり。
13 **取** 応墨「テ」あり。
14 **法** 応墨「ト」あり。
15 **為** 文墨「シテ」あり。
16 **此** 応朱「ノ」あり、但し存疑。
17 **生** 応墨「ト」あり。
18 **生** 応墨「トヲ」あり。
19 **取** 応墨「アエテ」あり。
20 **會** 応墨「コト」あり。
21 **因** 応墨「ヨテ」あり。
22 **自** 文墨「ヲ」あり。
23 **重** 応墨「テ」あり。
24 **會** 応墨「ス」あり。
25 **應** 応墨「コト」あり。
26 **信** 応朱・応墨「スル」あり。
27 **所** 応墨「ロ」あり。
28 **別** 文墨「ノ」あり。

收會 収入会入の略。おさめとること。
三善…破するなり 三乗によって得る善(三善)を

(し)*收會《しゆゑ》を論ぜば、*三善を會《ゑ》し三教を癈し、三執を破(する)なり。又云(く)、善は即(ち)今昔《こむじやく》殊なりと雖(も)、即(ち)是(れ)*一善なり。*理、會《ゑ》(を)可(と)すること无(し)。但(し)教は〔則〕*名義《みやうぎ》(を)立《りふ》すること各(こ)異(なるが)故(に)、之(を)會《ゑ》して一に入(る)。所以《このゆゑ》に、*文《もん》に〔則〕言く、正法住と正法滅とは大乗[1](の)為の故(に)といへり。*三執を説(く)コトハ前の如し。

*第一(に)〔従〕[2]正[3](しく)一乗(を)明(すが)中[4](に)就[5](て)、又分(ちて)三(と)為《す》。第一(に)初従《よ》(り)「出世間善法」[6](といふ)に訖(るまでは)惣[7](じ)て五乗[8](を)會[9]し、第二(に)「如世尊説六處《にょせそんせちろくしよ》」(といふ)従《よ》(り)以下(は)別(に)二[10]乗の因[11](を)會す。第三(に)「世尊《せそん》。阿羅漢《あらかん》。辟支佛《びやくしぶつ》。有怖畏《うふい》」(といふ)従《よ》(り)以下(は)*即(ち)二乗の果(を)會す。前の摂受正法章には、但(し)能生(の)〔之〕心[12](を)取[13](り)て〔以〕摂受正法[14](と)為[15](て)、*所生(の)五乗(の)〔之〕行(を)取(ら)不《ず》。即(ち)*取の義盡(さ)未《ず》。今此[16]の章盡して、能生[17]と所生[18]とを取[19](り)て、皆一乗(に)入(る)。故(に)先(づ)*惣會[20]有(り)〔也〕。*人天は別求《べちぐ》有(ら)未《ず》。亦、大少(の)〔之〕名(を)定(め)未《ず》。〔則〕惣會《そうゑ》(に)因[21](て)理自(ら)足(りぬ)可《べ》(し)。七地以還《いぐゑん》(は)*本来より求佛、自《〈ミ〉づか》[22](ら)大乗(と)為《な》(る)。重[23](ねて)會[24](す)應《べ》[25](きこと)无(し)。但(し)二乗は物(の)為(に)信[26]ずる所[27]、*別[28](の)因果有(りと)謂《〈ヲモ〉》ハ不《〈ズ〉》トイフコト莫(し)。所《この》

一乗という善の中におさめとり、そして三乗(三教)を廃し、三乗への執われ(三執)を破する。

一善　唯一絶対の善。

理、會…无し　「理として会すべきことなし」と読んだほうが通じる。「会す」は句と句を説明すること。

名義　名称と意義。

文に言く　六処を説く経文「謂正法住。正法滅…為大乗故。説此六処」(一六五頁)を指す。

三執を説く…如し　昭和会本は前注に出す経文を「為大乗故説」と切って、注釈文を「三執如前」としている。「前の如し」とは、「一」を解釈する三説の第一の説とその批判を指す。

◈第一に…　Ⅱ本章を解釈する　科文↓補(表4)

〔一〕すべての教えは一乗に入る

本章を二大別した第一で、これをさらに分けて、㈠五乗を一乗の中におさめとる、㈡二乗に説くさとりの因を一乗の中におさめとる、㈢二乗に説くさとりの果を一乗の中におさめとる、の三つとする。

即ち　後出(一七三頁四行目)の注釈文には、「即ち」を「別に」とある。この方がよい。第二が同じく「別に」とあるから。

所生の五乗の行　正法を摂受することによって生じた五乗の教えの実践。

取の義　「取る」つまり「とり挙げる」とは、能生の心と所生の法の二つをとり挙げるという意。

惣會　五乗を会することの総論。

人天…有ら未　人乗や天乗の教えを奉ずる者は、とくに一乗を求めることをしない。

本来より求佛　本来、仏となることを求めるから。

別の因果　さとりの因と果に関する特別の説き方。

以慇懃重會也、然上摂受正法章、唯明八地以上摂受之義故・所言他分理、自可證、而今此章盡取能生摂受所生五乗皆為一乗、即所言他分、何以為證、釋曰、解文雖尒、所名他分亦有所以、何則就実為論、定位以上已信一乗之義、況乎「七地、然就教為談、初地以上七地以還、断結観境、与▽二乗斉、故於一乗義猶未明了、若論明達、唯、在八地以上、所以此章亦云明他分行也、

〔四三ウ〕

与—蔵本「為」に作る

就第一惣會中、即有二、第一佛命説、第二勝鬘受勅而説・

前摂受正法章・毎発言、勝鬘先請求説、今此章、佛自先命者、前章既是他分深行、不敢自宜、故命而説

1 **懃** 文墨「ニ」あり。
2 **重** 文墨「テ」あり。
3 **所** 文墨「ノ」あり。
4 **分** 文墨「ノ」あり。
5 **乗** 文墨「ノ」あり、但し存疑。
6 **解** 傍朱書「外イ」あり、但し存疑。
7 **分** 応朱「ニ」あり。
8 **有** 応朱「リ」あり。
9 **地** 応墨「ヲヤ」あり。
10 **為** 文墨「サハ」あり。
11 **斉** 文墨「ヒトシク」あり。
12 **了** 文墨「ナラ」あり。
13 **未** 応墨、右に「タ」左に「ス」あり。
14 **會** 文墨「ノ」あり。
15 **説** 応墨「ケト」あり。
16 **説** 後墨「ント」あり。
17 **請** 応墨「ス」あり。
18 **行** 後朱「なり」あり。

以《ゆゑ》(に)慇懃《おんごん》[1]に重[2](ね)て會(す)〔也〕。然(れども)上の摂受正法章には、唯(し)八地以上の摂受(の)〔之〕義を明すが故(に)、言*(ふ)所[3](の)他分[4](の)理、自《〈ミ〉づか》(ら)證ず可《べ》(し)。〔而〕今此の章には盡(く)能生の摂受と所生の五乗とを取(り)て皆一乗[5](と)為《す》。即(ち)言(ふ)所(の)他分、何*を以(てか)證(と)為《す》(る)。釋(して)曰(く)、*解文尒《げもんしか》[6](なりと)雖(も)、名(くる)所(の)他分[7]に亦所以《ゆゑ》[8]有(り)。何(と)ならば〔則〕実*(に)就て論と為《す》。*定位《ちやうゐ》以上は已《すで》(に)一乗(の)〔之〕義(を)信ず。況(や)〔乎〕七地[9](を)や。然(るに)教(に)就(て)談を為[10](さば)、初地以上七地以還(は)、結*を断(じ)境*を観ずること、二乗与斉《とひと》[11]し。故(に)一乗の義に於(て)猶(し)明了《みやうれう》[12](なら)未《ず》[13]。若(し)*明達《みやうだち》を論ぜば、唯、八地以上に在り。所以《このゆゑ》(に)此(の)章に亦他分行(を)明(すと)云(ふ)〔也〕。

〇佛告㆓勝鬘㆒。汝今更説㆓一切諸佛所説。摂受正法㆒。

第*一(に)惣會[14](の)中に就(て)、即(ち)二有(り)。第一には佛説[15](け)と命(じ)タマフ。第二(に)勝鬘勅を受(けて)〔而〕説(く)。

前の摂受正法章には、言を発《おこ》す毎に、勝鬘先(づ)説[16](かむ)といふことを求(むる)ことを請《しやう》[17](ず)。今此(の)章には、佛自(ら)先(づ)命ずること者《〈は〉》、前*章に既(に)是(れ)他分の深行《じむぎやう》[18]なり。敢て自(ら)宣(ぜ)不《ず》。故(に)命(じ)て〔而〕説

言ふ…自ら證ず可し　他分行は摂受正法の第八地以上の求道者による実践であって、これは摂受正法章で端的に説明されたから、読者自身、他分行の理を把握することができようの意。あるいはまた、「言う所の他分、理としておのずから証ずべし」とも読めよう。

何を以てか證と為る　何を証拠に、一乗章が他分行を説く章とみなすことができるか。

解文　経文を注解した文か。後出の「外文」と同じか。

実に就て　実際面で。後文の「教に就て…」の対。

定位　第八地を指す。

結　煩悩。

境　認識の対象。

明達　一乗の意義を明らかにさとること。

◇第一に…　㈠五乗を一乗の中におさめとる　この一段の科文↓補(表5)

㈠の1　仏は夫人に説くことを命ず

前章に…説かしむ　前章では他分行が奥深い意義をもったものであったから、夫人はあえて自身で説かなかったので、今章に至って仏は夫人に説くことを命じたもうたのである。

〔四三オ〕

也。上来其所説。莫不契理、无所可疑、所以不待其「請、先命
更説也、汝今更説一切諸佛所説摂受正法者。更應如諸佛説、所
生能生皆入一乗也、
就第二勝鬘奉旨而説、即有二、第一先會能生、第二従世尊。如
阿耨達池以下、會所生、
就第一會能生中亦有二、第一正會、第▽二釋會、
即是摩訶衍者、明能生摂受之心、即而大乗心一也、
第二釋會、明所生既一、則能生安得異也、此似會所生而挙所生

第—蔵本「諸」に作る

1 契 応墨「カナヘ」あり。
2 不 後朱「といふこと」あり。
3 就 文墨「ニ」あり。或いは返点か。
4 言 蔵本なし。
5 是 此上、疏文「即」あり。
6 即 応墨「チ」あり。
7 一 後朱「なり」あり。
8 安 後朱「ナンソ」あり。
9 異 応墨「なる」あり。

(かしむ)〔也〕。*上来の其の所説、理に契《かな》[1](は)不《ず》[2]といふこと莫(し)。疑(ふ)可《べ》(き)所无(し)。所以《このゆゑ》に其の請を待(た)不《ず》、先(づ)更に説(け)と命ず〔也〕。「汝《によ》今更説《こむきやうせち》。一切諸佛所説《いちさいしよぶつしよせち》。摂受正法《せふじゆしやうぼふ》」(といふは)〔者〕、更に諸佛の説(の)如く、所生能生を皆一乗に入(る)應《べ》(し)といふ〔也〕。

*第二に勝鬘旨を奉《うけたまは》(り)て〔而〕説(く)に就[3](て)、即(ち)二有(り)。第一には先(づ)能生を會し、第二に「世尊《せそん》。如阿耨達池《によあのくたちち》」と(いふ)従《よ》(り)以下は、所生を會す。

○勝鬘白レ佛言[4]。善哉世尊。唯然受レ教。即白レ佛言。世尊。摂受正法者。[5]是摩訶衍。

第一に能生を會する(が)中に就(て)、亦二有り。第一(には)正(し)く會す。第二に會を釋す。

「即是摩訶衍《そくぜまかえん》」と(いふは)〔者〕、能生の摂受の〔之〕心は、即[6](ち)〔而〕*大乗心と一なりといふこと(を)明す〔也〕。

○何以故。摩訶衍者。出二生一切。聲聞縁覚。世間出世間善法一。

第二(に)會を釋す。所生既(に)一[7]なり、〔則〕能生安《イヅクン》[8]ムゾ異[9](なる)ことを得(む)といふことを明す〔也〕。此は所生を會するに似(た)レ《れ》ども〔而〕所生を挙

上来の其の所説　夫人がこれまで説き明かしてきたもの。

◇第二に…　㈠の2 命をうけて夫人は一乗章を説く

大乗心　大乗を学ぶ心。このうち、「大乗」は経文の「摩訶衍」(マハーヤーナ)の訳で、偉大な乗物の意。

〔四三ウ〕

以「釋能生、非會所生、

就第二會所生中亦有二、第一挙二比正會、第二結即大乘、

就第一八河比、即有開合、

阿耨達、此言无熱竜、竜、居此池、故因為名、池在崐崘山頂、

其水四面流出八河、八河之水、即是池水、更非異水、内合従於

大乘所生四乘、即是大乘、更无異乘、此比明其始生義、

第二合可見、

第二種子比、

明種子依地而生、種子即是地大、

1 **達**　此下に蔵本「大」あり。
2 **崐崘**　応墨「コンロン」あり。
3 **山**　後朱「サン」あり。

(げ)て〔以〕能生を釋す。所生を會(する)には非(ず)。第二に所生を會する(が)中に就(て)亦二有(り)。第一に二比を挙(げむ)と(し)て正(し)く會す。第二に結して大乘に即す。

○世尊。如三阿耨達[1]池。出二八大河一。如レ是摩訶衍。出二生一切。聲聞縁覚。世間出世間善法一。

第一の八河比に就(て)、即(ち)開合有り。*阿耨達といふは、此には无熱竜《むねちりう》と言フ。竜、此(の)池(に)居す。故に因て名と為《す》。池は*[2]崐崘《こんろん》[3]山の頂に在り。其(の)水四面《しめん》に*八河《はちが》(を)流出《るしゆう》(す)。八河の〔之〕水、即(ち)是(れ)池水《ちすい》なり。更に異水に非ず。内合*(すれ)ば〔於〕大乗従《よ》り生(ずる)所の四乗*は、即(ち)是(れ)大乗なり。更に異乗无し。此の比は其の*始生《ししやう》の義を明す。

第二の合*は見(つ)可《べ》(し)。

○世尊。又如下一切種子。皆依二於地一。而得中生長上。如レ是一切。聲聞縁覚。世間出世間善法。依二於大乘一。而得二増長一。

第二の種子比《しゆうじひ》(なり)。

種子《しゆうじ》(は)地に依て〔而〕生ず、種子ハ即(ち)是(れ)地大*なりといふこと(を)明

阿耨達　閻浮提の雪山(せっせん)ヒマラヤ)の北、香酔山(香山ともいう)の南に在る大池アナヴァタプタの音写語。

崐崘山　崑崙山。前注の香酔山のこと。

八河　一般には阿耨達の池から四大河(ガンジス河、インダス河、オクサス河、シーター河)が流出するとされている。チベット訳も四大河とする。

内合　譬えを出したあとで、これを経文に引きあてて解釈すること。

四乗　五乗のうちの人乗と天乗を一つにして人天乗とし、それに声聞乗、縁覚乗、菩薩乗の三乗を合して四乗とする。

始生の義　大乗がもろもろの教えを生ずる始源であるという意義。

合　合譬のこと。

地大　地という元素。

内合、四「乗依大乗増長故、亦即是大乗、又釋、依地生種子、〔四オ〕
種子不離地、依大乗出五乗、五乗不離大乗、若尒、但是両物、
不相離、那得會一、釋曰、後還為地也、此譬明其終成、
第二合可見、
世間者謂、人天、出世間者謂、七地以還大乗、然所以只就七地
以還、為合者、七地以還大乗昔日入於三中故、仍為合也、
従是故以下、會所生中第二結・
此中大乗謂、七地以「還大乗也、〔四ウ〕
従如世尊以下、第二別會二乗因、又分為五、第一挙六處、惣會・
明昔日学少、有此六處故、會之入一、六處、

1 離　文墨「ハナレ」あり。
2 離　応墨「セ」あり。
3 不　応墨「ス」あり。
4 得　応墨「ン」あり。
5 為　応朱「ナル」あり。
6 終成　墨声点「去濁・上濁」あり。
7 為　応朱「ナス」あり。
8 乗　応朱「ヲモイフナリ」あり。
9 学　文墨「ヲ」あり。

す。内合(すれ)ば、四乗は大乗に依て増長するが故に、亦即(ち)是(れ)大乗なり。又釋(すらく)、地(に)依て種子を生ず。種子(は)地(を)離[1]れ不《ず》。大乗に依て、五乗を出す。五乗(は)大乗に離(れ)不《ず》。若(し)尒《しか》(ら)ば、但(し)是(れ)両《りやう》物《もつ》、相離[2](れ)不《ず》[3]。那《なん》ぞ一(に)會すること得[4](む)。釋(して)曰(く)、後*に還(り)て地と為《な》[5](る)〔也〕。此(の)譬は其*(の)終成[6]を明(す)。

第二の合は見(つ)可《べ》(し)。

「世間」(といふは)〔者〕謂く、人天*(なり)。「出世間」(といふは)〔者〕謂く、七*地以還の大乗なり。然(る)に只七地以還に就て、合*を為(す)所以《ゆゑ》は〔者〕、七地以還の大乗は昔日《しやくにち》に〔於〕三*の中に入レルが故(に)、仍《なほ》(し)合(を)為す[7]〔也〕。

○是故世尊。住二於大乗一。摂二受大乗一。即是住二於二乗一。摂二受二乗一。一切世間。出世間善法一。

「是故」(といふ)従《よ》(り)以下(は)、所生(を)會する(が)中の第二の結なり。

此(の)中に「大乗」といふは謂く、七地以還の大乗[8](なり)〔也〕。

「如*世尊」(といふ)従《よ》(り)以下(は)、第二に別に二乗の因を會す。又分(ち)て五と為《(す)》。第一に六*處と(いふこと)を挙ぐ。惣じて會《ゑ》す。昔日に少*を学すること[9](を)明(す)に、此の六處有(る)が故に、之(を)會《ゑ》(し)て一に入る。六處(と)

後に還りて地と為る　種子は生長をとげたあとで、もとの大地に還る。

其の終成を明す　種子の譬えは、大乗の使命の達成することを説いている。

人天　人間と神々。

七地以還の大乗　第七地までの大乗の求道者が修める教え。

合を為す　合譬すること。

三の中…故に　声聞・縁覚・菩薩の三乗の中に入っていたために。

◇如世尊…　(一)二乗に説くさとりの因を一乗の中におさめとる　この一段の科文→補(表6)
かつて釈尊が説かれた六処——正しい真理の教えの存在(正法住)・正しい真理の教えの滅亡(正法滅)・僧尼が守る戒の基本条目(波羅提木叉)・教団の規律(毘尼)・出家・完全な戒の遵守(受具足)——は、すべて大乗に基くものであり、大乗に帰一するということを説く。

六處　六つのよりどころ。正法住・正法滅・波羅提木叉・毘尼・出家・受具足の六つ。これらを二つずつくくって、教・戒・人とする。

少　小乗(ヒーナヤーナ)の略で大乗(マハーヤーナ)にたいする語。大乗の立場から、声聞乗と縁覚乗の二乗を、卑小の教えと貶称したから、この名が付けられた。

一教有興衰、二戒有得離、三人有始終、合為六也、第二従何以故以下、別會教有興衰、第三従波羅提木叉以下、別會戒有得離、第四従是出家以下、別會人有始終、第五従阿羅漢以下、挙果況因、

如世尊說六處者、惣唱六處、此六是、『生盡智无生智之處、次〔四五オ〕列六處、

正法住正法滅此二▽、明教有興衰、此是二乗得果之縁、正法住謂、佛滅度後五百年中餘風未毀、此句明興、正法滅者謂、五百年後像法中、此句明衰、波羅提木叉、比尼、此二句、明戒有得離、此是二乗得果之因、波羅提木叉、此言保解脱、此句

二―此下文庫本「句」あり

1 **毗**　蔵本「比」に作る。
2 **尊**　此下に応墨句点あり。
3 **度**　応墨「ノ」あり。
4 **後**　応墨「ノチ」あり。
5 **年**　応墨「ノ」あり。
6 **中**　応墨「ニ」あり。
7 **毀**　応墨「ソコナハス」「ヤフレ」あり。
8 **謂**　応墨「ク」あり。
9 **保**　応墨「ホウ」あり。
10 **言**　応朱「フ」あり。

興衰　六処の第一と第二について、仏教の興隆が正法住、衰亡が正法滅に当る。

得離　波羅提木叉は解脱を報得し、毘尼は悪を滅離する。敦煌本は「取離」とする。

いふは、一(には)教に*興衰《こうすい》有(り)。二(には)戒に*得離《とくり》有(り)。三(には)人に*始《し》終《じう》有(り)。合して六と為《す》〔也〕。第二(に)「何以故《がいこ》」(といふ)従《よ》(り)以下は、別に、教に興衰有るを會す。第三に「波羅提木叉《はらだいもくしゃ》」(といふ)従《よ》(り)以下は、別に、戒に得離有(る)ことを會す。第四に「是出家」(といふ)従《よ》(り)以下は、別に、人に始終有(る)ことを會す。第五に「阿羅漢」(といふ)従《よ》(り)以下(は)、果(を)挙(げて)因を況ず。

○如㆔世尊説㆓六處㆒。何等為㆑六。謂正法住。正法滅。波羅提木叉。毗[1]尼。出家。受具足。為㆓大乗㆒故。説㆓此六處㆒。

*「如世尊説[2]六處《によせそんせちろくしよ》」といふは〔者〕、惣じて六處を唱フ。此(の)六は是(れ)、*盡《じん》智无生智《ちむしやうち》を生ずる〔之〕處なり。次に六處を列《つら》ぬ。

「正法住と正法滅」と(いふは)、此の二は、教に興衰有(る)こと(を)明(す)。此れは是れ*二乗得果(の)〔之〕縁なり。「正法住」といふは謂く、佛滅度[3](の)後[4]の五百年[5](の)中[6](に)*餘風毀《[7]そこな》(はれ)未《〈ず〉》。此の句は興を明す。「正法滅」者《〈と〉》いふは謂[8]く、五百年の後の*像法《ざうほふ》の中なり。此(の)句は衰(を)明す。「波羅提木叉。比尼」といふは、此の二句は、戒に得離有(る)ことを明す。此れは是れ二乗の得果の〔之〕因なり。「波羅提木叉」といふは、此には*保解脱《[9]ほうげだつ》と言[10](ふ)。此の句は

始終　三帰依によって在家から仏教教団に入って出家するのがその始め、受具(具足戒を受けること)してこれを身につけていくことが出家の終り。

◇如世尊説六處…　(二)の1　六処を挙げ、総じて一乗の中におさめとることを明かす

盡智无生智　四諦を観察する智慧に八つあり、これを八智というが、阿羅漢の八智を尽智・無生智という。尽智(クシャヤ・ジュニャーナ)とは四諦をさとったと知る智慧であり、無生智(アヌトパーダ・ジュニャーナ)とは四諦をさとって、さらにさとるべきものがないと知る智慧である。いずれも菩提と呼ばれる。

二乗得果の縁なり　声聞乗と縁覚乗の人たちが仏のさとりを得る縁となるものである。

餘風　正法の遺風。

像法　相似の仏法、すなわち形式だけの仏教が伝えられて、正法が行なわれないこと。

保解脱　吉蔵『勝鬘宝窟』(大正蔵三七、四上)によれば、波羅提木叉(プラーティモクシャの音写、別解脱・従解脱などと訳し、戒本ともいう。教団生活の禁止条令で、総じて比丘に二百五十戒、比丘尼に五百戒がある)を報解脱というのは、持戒の因(波羅提木叉)によって解脱の果報を得るから、波羅提木叉のもつ徳性の上で報解脱と呼ぶと解している。保解脱の「保」は「報」と同音とみられるが、凝然は「保持守護」の義と解している。すなわち、波羅提木叉は煩悩の束縛から自由となる解脱の境地を保持するものだからである。しかしながら、敦煌本には「報解脱」とあり、吉蔵と同じ解釈を与えている。これは「保」が「報」と同音通用によるものだからであろう。

明得善、比尼此言滅悪、此句明離、言、戒有得善滅悪之用、出
家受具足、此二『句明人有始終、此是稟教行善之人也・有始終、〔四五ウ〕
出家辞親、離俗受三帰、此明始、受具足謂、白四羯磨備律儀戒、
此明終、此六句列六處、為大乗故・説此六處・者、正惣會、
従何以故以下、第二別、會教有興衰、先會住、後會滅、可見、
此何以故通下為標、
従波羅提木叉以下、第三別會戒有得離、就中即有四、第一明波
羅提木叉比尼一躰、

1 **明** 応墨「ス」あり。
2 **言** 応朱「フ」あり。
3 **離** 文墨「ヲ」あり。
4 **足** 後墨「トイハ」あり、但し存疑。
5 **稟** 応墨「ウケテ」あり。
6 **善を行ずる** 応墨「行善ノ」あり。
7 **有** 応朱「トイハ」あり。
8 **親** 応墨「ヲ」あり。
9 **辞** 後墨「チシ」あり。
10 **羯** 上声点あり。
11 **備** 応墨「フ」あり。
12 **終** 応墨「ヲ」あり。
13 **明** 応墨「ス」あり。
14 **列** 応墨「ヌ」あり。
15 **後** 後墨「ニハ」あり。
16 **故** 応墨「ハ」あり。
17 **毗** 蔵本「比」に作る。以下同断。
18 **叉** 応墨「ト」あり。
19 **躰** 「る」あり、「と」の誤か。

比尼 ヴィナヤを音写して毘奈耶、鼻奈耶、毘尼などとし、訳して律という。ここでは比丘尼のことではないから、注意すべきであろう。毘尼(比尼)に調伏・調御の語義があるから、注釈で「悪を滅す」とも「(悪からの)離」とも解したのであろう。律(ヴィナヤ)は戒(シーラ)と本来区別される。律を二大別すると、禁止条令たる波羅提木叉に関する部分と、儀式作法や生活の規定に関する犍度の部分がある。

戒 前注に出す律と戒の区別のように、律は処罰規定を含み他律的なものであり、戒は自律的に非

得善《とくぜん》を明す。[1]「比尼*」といふは、此には滅悪と言(ふ)。[2] 此(の)句は離(を)明(す)。[3] 言(ふこゝろ)は、戒*に得善滅悪の〔之〕用有(る)なり。「出家《しゅちけ》。受具足《じゅぐそく》[4]」といふは、此の二句は人に始終有(る)ことを明す。此れは是れ教を[5]稟(け)て善[6](を)行(ずる)〔之〕人なり〔也〕。始終有(り)[7]といふは、出家(して)親*[8](を)辞し、[9]俗を離(れ)て三帰*《さむくゐ》を受(くる)なり。此は始を明す。「受具足*」といふは謂く、白四*《びやくし》[10]羯磨《(コム)ま》して律儀戒*《りちぎかい》を備(ふ)。[11] 此(は)終[12]を明す。[13] 此(の)六句は六處(を)列ぬ。[14]「為《ゐ》大乗故《だいじょうこ》。説此六處《せちしろくしょ》」といふは〔者〕、正(し)く惣*じて會す。

○何以故。正法住者。為㆓大乗㆒故説。大乗住者。即正法住。正法滅者。為㆓大乗㆒故説。大乗滅者。即正法滅。

「何以故*」(といふ)従《よ》(り)以下は、第二(に)別に、教に興衰有(る)ことを會す。先づ住を會し、後(に)[15]滅を會す。見(つ)可《べ》(し)。

此の「何以故」[16]は下*に通(じ)て標と為。

○波羅提木叉。毘尼。[17] 此二法者。義一名異。毘尼者。即大乗学。何以故。以㆔依㆑佛出家。而受㆓具足㆒。是故。説㆓大乗威儀戒。是毘尼㆒。

「波羅提木叉*」(といふ)従《よ》(り)以下は、第三(に)別に戒に得離有(る)こと(を)會す。中(に)就(て)即(ち)四有(り)。第一に波羅提木叉[18]と比尼《びに》とは一躰[19]

を防ぎ悪を止めて善を積極的に実行していくものである。いまここでいう戒は、本来の意味でいう律を、戒と混同したところの用法である。

親を辞し パーリ仏典では、仏教教団に入って出家する場合、まず両親または妻に相談して出家の承諾を得ることになっている。「親を(に)辞し」とは、このことの意であろう。

三帰 仏法僧の三宝に帰依する誓いを立てるのを、三帰戒を受けるという。

受具足 具足戒(波羅提木叉)を受けること。比丘・比丘尼が完全に守るべき戒めとするから、具足戒という。

白四羯磨 具足戒は満二十歳以上の出家者が受けられ、これを生涯守っていくことになる。具足戒を受けるとき、僧衆に一度告知(一白)して三度可否を問う作法(三羯磨)をなすから、この受戒の方法を一白三羯磨または白四羯磨という。ちなみに、南都の諸寺や真言宗では、「羯磨」を「こむま」と読む。

律儀戒 比丘・比丘尼が白四羯磨して受戒するときの具足戒をいう。律儀(サンヴァラ、防護とか禁戒と訳す)とは受戒の作法によって防非止悪の働きが身に生ずる点で、その戒を律儀戒という。

惣じて會す 六処を一乗の中におさめとることを総論して明かす。経文の「為大乗故云々」とは、これらの六処の説明は大乗の考察から出たものという意。つぎに出す「別に…会す」(各論によって…説明する)に対する。

◇何以故… ㈡の2 仏教の興・衰

下に通じて標と為 以下に出す句に共通する問いかけのことばとなっている。

◇波羅提木叉… ㈡の3 戒律の得・離

第二正會、比尼者・「即大乗学此句是、第三従何以故以下、釋 〔四六オ〕
會、明佛既是大、従佛出家受戒、安得非大、第四結、従是故以下是、可見、

従是出家以下、第四別會人有始終、亦有三、第一明是大、第二従是故以下、明非少、第三従何以故以下、釋是大非小、言佛既是大、依佛出家・那得是小、而、所以唯木叉比尼明相即者、正法興衰前後異時、出家受戒始終非一、所以不相「即、木叉比尼 〔四六ウ〕
即同躰一時、故即也・

従阿羅漢以下、第五、挙果為況、就中亦有二、第一立両章門、第二従何以故

1 **正** 応墨「ク」あり。
2 **會** 応墨「ス」あり。
3 **学** 文墨「トイハ」あり。
4 **三** 応墨「ニ」あり。
5 **釋** 文墨「ス」あり。
6 **佛** 文墨「ハ」あり。
7 **是** 文墨「レ」あり。
8 **非** 応墨「トイフコトヲ」あり。
9 **む** 存疑。
10 **別** 蔵本なし。
11 **有** 応墨「こと」あり。
12 **少** 応墨「ヲ」あり。
13 **明** 「ス」あり。
14 **佛** 応朱「け」あり。
15 **依** 応墨「テ」あり。
16 **是** 文墨「レ」あり。
17 **小** 文墨「ヲ」あり。
18 **得** 応朱「ン」あり。
19 **唯** 文朱「シ」擦消。応朱「し」あり。
20 **即** 応朱「する」あり。
21 **は** 存疑。
22 **為** 応朱「ナス」あり。
23 **立** 応朱「ツ」あり。

(なりといふこと)を明す。第二に正[1](し)く會[2](す)。「比尼といふは〔者〕、即(ち)大*乗学[3](なり)」といふは此の句是(れ)なり。第三[4]に「何以故」(といふ)従《よ》(り)以下は、會を釋[5]す。*佛[6](は)既に是れ大[7]なり、佛に従(ひ)て出家受戒す、安《〈イヅク〉ん》ぞ大に非[8](ず)といふこと(を)得む[9]と明す。第四に結(す)。「是故*」と(いふ)従《よ》(り)以下、是なり。見(つ)可(し)。

○是出家。是受具足。是故阿羅漢。无㆓別[10]出家㆒。受㆓具足㆒。何以故。阿羅漢。依㆓如来㆒出家。受㆓具足㆒故。

「是*出家」と(いふ)従《よ》(り)以下は、第四に別に人に始終有[11](ること)を會す。亦三有り。第一に、是*(れ)大なりと明す。第二に、「是故」と(いふ)従《よ》(り)以下は、*非《ひ》[12]少《せう》を明[13]す。第三*に、「何以故」と(いふ)従《よ》(り)以下は、是大非小を釋す。佛[14]、既に是(れ)大なり、佛(に)依[15]て出家す、那ぞ是[16]れ小[17](なること)を得[18]むと言(ふ)。而るに、唯[19](し)木叉と比尼とをもて相即(す)といふこと(を)明す所《ゆ》以《ゐ》は〔者〕、正法の興衰は前後*異時なり。出家受戒は始終*非一なり。所以《このゆゑ》に相即(せ)不《ず》。木叉比尼即(ち)同躰なり、一時なり。故に即[20]なり〔也〕。

「阿*羅漢」(といふ)従《よ》(り)以下[21]は、第五に、果を挙(げ)て況*を為[22]す。中に就(て)亦二有(り)。第一には、*両章門《りやうしやうもん》(を)立[23](つ)。第二に「何以故」と(いふ)

大乗学　大乗の人の学ぶべきことがらの意。

佛は…大なり　仏はすでに大乗の精神に立っているの意。

是故　チベット訳によれば、比尼も出家も受具もみな、大乗の威儀戒であるとしているから、太子義疏の経文の分け方と異なる。敦煌本も太子義疏に同じ。

◇是出家…　㈡の4 出家者の始・終

是れ大なり　大とは大乗の意。

非少　非小のこと。小乗を非とする意。

第三に…故に即なり　この一段の義疏の説明は、敦煌本に同じであるが、それにしてももって廻った解釈と思われる。チベット訳では、声聞や縁覚が出家・受具するのは如来のためのみであって、声聞の教えや縁覚の教えに入るためではないとしているからである。

前後異時　時間的に前後の相違あること。

始終非一　始めと終りがあって時間的に同一でないこと。

◇阿羅漢…　㈡の5 さとりの果を挙げて、さとりの因と比較する

況　比較。以下は、小乗仏教において、さとりの最高位を得た阿羅漢をとり挙げて、阿羅漢といえども、恐怖の心をもっているから、あらゆる怖畏から離脱した仏にやがて帰依する者となるということを説いて、小乗の人びとは大乗に帰入していく存在である旨を明らかにする。

両章門　以下に出す「悪未除章門」と「善法未満章門」の二つ。敦煌本の説に同じ。

以下、釋両章門、

阿羅漢・帰依於佛者、明善法未満、阿羅漢・有恐怖者、明悪未

除、

就第二釋中亦有二、先釋悪未除章門、

於一切无行者謂、无三界外治道之行、怖畏想住者謂、未免変易

生死故怖畏想住胸、次挙比為釋、如人執劍・欲来害己「者、言 〔四七オ〕

怖畏亦如是、是故阿羅漢・无究竟楽者結・言変易未盡故、非究

竟楽、

従何以故以下、第二釋善法未満章門、

依不求依者、明自有依徳不求依他、

1 **治** 応朱上声複圏点あり。
2 **道** 応朱平声複圏点あり。
3 **死** 応朱平声点あり。
4 **免** 応墨「マヌカレ」あり。
5 **想** 応墨「ヲモイ」あり。
6 **比** 応朱平声点あり。
7 **執** 応朱「シツ」あり。
8 **己** 応朱「コ」あり。
9 **如** 応墨「シ」あり。
10 **是** 蔵本なし。
11 **恐怖** 蔵本「怖畏」に作る。
12 **自** 文墨「ミ」あり。
13 **依** 後朱「ント」あり。

従《よ》(り)以下は、両章門を釋す。

○阿羅漢。帰二依於佛一。阿羅漢。有二恐怖一。

「阿羅漢。帰依於佛」といふは〔者〕、善法の満(ぜ)未《ざ》(るを)明す。「阿羅漢《あらかん》。有恐怖《うくふ》」といふは〔者〕、悪の未除を明す。

○何以故。阿羅漢。於二一切一无レ行。怖畏想住。如三人執レ剣。欲二来害一己。是故。阿羅漢。无二究竟楽一。

第二の釋の中に就て亦二有(り)。先づ悪未除章門を釋す。*「於一切无行《おいちさいむぎやう》」といふは〔者〕謂(く)、三界*(の)外の[1]治《ぢ》[2]道《だう》の〔之〕行无し。「怖畏《ふゐ》想住《さうぢう》」と(いふは)〔者〕謂(く)、*変易生死《へんやくしやう[3]じ》を免[4](れ)未《ざ》(るが)故(に)怖畏の想[5]胸《〈ムネ〉》に住す。次(に)比[6]を挙(げ)て釋を為《す》。「如人《にょにん》[7]執剣欲来害《しふけむよくらいがい》[8]己《こ》」といふは〔者〕、言*(ふこゝろ)は怖畏すること亦是(の)如[9](し)。「是故阿羅漢《ぜこあらかん》。无究竟楽《むくきやうらく》」といふは〔者〕結なり。言(ふこゝろ)は変易盡(き)未《ざ》(るが)故に、究竟の楽に非ず。

○何以故。世尊。依不レ求レ依。如下衆生无レ依。彼彼恐怖。以二恐怖一故。則求中帰依上。如レ[10]是阿羅漢。有二怖畏一。以二[11]恐怖一故。依二於如来一。

「何以故」と(いふ)従《よ》(り)以下は、第二に善法未満章門を釋す。「依不求依《えふぐえ》」といふは〔者〕、自[12](ら)*依徳《えとく》有(り)て他に依[13](らむと)求(め)不《ず》と

於一切无行　菩提流志訳には「於一切行」とあり、チベット訳は「一切の諸行に於て」とする。吉蔵は諸説を挙げるうち、『宝性論』の文「(阿羅漢は有漏を尽すと雖も)一切の煩悩の習気を断ぜず。故に一切の有為の行相に於て、極怖心を生じ、常に前に現在す」を出し、また林公の「外国に僧塞迦邏(梵語サンスカーラの音写)と云う、此に行と云う」の解釈を出して、「大乗は行に(実)体なきを云う、故に無行と云う。而るに小乗は実有の行を謂う、故に恐怖を生ず」と述べている(『勝鬘宝窟』大正蔵三七、四五中)。したがって、チベット訳にいうように、諸行無常の経験世界の事象に怖畏を抱くのが阿羅漢であると解すべきであろう。

三界の外の…行无し　阿羅漢は迷いの世界(三界)を超えたところの、大乗の求道者が修める道を実践していないこと。敦煌本と同文。

変易生死　輪廻を超えた聖者の生死。一八一頁注「生死に二種有り」参照。

言ふこゝろ…如し　殺害者が剣をとり、向って来るような想いが阿羅漢の抱く恐怖である。↓補

依徳…明す　仏はみずから「他の人びとがよりどころとして帰依してくる徳」(依徳)を具えているから、他のものによりどころを求める必要のないことを明らかにしている。

次亦挙譬為釋、可見、従如是以下合、亦可見、
従世尊阿羅漢以下、正明一乗中之第三、別會二乗果、就中開為六、第一従初訖去涅槃界遠、奪其所得四智及涅槃果、第二従何以故下、釋奪之意、第三従『何以故・有二種死以下、挙二種生〔四七ウ〕死釋第二意、第四従何以故有煩悩以下、挙二種煩悩、釋第三意、第五従世尊阿羅漢、辟支佛、最後身菩薩以下、歴結前四段、第六従世尊彼先所得地以下、結入一乗、
今第一、奪四智又涅槃果、四智者、一我生已盡智、二梵行已立智、三所作已弁智、四不受後有智・

1 奪　後朱「ウハフ」あり。
2 奪　後朱「フ」あり。
3 成　此上蔵本「不」あり。
4 奪　応朱「フ」あり。
5 我生已盡智　後墨で「我」に「カ」、「已」に「デニ」、「尽」に「キヌル」あり。
6 已　後墨「テニ」あり。
7 立　後墨「スル」あり。
8 已　後墨「テニ」あり。
9 弁　後墨「スル」あり。
10 有　後墨「ヲ」あり。

いふことを明す。次には亦譬(を)挙(げて)釋を為《す》。見つ可《べ》(し)。「如是」(といふ)従《よ》(り)以下は合す。亦見(つ)可《べ》(し)。

「*世尊。阿羅漢」(といふ)従《よ》(り)以下は、正(し)く一乗を明すが中(の)〔之〕第三に、別に二乗の果を會す。中に就て開(き)て六と為《す》。第一には初従《よ》(り)「去涅槃界遠《こねちはんかいをん》」といふ(に)訖(るま)で、*其の所得の四智と〔及〕涅槃の果とを奪[1](ふ)。第二に「何以故《がいこ》」(といふ)従《よ》(り)下は、奪[2](の)〔之〕意を釋す。第三に「何以故《がいこ》。有二種死《うにしゆし》」と(いふ)従《よ》(り)以下は、*二種の生死を挙(げ)て第二の意を釋す。第四に「何以故《がいこ》。有煩悩《うぼんなう》」と(いふ)従《よ》(り)以下は、二種の煩悩(を)挙(げ)て、第三の意を釋す。第五に「世尊《せそん》。阿羅漢《あらかん》。辟支佛《びやくしぶつ》。最後身菩薩《さいごしんぼさち》」(といふ)従《よ》(り)以下は、前の四段を歴結《りやくけち》す。第六に「世尊。彼先所得地」(といふ)従《よ》(り)以下は、入一乗を結す。

○世尊。阿羅漢。辟支佛。有㆓怖畏㆒。是故阿羅漢。辟支佛。有餘生法不㆑盡。故有㆑生。有餘梵行成[3]。故不㆑純。事不㆓究竟㆒。故當㆑有㆓所作㆒。不㆑度㆑彼故。當㆑有㆓所断㆒。以㆑不㆑断故。去㆓涅槃界㆒遠。

*今第一に、四智と又涅槃の果とを奪[4](ふ)。四智と(いふは)〔者〕、一には*我生《がしやう》[5]已盡智《いじんち》、二(には)*梵行《ぼむぎやう》[6]已《い》[7]立智《りふち》、三(には)*所作《しよさ》[8]已《い》[9]弁智《べんち》、四(には)*不受後《ふじゆご》[10]有智《うち》な

◇**世尊阿羅漢…** ㈢二乗に説くさとりの果を一乗の中におさめとる　この一段の科文→補(表7)　阿羅漢と辟支仏(縁覚)が目的とする涅槃のさとりといえども、仏のそれに比べると究極のものでないから、人びとはまさに一乗に帰入していくべきであることを述べる。

其の所得の…奪ふ　阿羅漢が獲得するところの四智(四つの智慧)と涅槃のさとりを斥けるの意。四智とは一乗章の経文および注釈によっていえば、1我生已尽(わが生はすでに尽きたり)、2梵行已立(梵行はすでに立てり)、3所作已弁(所作すでに弁ぜり)、4不受後有(後有を受けず)、の真理を把握しおわったところにおいて得られる智慧である。右の四智の語は、阿羅漢がさとって涅槃の境地に住することを表明することばでもある。四智のうち、どれか一つの智慧を得れば阿羅漢となり涅槃に安住する。したがって、涅槃のさとりを得る智慧に四種類があり、涅槃に四種類あるということではない。

二種の生死　分段生死(輪廻する凡夫の生死)と変易生死(輪廻を超えた聖者の生死)。

◇**今第一に…**　㈢の1　四智と涅槃の果を斥ける

我生已盡智　わが輪廻の生存は、この人間の生存を限りに尽きてしまったという智慧。

梵行已立智　清らかな行ないが完成したという智慧。

所作已弁智　なすべきことをなし終えたという智慧。

不受後有智　この人間の生存を終えたなら再び輪廻する身とならないという智慧。後有とは輪廻の再生をいう。

此四智及涅槃果二乗自謂已得、今、勝鬘謂猶未『滿、故奪也・〔四八オ〕
若四智不究竟、則是道諦不足、亦是有為果不周、若涅槃不究竟、
即是滅諦不滿、亦是无為果、未極、既未滿未極、便向趣佛道、
然則應奪明矣、
有餘生法不盡者、煩悩為受生之法、故云生法、以煩悩盡、為盡
智之境、今煩悩猶有餘、所以照盡之智不究竟也、故有生者、似
奪无生智、此以生不盡、明煩悩未盡、非奪无生智、此句奪其盡
智、有餘『梵行成故不純者、明雖有三界治道、而非一切治道滿、〔四八ウ〕
故云不純、境既未純、則照境之智、那得究竟、此句奪其梵行已
立智、事不究竟故・當有所作者、弁是事之訖、猶有三界外治道
應修故、云當有所作、境有應修、

1 **未** 文墨、右に「タ」左に「スト」あり。
2 **為** 応墨「ノ」あり。
3 **周** 文墨「アマネカラ」あり。
4 **竟** 応朱「せ」あり。
5 **奪** 応朱「フ」あり。
6 **應** 応朱「ヘキ」あり。
7 **云** 応朱「フ」あり。
8 **盡** 応朱「セルヲ」あり。
9 **生** 応朱「ト」あり。
10 **奪** 応朱「フ」あり。
11 **す** 後朱か。
12 **云** 「フ」あり。後朱か。
13 **ぞ** 存疑。
14 **得** 後朱「ン」あり。
15 **奪** 後朱「フ」あり。
16 **訖** 「ヌレ」あり。後朱か。

満ぜ未と謂フ　まだ完全なものではないという。
道諦足ら不　道諦(四諦の第四)は涅槃のさとりに導く実践道を満たすことができないの意。
有為の果　われわれの住む現象世界(有為)において実現する道の意。道諦を有為に属するものと見ている。
滅諦　四諦の第三。これは苦の原因の滅という真実のことで、涅槃と同義語に使われる。
无為の果　滅諦ないし涅槃を無為(生滅変化する

り。此の四智(と)〔及〕涅槃の果(と)を二乗(は)自《〈ミ〉づか》(ら)已に得たりと謂《〈ヲモ〉》ヘリ。今、勝鬘(は)猶し満*(ぜ)未[1](と)謂フ。故(に)奪フ(なり)〔也〕。若し四智究竟《くきやう》せ不《〈ず〉》は、〔則〕是(れ)道*諦足(ら)不《〈ず〉》。亦是(れ)有*[2]為(の)果周[3](から)不《〈ず〉》。若し涅槃究竟[4](せ)不《ず》は、即(ち)是(れ)*滅諦満《めちたいまん》(ぜ)不《〈ず〉》。亦是(れ)无*為の果、極(ら)未《〈ず〉》。既に未満未極なり。便*(ち)佛道に向趣《かうしゆ》すベシ。然(らば)〔則〕奪[5](ふ)應《べ》[6](き)こと明(か)なり〔矣〕。

「有《う》餘《よ》生《しやう》法《ぼふ》不《ふ》盡《じん》」といふは〔者〕、煩*悩を受生の〔之〕法と為《〈す〉》。故(に)生法と云[7](ふ)。煩悩盡《じん》[8]せるを以て、盡*智の〔之〕境と為《〈す〉》。今煩悩猶し餘有り。所以に照盡《せうじん》の〔之〕智究竟せ不《ざ》る(なり)〔也〕。「故《こ》有《う》[9]生《しやう》」と(いふは)〔者〕、无*生智を奪(ふ)に似たり。此*(れ)生の不盡を以て、煩悩の盡(き)未《ざ》(る)ことを明(す)。无生智を奪フに非ず。此*(の)句は其の盡智を奪[10](ふ)。「有《う》餘《よ》梵《ぼむ》行《ぎやう》成《じやう》。故《こ》不《ふ》純《じゆん》」といふは〔者〕、三*界の治道有(り)と雖ども、〔而〕一切の治道を満(ずる)には非(ず)といふことを明す[11]。故に不純(と)云[12](ふ)。境*、既に純(ぜ)未《〈ず〉》。〔則〕境を照(す)〔之〕智、那《なん》[13]ぞ究竟を得[14](む)。此*(の)句は其(の)梵行已立智を奪[15](ふ)。「事《じ》不《ふ》究竟《くきやう》。故《こ》當《たう》有所作《しよさ》」といふは〔者〕、是*れ事を弁じ〔之〕訖《をは》[16](りぬれ)ども、猶(し)三界外の治道の修す應《べ》き(こと)有(る)が故に、「當有所作」と云(ふ)。境い修す應《べ》きこと

現象を超えたもの)に属する究極のものと見ている。

便ち佛道に向趣すベシ　このように阿羅漢の四智・涅槃は不完全なものだから、大乗の仏道を求めて修行に進むべきである。

煩悩を…生法と云ふ　煩悩は輪廻の生存を受ける因たるものであるから「生法」という。

盡智の境　煩悩の滅尽によって得られた智慧の境地。この尽智は煩悩の滅尽を照らし出す働きがあるから、「照尽の智」という。

无生智…似たり　尽智のつぎに獲得されるところの無生智(不生不滅をさとる智慧)を斥けているように思われる。「奪ふ」は斥けるの意。しかしながら、実際に無生智を斥けているのではないという。

此れ生の不盡を以て　これは輪廻の生存がまだ尽きないので。

此の句は其の盡智を奪ふ　「有余の生法尽きず」の句は、我生已尽智を斥けている。

三界の治道　迷いの世界において修行すべき清らかな実践行。つぎの「一切の治道を満ずるには非ず」とは、すべての清らかな実践行を完成するものではないの意。

境　智慧の照らす対象たる修行。

此の句…梵行已立智を奪ふ　「余の梵行の成ずべきものあり、故に純ならず」の句は梵行已立智を斥けている。

是れ事を…ども　阿羅漢としてのなすべき修行はすでに終っているけれども。原文「弁是事之訖」とある。訓読文は「之」の字を読んでいないが、「已」の誤りとすれば、「是の事を弁ずること、すでに訖れども」とも読まれるであろう。

照境之智、那得満也、此句奪所作已弁、不度彼故・當有所断者、奪其不受後有智、不度彼者、言未度変易生死、當有所断者、言當有无明『住地應断、既有生法、猶應受生、生既未盡、照境之〔四九オ〕智、那得窮也、以不断故・去涅槃界遠者、奪其涅槃果、以不断故者謂、未断无明住地、惑既未断、猶有変易生死、那得涅槃、

1 **有**　応墨「リ」あり。
2 **得**　応墨「ム」あり。
3 **奪**　応朱「フ」あり。
4 **當**　再読。後朱「ヘシ」あり。
5 **窮**　応朱「こと」あり。
6 **得**　応朱「ン」あり。
7 **奪**　応朱「フ」あり。
8 **正等覚**　蔵本「等正覚」に作る。
9 **故**　蔵本なし。

有[1](り)。境を照す〔之〕智、那《なん》ぞ満ずること得[2]む〔也〕。此*(の)句は所作已弁を奪[3](ふ)。「不*度彼故《ふどひこ》。當有所断《たううしよだん》」といふは〔者〕、其の不受後有智を奪(ふ)。「不度彼」といふは〔者〕、言(ふこゝろ)は、変易生死を度せ未《〈ず〉》。「當有所断」と(いふは)〔者〕、言(ふこゝろ)は、當に无*明住地い、断(ず)應《べ》(き)こと有(る)當[4]《べ》(し)。既*に生法《しやうぼふ》有り。猶(し)受生す應《べ》し。生既に盡き未《〈ず〉》。境を照す〔之〕智、那ぞ窮(する)こと得[6](む)〔也〕。「以不断故《いふだんこ》。去涅槃界遠《こねちはんかいをん》」といふは〔者〕、其(の)涅槃の果を奪[7](ふ)。「以不断故」と(いふは)〔者〕謂く、无明住地を断(ぜ)未《〈ず〉》。惑既《わ〈ク〉》に断(ぜ)未《〈ず〉》。猶し変易生死有り。那ぞ涅槃を得む。

○何以故。唯有㆓如来。應[8]正等覚㆒。得㆓般涅槃㆒。成㆓就一切功徳㆒故。阿羅漢。辟支佛。不㆔成㆓就一切功徳㆒。言㆑得㆓涅槃㆒者。是佛方便。唯有㆓如来㆒。得㆓般涅槃㆒。成㆓就无量功徳㆒故。阿羅漢。辟支佛。成㆓就有量功徳㆒。言㆑得㆓涅槃㆒者。是佛方便。唯有㆓如来㆒。得㆓般涅槃㆒。成㆓就不可思議功徳㆒故。阿羅漢。辟支佛。成㆓就思議功徳㆒。言㆑得㆓涅槃㆒者。是佛方便。唯有㆓如来㆒。得㆓般涅槃㆒。一切所㆑應㆑断過。皆悉断滅。成㆓就第一清浄㆒故[9]。阿羅漢。辟支佛。有㆓餘過㆒。非㆓第一清浄㆒。言㆑得㆓涅槃㆒者。是佛方便。唯有㆓如来㆒。得㆓般涅槃㆒。為㆔一切衆生。之所㆓瞻仰㆒。出㆓過阿

此の句は所作已弁を奪ふ　「事、究竟せず、故にまさに所作あるべし」の句は、所作已弁智を斥けている。

不度彼　「彼」とはまよいの輪廻のこと。阿羅漢は分段生死を離れているが、まだ変易生死を超えていないから、完全に輪廻を超え渡っていないという意。

无明住地　無知の根本。「無明」とは真理にたいする無知で、あらゆる煩悩がそれから生じて依りどころとなるものだから「住地」という。『勝鬘経』はこの無明住地の外に、四住地の煩悩をたてる。五七頁の「心過悪」の注釈文を参照。↓補

既に生法有り　前文に「生法」とは煩悩であると注釈しており、いまは無明住地を指す。この無明住地が因となって輪廻の生存を受ける。

1 **奪** 応朱「タツ」あり。入声濁点あり。
2 **奪** 応墨「タツ」あり。
3 **錯** 応朱「カハレリ」、後朱「タカウ」あり。入声濁点あり。
4 **須** 後朱「ユ」あり。
5 **故** 応墨「ナリ」あり。

◇何以故… ㈢の2 与奪の意味を解釈する
与奪 「与」は賛成、肯定の意。「奪」は反対、否定の意。
方便 真実をさとらせるてだて、方法。

従何以故以下、第二釋与奪之意、昔日如来已言究竟、今日勝鬘更奪・則与奪相錯、理應須釋也、標疑云、何以故如来昔日已言究竟、而今勝鬘奪耶・釋曰、昔日如来与者但是方「便、非是実〔四九ウ〕説、今日勝鬘奪者、究竟唯在如来、非在二乗故、此何以故通下為標、就中凡有五事、初言一切、次言无量、次言不思議、次言清浄、蓋是逐便、无別所以、

観察挙智、解脱挙断、四智釋智、蘇息釋解脱、无為凝然、故為蘇息處也、

従何以故有・二種生死以下、第三挙二種生死

羅漢。辟支佛。菩薩境界㆒。是故阿羅漢。辟支佛。去㆓涅槃界㆒遠。言㆘阿羅漢。辟支佛。観㆓察解脱㆒。四智究竟。得㆗蘇息處㆖者。亦是如来方便。有餘不了義説。

「何*以故」と(いふ)従《よ》り以下(は)、第二に与*[1]奪(の)〔之〕意を釋(す)。昔日には如来已に究竟と言《〈ノタマ〉》ヒ(し)を、今日は勝鬘更に奪フ。〔則〕与と奪と[2]相《さう》[3]錯《じやく》せり。理い釋することを須《もち》[4](ゐる)應《べ》き(なり)〔也〕。疑を標して云(く)、何を以て(の)故に如来(は)昔日に已に究竟と言《〈ノタマ〉》フ。而も今勝鬘奪フ耶《〈ヤ〉》。釋して曰(く)、昔日に如来与(へたまひし)ことは〔者〕但し是れ方*便なり。是れ実説に非ず。今日勝鬘の奪フことは〔者〕、究竟は唯如来にのみ在り、二乗に在(る)に非(ざる)が故[5]に、此*の「何以故」は下に通(じ)て標を為《〈ナ〉》ス。中(に)就(て)凡そ五事有り。初には一切と言ヒ、次(には)无量と言ヒ、次には不思議と言ヒ、次*(には)清浄と言フ。蓋*し是れ便に逐《〈シタガ〉》フ。別の所以《ゆゑ》无(し)。

*「観察《くわんざち》」といふは智を挙(げ)、「解脱」といふは断*を挙ぐ。「四*智」(と)いふは智を釋す。「蘇息《そそく》」といふは解脱を釋す。无*為い凝然《ぎようねん》なり。故に蘇*息處と為《い》(ふ)なり〔也〕。

「何*以故。有二種生死」(といふ)従《よ》(り)以下(は)、第三に二種生死を挙(げ)

此の…凡そ五事有り　この「何を以ての故に」という問いかけは、以下の「唯有」で始まる五つの説明文の一々にかかっているの意。五つとは、完全なさとり(般涅槃)を体得している仏に、一切功徳・无量功徳・不可思議功徳・第一清浄功徳および一切衆生之所瞻仰の五功徳あることをいう。前四功徳は『仏性論』や『宝性論』などの文をうけているという(前掲、月輪氏のチベット訳の注五―六頁)。

次には清浄と言フ　このつぎに、第五の説明文「瞻仰」が欠けている。敦煌本では四功徳を四智に配当し、第五を「涅槃の果を釈す」としている。

蓋し是れ…所以无し　思うに、これらは真実を明らかにするてだて(方便)に過ぎず、特別の理由があるのではない。

観察　「観察…蘇息処」の経文をチベット訳によれば、「解脱を観察する智慧を究め、安堵の思いをなし、四種の思念を抱く」とする。

断　煩悩の断。

四智　阿羅漢が獲得するところの四智。↓一七三頁注「其の所得の…奪ふ」

无為い凝然　生滅変化しないもの(無為)で、永遠に絶対なるもの(凝然)。真理あるいはさとりの世界を示す語。いまは解脱の境地を譬える。敦煌本は「凝然」ではなく「凝寂」とする。

蘇息處　蘇生安息の境地。吉蔵『勝鬘宝窟』(大正蔵三七、四八中)は、小乗の解脱・涅槃は身心がまったく滅無に帰した状態のことで、大乗のそれよりも遙かに劣ると見て、この語を「灰身滅智永寂之処也」と説明している。

◇何以故…　㈢の3　二種の生死を挙げて第二の文を解釈する

二—文庫本なし。蔵本「奪」に作る

歟—蔵本「耶」に作る

以釋第二▽段、二段云、佛昔与者、既是方便、勝鬘今奪、則究竟在佛、二乘「未故、所以挙二種生死以釋与是方便、奪由未極〔五〇オ〕之意、標疑云、何以昔与是方便究竟唯在如来非在二乘歟▽、釋曰・生死有二種、一分段死、二変易死・佛、昔但因除分段而言究竟、故、云方便為与、未除変易故、究竟唯在如来非在二乘、就中有四、第一立二種死章門、第二従分段死者以下、釋二種死章門、第三従二種死中以下、正釋昔以方便為与「之意、第四従非盡一〔五〇ウ〕切以下、正釋究竟非在二乘之意、

1 二 文朱抹消。
2 是 応朱「れ」あり。
3 竟 応墨「せる」あり。
4 由 後朱「ナヲシ」あり。
5 除 「と」あり。衍か。
6 言 後朱「ノタマフ」あり。
7 為 応朱「ナス」あり。
8 云 後朱「フ」あり。

て以て第*二の〔二〕[1]段を釋す。二の段に云(く)、佛《ほとけ》昔し与(へ)タマヒ(し)こと者《は》、既に是[2](れ)方便なり。勝鬘の今奪(ふ)ことは、〔則〕究竟は[3]佛(に)のみ在り、二乗は未《イマダ》しきが故に、所以《このゆゑ》に二種生死を挙(げ)て以て与《よ》は是(れ)方便なり、奪《だち》は由[4](し)未極《みごく》なりといふ〔之〕意を釋す。疑を標して云く、何《なに》を以てか昔の与《よ》は是(れ)方便にして究竟は唯し如来に(のみ)在(り)て二乗に在(る)に非(ざる)歟《や》。釋して曰く、生*死に二種有り。一には分段死、二には変易死なり。佛《ほとけ》、昔し但し分段を除く[5]に因(て)〔而〕究*竟と言《のたま》[6](ふ)。故に、方便をもて与を為す[7]、変易を除(か)未《ざ》(るが)故に、究竟は唯し如来にのみ在(り)て二乗に在(る)に非ずと云[8](ふ)。中(に)就(て)四有(り)。第一に(は)二種死章門を立つ。第二に、「分段死者」(といふ)従《よ》(り)以下は、二種死章門を釋(す)。第三(に)「二種死中」(といふ)従《よ》(り)以下は、正(し)く昔方便を以て与(を)為《ナ》ス〔之〕意を釋す。第四に「非盡一切」(といふ)従《よ》(り)以下は、正(し)く究竟は二乗に在(る)に非(ず)とイフ〔之〕意を釋す。

○何以故。有㆓二種死㆒。何等為㆑二。謂分段死。不思議変易死。分段死者。謂虚偽衆生。不思議変易死者。謂阿羅漢辟支佛。大力菩薩。意生身。乃至㆔究㆓竟。无上菩提㆒。

第二の…二の段　この個所は敦煌本に「挙二種生死。以釈第二段。第二段中。明仏是究竟。二乗非究竟」とあるから、義疏の前の「二段」は「二」を抹消し、後の「二の段」は「第二の段」とすべきである。第二の段とは㈢の2(一七九頁)をいう。

生死に二種有り　生死(=輪廻)には、分段の生死(限定された寿命や身体を与えられて輪廻すること)と変易の生死(輪廻を超えた限定されない変化身をもちながら、さとりを求めるためにあえて輪廻のすがたをとること)の二種類がある。いま、阿羅漢と縁覚の二乗(=小乗)に説く解脱は分段の生死のみを超えて、まだ変易の生死を超えていないから、小乗の解脱は未完成であることを述べる。分段死とは生の連続の切れた死であり、変易死とは生の転展をつづける不思議な死をいう。この二種の死は本経独自の説である。分段死は輪廻する衆生のもつ死である。変易死は阿羅漢と辟支仏(縁覚)と自在力ある菩薩など、意志の力で生まれた身体をもつ(意生身)聖者の死で、いずれもさとりを得るまでは免れない死であるという。

究竟と言ふ　仏はかつて分段の生死を除き超えさせるために、「我生已尽」などの四智を阿羅漢の究極のさとりとしたもうた。

三界中亦有聖人、而今従多為明、故云虚偽衆生、七地以下・未受変易、但仍本受名、故八地以上名阿羅漢辟支佛也、究竟无上菩提者、金剛心是因中最究竟、若弁生死、凡有四種、一者以有漏業為因、四住地煩悩為縁、所感之果・身色妙麁有別、寿命長短有期、名為分段生死、二者以无漏業「為因、无明住地煩悩為〔五一オ〕縁、所感之果・身无形色、命无期限、但以明代闇、念念新易者名為変易生死、三者以有漏勝善為因、三界餘習為縁所感之果、猶有形色、寿命有限、似同分段、念念生滅、亦同変易、名為二国中間生死、四者初流来時在三界外、无无漏業、但以闇惑相伝、而受生死、名為初流来生死、然即六地以遠乃至三途、雖有念念生滅之「義、形質有別、寿命有期、国家有定、故皆分段生死、〔五一ウ〕八地以上、雖有劫数期限、但

1 **有**　後朱「ルヲ」あり。
2 **為**　文朱「として」の点一箇を附す。
3 **遠**　傍書「還」あり。
4 **別**　後朱「こと」あり。

多に従ひて明を為す　数の多いほうに従って説明する。
変易　変易生死。
但し…名くるなり　ただ第八地以上の求道者は変易の生死を受けるけれども、かつての身分の呼称

三界の中に亦聖人有(れ)ども、〔而〕今*多《た》に従(ひ)て明を為す。故に「虚偽衆生」と云フ。七地以下は、*変易を受(け)未《ず》。*但し本に仍《よ》て名を受く。故に八地以上を「阿羅漢辟支佛」と名くるなり〔也〕。「究竟。无上菩提」と(いふは)〔者〕、金剛心は是れ*因の中の最究竟なり。若し生死を弁(ぜ)ば、凡(そ)*四種有り。一には〔者〕*有漏の業を以て因と為《〈す〉》。四住地の煩悩を縁と為《〈し〉》て、感ずる所(の)〔之〕果なり。*身色妙麁《しんしきめうそ》にして別《こと》(なる)こと有り、*寿命長短《じゆみやうちやうだん》にして期《ご》[1]有るを、名(け)て分段生死と為《〈す〉》。二には〔者〕*无漏《むろ》の業を以て因(と)為《す》。无明住地の煩悩を縁と為《〈し〉》て、感ずる所(の)〔之〕果なり。身に形色《ぎやうじき》無く、命に期限《ごげん》无(し)。但し*明《みやう》を以て闇《あむ》に代へ、念念に新易する者《〈もの〉》を名(け)て変易生死と為《〈す〉》。三には〔者〕*有漏の勝善を以て因(と)為《す》。*三界の餘習を縁と為《[2]〈とし〉》て感ずる所の〔之〕果なり。猶し形色有り、寿命に限有(り)て、分段に同なるに似たり。念念に生滅すること、亦変易に同なるを、名けて二《に》国中間生死《こくちうげんしやうじ》と為《〈す〉》。四には〔者〕*初流来時《しよるらいじ》は三界の外に在(り)て、无漏の業は无し。但し*闇惑《あむわく》の相伝を以て、〔而〕生死を受くるを、名(け)て初流来生死《しよるらいしやうじ》と為《〈す〉》。*然(ら)ば即(ち)*六地《ろくぢ》以遠《い[3]をん》乃至三途マデ、念念生滅(の)〔之〕義有(りと)雖ども、形質に別[4]なる(こと)有(り)。寿命に期有(り)。*国家に定有(り)。故に皆分段生死なり。八地以上は、*劫数の期限有(りと)雖(も)、但

によって、阿羅漢・辟支仏(縁覚)と名づけるのである。

因　仏果を得る因。

四種　以下に説く四種の生死は敦煌本と同じ。

有漏の業　煩悩のけがれによる行為。

身色妙麁　身体のいろ・かたちに妙と麁との差別がある の意。敦煌本は、形質国土を持つ生死を「色身分段」と呼ぶ。

寿命長短　寿命に長と短との期限があるの意。敦煌本は、かかる生死を「寿命分段」と名づけている。

无漏　有漏にたいする語。煩悩のけがれのないこと。

明を以て…新易する　明知によって無明(無知)の闇を晴らし、一瞬一瞬に身体を自由に更新できる。

有漏の勝善　凡夫が行なう勝れた善。

三界の餘習　まよいの世界内に残っている煩悩の影響力。

初流来時　流転輪廻し始めるそもそもの初めの時。

闇惑の相伝　輪廻が始まるや否や黒闇の煩悩がつぎつぎに身に具わってくるの意。

然らば…一種の生死と為　この一段は四種の生死を再説している。

六地…三途マデ　第六地の求道者より以下、三途(地獄・餓鬼・畜生の三つの悪しき境界。三塗に同じ)までの生死。

国家に定有り　輪廻する生存領域の決定していること。「国家」は本頁注「身色妙麁」の「国土」と同じ。

劫数　「劫」は、計り知れない長時間を表わす単位。いまは第八地以上の求道者の寿命についていう。

約他為明、前念為因、後念為果、新新改易、故皆是為変易生死、七地菩薩雖有形色、但非正結所感故、不名分段、雖復念念生滅、猶有形色故、不名変易、踟蹰両楹故、名為二国中間生死、初流来時、无无漏業故、不可同変易、未入三界取相故、不正分段、唯、以闇識相続念「念下墜故、別立為一種生死、今約分段変易〔五二オ〕中間三種生死、有十二諦、約初流来唯有苦集二諦、所以大合有十四諦・或云、初流来時、或有値佛修道、得佛故、亦有滅道二諦、所以猶有十六諦、而今釋、不然、初流来時、入三界方起取相、乃別苦楽求修滅道、即无滅道二諦明矣・二国中間縁非正使、初流来時、未明断結、則不足以證佛究竟、且、若相収「摂、二〔五二ウ〕国中間属於分段、初流来時属於変易・然即要在分段変易、

1 **楹**　応朱「ハシラ」、応墨「エイ」あり。
2 **踟蹰**　応朱「タチヤスラウ」、応墨「チシツ」あり。
3 **墜**　後墨「ツイスル」あり。
4 **値**　後墨「アイ」あり。
5 **然にはあら不**　「不然」は古く一般に「シカニハアラズ」と訓じた。
6 **起**　後墨「シテ」あり。
7 **乃**　後墨「イマシ」あり。更にこれを消す。
8 **求**　後朱「ンヤ」あり。某字擦消の上に重書。
9 **无**　後墨「しといふこと」あり。
10 **使**　文墨「シ」あり。
11 **未**　後朱「タ」あり。
12 **摂**　応朱「セハ」あり。
13 **然**　応朱「レ」あり。

他に…明を為　「他」すなわち第八地以下の求道者の寿命よりも遙かに長いから、区別して説く必要があるの意。凝然『勝鬘経疏詳玄記』(大日本仏教全書七、八六下)には「他」の字を「多」とすべきであるという。

前念を因…改易し　第八地以上の求道者は、現在の直前の一瞬(前念)が原因となって、つぎの一瞬が結果として生ずるように、時々刻々、新たに移りかわって相続していく。↓補

(し)他*に約(し)て明を為《〈す〉》。前*念を因と為《〈し〉》、後念を果と為《し》、新新改易し、故に皆是れを変易生死と為《〈す〉》。七地の菩薩は形色《ぎやうじき》有(り)と雖ども、但し正*結《しやうけち》の所感に非(ざる)が故に、分段(と)名(け)不《ず》。復念念に生滅すと雖ども、猶(し)形色有(る)が故に、変易と名(け)不《ず》。両*《りやう》[1]楹《えい》に踟[2]《ち》蹰《ちう》するが故に、名(け)て二国中間生死と為《〈す〉》。初流来の時は、无漏の業无きが故に、変易に同《どう》(なる)可《べ》(から)不《ず》。三*界の取相に入(ら)未《ざ》(るが)故に、正しき分段に(あら)不《ず》。唯、闇*識相続《あむじきさうぞく》して念念に下墜[3]するを以(て)の故に、別に立(て)て一種の生死と為《〈す〉》。今分段と変易と中間との三種の生死に約(し)て、十*二諦有(り)。初流来(に)約(すれ)ば唯し苦《く》集《じふ》の二諦有(り)。所以《このゆゑ》に大に合(し)て十四諦有(り)。或*(る)が云く、初流来の時に、或は佛に値[4]《あ》(ひ)て道を修し、佛を得することを有《たも》(つ)が故に、亦滅道二諦有り。所以《このゆゑ》に猶し十六諦有り。而(る)に今釋(すら)く、然[5]《しか》(にはあら)不《ず》。初流来の時に、三界に入(り)て方に取相を起[6](して)、乃[7]《いま》し苦*楽を別(ち)て滅道を修(する)ことを求[8](めむや)。即(ち)滅道二諦无[9](しといふこと)明(か)なり〔矣〕。二*国中間は縁にして正使[10]に非ず。初流来の時は、断*結を明(さ)未[11]《ず》。〔則〕以て佛の究竟《くきやう》を證ずるに足(ら)不《ず》。且《また》、若*(し)相ヒ収摂[12]せば、二国中間をば〔於〕分段に属し、初流来(の)時は〔於〕変易に属す。然[13]れば即(ち)要《えう》は分段と変易とに在

正結の所感　煩悩の本体を指して「正結」という。煩悩のために悪業の果を惹起すること。

両楹…故に　「両楹」は二本の大きな円柱。いまは、分段と変易の二種生死の領域間で、ためらい、たたずんでいるからの意。この句は敦煌本にない。

三界の…が故に　あらゆるものごとを虚妄分別するところのまよいの世界の中に、いまだ入っていないからの意。

闇識…生死と為　無明の意識が相続して、一刹那ごとに輪廻のほうに落謝していくから、前三の生死と区別して、別の一種の生死とする。

十二諦　分段・変易・中間の三種生死の各ヽに、四諦(苦諦・集諦・滅諦・道諦)があるとするから、合計して十二諦となる。

或るが云く…　敦煌本に「以有人言。初流来時。未入三途。於其中間。有修道即仏。応有滅道。故有十六諦也」という。

苦楽を…明かなり　有人説の「未入三途」を斥け「必生三途」の見解をとる。つまり、「初流来の時」に三界のまよいの世界に生まれて虚妄分別し、相対的なものの見方から苦と楽の二辺に堕し、それの超克のために滅諦と道諦を修めようと求めても、「初流来の生死」には苦・集の二諦だけしかないから、滅・道の二諦が修められようかの意。

二国中間…非ず　この文は、さきに述べた「二国中間の生死」の定義に対応して解釈すべきであろう。二国中間の生死は三界の余習を縁(間接原因)として結果したもので、正使(＝正結)すなわち煩悩それ自体によるものではないの意。

断結　煩悩(＝結)を断ずること。

若し相ヒ収摂せば　もし分段と変易のいずれかの生死に属させるとすれば。

1 但　後朱「し」あり。
2 故　文朱抹消。
3 未　後朱、右に「ダ」左に「ル」あり。
4 非　「い」あり。「る」の誤か。
5 尋　後朱「する」あり。

所以勝鬘但就分段変易、為釋究竟不究竟之意、
従二種死中以下、第三正釋昔与是方便之意、釋曰、昔日但因除分段而言四智究竟、故、
従非盡一切煩悩以下、第四正釋究竟非在二乗之意、
釋曰、非謂未盡一切煩悩是究竟故、而推尋此中文、外文只、釋究竟非在二乗、昔与是方『便』究竟唯在如来、但以義自去、本〔五三オ〕義、従二種死中以下、結第一奪、先結佛昔与、従非盡一切

り。所以《このゆゑ》に勝鬘は但し分段変易に就て、為に究竟不究竟の〔之〕意を釋す。

○二種死中。以二分段死一。故説二阿羅漢。辟支佛智。我生已盡一。得二有餘果證一。故説二梵行已立一。凡夫人天。所レ不レ能レ辨。七種学人。先所レ未レ作。虚偽煩悩断。故説二所作已辨一。阿羅漢。辟支佛。所断煩悩。更不レ能レ受二後有一。故説二不受後有一。

「二種死中」(といふ)従《よ》(り)以下は、第三に正(し)く昔の*与《よ》は是(れ)方便なりといふこと(の)〔之〕意を釋す。釋して曰(く)、昔日には但[1](し)分段を除くに因て〔而〕四智究竟と言フなり。〔故[2]〕

○非レ盡二一切煩悩一。亦非下盡二一切受生一。故説中不受後有上。

「非盡一切煩悩《ひじんいちさいぼんなう》」(といふ)従《よ》(り)以下は、第四に正(し)く究竟《くきやう》は二乗に在(る)に非ずといふ〔之〕意を釋(す)。

釋して曰(く)、一切の煩悩を盡(さ)未《ざ》[3](るを)是(れ)究竟と謂(ふ)には非[4](ざる)が故に、而も此(の)中の文を推尋[5](する)に、*外文《げもん》に只、究竟は二乗に在(るに)非ず、昔の与《よ》は是れ方便なりと釋すれば、究竟は唯(し)如来(に)在りといふこと(は)、*但し義を以て自(ら)去《あらは》(る丶)なり。*本義は、「二種死中」と(いふ)従《よ》(り)以下(は)、第一の*奪を結するに、先づ佛の昔の与(を)結す。「非盡一切」(と

与　とりあげること。

外文に…釋すれば　「外文」とは経文を注解した文の意か。一七九頁七行～十行に出す「釈して曰く…非ざるが故に」を指すと思われる。ここの義疏部分は「而して此の中(中は下の誤りか)の文の外文(解文の誤りか)を推尋するに只…」と読むべきか。

但し…去る丶なり　経文の意味によって知られることなのである。

本義　以下の説は、敦煌本の科文に同じ。

奪　斥けること。

以下、結今日勝鬘奪、
従何以故以下、別會二乗果中第四、挙二種煩悩、以釋第三段二
死、兼除不除之意、就中開為二、第一直挙二種煩悩為釋、第二
従煩悩有二種以下、出煩悩躰相、
標疑云・何以如来能除二死、二乗未除耶・釋曰・煩悩有二種、
一四住地煩『悩、二无明住地煩悩・如来、已盡二種煩悩故、二 〔五三ウ〕
死兼除、二乗唯盡四住地煩悩故、但除分段生死、
就第二、出煩悩躰相、又分為四、第一正出二種煩悩躰相、第二、
従此四住地・力一切・上煩悩以下、格▽量二種煩悩功用勝負、第
三、従又如取縁以下、明其潤業不同、第四、従世尊如是・有愛
住地以下、明断除之義、

格―文庫本「校」に作る

1 従　応朱「は」あり、衍か。
2 二　後朱「に」あり。
3 除　後朱「し」あり。
4 悩　後墨「ノミヲ」あり。
5 盡　後朱「る」あり。
6 但　後朱「し」あり。

いふ)従《よ》[1](り)以下は、今日の勝鬘(の)奪を結す。

「*何以故《がいこ》」と(いふ)従《よ》(り)以下は、別に二乗の果を會《ゑ》するが中の第四に、二種の煩悩を挙(げ)て、以(て)第三*の段の二死を、兼(ね)て除不除の〔之〕意を釋す。中(に)就(て)開(き)て二と為《す》。第一に直に二種の煩悩を挙(げ)て釋を為《す》。第二に「煩悩有二種《ぼんなううにしゆ》」(といふ)従《よ》(り)以下は、煩悩の躰*相を出(す)。

○何以故。有㆓煩悩㆒。是阿羅漢。辟支佛。所㆑不㆑能㆑断。

疑を標して云く、何を以(て)か如来は能く二*死を除き、一乗は除(か)未《ざ》(る)耶《や》。釋して曰(く)、煩悩に二種有(り)。一には*四《し》住地《ちうぢ》の煩悩、二[2](には)无明住*地の煩悩。如来、已に二種の煩悩を盡(す)が故に、二死兼(ね)て除[3](し)、二乗は唯し四住地の煩悩[4]を(のみ)盡[5](す)が故に、但[6](し)分段生死《ぶんだんしやうじ》を除く。

第二に、煩悩の躰相を出(す)に就て、又分(ち)て四と為《す》。第一に正(し)く二種の煩悩の躰相を出す。第二に、「此四《しし》住地《ちうぢ》力《りき》。一切上煩悩《いちさいじやうぼんなう》」(といふ)従《よ》(り)以下は、二種の煩悩の*功用《くゆう》の勝負を格量*す。第三に、「又《う》如取縁《によしゆえん》」と(いふ)従《よ》(り)以下は、其(の)*潤業《にんごふ》の不同を明す。第四に、「世尊如是《せそんによぜ》。有愛住地《うあいちうぢ》」と(いふ)従《よ》(り)以下は、断除*の〔之〕義を明す。

○煩悩有㆓二種㆒。何等為㆑二。謂住地煩悩。及起煩悩。住地有㆓四種㆒。

◇何以故… ㈢の4 二種の煩悩を挙げて第三の文を解釈する
二種の教え(声聞と縁覚の二乗)による人びとが、変易生死から離れることができない理由を、かれらが本来的に所有する煩悩の面から説明する。すなわち、煩悩を二大別して、潜在的煩悩(住地の煩悩)と顕在的煩悩(起の煩悩)とし、さらにそれらの根本である無知(無明住地)について詳説して、この無知を断滅するのは、結局、仏のさとりの智慧によらねばならないとする。

第三の段…釋す 直前の第三に説く分段生死と変易生死の二つを離れる場合と、離れない場合との意味を解釈する。

躰相 本体と特質。

二死 分段生死と変易生死。

四住地の煩悩 四つの潜在的煩悩。

无明住地の煩悩 四つの潜在的煩悩の根本である無知。

功用の勝負 作用・働きの勝劣。

格量 比較検討。

潤業 輪廻の生存を招く行為。

断除の義 無知(無明)を断除することの意義。

就第一正出躰相中、又自有二、第一、釋四「住地惑、第二從世〔五四オ〕
尊心不相應以下、釋无明住地惑、
刹那心者謂、識心、相應者謂、受想行等、心不相應者、根本並
无四心相應、无始者、无始於已、
從此四住地力以下、出躰相中之第二格▽量功用、就中又分為五、
格―文庫本「校」に作る
第一明四住地劣、第二從世尊如是无明住地以下、明无明住地勝、
第三從譬如悪魔以下挙比明勝、第四從恒沙等数以下、釋无明住
地「勝、第五從如是世尊以下、結勝、〔五四ウ〕

1 自　後朱「ラ」あり。
2 勝　後朱「こと」あり。

何等為ㇾ四。謂見一處住地。欲愛住地。色愛住地。有愛住地。此四種住地。生ニ一切起煩悩一。起者刹那心。刹那相應。世尊。心不ニ相應一。无始无明住地。

第一に正(し)く躰相(を)出す(が)中に就(て)、又自[1](ら)二有(り)。第一に、四*住地の惑を釋す。第二に「世尊《せそん》。心不相應《しむふさうおう》」(といふ)従《よ》(り)以下は、无明住地の惑を釋す。

「刹那心」(と)いふは〔者〕謂(く)、識*心なり。「相應《さうおう》」(と)いふは〔者〕謂く、受*想行等なり。「心不相應《しむふさうおう》」(と)いふは〔者〕、根*本は並に四心と相應すること无し。「无始」(と)いふは〔者〕、〔於〕已《すで》に始(ること)无し。

「此四住地力《ししぢうぢりき》」(といふ)従《よ》(り)以下は、躰相(を)出(すが)中の〔之〕第二に功用を格量す。中に就て又分(ちて)五(と)為《す》。第一に四*住地の劣を明(す)。第二(に)「世尊。如是无明住地」(といふ)従《よ》(り)以下は、无明住地の勝を明(す)。第三に「譬如悪魔《ひによあくま》」(といふ)従《よ》(り)以下は比を挙(げ)て勝を明す。第四に「恒沙等数《がうじやとうしゆ》」(といふ)従《よ》(り)以下は、无明住地の勝を釋[2]す。第五(に)『如是世尊』(といふ)従《よ》(り)以下(は)、勝(を)結(す)。

○世尊。此四住地力。一切上煩悩依種。比ニ无明住地一。算数譬喩。所

四住地の惑　四住地の煩悩と同じ。四つの潜在的煩悩。これは一切の起の煩悩(纒)、すなわち顕在的煩悩を生ぜしめ、また一切の上煩悩(随煩悩)の依りどころとなる。

識心　瞬間瞬間に心作用を起す心。以下、経文の語義解釈は敦煌本と同じ。しかしながら、チベット訳に基づいて経文を読むならば、「起者刹那、心刹那相応」(菩提流志訳は「起煩悩者、刹那刹那与心相応」とする)とすべきであろう。意味は、起の煩悩(顕在的煩悩)は(住地の煩悩＝潜在的煩悩も同様に)、瞬間性のものであって、一瞬一瞬の心に対応して生ずるものである。二一七頁の経文にも同じ文がある。

受想行等なり　心作用としてあらわれる感受作用・表象作用・意志作用・識別作用の四つ。これが義疏の「四心」であろうか。

根本は…相應すること无し　敦煌本に「根本枝條並无四心相応也」とある。「並无」は「決して…ない」の意。煩悩の根本である無知は、住地や起の煩悩とちがって、根源的煩悩であり、心の作用と対応して瞬間的に生滅するものでは決してない。

四住地の劣　四つの潜在的煩悩(四住地の惑)が煩悩の根本である無知(無明住地)に比べて勢力の劣ること。

1 **悩** 文墨「ハ」あり。
2 **地** 文墨「ノ」あり。
3 **鄣** 後朱「サフルノ」あり。
4 **依** 文墨「テ」あり。
5 **数** 応朱「カスヘ」あり。

一切上煩悩者、恒沙上煩悩、従无明住地上生、亦鄣衆生行之上故、謂之上煩悩、依種者、別相煩悩、依通相而有、謂之為依、通相煩悩能生別相、稱之為種、依取五住地家起煩悩、種取四住地根本取相、次挙无明住地、正明劣、

従世尊以下、第二明无明住地勝、与前反覆為二、於有愛数・四住地者、有愛謂无色或▽、又数、『色反数取下色愛欲愛及見一處、足為四住地、

第三挙比明勝、即有開合、可見、

或―文庫本「惑」に作る

〔五五オ〕

レ不レ能レ及。

「一切上煩悩」といふは〔者〕、*恒沙《がうじゃ》の上煩悩[1]（は）、无明住地[2]（の）上従《よ》（り）生（じ）て、亦衆生の行の〔之〕上を鄣《さ》[3]（ふ）る（が）故に、之を「上煩悩」と謂フ。「依《え》種《しゅ》」といふは〔者〕、*別相の煩悩は、通相に依[4]（て）〔而〕有り。之を謂（ひ）て「依《え》」と為《す》。通相の煩悩は能く別相を生ず。之を稱じて「種」と為《す》。「依*」は五《ご》住地《ぢうぢ》家《け》の起《き》の煩悩を取る。「種*」は四住地の根本の取相を取る。次に「无明住地」を挙（げ）て、正（し）く劣を明す。

○世尊。如レ是无明住地力。於二有愛。数四住地一。无明住地。其力最大。

「世尊」（といふ）従《よ》（り）以下（は）、第二に无明の住地の勝を明す。*前与《と》反覆して二と為《す》。

「於有愛。数四住地」（と）いふは〔者〕、「有愛《うあい》」（といふ）は謂く、*无色の或なり。*又「数」（と）いふは、色《しき》より反（り）て下の色愛と欲愛と〔及〕見一處とを数[5]（へ）て取（り）て、足《た》（し）て「四住地」と為〈す〉。

○譬如下悪魔波旬。於二他化自在天。色力寿命。眷属衆具一。自在殊勝上。

如レ是无明住地力。於二有愛。数四住地一。其力最勝。

第三には比（を）挙（げ）て勝を明す。即（ち）開合*有り。見（つ）可《べ》（し）。

恒沙の…と謂フ　ガンジス河の砂の数のごとき無数の煩悩は、無知の上から生じ、そしてまた人びとの修行上の障碍となるから、「上煩悩」と呼ぶ。敦煌本には「鄣」の代りに「映彰」とする。

別相…依と為　それぞれの煩悩（別相の煩悩）はこれを総括した共通の煩悩（通相の煩悩）、つまり煩悩の根本たる無知に依存しているから、「依」という意。

依は…取る　「依」とは、五つの潜在的煩悩（四つの潜在的煩悩と根本煩悩の無知をいう）が顕在的煩悩（起の煩悩）の依所であるの意。

種は…取る　「種」とは、根本煩悩たる無知が働きを起して、四つの潜在的煩悩を生ずるところの種子であるの意。

前与反覆して二と為　第一の場合を重ねてくりかえす部分であるの意。

无色の或　経文にいう生存欲（有愛住地）を説明して、物質（色）にたいするとらわれのない領域（无色界）の煩悩という。

又数…四住地と為　義疏の解釈によれば、「数」は品類（同類）の意で、有愛以外の三つも四住地の部類に入っているから、まず有愛を代表して出すとする。この一句は敦煌本の「有数〈色優反〉取下色愛。欲愛。及見一処。足為四住地也」（〈色優反〉は発音を示す注）を誤記したものであろう。有愛住地を无色界（无色有）に属するとしたから、他の三つの住地は色界（色有）に属するという意味で「有数〈色優反〉」というのであろう。ただし、チベット訳はここの経文について、無明住地を有愛住地と呼び、四住地を威圧するとする。

開合　開譬と合譬。譬えを挙げるのと、譬えを結びつけるのとの二つをいう。

従恒沙等数以下、第四釋勝、
久住者、遠作根本也、此就生明勝、二乗不能断・唯佛菩提智能
断者、就断明勝、菩提智謂、空解也・此未明断、借断明力、一
云・金剛心断惑已盡、名為学佛、故云如来菩提智断、
従如是以下、第五結勝、可見、
従又如取縁以下、出煩悩躰相中之第「三、明其潤業不同、又分 〔五五ウ〕
為四、
第一、明四住地惑、潤有漏業而生三有、
縁・者謂、四住地惑、言此惑能

1 借 後朱「ツ」あり。
2 学 「覚イ」あり。応墨か。
3 云 後朱「フ」あり。
4 言 後朱「ハ」あり、但し擦消。

○恒沙等数。上煩悩依。亦令二四種。煩悩久住一。阿羅漢。辟支佛智。所レ不レ能レ断。唯有三如来菩提智。之所二能断一。

「恒沙等数」(といふ)従《よ》(り)以下は、第四に勝を釋す。「*久住《くぢう》」といふは〔者〕、遠く根本と作《な》ル(なり)〔也〕。此は生に就て勝を明す。「二乗《にじよう》。不能断《ふのうだん》。唯佛菩提智《ゆいぶつぼだいち》。能断《のうだん》」といふは〔者〕、*断に就て勝を明す。「菩提智」といふは謂く、*空の解(なり)〔也〕。此《こゝ》には断を明(さ)未《ず》。断を借[1](り)て*力を明す。*一には云く、金剛心に惑を断じて已に盡せるを、名(け)て*学佛[2]と為《す》。故に「如来菩提智断」と云[3](ふ)。

○如レ是世尊。无明住地。最為二大力一。

「如是」(といふ)従《よ》(り)以下(は)、第五に勝を結す。見(つ)可《べ》(し)。「又《う》如取縁《によしゆえん》」(といふ)従《よ》(り)以下は、煩悩の躰相を出す(が)中の〔之〕第三に、其の潤業《にんごふ》の不同を明す。又分(ち)て四と為《す》。

○世尊。又如三取縁。有漏業因。而生三三有一。

第一に、四住地の惑の、有漏の業を*潤(じ)て〔而〕*三有《さむう》に生ずといふことを明す。

「縁」といふは〔者〕謂く、四住地の惑なり。言[4](ふこゝろ)は、此の惑、能く

久住…勝を明す　「久住」(久しく住せしめる)とは、無知が無始以来、四つの潜在的煩悩の根本となっていることをいい、ここでは潜在的煩悩が生ずるよりどころだから、勝れているということを説くのである。

断…明す　仏のさとりの智慧(菩提智)のみが根本煩悩たる無知を断つことができる点を挙げて、その勝れていることを明かす。

空の解なり　なにものにもとらわれることがない(空)という意味である。

力　無知の力。

一には…と云ふ　一説では…。敦煌本の所説と同じ。如来の菩提智は煩悩を断じ尽して得られたものだから、さらに煩悩を断ずる働きはないとする見解と、そうではないという考えと二種が行なわれていたから、いまは後者の「仏果の断」に関して、一説を紹介している。吉蔵『勝鬘宝窟』(大正蔵三七、五三上)を参照。

学佛　この個所の意味を『勝鬘宝窟』(右同)によって見ると、求道者が金剛心によって、前念に無知を断じ尽して仏果を生起し、後念にはいかなる煩悩も生じない点で、仏果に断の働きがあるという。学仏を覚仏の誤りと見る考えもあるが、敦煌本は本義疏と同文である。学仏は仏地を学す、すなわち仏果をさとるの意といえよう。

潤じて　四住地の煩悩が汚れある行為(有漏の業)を起して、人びとを種々の迷いの生存に生まれさせる間接原因となるから、これを「潤(るう)おす」という。それ故に、輪廻の生存を招く行為を「潤業(にんごう)」あるいは「潤生業(にんしょうごう)」という。

三有　欲有・色有・無色有の三つ。「有」は生存の意味で、この三つはいずれも迷いの生存を指す。

1 言　後朱「フ」あり。
2 此　「す」あり。衍か。後朱「シ」あり。
3 に　或は「なり」で「(にし)てなり」か。
4 は　抹消か。

助業取果為果之縁也、有漏業因者・通言善悪諸業、
第二、従如是以下、明无明住地惑、潤无漏業、受変易生、
第三従此三地以下、明无明住地通潤一切業受生、
此三地者、此三界地、彼三種者彼三乗人、意生者変易生、身生
者・分段生也、及无漏業生者「即謂、業生、一云▽、上言意生、
直談変易果生、故此言无漏業為因、而生、又上雖言三地、未明
有色无色、故更重挙二生以顕之

〔兵才〕
云―明治本「曰」に作る

果を取る　四住地の惑が助縁となって人びとを迷いの生存に生まれさせるという果を取る。

无漏…潤じて　無明(無知)が、煩悩の汚れなき行為(無漏の業)を起こす間接原因となるの意。

変易生　変易生死。

三界地　一九五頁注「三有」に同じ。

意生　意生身。意志によって生じた身体。これは阿羅漢と辟支仏と大力の求道者が得るところのもので、変易生死に属する。

身生　身生身。これは一般にいう輪廻の身体をもつ生まれ方で、分段生死に属する。しかしながら、経文の「意生身生。及无漏業生」は、チベット訳と対照すれば、「意生身生じ、及び無漏業生ずるは」と読むべきであろう。「意生」と「身生」と二つに分けた義疏の解釈は敦煌本と同じ。

一に云く　以下の説明は敦煌本と同文であるから、「一」とは敦煌本を指すと思われる。ちなみに、太子義疏が語義解釈のほとんどを敦煌本に依っていながら、その旨を一々ことわっていないのが普通である。いまの場合もそうであるのに、あえて「一に云く」としたのは理解出来ない。

上に…と言ふ　敦煌本の「前言意生。直談変易果生。此言无漏為業。是因能生也」とほぼ同文である。

有色…明さ未　いろ・かたちある身体、いろ・かたちのない身体のいずれを指すのか明らかにされていないの意。

二生　意生と身生。

業を助(け)て果を取*(る)を果の〔之〕縁と為《す》るなり〔也〕。「有漏業因《うろごふいん》」といふは〔者〕、通(じ)て善悪の諸業《しよごふ》を言[1](ふ)。

○如レ是无明住地縁。无漏業因。生ニ阿羅漢。辟支佛。大力菩薩。三種意生身一。

第二に、「如是」(といふ)従《よ》(り)以下(は)、无明住地の惑の、*无漏《むろ》の業を潤じて、*変易生《へんやくしやう》を受くといふことを明す。

○此三地。彼三種。意生身生。及无漏業生。依ニ无明住地一。有レ縁非レ无レ縁。

第三に「此三地《しさむぢ》」と(いふ)従《よ》(り)以下は、无明住地(は)通じて一切の業を潤じて生ずることを受(くることを)明す。

「此三地」といふは〔者〕、此[2](の)三*界地に、「彼三種《ひさむじゆ》」といふは〔者〕、彼い三乗人に[3](し)て(なり)。「*意生」といふは〔者〕変易生なり。「*身生」といふは〔者〕、分段生《ぶんだんしやう》なり〔也〕。「及无漏業生《ぎふむろごふしやう》」といふは〔者〕即(ち)謂く、業の生ずるなり。*一に云(く)、*上に「意生」と言フは、直に変易の果の生を談ず。故に此《こゝ》[4]には无漏の業を因と為《(し)》て、而も生(ず)と言(ふ)。又上に「三地」と言(ふ)と雖ども、*有《う》色《しき》无《む》色《しき》を明(さ)未《ず》。故に更に重(ね)て二*生(を)挙(げ)て以て之を顕すなり

也、依无明住地者・明无明住地、通潤一切業、物謂、无明住地、
但為変易作縁、不縁分段、故云有縁非无縁、
従是故以下、第四結无明住地潤无漏業受変易生、
従世尊如是以下、出煩悩躰相中之第四、明断除之義、又分為三、
第「一明二種住地業不同、可見、 〔五六ウ〕
第二正明断除、
佛地所断者、通言佛地一切功徳、佛菩提智所断者、偏挙断結空
解、

1 身　蔵本なし。
2 結　後朱「なり」あり。

〔也〕。「依无明住地《えむみやうぢうぢ》」といふは〔者〕、无明住地は、通(じ)て一切の業を潤ずることを明す。物*い謂《おも》(は)く、无明住地は、但し変易の為に縁と作《な》(り)て、分段には縁とせ不《ず》。故に「有縁非无縁《*うえんひむえん》」と云(ふ)。

○是故。三種意生身。及无漏業。縁二无明住地一。

「是故《ぜこ》」(といふ)従《よ》(り)以下は、第四に无明住地は无漏の業を潤じて変易生を受(くる)ことを結[2](するなり)。[1]

「世尊。如是」と(いふ)従《よ》(り)以下は、煩悩の躰相を出す(が)中の〔之〕第四に、断除の〔之〕義を明す。又分(ち)て三と為《す》。

○世尊。如レ是。有愛住地。数四住地。不下与二无明一。住地一業同上。

第一に二*種の住地の業の不同を明す。見(つ)可《べ》(し)。

○无明住地。異二離四住地一。佛地所断。佛菩提智所断。

第二に正(し)く断除を明す。

「佛地所断《ぶつぢしよだん》」といふは〔者〕、通(じ)て佛*地の一切の功徳を言(ふ)なり。「佛《ぶつ》菩提智所断《ぼだいちしよだん》」といふは〔者〕、偏*に断結《だんけち》の空の解を挙ぐ。

○何以故。阿羅漢。辟支佛。断二四種住地一。无漏不レ盡。不レ得二自在力一。亦不レ作レ證。无漏不レ盡者。即是无明住地。

物　世の人びと。

有縁非无縁　チベット訳によれば、一つの縁(条件)があれば、それによって必ず他の縁が生ずるとする。無明住地によって意生身が生じ、やがて無漏業の完成を結果する、ということを説こうとする。

二種の住地…不同を明す　四住地と無明住地の二つについて、両者がさとりを得させるまよいである点で性格は似ているが(ここの経文は「世尊よ、是の如く有愛住地もなり」と読むべきであろう)、「数の四住地」つまり四住地は分段生死を、無明住地は変易生死を引起す点で、両者の働きが異なるという。

佛地の一切の功徳　仏果たるさとりの智慧がもつところの、一切のすぐれた働き。

偏に…挙ぐ　敦煌本は「偏出断結之智。即照空之解也」という。如来のすぐれた働きのうちの一つとして煩悩を断ずる空智の解を出す。

第三釋・標疑何以言唯佛地能断二乗不断歟、釋曰・二乗唯除四住地、亦无漏不盡、

无漏不盡者謂、未盡證无漏也、不得自在力者謂、未盡證无漏故、不得自在力也、明既未證、未自在故、不得断无明住地也、亦不作證・无漏不盡者・即是『无明住地者・明由未断无明住地故、〔五七オ〕應證不證也、應證者无断可▽證也、一云、无漏不盡者・應无之漏不盡也、應无之漏者謂、无明住地、故即下云无漏不盡者即是无明住地、而生此中釋、作標疑、為佛能断、正釋、以二乗不断、蓋互通為釋也・

従世尊阿羅漢辟支以下、別會二乗果中之第五、歴結前四重、上来四段、但承上事、

可—文庫本「不」の誤とす

1 **言** 応朱・後朱「フ」あり。
2 **歟** 後朱「耶」あり。
3 **盡** 後朱「コト〱ク」あり。
4 **盡** 「て」あり。衍。
5 **在** 「を」あり。衍か。
6 **明** 後朱「シ」あり。
7 **者** 後朱「モノ」あり。
8 **可** 後朱「ケンヤ」あり。
9 **无** 後朱「ムス」あり。
10 **无** 後朱「ムス」あり。
11 **應** 後朱「き」あり。
12 **即** 応墨「チ」あり。
13 **云** 後朱「フ」あり。
14 **而** 応墨「ルニ」あり。
15 **釋** 応墨「ヲ」あり。
16 **生** 応朱「セムトシテ」、後墨「ヒ歟」あり。
17 **疑を標して作すには** 存疑。応墨「(釈ヲ)作(ツク)リ疑ヲ標(する)ニハ」あり。
18 **為** 応朱「ヨリ」あり。
19 **上** 応朱「ミ」あり。
20 **承** 後墨「ウケテ」あり。

第三に釋(すら)く、疑を標して何を以(て)か唯し佛地のみ能く断じて二乗(は)断(ぜ)不《ず》と[1]言(ふ)歟《や》[2]。釋して曰く、二乗は唯し四住地を除き、亦无漏を盡(さ)不《〈ず〉》。

「无漏不盡」といふは〔者〕謂く、盡[3]して无漏を證(ぜ)未《ざ》る(なり)〔也〕。「不得自在力」といふは〔者〕謂く、盡[4]して无漏を證ぜ未《ざ》(る)が故に、自在力を得不《ざ》(る)なり〔也〕。既に證(ぜ)未《〈ず〉》、自在[5](なら)未《ざ》(る)が故に、无明住地を断ずることを得不《ず》といふこと(を)明す〔也〕。「亦不《やくふ》作證《さしよう》。无漏《むろ》不盡者《ふじんしや》。即是《そくぜ》无明住地《むみやうぢうぢ》」といふは〔者〕、无明住地を断ぜ未《ざ》るに由るが故に、證*ず應《べ》きを證ぜ不《ず》といふことを明し[6]〔也〕、證ず應《べ》き者《〈もの〉》[7]を断(ずる)こと无(く)して證ず可[8](けむや)〔也〕。一には云く、「无漏不盡」といふは〔者〕、*[9]无《な》(みす)應《べ》き〔之〕漏を盡(さ)不《ざ》るなり〔也〕。无[10](みす)應《べ》[11](き)〔之〕漏といふは〔者〕謂く、无明住地なり。故に即[12](ち)下に「*无漏不盡者。即是无明住地」と云[13](ふ)。而[14](るに)此*の中の釋[15]を生[16](ぜむとして)、疑[17]を標して作(す)には、佛の能断に為《よ》[18](り)、正(し)く釋するに、二乗の不断を以てす。蓋し互に通(じ)て釋を為《な》(す)なり〔也〕。

「*世《せ》尊《そん》。阿羅漢《あらかん》。辟支《びやくし》」(といふ)従《よ》(り)以下(は)、別に二乗の果を會する(が)中の〔之〕第五に、前の四重を歴結す。上来の四段は、但(し)上[19]の事を承[20](け)て、

證ず應き…證ず可けむや　「証ず応き」とはさとるべき無漏(けがれのないさとりの境地)を指す。この無漏は無明の煩悩を断ずることによって得られるから、後半の句は、無明を「断ずること無くして」無漏をさとることがどうしてできようかの意。花山信勝(前掲書、二三四—六頁)は古来の訓読に明確さを欠くと述べ、「断」は「無明断」と解して「応レ証者無二断可一レ証也」、または「可」を「不」の誤字とみて「応レ証者無レ断不レ証也」の二通りの読み方があろうと提示している。しかるに、敦煌本では「亦不作証者。无断可証也」(亦、作証せずとは、〔無明を〕断じて〔無漏の〕証すべきこと无きなり)とあるから、義疏の「応証者无断可証」の「応証者」は、「(亦)不作証者」の誤写であろうか。

无みす應き漏　当然滅すべき無明のことをいう。ここにいう一説は、敦煌本の注釈文と同じである。

无漏不盡…住地　チベット訳は、漏尽というのは無明住地の異称であるとし、一乗の立場から二乗のいう漏尽は究極の漏尽ではないとする。

此の中の…為すなり　この一段の主旨は、つぎのごとくである。経文では、この部分の解釈にあたって、「何故に仏だけが煩悩の根本たる無知を断ずることができるか」というかたちで疑問が提起されたのに、その答えはむしろ「二乗の人びとは断ずることができない」というかたちでなされている。思うに、両者の一つを解釈すれば、他の一つも説明されるとみなしたためであろう。

◇世尊…　㈢の5 前四項をそれぞれ結論づけるこの項は科文に示すように、さらに四つの部分に分けられる。

即釋而不悉明其之相、故『此更簡而結也。即分為四、第一従初〔五七ウ〕
訖名向涅槃界、結上第一段、奪四智及涅槃不満、第二従若知一
切苦以下、結上第二段、明究竟唯在於佛、非是二乗、第三従世
尊於此起煩悩以下、結上第四挙二種煩悩以釋第三二死兼除不除、
第四従世尊不受後有。智有二種以下、結上第三段、挙二種生死
以釋第二究竟不究竟、本義云、従此下、結前第『二、唯如来究〔五八オ〕
竟。二乗不究竟、就中分為四、第一、結二乗不究竟、第二、従
若知一切苦以下、結如来究竟、第三従世尊若无明住地不断以下、
釋結二乗不究竟、第四、従世尊於此起煩悩以下、釋結如来究竟、
若尒、只、結第一第二、不結第三第四而已・且已結、更釋、釋
結則无窮、

1 **簡**　後墨「エラン」あり。
2 **唯**　「し」あり。後朱か。
3 **竟**　後朱「し」あり。
4 **不**　後朱「こと」あり。
5 **不**　後墨「シテ」あり。
6 **而已**　後墨「ンヤ」あり。

即(ち)釋スレども〔而〕悉く*其の〔之〕相を明(さ)不《ず》。故(に)此《こゝ》に更に簡[1]《えら》(び)て而も結する(なり)〔也〕。即(ち)分(ち)て四と為《す》。第一に、初従《よ》り「名向涅槃界《みやうかうねちはんがい》」(といふ)に訖《をは》(るま)で、上の第一の段の、*四智(と)〔及〕涅槃(の)不満(と)を*奪(ふ)ことを結す。第二に「若知一切苦《にやくちいちさいく》」(といふ)従《よ》(り)以下(は)、上の第二の段は、究竟は唯し〔於〕佛に在り、是れ二乗には非(ず)といふことを明(すこと)を結(す)。第三(に)「世尊《せそん》。於此起煩悩《おしきぼんなう》」(といふ)従《よ》(り)以下は、*上の第四に二種の煩悩を挙(げ)て以て第三に二死兼(ね)て除き除(か)不《ず》といふことを釋するを結す。第四に「世尊《せそん》。不受後有智《ふじゆごうち》。有二種《うにしゆ》」(といふ)従《よ》(り)以下は、上の第三の段に、二種生死を挙(げ)て以て*第二の究竟と不究竟とを釋するを結す。*本義の云く、此従《よ》(り)下は、前(の)第二に、唯[2](し)如来は究竟[3](し)、二乗は究竟(せ)不[4]《ず》といふことを結す。中に就(て)分(ち)て四と為《〈す〉》。第一に、二乗の不究竟を結す。第二に、「若知一切苦」と(いふ)従《よ》(り)以下は、如来(の)究竟を結す。第三に「世尊《せそん》。若无明住地《にやくむみやうぢうぢ》。不断《ふだん》」(といふ)従《よ》(り)以下(は)、二乗の不究竟を結することを釋す。第四に、「世尊。於此起煩悩」(といふ)従《よ》(り)以下(は)、如来の究竟を結することを釋す。若し尒《しか》(ら)ば、只、第一第二を結(し)て、第三第四を結せ不[5]《ざ》(らくのみ)〔而已〕[6]。*且已に結し、更に釋せば、釋結〔則〕无窮《むぐ》なり。

其の相を…結するなり　当面の段階における特質を明らかにしていない。それ故に、ここではさらにその点をとり出して、結論づける内容とするのである。

四智と涅槃　二乗の人びとが獲得したところの、迷いを断ずる四種の智慧と、および涅槃のさとり。

奪ふこと　斥けること。

上の第四…結す　さきの第四における二種類の煩悩をとり挙げて、第三で論ずる「二乗の人びとは分段生死を離れているが、変易生死を離れることができない。仏は分段と変易の二種の生死をともに離れている」という解釈を結論する。

第二の究竟…結す　第二で論ずる「仏には究極のものがあるが、二乗の人びとには究極のものがない」という解釈を結論する。

本義の云く　敦煌本の「結前第二段。唯如来究竟。二乗不究竟也」とほぼ同文である。そして、以下四つに分ける科文も同じ。

且已に…无窮なり　すでに結論したものを重ねて解釈するということになれば、解釈と結論が果てしなく続くから、無窮の過誤に陥る。従って、本義の説を採用しないという意。

此少不宜、故不須也、
第一、結上第一四智及涅槃不満、上直言不満故、今結「七徳不 〔三六ウ〕
満故、奪也、七徳不満者・一智慧不満・二断不足・従以不知見故以下、是、三解脱未満、従以不断故以下是、四清浄未円、従名有餘清浄以下是、五功徳未満、従名成就以下是、六智境不周、従以成就有餘以下是、此前六、結奪四智、七涅槃未極・従是名以下是、此結奪涅槃果、而所以第六事牒前第三四五事

1 **須**　応墨「モチイ」あり。
2 **断**　蔵本「離」に作る。
3 **成就**　蔵本なし。
4 **満**　後朱「いふは」あり。

◇第一には…　㈢の五イ「二乗の四智と涅槃は究

此は少《すこ》(し)き宜(しから)不《ず》。故に須《もち》[1](ゐ)不《ず》〔也〕。

○世尊。阿羅漢。辟支佛。最後身菩薩。為㆔无明住地。之所㆓覆障㆒故。於㆓彼彼法㆒。不知不覚。以㆑不㆓知見㆒故。所㆑應㆑断者。不㆑断不㆓究竟㆒。以㆑不㆑断故。名㆘有㆓餘過㆒解脱㆖。非㆘断[2]㆓一切過㆒解脱㆖。名㆓有餘清浄㆒。非㆓一切清浄㆒。名㆑成㆓就有餘功徳㆒。非㆑成[3]㆓就一切功徳㆒。以㆑成㆓就有餘解脱。有餘清浄。有餘功徳㆒故。知㆓有餘苦㆒。断㆓有餘集㆒。證㆓有餘滅㆒。脩㆓有餘道㆒。是名㆑得㆓少分涅槃㆒。得㆓少分涅槃㆒者。名㆑向㆓涅槃界㆒。

*第一には、上の第一の四智(と)〔及〕涅槃の不満(と)を結す。上に直に「不満」と言フが故(に)、今*七徳不満を結するが故に、奪(ふなり)〔也〕。七徳不満[4](といふは)〔者〕、一には*智慧不満、二には*断不足、「以不知見故」《いふちけんこ》(といふ)従《よ》(り)以下、是(れ)なり。三に*解脱未満、「以不断故」《いふだんこ》(といふ)従《よ》(り)以下、是(れ)なり。四に清浄未円《しやうじやうみゑん》、「名有餘清浄」《みやうういしやうじやう》(といふ)従《よ》(り)以下、是(れ)なり。五に功徳未満、「名成就」《みやうじやうじゆ》(といふ)従《よ》り以下、是(れ)なり。六に*智境不周、「以成就有餘」(といふ)従《よ》(り)以下、是(れ)なり。此の前の六は、四智を奪(ふ)ことを結す。七に(は)*涅槃未極、「是名」《ぜみやう》(といふ)従《よ》(り)以下、是(れ)なり。此れは涅槃の果を奪(ふ)ことを結す。而(も)第六の事に(して)前の第三四五の事を牒《てふ》する

極のものではない」という解釈を結論するすなわち、聖者の位に達する人、みずからさとる人、およびこの世が終れば輪廻を離れて仏の位につく求道者の三者は、煩悩の根元である無知に覆われているから、たといかれらが獲得した解脱、清浄、涅槃と名づけるさとりの境地も、仏のそれに比べると過誤があり、不完全で部分的なものといえる。だから完全なさとりに向かって、かれらは修行すべきであると説く。

七徳不満　敦煌本では「七徳不備」とする。不満は円満しないこと。↓補

智慧不満　この個所の経文に「最後身菩薩」とあるのは、この世限りで輪廻の生存の最後を尽す菩薩という意。

断不足　煩悩の断が不十分であること。

解脱未満　この個所の経文に「余過有る解脱」というのは、罪垢からの解脱において未だその残余を有するの意。

智境不周　真理観察の智慧とその対象(智と境)が不完全であるの意。ここでは苦集滅道の四諦の観察についていう。経文の「有余」は有余涅槃の語が示すように、部派仏教いらい、残余の依身、つまり肉体がまだある状態で涅槃のさとりを得ているのは、完全な涅槃でないとされているから、これをうけて、本章には小乗の涅槃に三つの過失あることを注釈文に示し、また第七、如来蔵章にも、二乗の人びとと第七地以下の求道者を有余人(身体のけがれを残す人)と名づけ、そのような人の涅槃を有余涅槃と名づけるとしている。そして仏を無余人、そのさとりを無余涅槃と呼んでいる。

涅槃未極　この個所の経文に「少分涅槃」というのは、部分的涅槃の意。

者、第二已牒第一、第三已牒第二、『而第四不牒第三、第五不牒　〔五九オ〕
第四、所以此六中併牒也
従若知一切苦以下、結上第二、明究竟在佛、非在二乗、就中即分為二、第一、先結佛究竟、第二従世尊若无明住地以下、結二乗非究竟、上直言究竟唯在佛故・今結七徳満足故云究竟、以対二乗七徳不満、分文為八、
一以初四一切作析別、明智境満足以対上第六智境不周、二以二无常明『涅槃満足以対上第七涅槃不満、　〔五九ウ〕

1 牒　後朱「する」あり。
2 在　後朱「イマ」あり。
3 結　後朱「し」あり。
4 言　応朱「フ」あり。
5 満足…結して　後墨「満足ヲ結ス故ニ究竟ト云テ」あり。
6 无　此上宋本・元本・明本「於」あり。
7 界　蔵本なし。
8 析別　応墨「サシサケタル」あり。「析」に「シヤク」あり。応朱か。
9 常　文墨「ヲ」あり。

所以《ゆゑ》は〔者〕、第二は已に第一を牒し、第三は已に第二を牒す。〔而〕第四は第三を牒(せ)不《ず》。第五は第四を牒(せ)不《ず》。所以《このゆゑ》に此の六が中に併(せ)て牒[1](するなり)〔也〕。

*「若知一切苦《にやくちいちさいく》」(といふ)従《よ》(り)以下(は)、上の第二に、究竟は佛に在[2]して、二乗に在(るに)非(ず)といふことを明す(ことを)結す。中(に)就(て)即(ち)分(ちて)二(と)為《す》。第一に、先づ佛の究竟を結[3](し)、第二に「世尊《せそん》。若无明住《にやくむみやうぢう》地《ち》」(といふ)従《よ》(り)以下(は)、二乗の非究竟を結す。上に直に「究竟は唯し佛にのみ在《いま》す」と言[4](ふ)が故なり。今七徳満[5]足するが故に究竟と云(ふ)と結して、以て二乗の七徳不満に対す。*文を分(ち)て八と為〈す〉。

○若知㆓一切苦㆒。断㆓一切集㆒。證㆓一切滅㆒。脩㆓一切道㆒。於㆓无常壊世間。[6]无常病世間㆒。得㆓常住涅槃界[7]㆒。於㆓无覆護世間。无依世間㆒。為㆑護為㆑依。何以故。法无㆓優劣㆒。故得㆓涅槃㆒。智慧等。故得㆓涅槃㆒。解脱等。故得㆓涅槃㆒。清浄等。故得㆓涅槃㆒。是故涅槃。一味等味。謂解脱味。

一には*初の四の「一切」を以て析別《しやくべち》[8]を作《な》して、智境満足を明(し)て以て上の第六の智境不周に対し、二には*二无常[9](を)以て涅槃の満足を明(し)て以て上の第七の涅槃不満に対す。

◇若知一切苦…　㈢の五ロ「究極のものは仏にのみある」という解釈を結論する

あらゆる煩悩の根本である無知を断じて、自心を浄化し、自由(解脱)と平等(涅槃)の境地を得るようにと、勝鬘夫人は説法しつづける。ここで注目すべき点は、われわれの苦悩に満ちた日常の現実人生を離れて、それ以外に自由と平等のさとりはないということである。

文を分…と為　以下には一〜四まであるが、五〜八は明示していない。二〇九頁十行以下の四つの「次に…」がそれであろう。

初の四の…智境満足を明して　苦・集・滅・道に「一切」ということばをつけることによって、二乗の人びとの四諦観と区別し、仏の観察智と観察対象(四諦)が完全であることを明かすの意。

二无常　無常壊と無常病。

謂―此下蔵本「調」あり

无常壊謂、分段生死・有身壊命也、无常病謂、変易生死・雖无
身壊命、猶有念念遷移義自病也、
三以无覆護无依明依帰徳満足、此不対上、
上无蔭蓋為无覆、傍无力授為无護、无依者謂、変易衆生、无依
亦軽於无覆護也、
四挙法身等以釋涅槃満足、初挙法身亦不対上、次挙波若以対上
第一智慧不満、次挙解脱『以対上第三解脱不満、次挙清浄以対 〔六〇オ〕
上第四清浄不満、次挙三点以結七徳満足、
此何以故、通下三徳為標、法无優劣者、本義云・諸佛法身无優
劣也、波若解脱清浄釋等亦同此、而今、釋是対小乗涅槃三過、

1 **なり** 抹消か。
2 **病** 後朱「する」あり。
3 **上** 後墨「ウヘニ」あり。
4 **蔭蓋** 後墨「ヲンカイ」あり。
5 **軽** 後朱「カロキナリ」あり。又、後墨あり。「カショシ」か。
6 **対** 後朱「し」あり。
7 **点** 応墨「テン」あり。
8 **浄** 応朱・後朱「ヲイテ」あり。
9 **而** 後朱「れ」あり。

身壊命有るなり 原文は「有身壊命也」。敦煌本は「有身壊命終也」(身壊し命終る有る也)となっ

「无常壊《むじやうゑ》」といふは謂く、分段生死(は)*身壊命《しんゑみやう》有るなり〔也〕。「无常病」といふは謂く、変易生死なり。[1] 身壊命无(しと)雖(も)、猶念*念遷移の義有(り)て自《〈ヲ〉のづか》(ら)病[2](する)なり〔也〕。

三に(は)「无覆護」と「无依」とを以て*依《え》帰《くゐ》の徳の満足を明す。此れは上に対(せ)不《ず》。

上[3]に蔭[4]蓋无きを「无覆」(と)為《〈し〉》、傍に力授无きを「无護」と為《〈す〉》。「无依」といふは〔者〕謂(く)、変易の衆生なり。「无*依」は亦〔於〕「无覆護」よりも軽きなり[5]〔也〕。

四に(は)法身等を挙(げ)て以て涅槃の満足を釋す。初に法身を挙(げて)亦上《か〈ミ〉》に対(せ)不《ず》。次に「波若《はんにや》」を挙(げ)て以て上の第一の智慧不満に対し、次(に)は「解脱」を挙(げ)て以(て)上の第三の解脱不満に対[6](し)、次には「清浄」を挙(げて)以て上の第四の清浄不満に対し、次(に)は*三《さむ》[7]点《てむ》を挙(げ)て以て七徳満足を結す。

此の「何以故《がいこ》」は、下(の)三徳に通(じ)て標を為《な》す。「*法无優劣《ほふむうれち》」者《〈と〉》いふは、本*義の云く、諸佛の法身は優劣无きなり〔也〕。「波若《はんにや》」「解脱」「清浄[8]」において「等」を釋すること亦此《こ》れに同《どう》なり。而[9](れど)も今、是れ小乗の涅槃の三*過

ているし、原始仏教いらい、五蘊和合の身体が離散し寿命が尽きて死ぬことを、そのように表現しているから、「身壊命」ではなく「身壊命終」とすべきである。

念念遷移…病するなり　変易生死には一瞬一瞬に生滅変化する無常の道理がまだ支配しているから、変易生死の人は、おのずと無常の過患に病む。

依帰の徳の満足　仏は人びとから帰依をうける徳性を完全に具えていること。

无依…軽きなり　変易生死をうける無依の人は、無覆護の分段生死をうける人よりも煩悩が軽い。

三点　悉曇の「伊」字𑖂は三点からなり、三点が縦列でもなく横列でもないという形状に基づいて、涅槃のもつ三つの徳性(三徳)、すなわち法身・般若・解脱が相即不離の関係にあることの譬えとしている。↓補

法无優劣　チベット訳は「好醜(優劣)を区別する性質の者は涅槃を獲得できない」とする。つぎに出す経文「智慧等」は「平等の智慧をもつ者」であり、「解脱等」は「平等の解脱をもつ者」であり、「清浄等」は「平等の清浄なる知見をもつ者」の意。

本義の云く　原文は「諸仏法身无優劣也」とあるが、敦煌本は「言法身与諸仏。无有優劣。此即一等也」とし、以下、「法身」以外の智慧、明解脱、清浄についても諸仏との優劣についてとする。訓読文のごとくであるならば、「仏のもつ法身に関しては、どの仏の法身も平等で優劣がない」の意味となる。吉蔵『勝鬘宝窟』は義疏の解釈と同じ。

三過　三つの過誤。不俱(共通でないこと)・不満(完全でないこと)・不等(平等でないこと)の三つ。この解釈は敦煌本にない。

昔日少▽乗有餘无餘二種涅槃、通有三過、一不倶・二不満・三不等・三徳優劣故不等、三徳不共故不倶・三徳未究竟故不満、所以名少分、今『日涅槃无此三過、皆是一等故、云常住涅槃界、〔六〇ウ〕是故涅槃・一味等味・謂明▽解脱味者・一味謂波若・等味謂法身・言、此涅槃通名三徳也、涅槃无翻家、義即明、涅槃含衆義也、亦可・昔日涅槃、不即三徳常住、今日涅槃、即三徳常住、故云即是一味等味也、前結二乗不満、不明帰依与法身、此結如来究竟、不明断与功徳、蓋互挙為明也、

従世尊以下、第二『結二乗不究竟、就中、又分為四、第一正明〔六一オ〕二乗未断无明住地故不得三味、所以不究竟也、第二従何以故以下、釋不断无明住地、不得一味、

少—蔵本「小」に作る

明—この字本経なし

1 云 後朱「フ」あり。
2 明 文朱抹消。
3 即 応朱「チ」あり。
4 云 応朱「フ」あり。
5 結 応朱「する」あり。
6 に 「の」の誤か。
7 為 応朱「なり」あり。
8 不 応朱「といふこと」あり。

に対すと釋す。昔日《しやくにち》の少乗の有餘无餘の二種の涅槃は、通じて三過有(り)。一は不俱、二は不満、三は不等なり。三徳優劣《さむとくうれち》なるが故に不等なり。三徳不共の故に不俱なり。三徳未究竟の故に不満なり。所以《このゆゑ》に少*分と名く。今日の涅槃は此の三過无し。皆是(れ)一*等なるが故に、「常住涅槃界《じやうぢうねちはんかい》」と云[1](ふ)。「*是故涅槃《ぜこねちはん》。一味等味《いちみとうみ》。謂《ゐ》*[2]明解脱味《みやうげだちみ》」といふは〔者〕、「一味」といふは謂く波若《はんにや》(なり)。「等味」(と)いふは謂(く)法身(なり)。言く、此の涅槃を通(じ)て三徳と名(くる)なり〔也〕。「涅槃」は*翻家《ほんけ》无し。義をもて卽(ち)明(さ)ば、「涅槃」は衆の義(を)含(むなり)〔也〕。亦可《いふ》べし。昔*日の涅槃は、即[3](ち)三徳常住に(あら)不《〈ず〉》。今日の涅槃は、即(ち)三徳常住なり。故に即(ち)是(れ)「一味等味《いちみとうみ》」と云[4](ふ)なり〔也〕。前に二乗の不満を結[5](する)には、帰依と法身与《〈と〉》を明(さ)不《ず》。此(に)如来に[6]究竟を結するには、断と功徳与《〈と〉》を明(さ)不《ず》。蓋し互*に挙(げ)て明(すこと)を為《な》[7]す(なり)〔也〕。

「世尊」(といふ)従《よ》(り)以下(は)、第二に二乗の不究竟を結す。中(に)就(て)、又分(ち)て四(と)為《す》。第一には正(し)く、二乗は无明住地を断(ぜ)未《ざ》(る)が故(に)三味を得不《ず》、所以《このゆゑ》に究竟(せ)不《ず》[8](といふこと)を明す〔也〕。第二に「何以故」と(いふ)従《よ》(り)以下(は)、无明住地を断(ぜ)不《ざ》(る)をもて、一味を得不《ず》と

少分　部分的なもの。

一等　一味平等。

是故涅槃…解脱味　チベット訳からの高崎直道訳(中村元編『大乗仏典』筑摩書房、一八三頁上)では、「それゆえ、涅槃の境地というものは、一つの味、平等の味をもつもの、といわれます。すなわち、〈明知による解脱の味〉でございます」とする。

明解脱味　経文に「解脱味」とある。「明」の文字は、太子義疏中にのみあって、宋・元・明・高麗の諸本にない。すでに鎌倉時代の凝然はその著『勝鬘経疏詳玄記』のなかで、右の事実を指摘している(大日本仏教全書七、一〇九上)。したがって義疏注釈者の手にした『勝鬘経』に「明解脱味」とあったのか、それとも宝治元年ごろ本義疏がはじめて印刻されたとき、「明」の文字が付加されたのか、そのいずれかであろう。ただし、経文はその直後(二一三頁)に「明解脱味」の語を出しているから、これに基づいて、注釈のとき補ったとも考えられる。このほうがチベット訳にあう。

翻家无し　涅槃はニルヴァーナの音写語で、翻訳語でないから、この語の翻訳者はいないの意か。原文を一般には「無翻家」と読み、梵語を翻訳しないで音写のまま使う人と解する。

昔日の涅槃　かつて仏が二乗の人びとにたいして説かれた涅槃という意。

互に…為すなり　相互に関連づけて解説しているからであるの意。

1 名　応墨左傍「明」あり。
2 仍　応朱「ス」あり。
3 應　応朱「し」あり。「き」の誤か。
4 明　「し」あり。応朱か。
5 謂　応朱「く」あり。

名―文庫本・本経「明」に作る

第三従是故无名▽住地以下、仍明无明住地為衆惑之本、第四従如是過恒沙以下、結无明住地為衆惑之本、

第一、可見、

就第二釋中即有二、第一、明應断不断、第二、明應得不得、

應断者謂、別相无知、應得者謂、『諸行及別相知見、應證者謂、〔六一ウ〕无知之断、

(いふことを)釋す。第三に「是故。无名[1]住地」と(いふ)従《よ》(り)以下(は)、仍《なほ》[2](し)无明住地を衆惑《しゅわく》の〔之〕本と為《〈す〉》ることを明す。第四に「如是過恒沙《にょぜくわがうじゃ》」と(いふ)従《よ》(り)以下(は)、无明住地を衆惑の〔之〕本と為《〈す〉》ることを結す。

○世尊。若无明住地。不レ断不ニ究竟一者。不レ得ニ一味等味。謂明解脱味一。

第一は、見(つ)可《べ》(し)。

○何以故。无明住地。不レ断不ニ究竟一者。過ニ恒沙等一。所レ應レ断法。不レ断不ニ究竟一。過ニ恒沙等一。所レ應レ断法。不レ断故。過ニ恒沙等一法。應レ得不レ得。應レ證不レ證。

第二の釋の中に就て即(ち)二有(り)。第一に断(ず)應《べ》[3](き)を断(ぜ)不《ず》(と)いふことを明[4](し)、第二に得應《うべ》き(こと)を得不《ず》といふことを明(す)。「應断」といふ(は)〔者〕謂く、*別相の无知なり。「應得」といふは〔者〕謂[5](く)、*諸行(と)〔及〕別相(と)の知見なり。「應證」といふ者《〈は〉》謂く、无知の〔之〕断なり。

○是故。无明住地積聚。生ニ一切脩道。断煩悩。上煩悩。彼生ニ心上煩悩。止上煩悩。観上煩悩。禅上煩悩。正受上煩悩。方便上煩悩。智上煩悩。果上煩悩。得上煩悩。力上煩悩。无畏上煩悩一。

別相の无知　敦煌本によれば、通相の無知を断じていないから別相の無知も断じていないという。『勝鬘宝窟』(大正蔵三七、五七上)に、「過恒沙等」(ガンジス河の砂の数に匹敵するよりも多い煩悩)を二種に分け、麁細分別と癡妄分別とする。前者はあらゆるものにたいして無知であるという共通の特性(通相)であり、後者は個別的な事象(別相)についての無知である。

諸行…知見なり　あらゆる事象(諸行)とそれぞれの事象の個別的特性に関しての正しい認識をいう。この正しい認識を誤る煩悩がつぎに説く「上煩悩」である。

従是故以下、明无明住地為衆惑之本、略挙十二以明其相、
積聚生・一切修道断煩悩者、明修道應断者、皆由无明住地為生、
此一句惣明・下十一句、明映鄣諸境上煩悩、皆従无明住地而生、
彼者、彼无明住地能生心上煩悩、一云、彼者・即謂、彼心、
従如是過恒沙以下、第四結无明住地為衆惑之本、
皆因无明「住地者・恒沙本无・而因住地為生、故云皆因、恒沙 〔六三オ〕
亦、有可生之義、即住地助発、故云皆縁、
従世尊於此起煩悩以下、第三結上第四挙二種煩悩、釋第三二死
兼除不除、

1 **為** 応朱「といふこと」あり。
2 **道** 応朱「オイテ」あり。
3 **為** 応朱「ストイフ」あり。
4 **映鄣** 「映」に文墨「エイ」、去声圏点、左訓応朱「カクル」あり。下欄外に応墨「カクシサヘ」あり。
5 **し** 「す」の誤か。
6 **為** 応朱「ストイフ」あり。
7 **云** 応朱「フ」あり。
8 **生** 文墨「ノ」あり。
9 **発** 応朱「らる」あり。

此の一句 経文にいう「修道において断ずべき一切の煩悩と上煩悩は、無明住地(無知)から生ずる」をうけて、上煩悩とは、つぎに出す心の上煩

悩などの十一句の上煩悩を総括するものであるという。
下の十一句 心・止・観・禅・正受(三昧)・方便・智・果・得・力・無畏の上煩悩をいう。
上の煩悩 上煩悩は智慧を得るための観察の対象である心・止・観などを隠し妨げる煩悩で、無知から派生した煩悩である。チベット訳から推せば、上煩悩の原語はウパクレーシャである。upa という接頭辞は「上に」「近く」「随える」の意があり、上煩悩は仏教一般にいう随煩悩であり、根本煩悩たる無知から付随して生ずる枝末煩悩のことである。したがって「上の煩悩」は「上煩悩」とすべきであろう。
彼といふは…彼し 敦煌本では経文の「彼生心上」について、義疏と同文の解釈を出している。「心上の煩悩」は「心の上煩悩」と読むべきである。なお、一般には「彼というは、彼の无明住地なり。能く心の上煩悩を生ず」と読むべきであるが、訓点本の「彼し」という読み方は面白い。↓二二九頁「「彼」といふは…彼す」
一には云く この解釈は敦煌本にない。
恒沙は本より无し 恒沙の(無数の)煩悩は本来、実体のあるものではないの意。
可生の義 ガンジス河の砂は生成してできたという意味がある。「因」は直接原因、「縁」は間接原因である。
◇世尊於此起… ㈢の五ハ「二種の煩悩を挙げて、二乗は分段生死のみを離れているが、仏は変易生死をも離れている」という解釈を結論する
ここでは、煩悩の本体・特質・作用を論じ、そうした煩悩を完全に断った仏のさとりについて明らかにしている。

「是故」(といふ)従《よ》(り)以下は、无明住地を衆惑の〔之〕本と為《す》[1](といふこと)を明す。略して十二を挙(げ)て以て其(の)相を明す。「積聚《しゃくじゅ》。生一切修道《しょういちさいしゅだう》。断煩悩《だんぼんなう》」といふ者《は》、修道に[2]おいて断(ず)應《べ》(きは)〔者〕、皆无明住地に由て生(ずることを)為《す》[3]といふことを明す。*此の一句は惣《そう》じて明す。*下の十一句は、諸境を映鄣《しゃう》[4]する*上の煩悩は、皆无明住地従《よ》り〔而〕生(ず)といふことを明す。「*彼《ひ》」といふは〔者〕、无明住地の能く心上の煩悩を生ずるに彼《ひ》し、*一には云く、「彼」といふは〔者〕、即(ち)謂く、心に彼《ひ》[5]し、

○如レ是過二恒沙等一。上煩悩。如来菩提智所断。一切皆依三。无明住地。之所二建立一。一切上煩悩起。皆因二无明住地一。縁二无明住地一。

「如是過恒沙」(といふ)従《よ》(り)以下(は)、第四に无明住地(を)衆惑の〔之〕本と為《す》[6](といふこと)を結す。

「皆因无明住地《かいいんむみやうぢうぢ》」といふは〔者〕、*恒沙は本(より)无し。而(も)住地に因て生(ずること)を為《す》。故に「皆因」(と)云[7](ふ)。恒沙(も)亦、*可[8]生の〔之〕義有(り)。即(ち)住地に助《じょ》[9]発《ほち》せらる。故に「皆縁」と云フ。

「*世尊。於此起煩悩」(といふ)従《よ》(り)以下(は)、第三に上(の)第四に二種(の)煩悩(を)挙(げ)て、第三の二死兼(ね)て除(き)除(か)不《ず》(といふことを)釋

所以在第三處為結者、上結二乘不究竟、以不断无明住地為結故、逐便遂結也。上第四、挙二種煩悩、釋二死兼除不除中、本有四、第一出煩悩躰相、第二明格量力用、第三明潤業「不同、第四明断除、今但略不結第三潤業不同、餘三皆結、従初訖无始无明住地、結第一出煩悩躰相、従世尊若復過於以下、結上第二格量力用、従如是一切以下、結上第四断除、

於此起煩悩・刹那心刹那相應、挙四住地、世尊心不相應・无始无明住地、挙无明住地、

格—文庫本「校」に作る

〔六三ウ〕

格—文庫本「校」に作る

1 者 「は」あり。衍か。
2 不 応朱「ヲ」あり。
3 逐 応朱「シタガフテ」あり。
4 遂 応墨「ツイ」あり。
5 挙 文墨「ク」あり。

するを結(す)。第三處に在(り)て結(を)為《す》(る)所以《ゆゑ》は〔者〕[1]、上に二乗の不究竟を結(する)に、无明住地を断(ぜ)不《ざ》[2](るを)以て結を為《す》る(が)故に、*便《べん》に逐《したが》[3](ひ)て遂[4]に結するなり〔也〕。上*の第四に、二種煩悩(を)挙(げ)て、二死兼(ね)て除(き)除(か)不《ず》といふこ(とを)釋する(が)中に、本《も〈と〉》四有(り)。第一(に)煩悩の躰相(を)出し、第二(に)力用を格量*(すること)を明(し)、第三(に)潤業《にんごふ》の不同を明す。第四(に)断除(を)明す。今(は)但(し)略(し)て第三の潤業の不同(を)結(せ)不《ず》。餘の三(は)皆結す。初従《よ》(り)「无始无明住地《むしむみやうぢうぢ》」に訖《をは》(るまで)は、第一(に)煩悩の躰相を出(すことを)結す。「世尊。若復過於」(といふ)従《よ》(り)以下は、上(に)第二に力用(を)格量(することを)結す。「如是一切」(といふ)従《よ》(り)以下(は)、上の第四の断除(を)結す。

○世尊。於二此起煩悩一。刹那心。刹那相應。世尊。心不二相應一。无始无明住地。

「*於此起煩悩《おしきぼんなう》。刹那心《せちなしむ》。刹那相應《せちなさうおう》」といふは、四住地を挙ぐ。「世尊《せそん》。*心不《しむふ》相應《さうおう》。无始无明住地《むしむみやうぢうぢ》」といふは无明住地を挙[5](ぐ)。

○世尊。若復過二於恒沙一。如来菩提智。所レ應レ断法。一切皆是。无明住地。所レ持所二建立一。譬如二一切種子一。皆依レ地生。建立増長一。若地壊

便に…結するなり　便宜上ここで結論するの意。

上の第四　㈢の4の項(訓読文一八九頁以下)。

格量　立派な器量の意。これでは意味が通じないから、他本「校」に作るを採用して、「校量」(くらべはかる)とすべきである。以下同。

於此起…刹那相應　四住地の起煩悩のすべては刹那生滅のもので、各刹那の心と対応して働くの意。一九一頁の経文を参照。

心不相應…无明住地　無始より存在する無明住地は、各刹那の心と対応して働かないの意。

上第二格▽量力用、本有二、一四住地劣、二无明住地勝。今但結无明住地勝、即而四『住地劣自去。上中即有法説比喩、今結中〔三オ〕亦有法説比喩、可見、上直言无明住地、力勝故、此明諸煩悩成壊、皆以无明住地為本而結也。

如是一切以下、結上第四断除、上直言佛地所断、佛菩提智所断故、此、明如来因果

格―文庫本「校」に作る

1 **本** 応朱「ト」あり。
2 **而** 応朱「モ」あり。
3 **劣** 文墨「ナル」あり。
4 **去** 文墨「アラハル」あり。
5 **言** 応朱「フ」あり。
6 **為** 「すること」あり。「す」の誤か。
7 **明** 応朱「シテ」あり。
8 **导** 蔵本「礙」に作る。
9 **知** 蔵本「智」に作る。
10 **證** 蔵本「登」に作る。
11 **切** 応墨「ヨリ」あり。

者。彼亦随壊。如レ是過ニ恒沙等一。如来菩提智。所レ應レ断法。一切皆依ニ。无明住地一生。建立増長。若无明住地断者。過ニ恒沙等一。如来菩提智。所レ應レ断法。皆亦随断。

上の第二に力用(を)格量するに、本《もと》[1]二有(り)、一には四住地の劣、二には无明住地の勝(なり)。今は但(し)无明住地(の)勝を結(す)レバ〈は〉、即(ち)而[2](も)四住地(の)劣[3](なる)こと自《おのづか》(ら)去[4](る)。上の中に即(ち)法*説比喩有り。今の結の中に(も)亦法説比喩有り。見(つ)可《べ》(し)。上には直に「无明住地は、力勝(れたる)が故に」と言[5](ふ)。此《こゝ》に諸の煩悩の成壊《じやうゑ》*は、皆无明住地(を)以(て)本と為《す》[6]と明[7](して)〔而〕結(す)〔也〕。

○如レ是一切煩悩。上煩悩断。過ニ恒沙等一。如来所得。一切諸法。通達无导[8]。一切知見[9]。離ニ一切過悪一。得ニ一切功徳一。法王法主。而得ニ自在一。證[10]ニ一切法。自在之地一。如来應等正覚。正師子吼。我生已盡。梵行已立。所作已辨。不レ受ニ後有一。是故世尊。以ニ師子吼一。依ニ於了義一。一向記説。

「如是一切[11]」(といふより)以下は、上の第四の断除を結す。上には直に「佛地の所断なり。佛菩提智の所断(なるが)故に」と言(ひ)、此には、*如来は因果

法説比喩　教えの説明とそれの譬え。

成壊　生と滅。

如来…満ずる　如来はさとりを得る原因(煩悩の断)とさとった境地という結果とを完成している。

既満故能断而結。就中即有三、第一明因満故能断、第二従法王
法主世▽以下、明果満故能断、第三従是故以下結、皆可見、
一切「煩悩謂、根本通相煩悩、上煩悩謂支條別相煩悩、然置位
為論、所作已弁梵行已立、本在金剛以還、而今以照佛果法身、
為梵行智所作已弁、蓋就通門為明、
従世尊不受後有以下、第四結上第三、挙二種生死以釋第二究竟
不究竟、上直言如来二死兼除、二乗但除其一故。今箇結如来既
伏四魔、是故言二死皆除、二乗不能伏四魔、是故但除其「一、
本義云、従此以下、結収入一、

世—本経・文庫本「而」に作る

〔六三ウ〕

〔六四オ〕

1 **世** 文朱抹消。
2 **條** 応墨「テラ」あり。「テウ」の誤か。
3 **蓋** 応朱「し」あり。
4 **為** 文墨「ス」あり。
5 **収** 応墨「シュ」あり。

法主　チベット訳は法に自在なる者とする。
第三に…　ここの経文は、如来の師子吼が完全な教え(了義)に基づくものであり、ひとえにさとりを人びとに確約するもの(一向記説)であるの意。
根本通相の煩悩　無明(無知)はあらゆる事象にたいして共通する煩悩であり、それは煩悩の根本であるから、そのようにいう。
支條の別相の煩悩　根本煩悩の無明から派生した付随的煩悩は、個別の事象について生ずるもので

既(に)満(ずる)が故に能(く)断(ず)といふこと(を)明シテ〔而〕結す。中(に)就(て)即(ち)三有(り)。第一には因満(ずるが)故(に)能(く)断(ずること)を明(し)、第二に「法王法*主世[1]」(といふ)従《よ》(り)以下は、果満(ずるが)故(に)能(く)断(ずること)を明(す)。第*三に「是故」(といふ)従《よ》(り)以下(は)結(する)なり。皆見(つ)可(し)。

「一切煩悩」といふは謂く、根*本通相(の)煩悩なり。「上煩悩」といふは謂(く)、支*[2]條の別相の煩悩なり。然(も)位*に置(き)て論(を)為《す》(れ)ば、「所作已《しよさい》弁《べん》」(と)「梵行已立《ぼむぎやういりふ》」(と)は、本《もと》*金剛以還《いぐゑん》に在(り)。而(も)今は佛*果法身(を)照(す)を以(て)、「梵行智」「所作已弁」と為《す》。蓋《けだ》[3](し)通*門(に)就て明(すことを)為[4]。

「*世尊《せそん》。不受後有《ふじゆごう》」(といふ)従《よ》(り)以下は、第四に上の第三に、二種生死(を)挙(げ)て以て第二の究竟不究竟を釋(することを)結す。上には直に「如来は二死兼(ね)て除キ、二乗は但(し)其(の)一*(を)除(く)」と言(ふが)故(に)、今は簡《えら》(び)て如来は既(に)四*魔を伏す、是(の)故に二死を皆除(くといふこと)を言(ひ)、二乗は四魔(を)伏(する)こと能(は)不《ず》、是(の)故(に)但(し)其(の)一(を)除(くことを)結す。本義(に)云(く)、此*従《よ》(り)以下は、一(を)収入《しゆにふ》[5](するこ

あるから、根本にたいして枝末のものという。

位に置きて論を為れば　さとりを得る修行の階位に関していえばの意。

金剛以還　金剛心を獲得する位(仏果を得る直前の位。等覚の位ともいう)よりも以前の段階。

佛果法身　仏果、法身、いずれも仏のさとりのこと。

通門に就て明す　敦煌本に「蓋就通門明義也」とある。声聞・縁覚の小乗の聖者がさとりを得たときに使う一般的な表現に基づいて、大乗仏教に説く仏の性格を明らかにしているの意。「所作已に弁じ」(なすべきことをなしおえた)などの表現は、原始仏教いらい、阿羅漢の位に達した聖者たちのさとりの心境表明に使われているが、いまここでは、大乗仏教の仏のさとりを表現するのにも使われている点で、大乗仏教は決して得手勝手な立場を打出そうとしているのではなく、その目的が釈尊の本旨の開顕に在ったという事情を汲みとるべきであろう。

◇世尊不受後有…　㈢の五ニ「二種の生死を挙げて、究極のものは仏にのみある」という解釈を結論する

一を除く　分段生死のみを離れている。

四魔　→五七頁注「魔に四種有り」

此従り…結す　敦煌本に「収結三乗。以為一乗也。又分為二。第一。料簡。…」(四四六頁下)、ついで「第二。正結入一乗」(四四七頁上)とあるから、三乗を収結して一乗に結入(会入)せしめるの意味で「収入」を使ったのであろうか。前後の関係からみて、この一句が注記の文として本文中に紛れこんだと思われる。藤枝晃「解説」(五一八頁)を見よ。

1正　「く」あり。応朱か。
2者　「そ」あり。「といふは」の誤か。
3結　「セムト」あり。

就中即有二、第一先結如来二死兼除、第二従世尊阿羅漢以下、
結二乗但除其一、
就第一先結如来二死兼除中、亦有二、第一正結如来既伏四魔、
是故二死兼除、第二従得不思議以下、挙万徳證二死兼除、
不受後有智有二種者・将欲結二死兼除不除、故先以此不受後有
智為首、二種者、一如来不受後有智・二『二乗不受後有智、降〔六四ウ〕
伏四魔者・天魔是悪縁・煩悩魔是悪因・陰魔死魔是悪果・明如
来既伏此四魔故、二死皆兼除、出一切世間者謂、分段変易二世
間、為一切衆生之所瞻仰者、明既伏四魔、

とを)結す。中(に)就(て)即(ち)二有(り)。第一(に)先(づ)如来は二死兼(ねて)除(くこと)を結(し)、第二に「世尊。阿羅漢」(といふ)従《よ》(り)以下(は)、二乗は但(し)其(の)一を除(くことを)結す。

第一(に)先(づ)如来の二死兼(ね)て除(くことを)結する(が)中に就て、亦二有(り)。第一(に)、正[1](しく)如来は既に四魔を伏す、是(の)故に二死兼(ね)て除(く)こと(を)結(す)。第二(に)「得不思議」(といふ)従《よ》(り)以下(は)、万徳(を)挙(げて)二死兼(ねて)除(くこと)を證(ず)。

○世尊。不受後有智。有㆓二種㆒。謂如来。以㆓无上調御㆒。降㆓伏四魔㆒。出㆓一切世間㆒。為㆔一切衆生。之所㆓瞻仰㆒。

「不《ふ》受後《じゅご》有《う》智《ち》。有《う》二《に》種《しゅ》」(といふは)〔者〕[2]、将に二死兼(ね)て除(き)除(か)不《ず》といふことを結[3](せむと)欲《す》。故(に)先(づ)此の「不受後有智」を以(て)首(と)為《す》。「二種」*(といふは)〔者〕、一は如来の不受後有智、二は二乗の不受後有智なり。「降伏《がうぶく》四魔《しま》」(といふは)〔者〕、天魔*は是(れ)悪縁、煩悩魔は是(れ)悪因、陰魔《おむま》死魔は是(れ)悪果なり。如来(は)既(に)此(の)四魔(を)伏する(が)故(に)、二死皆兼(ねて)除(くことを)明す。「出一切世間」と(いふは)〔者〕謂く、分段変易の二の世間なり。「為《ゐ》一切衆生《いちさいしゆじやう》。之《し》所瞻仰《しよせむがう》」(といふは)〔者〕、既(に)四魔(を)

二種　経文の「二種有り」とは、敦煌本や『勝鬘宝窟』によると、「謂如来」以下が如来の四智(尽智・梵行已立智・所作已弁智・不受後有智)究竟を明かし、「世尊。阿羅漢…涅槃地」(二二七頁)が二乗の四智不究竟を明かすとする。いま第四智を代表にとり挙げ、不受後有智に如来と二乗の二種ありとして説明する。

天魔は是れ悪縁　これ以下の四魔の解釈は敦煌本の方がやや詳しい。

1 出　文墨「ルカ」あり。
2 慕　応朱「ボ」あり。
3 炎　蔵本「焔」に作る。
4 导　蔵本「礙」に作る。
5 导　蔵本「礙」に作る。
6 明　応朱「ケシ」あり。
7 未　応朱「ヤ」あり。
8 生　「し」あり。衍か。
9 謂　「フコトヲ」あり。応朱か。
10 謂　文墨「ヲモヘリ」あり。

超出二世間故、為一切衆生仰慕、然則二死兼除明也、
従得不思議以下、第二挙果上諸徳以證二死兼除、明既有如是尊徳、寧復未免二死、
従世尊阿羅漢『以下、第二結二乗但除其一、就中亦分為二、第〔六五オ〕一明二乗但除分段因、謂已離生死、第二従世尊以下、亦明但因除分段、自謂已得第一果、是故但除其一、

伏し、二の世間を超出[1](するが)故に、一切衆生(の)為(に)仰慕[2](せらる)といふことを明す。然(らば)〔則〕二死兼(ね)て除すること明(か)なり〔也〕。

○得ニ不思議法身一。於ニ一切尒炎[3]地一。得ニ无导[4]法自在一。於レ上更无ニ所作一。无ニ所得地一。十力勇猛。昇ニ於第一。无上无畏之地一。一切尒炎。无导[5]智観。不レ由ニ於他一。不受後有智。師子吼。

「得不思議《とくふしぎ》」(といふ)従《よ》(り)以下(は)、第二に果上*の諸徳を挙(げ)て以(て)二死兼(ねて)除(くことを)證ず。既に是(の)如(き)尊徳有(ること)明[6](け)し。寧《いづくん》(ぞ)復(た)二死(を)免《まぬか》(れ)未《ざ》[7](らむ)や。

「世尊。阿羅漢」(といふ)従《よ》(り)以下(は)、第二(に)二乗は但(し)其(の)一を除(くことを)結(す)。中に就(て)亦分(ち)て二(と)為。第一(に)二乗は但(し)分段の因(を)除(き)て、已(に)生[8]死(を)離(れたりと)謂《おも》*[9](ふことを)明し、第二(に)「世尊」(といふ)従《よ》(り)以下(は)、亦但(し)分段(を)除(くに)因て、自(ら)已に第一*の果(を)得(たりと)謂《おも》[10](へり)。是(の)故(に)但(し)其(の)一(を)除(く)ことを明(す)。

○世尊。阿羅漢。辟支佛。度ニ生死畏一。次第得ニ。解脱楽一。作ニ是念一。我離ニ生死恐怖一。不レ受ニ生死苦一。

果上の諸徳　仏の具えている諸徳。「不受後有」と師子吼する智慧に如来と二乗の二つあるうち、まず如来の不受後有智を出す。

謂ふこと　経文の「作是念」をうけている。

第一の果　経文の「第一蘇息処。涅槃地」すなわち究極のさとりの境地をいう。

1 畏　応朱「といふは」あり。
2 度　応朱「スグル」及び「する」あり。
3 楽　応朱「シム」あり。
4 此　応朱「レ」あり。
5 即　応朱「チ」あり。
6 云　文墨「コトヲ」あり。
7 謂　「といふは」の点あり。ここは「いふ」と訓ず。
8 推　応墨「ヲシテ」あり。
9 乘　文墨「といふ」あり。
10 収結　「収」に文墨「そ」、「結」に応墨「シテ」あり。

度生死畏者・謂、畏度分段生死也・次第得解脱楽者、明以次第断三界惑也・无惑、理自可楽故、解脱楽也、作是念者、明因此謂已離生死怖畏不受生死苦也・此即二種不受後▽智中亦一種智、

結「云是故二乗但除其一、

従世尊以下、第二明亦因此謂已得第一處、

観察時者謂、照四諦時、一云、照四諦時自能推理、仰観第一應得處、

従世尊彼先所得地以下、別會二乗果中之第六、結入一乗、本義云、此前料簡佛出、非是一乗収結三乗以為一乗、

後—此下文庫本「有」を補入す〔六五ウ〕

「度生死《どしやうじ》畏《い》[1]」(といふは)〔者〕謂く、畏(り)て分段生死*を度《すぐ》[2]る(なり)〔也〕。「次《し》第得《だいとく》。解《げ》脱楽《だちらく》」といふは〔者〕、次第*を以て三界の惑を断(ずること)を明(すなり)〔也〕。惑无(き)ときは、理*い自(ら)楽[3](しむ)可《べ》(きが)故(に)、「解脱の楽」(といふなり)〔也〕。「作是念」と(いふは)〔者〕、此に因(て)已に生死の怖畏(を)離(れ)て生死(の)苦(を)受(け)不《ず》(と)謂《おも》(ふ)ことを明す〔也〕。此[4](れ)即[5](ち)二種の不受後智の中の亦一種*(の)智なり。是の故に二乗(は)但(し)其(の)一を除(くと)云[6](ふ)ト結す。

○世尊。阿羅漢。辟支佛。観察時。得㆓不受後有㆒。観㆓第一蘇息處。涅槃地㆒。

「世尊」(といふ)従《よ》(り)以下(は)、第二(に)亦此(に)因て已(に)第*一處を得(たりと)謂《〈い〉》[7]ふこと(を)明(す)。

「観察時」(といふは)〔者〕謂(く)、四諦*(を)照す時なり。一(に)云(く)、四諦(を)照(す)時(に)自(ら)能(く)理*を推[8](して)、仰(ぎ)て第*一の應得處を観ず。

「世尊*。彼先所得地」(といふ)従《よ》(り)以下(は)、別(して)二乗(の)果に會《ゑ》する(が)中(の)〔之〕第六に、入一乗を結す。本義*(に)云(く)、此より前《〈ハジ〉》メテ佛の出(でたまへること)を料簡《れうけん》す。是(れ)一乗に三乗[9]を*[10]収結《しゆけち》(して)、以(て)一乗

分段生死を度るなり　分段生死を(うけるということを)畏怖して、それを超えわたるの意。

次第を以て　つづいて。

理　道理として。

亦一種の智なり　如来の不受後有智につづいて二乗の不受後有智を挙げる。

第一處　第一蘇息処の略。↓二二五頁注「第一の果」

四諦を照す　四聖諦を智慧をもって観察する。

理を推して　智慧によって真理を審かに探求して。

第一の應得處　究極の涅槃。第一処と同じ。

◇世尊彼先…　㈢の6　二乗が一乗に帰入することを結論する

この項は四つの部分に分けられる(↓補(表7))。そのうち、第四の部分は、一乗の人びとが得るさとりとは涅槃であり、菩提であり、法身であって、これらの三つの徳性は互いに相即するものであることを説く。

本義　敦煌本には「料簡結出仏非是一乗。収結三乗。以為一乗也」とある。太子義疏で最初の句を「此前料簡仏出」とするも、「出㆑仏」ならば、これまで如来の四智の究竟を明かしてきたという意味であり、「仏出」ならば、如来の四智の究竟を明かすのが釈尊の出世本懐だから、仏の出現の理由、すなわち仏乗の説かれる所以をこれから示すという意味になろう。↓二二一頁注「此従り…結す」

収結　三乗それぞれの立場を認めて一乗の中に入れ、三乗が一乗であるとするのではないの意。もともと、三乗の各〻が一乗と結びついているという意。

就中即有四、第一明二乗、在因時、自知未究竟、第二従何以故以下、釋自知、第三*従是故以下、正「結入一乗、第四従得一乗者以下、仍明一乗所得果義、〔六六オ〕

彼者彼二乗人、先者謂、得五方便三果四向、不愚於法者、不迷常住之理、不由於他者、不待他教、

第二釋・何以自知、釋曰、就実為論、理无三故也、

▽是故三乗・即是一乗、正結入一、

是―此上文庫本
「第三」補入す

1 **知**　文墨「ヲ」あり。
2 **愚**　文墨「ヨル」あり。
3 **者**　応朱「といふ」あり。

因に在る時は　二乗の人びとが修行している(因位の)時は。
果の義　一乗の教えによって得るさとりの結果についての意味。以下に明かす菩提・涅槃・法身の三徳がそれである。

と為《〈す〉》(と)イフコト(には)非(ず)。中(に)就(て)即(ち)四有(り)。第一には二乗の、因*(に)在(る)時は、自《〈み〉づか》(ら)究竟(せ)未《ず》(と)知(る)べしといふこと(を)明(す)。第二(に)「何以故」(といふ)従《よ》(り)以下(は)、自(ら)知[1](ることを)釋(す)。第三(に)「是故」(といふ)従《よ》(り)以下(は)、正(しく)一乗(に)入(ると)結(す)。第四(に)「得一乗者」(といふ)従《よ》(り)以下(は)、仍《なほ》(し)一乗(の)所得の果*の義を明す。

○世尊。彼先所得地。不㆑愚㆓於法㆒。不㆑由㆓於他㆒。亦自知㆘。得㆓有餘地㆒。必當㆔得㆓。阿耨多羅。三藐三菩提㆒。

「彼《ひ》」といふは〔者〕、二乗(の)人(を)彼《ひ》す。「先*」といふ(は)〔者〕謂く、五*方便と三果と四向とを得(る)なり。「不愚於法《*ふ[2]ぐおほふ》」(といふは)〔者[3]〕、常住(の)〔之〕理に迷(は)不《〈ず〉》。「不由於他《ふゆおた》」者《〈といふ〉》は、他教を待(た)不《ず》。

○何以故。聲聞縁覚乗。皆入㆓大乗㆒。大乗者。即是佛乗。

第二には釋(す)。何(を)以(て)か自*(ら)知(る)とならば、釋(して)曰(く)、実(に)就(て)論(を)為(さ)ば、理い三*无(きが)故(なり)〔也〕。

○是故三乗。即是一乗。

(第三に)「是故三乗《ぜこさむじよう》。即是一乗《そくぜいちじよう》」とい《〈イ〉》ふ(は)正、(しく)入一(を)結す。

先　直前の経文「第一蘇息処。涅槃地」を指す。かれらの得た涅槃の境地は部分的のもの(「少分涅槃」、二〇五頁の経文)だから、この直後に「有余地」といって不完全な涅槃の境地といいかえている。

五方便と三果と四向　有部の修道論からいえば、聖者の位に入る以前の段階を凡夫の位とし、これを外凡(三賢)と内凡(四善根)の二位に分ける。外凡位は五停心観位・別相念住位・総相念住位の三つよりなるが、これを合して一方便とし、内凡位は煖位・頂位・忍位・世第一法位の四つよりなるので四方便とし、すべて合して五方便となる(外凡位を三方便とすれば全体は七方便となる。この数え方が一般的である)。聖者の位に入るために予備的な修行をなすから、これを方便と呼ぶ。聖者の位に四つがあり、預流、一来、不還、阿羅漢と進む。それぞれに向と果があり、預流の位に入ったのを預流向、預流のさとりを得たのを預流果とするから、「三果」とは阿羅漢果を除く預流果・一来果・不還果の三つ。「四向」とは預流向から阿羅漢向までの四つをいう。

不愚於法　チベット訳によれば、「二乗の涅槃の境地にふさわしい徳性を身につけて」とする。

自ら知る　経文の「自知」についての理由を疑問提出のかたちで注釈する。すなわち、「なぜ二乗の人びとが不完全な涅槃を得たと思い、またやがて無上・完全な涅槃の境地に決定する身となるだろうと思っているのだろうか」と。

三无きが故なり　三乗の区別は、道理上、本来あるのではないからである。チベット訳では、声聞と縁覚の二乗が大乗と結びついているからであるとする。

1 是　蔵本なし。
2 果　文墨「ノ」あり。
3 須シ　再読。
4 乘　「なり」あり。「といふは」の誤か。
5 来　「イハ」「いふ」あり。応朱か。
6 別　文墨「ナルニ」あり。
7 似　文墨「タリ」あり。

第四明果義、因一既竟、宜明所得果相、故仍明之也、就中有二、第一直明所得菩提果、第二挙菩提涅槃法身三徳明「相即義、所〔六六ウ〕以明此相即者、物聞得菩提、便謂一乘只得菩提不得餘徳、故須此相即也、

得究竟法身者・則究竟一乘、明由究竟因而得也・法身是法、如来是行者・其義、似別、所以更挙相明即也、随果再挙、因亦再明也・法身是万徳之正躰・一乘為法身之正因、所以偏挙法身以明因究竟也、

○得㆓一乗㆒者。得㆓阿耨多羅。三藐三菩提㆒。阿耨多羅。三藐三菩提者。即是涅槃界。涅槃界者。即是如来法身。得㆓究竟法身㆒者。則究㆓竟一乗㆒。无㆓異如来㆒。无㆓異法身㆒。如来即[1]是法身。得㆓究竟法身㆒者。則究㆓竟一乗㆒。究竟者。即是无邊不断。

第四(には)果(の)義を明(す)。*因は一なりといふこと既に竟《をは》(り)ぬ。宜(し)く*所得[2]の果(の)相を明(す)ベシ。故(に)仍《なほ》(し)之(を)明(すなり)〔也〕。中(に)就(て)二有(り)。第一(には)直に所得の菩提の果を明し、第二には菩提と涅槃と法身との*三徳を挙(げ)て相即の義を明す。此の相即(を)明(す)所以《ゆゑ》者(は)、*物、菩提を得(ることを)聞(き)て、便(ち)一乗は只菩提をのみ得て餘(の)徳を得不《ず》と謂《おも》フ。故に須《すべか》(らく)は、此れ相即(す)[3]須《(べ)》シ〔也〕。

「得究竟法身者。則究竟一乗[4]」(といふは)、*究竟因に由て而(も)*得といふこと(を)明(す)〔也〕。「法身」といふは是(れ)*法なり。「如来[5]」と(いふは)是(れ)*行者なり。其(の)義、別[6](なる)に似[7](たり)。所以《このゆゑ》(に)更に相を挙(げて)即を明(す)〔也〕。*果を再ビ挙(ぐる)に随(ひ)て、*因をも亦再ビ明(すなり)〔也〕。法身は是(れ)万徳(の)〔之〕正躰(なり)。一乗は為《(ヨ)》レ法身(の)〔之〕正因なり。所以《このゆゑ》(に)偏に法身を挙(げ)て以(て)因の究竟を明(す)〔也〕。

因は一なり 究極のさとりを得る原因は、一乗の教えである。第一から第三までが因の義を明かしている。

所得の果 一乗の教えによって得られたさとり。

三徳 三つの徳性。一乗のもつ徳性であるとともに、一乗の異名として菩提・涅槃・法身の三つが示されている。二〇九頁注「三点」中にいう、法身・般若・解脱の三つの徳性と同じものとみてよいであろう。

物 人びと。

究竟因 究極の原因である一乗の教え。

得といふこと 究極の法身という結果を得るということ。

法 真理。

行者 真理の体現者。すなわち究極の一乗を説き明かす人。経文「無異如来。無異法身。如来即法身」とは、如来の法身を説明し、法身(真理そのもの)が如来であり、如来が法身であるから、法身と如来は別のものではないとする。

果 法身という仏果。

因 法身をさとる因としての一乗の教え。経文「得究竟法身者。則究竟一乗。究竟者。即是无辺不断」に対応するチベット訳は、「世尊よ、法身の体得を究極目的とするのが一乗の究極目的なのです。世尊よ、一乗の究極目的というのは、一乗の究極に達することと同義であります」とする。なお「究竟者…不断」を菩提流志訳は「究竟一乗者。即離相続」としているから、「究竟〔一乗〕者」とみたほうがよい。また「无辺不断」や菩提流志訳の「即離相続」の訳語については、月輪賢隆の見解を参照(前掲書、注一二一―三頁)。

従世尊如来无有限際▽時住以下、章中第二、挙一躰三寶、以『成因一、言所感之果、既是一躰、則因一可證、就中初開為二、第一従初訖是有限依、将欲明今日一躰最極、故先明別躰非是究竟、第二従若有衆生以下、正明今日一躰最極、〔六七オ〕

際―本経「斉」に作る

就第一先明別躰中、亦開為二、第一従初訖作无盡帰依、先歎別躰中一佛寶、何則雖復別躰不如一躰至極、但一佛寶即是一種理・无可下、所以先歎別躰中一佛寶是帰『依之本也、〔六七ウ〕第二従常住帰依者以下、正明別躰法僧二寶非究竟、昔日別躰既是方便、今日別躰正是実説、雖実不実皆不如今日一躰最極、故云非究竟也、

1 **一種なり理として** 「一種理」につき文墨「一種ノ理ナリ」「一種ナリ、理トシテ」の二訓あり。
2 **下** 文墨「クダス」あり。
3 **寶** 文墨「ハ」あり。
4 **最** 「と」あり。衍か。

◈**世尊如来…** 〔二〕一体の三宝を明かす　この一段の科文→補(表8)
本章を二大別した第二。ここでは、一乗の教えを一体の三宝によって説明しようとする。一乗の教えの結果が一体の三宝であり、一体の三宝の原因が一乗の教えであるから、果一たる一体の三宝をとり挙げて、因一たる一乗の教えを証明するのが本段である。

所感の果…證ず可し 原因(一乗の教え)によって報われた結果(三宝)がすでに一体三宝という「一」なのであるから、原因たる一乗の教えもまた「一」たること、自明である。

今日の 本経でまさに明かすところのという意。

◇**第一…** ㈠別体の三宝は究極のものではない仏法僧の三宝を別々のものと考えるところの、別体の三宝(梯橙の三宝)は究極の帰依所でないと説く。これを分けて、1別体の仏宝をたたえる、2別体の法宝と僧宝は究極のものではない、の二つとする。

一の佛寶 別体三宝の一つたる仏宝。

理として…无し 三宝のうち、法は仏の説きたもうた教えであり、僧はその法を信じ実践する仏教徒の集いであるから、仏は三宝中の根本であり、上位のものである。だから、道理として仏を法と僧以下に落とすことはできないの意。

「*世尊《せそん》。如来无有限際時住《にょらいむうげんさいじぢう》」(といふ)従《よ》(り)以下(は)、章の中(の)第二に、一躰(の)三寶(を)挙(げ)て、以(て)因(の)一(なることを)成ず。言(ふこゝろ)は*所感の〔之〕果、既(に)是(れ)一躰なり。〔則〕因(は)一(なり)といふこと、證(ず)可《べ》(し)。中(に)就(て)初(に)開(き)て二(と)為《す》。第一(に)初従《よ》(り)「是有《ぜう》限依《げんえ》」(に)訖《をは》(るまでは)、将に*今日の一躰の最極《さいごく》を明(さむと)欲《し》て、故(に)先づ別躰は是(れ)究竟に非(ずといふことを)明し、第二(に)「若有衆生《にゃくうしゅじゃう》」(といふ)従《よ》(り)以下(は)、正(しく)今日の一躰(の)最極を明す。

*第一に、先(づ)別躰(のを)明(すが)中に就(て)、亦開(き)て二(と)為《す》。第一(に)初従《よ》(り)「作无盡帰依《さむじんくゐえ》」に訖《をは》(るまでは)、先(づ)別躰(の)中の*一の佛寶を歎ず。何(と)ならば〔則〕復、別躰は一躰の至極(なる)には如《し》(か)不《ず》(と)雖(も)、但(し)一の佛寶は即(ち)是(れ)一[1]種なり。*理(として)下[2](す)可《べ》(き)こと无(し)。所以《このゆゑ》に先づ別躰中の一の佛寶[3](は)是(れ)帰依(の)〔之〕本(なりと)歎ず〔也〕。第二(に)「常住帰依者《じゃうぢうくゐえしゃ》」(といふ)従《よ》(り)以下(は)、正(しく)別躰の法僧二寶は究竟に非(ずといふことを)明す。昔日の別躰は、既(に)是(れ)方便なり。今日(の)別躰は正(しく)是(れ)実説なり。実(と)不実(とありと)雖(も)皆今日(の)一躰の最[4]極には如(か)不《ず》。故に非究竟と云(ふ)〔也〕。

就第一先歎中即有五、一明是常住、二明是▽大悲、三勸説大悲、
四勸説常住、五結・皆可見、
後際謂、衆生盡作佛、而衆生无盡作佛則如来常住明矣、

是—明治本なし

1 若 此上宋本等「世尊」あり。
2 勧 文墨「ス、ム」あり。
3 際 応朱「といふは」あり。
4 盡 応朱「く」あり。
5 作 文墨「ルベシ」、応朱「へし」あり。
6 生 文墨「ノ」あり。
7 盡 文墨「コト〴〵ク」あり。
8 佛 文墨「ト」あり。
9 作 文墨「ルコト」あり。
10 能 蔵本なし。
11 事 蔵本「身」に作る。

○世尊。如来无ㇾ有二限斉時一住。如来應等正覚。後際等住。如来无二限斉一。大悲亦无二限斉一。安二慰世間一。无限大悲。无限安二慰世間一。作二是説一者。是名三善説二如来一。若[1]復説言二。无盡法。常住法。一切世間之所帰依者一。亦名三善説二如来一。是故。於二未度世間。无依世間一。与二後際一等。作二无盡帰依一。

第*一に先(づ)歎(ずる)中(に)就(て)即(ち)五有(り)。一(には)是(れ)常住(なることを)明し、二(には)是(れ)大悲(を)明し、三*(には)大悲(を)説(く)べシト勧[2](む)。四*(には)常住(を)説(くべしと)勧む。五*(には)結す。皆見(つ)可《べ》(し)。

「後*際[3]」(といふは)謂(く)、衆生は盡[4](く)佛と作[5](るべし)。而(る)に衆生[6](の)盡[7](く)佛[8](と)作[9](る)こと无(ければ)〔則〕如*来の常住なりといふこと明(か)なり〔矣〕。

○常住帰依者。謂如来。應等正覚也。法者即是。説二一乗道一。僧者是。三乗衆。此二帰依。非二究竟帰依一。名二少分帰依一。何以故。説二一乗道一法。能[10]得二究竟法身一。於ㇾ上更无下。説二一乗法一事[11]上。三乗衆者。有二恐怖一。帰二依如来一。求ㇾ出脩学。向二阿耨多羅。三藐三菩提一。是故二依。非二究

◇第一に…　㈠の1 別体の仏宝をたたえる

三には　「安慰世間…善説如来」の部分。このうち、人びとが如来をたたえて「安慰世間…无限安慰世間」という。

四には　「若復説言…善説如来」の部分。

五には　「是故…作无尽帰依」の部分。しかしながら、ここでは三宝の中の「仏」に関して説いているから、次の「常住帰依者。謂如来。応等正覚也」までとすべきであろう。だが、これを太子義疏は採用しないという(二三七頁参照)。

後際　未来世のこと。敦煌本は、一切衆生が成仏して、すべて尽きてしまう時間を後際とする、と解釈する。

如来の常住…　経文の「如来・応・等正覚は後際と等しく住す」を解釈して、なぜ如来が未来世にわたって永遠に止住されるかといえば、衆生を一人残らず仏たらしめていこうとするからである。だから、その点で、仏身の常住たることは明白である、とする。

就第二正明法僧二寶非究竟中有四、第一『先列、第二従此二帰〔六八オ〕
依以下、正明二依非究竟、第三従何以故以下、釋二依非究竟、
第四従是故以下、結非究竟、本義云、従初訖謂如来應等正覚也、
明今日一躰為帰依之本、而今不須、
梯橙三寶、即所説経教、不別大少▽、皆為法寶、学教之人亦、不
別大小、皆為僧寶、而今挙勝兼劣、故唯稱一乗教三乗人也、而
昔日雖説大乗、未明一乗、以一乗為法『寶、唯今此経也、説一〔六八ウ〕
乗道乃得法身、法身上更无説一乗法事、然則法寶之極唯在法身、
故、云説一乗非究竟法寶也、釋僧非究竟可見、

少ー蔵本「小」に作る

1 先　文墨「ツ」あり。
2 列　文墨「ル」、応墨「ル」あり。
3 躰　文墨「ヲ」あり。
4 梯橙　応墨「テイトウ」あり。
5 教　後墨あり。「ガウ」か。
6 道　応墨「ニヲイテ」「ハ」あり。
7 説　応朱「とき」あり。
8 極　文墨「ハ」あり。

竟依一。是有限依。

第*二(に)正(しく)法僧二寶は究竟(に)非(ずといふことを)明(すが)中に就(て)四有(り)。第一(に)先*[1](づ)列[2](る)。第二(に)「此《し》二《に》帰依《くゑえ》」(といふ)従《よ》(り)以下(は)、正(しく)二*依は究竟に非(ずといふことを)明(す)。第三(に)「何以故」(といふ)従《よ》(り)以下(は)、二依(は)究竟(に)非(ずといふことを)釋(す)。第四に「是故」(といふ)従《よ》(り)以下は、究竟(に)非(ずと)結す。本義(に)云(く)、初従《よ》(り)「謂《ゐ》如来《にょらい》。應等正覚也《おうとうしやうがくや》」(といふ)に訖《をは》(るまでは)、今日の一躰[3](を)帰依(の)〔之〕本(と)為《す》(ることを)明す。而(るに)今須《もち》(ゐ)不《ず》。

梯[4]橙の三寶は、即(ち)所説の経《きやう》[5]教《げう》において、大*少を別(た)不《ず》、皆、法寶と為《す》。教を学(する)〔之〕人(も)亦、大小を別(た)不《ず》。皆、僧寶と為《〈す〉》。而(るに)今は勝*を挙(げ)て劣(を)兼(ぬ)。故に唯(し)一乗と稱(じ)て三乗(の)人(に)教ウルなり〔也〕。而(も)昔日大乗を説(くと)雖(も)、一乗を明(さ)未《ず》。一乗を以(て)法寶(と)為《〈す〉》るは、唯今(の)此(の)経(のみなり)〔也〕。一乗の道[6](は)乃(し)法身を得と説く[7](ときは)、法*身(の)上に更に一乗の法を説く事无し。然(らば)〔則〕法寶(の)〔之〕極[8](は)唯法身に在(り)。故(に)、一乗(を)説く(も)究竟の法寶に非(ず)と云(ふ)〔也〕。僧の究竟(に)非(ずといふことを)釋する(こと)、見(つ)可

◇**第二に…** ㈠の2 別体の法宝と僧宝は究極のものではない

先づ列る まず、法と僧の二宝を列挙する。

二依 法と僧の二つに帰依すること。

大少を別た不 大乗・小乗の区別をたてない。

勝を挙げて劣を兼ぬ 勝れた一乗の教えをとり挙げて、それより劣った三乗の教えを兼ねて説明する。

法身の上に…无し 法身を体得させるのが一乗の目的だから、それ以外に一乗の法を説くことはない。

第四結亦可見、

従若有衆生以下、第二、正明今日一躰至極、就中有五、一明依今日一躰法僧、即是帰依如来、二従何以故以下、釈何故依法僧即帰依如来、第三従何以故下▽、亦釈何以是一躰、第四引佛為證、第「五従若如来以下、明昔日不説一乗之意、

是二帰依者謂、一躰法僧二依為是、非此二帰依者、別躰二依非可為比▽也、是帰依如来者、今日一躰法僧、即是如来故、又解言、因調伏発心帰依法僧

下—此上文庫本「以」を補入す〔究オ〕

比—文庫本「此」又は「非」の誤かとせり

1 **依** 「と」のヲコト点もあり。

2 **といふ** 「と」の訓点もあり。

3 **比** 文墨「ヲ」あり。

4 **為** 文墨「ナス」あり。

5 **来** 文墨「ナルカ」あり。

6 **帰依する** 古訓点では「…を帰依す」と「を」をとることがあった。又正しくは「…すといふは」とあるべき所で、「…するといふは」は破格である。或いは「…するは」と訓じたのかも知れない。

(し)。第四(に)結(すること)、亦見(つ)可(し)。

「若*有衆生」(といふ)従《よ》(り)以下は、第二に、正(しく)今日(の)一躰(の)至極(なることを)明す。中(に)就(て)五有(り)。一(に)は今日の一躰(の)法(と)僧(と)に依る(は)、即(ち)是(れ)如来(を)帰依(することを)明し、二(に)「何以故」(といふ)従《よ》(り)以下(は)、何(の)故(に)か法(と)僧(と)に依る(は)即(ち)如来を帰依[1]すること(なり)といふ(ことを)釋す。第三(に)「何以故」(といふ)従《よ》(り)(以)下(は)、亦、何(を)以てか是レ一躰(なる)[2]といふ(こと)を釋し、第四に佛*(を)引(きて)證を為《す》。第五(に)「若如来《にゃくにょらい》」(といふ)従《よ》(り)以下(は)、昔日《しゃくにち》に一乗(を)説(きたまは)不《ざ》(りし)〔之〕意を明す。

〇若有㆓衆生㆒。如来調伏。帰㆓依如来㆒。得㆓法津沢㆒。生㆓信楽心㆒。帰㆓依法僧㆒。是二帰依。非㆓此二帰依㆒。是帰㆓依如来㆒。帰㆓依第一義㆒者。是帰㆓依如来㆒。此二帰依。第一義。是究竟帰㆓依如来㆒。

「是*二帰依」と(いふは)〔者〕謂(く)、一躰の法僧の二依を是*と為〈す〉。「非此二《ひしに》帰依《くゐえ》」と(いふは)〔者〕、別躰の二依は比[3](を)為[4](す)可《べ》(きに)非(ず)〔也〕。「是《ぜ》帰依《くゐえ》如来《にょらい》」と(いふは)〔者〕、今日の一躰の法(と)僧(と)は、即(ち)是(れ)如来[5]なるが故なり。又解《げ》*(して)言(く)、調*伏(に)因て発心《ほちしむ》して法(と)僧(と)を帰依[6]

◇**若有衆生といふ…**　㈠一体の三宝は究極のものである

義疏はこの段を五つに分けるが、敦煌本の科文と比べると、簡略である。

佛を引きて證を為　経文「如来四无所畏成就。師子吼説」(二四三頁)を指す。四无所畏とは仏が説法するに際して、畏れを感じない四種の自信をいう(真理をさとったという自信、煩悩を断じ尽したという自信、修行の妨げとなるものを説き明かしたという自信、解脱の道を説き尽したという自信の四つ)。

◇**是二帰依…**　㈡の1 法と僧に帰依することは仏に帰依することである

是と為　経文の「是二帰依」が一体三宝の法・僧二帰依であり、次句の「此二帰依」は別体の法・僧二帰依と解するから、別体の二帰依を「非」とし、一体の二帰依を「是」とするの意。

又解して言く　一説を挙げる。「調伏に因て」から「亦一躰を明すが故なり」までの文。

調伏　一般に「律」ヴィナヤを調伏(蔵)と訳す。その原義は感官を制御して身心の働きをととのえることである。ここでは、如来の教化を蒙るという意味であろう。

者謂、依別躰法僧、是二帰依非者謂、別躰二依為非、上已非別躰法僧非究竟而此更挙者、欲以非明是也、此二帰依者謂、今日一躰二依、是帰依如来者、「亦明一躰故、所以知従此下明一躰〔六九ウ〕法僧者、上已結別躰故也、帰依第一義者是帰依如来者・第一義謂、三徳四義、本義云、此二句偏明一躰佛寶最勝、然若別躰亦可、而一躰、何別最勝、此二帰依・第一義・是究竟帰依如来者、明依一躰法僧及三徳四義、即是究竟帰依如来也、本義云、従此二帰依以下、結一躰三帰依同是究竟、

第二釋・何故依法「僧即帰依如来、〔七〇オ〕

1 **者** 応朱「は」あり。
2 **非** 応墨「ヒシテ」あり。
3 **知** 文墨「ル」あり。
4 **以** 文墨「ヘハ」あり。
5 **来** ヲコト点「と」あり。
6 **来** ヲコト点「と」あり。
7 **依** 「イフコト」あり。応朱か。
8 **三** 文墨「ノ」あり。

是二帰依非… 一説は義疏の読み方と異り、二三九頁の経文を「是の二帰依は非なり。此の二帰依は、是れ如来に帰依するなり」と読んでいる。太子義疏と一説とでは、「是の二帰依」と「此の二帰依」の指すものが逆になっているから、趣旨からすれば両者に相違はないであろう。

する(といふ)者《〈は〉》謂(く)、別躰の法僧(に)依(る)。「*是《ぜ》二《に》帰依《くゐえ》非《ひ》」と(いふは)〔者〕[1]謂(く)、別躰(の)二依を非と為《〈す〉》。上(に)は已に別躰の法(と)僧(と)を非[2]して究竟に非(ずとして)而(も)此に更(に)挙(ぐる)者《〈は〉》、非を以(て)是《ぜ》を明(さむと)欲《す》(るなり)〔也〕。「此二帰依」と(いふ)者謂く、今日の一躰の二依なり。「是帰依如来」(といふは)〔者〕、亦一躰(を)明(す)が故(なり)。此従《よ》(り)下には一躰(の)法(と)僧(とを)明(す)といふこと(を)知[3]る所《ゆ》以《ゑ》[4](は)〔者〕、上には已に別躰(を)結(するが)故(なり)〔也〕。「帰依第一義者。是帰依如来」といふは〔者〕、「*第一義」といふは謂(く)、*三徳と*四義(と)なり。*本義(に)云(く)、此(の)二句は偏に一躰の佛寶最勝なりと(いふことを)明(す)。*然(れども)若(し)別躰も亦可なり。而(るに)一躰(のみならば)、何ぞ別《こと》に最勝なる。「此《し》二《に》帰依《くゐえ》。第一《だいいち》義《ぎ》。是《ぜ》究竟《くきやう》帰依《くゐえ》如来《によらい》」といふは〔者〕、一躰の法(と)僧(と)〔及〕三徳四義(と)に依(るは)即(ち)是(れ)究竟(にして)如来に帰依[7](すといふことを)明す〔也〕。*本義(に)云(く)、「此二帰依」(といふ)従《よ》(り)以下(は)、一躰の三[8]の帰依は同(じく)是(れ)究竟なりと結す。

○何以故。无二異如来一。无二異二帰依一。如来即三帰依。

*第二(の)釋(には)、何(の)故(に)か法(と)僧(とに)依(りて)即(ち)如来を帰

この一段の経文をチベット訳と対応させ、〔　〕で語を補えばこのようになろう。「若し衆生有りて、如来に調伏せられ、如来に帰依せば、法の津沢を得、信楽心に由つて、法と僧に帰依す。是の二帰依は〔法の津沢を得、信楽心に由る〕。此の二帰依に非ざるもの、是れ如来に帰依するなり。第一義に帰依せば、是れ如来に帰依するなり。〔もし〕此の二帰依、第一義ならば、是れ究竟して如来に帰依するなり」と。「法の津沢を得、信楽心に由る」とは、「仏に帰依することによって、おのずから生ずる信心に由って」の意味で、仏の帰依はそのような派生的な信心による法と僧の二帰依ではなく、「第一義」(正真)のものという。

第一義　チベット訳によれば、正または真実の意味。

三徳　前出(二三一頁注)の菩提・涅槃・法身という三つの徳性。

四義　敦煌本によれば、涅槃の四つの徳性たる常・楽・我・浄の四義をいう。

本義に云く　敦煌本の「偏明仏宝。帰依最勝」とほぼ同じ。

然れども…最勝なる　だが、もしもそうだとすれば、別体の仏宝もまた最勝というべきである。

本義に云く　敦煌本の「正結一体三帰依。同是究竟」と全同。

◇第二の釋…　㈡の2 前項を解釈する「何以故」を太子義疏は、「法・僧の二帰依がどうして仏帰依に外ならないのか」と解する。これに対して本義は、「何以故」の内容を「なぜ一体の三帰依が究竟なのか」と解して、両者に相違が見られる。ただ、その答えは「一体なるが故に」といって同じである。敦煌本は本義に同じ。

曰、三依即是一躰故、本義云、何故同是究竟、即一躰故、
第三釋・何以是一躰、以一乗而得故、是一躰也、
第四、誰其如是説、引佛為證、然別躰三寶則其名躰各異故、理自可別、但一躰何以為別、釋曰、常住法身為佛寶、此法身能為物軌則、自為法寶、又此法身則能与理和合、亦為僧寶、若弁帰依、為其習解断惑、則別躰可先、但不迷旨『帰、必一躰為要、〔七〇ウ〕今勝鬘唯欲以旨帰為本故、非昔梯橙唯欲今日一躰也、

1 **依** 「と」のヲコト点もあり。
2 **三** 文墨「ツノ」あり。
3 **而** 文墨「モ」あり。
4 **所** 蔵本になし。
5 **誰か其れ** 応墨「タレカソレ」あり。
6 **自** 文墨「ヲ」あり。
7 **為** 応朱「モテイハ、」あり。
8 **旨** 文墨「シ」あり。
9 **二** 蔵本「三」に作る。
10 **二** 蔵本「三」に作る。

依[1]すといふ。曰く、三[2](つの)依は即(ち)是(れ)一躰(なる)が故なり。本義(に)云(く)、何(の)故(にか)同(じく)是(れ)究竟なる。即(ち)一躰なるが故なり。

○何以故。説㆓一乗道㆒。

第*三の釋(には)、何(を)以(て)か是(れ)一躰なる。一乗(を)以(て)而[3](も)得(る)が故に、是(れ)一躰(なり)〔也〕。

○如来四*无所畏[4]成就。師子吼説。

第*四には、誰[5]か其れ是(の)如(く)説(き)タマフ。佛(を)引(きて)證(と)為《す》。然(るに)別躰の三寶は〔則〕其の名躰*各(と)異(なる)が故に、理*自(ら)別《こと》(なる)可《べ》(し)。但*一躰い何(を)以(て)か別《こと》なりと為《す》(る)。釋*(して)曰(く)、常住の法身を佛寶と為《〈し〉》、此の法身(は)能く物の軌則(と)為《な》(り)、自《おのづか》[6](ら)法寶と為《〈す〉》。又此の法身(は)〔則〕能(く)理与《と》和合するを、亦僧寶と為《す》。若(し)帰依(を)弁(ずれ)ば、其(の)習*解、惑*(を)断ずるを為《も》[7](ていはゞ)、〔則〕別躰を先と(す)可《べ》(し)。但(し)旨*[8]帰に迷(は)不《ざ》(るとき)には、必(ず)一躰を要と為《す》。今勝鬘は唯旨帰を以て本(と)為《〈せ〉》ムト欲《す》(る)が故に、昔の梯橙《たいとう》(を)非(として)唯今日の一躰をのみ欲する(なり)〔也〕。

○若如来。随㆓彼所欲㆒。而方便説。即是大乗。无㆑有㆓二[9]乗㆒。二[10]乗者。

◇第三の釋… ㈠の3 一体の三宝を説く理由を明かす

四无所畏 仏の具える四特性。四無畏ともいう。説法における畏れなき四つの自信をいい、1真理をさとったという自信、2煩悩を滅尽したという自信、3修行の妨げとなるものをすでに説いたという自信、4解脱への道を説いたという自信のこと。チベット訳は四無碍解(四種の説法能力)とする。

◇第四には… ㈠の4 仏のすぐれた徳性と教えによって、一体の三宝を説明する

名躰 名称と本体。

理 道理上。

但…為る ただし、一体の三宝に関しては、一体なのになぜ三つという別があるのか。

釋して曰く 吉蔵『勝鬘宝窟』(大正蔵三七、六三上)にも同趣旨の説明を出す。

習解 善を習い悪を滅する(習滅)の意か、または煩悩の余習から解放されることの意であろうか。

惑 煩悩。

旨帰 旨趣。われわれのよるべき根源のことで、一体の三宝を指す。

第五明昔日不明一乗之意、理既如是、何故昔日猶明三耶・故云此是如来、随衆生機、方便而説、就実為論、即是一乗无有二乗、

本義云、従若如来以下、明一躰三寶中、遂結入一乗、

第一義者、経云・説一乗是説第一義諦、説三乗是説世諦義也、

1 是　蔵本なし。
2 明　応朱「ス」あり。
3 説　応朱「タマフ」あり。

入二於一乗一。一乗者。即是[1]第一義乗。

第*五には昔日に一乗(を)明(さ)不《ざ》(りし)〔之〕意(を)明[2]す。理既(に)是(の)如(し)。何(の)故(にか)昔日に猶(し)三*と明(すや)〔耶〕。故に此(れは)是(れ)如来、衆生の機に随(ひ)て、方便をモテ〔而〕説[3](き)タマヘリ、実*に就(て)論(を)為《せ》(ば)、即(ち)是(れ)一乗にして二乗有(ること)无(しと)云フ。本*義(に)云(く)、「若如来」(といふ)従《よ》(り)以下は、一躰(の)三寶(を)明(すが)中に、遂に一乗(に)入(ると)結す。

「第一義」(といふは)〔者〕、経*(に)云(く)、「一乗を説(く)は是(れ)第一義諦を説(く)。三乗と説(く)は是(れ)世諦の義(を)説(く)なり〔也〕」。

◇第五には…　㈡の5　これまで一乗の教えを説かなかった理由を説明する

三　三乗。

実に就て　真実の教えを説くという点に関して。直前の方便の教えに対応する。

本義　敦煌本の「明二乗果一既レ因」(一体三宝＝法身＝乗果を明せば、一乗＝因を説きつくすことになる)を要約したもののようでもある。

経に云く　敦煌本にこの文を『十地経』の文として出すも、見当らない。「第一義諦」(勝義諦、真諦)は絶対の真実。「世諦」(世俗諦、俗諦)は世間における真実で、相対の真実をいう。

従世尊聲聞縁覚以下、正説中「之第二、挙八章以明乗境、言夫 〔七オ〕
善不自生、必由境起故、有作无作二種聖諦、皆是一乗之境也。
大意雖尒、好尋此下、外文則无異上明究竟不究竟、所以私懐、
亦可挙境證究竟、曰、二種聖諦、皆是修善之縁。而二乗但観一
種聖諦、如来二皆已達、観境既尒、則所證未究竟明矣。就中開
為二、第一前四章惣明境界、第二後四章別明境界、惣取有作
无「作二種聖諦、无所簡除、皆為一乗境故、名為惣、簡除三諦 〔七ウ〕
唯无作滅為極故、名為別、就第一惣明境界中有四章、一无邊聖
諦章、二如来蔵章、三法身章、四空義隠覆章。

1 **自** 「ミ」あり。応朱か。
2 **起** 応朱「ヲ」あり。
3 **好** 応朱「ヨク」あり。
4 **懐** 応朱「ヲモイ」あり。
5 **聖** 「に」あり。衍か。
6 **達** 応朱「タマヘリ」あり。
7 **四** 応朱「の」あり。
8 **惣** 応朱「ソウ」あり。

無邊聖諦章　声聞・縁覚の二乗の人びとが修める聖なる四つの真実(四聖諦)は、相対的なもの(有作)であるから、かれらの得る智慧は不完全なものである。いま本経で明かす四聖諦とは絶対・究極のものであり、また無量無辺のものであって、これを修めて智慧を獲得した者は仏のみである。大乗の求道者がまさしく実践するのは、この無辺の四聖諦に外ならない。

◈世尊聲聞…　Ⅰ本章の位置とあらまし　本論十四章を三つに分ける第二の部分は、本章以

（第六　無邊聖諦章）

*「世尊。聲聞縁覚」（といふ）従《よ》（り）以下（は）、正説（の）中の〔之〕第二に、八章を挙（げ）て〔以〕*乗の境（を）明す。言（ふこゝろは）夫れ*善は自[1]（ら）生ぜ不《ず》、必（ず）境に由て起[2]るが故に、*有作《うさ》（と）无作《むさ》（と）の二種の聖諦《しやうたい》は、皆是れ一乗の〔之〕境（なり）〔也〕。大意は尒《しか》なり（と）雖《いへ》ども、*好[3]（く）此より下を尋（ぬ）るに、外文《げもん》は〔則〕上には究竟不究竟を明（す）と異（なる）こと无（し）。所以《このゆゑ》（に）私の懐[4]は、亦、境を挙（げ）て究竟を證ず可《べ》し。曰く、二種の聖諦は、皆是（れ）*修善《しゆぜん》の〔之〕縁なり。而（る）に二乗は但し*一種の聖[5]諦を観ず。如来は二（つ）ながら皆已に達[6]（し）タマフ。境を観ずること*既に尒《しか》なり。〔則〕證ずる所未ダ究竟（せ）未《ず》といふこと明（か）なり〔矣〕。中（に）就（て）開（き）て二と為。第一には前の四[7]章には惣じて*境界を明し、第二に後の四章には別して境界を明（す）。惣（じ）て有作（と）无作（と）の二種の聖諦を取（り）て、簡除する所无く、皆一乗の境と為《す》る（が）故に、名（け）て「惣[8]」と為《す》。*三諦を簡除して唯し无作の滅を*極《ごく》と為《す》るが故に、名（け）て「別」と為《す》。第一に惣（じ）て境界を明す（が）中（に）就（て）四章有（り）。一（は）无邊聖諦章、二（は）如来蔵章、三は法身章、四（は）空義隠覆章。

下「自性清浄章」に至る八章を含む。さきの第一の部分（前五章）で「乗体」（一乗の教えの本体。万善をいう）を明かしたから、第六章より「乗境」（一乗の教えが説く真理観察の対象。相対の四聖諦と絶対の四聖諦）を明かす部分に入る。

無辺聖諦章を五段に分け、無作の四聖諦が二乗の分限を超えたものであることを論ずる。敦煌本も同様に五段に分けている。

乗の境　「乗」とは一乗、「境」とは真理観察の対象をいう。

善　乗体たる万善。

有作と无作と…聖諦　小乗の四諦は不完全（不究竟）であるから「有作の四諦」といい、大乗のそれは完全（究竟）であるから「無作の四諦」という。有作を相対、無作を絶対と訳してもよいであろう。「聖諦」は四聖諦（聖なる四つの真実。苦諦・集諦・滅諦・道諦をいう）の略、四諦ともいう。

好く…こと无し　ここの個所は「好(よ)しく此の下の外文を尋ぬれば、上には究竟不究竟を明かしたると異なること无し」と読むべきか。外文→一八七頁注「外文に…釈すれば」

修善の縁　万善を修める条件。

一種の聖諦　有作と無作の二種の四聖諦のうち、有作の四聖諦をいう。

既に尒なり…明かなり　二乗の人びとにおいて聖諦という観察の対象がすでに如来と違っているのだから、そのさとりも究極的なものでないことは明白である。

境界　境に同じ。

三諦　無作の四諦のうちの、苦諦・集諦・道諦の三つをいう。

極　究極。

就第一无邊聖諦章、開為五重、第一牒二乗所得即是有作四諦、第二従无有出世間以下、明上上非二乗分、第三従世尊金剛喩者以下、明第一義智亦非二乗分、第四従世尊聖義「者以下、明聖〔七三オ〕義亦非二乗分、第五従聖諦者以下、明諦亦非二乗分、

第▽一、

第一―此下文庫本「牒」を補入す

初観聖諦者謂、始観有作四聖諦也、以一智者・言、以一有作諦智也、断諸住地者・謂、断四住惑、四断智謂、断、因智得惑断故、云断智、亦可、以四諦下結為四断智、功徳作證者謂、无為功徳、亦善知・此四法義者・謂四諦義、明得少分観也、

1 **間** 「を」あり。「といふ」の誤か。
2 **明** 「て」あり。衍か。
3 **智** 蔵本「知」に作る。
4 **諦** ヲコト点「と」あり。
5 **智** 左下に「一」点あり。「を」の誤か。
6 **得** 応朱「ウル」あり。
7 **云** 応朱「フ」あり。
8 **四諦の…為るなり** 「以四諦下結為四断智」を応朱「四諦(の)下(の)結ニヲイテ四断智ト為〈ス〉ルヲ以テナリ」と訓ぜり。

第一の无邊聖諦章に就(て)、開(き)て五重と為《す》。第一には二乗の所得は即(ち)是(れ)有作の四諦なりと牒す。第二には「无《む》有《う》出世《しゆつせ》[1]間《けん》」(といふ)従《よ》(り)以下(は)、*上上は*二乗(の)分に非(ず)と明す。第三に「世《せ》尊《そん》。金剛喩《こむがうゆ》者《しや》」と(いふ)従《よ》(り)以下(は)、第一義智も亦二乗の分に非(ず)と明す。第四に「世尊。聖義者」と(いふ)従《よ》(り)以下(は)、聖の義も亦二乗の分に非(ず)と明(す)。第五に「聖諦者」と(いふ)従《よ》(り)以下(は)、諦も亦二乗の分に非(ず)と明[2]す。

○世尊。聲聞縁覚。初観㆓聖諦㆒。以㆓一智㆒。断㆓諸住地㆒。以㆓一智㆒。四断智[3]。功徳作證㆒。亦善知㆓。此四法義㆒。

*第一に(牒す)。

「初観《しよくわん》聖《しやう》諦《たい》」[4]といふは〔者〕謂く、始(め)て有作の四聖諦を観(ずる)なり〔也〕。「以《い》一《いち》智《ち》」と(いふは)〔者〕言く、*一の有作諦の智[5](を)以て(なり)〔也〕。「断諸住地」と(いふは)〔者〕謂く、*四住の惑を断ずるなり。「*四断智」といふは謂く、断なり。*智に因て惑の断を得[6]るが故に、「断智」と云[7](ふ)。亦可《いふ〈べ〉》し。*[8]四諦の下の結を以て四断智と為《〈す〉》るなり。「功徳作證」といふは〔者〕謂く、*无為の功徳なり。「亦善知《やくぜんち》。此《し》四《し》法義《ほふぎ》」といふは〔者〕謂く、四諦の義なり。*少分の観を得(ること)を明す〔也〕。

上上　経文の「出世間上上智」を指す。

二乗の分　二乗の人びとの分限。

◈第一に…　Ⅱ本章を解釈する　〔一〕二乗のさとりは有作の四諦である

有作と無作の四諦を比較し、無作の四諦のすぐれたことを論ずる。無辺とは無作と同義である。

一の有作諦の智　相対の四諦のうちの一諦だけをさとる智慧。その智慧では、やっと凡夫の境界を離れた程度のものにすぎない。

四住の惑　四住地の惑、つまり四つの潜在的な煩悩のこと。チベット訳では四住のうちの「若干の住地」とする。

四断智　ここで二つの解釈を示す。一つは四住地の煩悩を断つ智という意味と、二つには四諦の理に迷う煩悩を断つ智という意味。後者の四断智によって、苦の遍知、集の永断、滅の作証、道の修習という功徳が体得される。

智　経文に二つの「一智」を出すうちの第二。チベット訳では第一の「一智」と同じ智によってとする。

四諦の下の結　四諦の理に迷う煩悩。

无為の功徳　無為は有為に対する語。生滅変化をこえた絶対の功徳という意。

少分の観…明す　ここでは四諦を部分的にしか観察していないことを説く。

従世尊以下、第二、明上上非其分、

无有出「世間上上智者」昔、明阿羅漢金剛心是学中之極、以為〔七三ウ〕世間之上、羅漢果心名為上上、今既明二乗未満故、亦非上上也、四智漸至者」以智釋非上上、明智躰未満、更有所至、及四縁漸至者」挙境釋非上上、更有无作四諦應至、言智境皆未竟、那得上上、无漸至法」是出世間上上智者、挙佛真上上以證二乗非上上、佛智円極无所更至、故云无漸至、

1 満　文朱「の」あり。
2 有　文朱「と」あり。
3 智　「の」あり。衍か、或いは切点の誤か。
4 皆　応朱「ナ」あり。
5 竟　応朱「キワマラ」、後朱「ヲワラ」あり。
6 得　応朱「ン」あり。
7 智　文朱「と」あり。
8 上　「を」あり。衍か。
9 至　応朱「ヘキ」あり。
10 至　応朱「ト」あり。
11 云　応朱「フ」あり。

◈**世尊**…　〔二〕上上智は二乗のものではない

第二　この一段の経文の意味は、つぎのごとくである。二乗の人びとが苦・集・滅・道の四諦を観察するとき、観察の対象(縁)たる苦にたいしてこれを遍知する智を働かして苦諦をさとる(以下、集・滅・道にたいしてそれぞれ永断・作証・修習する智を働かす)。このように苦などの四つの対

象(四縁)とそれに対応する遍知などの四つの智慧(四智)が順次に移動するけれども、世間的認識を超えた超越智(出世間上上智)にはそのようなことがない。

其の分に非ず　二乗の人びとの分限を超えたものである。

昔は…非ずと明す　昔と今と対比する。ここの義疏部分は、つぎのように読むべきか。「昔は阿羅漢の金剛心は是れ学の中の極にして、以て世間の上上とし、羅漢果の心を名けて上上とすと明す。今は既に二乗は未満なることを明したるが故に、亦上上に非ざるなり」と。

学の中の極なり　仏道を学ぶ者の得る究極である。阿羅漢は聖者中の最高位で、もはや学ぶべきものがないから「無学」といわれ、それ以前の段階の者を「有学」という。

今既に…明す　チベット訳によれば、如来の出世間智と比べて阿羅漢の四智の劣っていることを経は説く。

更に所至有り　経文に則していえば、二乗の人びとの四智が不完全だから、四縁の移動とともに四智の移動がある。だが、義疏の釈は、敦煌本と同じく、つぎに述べるように、有作の四諦の四智から無作の四諦の四智へと移るべきものであると解している。

境を挙げて…有る　四諦を観察する「智」の不充分を説いたから、観察の対象たる「境」、すなわち四諦それ自体も不充分なもの、有作のものであるから、やがて、無作の四諦の観察に至るべきものという。

真の上上　経文にいう「出世間の上上智」であり、「無漸至の法」を指す。

○世尊。无レ有ニ出世間上上智一。四智漸至。及四縁漸至。无漸至法。是出世間上上智。

「世尊*」(といふ)従《よ》(り)以下(は)、第*二に、上上は其*の分に非(ず)といふことを明す。

「无《む》有《う》出世間上上智《しゆつせけんじやうじやうち》」といふは〔者〕、昔*は、阿羅漢の金剛心は是れ学*の中(の)〔之〕極なりと明す。以て世間の〔之〕上と為《〈す〉》。羅漢果の心を名(け)て上上と為《〈す〉》。今*既に二乗は未満[1]なるが故に、亦上上に非ずと明す〔也〕。「四智漸至《しちぜむし》」といふは〔者〕、智を以(て)上上に非(ず)と(いふ)こと(を)釋す。智の躰、満ぜ未《〈ず〉》、更*(に)所至有[2](り)といふことを明す。「及四縁漸至《ぎふしえんぜむし》」と《〈と〉》いふは〔者〕、境*を挙(げて)、上上に非ず、更に无作の四諦の至る應《べ》き(こと)有(るを)釋す。言(ふこゝろ)は、智[3]境皆[4]竟[5](ら)未《ず》。那《なん》ぞ上上なることを得[6](む)。「无漸至法《むぜむしほふ》」。是《ぜ》出世間上上智《しゆつせけんじやうじやうち》[7]」といふは〔者〕、佛の真*の上上を挙(げ)て以て二乗は上上[8]に非(ず)と證ず。佛智は円極《ゑんごく》にして更に至[9](るべき)所无し。故に「无漸至《むぜむし》[10]」と云[11](ふ)。

○世尊。金剛喩者。是第一義智。世尊。非下聲聞縁覚。不レ断ニ无明住地一。初聖諦智。是第一義智上。世尊。以ニ无二聖諦智一。断ニ諸住地一。世尊。

『従世尊以下、第三明第一義智非其分、就中有六句、合為三雙、〔七三オ〕
第一雙牒是非、明第一義智是佛、非二乘、第二従世尊以无二聖諦智以下、雙釋是非、先釋非、後釋是、第三従世尊若壊一切以下、雙結是非、先結是、後結非、皆可見、
金剛為喩佛・断諸住地謂、四住地、
従世尊聖義以下、明聖義、非其分、即有二、第一直明非其分、第二挙有量及少分為釋、『可見、〔七三ウ〕

1 尊 「と」あり。衍か。
2 喩 応朱「タトヘン」あり。
3 地 文朱「イハ」あり。
4 下 此下文墨右傍「第四」あり。

如来應等正覚。非㆓一切聲聞縁覚境界㆒。不思議空智。断㆓一切煩悩蔵㆒。世尊。若壊㆓一切煩悩蔵㆒。究竟智。是名㆓第一義智㆒。初聖諦智。非㆓究竟智㆒。向㆓阿耨多羅。三藐三菩提㆒智。

「*世尊」(といふ)従《よ》(り)以下(は)、第三(に)第一*義智(は)其(の)分に非(ず)と明す。中(に)就(て)六句有(り)。合して三*雙と為《す》。第一には雙(じ)て是非を牒して、第一義智は是れ佛なり、二乗には非(ず)と明す。第二に「*世尊《せ[1]そん》。以无《いむ》二聖諦智《にしやうたいち》」(といふ)従《よ》(り)以下(は)、雙(じ)て是非を釋す。先に非を釋し、後に是を釋す。第三に「世尊《せそん》。若壊一切《にやくゑいちさい》」(といふ)従(り)以下(は)、雙(じ)て是非を結す。先に是(を)結し、後に非を結す。皆見(つ)可《べ》(し)。

「*金剛」を佛に喩[2](へむ)と為〈す〉。「断諸住地[3]」といふは謂*く、四住地なり。

○世尊。聖義者。非㆓一切聲聞縁覚㆒。聲聞縁覚。成㆓就有量功徳㆒。聲聞縁覚。成㆓就少分功徳㆒。故名㆑之為㆑聖。

「*世尊《せそん》。聖義《しやうぎ》」と(いふ)従《よ》(り)以下[4](は)、聖の義、其の分*(に)非(ず)と明(す)。即(ち)二有(り)。第一に直に其(の)分に非(ず)といふことを明す。第二に*有量《うりやう》と〔及〕少分とを挙(げ)て釋を為《す》。見(つ)可(し)。

○聖諦者。非㆓聲聞縁覚諦㆒。亦非㆓聲聞縁覚功徳㆒。世尊。此諦如来。應

◈**世尊…** 〔三〕第一義智も二乗のものではない
第一義智 最高の智慧。如来の出世間智を指し、これを金剛石に譬える。
三雙 三対。
世尊以无二聖諦智 この個所の経文をチベット訳に照らして、「(二乗の)二の聖諦智(有作と無作の四聖諦)の、諸住地を断ずること无きを以てなり」と読んでもよいであろう。

金剛 金剛石(ダイヤモンド)のごとく不壊にして堅固、かつ他のものを摧破する作用があるから、仏の智慧に譬える。
謂く 「断諸住地」の「諸住地」とは、の意。

◈**世尊聖義…** 〔四〕聖者の呼称も二乗のものではない
分に非ず 二乗の人びとは聖者の名に値しない。
有量と少分 二乗の人びとの得る功徳(敦煌本では滅・道の二諦と解す)が量ではかられるものであり、また僅少のものであるということ。

1 非 「と」のヲコト点もあり。
2 者 文朱「は」あり。
3 非 「と」のヲコト点もあり。
4 者 文朱「は」あり。
5 云 応朱「フ」あり。
6 諦 後朱「ノミ」あり。
7 答 文朱補入。
8 云 応朱「フ」あり。

従聖諦者以下、第五、明諦非其分、即有二、第一直明非其分、

第二明是如来諦、

非諦者、苦集非其諦、亦非功徳者謂、滅道非其諦、

第二明是如来諦、可見、

諦是審実為義、故云是佛非二乗分、而无作諦亦復可然、但有作諦何非其分耶、雖▽復作諦、亦不如如来深達、故云非其分、何者、所言二乗、観有作四諦、断三界惑、亦是方便、就実為論、観▽□▽作「四諦断三界惑、正在七地上、

復—此下文庫本「有」を補入す
□—慶応本「有」に作る
作—字画一部欠損
〔七四オ〕

等正覚。初始覚知。然後為二无明一。鷇蔵世間一。開現演説。是故名二聖諦一。

*「聖諦者」と(いふ)従《よ》(り)以下は、第五に、諦い*其の分に非(ず)と明す。即(ち)二有り。第一に直に其(の)分に非(ず)と明す。第二に是れ如来の諦なり(と)明す。

「諦に非ず」[1]といふは〔者〕[2]、*苦集《くじふ》は其の諦に非ず。「亦、功徳に非ず」[3]といふは〔者〕[4]謂く、*滅道は其の諦に非ず。

第二に是(れ)如来の諦なりと明す。見(つ)可(し)。

「諦」といふは是れ*審実を義と為《す》。故に是れ佛にして二乘の分に非(ず)と云[5](ふ)。而(も)*无作の諦(も)亦復然(る)可《べ》(し)。*但し有作の諦[6](のみ)何ぞ其の分に非(ざらむ)耶《(や)》。答[7](ふ)、復、(有)作の諦なりと雖《いへ(ど)》も、亦、如来の*深く達しタマフに如《し》(か)不《ず》。故に其(の)分に非(ず)と云[8](ふ)。何(と)ならば〔者〕、言(ふ)所の二乘は、有作の四諦を観じ、*三界の惑を断ず。亦是(れ)*方便なり。*実に就(て)論を為《な》(さば)、(有)作の四諦(を)観じて三界の惑を断ずること、*正(し)く七地の上に在り。

◈聖諦者…ではない　〔五〕四つの聖なる真実も二乘のものではない

其の分に非ず　聖諦といっても二乘の人びとの聖諦ではない。

苦集…非ず　苦諦と集諦の二つは、二乘の聖諦ではない。

滅道　滅諦と道諦。

審実　真実を審らかにすること。

无作の諦…可し　諦(真実)そのものが二乘の人びとに修められない以上、無作の四諦ということになれば、当然そのようにいえるであろう。

但し…非ざらむ耶　ただ、有作の四諦でさえ二乘の分限を超えているというのは、なぜだろうか。

深く…如か不　仏が無作の聖諦を体得しているのに比べれば、とうてい及ばない。

三界の惑　欲・色・無色の三界、つまり迷いの世界における煩悩。

方便　てだて。前句をうけて、有作の四諦を観察して煩悩を断ずることができるというのは、仏の立場に誘引するてだての教えだからであるの意。経文に則していえば、一般に四聖諦が説かれたのは、仏たちが初めてこれをさとってからのちに、無知の卵殻の中に閉じこもっている世の人びとに向って教え知らしめたものである、と訳されよう。

実に就て論を為　実をいえば。

正しく…在り　二乘の人びとにとって無理なことであって、まさしく第七地以上の求道者にとって可能である。

従聖諦者以下、第二如来蔵章・為歎八聖諦甚深、上直明二種聖諦唯是如来非在二乗、而未明其甚深之所以、是故、此挙如来蔵為歎二種聖諦、今日此八諦、説於如来蔵、蔵既甚深、則八聖諦豈得不深、故云二種聖諦唯在如来非是二乗、就中開為五重、第一直挙如来蔵嘆八聖諦甚深、第二従若於无量以下挙如『来蔵与〔七四ウ〕法身勧信八聖諦、第三如是難知難解以下、仍広明八聖諦名躰相、第四従如是无作四聖諦以下、結无作聖諦唯在於佛、第五従世尊非壊法故。名為苦滅以下、料簡二滅諦、

1 歎　後朱「セン」あり。
2 未　応朱「タ」あり。
3 為　文朱「以」あり。
4 勧　「は」あり。「む」の誤か。
5 従　文朱補入。
6 故　「て」あり。衍か。

（第七　如来蔵章）

*「聖諦者《しやうたいしや》」（といふ）従《よ》（り）以下（は）、第二に如来蔵章（なり）。八*聖諦甚深（なり）といふことを歎ぜむ[1]が為に、上には直に二種の聖諦は唯（し）是（れ）如来のみにして二乗に在（る）に非（ず）と明せども、〔而〕其の甚深の〔之〕所以《ゆゑ》（を）明（さ）未[2]《ず》。是（の）故に、此《こゝ》に如*来蔵を挙（げ）て為[3]《も》て二種の聖諦を歎ず。今日の此の八諦には、〔於〕如来蔵を説く。蔵既に甚深なり。〔則〕八聖諦（は）豈に不*深なること得むや。故（に）二種の聖諦は唯（し）如来に在りて是れ二乗に非（ず）と云フ。中（に）就（て）開（き）て五*重と為《〈す〉》。第一には直（に）如来蔵を挙（げ）て八聖諦の甚深なることを嘆じ、第二に「若於无量《にやくおむりやう》」（といふ）従《よ》（り）以下（は）如来蔵と法身与《〈と〉》を挙（げ）て八聖諦を信ぜヨト勧[4]（む）。第三に「如是難知《にょぜなんち》。難解《なんげ》」と（いふ）従[5]《よ》（り）以下は、仍《なほ》（し）広く八聖諦の名と*躰相とを明す。第四に「如是无作《にょぜむさ》。四《し》聖諦《しやうたい》」と（いふ）従《よ》（り）以下は、无作の聖諦は唯し〔於〕佛に在（り）と結す。第五に「世尊《せそん》。非壊法故《ひゑほふのこ》。名為苦滅《みやうゐくめち》」（といふ）従《よ》（り）以下（は）、*二の滅諦を料簡《れうけん》す。

○聖諦者。説二甚深義一。微細難レ知。非二思量境界一。是智者所レ知。一切世間。所レ不レ能レ信。何以故。此説二甚深。如来之蔵一。如来蔵者。是如

如来蔵章　本章において、相対の聖なる四つの真実（有作の四聖諦）と絶対の聖なる四つの真実（無作の四聖諦）をとり挙げて、それらがいかに深遠のものであるかを示すために、如来蔵によって説明しようとする。これによって二種の聖なる四つの真実は仏の側にのみ属することを述べる。

◈聖諦者…　Ⅰ本章の位置とあらまし　敦煌本は如来蔵章を別出しないで、無辺聖諦章に入れている。↓補

八聖諦　有作と無作の二種の四聖諦を合わせて八聖諦とする。

如来蔵　サンスクリット語で、タターガタ・ガルバ（衆生の胎内に宿された如来の本性）という。仏性（ブッダ・ダートゥ）はその異名。生けるものは、いつかは仏となることができる本性をもっており、その本性を仏性と呼ぶ。本経では、煩悩の汚れにまつわられている状態のうちにある真実そのもの（在纏位の法身）を如来蔵と説明している。↓補

不深　甚深ならざること。

五重　本章に相当する敦煌本の科文も、同様に五段に分けている。

名と躰相　名称と本体・特質。

二の滅諦　有作（相対）と無作（絶対）の二種の滅諦。

料簡　二つのうちの一つを選ぶこと。ここでは、有作と無作の二種の滅諦を比較して、無作の滅諦を選び取る。

就第一挙如来蔵嘆八聖諦甚深、亦有三、第一直嘆甚深、第二従何以故以下釋嘆、第三従如来蔵處以下結嘆、

此説甚深・如来之蔵者、言於八諦説如来蔵也、説聖諦『義者・〔七五オ〕明此八諦依如来蔵而説也、如来蔵處・甚深故・説聖諦・亦甚深者・无作滅諦、即如来蔵、所以甚深、両苦両集能隠此蔵、二道一滅、能顕此蔵、則其隠顕之所以、難明故、亦皆甚深、

従若於无量以下、第二挙如来蔵及法身

1 義　文朱「と」のヲコト点もあり。
2 隠　応朱「カク」あり。
3 以　応朱「へ」あり。
4 義　蔵本なし。

来境界。非二一切聲聞。縁覚所レ知。如来蔵處。説二聖諦義一。如来蔵處。甚深故。説二聖諦亦甚深一。微細難レ知。非二思量境界一。是智者所レ知。一切世間。所レ不レ能レ信。

*第一に如来蔵を挙(げ)て八聖諦甚深を嘆ずるに就て、亦三有り。第一には直に甚深を嘆ず。第二に「何以故」と(いふ)従《よ》(り)以下は嘆(ずること)を釋(す)。第三に「如来蔵處」(といふ)従《よ》(り)以下(は)、嘆(ずること)を結す。

「此《し》説甚深《せちじむじむ》。如来之蔵《にょらいしざう》」といふは〔者〕、言(ふこゝろ)は八諦に於《(を)い》(て)如来蔵を説くなり〔也〕。「*説聖諦義《せちしやうたいぎ》[1]」といふは〔者〕、此の八諦は如来蔵に依て〔而〕説(く)といふことを明す〔也〕。「如来蔵處《にょらいざうしょ》。甚深故《じむじむこ》。説聖諦亦甚深《せちしやうたいやくじむじむ》」といふは〔者〕、无作の滅諦は、即(ち)如来蔵なり。所以《このゆゑ》に甚深ナリと(いふ)。*両苦両集は、能く*此(の)蔵を隠す[2]。*二道一滅は、能く此(の)蔵を顕す。〔則〕其の*隠顕の〔之〕所以《ゆゑ》[3](は)、明し難(き)が故に、亦皆甚深なり。

○若於二无量。煩悩蔵所レ纏。如来蔵一。不二疑惑一者。於下出二无量。煩悩蔵一法身上。亦无二疑惑一。於下説二如来蔵。如来法身。不思議佛境界一。及方便説上。心得二決定一者。此則信三解。説二二聖諦義一。[4]

「*若於无量《にやくおむりやう》」と(いふ)従《よ》(り)以下(は)、第二に如来蔵(と)〔及〕法身(と)を挙

◈**第一に…** Ⅱ本章を解釈する 〔一〕八聖諦の深遠であることをたたえる

説聖諦義 この個所の経文の意味は、如来蔵こそが聖諦の意義を説き明かす基礎である。およそこの如来蔵という基礎(如来蔵処)が深遠だから、それに基づく聖諦の意義も深遠であるといわれる。

両苦両集 両苦とは有作と無作の苦諦、両集とは有作と無作の集諦をいう。

此の蔵 如来蔵。

二道一滅 二道とは有作と無作の道諦、一滅とは有作の滅諦。→補

隠顕 『勝鬘宝窟』(大正蔵三七、六八中下)は隠顕について詳説している。

◈**若於无量…** 〔二〕如来蔵と法身によって八聖諦を信ぜよと勧める

無数の煩悩の中に覆い隠されてはいても、本質的には清らかな仏の性である如来蔵を、各自が所有していると確信するわけは、その煩悩の汚れのなかから如来蔵が顕現して、法身というすがたをとったのを見て、人はそれによって如来蔵の存在することを疑わなくなるからである。隠れた如来蔵とそれが顕わになった法身との二つを理解し信ずるならば、当然、八聖諦を体得することができるということを説く。この項は二段に分けられる。

勧信八諦、物聞聖諦甚深唯佛境界、便謂、然則若非如来都无應信、當復為誰而説此諦耶、所以挙此如来蔵及法身、勧信、曰、「无作滅諦即如来蔵、此蔵顕為法身、若能信此如来蔵及法身、〔七五ウ〕即能信此八諦、所以勧信之也、且聞如来蔵既是甚深非識所量、即謂此如来蔵已超惑累独自清浄、故知非識境界、所以亦明此如来蔵、隠在煩悩之中、非出惑累、若能无疑於隠義者、亦能无疑於顕法身、若能信此隠顕之義、即能信八諦、昔日、不明理在惑中、又二聖諦中、唯明一種「聖諦、皆是方便之説也。就中亦有〔七六オ〕二、第一明信蔵即信法身、第二従於説如来蔵以下、正明能信如来蔵及法身、即

1 **ひと**　後世「もの」と訓ずるところを「ひと」というのは、平安中期以前の古訓を伝えたものと思われる。
2 **説**　応朱「カム」あり。
3 **信**　後墨「ズレバ」あり。
4 **謂**　別に応朱「ヘリ」あり。
5 **信**　応朱「するひとは」あり。
6 **信**　「と」あり。

(げ)て八諦を信(ず)ベシと勧む。物*い「聖諦甚深にして唯佛の境界なり」と聞(き)て、便(ち)謂へり、「然(らば)〔則〕若(し)如来に非(ず)しては都《すべ》て信(ず)應《べ》(き)ひ[1]と无し。當に復、誰が為にか〔而〕此の諦を説[2](かむ)耶《〈や〉》」と。所以《このゆゑ》に此の如来蔵(と)〔及〕法身(と)を挙(げ)て、信(ず)べしと勧(む)。曰く、无作の滅《めち》諦《たい》(は)即(ち)如来蔵なり。此の蔵*を顕して法身と為《〈す〉》。若し能(く)此の如来蔵(と)〔及〕法身(と)を信[3](ぜ)ば、即(ち)能く此の八諦を信ず。所以《このゆゑ》に之を信ぜよと勧む〔也〕。且《また》、如来蔵(は)既に是れ甚深(に)して識*《しき》の所量に非(ず)といふことを聞(き)て、即(ち)此の如来蔵は已に惑累*《わくるい》を超(え)て独り自*(ら)清浄《しやうじやう》なり、故に知(り)ぬ、識の境界に非ずと謂[4]へり。*所以《このゆゑ》に亦此(の)如来蔵は、煩悩の〔之〕中に隠在《おんざい》して、惑累を出(づ)るに非(ず)、若し能く〔於〕隠《おん》の義を疑(ふ)こと无(き)者《〈もの〉》は、亦能く〔於〕顕の法身を疑(ふ)こと无し、若し能く此の隠顕の〔之〕義を信ずるモノハ、即(ち)能く八諦を信(ず)といふことを明す。昔*日には、理*い惑の中に在(り)と明(さ)不《ず》。又二*の聖諦の中(に)、唯し一*種の聖諦を明す。皆是(れ)方便の〔之〕説(なり)〔也〕。中(に)就(て)亦二有(り)。第一(には)蔵を信[5]ずるひと(は)即(ち)法身を信[6](ず)といふことを明し、第二に「於説如来蔵」(といふ)従《よ》(り)以下は、正(し)く能く如来蔵(と)〔及〕法身(と)を信ぜば、即

物 人びと。

蔵を顕して まつわっている煩悩が離れて、如来蔵が顕わになるの意。

識の所量に非ず われわれの認識の及ぶところのものではない。

惑累 煩悩。本経にいう五住地の惑。

自ら清浄なり 如来蔵があらゆる煩悩の汚れを超え離れて、本来、みずから清浄のものであること。一般に「自性清浄」という。

所以に…ことを明す この句は、隠の如来蔵と顕の法身を明かして八聖諦の信ずべきことを明かす。『勝鬘宝窟』には、「然るに如来蔵と法身とは、更に二あることなし。只是れ隠顕の名あるのみ。法身を隠すが故に如来蔵と名づけ、如来蔵を顕わすが故に法身と名づく。斯れ則ち、顕を隠すが故に隠と名づけ、隠を顕わすが故に顕と名づく。顕を隠すが故に隠と名づくも、隠として実に所隠なし。隠を顕わすが故に顕と名づくも、顕も亦所顕なし。故に正道に就かば未だ曾て隠顕せず。縁に随って迷悟す。故に隠顕と称するのみ」(大正蔵三七、六六中)。

昔日 一乗の教えが説かれなかった以前。

理 如来蔵を指す。

二の聖諦 有作と無作の二種の四聖諦。

一種の聖諦 有作の四聖諦。

應信八諦、蔵即既是隠、但就蔵可難、所以伝取顕時法身、為勧也、
従如是難知以下、第三出八諦名躰相、上来直稱二種聖諦、但未
顕其名躰相故、此故広明之、就中亦分為八、第一惣唱二種聖諦、
第二従何等為説二聖諦以下、列二『聖諦名、第三釋會有作有量、〔七六ウ〕
説作聖諦義者・是説有量四聖諦、此二句是、第四従何以故以下
釋所以名有作有量、第五従是故世尊以下、挙二種生死及二種涅
槃、釋有二種聖諦、第六従説无作聖諦義者以下、釋无作无量、
第七従何以故以下、釋所以名无作无量、第八従如是以下、惣結
二種聖諦、

難—此下文庫本「信」を補入す

1 **難** 文墨「カタカル」あり。
2 **可** 文墨「シ」あり。
3 **伝** 「ヘ」あり。応朱か。
4 **故** 応朱「コトサラニ」あり。
5 **唱** 応朱「フ」あり。
6 **説作聖諦…といふは** 文墨によれば「作ノ聖諦ノ義ヲ説(くは)〔者〕是レ有量ノ四聖諦ヲ説ク(といふ)」となる。
7 **諦** 「と」あり。重複か。
8 **種** 応朱「ノ」あり。
9 **種** 文墨「ノ」あり。
10 **義** 蔵本なし。

但し蔵に…為るなり 花山信勝は「伝」は「信」の誤写であり、「可難」の下に存した文字であろうとし、原文を「但就レ蔵可レ難レ信、所以取ニ顕時

(ち)八諦を信ず應《べ》(し)と明す。「蔵」といふは即(ち)既(に)是(れ)隠なり。但*し「蔵」に就(か)ば、(信じ)難[1](かる)可[2]《べ》(し)。所以《このゆゑ》に顕の時の「法身」を伝[3](へ)取(り)て、勧(むること)を為《す》(る)なり〔也〕。

「如是難知*」(といふ)従《よ》(り)以下(は)、第三(に)八諦《はちたい》の名と躰相とを出す。上来は直に二種の聖諦《しやうたい》と稱(ずれ)ども、但し其(の)名と躰相とを顕(さ)未《ざ》ルガ故に、此《ここ》に故《ことさら》[4]に広く之を明す。中(に)就(て)亦分(ち)て八*と為《(す)》。第一には惣じて二種の聖諦を唱*[5](ふ)。第二に「何等為説《がとうゐせち》。二聖諦《にしやうたい》」(といふ)従《よ》(り)以下(は)、二聖諦の名を列《つら》ぬ。第三には有作有量《うさうりやう》を釋會*《しやくゑ》す。「説作聖諦義者《せち*さしやうたいぎしや》[6]。是説有量四《ぜせちうりやうし》聖諦《しやうたい》[7]」といふは、此の二句是(れ)なり。第四に「何以故《がいこ》」と(いふ)従《よ》(り)以下(は)、有作有量《うさうりやう》と名くる所以《ゆゑ》を釋す。第五に「是故世尊《ぜこせそん》」と(いふ)従《よ》(り)以下(は)、二種*[8](の)生死(と)〔及〕二種*[9](の)涅槃(と)を挙(げ)て、二種の聖諦有(り)と釋す。第六に「説无作聖諦義者《せちむさしやうたいぎしや》」と(いふ)従《よ》(り)以下(は)、无作无量を釋す。第七に「何以故」と(いふ)従《よ》(り)以下(は)、无作无量と名くる所以を釋す。第八に「如是」(といふ)従《よ》(り)以下(は)、惣じて二種の聖諦を結す。

○如レ是難レ知。難レ解者。謂説ニ二聖諦義一。何等為レ説ニ。二聖諦義一。謂説ニ作聖諦義一。説ニ无作聖諦義一。説ニ作聖諦義一者。是説ニ有量四聖諦義[10]一。

法身ニ為レ勧也」と読んでいる(前掲書、二四〇頁)。趣意は、如来蔵—隠—難信、法身—顕—易信となり、敦煌本の解釈中にも見当らない。これとはちがった見解を出す『勝鬘宝窟』では、如来蔵と法身にそれぞれ権と実とがあるとし、また有作の聖諦を権の諦、無作の聖諦を実の諦と名づけて、如来蔵と法身の権と実を信ずることができれば、まさに聖諦の権と実を信ずることができると解釈している。太子義疏が顕の法身を易信のものとしたのは、第八、法身章を別立して、その中で説明を加えようと予め考えていたことによるのであろうか。

◈如是難知…　〔三〕八聖諦の名称と本体・特質　原始仏教いらい説かれてきた四聖諦を、一乗の立場から止揚して、従来のものを有作の四聖諦、本経で強調するものを無作の四聖諦と名づける。そして、これら二種の聖諦を十の異名によって詳説する。この項は八段に分けられる。

八と為　敦煌本は「六」とする。

唱ふ　二種の聖諦の名を掲げるの意。四聖諦の意義解釈に二種あり、人為的・相対的なもの(有作の四聖諦)と非人為的・絶対的なもの(無作の四聖諦)とである。

釋會　甲と乙が同一であることを解釈すること。ここでは有作と有量の二名が一体であることを釈す。

作聖諦　有作の聖諦。これを有量(有限の意)の聖諦ともいう。

二種の生死　有為生死(生滅のある輪廻の生存)と無為生死(生滅を離れた輪廻の生存)。

二種の涅槃　有余涅槃(身体の汚れを残す涅槃)と無余涅槃(身心の汚れを離れた涅槃)。

前三重可見、
第四釋名、
疑云、何以名有作有量「耶、釋曰、非因他能・知一切苦者・因 〔七オ〕
他謂、二乗七地、言、非此因他人、能知三界内外一切苦集滅道
也、故名其人有作有量、所以其所照諦、亦名有作有量也、
第五、挙二種生死涅槃為釋、
是故世尊・有為生死・无為生死者、境既従人、必有有作无作之
別、故生死亦従人、則有有為生死、无為生死也、二乗七地名有
為人、分段生死、是有為人所知、八地以「上名无為人、変易生 〔七ウ〕
死是无為人所照、故云有為生死、无為生死也・有為生死、即是
有量苦集・无為生死即是无量苦集、八地以上亦能

1 **苦** 文朱「と」あり。
2 **因** 文墨「トイハ」あり。
3 **種** 文墨「ノ」あり。
4 **死** 文朱「と」あり。
5 **者** 「は」あるか。衍か。
6 **人** 文朱「い」あり、「の」の誤か。
7 **以** 文朱「て」あり、衍か。

他に因る…二乗と七地となり　四聖諦の意義を他人から教えられる者は、二乗の人びとと第七地までの求道者である。
苦集滅道　四聖諦。
其の所照の諦　有作有量(相対・有限)の不完全な者が観察するところの四聖諦。

境…有り　観察の対象(境)には人によって必ず有作と無作の区別がある。
分段生死　輪廻する凡夫の生死。
変易生死　輪廻を超えた聖者の生死。
所照　智慧によって観察される対象。
有量苦集　有量(＝有作)の苦諦と集諦。
八地以上…為るなり　第八地以上の求道者は輪廻する凡夫の生死をも観察できるけれども、ここでは第七地以下の求道者がまだ輪廻を超えた聖者の生死を観察することができないということに焦点を合わせて、有為生死と無為生死という区別をたてるのである。

前の三重は見(つ)可《べ》し。

○何以故。非㆘因㆑他能知㆓一切苦㆒。断㆓一切集㆒。證㆓一切滅㆒。脩㆗一切道㆖。

第四に名を釋(す)。

疑(ひ)て云く、何を以(て)か有《う》作《さ》有量《りやう》と名くる耶《や》。釋して曰く、「非《ひ》因《いん》他《た》能《のう》知《ち》一切《いちさい》[1]苦《く》」といふは〔者〕、「他に因る」*[2]といふは謂く、二乗と七地となり。言(ふこゝろ)は、此の「他に因る」人は、能く三界の内外の一切の苦集滅道*を知(る)に非ず〔也〕。故(に)其の人を有作有量と名く。所以《このゆゑ》に其*の所照の諦を、亦、有作有量と名くるなり〔也〕。

○是故世尊。有㆓有為生死。无為生死㆒。涅槃亦如㆑是。有餘及无餘。

第五に二種[3]の生死と涅槃とを挙(げ)て釋を為《す》。「是故世尊《ぜこせそん》。有為生死《うゐしやうじ》。无為生死《むゐしやう[4]じ》」といふは〔者〕[5]、境*既に人に従(ひ)て、必ず有作无作の〔之〕別《こと》(なる)こと有(り)。故に生死も亦人に従(ひ)て、〔則〕有為生死、无為生死有ル(なり)〔也〕。二乗と七地とを有為人と名く。*変易生死《へんやくしやうじ》は是れ无為人[6](の)所*照なり。故に「有為生死。无為生死」と云(ふ)〔也〕。有為生死は、即(ち)是(れ)有*量苦集なり。无為生死は即(ち)是(れ)无量苦集なり。八*[7]地以上は亦能

照分段生死、但就七地、未照変易生死、故因為別也、涅槃亦如
是・有餘及无餘者・境与生死、皆従人得名故、涅槃亦従所證人
即有有餘无餘二種也、二乗七地、名有餘人、有餘人所證、名有
餘涅槃、如来名无餘人、『无餘人所證名无餘涅槃、有餘涅槃、〔七八オ〕
即兼有量滅道、无餘涅槃即兼无量滅道、
説无作聖諦義者・是▽説无量四聖諦義者、第六、釋會无作无量、　是―本経になし
従何以故以下、釋所以名无作无量、
疑云、何以名无作无量耶、能以自力・知一切者、明八地以上入
法流水念念自知也、亦従人得名故、云无作无量

1 名　「ケ」あり。応朱か。
2 兼　応墨「タリ」あり。
3 義　応朱「といふは」あり。
4 切　応朱「といふは」あり。
5 流　右傍に「ニ」あり。
6 自　文墨「ミ」あり。

(く)分段生死を照(せ)ども、但し七地の、変易生死を照(さ)未《ざ》るに就て、故《か》れ因て別と為《す》(る)なり〔也〕。「*涅槃亦如是《ねちはんやくによぜ》。有餘及无餘《うよぎふむよ》」といふは〔者〕、境と生死与《〈と〉》は、皆人に従(ひ)て名(を)得(たる)が故に、涅槃も亦所證の人に従(ひ)て即(ち)有餘(と)无餘(と)の二種有り〔也〕。二乗と七地とをば、有餘の人と名く。有餘の人の所證を、有餘涅槃と名け、如来を无餘人と名[1](け)、无餘人の所證を无餘涅槃と名く。有餘涅槃は、即(ち)有量の滅道を兼*ネたり。无餘涅槃は即(ち)无量の滅道を兼[2](ね)たり。

○説二无作聖諦義一者。説二无量四聖諦義一。

「説无作聖諦義者《せちむさしやうたいぎしや》。是《ぜ》説无量四聖諦義《せちむりやうししやうたいぎ》[3]」と(いふは)〔者〕、第六に、无作无量を釋會す。

○何以故。能以二自力一。知二一切受苦一。断二一切受集一。證二一切受滅一。脩二一切受滅道一。

「何以故」と(いふ)従《よ》(り)以下は、无作无量と名くる所以《ゆゑ》(を)釋す。*疑(ひ)て云く、何を以てか无作无量と名(くる)耶《〈や〉》。「能以自力《のういじりき》。知一切《ちいちさい》[4]」と(いふは)〔者〕、八地以上は法の*流水《るすい》[5]に入(り)て念念(に)[6]自(ら)知(る)といふことを明す〔也〕。亦、*人に従(ひ)て名を得たる(が)故に、无作无量と云(ふ)なり

涅槃亦…无餘　チベット訳では、前の生死と同様に、涅槃にも有為と無為の二種ありとする。

兼ネたり　さきに有為生死が有量の苦集、無為生死が無量の苦集であるとしたから、ここで有余涅槃は有量の滅道に、無余涅槃は無量の滅道に配当するの意。

疑ひて云く　「なぜに無作・無量なのか」という疑問を提出する。そこで、それにたいして答える経文「能以自力云云」を出して説明していく。他人の教えによらず、自己の力で努力して四聖諦をさとるから、その四聖諦を無作・無量という。

法の流水…念念に自ら知る　正法を摂受する者となっているから、みずから「苦」等の聖諦を念々にさとる。敦煌本には「入法流水」の次に「不復修習」の語がある。

人…なり　第八地以上の求道者を無作人というから、その名をとって無作無量の四聖諦という。

也、但滅諦那得自知者、是謂仰信、非言現知也、
従如是以「下、第八捴結・ 〔六八ウ〕
如是▽八諦・如来説▽四諦者・八諦之中、昔日如来為二乗七地、但
説有作四諦、又云、三界内外、雖有八諦、如来合為四諦也、
夫今此二種聖諦、合有十名、三界内諦、有作・有量・有邊・有
為・有餘・三界外諦、无作・无量・无邊・无為・无餘・凡此十
名、亦可當躰為稱、而今此中、只従人為稱也・二乗七地稱之五
有、八地以上皆名五无、而二乗七地稱五「有者、皆因未竟、三 〔六九オ〕
界外事、更有應作為稱也、八地以上稱五无者、亦皆因修習已極
更无新造、為稱、則可推也、八地以上、亦皆照三界内事、

八—此下本経「聖」あり
四—此下本経「聖」あり

1是 「ハ」あり。重複か。
2仰 応墨「カウ」あり。
3非ずあるなり 或いは「なり」は衍にして「非ず」と読むか。
4諦 「と」あり。重複か。
5未 応朱「タ」あり。
6應 「を」あり。衍か。
7因 下の「无」に「をもて」と補読し、「因」を不読とす。

但し滅諦…なり 無作無量の四聖諦を自知するといっても、そのうちの無作無量の滅諦については仰信というべきで、現知ではないの意。凝然はこの文を解釈して、無量の滅諦は仏果の位で現知さ

〔也〕。但*(し)滅諦《めちたい》(は)那《なん》ぞ自(ら)知(る)といふことを得(む)と者《〈な〉》らば、是[1]れは仰[2]信を謂フ。現知を言(ふ)に非[3]ず(ある)なり〔也〕。

○如ㇾ是八聖諦。如来説㆓四聖諦㆒。

「如是」と(いふ)従《よ》(り)以下(は)、第八に捴(じ)て結す。

「如是八諦《にょぜはちたい》。如来説四諦《にょらいせちし[4]たい》」といふは〔者〕、八諦の〔之〕中に、昔日《しゃくにち》には如来い二乗と七地との為に、但し有作の四諦を説(き)タマフ。又云く、三*界の内外は、八諦有(り)と雖(も)、如*来(は)合(し)て四諦と為《す》(る)なり〔也〕。

夫れ今此の二種の聖諦は、合(し)て十の名有り。三界の内の諦は、有*作(と)、有量(と)、有邊(と)、有為(と)、有餘(となり)。三界の外(の)諦は、无作(と)、无量(と)、无邊(と)、无為(と)、无餘(と)なり。凡そ此の十の名を、亦當*躰においで稱(と)為可《すべ》(し)。而(る)に今此の中には、只*人に従(ひ)て稱と為《〈す〉》(る)なり〔也〕。二乗と七地とをば之を*五有《ごう》と稱し、八地以上をば皆*五无《ごむ》と名く。而(る)に二乗と七地とを五有と稱することは〔者〕、皆*因い竟(ら)未《ず》[5]、三界の外の事に、更(に)作《な》(す)應《べ》[6](き)こと有(る)をもて稱と為《す》(る)なり〔也〕。八地以上を五无と稱すること者《〈は〉》、亦皆〔因〕[7]修習すること已に極(り)て更に新造无(き)をもて、稱と為《〈す〉》。〔則〕推*《お》(す)可《べ》(き)なり〔也〕。八地以上は、亦皆三界(の)内の事を

れるべきものであり、第八地の因位では信知のものだからという(前掲書、一二三頁中)。敦煌本に「二乗七地。亦復仰㆓信三界外諦㆒」(四五一頁上)とあるが、ここでいう「仰信」の意味とは異なる。太子の私釈として注目されよう。なお、第九、空義隠覆章の経文(二八七頁)に「此の二の空智〔に入る〕は、諸の大声聞の能く如来を信ず(るによる)」と説かれているのと対応する。

三界の内外 三界の内の四聖諦と三界の外の四聖諦。

如来は…なり この個所の経文は明確でない。チベット訳によれば、「このようなわけで、世尊が説かれた四聖諦は、〔有作と無作と合わせて〕八聖諦となります」とする。

有作…有餘 敦煌本の注釈によれば、「有作」はなお修習すべき作業がある の意、「有量」は思量する対象にとどまっている意、「有辺」はもとより思量すべきであるの意、「有為」は修習すべき為作があるの意、「有余」は修習すべき余りがあるの意とする。

當躰 三界の内外にわたる八聖諦それ自体。

人に…為るなり 聖諦を観察する人の在り方に即して、名称としている。

五有 十の名称の前半五つの「有」に相当するから「五有」という。

五无 後半五つの名称に「無」があるから「五無」という。

皆因い竟ら未 凝然によれば「因」は「由」であるとする(前掲書、一二三頁下)から、「五有がみな、(三界の外の五諦観察を)究竟していないから」と解すべきである。

推す可きなり 推察できよう。

但就七地不照三界外事、為別也、當躰稱者、三界内集道二諦、自為因感苦滅二諦、苦滅二諦、従作因生故、名有作、且此四諦、亦未窮其源、故名有餘有邊有量、苦集道三諦、當躰自生滅故、名有為、一滅諦従有「為因得故、亦従因為稱、三界外諦集道二 〔七九ウ〕
諦、雖有作義、但作用微不如界内之現、故受无作名、何則前念為因、後念為果、念念新易、難見作相、苦滅二諦亦従无作因、為得故、亦得无作、本義云、苦滅二諦當躰、不能作果、故、名无作、然則三界内苦滅二諦、亦應无作、故不須也、四諦理盡、且窮具原故、言无量无餘无邊、一滅諦、躰非生滅、故言无為、 具―蔵本「其」に作る
三諦「皆従滅諦為稱也、 〔八〇オ〕

1 **為** 応朱「ナテ」あり。
2 **作** 応墨「ナスニ」あり。
3 **諦** 応墨「ノ」あり。
4 **得** 応朱「ウ」あり。
5 **且** 応朱「タ」あり。
6 **具** 文墨「其ィ」あり。
7 **言** 応朱「フ」あり。
8 **无作四** 蔵本「四無作」に作る。

照せども 智慧をもって観察するけれども。
別なりと為る 五有と五無の区別をたてる。
當躰の稱 前の「当躰において称と為可し」の理由の説明に入る。
三界の内の集道二諦 三界の内の四聖諦中、集諦と道諦の二つ。
自ら因…有作と名く 集諦が原因となり、苦諦がそれによって引き起された結果である。また道諦を原因として滅諦が結果する。集・苦(因・果)と道・滅(因・果)が因果相対する点で、「有作」と呼ばれる。
有為 サンスクリット語のサンスクリタの訳。形成されたもの、生滅変化するもの、の意味となり、相対世界の存在するもの一般を指す。これにたい

も照*(せ)ども、但し七地は三界の外の事を照(さ)不《ざ》(るに)就て、別*(なり)と為《す》(る)なり〔也〕。當*躰の稱と者《〈いふ〉》(は)、三*界の内(の)集道二諦は、*自《〈ミ〉づか》(ら)因と為《な》[1](りて)苦滅二諦を感ず。苦滅の二諦は、因を作《な》[2](すに)従(ひ)て生ずるが故に、「有作」と名く。且《しばら》く此の四諦(も)、亦其(の)源を窮(め)未《ず》。故に「有餘」「有邊」「有量」と名く。苦集道の三諦は、當躰自《〈ミ〉づか》(ら)生滅するが故に、「有*為」と名く。一*の滅諦は有為の因に従(ひ)て得(る)が故に、亦因に従(ひ)て稱と為《〈す〉》。三*界の外諦[3]の集道二諦は、作*の義有(り)と雖(も)、但し作の用微*《かすか》にして界内(の)〔之〕現*《あらは》(なるが)如(く)には(あら)不《〈ず〉》。故に「无作」の名を受く。何*(と)ならば〔則〕前念《ぜんねむ》を因と為《し》、後念《ごねむ》を果と為《〈し〉》て、念念に新易す。作の相(を)見難し。苦滅二諦も亦无作の因に従(ひ)て、得*(ること)を為《す》(る)が故に、亦无作を得[4]。本*義の云く、苦滅二諦の當躰は、果を作(する)こと能(は)不《〈ず〉》。故に、「无作」と名く。然*(ら)ば〔則〕三界(の)内の苦滅二諦も、亦「无作」なる應《べ》し。故に須《もち》(ゐ)不《ず》〔也〕。四諦の理い盡*して、且《また》[5]、具[6]に原を窮(む)るが故に、「无量」「无餘」「无邊」と言フ。一*の滅諦は、躰、生滅に非ず。故に「无為」と言[7](ふ)。三諦は皆滅諦に従(ひ)て稱を為《な》(す)〔也〕。

○如ㇾ是无作[8]。四聖諦義。唯如来。應等正覚。事究竟。非㆓阿羅漢。辟

して、生滅変化しないものを無為という。例えば涅槃のごときもの。

一の滅諦…稱と為　滅諦は涅槃であり、無為のものではあるが、これをさとる原因が有為のものだから、他の三諦とともに一括して、ここで有為と呼ぶのである。

三界の…二諦　三界の外の四聖諦中、集諦と道諦の二つ。

作の義　因果相対して、あい働くという「有作」の意味。

用　働き。ここでは因のもつ作用をいう。

現なる　はっきりしていること。

何とならば…見難し　一瞬の思念についていうと、それの直前の思念が因となって、いまの一瞬の思念(後念)が果として生じ、こうして、一念一念がつぎつぎと新たに変っていくから、「有作」のすがたを見つけることは困難である。

得　無作の集道二諦を因として、無作の苦滅二諦の果を得るということ。

本義　「苦滅二諦…无作と名く」の文は、敦煌本や『勝鬘宝窟』に見出されない。この文の意味は、苦諦と滅諦の二つはそれ自身で果を作ることができないから、無作の聖諦なのだという。この直前に出す解釈と異る。

然らば　この本義の解釈によれば。

盡《ず》して…窮む　三界の外の四聖諦をその根源まで究め尽すの意。

一の滅諦　三界の外の四聖諦のうちの滅諦。以下の文の意味は、滅諦それ自体は生滅しないものだからまさしく「無為」と呼ぶが、苦・集・道の三諦は滅諦を実現するものだから、無為の滅諦にしたがって、それらを「無為」と呼ぶのである。

従如是无作四聖諦以下、章中第四、結八聖諦唯佛究竟、八諦名躰、既竟、宜明窮此理者、故更結如来究竟此理也、就中即有四、第一明唯佛究竟、第二従非阿羅漢以下、明非二乗究竟、第三従何以故以下、釋二乗非究竟、第四、従何以故以下、釋唯佛究竟、

非下中上者、下謂聲聞、中謂縁覚、上謂七地、明非此三種人、得究竟涅槃『也、又云、上　〔八〇ウ〕

1 **陰**　蔵本「除」に作る。
2 **宜し**　再読。

支佛。事究竟㆒。何以故。非㆔下中上。法得㆓涅槃㆒。何以故。如来。應等正覚。於㆓无作四聖諦義㆒。事究竟。以㆚一切如来。應等正覚。知㆓一切未来苦㆒。断㆘一切煩悩。上煩悩。所㆓摂受㆒。一切集㆖。滅㆓一切意生身陰㆒[1]。一切苦滅作證㆙。

「*如是《にょぜ》无作《むさ》。四聖諦《ししやうたい》」(といふ)従《よ》(り)以下は、章の中の第四に、八聖諦は唯(し)佛のみ究竟(したまふ)と結す。八諦の名躰*、既(に)竟(り)ぬ。*宜《よろ》(し)く此(の)理を窮(むる)者《〈ひと〉》を明(す)宜《べ》[2](し)。故に更に如来のみ此(の)理(を)究竟(したまふ)といふこと(を)結す〔也〕。中(に)就(て)即(ち)四有(り)。第一(には)唯(し)佛(のみ)究竟(したまふ)といふことを明(す)。第二(に)「非阿羅漢」(といふ)従《よ》(り)以下(は)、二乗は究竟するに非(ずといふことを)明(す)。第三に「何以故」(といふ)従《よ》(り)以下(は)、二乗は究竟(するに)非(ずといふことを)釋す。第四*に「何以故」(といふ)従《よ》(り)以下(は)、唯(し)佛のみ究竟(したまふ)といふことを釋(す)。

「非下中上*」(といふは)〔者〕、「下」(といふは)謂(く)、聲聞(なり)。「中」(といふ)は謂(く)、縁覚(なり)。「上」(といふ)は謂(く)、七地なり。此の三種(の)人は、究竟の涅槃を得(る)に非(ずといふことを)明す〔也〕。又云*(く)、上とい

◈**如是无作…**　〔四〕仏のみが八聖諦を完全にさとっている、ということを結論する

二乗の人びとと第七地以下の求道者は、有作の四聖諦だけでなく無作の四聖諦すら完全にさとることが不可能だと説いてきたので、本項では、これらの八聖諦を完全にさとるのは、現在と未来のすべての苦や迷いを断ち切った仏においてのみ可能であると説く。この項は四段に分けられる。

名躰　名称と本体。

宜しく…結す　すでに八聖諦の名称と本体について述べたから、ここでは八聖諦の道理を完全にさとる人について説明すべきである。それで、仏こそその人に外ならないということを結論づける。経文に「事究竟」とある「事」とは、如来が無作の四聖諦の意義を教示することを指す。

第四に　以下は、なぜ如来が無作の四聖諦の意義を教示するのに、これを究め尽しているのかという理由を出す。

非下中上　これ以下は、前二項の解釈を省略して、第三項の経文解釈に入る。下・中・上を声聞・縁覚・七地にあてている。

又云く　この説は敦煌本の解釈である。そこでは、下・中・上を声聞・縁覚・如来にあてている。『勝鬘宝窟』(大正蔵三七、七一中)には「有人言」としてこれを出す。この外、下・中・上のあて方に諸説があったことが知られる(『勝鬘宝窟』参照)。

謂佛・非三種人皆得、唯佛一得也、

第四、釋佛究竟、

疑云・何以唯佛究竟耶、知一切未来苦者、苦佛已過、但約二乗、未知未来苦為言・故云不究竟如也、亦可知一切衆生未来苦、断一切煩悩謂、根本、上煩悩謂、枝條、集以業煩悩為躰故云所摂受集、滅一切・意生身陰・一切苦滅作證者・謂滅諦通三界内外故、言一切、但、道不顕、又云、所摂受、『明无漏業為煩悩所 〔八オ〕摂受也、一切集者捴収前業煩悩為集、滅一切意生身陰者・謂滅諦、一切苦滅作證者、疑道諦、一云、所摂受謂、四住地也、

1 **疑** 応墨「ツテ」あり。
2 **云** 応墨「ク」あり。
3 **如** 応朱「知(る)コトヲ」あり。
4 **知** 「ならは」あり。衍か。
5 **陰** 「と」あるか。存疑。
6 **證** 文墨「ト」あり。
7 **諦** 文墨「ナリト」あり。
8 **疑** 文墨「ス」あり。

第四に　第四項の解釈。四諦のうち、苦を知る・集を断ず・滅を証すの順で解釈するも、経文には道を修すに当る文がないから、「但し道は顕れ不」と注釈している。

苦をば…言と為　敦煌本では、つぎのようにいう。二乗の人びとは有作の聖諦をすでに知っているが、いまだ無作の聖諦を知っていない。しかるに仏はすでに有作と無作の聖諦を知りつくしている。だから、二乗がまだ知っていない点で、「未来」というのであって、すでに知っている仏においては「過去」のものなのである。

如を…云ふなり　→補

亦…可し　これは別の解釈である。『勝鬘宝窟』の解釈によれば、一切衆生とはちがって、仏は現在の煩悩の余習をも断じ尽しているから、未来にその報いを起さないという点で、「一切衆生の未来の苦を知りたまふ」とする。

根本　「一切煩悩」を根本煩悩と呼ぶ。敦煌本は無明住地とする。

枝條　「上煩悩」を枝条と呼ぶ。敦煌本は恒沙の上煩悩とする。ガンジス河の砂の数のごとき無数の煩悩が、根本煩悩たる無明の上から派生するか

ふは謂(く)、佛なり。三種の人(は)皆、得(る)に非ず、唯佛のみ一《ヒト》リ得(るなりと)〔也〕。

第四*に、佛のみ究竟(したまふ)といふことを釋(す)。

疑[1](ひて)云[2](く)、何を以(てか)唯佛のみ究竟(し)タマフ耶《や》。「知《ち》一切《いちさい》未来《みらい》苦《く》」(といふは)〔者〕、苦*をば佛已に過(ぎ)たり。但(し)二乘の、未来の苦を知(ら)未《ざ》(る)に約(し)て言と為《す》。故に如*[3](を)究竟(せ)不《ズ》ト云(ふなり)〔也〕。亦*、一切衆生の未来の苦(を)知[4](りたまふと)可《いふべ》(し)。「断《だん》一切《いちさい》煩悩《ぼんなう》」といふは謂(く)、根*本なり。「上煩悩」といふは謂(く)、枝*條なり。「集」(といふは)業*(と)煩悩(と)を以て躰(と)為《す》(るが)故(に)、「摂受(せ)所《ら》ル、集」と云(ふ)。「滅《めち》一切《いちさい》意生身陰《しやうしんおむ》。一切苦滅作證《いちさいくめちさしよう》」(といふは)〔者〕謂(く)、滅*諦は三界の内外に通(ずるが)故(に)、「一切」と言(ふ)。但(し)、道*は顕(れ)不《ず》。又*云(く)、「所摂受《しよせふじゆ》」といふは、无*漏業い煩悩の為に摂受(せ)所《ら》(るゝことを)明(す)〔也〕。「一切集」(といふは)〔者〕捴《すべ》て前の業(と)煩悩を収*(め)て「集」と為《す》。「*滅《めち》一切《いちさい》意《い》生《しやう》身《しん》陰[5]《おむ》」者《と》いふは、謂(く)滅諦なり。「一切苦滅作證[6]」者《と》いふは、道*[7]諦(に)疑[8](す)。

一*(に)云(く)、「所摂受」といふは謂く、四住地なり〔也〕。

○世尊。非㆑壊㆑法故。名為㆓苦滅㆒。所㆑言苦滅者。名㆔无始无作无起。

ら、それらを枝条という。第五、一乗章を参照。

業と…集と云ふ　「苦」の生ずる根拠・原因は、煩悩およびその煩悩によってなされた行為(業)を本体とするから、結果たる苦が原因たる業と煩悩におさめとられる点を指して、「集」と呼ぶ。

滅諦は…　「滅諦なり。三界……」と読んでもよい。この部分の経文「滅一切…作証」とは、如来が分段身のみならず意生身(変易身)の苦までも滅して、一切の苦滅を作証しておられるからであるの意。

道は顕れ不　道諦について経文の説明がないことを「顕れ不」という。

又云く　この部分は敦煌本と同じ。

无漏業…明す　無漏業は有漏業に対する語で、煩悩の汚れに染まらない行為のこと。無漏業があらゆる煩悩の中におさめとられていることを、「所摂受」というのである。これは、無漏業を因として意生身を生ずるという経文(一乗章、一九七頁)をうけて、解釈したのであろう。

収めて　集諦の「集」(サムダヤ)の四行相を、説一切有部では、因・集・生・縁の四義ありとする。パーリでは増益・因縁・結縛・障碍の四義を出す。ここでは、「集」が「収」と音義共通のものと解したのであろうか。

滅一切意生身陰　「意生身」とは変易生死をとる者の体をいう。「陰」とは五蘊(五つの構成要素)のことで、身心を指すから、意生身陰と意生身は同じである。第五、一乗章を参照。

道諦に疑す　敦煌本では「疑」を「擬」(なぞらえる)としている。「擬」に訂正すべきである。

一に云く　これは「又云く」の四諦にあてはめた説における「所摂受」についての異説を掲げる。

従世尊以下、章中第五、料簡二滅、餘六諦、雖有深浅之殊、同是有法、理自可別、但二滅諦難別其相、所以料簡、曰、昔滅是无。今滅妙有。滅名雖同、所指各異。就中即有二、第一明昔滅非真、第二従言苦滅以下、『明今滅是有、〔八ウ〕

非壊法者。謂断煩悩、明非以煩悩滅為真滅、名无始无作。无起者。明无生、无盡離盡常住者。明无滅、此明非三世法、自性浄▽清。離一切煩悩蔵者。雖非壊滅、自然離於煩悩、明此无始、有二種解、一云、此滅諦是本有、故言无始、二云、就果論果、非三世法、故云无始、

浄清—本経・蔵本「清浄」に作る

1 **自**　応朱「オ」あり。
2 **別**　応朱「ツ」あり。
3 **相**　文墨「ヲ」あり。
4 **別**　文墨「ケ」あり。
5 **无生**　右傍不明二字分あり。汚点か。
6 **此**　応朱「に」あり。

◈**世尊…**　〔五〕有作と無作の滅諦のうち無作を選ぶ

小乗仏教で説いてきた滅諦(苦の滅という真実)について、その「滅」とは自力による滅無の意味でしかなかったが、本経に明かす無作の滅諦は他力的なもので、それはわれわれに働きかけているさとりの働きに外ならない。つまり、如来蔵の自性清浄のあらわれなのである。

二滅　有作の滅諦と無作の滅諦。

餘の六諦　八聖諦のうち、二つの滅諦を除いた六つ。以下、「煩悩を離す」までは敦煌本の解釈とほぼ同じ。

有法　滅諦の領域以外に属することがら。六諦は有為(相対的な生滅の現象をとる存在領域)に関するものであるという意。

別にし難し　有作と無作の滅諦は、いずれも有為の生滅を離れた滅諦であるから、表面上は区別し難いの意。

昔の滅　本経以前、小乗仏教で説き明かす「滅」は、滅無の意味であったことをいう。

今の滅…異なり　本経で説き明かす「滅」は、有無の相対を超えた絶対の有(妙有《みょうう》)というべき

无盡離盡常住。自性清浄。離㆓一切煩悩蔵㆒。

「世*尊」(といふ)従《よ》(り)以下(は)、章(の)中(の)第五に、二*滅を料簡す。餘*の六諦は、深浅(の)〔之〕殊(なること)有(りと)雖(も)、同(じく)是(れ)有*法なり。理、自[1](ら)別《こと》[2](なる)可《べ》(し)。但(し)二の滅諦は其の相[3](を)別*[4](にし)難(し)。所《この》以《ゆゑ》に料簡す。曰く、昔*の滅(は)是(れ)无(なり)。今*(の)滅(は)妙に有なり。滅の名は同なり(と)雖(も)、指(す)所(は)各(こ)異なり。中(に)就(て)即(ち)二有(り)。第一には昔の滅は真(に)非(ずと)明(す)。第二(に)「言苦滅」(といふ)従《よ》(り)以下(は)、今(の)滅(は)是(れ)有なりと明(す)。

「非*壊法」者《と》いふは謂く、煩悩を断ず。煩悩の滅を以(て)真の滅と為《す》(る)に非(ずといふことを)明(す)。「*名《みやう》无始《むし》无作《むさ》无起《むき》」者《と》いふは、无生[5](を)明(す)。「无《む》盡《じん》離《り》盡《じん》常《じやう》住《ぢゆう》」者《と》いふは、无滅を明す。此は三*世の法に非(ずといふことを)明(す)。「*自《じ》性《しやう》浄《じやう》清《しやう》。離《り》一切《いつさい》煩悩蔵《ぼんなうざう》」者《と》いふは、*壊滅《ゑめち》に非(ずと)雖(も)、自然に〔於〕煩悩を離す。此[6]の「无始」を明すに、二種の解有(り)。一(に)云(く)、此の滅諦は是(れ)本*有なり。故(に)「无始」と言(ふ)。二(に)云(く)、果*(に)就て果を論(ぜ)ば、三世の法に非(ず)。故(に)「无始」と云(ふ)。

ものので、同じ「滅」の字を使っていても、意味するところが異なっている。↓補

非壊法　チベット訳では「苦滅とは、存在するもの(法)の壊滅という意味ではありません」とする。

名无始无作　この句より以下「名如来蔵」(二七九頁の経文)までは、無始よりこのかた不生・不滅にして、われわれの思議を超えたすぐれた徳性を具有する「如来の法身」が、実は「苦滅」の語によって示されていると説く。したがって二七五頁の経文中「言う所の苦滅とは、无始…自性清浄なる、一切の煩悩蔵を離れたる〔如来の法身〕に名づく」と、〔 〕を補って読むべきであろう。

三世の法…明す　直前に出す「無生」と「無滅」の語をうけて、無作の「苦滅」すなわち滅諦が、過去・未来・現在の三世の時間に限定されたものでなく、生滅変化の因果を超えた永遠・常住のものであることを明かす。

自性浄清　これは底本の誤写。仏教術語として必ず「自性清浄」と綴る。

壊滅…離す　滅するといっても、人が自力で煩悩を壊滅してしまうのではなく、おのずから煩悩の束縛を離れてしまうことをいう。この一句のうち敦煌本に「自然」の語を省く(雖㆑非㆓壊滅㆒。以㆑離㆓於煩悩㆒。亦名為㆑滅)。↓補

本有　本来から存在するの意。時間的にその始源も終局もない常住不変のもの。吉蔵は「理滅本有」という(大正蔵三七、七二下)。

果に就て果を論ず　滅諦＝法身をさとって仏果を得るという点から論ずるならば、仏果を得る智慧が三世を超えたものであるわけは、法身そのものが無始本有にして、三世を超えたものだからである(凝然の前掲書、一二六頁上を参照)。

従世尊過於恒沙以下、章中第三、名法身章、此章来意者、物聞上第二如来「蔵章勧信八聖諦、云若能信如来蔵、即能信法身、〔八二オ〕信此二者、亦能信八聖諦、更謂此如来蔵与法身、必是異躰、故、云信蔵即能信法身、若是一躰、豈復重挙・所以今明隠為如来蔵、顕為法身、隠顕雖殊、即是一躰更无異躰也▽・就中又分為三、第一明如来蔵与法身、即是一躰、第二挙智證一躰、第三明如来蔵非二乗境界也、

也―蔵本「地」に作る

過於恒沙・不離不脱不異「不思議佛法・成就説如来法身者・挙〔八二ウ〕如来蔵

1 **信** 「く」あり。上の「能」に附すべきを誤れるか。或いは「と」の符号を誤れるか。
2 **謂** 応朱「ヲモヘリ」あり。
3 **躰** 応朱「ならは」あり。
4 **无** 文墨「ト」あり。

法身章 第七、如来蔵章において、本経の中心思想を理論面から明らかにする如来蔵と法身を説いたから、この章では、それをさとる智慧について述べる。すなわち、如来の法身は崇高にして清浄なものであるけれども、それが煩悩の中に隠れて存在している。その隠れて存在するすがたを如来蔵という。この道理を知る智慧が如来空智と呼ばれるもので、これは声聞・縁覚の二乗の人びとの遠く及ばぬ智慧であると説く。この智慧に関しては、さらにつぎの第九、空義隠覆章で詳説する。敦煌本は空義隠覆章に法身章を含めて一章としている。この関係を示す科文→補(表9)

◈**世尊過於…** I本章の位置とあらまし

章の中の第三 正説のうち、一乗の教えが説く観察の対象(境)について、それを各論して説明する第三の章。「章」は「境」の誤写か。→補(表1)

物 人びと。

（第八　法身章）

「*世《せ》尊《そん》。過於《くわお》恒沙《がうじや》」（といふ）従《よ》（り）以下（は）、*章の中の第三（に）、法身章（と）名（く）。此の章の来意（は）〔者〕、*物い上の*第二の如来蔵章に「八聖諦を信（ぜよ）」（と）勧（め）て、「若（し）能く如来蔵を信（ぜば）即（ち）能く法身を信（ずる）なり。此の二を信（ずる）者《も〈の〉》（は）、亦能（く）八聖諦（を）信[1]（ず）」（と）云（へるを）聞（き）て、*更（に）「此（の）如来蔵と〔与〕法身とは、必（ず）是（れ）異躰なり」と謂[2]（へり）。故に、「蔵を信（ずれ）ば即（ち）能く法身（を）信ず」と云（ふ）。若（し）是（れ）一躰[3]（ならば）、豈（に）復重（ね）て挙（げむ）や。所以《このゆゑ》に今*隠をば如来蔵と為《し》、*顕をば法身（と）為《す》。隠顕*殊（なり）と雖（も）、即（ち）是（れ）一躰（に）して更（に）異躰无[4]（しと）明（す）〔也〕。中（に）就（て）又分（ち）て*三（と）為《す》。第一（に）如来蔵と〔与〕法身とは、即（ち）是（れ）一躰なりと明（す）。第二（に）智を挙（げ）て一躰を證ず。第三（に）如来蔵は二乗の境界に非（ずと）明す〔也〕。

○世尊。過㆓於恒沙㆒。不離不脱不異不思議佛法成就。説㆓如来法身㆒。世尊。如㆑是如来法身。不㆑離㆓煩悩蔵㆒。名㆓如来蔵㆒。

「*過於《くわお》恒沙《がうじや》。不離《ふり》不脱《ふだち》不異《ふい》不思議《ふしぎ》佛法《ぶつほふ》成就《じやうじゆ》。説如来法身《せちによらいほふしん》」者《〈と〉》いふは、*如来蔵

第二　観察の対象を各論して説明する第二の章。

更に　人びとが如来蔵章の教えを聞いて、以下の疑問（「此の如来蔵…法身を信ず」）を心中に生ずる。しかし、昭和会本などでは、心中の疑問を「此の如来蔵…挙げむや」と解しており、このほうが文意通ずる。すなわち、「如来蔵と法身とは元来異なったものであるからこそ、「如来蔵を信ずれば、法身を信ずることができる」と説かれたのである。もしもこの二つが一体のものであるならば、わざわざ、ここで区別して述べる必要はないはずである」と人びとは疑問に思うであろう。

隠　隠れた状態。

顕　顕わになった状態。

殊　異と同じ。一体にたいして異体の意。

三と為　本章を三段にわける。敦煌本の科文と異る。↓補（表9）

㊁過於恒沙…　Ⅱ本章の内容　〔一〕如来蔵と法身は一体である

経文は二七五頁の経文に続くもので、「苦滅」という名によって「如来の法身」を説明しているから、「〔また〕恒沙に過ぐる、〔智と〕不離・不脱・不異なる不思議の仏法成就せるを、如来の法身と説く」と、〔　〕を補って読むべきであろう。

如来蔵　義疏の解釈（敦煌本も同じ）は前注の経文の読み方とちがっている。すなわち、ガンジス河の砂の数以上に無数にある煩悩のうちに隠されている法身を如来蔵といい、煩悩の皮殻（煩悩蔵）から離脱して顕わになったすがたを法身というが、両者が不離・不異のものであるという、われわれの思議を超えた道理を完成しているから、まず「隠」の如来蔵が「顕」の法身に外ならないと解す。

即法身、過於洹沙者。明煩悩過洹沙也、如是如来法身。不離煩
悩。名如来蔵者。挙法身即如来蔵、
如来蔵智。是如来空智。者、第二挙智證一躰、
明智即是一、境何有二、未離煩悩故、蔵為不空、已離煩悩故、
法身為空、所以照蔵為如来蔵智、照法身為如来空智、照蔵、照
法身、智即終是一躰智、智即是一、所照『之境、那得異躰、 〔八三オ〕
第三明如来蔵非二乗境界、
明此如来蔵、理深玄微、非二乗所識也。亦、昔日不為説、故本
所不見不得、本義云、如来蔵章法身章、更无別文、但附明、已
顕、

洹—蔵本「恒」に作る。以下同断

1 **即** 応墨「セリ」あり。
2 **悩** 文墨「ヲ」あり。
3 **未** 文墨、左に「タ」右に「ル」あり。
4 **智** 「を」あり。衍か。
5 **躰** 文朱「すること」あり。
6 **不** 応朱「ル」あり。

過於洹沙　この句の義疏の解釈が、これを「不思議仏法成就」にかかるものとせずに、無数の煩悩と解したのは誤りである。

法身を…即す　「顕」の法身が「隠」の如来蔵に外ならないことを明かす。

◈如来蔵智…　〔二〕空智によって一体であること

を挙(げ)て法身に即[1](す)。「*過於洹沙《くわおがうじゃ》」者《と》いふは、煩悩の洹沙に過(ぎ)たる(ことを)明(す)〔也〕。「如是《にょぜ》如来法身《にょらいほふしん》。不離《ふり》煩悩《ぼんなう》。名《みやう》如来蔵《にょらいざう》」者《と》いふは、*法身を挙(げ)て如来蔵に即す。

○世尊。如来蔵智。是如来空智。

「*如来蔵智《にょらいざうち》。是《ぜ》如来空智《にょらいくうち》」者《と》いふは、第二(に)*智(を)挙(げて)一躰を證ず。智(は)即(ち)是(れ)一(なり)、境(は)何(ぞ)*二有ラム、*煩悩[2](を)離(れ)未[3]《ざ》(るが)故に、蔵をば不空と為《し》、已(に)煩悩を離(れたる)が故(に)、法身を空と為《す》、所以《このゆゑ》に蔵を照(すを)「如来蔵智[4]」と為《す》、法身を照(す)を「如来空智」と為《す》、蔵(を)照(す)と、法身(を)照(す)と、智即(ち)終に是(れ)一躰の智なり、*智(は)即(ち)是(れ)一なり、所照(の)〔之〕境、那《なん》ぞ異躰[5]ナル(こと)を得むと明(す)。

○世尊。如来蔵者。一切阿羅漢。辟支佛。大力菩薩。本所レ不レ見。本所レ不レ得。

*第三に如来蔵(は)二乗(の)境界に非ず(と)明す。

此の如来蔵は、理深(く)玄微にして、*二乗の所識に非(ずと)明す〔也〕。亦、*昔日《しゃくにち》には為に説(か)不《ず》。故に本より見不《ず》、得不[6]《ざ》る所なり。*本義(に)云(く)、如来蔵章と法身章とは、更(に)別の文无(し)。但(し)明すに附(し)て已《すで》に顕ハ

を証明する

チベット訳では「如来蔵をさとる智慧(如来蔵智)が、如来たちの空性をさとる智慧である」とする。つまり、本経に明かす如来蔵が、大乗の根本たる空性の理念の上に立つことを意図している。

智を…證ず　真実を観察する智慧をとり挙げて、如来蔵と法身が一体であることを証明する。

二有ラム　智慧は本来一つのものであるから、智慧がとる観察の対象に二つのもののあろうはずがない。

煩悩を…如来空智と為　まだ煩悩を離れていないから、如来蔵は不空(空ならざるもの)であり、すでに煩悩を離れているから、法身は空のものである。だから、如来蔵を観察する智慧を「如来蔵智」といい、法身を観察する智慧を「如来空智」と呼ぶ。

智は…得む　観察する主体としての智慧が一つのものであるならば、観察される対象もどうして異体のものでありえようか。

◈第三に…　〔三〕如来蔵は二乗の認識の対象ではない

二乗の所識に非ず　如来蔵は深遠な真実であって、声聞・縁覚の人びとの知りうるところではない。

昔日には為に説か不　かつて以前に釈尊によって説かれなかった。

本義　敦煌本の文とほぼ同じ。「第七、如来蔵章と第八、法身章とは、独立の文章がない。すでに如来蔵章の中で、如来蔵と法身がいずれも説明されたから、如来蔵章と法身章をあえて別々の章にする必要がない」の意か。ちなみに、敦煌本は無辺聖諦章と如来蔵章を合して一章とし、ついで法身章と空義隠覆章を合して一章としている。→補

1 隠 左傍不明一字あり。
2 入 文墨「ルマテ」あり。
3 実 文墨「ヲ」あり。
4 而 文墨「ルニ」あり。
5 覆 文墨「スルヲ」あり。

不仮別出、又云、従過於洹沙以下、入第九空義隠覆章、此是明
境之真実、而昔以空義隠覆而不顕也、

又云く　敦煌本に同じ。法身章は敦煌本では空義隠覆章に入れられて、明㆓境之真実㆒と明㆓隠覆㆒の二つの科段が立てられている。↓補(表9)

ル、別の出を仮《か》(ら)不《ず》。*又云(く)、「過於《くわお》洹沙《がうじゃ》」(といふ)従《よ》(り)以下(は)、第九の空義隠覆章[1]に入[2](る)。此(れは)是(れ)境(の)〔之〕真実[3](を)明す。而[4](るに)昔は空義隠覆[5]するを以(て)〔而〕顕(れ)不《ず》〔也〕。

從世尊有二種・如来蔵空智以下、惣明境中第四、名空義隠覆章、此章来意者、『物聞上第三法身章云・隠為如来蔵、顕為法身、〔八三ウ〕即是一躰、又、挙智證一躰、便生疑、理既如是、昔日何意不説、或此智、昔未、方今乃得故尒耶、故釋曰、照真実智、本来常有・但昔日非其時故・不説、以苦空无常等為隠覆而不顕也・就中有二、第一正明智則本来常有、第二従此二空智以下、明非時故不用、

1 **隠** 応墨「ヲンヲ」あり。
2 **蔵** 応墨「ト」あり。
3 **為** 応墨「シ」あり。
4 **未** 応朱「マタシキヲモテ」、応墨「イマタシキヲモテ」あり。
5 **方** 後墨「ニ」あり。
6 **二** 文朱「せる」あり。衍か。
7 **不** 「か」あり。「こと」の誤か。

空義隠覆章　前章が智慧によって観察される「境」の真実という面から説かれたので、本章は境を観察する「智慧」の真実という面から明かす。すなわち、前章にいう如来蔵空智に空と不空との二面がある（経文に「二種の如来蔵空智有り」という）。そのうち、法身がすべての煩悩から離れて、畢竟空のものであるとさとる智慧を空如来蔵智といい、煩悩から離れずあらゆる功徳を具えて不空であるとさとる智慧を不空如来蔵智という。けれどもこの二つは本来別のものではなく、空にして不空という関係に在る。これが一乗の教えにいう「空」の意味である。この道理は、真理を一面的にしか見ない二乗の人びとには了解できないものであって、ただ仏のみがさとるものである。

◈**世尊有二種…**　I本章の由来とあらまし
境…第四　第六、無辺聖諦章の注釈において、第

(第九　空義隠覆章)

「*世《せ》尊《そん》。有《う》二《に》種《しゅ》。如来蔵空智《にょらいざうくうち》」(といふ)従《よ》(り)以下(は)、惣《そう》(じ)て境*(を)明(すが)中の第四に、空義隠覆章と名(く)。此の章の来*意(は)〔者〕、物*い上の第*三法身章に聞*(き)て云(く)、[1]隠を如来蔵[2](と)為《し》[3]、顕を法身(と)為《す》。即(ち)是(れ)一躰なりと(いひ)、又、智(を)挙(げ)て一躰を證(ずる)をもて、便(ち)疑を生ず。理*既に是(の)如(し)。昔日に何の意をもて(か)説か不《ざ》ル。或(は)此の智、昔未[4](だ)しき(をもて)、方[5](に)今乃《いま》(し)得(る)が故に尓《し(か)》る耶《(や)》。故に釋*(して)曰(く)、真実を照す智は、本来《もと》より常に有り。但(し)昔日には其(の)時に非(ざるが)故(に)説(か)不《ず》。苦、空、无常等を以て隠覆を為《な》して〔而〕顕(れ)不《ず》〔也〕。中*(に)就て二有(り)。第一に正(しく)智は〔則〕本来《もと》より常に有(り)と明(す)。第二[6]に「此《し》二《に》空智《くうち》」(といふ)従《よ》(り)以下(は)、時(に)非(ざるが)故(に)用(ゐ)不[7](といふこと)を明(す)。

○世尊。有㆓二種。如来蔵空智㆒。世尊。空如来蔵。若離。若脱。若異。一切煩悩蔵。世尊。不空如来蔵。過㆓於恒沙㆒。不離。不脱。不異。不思議佛法。

六章から第九章の四つが「総括して一乗の教えが説く観察の対象(境)を説明する」部分であると述べている。本章がその第四の章である。

来意　本章がたてられた由来。以下に出す人びとの疑念に答えるためとする。

物　人びと。

第三　「総じて境を明かす」四章のうちの第三の意。

聞きて　「物、第三法身章に、隠を如来蔵…証ずと云ふを聞かば」と読むべきであろう。法身章において、「如来蔵と法身のちがいは、隠れているか顕わになっているかの相違にすぎず、本来は一体のものである」と説かれ、かつまたこの二つを観察する智慧をとり挙げて、その一体たることが証明されているのを聞けばの意。

理既に…尓る耶　人びとの抱いた疑問の文。すなわち、「(聞いたことをうけて)右のような道理であるならば、なぜ仏はかつて以前にそのように説かなかったのであろうか。あるいはまた、この智慧はかつて以前に二乗の人びとに体得され難いと考えたが、今日では容易に体得できると思われたので、本経でこのように説くのであろうか」と。

釋して曰く　以上の疑問に答えて、本章ではこのように説く。すなわち、「真実を観察する智慧は、本来、常住のものである。だが、かつて以前にはまだ時が熟していなかったので、説かなかったのである。そのわけは、苦・空・無常・無我の教えが説かれていたために、本経で明らかにしようとする智慧の意味が隠されて顕わにされなかったのである」と。

中に就て二有り　本章を大別して二とする。科文↓補(表10)

就第一直明智有三、第□直明智有、第二挙三「若就空境明智有、〔四オ〕
第三挙□不空就不空境明智有、
有二種如来蔵空智者・謂、如来蔵智法身智也・直云二種如来蔵智亦足、何故稱空智者、境有空不空、智即只是一空智、故言空智挙有、
従此二空智以下、第二明非時故、故不用、就中有三、第一仮設挙愚抑二乗、第二正明非時故不用、第三従一切苦滅以下、明唯佛得證、

□―慶応本「一」に作る
□―慶応本「四」に作る

1抑　応朱「ス」、後朱「ヲ」あり。

◈**第一に…**　II本章の内容　〔一〕空智の常住

三の若　経文の「若離・若脱・若異」の「若」をいう。この文のチベット訳(高崎訳)は、「法身と無関係であり、かつさとりの智から切り離されたところの一切の煩悩の纏いが如来蔵には欠如し、空である」とする。つまり、如来蔵は煩悩蔵に関して欠如しており、空であるという。

空の境…有ること　「空」とされる如来蔵(空如来蔵)に関して、それを観察する智慧の存在すること。

四の不空　経文の「不離・不脱・不異・不思議」を指す。この不空如来蔵を説明する経文をチベット訳(右同)でみると、「法身と密着不可分で、智と切り離しえないところのガンジス河の砂数よりも多い不可思議なる仏の諸徳性を、如来蔵は本来、具有している、つまり不空である」とする。つまり、如来蔵はすぐれた仏の諸徳性に関して不欠如であり、不空である(具備している)という。

不空の境…有ること　「不空」とされる如来蔵(不空如来蔵)に関して、それを観察する智慧の存在すること。チベット訳による限り、如来蔵の定義が煩悩に関して空、仏の諸徳性に関して不空なる如来蔵となっている。しかるに経文の他の個所では、「空」「不空」の意味がとりちがえて解され、空如来蔵とは煩悩を離れた法身としての如来蔵、

不空如来蔵とは煩悩を離れない如来蔵と説明されている。

二種の如来蔵智　すでに法身章の経文に「如来蔵智は是れ如来空智なり」(二八一頁)とし、本章の経文にも「二種の如来蔵空智」とあるのをうけて、以下、「空智」といわなくても「智」といえば充分であろうと設問する。

境は…挙ぐ　観察の対象である如来蔵には空と不空の別があるけれども、本来、如来蔵を観察する智慧といえば、ただ「空智」(空をさとる智慧)一つだけであるから、「空智」であるといって、それによって智慧の存在することを示す。

◈此二空智…　〔二〕空智を説かなかった理由経文の「此の二の空智は、諸の大声聞、能く如来を信ず」以下を指す。今経で明かす空と不空の如来蔵智は、舎利弗などの偉大な仏弟子(大声聞)でさえ、如来を信ずることによって、それに悟入できる。

非時…用ゐ不　空智を体得する時機でないので用いなかった。

仮設して…抑す　「仮設して」とは、優れた能力ある偉大な声聞や縁覚の人びとにとって空・不空の如来蔵智を信ずることができると、一応かりに説いたが、の意。「愚を挙げて二乗を抑す」とは、かれら二乗の人びとは、結局、如来蔵の具える常・楽・我・浄の四種の不顚倒にたいして、無常等の顚倒の見解を抱き、無知(愚)を露呈するから、かれら二乗の人びとを斥けるという意。チベット訳および菩提流志訳はいずれも「四顚倒」とする。その場合は常・楽・我・浄と見誤る顚倒の対象にたいして、無常・苦・無我・不浄の空智を起す。

證じ…得ること　空智をさとること。


第*一(に)直に智を明(すに)就(て)三有(り)。第(一)(には)直(に)智有(る)ことを明(し)、第二には三*(の)「若」を挙(げ)て空*の境に就(て)智有(ること)を明(し)、第三(には)(四*)(の)不空を挙(げ)て不*空の境に就て智有(ることを)明(す)。

「有《う》二《に》種《しゅ》。如来蔵空智《にょらいぞうくうち》」(といふは)〔者〕謂く、如来蔵智と法身智と(なり)〔也〕。直に二*種の如来蔵智と云(ふ)も亦足(りぬ)。何(の)故(に)か「空智」と称ずるとならば〔者〕、境*は空不空有(れ)ども、智は即(ち)只是れ一の空智なり。故(に)「空智」と言(ひ)て「有」(を)挙(ぐ)。
○世尊。此二空智。諸大聲聞。能信㆓如来㆒。一切阿羅漢。辟支佛空智。於㆓四不顚倒。境界㆒転。是故一切。阿羅漢。辟支佛。本所㆑不㆑見。本所㆑不㆑得。一切苦滅。唯佛得㆑證。壊㆓一切煩悩蔵㆒。脩㆓一切滅苦道㆒。
「此*二空智」(といふ)従《よ》(り)以下(は)、第二に非*時を明(すが)故に、故《か》㆑用(ゐ)不《ず》。中(に)就て三有(り)。第一(には)仮*設して愚を挙(げて)二乗を抑[1](す)。第二(に)正(しく)時(に)非(ざ)るが故(に)用(ゐ)不《ず》(と)明(す)。第三(に)「一切苦滅」(といふ)従《よ》(り)以下(は)、唯佛のみ證*(じ)タマフ(と)イフ(こと)得(ることを)明(す)。

〔四ウ〕

此二空智諸大聲聞能「信如来者、仮設挙愚抑二乗、此二智非其聞分、一云、諸大聲聞者、聖共位中諸菩薩也、四不顚倒則如常釋、

是故以下結、言有此所以故不説、是故二乗昔不見、不聞也、

従一切苦滅以下、第三明唯佛得證、

而此文来意難明、蓋言如来无四倒、修一切滅苦道者、是説已修、非言今修、

1 **聖**　文墨「ノ」あり。
2 **倒**　応朱「といふは」あり。
3 **故**　応墨「ニ」あり。

此の二智…非ず　二乗を斥ける理由の文。この空と不空の二智慧は二乗の人びとが聞くところのものでない（理解できないものである）という意。

聖の共位の中の諸菩薩　凝然によれば、一般に「地前三賢」すなわち十地以前の十住・十行・十廻向（内凡位）の求道者とするが、ここでは初地から第七地までの求道者である。かれらは二乗の人びとと断惑の行相を同じくするからであるという（前掲書、一二八頁下）。ただし、吉蔵はこのような解釈を斥け、経文通りに、舎利弗などのごときすぐれた声聞と解している（『勝鬘宝窟』大正蔵三七、七四中）。

四不顚倒　四種の邪な見解を四顚倒というが、大乗以前においては常顚倒（無常なものを永遠と見ること）、楽顚倒（苦を楽と見ること）、我顚倒（無

「此二空智《しにくうち》。諸大聲聞《しょだいしやうもん》。能信如来《のうしんにょらい》」(といふは)〔者〕、仮設して愚を挙(げて)二乗を抑す。此*の二智は其の聞分に非(ず)。一(に)云(く)、「諸大聲聞」(といふは)〔者〕、*[1]聖(の)共位の中の諸菩薩(なり)〔也〕。「四*不顚倒[2]」(といふは)〔則〕常に釋(するが)如(し)。

「是故《ぜこ》」(といふより)以下(は)結す。言(ふこゝろ)は此*の所以《ゆゑ》有(るが)故[3](に)説(か)不《ず》。是(の)故に二乗は昔見不《ず》、聞(か)不《ざ》(るなり)〔也〕。

「一切苦滅」(といふ)従《よ》(り)以下(は)、第三(に)「唯*佛得證」を明(す)。〔而〕此*の文の来意は明(し)難(し)。蓋し如来には四倒无(し)と言(ふ)。「修*《しゅ》一切滅苦道《いちさいめちくだう》」と(いふは)〔者〕、是(は)已*に修(する)ことを説(く)なり。今修(すること)を言(ふ)には非(ず)。

我を我ありと見ること)、浄顚倒(不浄なものを浄らかであると見ること)の四つをいう。そのような顚倒の見解を離れたものを四不顚倒という。経文の「四不顚倒の境界において転ず」という意味は、二乗の人びとは四不顚倒の者であるといっても、その空智が一面的であるから、凡夫や外道の四顚倒にたいして働くにすぎないの意。

此の所以…説か不　以上のような如来蔵にたいする顚倒の見解が二乗の人びとにあるからの意。

唯佛得證　敦煌本には(『玉24』)「唯仏独証」とある。

此の文の来意は明し難し　「この部分の経文(〔二〕空智を説かなかった理由)がいわんとする趣旨はよく理解し難い」という意。経文に仏のみが一切の苦の滅をさとっていると説明したあと、すぐに「一切の煩悩蔵を壊し、一切の苦を滅する道を修したもう」と出す句との関係に疑問をもったためであろうか。

修一切…には非ず　チベット訳では、如来が苦滅をさとられているのは、苦滅の道をすでに修せられたからだとする。その点で、吉蔵の解釈はこれに近い。すなわち、『勝鬘宝窟』によれば、これまでに仏が苦・集・滅の三諦を究竟していることを述べたから、今は道諦を究竟していることを述べると解し、「一切の煩悩蔵を壊す」の「壊す」とは、煩悩の本来不起なることをさとる意味だと説明している(大正蔵三七、七四下)。これは、二乗の人びとの理解する四諦ではなく、如来蔵思想に基く空義隠覆の面から解釈しているのである。

已に修…非ず　すでに仏が道諦を修しおわった旨を説いているのであって、二乗の人びとの解するごとく、いま修しているというのではない。

1 之 「む」あり。衍か。
2 将 再読。
3 此 応朱「是」あり。

従世尊此四聖諦以下、明乗境中第二、挙四章別明境界、上四章雖「復明境毎言、但直非二乗分、未明其可依之極、所以従此下、〔八五オ〕明八諦之中簡除七諦、无作四諦中唯一滅諦、為依之極故、云別明境界、四章者、一一諦章・二一依章・三如来蔵章・四自性清浄章・

第一一諦章者・将明為依之極、故簡除有作无作中三諦、但取一滅為極也、就中初開為三、第一料簡八諦唯一滅為極、第二従此▽滅諦過一切衆生以下、歎「一滅諦甚深、第三従或有衆生以下、〔八五ウ〕勧信一滅諦、

此―本経「是」に作る

（第十　一諦章）

「*世《せ》尊《そん》。此《し》四聖諦《ししやうたい》」（といふ）従《よ》（り）以下（は）、乗*（の）境を明《あか》（すが）中の第二に、四章（を）挙（げて）別（に）境界（を）明（す）。上*の四章には、*復《また》、境を明して毎に但《たゞ》（し）直に二乗（の）分に非ず（と）言（ふと）雖（も）、其（の）可依*の〔之〕極を明（さ）未《ず》。所以《このゆゑ》（に）此《こ》（れ）従《よ》（り）下は、八諦*（の）〔之〕中に七諦を箇除して无作の四諦の中の唯《たゞ》一（の）滅諦をのみ明（す）。依*の〔之〕極と為《す》（るが）故（に）、別（に）境界を明（す）と云（ふ）。四章といふは〔者〕、一（は）一諦章、二（は）一依章、三（は）如来蔵*章、四（は）自性清浄章なり。

第一（に）一諦章（といふは）〔者〕、将に依（の）〔之〕[1]極と為《す》（ることを）明（さ）む（と）将[2]《〈し〉》て、故（に）有作无作（の）中の三諦を箇除して、但（し）一滅（を）取（り）て極（と）為《す》〔也〕。中（に）就て初*（に）開（き）て三（と）為《す》。第一（に）八諦（を）料簡して唯一（の）滅を極と為《す》。第二（に）「此[3]《し》滅諦《めちたい》。過一切衆生《くわいちさいしゆじやう》」（といふ）従《よ》（り）以下（は）、一の滅諦甚深なりと歎ず。第三（に）「或有衆生《わくうしゆじやう》」（といふ）従《よ》（り）以下（は）、一の滅諦を信（ぜよと）勧（む）。

○世尊。此四聖諦。三是无常。一是常。

一諦章　苦という真実（苦諦）、苦の原因という真実（集諦）、苦滅という真実（滅諦）、苦滅に導く道という真実（道諦）の四つを、聖なる四つの真実（四聖諦）という。そのうち、第三の苦滅という真実が、本章の題名に掲げる「一諦」である。これは第一義的なものであって、他の三つは二次的であり不完全なものであると説く。苦滅という一諦には、相対と絶対の二種があり、そのうち、絶対の苦滅という真実こそが、われわれの究極的よりどころである、というのが本章の趣旨である。科文→補（表11）

◈世尊此四聖諦…　I本章の位置とあらまし　第六章から第九章までの四章は「一乗の教えが説く観察の対象を説明する」総論の部分であったが、いまの第十章より第十三章までの四章はその各論の部分とする。

乗の境　一乗の教えが説く観察の対象。第六、無辺聖諦章の義疏の説明を参照。

上の四章　乗の境を明かす中の第一の部分。

復…二乗の分に非ず　一般には「復、境を明かすと雖も、毎に但だ直に二乗の分に非ずと言い」と読むべきであろう。

可依の極　人びとにとって帰依すべき究極。

八諦　有作の四諦と無作の四諦、すなわち相対と絶対の二種の四諦をいう。

依の極　可依の極と同じ。

如来蔵章　これは顚倒真実章とすべきで、義疏の誤りである。すでに如来蔵章の名は、総括して説くところの前四章のうちに入っているからである。

第六、無辺聖諦章の義疏の説明を参照。

初に開きて三と為　敦煌本の分け方と同じ。

就第一料簡中、即有二、第一立両章門、三是无常、一是常、三是无常者・謂、両苦両集両道、一是常者謂、无作一滅諦、有作滅諦既是无為、无所可除、即是断无、不可為取、所以不用以不為数也、然上挙二種涅槃、為釋有作无作、既云二乗七地名有餘人、有餘人所證名有餘涅槃、有餘涅槃即兼有量滅道、如『来名无餘人、无餘人所證名无餘涅槃、无餘涅槃〔六オ〕即兼无量滅道、今此但取一滅亦除道諦、此二相違、何故然耶、釋曰、道有二種、一因道・二果道・上就果道為談故・无餘涅槃即兼无量滅道、此就因道為明故、簡除道諦唯取一滅諦為極也、

1 **両** 「は」あり。衍か。
2 **常** 応朱「といふは」あり。
3 **取** 文墨「ヲ」あり。
4 **然** 応朱・応墨「而」あり。
5 **名** 応朱「ケ」あり。
6 **除** 文墨「ケリ」あり。

◈第一の… Ⅱ本章の内容〔一〕滅諦を究極とする

四諦のうち苦・集・道の三諦は無常であり、捨てるべきものであるから、経文の「三は是れ無常なり」の教えを捨章門または無常章門という。経文の「一は是れ常なり」の教えは取章門または常章門であり、滅諦こそ常住で取るべきものであるとする。この項は、まず捨章門と取章門を掲げ、ついでその両者を解釈する。

両章門　無常章門と常章門の二つ。二章門に同じ。敦煌本では捨章門と取章門と呼んでいる。

両苦両集両道　有作と無作の二種についての苦・集・道の六諦。

无作の一の滅諦　八諦のうち無常章門に属する六諦を除くと、有作の滅諦と無作の滅諦との二諦が残る。本章で明かそうとする一諦、つまり常章門の一滅諦とは、これら二諦のうちの無作の滅諦であるという。しからば、有作の滅諦は常章門になぜ入れないのか。その理由が以下に説かれる。

有作の滅諦…数と為不るなり　有作の滅諦は(他の有作の三諦とちがって)、生滅の現象界を超えた無為のものであるから、常章門から除く理由は

ないのであるが、滅といっても断滅・空無のものであるから、常章門の中に入れるわけにはいかない。それ故に、ここでは数え挙げないのである。

上に　第七、如来蔵章で以下のことをいう。二乗の人びとと第七地以下の求道者を、身体のけがれを残す人(有余人)と名づけ、そのような人のさとりを、身体のけがれを残す安らぎの境地(有余涅槃)と名づける。この有余涅槃には有限の苦滅という真実の外に有限の苦滅に導く道という真実の二つを含んでいる。これにたいして、如来は身心のけがれを残りなく離れた人(無余人)と名づけ、如来のさとりを身心のけがれを離れた安らぎの境地(無余涅槃)と名づける。この無余涅槃には無限の苦滅という真実の外に無限の苦滅に導く道という真実の二つを含んでいる。

今此に…然る耶　この一諦章では、ただ苦滅という一つの真実(一滅諦)だけを取り挙げて、苦滅に導く道という真実(道諦)を除いている。したがって、如来蔵章には道諦を加え、一諦章には道諦を除いているから、両章は相違している。それはいかなる理由によるのであるか。

道に二種…極と為るなり　道には、一つには真実を実現させる因としての道(因道)と、二つには真実が実現された果としての道(果道)との二種がある。如来蔵章で述べたのは、果としての道についてであったから、無余涅槃についていえば、それには、無限の苦滅という真実の外に無限の苦滅に導く道という真実の二つを含んでいる。ところが一諦章では因としての道を明らかにしようとしているから、あえて苦滅に導く道という真実を除いて、ただ苦滅という真実の一つを取り挙げて、それを究極のものとなすのである。

第*一(の)料簡(の)中(に)就て、即(ち)二有(り)。第一(に)両章門を立(つ)。[1]

「三は是(れ)无常(なり)。一は是(れ)常なり」(といふは)、「三(は)是(れ)无常(なり)」といふは〔者〕謂(く)、両*苦両集両道なり。「一(は)是(れ)常[2](なり)」(といふは)〔者〕謂(く)、无*作(の)一の滅諦なり。有*作の滅諦は既(に)是(れ)无為ナルヲモテ、除(く)可《べ》(き)所无(けれ)ども、即(ち)是(れ)断无ナルヲモテ、取[3](ることを)為《す》可(から)不《ず》。所以《このゆゑ》(に)用(ゐ)不《ず》して以て数と為《せ》不《ざ》(るなり)〔也〕。然[4](るに)上*に二種の涅槃を挙(げ)て、為に有作无作(を)釋(する)に、既(に)二乗と七地とを有餘人と名ケ、有餘人(の)所證を有餘涅槃と名く、有餘涅槃は即(ち)有量の滅道を兼ぬ、如来を无餘人(と)名ケ[5]、无餘人(の)所證を无餘涅槃と名く、无餘涅槃は即(ち)无量(の)滅道を兼(ね)たりと云(ふ)。*今此《〈コ、〉》には但(し)一滅(を)取(りて)亦道諦を除[6](けり)。此の二相違セリ。何(の)故に(か)然る耶《や》。釋して曰(く)、道*に二種有(り)。一(には)因道、二(には)果道。上には果道(に)就(て)談(ずることを)為《す》(るが)故(に)、无餘涅槃は即(ち)无量(の)滅道(を)兼(ね)たり。此《こゝ》には因道(に)就(て)明(すこと)を為《す》(るが)故に、道諦を簡除して唯《たゞ》一の滅諦を取(り)て極(と)為《す》(るなり)〔也〕。

○何以故。三諦入二有為相一。入二有為相一者。是无常。无常者。是虚妄

第二従何以故以下、釈二章門、先釈无常章門、後釈常章門、釈
无常門中、亦有二、第一正釈、第二結、就釈常章門、亦、「有釈 〔八六ウ〕
結、従是故以下結、皆可見、
従是滅諦以下、第二、歎一滅諦甚深、就中又開為三、第一直明
凡夫二乗並非所望、従凡夫識者以下料簡二人、雖同不見、而不
見不同、第三従邊見以下、広釈凡夫二見二乗清浄之相、

1 深 「すること」あり。応朱か。
2 第二 墨書補入。
3 不 応墨「スト」あり。
4 而 文墨「モ」あり。
5 不 文墨「ルニ」あり。

法。虚妄法者。非レ諦非レ常非レ依。是故苦諦。集諦。道諦。非二第一義諦一。非レ常非レ依。一苦滅諦。離二有為相一。離二有為相一者。是常。常者。非二虚妄法一。非二虚妄法一者。是諦。是常。是依。是故滅諦。是第一義。

不思議。

第二(に)「何以故《がいこ》」(といふ)従《よ》(り)以下(は)、二章門*を釈(す)。先(づ)无常章*門(を)釈(し)、後(に)常章門(を)釈(す)。无常門(を)釈(するが)中に、亦二有(り)。第一には正(しく)釈(し)、第二(には)結(す)。常章門*(を)釈(するに)就(て)、亦、釈と結と有(り)。「是故《ぜこ》」(といふ)従《よ》(り)以下(は)結す。皆見(つ)可《べ》し。

「*是滅諦《ぜめちたい》」(といふ)従《よ》(り)以下(は)、第二(に)、一の滅諦甚深[1](なること)を歎ず。中に就(て)又開(き)て三(と)為。第一(には)直に凡夫(と)二乗(と)は並に望(む)所(に)非(ずと)明(す)。(第二)[2](に)「凡夫識者」(といふ)従《よ》(り)以下(は)二人を料簡す。同(じ)く見不《ず》[3](と)雖(も)、而[4]も見不《ざ》[5](るに)不同アリ。第三(に)「邊見」(といふ)従《よ》(り)以下(は)、広く凡夫の二見と二乗の清浄(の)〔之〕相とを釈す。

○是滅諦。過二一切衆生。心識所縁一。亦非二一切。阿羅漢。辟支佛。智

二章門　両章門(無常と常の二つに関する教え)のこと。

无常章門…　経文の「三諦は有為の相に入る…依に非ず」は釈文、「是の故に苦諦…依に非ず」は結語である。釈文の意味は、苦・集・道の三諦は有為の相、すなわち相対・有限のわれわれの経験界に属する。したがって、それは無常のものであり、いつわりのもの(虚妄の法)であるから、真実でないもの、常住でないもの、帰依の対象でないものである。結語の意味は、それ故に三諦は究極の真実(第一義諦)でないもの、常住でないもの、帰依の対象でないものである。

常章門…　経文の「一の苦滅諦は…是れ依なり」は釈文、「是の故に…不思議なり」は結語である。結語のうちの「不思議」とは、われわれの相対的な思慮・分別の世界を超えた絶対のもの、という意味である。一説によれば、この常章門の経文から第十一、一依章に属すると見る(『勝鬘宝窟』大正蔵三七、七五下)。ところで、経文の「不思議」はチベット訳も菩提流志訳も、つぎに出す「是滅諦」を形容する句とする。

◈**是滅諦**…　〔一〕滅諦の深遠なことをたたえる　苦滅という真実は深遠な道理であるから、凡夫や二乗の人びとにとって、認識の対象を超えたものであり、智の活動領域に属さないものである。二乗の人びとの智慧が清浄のものであるといっても、この道理は体得できない。まして、常見と断見という一方にかたよった偏見を抱き、また四種の顚倒の見解に陥っている凡夫においてはなおさらのことである。一説によれば、これより下は第十二、顚倒真実章に入るとする(『勝鬘宝窟』大正蔵三七、七六上)。

生盲都不見衆色像故、譬凡夫、七日嬰児、能見餘物、但不能見日輪、故譬二乗、

第二不同可見、

就第三広釋中、即有二、先釋凡夫識、『後釋二乗智、就釋凡夫〔八七オ〕識中、亦有二、先釋二見、後釋顚倒、

釋二見中亦有五、

一直出二見、

我見妄想者妄計即離二我、即故生断、離故生常、

第二列二見之名、所謂常見断見是、

1 **見** 文墨「ル」あり。
2 **能** 応朱「タヘタリ」あり。
3 **想** 応朱「といふは」あり。
4 **に** 淡く存す。
5 故 応朱「に」あり。

生盲 生まれつき目の不自由な人。以下の二つの

慧境界一。譬如下生盲。不レ見二衆色一。七日嬰児。不ㇾ見二日輪一。苦滅諦者。亦復如レ是。非二一切凡夫。心識所縁一。亦非二二乗。智慧境界一

「生盲」*は都て衆色*の像を見不《ざ》(るが)故(に)、凡夫*に譬(ふ)。七日*の嬰児《やうに》は、餘物《よもち》を見[1](る)に能《た》[2](へたり)。但日輪を見(る)こと能(は)不《ず》。故(に)二乗に譬す。

○凡夫識者。二見顚倒。一切阿羅漢。辟支佛智者。則是清浄。

第二*の不同は見(つ)可《べ》(し)。

第三(に)広(く)釋(するが)中に就(て)、即(ち)二有(り)。先(づ)凡夫(の)識を釋(し)、後(に)二乗の智を釋(す)。凡夫の識を釋(するが)中(に)就(て)、亦二有(り)。先(には)二見(を)釋(し)、後に顚倒《てんだう》(を)釋(す)。

二見を釋(するが)中(に)亦五有*(り)。

○邊見者。凡夫於二五受陰一。我見妄想計著。生二二見一。是名二邊見一。

一(には)直に二見(を)出(す)。

「我《が》*見妄《けんまう》想《ざう》[3]」(といふは)〔者〕、妄《ミダリ》*[4]に即離の二我を計す。即(の)故[5](に)断を生ず。離(の)故に常を生ず。

○所レ謂常見断見。

第二には二見(の)〔之〕名を列(ぬ)。「所謂常見断見」と(いふ)、是(れ)なり。

譬えは、第一の説明である。

衆色の像　種々の事物。「色」(しき)はいろ・かたちあるものをいう。

凡夫に譬ふ　真実のすがたを見ることのできない凡夫に譬える。

七日の嬰児…二乗に譬す　生後七日目の赤ん坊は外界の事物を見ることができても、ただ照り輝く太陽を見ることができない。だから、これを声聞・縁覚の人びとに譬える。

第二…見つ可し　経文の「凡夫の識は…これ清浄なり」を指す。そのうち、「二見顚倒なり」とは、断見と常見の二種の見解が偏見であり、正見ではないから顚倒見に外ならないという意。「清浄」とは二乗の人びとに、凡夫のもつ「二見顚倒」がないから、「清浄」というにすぎない。

五有り　敦煌本は「凡そ八事有り」とする。ただ科文のたてかたは太子義疏と同じ。

我見妄想　経文の「五受陰」とは五取蘊ともいい、われわれの身心＝人格的個体と、およびそれをとりまく環境のすべてを構成する五つの要素(色・受・想・行・識の五蘊)に執着していることをいう。その執着しているすがたとは、自我に執われ、あれこれと妄想をめぐらすことであるという。

妄に…常を生ず　五つの構成要素の集合たる個体に即して自我が存在すると解したり、その反対に個体から離れて別に自我が存在すると解したりして、あれこれと自我に執われて即と離との二つの我執をもつ。そこで、「即する」ということに執われるから、自我は断滅するものという「断見」が生じ、「離れる」ということに執われるから、自我は常住不変のものであると思いこむ「常見」が生ずるのである。

1 不　文朱「不」字に「セスト」と加点せり。
2 義　応朱「といふは」あり。

第三従見諸行无常以下、挙生死涅槃釋二見、
二見者、計生死神明都断、計生死有涅槃、
第四従於身諸根以下、挙色心二法釋二見、
二見色壊生断、計心不断生常、
第五従『此妄想見以下、明二見失於中道、〔八七ウ〕
彼義謂、中道義、過与不及

○見二諸行无常一。是断見。非二正見一。見二涅槃常一。是常見。非二正見一。安想見故。作二如レ是見一。

第三(に)「*見諸行无常」(といふ)従《よ》(り)以下(は)、*生死涅槃(を)挙(げ)て二見(を)釋(す)。

*二見と(いふは)〔者〕、生死の神明い都《すべ》て断ゼリト計し、生死に涅槃有(り)と計す。

○於二身諸根一。分別思惟一。現法見レ壊。於二有相続一。不レ見起二於断見一。妄想見故。於二心相続一。愚闇不レ解。不レ知二刹那間一。意識境界一。起二於常見一。妄想見故。

第四(に)「於身諸根」(といふ)従《よ》(り)以下(は)、*色心二法(を)挙(げて)二見(を)釋(す)。

*二見い色壊(する)には断を生(じ)、心は断[1]〈せ〉不ズト計して常(を)生(ず)。

○此妄想見。於二彼義一。若過若不レ及。作二異想分別一。若断若常。

第五(に)「此妄想見《しまうざうけん》」(といふ)従《よ》(り)以下(は)、二見の、〔於〕中道に失(することを)明(す)。

「*2彼義」(といふは)謂(く)、中道の義なり。「*過」と「及(ば)不《ざ》(る)」与〈と〉(は)

見諸行无常…　ここの経文は、二乗の人びとが「諸行は無常なり」(すべて存在するものは無常のものである)と理解するのは断見であり、「涅槃は常(住)なり」(さとりは常住不変のものである)と理解するのは常見であって、いずれも妄想の見解に外ならない、という意味である。

生死涅槃　まよいの輪廻＝諸行無常＝断見、さとりの涅槃＝涅槃常住＝常見。

二見…と計す　敦煌本に同じ。

色心二法　「色」とは物質的なもので、経文「身・諸根・分別・思惟」(チベット訳によれば、このように分けて読む)を指す。「心」とは、統覚作用をなす「意識」をいう。

二見い色壊…常を生ず　ここでいう二つの見解とは、人は身体や感官が死によって滅無になると考えたり、また迷いの生存の継続すること(有の相続)を知らないで、いわゆる断見を生じ、他方、心が一瞬毎に生滅して連続しないのに、これを不滅のものであると考えて常見を生ずるのをいう。

彼義　菩提流志訳は「彼彼義」とする。「諸行無常」や「涅槃常住」についての意味ということであろう。しかし、義疏は「中道の義」と解している。

過と…有り　常見にたてば中道をはずし、断見にたてば中道に及ばず、また常見にたてば中道に及ばず、断見にたてば中道をはずしてしまう。

則二見皆通有、

從顚倒衆生以下釋顚倒、可見、

從一切阿羅漢以下、釋二乘智、就中亦可見、

從或有衆生以下、章中第三、勸信一滅諦、就中亦有三、第一明從佛語為正見、第二從何以故以下、釋何以起此四想為正見耶、第三從於佛法身以下、結勸、

1 **漢** 応朱「といふ」あり。
2 **就中** 文朱抹消。
3 **為** 「する」あり。重複か。
4 **耶** 「すること」あり。別訓か。

〔則〕二見に皆通(じて)有(り)。

○顚倒衆生。於二五受陰一。无常常想。苦有二楽想一。无我我想。不浄浄想。

「顚倒衆生」(といふ)従《よ》(り)以下(は)、*顚倒(を)釋(す)。見(つ)可《べ》(し)。

○一切阿羅漢。辟支佛。浄智者。於二一切智境界。及如来法身一。本所レ不レ見。

「一切阿羅漢」[1](といふ)従《よ》(り)以下(は)、*二乗智を釋(す)。〔就中〕[2]亦見(つ)可《べ》(し)。

○或有二衆生一。信二佛語一故。起二常想。楽想。我想。浄想一。非二顚倒見一。是名二正見一。何以故。如来法身。是常波羅蜜。楽波羅蜜。我波羅蜜。浄波羅蜜。於二佛法身一。作二是見一者。是名二正見一。正見者。是佛真子。従二佛口一生。従二正法一生。従レ法化生。得二法餘財一。

「*或有衆生」(といふ)従《よ》(り)以下(は)、章の中(の)第三に、一の滅諦を信(ぜよと)勧(む)。中(に)就て亦三有(り)。第一には*佛語に従(ふを)正見と為[3]《〈す〉》ることを明(す)。第二に「何以故」(といふ)従《よ》(り)以下(は)、何(を)以(て)か此の*四想を起(す)を正見(と)為《〈す〉》る耶[4]《や》(と)いふ(こと)を釋(す)。第三(に)「*於佛法身」(といふ)従《よ》(り)以下(は)、結勧す。

顚倒を釋す　五つの構成要素の集合たる存在を見誤って、これを実在視する執われの見解を、常・楽・我・浄の四顚倒によって、さらに明らかにする。顚倒とは真実を真実として体得しないことであり、経文には四顚倒を説明して、無常なるものを常住ととらえ、苦なるものを楽であるととらえ、無我なるものを我であるととらえ、不浄なるものを浄であるととらえると説明している。

二乗智　声聞と縁覚の二乗の人びとの具える智慧。経文に「阿羅漢」と出すのは、声聞中の最高位だからである。「本所不見」とは、四顚倒なき阿羅漢や縁覚の清浄な智慧をもってしても、全知者の智慧の対象(一切智境界)たる如来の法身に関しては、理解されていないの意。

◈**或有**…　〔三〕滅諦を信ずることをすすめる凡夫が現実のすがたを表面的にだけ把えて、常・楽・我・浄と見なすのは、断常の二見によるものだから、それは四種の顚倒の見解に外ならない。しかしながら、仏の教えを信じて、法身の四つの徳性たる常・楽・我・浄を正しく見る者は、究極の真実たる滅諦から生まれた真の仏弟子というべきである。

佛語に従ふ　経文の「仏語を信ず」を指す。釈尊の教説に随順するの意。

四想　経文にいう常波羅蜜(常住の完成)・楽波羅蜜(至福の完成)・我波羅蜜(自我の完成)・浄波羅蜜(清浄の完成)という四つの想い。これらが法身の具える四つの徳性であると正しく観知することが正見である。

於佛法身…　経文の「仏の真子」とは真の仏弟子のことである。第十四に真子章という章が別立されている。

〔六八オ〕

波羅密因果有二、此中所明、皆是果彼「岸、
口生謂、因教而生、正法生謂、藉理而生、法化生謂、藉教會理
化凡為聖、餘財者七財、佛已先得故、今随後得故、云餘財也。

1 **生** 応墨「ト」あり。
2 **生** 応墨「ト」あり。
3 **得** 応朱「タマヘルカ」あり。
4 **故** 文朱「に」「そ」あり、訓法存疑。

波羅密の…彼岸なり 「波羅蜜」(梵語パーラミタ

「波羅密*」の因果に二有(り)。此(れ)が中(に)明(す)所は、皆是(れ)果の彼岸なり。「口生《くしやう》*」といふは謂く、教に因て〔而〕生(ずるなり)。「正法《しやうぼふ》[1]生《しやう》*」といふは謂(く)、理に藉《よ》(り)て〔而〕生ず。「法化《ほふくゑ》[2]生《しやう》*」といふは謂く、教に藉《よ》(り)て理に會《ゑ》(し)て凡を化(し)て聖と為《す》。「餘財*」といふは〔者〕七財なり。佛は已に先に得[3](たまへる)が故[4](に)、今(は)後に随(ひて)得(るが)故に、「餘財」と云(ふなり)〔也〕。

ーの音写。完成という意味で、到彼岸と漢訳する)には因と果との二つの面の意味がある。ここで説かれている四つの波羅蜜は、みな果の波羅蜜(果の完成)のことである。因の波羅蜜(因の完成)とは、無常・苦・無我・不浄の四つの真理把握をいう。すなわち、迷いの世界における人びとは無常を常と、苦を楽と、無我を我と、そして不浄を浄と見誤って、顚倒の見解に陥っているが、無常を無常であると正しく見ることが真理の体得だから、これを因の完成という。これにたいして、果の波羅蜜(果の完成)とは、さとりの世界を常住・不変のものと把えて、常・楽・我・浄の四つの徳性をもつものと正しく見ることである。その場合の常・楽・我・浄は、因の完成のなかで相対的なものとして否定されているのとはまったく相違する。

口生…生ずるなり　「仏口より生じ」というのは、真の仏弟子は仏の御教えから生じたものである。

正法生…生ず　「正法より生じ」というのは、真の仏弟子は正法から生まれたものということである。

法化生…聖と為　「法より化生して」というのは、真の仏弟子は正法から化現したものということである。

餘財…七財なり　真の仏弟子は、仏の正法の財宝すなわち正財の分配に与る者、相続者である。七財とは信心・戒めをたもつこと・罪を恥じること・罪を怖れること・聞法・布施・智慧の七つをいう。真の仏弟子を表現するこれら一連の句は、原始仏教いらい広く使われている。『イティブッタカ』(『如是語経』、PTS本一〇一頁)や『法華経』譬喩品(岩波文庫、上一三六―七頁)など参照。

従世尊浄智者以下、別明境中第二名一依章、正明此一滅諦為衆可依之極、就中開為四、第一欲明今日一滅諦、為依之極故・先明二乗智非其境界、第二釋非其境界、第三従為彼故以下、明昔依為非、第四従世尊一依者「以下、正明今日一依為依之極、〔八ウ〕況四依智者是謂、五方便中依四諦生智者也、一云、佛為五方便人説四依道、故云四依智也、

1 為　文墨「スルコト」あり。
2 明　文墨「ス」あり。
3 中　文墨「ニ」あり。
4 生　文墨「スル」あり。
5 者　文墨「モノナリ」あり。

一依章　さきの一諦章に明かす「真実」をわれわれの帰依する側から把えて、これを唯一絶対の帰依処つまり一依と呼ぶ。本章の主旨は、凡夫の浅見にくらべれば、阿羅漢や縁覚（二乗の人びと）の智慧は、不完全ながらもさとりの境地に至ったものであるから、浄智すなわち清浄な智慧といえよう。しかしながら、その浄智も聖なる四つの真実によって生じた智慧という四依智であって、万人の依るべき究極のものではない。そこで、本経で明らかにする絶対の苦滅という一真実こそが、究極の帰依すべき唯一のものであるとして、この「一依」を強調する。

(第十一　一依章)

「*世尊《せそん》。浄智者《じやうちしや》」(といふ)従《よ》(り)以下(は)、別*に境(を)明(すが)中の第二(に)一依章と名(く)。正(しく)此(の)一の滅諦を衆*の可依(の)〔之〕極《ごく》(と)為《す》(ることを)明(す)。中(に)就(て)開(き)て四*(と)為《す》。第一に、今日の一(の)滅諦を、依(の)〔之〕極(と)為《す》(ることを)明(さむと)欲《す》(るが)故(に)、先(づ)二乗智(は)其(の)境界に非(ざることを)明し、第二(に)其(の)境界に非(ざることを)釋(し)、第三(に)「為彼故《ゐひこ》」(といふ)従《よ》(り)以下(は)、昔の依(は)非(と)為〈ナ〉[1]ル(ことを)明(す)[2]。第四(に)「世尊《せそん》。一依者《いちえしや》」(といふ)従《よ》(り)以下(は)、正(しく)今日の一依(は)依(の)〔之〕極と為《す》(と)イフコトを明す。

○世尊。浄智者。一切阿羅漢。辟支佛。智波羅蜜。此浄智者。雖レ曰ニ浄智一。於ニ彼滅諦一。尚非ニ境界一。況四依智。

「*況四依智*」と(いふは)〔者〕是レ謂く、五方便(の)中(に)[3]四諦(に)依(り)て智を生[4](ずる)者(なり)〔也〕[5]。一(に)云(く)、佛(は)五方便の人(の)為に四依の道を説(く)。故(に)四依智と云(ふなり)〔也〕。

○何以故。三乗初業。不レ愚ニ於法一。於ニ彼義一。當レ覚當レ得。

◈世尊浄智者…　Ⅰ本章のあらまし

別に境を明す…と名く　観察の対象を説明する各論四章のうち、「一諦章」について第二の章が「一依章」であるという。

衆の可依　人びとの帰依・依拠すべきもの。

四と為　敦煌本は二つに分ける。敦煌本と義疏の科文の対比は→補(表12)

◈況四依智…　Ⅱ本章を解釈する

本章を四つに分けて解釈する。前三は昔日の「依」を非とし、後一は今日の「依」を是とする。

四依智　経文において、阿羅漢や辟支仏(縁覚)の浄智は欲・色・無色の三界のまどいを除いており、一応、智慧の完成を得ているものであるけれども、本経で説く絶対の苦滅という一真実(これを一依という)をさとることができない。つまり、一真実はそのような浄智をもつ人にとっての真理観察の対象とならないばかりか、四依智をもつ人びとにとっても同様であることはいうまでもない。「四依智」の語義解釈に二種を出すが、これは敦煌本も同様である。第一は、五方便(二二九頁注参照)を修めながら、有作の四諦に依って智を生ずるから、これを「四依智」という。第二の解釈は、五方便を修める人のために、仏が四種の依りどころ(法の四依)、すなわち1教えを説く人に依らずに教えそのものに依ること、2表現の文に依らずに教えの意義に依ること、3人間の知識に依らずに仏の智慧の教えに依ること、4小乗の教えに依らずに大乗の教えに依ること、を説かれ、それらの教えによって得られる智であるから「四依智」という。月輪賢隆は菩提流志訳に「四入流智」とあるので、四向四果の聖者の流類に入った者の智であろうという(前掲書、注の二三頁)。

第二釋。
標疑云、何以言非其境界耶。釋曰、三乗初業於彼義但當覚、當得、非現覚得故、一云、疑云、何以相違与上一乗章、云三乗初業不愚於法耶。故釋同上言、不愚於法者是謂當覚當得、非是已得已覚之謂也。
第三明昔『依為非、〔九オ〕
為彼故世尊説四依者、明昔日正為二乗故、説此有作四諦、此四依。是世間法者、明非極依也。
第四正明今日一依、為依之極、
一切依上者、通言三界内外八聖諦中、此一

1 **得** 応朱「ヘシ」あり。
2 **愚** 応墨「ヲロカナラ」あり。不明字一字あり。
3 **云** 文墨「フニ」あり。
4 **与** 抹消。但し、応朱「と」と訓ず。
5 **釋** 応朱「すること」あり。
6 **と** 存疑。
7 **謂** 応墨「フ」あり。
8 **為** 文墨「コトヲ」あり。
9 **間法** 各〻文墨「ノ」「ト」あり。
10 **非** 応墨「ト」あり。
11 **上** 蔵本「止」に作る。

何を以てか…言ふ耶 経文に「彼の滅諦においてはなお境界にあらず」という理由を問う。つまり、無作の滅諦が二乗の人びとの智慧ではさとれないわけを問うている。

三乗の初業…故に 声聞と縁覚と菩薩の人びとは、まずこれから無作の滅諦をさとっていこうとする修行の初段階に在るのであって、やがてそれをさ

第二(に)釋(す)。

疑(を)標《へう》(して)云(く)、何*(を)以(て)か其の境界(に)非(ず)と言(ふ)耶《や》。釋(して)曰(く)、三*乘の初業は彼(の)義に於(て)但(し)當に覚し、當(に)得[1]す(べし)。現に覚し得するに非(ざる)が故(に)。一(に)云(く)、疑(ひ)て云(く)、何(を)以(て)か上の一乘章に、「三*乘の初業は〔於〕法に愚[2](なら)不《ズ》」ト云[3](ふ)に〔与〕[4]相違セル耶《や》。故(に)釋[5](すること)上に言(ふ)に同じ。「不愚於法」と[6](いふは)〔者〕是(れ)當覚と當得とを謂[7](ふ)。是(れ)已得と已覚との〔之〕謂に非(ず)〔也〕。

○為レ彼故。世尊説ニ四依一。世尊。此四依者。是世間法。

第三(に)昔*の依を非と為[8]《す》(ることを)明(す)。

「為《ゐ》彼《ひ》故《こ》。世《せ》尊《そん》説《せつ》四《し》依《え》」と(いふは)〔者〕、昔日《しやくにち》には正(しく)二乘(の)為の故に、此の有作の四諦を説(きたまふことを)明(す)。「此《し》四《し》依《え》。是《ぜ》世《せ》[9]間《けん》法《はふ》」者《(と)》いふは、極の依に非[10](ずと)明(す)〔也〕。

○世尊。一依者。一切依上[11]。出世間上上。第一義依。所レ謂滅諦。

第四(に)正(しく)今*日の一依を、依(の)〔之〕極と為《す》(といふことを)明(す)。

「*一《いち》切《さい》依《え》上《じやう》」者《(と)》いふは、通(じ)て、三界(の)内外の八聖諦の中に、此(の)一

とることができよう。だが、いま現にさとり終っているというのではないからである。ただし、チベット訳では「三乗」を第三乗すなわち菩薩乗の人とする。

三乗の…愚なら不　これは一乗章の「彼、先の所得の地において、法に愚ならず」を指す(二二九頁)。ここの一説における設問は、「一乗章では声聞・縁覚の人びとが真実をさとるのに愚かではないと説いておりながら、この一依章に至って、かれらは苦滅という真実をさとることはできないと説くのは、前後相違しているのではないか」という。その答釈は、「なんらさきの一乗章の文と相違していない。「法に愚ならず」と説いたわけは、かれらが真実をこれからまさにさとるべき(当覚)人びとであり、またまさに得べき(当得)人びとであるということであって、すでに得ており(已得)、またすでにさとりおわっている(已覚)人びとであるというのではないからである」という。

昔の依　かつてのよりどころ。声聞や縁覚の人びとが修める有作の四諦(相対の聖なる四つの真実)は四依智を生ずるが、この四依智は如来が苦滅の意義をかれらにさとらせるために、仮りに説かれたもので、世間の常識に属するもの(世間法)であるという。

今日の一依　本経で明らかにする無作の滅諦(絶対の苦滅という真実)をいう。

一切依上　「一切の依の上なり」と読む。この句の義疏の説明は「欲・色・無色の三界、すなわち迷いの世界の内と外を問わず、そこに存在する八つの聖なる真実の中で、ただこの無作の滅諦だけを最上のよりどころとする」という。敦煌本は「无作を以て有作諦に比す」とのみいう。

滅諦為上也、出世間上上者・只就无作四諦、唯此一滅諦為極也、第一義依・所謂滅諦者、更出其躰、一云、一切依上者、只、就有作四諦為上也、

1 唯 文墨「タ」あり。
2 此 文墨「ノ」あり。

の滅諦を上と為《す》と言(ふなり)〔也〕。「*出世《しゅっせ》間上上《けんじゃうじゃう》」(といふは)〔者〕、只、无作(の)四諦(に)就(て)、唯此(の)一の滅諦を極(と)為《す》とイフ〔也〕。「第一義《だいいちぎ》依《え》。所《しょ》謂《ゐ》滅諦《めちたい》」といふは〔者〕、更(に)其*(の)躰を出(す)。一*(に)云(く)、「一切《いちさい》依上《えじゃう》」と(いふは)〔者〕、只、有作(の)四諦に就(て)上(と)為《す》〔也〕。

出世間上上　「出世間の上上なり」と読む。「出世間」は無為法のことである。四諦を有作と無作とに分けるうち、無作の四諦は無為であり、「出世間」に属する。その無作の四諦のうちで、無作の滅諦が究極のものであるから、出世間に属することがらのうちで最勝のよりどころという。

其の躰を出す　第一義(最勝の意義、究極の目的・道理)において、われわれの帰依処となる本体は無作の苦滅諦のみであることを示している。

一に云く　前に出した「一切依上」の説明は、有作の四諦と無作の四諦、つまり三界の内と外の四諦を合わせた八諦のうちで、最上なるものという意味であったが、有作の四諦に比してそれよりも最上なるものと解釈する一説があるという意。

従世尊生死者以下、別明境「中第三、名顚倒真実章、此章来意〔八九ウ〕
者・前一依章明今日无作一滅、一切依上、出世上上、為依之極、
物聞便謂、然即出惑之後、方為物依、非言在惑為依、所以今釋・
无作一滅、即如来蔵、生死神明依如来蔵相続不滅、非但出惑方
為物依、従在惑中、已為依也、就中又開為八、第一直明生死依
如来蔵、第二明藉理而説名為善説、第三従生死生死者以「下、〔九〇オ〕
明生死二法能蔵如来蔵、第四・従世間言説故以下、料簡生死与
如来蔵異、第五従是故以下結生死依如来蔵、第六従世尊不離不
脱以下、

1 便 応朱「チ」あり。
2 謂 文墨「ヘラク」、応朱「ヘリ」あり。
3 為 応墨「ナル」あり。
4 在 文朱「し」あり、「る」の誤か。
5 以 文墨「ニ」あり。
6 釋 文墨「ラク」あり。
7 蔵 応朱「カクスコトヲ」あり。
8 明 応朱「ス」あり。

顚倒真実章　迷いとさとりの関係を明らかにする一章である。如来蔵をさとりとし、生死(輪廻)を迷いとするとき、われわれ人間は迷と悟(染と浄)にどのようにかかわるであろうか。人間存在の根拠を、如来蔵の面から探求しようとするのが本章のねらいである。如来蔵は生死のよりどころであるから、生死を離れて如来蔵はないということになる。死とは外界の刺激によって起こった感覚が変化することであり、生とはさらに新しい感覚が生ずることであって、生と死はともに如来蔵の世俗的な表現である。生死のよりどころであるとはいっても、如来蔵自体は生死のごとき生滅変化の相を超越した永遠不変のものである。それ故に、如来蔵は一切の個別的存在の基礎となりうるものである。生死流転の迷いの中に動揺しているわれわれにとって、もしも如来蔵がなければ、真に苦であることにめざめず、また進んで真実のさとりを得ようとする心も生じないであろう。

◈**世尊生死者**…　I本章の由来と構成
前章で明かした「一依」とは、絶対の苦滅という真実(無作の滅諦)のことであるが、これは「如来蔵」のことであり、真実そのものである。他方、

(第十二　顛倒真実章)

「*世尊。生死者」(といふ)従《よ》(り)以下(は)、*別に境(を)明(すが)中の第三に、顛倒真実章《てんだうしんじちしやう》と名(く)。此の章(の)来意(は)〔者〕、前の一依章には、今日の*无作(の)一滅は、一切依上なり、*出世の上上なり、依(の)〔之〕極と為《す》(と)イフコト(を)明(す)。*物い聞(き)て便[1](ち)謂[2](へらく)、*然(らば)即(ち)惑(を)出(で)て〔之〕後(に)、方《まさ》に物の依と為《な》[3](る)。惑(に)在[4](る)トキニ依と為《(す)》と言(ふに)非(ず)。所《この》[5]以《ゆゑ》(に)今釋[6](すらく)、*无作の一滅は、即(ち)如来蔵なり。生死の神明は如来蔵に依て相続(し)て滅(せ)不《(ず)》。但(し)惑(を)出(で)て方に物(の)依(と)為《な》(る)に非(ず)。惑(の)中に在(る)トキ従《(よ)》り、已《すで》に依と為《な》(るなり)〔也〕。中(に)就(て)又*開(きて)八(と)為《す》。第一には直に*生死は如来蔵に依(ると)明(す)。第二(に)理(に)藉《よ》(り)て〔而〕説(く)を名(け)て*善説と為《い》(ふことを)明(す)。第三に「生死生死者《しやうじしやうじしや》」(といふ)従《よ》(り)以下(は)、*生死(の)二法は能(く)如来蔵を蔵[7](す)と明[8](す)。第四(に)「世間言説故《せけんごんぜちこ》」(といふ)従《よ》(り)以下(は)、生死と如来蔵与《と》異(なること)を料簡す。第五に「是故《ぜこ》」(といふ)従《よ》(り)以下(は)、生死は如来蔵に依(ると)結す。第六に「世尊《せそん》。不離不脱《ふりふだつ》」(といふ)従《よ》(り)以下

生死は顛倒(の見解より起るもの)であるから、本章を顛倒真実章と名づける。

別に境を…と名く　観察の対象を明らかにする各論四章のうちの第三が本章である(第十、一諦章の義疏部分を参照)。

无作の一滅　無作の四諦のうちの(苦)滅諦をいう。

出世の上上　「出世間の上上」のこと。世間・世俗を超えた最上のものという意。

物…謂へらく　無作の滅諦が出世間のものであり、生滅変化を超えた無為のものであると聞いた人は、恐らくつぎのような疑問を生じて、このようにいうであろう。

然らば…言ふに非ず　これは人びとの心中に抱く疑念である。「そうであれば、迷いの煩悩を離脱したあとに、一依(唯一のよりどころである絶対の苦滅という真実)が人びとのよりどころとなるのであって、人びとが迷いの煩悩の中にいる間に、一依がかれらのよりどころとなるというのではあるまい」と。

无作の一滅は…依と為るなり　いまの疑念にたいする答釈が本章の由来であるとして、こういう。「絶対の苦滅という真実こそが如来蔵であり、われわれの生死する迷いの心は如来蔵によって相続して滅することがない。だから、迷いの煩悩の状態を離脱してから一依をよりどころとするのではなく、迷いの煩悩の状態にいるときから、すでに一依がよりどころとなっているのである」と。

開きて八と為　敦煌本は六つに分ける。科文↓補(表13)

生死は如来蔵に依る　↓補

善説　↓補

生死の二法　↓補

明衆生依蔵得建立、若无蔵理、无有厭苦求楽、第七従世尊如来蔵者以下、明如来蔵非三世法、第八亦従如来蔵者以下、明如来蔵異於横計、

今第一、世尊生死者・依如来蔵者、生死即是顛倒、如来蔵即「是真実、今明一切衆生皆有真実之性、若无此性、則一化便盡、〔二〇ウ〕与草木不殊、由有此性故、相続不断、終得大明、故云生死依如来蔵、此中如来蔵、若以理為正因、皆以理為如来蔵、若以神明為正因、皆以當果事為如来蔵、本際不可知者・夫生死非无終始、但逐蔵為論故、本際不可知也・何則此蔵非三世法、以非三世為生死

1 **一** 此下欠文か。岩波文庫釈文には「直に生死は如来蔵に依ることを明かす」とあり。
2 **盡** 応朱「ツテ」あり。
3 **由** 応朱「ル」あり。
4 **明** 応朱「智」あり。

三世の法に非ず 如来蔵が過去・未来・現在の三世という時間を超えたものであるという意。

横計 邪まに理解する異教徒の見解。経文によれば、如来蔵を「我」(アートマン、自我)、「衆生」(生けるものたち)、「命」(生命、霊魂)、あるいは「人」(プドガラ、個人存在)と同一視することを指す。

◈**今第一に…** II本章を解釈する 〔一〕生死は如来蔵による

生死…顚倒なり 生死・輪廻は真実にたいするわれわれの無知によって惹起する。無知は真実を真実として把えることのできない顚倒心であるから、生死を顚倒と定義する。

一切衆生…真実の性有り すべての衆生は顚倒の存在であり、生死の存在であるが、各自のうちに如来蔵という真実(如来の本性)を具有しているという意。

一化 人間の生を終えること、死を指す。この個所の意味は、次の通りである。もしも人びとに如来蔵という如来の本性がなかったならば、人間としての迷いの生存がひとたび尽きてしまうと、草

木と何ら異なるところがないものとなってしまう。この本性があるからこそ、生死の生存を続けるなかで、やがてついには大いなるさとり(大明)を得ることができる。

若し理を以て…と為 経文の科段〔五〕「如来蔵は是れ依たり、是れ持たり、是れ建立たり」(三一七頁)(如来蔵は無為法、つまりさとりの世界にとってのよりどころ、支え、基盤たるものである)を指す。もしも真実にして絶対の道理をさとりの正しい原因(正因)とするならば、その道理こそが如来蔵である。

若し神明を以て…と為 凝然の解釈はこうである(前掲書、一三四頁下)。如来蔵を理と智の二面から説くと、本覚の理の点から如来蔵理、本覚の智の点から如来蔵智と名付けられるが、本来理智一体である。如来蔵理自体が煩悩のけがれを離れて自性清浄のすがたを顕現するという「果」をもつから、それ自体がかかる「果」の「正因」なのである。また、如来蔵智すなわち神明も煩悩のけがれを脱して自体顕現すれば「仏果」の体を示すことになるから、同様にしてそれ自体が「果」の「正因」なのである。「当果の事を以て」とは、「因を以て果に望めば」の意。

夫れ生死…不可知なり 本来、生死にはその始めと終りがないわけではないが、ただ如来蔵という無始無終のものに即して論及しているので、「そもそもの初め(本際)は知られない」というのである。ちなみに、われわれの無知(無明)を、相対・有限の場において示したのが輪廻である。

三世に…依と為る 如来蔵は時間を超えた存在であるからこそ、時間的存在たる輪廻のよりどころであるという。

(は)、衆生は蔵に依(り)て建立(すること)得たり、若(し)蔵の理无(く)は、厭《おん》苦《く》求《ぐ》楽《らく》(を)有(する)コト无(し)とイフコト(を)明(す)。第七(に)「世尊《せそん》。如来《にょらい》蔵者《ざうしゃ》」(といふ)従《よ》(り)以下(は)、如来蔵は*三世(の)法に非(ずといふことを)明(す)。第八(に)亦「如来蔵者」(といふ)従《よ》(り)以下(は)、如来蔵の〔於〕*横計に異(なりと)イフコト(を)明(す)。

〇世尊。生死者。依㆓如来蔵㆒。以㆓如来蔵㆒故。説㆓本際不可知㆒。

*今第一[1]に、「世尊《せそん》。生死者《しやうじしや》。依《え》如来蔵《にょらいざう》」といふは〔者〕、*生死といふは即(ち)是(れ)顚倒なり。如来蔵といふは即(ち)是(れ)真実なり。今*一切衆生に皆真実(の)〔之〕性有(りといふことを)明す。若(し)此(の)性无(く)は、〔則〕*一化に便(ち)盡[2](き)て、草木与《と》殊(なら)不《ず》。此(の)性有(るに)由(るが)[3]故(に)、相続(し)て断(ぜ)不《ず》。終(に)大明(を)得。故(に)「生死は如来蔵に依(る)」(と)云(ふ)。此(の)中(の)如来蔵は、*若(し)理を以(て)正因と為《(せ)》バ、皆理(を)以(て)如来蔵と為《す》。*若(し)神明[4]を以(て)正因(と)為《(せ)》バ、皆當果の事(を)以(て)如来蔵(と)為《す》。「本際不可知《ほんざいふかち》」者《(と)》いふは、*夫(れ)生死は終始无(きに)非(ず)、但(し)蔵に逐《したが》(ひ)て論(ずることを)為《す》(るが)故(に)、本際不可知(なり)〔也〕。何(と)ならば〔則〕此(の)蔵は三世の法(に)非(ず)。*三世(に)非(ざるを)以(て)生死の

依、必従何時、即不可知。「又云、生死非无終始、但終始難測也、〔九一オ〕
本際謂、衆生之原、
第二藉理而説名為善説、可見、
従生死生死者以下、第三明生死能蔵如来蔵、就中亦有二、第一
先釋生死義、第二正明生死二法能蔵如来蔵、
重言生死者、欲釋生死二義故、上為生、下為死、重挙之也。一
云、上牒前語、下向下為釋、諸受根没者、諸根皆有通相領縁、
謂之為没、次第不受根起者、「不能通相領縁之根、次第而起也、〔九一ウ〕
第二正明能蔵如来蔵、

1 **測** 応朱「ハカリ」あり。
2 **説** 文墨「クヲ」あり。
3 **為** 文墨「ス」あり。
4 **為** 応朱「し」あり。
5 **重** 応朱「せる」あり。「て」の誤か。
6 **相** 文墨「ノ」あり。
7 **縁** 「と」あり。衍か。
8 **能** 文墨「ク」あり。
9 **来** 文墨「ヲ」あり。
10 **蔵** 文墨「カクス」あり。
11 **蔵** 文墨「ヲ」あり。

又云く　生死の始めと終りの決定し難いという意味で不可知とする一説を出す(敦煌本にも出る)。
本際…原なり　「本際」というのは、人びとがこの世に出現した始原をいう。
◈**第二に…**　〔二〕善く説かれたことば
◈**生死…**　〔三〕生死の中に如来蔵を宿す
上をば…挙ぐ　上の「生死」をもって生を、下の「生死」をもって死をあらわしている。
上は前の語…釋を為　上の「生死」は前文の「生死」を掲げ、下の「生死」は以下に解釈するところの「生死」を指す。
諸根に…没と為　経文の「諸の受根の没すると」を注釈する個所であるが、「受根」とは五受根(五受ともいう)をいい、楽受・喜受・苦受・憂受・捨受の五つの感受作用とする。これらの感受作用は感官(根)と対象(縁または境)と識別作用(識)との三者の和合によって生ずる。感官には眼・耳・鼻・舌・身・意の六つがあり(六根という)、例えば眼根が視覚の対象にたいして視覚作用を起すとき、その場合、好ましい対象ならばそこに楽の感

依と為《な》(るは)、必(ずしも)何(の)時従《よ》り(する)ゾトイフコト、即(ち)不可知なり。*又云(く)、生死は終始无(きに)非(ず)。但(し)終始測[1](り)難(し)〔也〕。「*本際」といふは謂(く)、衆生(の)〔之〕原なり。

○世尊。有㆓如来蔵㆒。故説㆓生死㆒。是名㆓善説㆒。

第*二(に)理に藉《よ》(りて)〔而〕説[2](くを)名(けて)善説と為《す》[3]。見(つ)可《べ》(し)。

○世尊。生死生死者。諸受根没。次第不受根起。是名㆓生死㆒。世尊。死生者。此二法。是如来蔵。

「*生死生死者」(といふ)従《よ》(り)以下(は)、第三に生死(は)能く如来蔵を蔵すといふことを明(す)。中(に)就て亦二有(り)。第一に先(づ)生死の義を釋(す)。第二(に)正(しく)生死の二法(は)能く如来蔵を蔵(す)と明(す)。

重(ね)て「生死」と言(ふは)〔者〕、生死の二義を釋(せむと)欲《す》(る)が故(に)、*上をば「生」と為《し》[4]、下をば「死」と為《(し)》て、[5]重(ね)て之を挙(ぐ)〔也〕。一(に)云(く)、*上は前の語を牒(し)、下は下に向して釋を為《す》。「諸受根没《しょじゅこんもち》」(といふは)〔者〕、諸*根に皆通相[6]の領縁有[7](り)。之を謂(ひ)て没と為《す》。「次第不受根起《しだいふじゅこんき》」と(いふは)〔者〕、*通相領縁せむ〔之〕根い、次第に〔而〕起すること能(は)不《ず》〔也〕。

第二(に)*正(し)く能[8](く)如来[9](を)蔵《かく》[10](す)蔵[11](を)明(す)。

受作用が生ずる。このように、各感官はそれぞれに通有する対象と識別作用をもち、そこに種々の感情が生ずる。感官に通用する識別作用を指して「通識」という。太子義疏に「通相」とあるが、敦煌本のごとく「通識」とあるべきであろう。「領縁」とは、縁(対象)を領受する、対象を認識の中にとりこむという意味である。経文の「没」とは、種々の感受作用が滅没すること、輪廻の生存における「死」をいう。

通相領縁せむ根　敦煌本に「不㆑能㆓通識領縁之根。次第起㆒也」とあるごとく、ここも「通相」は「通識」とあるべきである。一たび種々の感受作用を起す諸感官の働きが失われると、つぎの瞬間に(「次第に」)その働きがつづいて生起しない。この一句も、輪廻の「死」を説明している。経文の「次第不受根起」は「次第に不受根の起るを」と読むならば、チベット訳(輪廻するということは、すでに受けたところの諸根が、退去するや否や、いまだ受けない諸根を取ることをいう)にもあうし、この句に続く経文「死とは諸根壊、生とは新の諸根の起なり」にも対応する。

正しく…明す　文永点はさきに「第二正明㆔生死二法能蔵㆓如来蔵㆒」(本頁十行目)と読み、いまは「第二正明㆘能蔵㆓如来㆒蔵㆖」と「生死二法」を脱して読む。ここでは、つぎの解釈文に出す「蔵」の語義(みずからかくさんとするのではないという義)を強調するためであろう。それは、経文の「生死とは如来蔵の同義語である」という主旨に立脚しているからである。「生死の二法を以て蔵と為」(三一七頁一―二行目)とは、「以…為…」が主語と述語の関係を示す句だから、生死の二法が如来蔵である、という意味になる。

言、此蔵理非自欲蔵、但、以生死二法為蔵也、

従世間言説故以下、第四明生死与蔵異、若得為生死蔵、即与生死混然為一故、明生死与蔵異也、先明生死、後明蔵義、

従是故以下、第五結生死依如来蔵、

▽従不離不脱以下、第六明衆生必依蔵得建立、若无此蔵、无有厭苦求楽、

不離不脱—本経「不離不断不脱」に作る

1 蔵 応墨「サント」あり。
2 諸 蔵本「謂」に作る。
3 蔵 此下蔵本「者」あり。
4 死 文墨「ト」あり。
5 蔵 文墨「トノ」あり。
6 異 文墨「ヲ」あり。
7 然 応墨「ネント」あり。
8 為 「を」あり。衍か。
9 故 左下朱点あり。汚点か。
10 先 応朱「き」あり。
11 明 応朱「し」あり。
12 依 文墨「ルト」あり。
13 无 応朱「イフコト」あり。

言(ふこゝろは)、此(の)蔵の理は自(ら)蔵《かく》[1](さむと)欲《す》(る)に非(ず)。但、生死(の)二法(を)以て蔵と為《す》〔也〕。

○世間言説故。有ㇾ死有ㇾ生。死者諸根壊[2]。生者新諸根起。非ニ如来蔵。有ㇾ生有ㇾ死。如来蔵[3]。離ニ有為相一。如来蔵。常住不変。

「*世間言説故《せけんごんぜちこ》」と(いふ)従《よ》(り)以下(は)、第四に*生死[4]と蔵与[5]《と》(の)異[6](を)明(す)。若(し)生死を蔵と為《〈ヱ〉》ルコトヲ得ば、即(ち)生死与《と》混《〈コム〉》然[7](と)して一と為[8]《〈ナ〉》ルが故に[9]、生死と蔵与《と》異(なること)を明(す)〔也〕。*[10]先に生死(を)明(し)[11]、後に蔵の義(を)明(す)。

○是故如来蔵。是依。是持。是建立。

「*是故」(といふ)従《よ》(り)以下(は)、第五に生死(は)如来蔵に依(ると)[12]結(す)。

○世尊。不離不断。不脱不異。不思議仏法。世尊。断脱異外。有為法。依持建立者。是如来蔵。世尊。若无ニ如来蔵一者。不ㇾ得三厭ㇾ苦。楽ニ求涅槃一。何以故。於ニ此六識。及心法智一。此七法。刹那不ㇾ住。不ㇾ種ニ衆苦一。不ㇾ得三厭ㇾ苦。楽ニ求涅槃一。

「*不離不脱」(といふより)以下(は)、第六に*衆生は必(ず)蔵に依(りて)建立すること得、若(し)此(の)蔵无(く)は、厭苦求楽《おんくぐらく》(を)有すること无[13](しといふ

◈世間言説故…　〔四〕生死と如来蔵は異る
「世間の言説の故に」という意味は、生死輪廻というのは世間で承認されたことばにすぎず、究極的意義においては存在しないものである。
生死と蔵　生死と如来蔵。
先に…義を明す　第四の項は前半に生死、後半に如来蔵を明かすの意。生死は有為法であり、如来蔵は無為法である。

◈是故…　〔五〕生死は如来蔵によって成立していることを結論する
第五の項の意味は、如来蔵が、法身と本質的に結合し、仏智と相即するところの無為法にとって、よりどころ(依)、支え(持)、基盤(建立)たるものであるという。

◈不離不脱…　〔六〕苦を厭い楽を求めるわけ
第六の項のうち、「不離不断不脱不異の不思議の仏法なり」は、第五の項に入れるべきもので、如来蔵が無為法にとってのよりどころであることを説明している。つぎの「断脱異外の有為法云云」とは、如来蔵が第五の項とは反対に、法身と本質的に矛盾し仏智と相即しないところの有為法にとってもまた、よりどころ、支え、基盤たるものであるという。如来蔵が無為法(涅槃)の基盤であるとともに、有為法(煩悩)の基盤でもあるということは、注目すべきである。
衆生は…こと得　衆生がその存在を全うするのは、みずからのうちにある如来蔵によって基礎づけられているからである。

就中自有「三、第一直明依蔵得建、第二従若无以下、明无蔵不〔九二オ〕
得建、第三従何以故以下、釋不得建、
四不皆明未出惑也、又云、蔵躰真実不可離断脱、与理不異也、
従世尊如来蔵者以下、第七明蔵非三世法、
无前際者謂、未来、不起者謂、現在、不滅者謂、過去、
従如来蔵者以下、明蔵異於横計也

下―此下蔵本「第八」あり

1 建　後朱「タツ」あり。
2 无　応墨「クハ」あり。
3 建　応墨「コトヲ」あり。
4 不　応墨「シト」あり。
5 建　応墨「ツコトヲ」あり。
6 不　応朱「シトイフコト」あり。
7 不　「に」あり。「は」の誤か。

第三に…釋す　この個所の経文の意味はつぎのごとくである。如来蔵がなければ人びとが苦を厭い涅槃を願い求める(楽求)ことがないという理由を明かすならば、例えば眼耳鼻舌身意の六識と意根(六識のよりどころとなっているもの、心法智)の七つは、刹那に生滅するものであり、それ故に種々の苦を感受せず、したがって苦を厭い涅槃を願い求めることがない。如来蔵はそれとは異って、識を超えた不生不滅の存在であるからである。「心法智」については、高崎直道『如来蔵思想の形成』(昭和四十九年、春秋社)一〇六頁および三五三―六頁参照。

四不…明す　「四不」とは、経文の「不離・不断・不脱・不異」の四種の「不」で「不思議仏法」を形容する。ところで、義疏の解釈によれば、これ

ことを)明(す)。中(に)就(て)自(ら)三有(り)。第一に、直に蔵に依(りて)建[1](つることを)得すること(を)明(す)。第二(に)「若无」(といふ)従《よ》(り)以下(は)、蔵无[2](け)レ(ば)建[3](つることを)得不《じ》[4](と)明(す)。第三*(に)「何以故」(といふ)従《よ》(り)以下(は)、建[5](つることを)得不《じ》[6](といふ)こと(を)釋す。

*四[7]不(は)皆惑(を)出で未《ざ》(ることを)明(す)〔也〕。又*云(く)、蔵(の)躰(は)真実にして離し断じ脱す可《べ》(から)不《ず》。理与《と》異(ら)不《ず》〔也〕。

〇世尊。如来蔵者。无二前際一。不起不滅法。種二諸苦一。得三厭レ苦。楽二求涅槃一。

「*世《せ》尊《そん》。如来蔵者《にょらいざうしゃ》」(といふ)従《よ》(り)以下(は)、第七(に)蔵は三世の法に非(ずといふことを)明(す)。

「*无前際」と(いふは)〔者〕謂(く)、未来なり。「不起」と(いふは)〔者〕謂(く)、現在なり。「不滅」と(いふは)〔者〕謂(く)、過去なり。

〇世尊。如来蔵者。非レ我非二衆生一。非レ命非レ人。如来蔵者。堕二身見一衆生。顛倒衆生。空乱意衆生。非二其境界一。

「*如来蔵者」(といふ)従《よ》(り)以下(は)、蔵は〔於〕*横計に異(なり)と明(す)〔也〕。

らの「不」は如来蔵が煩悩から離脱せず、煩悩と相異しないという意味であるという。敦煌本も同じ解釈をなし、如来蔵が煩悩の中に在りながらそれに染まらず、深妙な真理として浅智の者の理解を超えた存在であるという。しかしながら、三一七頁注「是故…」において、右の「四不」の「不」を「如来蔵が法身と本質的に結合し仏智と相即するところの無為法にとって云云」と解したのは、如来蔵が法身から離脱しないという観点に立つ。これは空義隠覆章の初めに定義した如来蔵の原意の一つ——如来蔵が法身と不離・不断なるすぐれた仏の諸徳性を具えているということを指す(二八五頁の経文参照)。

又云く…異ら不　如来蔵が真実を体とし法身と不離・不断であるということは、理において前説と異らないの意。しかしこの解釈は如来蔵の原意をとりちがえたところから生じている。

◈**世尊如来…**　〔七〕如来蔵は超時間性のものではない

无前際　ここの経文、チベット訳に「如来蔵は始源が知られず、したがって永遠のものであり、不生不滅の性質のものだから、苦を感受する。苦を感受すれば、苦を厭い涅槃を願求する」とする。以下、三世に配当する解釈は敦煌本に同じ。

◈**如来蔵者…**　〔八〕如来蔵は衆生・生命・個人我ではない

横計　三一二頁注参照。如来蔵は輪廻の主体のごとく実在視されるものではない。したがって、如来蔵は、1われありとか、わがものであると執着したり(堕身見)、2真実を不真実とみなして顛倒の心を抱いたり、3空性に関して心が散乱している(空乱意)ような人びとにとって、真理観察の対象とはならない。

従世尊如来蔵者是法界蔵以下、別明境中第四、名自性清浄章、
「此章来意者、物聞上第三如来蔵章、云此如来蔵在惑之中日、已 〔九二ウ〕日—蔵本「曰」に作る
為物依、非但出惑方為物依、即生疑、若尓、此如来蔵必為生死
被染、何尊為依、若言不染既是隔別、奈得相依、所以今釋・此
如来蔵、自性清浄、雖在惑中、不為生死所染、但隠覆而已、就
中初開為二、第一勝鬘自説、第二如来述成、就第一勝鬘自説中
又開為四、第一将明染不染、先會「五種蔵、第二従此自性清浄 〔九三オ〕
以下、明染不染難定、第三従何以故以下、挙世近事難定、為況
遠理、第四

1 **生**　応朱「ス」あり。
2 **被**　文墨「ル」あり。
3 **為**　文朱「ナラム」は左傍にあり。応朱「タマフ」あり。
4 **隔**　文墨「キャク」あり。
5 **奈**　文墨「ナンソ」あり。
6 **以**　文墨「ニ」あり。
7 **覆**　応朱「セル」あり。
8 **将**　再読。

自性清浄章　第十二の顚倒真実章において如来蔵とわれわれの関係、および如来蔵の性格を明らかにしたのにつづいて、本章ではさらに、如来蔵は自性清浄のものであり、しかもこの如来蔵が各自に存在するものであるということを信ずることが一乗の教えを実践し、究極の一滅諦をさとる要因となる旨を力説する。

◈世尊如来…　I本章の位置とあらまし　直前の顚倒真実章の教説を聞くと、「如来蔵が輪廻するわれわれの煩悩のうちに在り、かつわれわれのよりどころ・基盤となっているならば、如来蔵は煩悩に染まったものだから、われわれのよりどころとはならないであろう」という疑問が人びとに生ずるにちがいない。この疑念を晴らすために本章が設けられている。本章は大別して、勝鬘

(第十三　自性清浄章)

「*世尊《せそん》。如来蔵者《にょらいざうしゃ》。是法界蔵《ぜほふかいざう》」(といふ)従《よ》(り)以下は、別*に境を明(すが)中の第四に、自性清浄章《じしやうしやうじやうしやう》と名く。此の章の来意は〔者〕、物い上の第*三の如来蔵章に、「此の如来蔵は惑(の)〔之〕中に在*(り)し日ヨリ、已《すで》に物の為(に)依《え》タリ。但(し)惑を出(で)て方に物の依(と)為《な》(る)に非(ず)」と云(へるを)聞(くと)ならば、即(ち)疑(を)生ず[1]。若*(し)尓《しか》(らば)、此の如来蔵は必(ず)生死(の)為に染《ぜむ》(ぜ)被《ら》[2]る。何ぞ尊(く)して依(と)為〈ナ〉ラム[3]。若(し)染(ぜ)不《ず》(と)言ハヾ、既に是(れ)隔別《きやくべち》[4]なり。奈《なん》[5]ぞ相依(る)こと得ム。所以《このゆゑ》[6]に今釋*す。此の如来蔵は、自性清浄にして、惑中に在(りと)雖(も)、生死(の)為に染(ぜ)所《ら》(れ)不《ず》。但(し)隠覆*[7](すらく)而已《のみ》。中(に)就(て)初(に)開(き)て二(と)為《す》。第一（には）勝鬘自ら説（く）。第二（には）如来述成（したまふ）。第一(には)勝鬘自説(の)中に就(て)又開(き)て四(と)為。第一(に)将に染不染*(を)明(さむと)将《し》[8](て)、先(づ)五*種の蔵(を)會《ゑ》(す)。第二(に)「此《し》自性清浄《じしやうしやうじやう》」(といふ)従《よ》(り)以下(は)、染不染の定(め)難(き)こと(を)明(す)。第三(に)「何以故」(といふ)従《よ》(り)以下(は)、世*の近事の定(め)難(きことを)挙(げ)て、為に遠理に況(ず)。第四に

夫人の自説と、釈尊の敷衍との二つに分けられる。

本章の科文→補(表14)

別に境を…第四　「観察の対象を説明する」各論として一諦章・一依章・顚倒真実章・自性清浄章の四章があるなかの、その第四章という意。

第三の如来蔵章　第三は顚倒真実章(三一一頁)であるから、太子義疏の誤記とすべきである。

在りし日ヨリ　流布本では「日」を「曰」とする。花山信勝は「日」と読む(国訳一切経、和漢選述一六『勝鬘経義疏』五四頁)。この一段は、疑念を抱いた人が顚倒真実章の要旨を述べている。すなわち、「この如来蔵は人びとが迷いの輪廻の中に存在し始めたときいらい、すでにかれらのよりどころとなっており、人びとが迷いの煩悩から解脱してから、如来蔵がかれらのよりどころになるというのではない」と。

若し尓らば…得ム　この一段は疑念の表明である。「もしもそうであるならば、この如来蔵は必ず生死(輪廻)の迷いに染まってくるから、どうして尊貴なものとして人びとのよりどころとなりえようか。もしも生死の迷いに染まっていないというのであれば、如来蔵はすでに生死と別々に隔てられているから、どうして人びとのよりどころとなりえようか」の意。

今釋す　以上の疑問にたいして答える。

隠覆　第七の如来蔵章以下、各章に説かれている。

染不染　煩悩によって染まると染まらないと。

五種の蔵　如来蔵(タターガタ・ガルバ)の「蔵」の語義に五種をたてるから、このようにいう。

世の近事…況す　世間の身近かな事例(われわれの一瞬の心の動き)をとり挙げて、如来蔵という深遠な道理と比べる。

従唯佛世尊以下、推明於佛、
今第一先會五種蔵、
一如来蔵・蘊在惑内故名蔵、亦含當果故名蔵、二法界蔵・謂、佛果含照法界、又云、是常住法性、三法身蔵・謂、法身含万徳故名蔵、四出世間上上蔵・五自性清浄蔵、前一後一、就隠時為稱、中三、就顕『時為稱、隠顕雖殊、即是一躰、〔九三ウ〕
従此自性清浄以下、第二明染不染難定、
客塵煩悩謂、四住煩悩、上煩悩謂洹沙上煩悩・言此如来蔵、為此煩悩被染不染、難可定知、何

1 **推**　応朱「ユツル」あり。
2 **一**　応墨「ツ」あり。
3 **一**　応墨「ツ」あり。
4 **隠**　応墨「ノ」あり。
5 **稱**　応墨「ト」あり。
6 **自**　蔵本なし。

明を…推る　煩悩の染・不染を明らかに知るのは仏のみであるから、その説明を仏にゆずるという意。

◈今は第一に…　Ⅱ本章を解釈する　〔一〕勝鬘夫人の自説

如来蔵が仏教一般で論ぜられてきた自性清浄心と同義のものであることを説明する。だが、如来蔵は法身が煩悩の纏いから脱していない状態を指すものであるのに、いまこれを「清浄」というならば、説明に矛盾が生じ、人びとは疑念を抱くにちがいないであろう。そこで、煩悩による染・不染について夫人は詳説する。この一段を四つに分ける。

◇一に如来蔵…　㈠五種の「蔵」により煩悩の染・不染を明かす

惑の内…と名く　第一の「蔵」の意味を明かす。敦煌本では「惑」を「煩悩」、「当果」を「当来万

德」とする。以下、五種の蔵の説明は敦煌本と同じ。第一は、如来蔵が煩悩に内在するという「蔵」と、未来に開くであろう仏果を内含しているという「蔵」の二義を出す。
法界蔵　第二の「蔵」に二義を出すうち、最初のものは敦煌本にないもの。「法界蔵」は、仏果があらゆる現象世界(法界)を内含して、あまねく照すという「蔵」と、永遠不変の真理そのものであるという「蔵」の二義がある。
出世間上上蔵　迷いの世界を離れた最高の蔵という意。
自性清浄蔵　みずからの本性として清浄そのものである蔵の意。
前の一つ…稱と為　五種の蔵のうち、最初と最後のものは、如来蔵が煩悩の中に隠れたときの呼称である。
中の三は…一躰なり　中間の三つは、如来蔵が煩悩の中から顕わになったときの呼称である。このように隠(おん)と顕(けん)との相違はあっても、もともと一体のものである。
◇此自性清浄…　㈡染・不染の区別は知り難い。
客塵煩悩　外来(外部からやってきた)の諸種の煩悩。
四住の煩悩　四住地の煩悩ともいい、四つの潜在的煩悩のこと。
上煩悩…煩悩なり　第五の一乗章に、ガンジス河の砂の数にも匹敵するあらゆる煩悩が「上煩悩」であり、「上」と名づけられるわけは、これらの煩悩が無明住地の上から生じ、また衆生の行の上を障碍するからだと注釈する(二一五頁)。
染ぜ被レ…コト　染ぜられると染ぜられないとの二つ。染・不染に同じ。

「唯佛世尊」(といふ)従《よ》(り)以下(は)、明*を〔於〕佛に推《ゆづ》[1](る)。
○世尊。如来蔵者。是法界蔵。法身蔵。出世間上上蔵。自性清浄蔵。
今*(は)第一に先(づ)五種(の)蔵(を)會す。

一*(に)「如来蔵」(といふは)、惑*の内に蘊在セル(が)故(に)「蔵」と名(く)。亦、當果(を)含(むが)故(に)「蔵」と名(く)。二(に)「法界*蔵」(といふは)謂(く)、佛果にして法界を含照す。又云(く)、是(は)常住(の)法性なり。三(に)「法身蔵」(といふは)謂(く)、法身は万徳(を)含(むが)故(に)「蔵」(と)名(く)。四(に)*「出世間上上蔵《しゆつせけんじやうじやうざう》」、五(に)「自性清浄蔵*」。前*の一[2](つ)と後の一[3](つ)と四(は)、隠[4](の)時に就(て)稱[5](と)為《す》。中*の三は、顕の時に就(て)稱(と)為《す》。隠顕殊なりと雖(も)、即(ち)是(れ)一躰なり。
○此[6]自性清浄。如来蔵。而客塵煩悩。上煩悩所レ染。不思議如来境界。
*「此《し》自性清浄《じしやうしやうじやう》」(といふ)従《よ》(り)以下(は)、第二(に)染不染(の)定(め)難(きことを)明(す)。

*「客塵煩悩《きやくぢんぼんなう》」といふは謂く、四*住の煩悩なり。「上*煩悩」といふは謂(く)、恒沙の上の煩悩なり。言(ふこゝろは)此の如来蔵は、此(の)煩悩(の)為に染*(ぜ)被《ら》レ(て)染(ぜ)不《ず》(と)イフコト、定(め)て知(る)可《べ》(き)こと難し。何(と)

則既是自性清浄、何得言染、猶在惑中、那得不染、故云不思議
如来境界也、
従何以故以下、第三挙世近事難定、為況遠理、就中即有二、第
一明実法道中无染、第二明相続道中有染、
「疑云、何以難知耶、刹那善心・非煩悩所染者、実法道中善心前〔九四オ〕
滅、煩悩後生・既不相及、安得有染、刹那不善心・亦非煩悩所
染者・不善心起、即是煩悩、有何煩悩、更来相染耶、煩悩不触
心・心不得触煩悩者・触猶及也・煩悩自滅、不及後心、心亦不
触煩悩、既不相及、竟有何染、

1 **染**　応朱「ラレ」あり。
2 **不**　応朱「トイフコト」あり。
3 **得**　応朱「ン」あり。
4 **為**　応朱「モテ」あり。
5 **知**　応墨「コト」あり。
6 **難き耶**　応墨「キヤ」あり。
7 **前**　応墨「キニ」あり。
8 **滅**　応墨「シ」あり。
9 **染**　応朱「といふは」あり。
10 **得**　文墨・応朱、抹消。
11 **悩**　応朱「といふは」あり。
12 **猶**　文墨「シ」あり。
13 **及**　文墨「ナリ」あり。左傍に「及始之」あり、文墨か。
14 **竟**　応朱「ツヒニ」あり。
15 **染**　応墨「スルコト」あり。

何ぞ染…得む　不染ということが考えられる。

那ぞ染せられ不…得む　染ということが考えられる。

不思議如来境界　染・不染といったわれわれの思議の世界を超えたところの、如来の境界。
◇何以故…　㈢人びとの心の作用と如来蔵の深遠

ならば〔則〕既に是(れ)自性清浄なり。*何ぞ染と言(ふことを)得(む)。猶(し)惑の中に在(り)。*那《なん》ぞ染[1](せられ)不《ず》[2](といふこと)得[3](む)。故に「*不思議如来境《きやう》界《がい》」(と)云(ふ)〔也〕。

「*何以故」(といふ)従《よ》(り)以下(は)、第三(に)世の近事の定(め)難(きことを)挙(げ)て、為[4]に*遠理に況(ず)。中(に)就(て)即(ち)二有(り)。第一(には)*実法道の中(には)染无(しと)イフコト(を)明(す)。第二(に)*相続道(の)中(には)染有(りと)イフコト(を)明(す)。

○何以故。刹那善心。非ニ煩悩所レ染。刹那不善心。亦非ニ煩悩所レ染。

煩悩不レ触レ心。心不レ触ニ煩悩一。

*疑(ひ)て云(く)、何(を)以(て)か知[5](ること)難[6](き)耶《や》。「*刹那善心《せちなぜんしむ》。非煩悩《ひぼんなう》所染《しよぜむ》」と(いふ)者《は》、実法道(の)中には善心は前《さき》[7](に)滅[8]し、煩悩は後に生ず。既(に)相ヒ及(ば)不《ず》、安《いづくん》ぞ染有(ること)得む。「*刹那不善心《せちなふぜんしむ》。亦非煩悩所染《やくひぼんなうしよぜむ》[9]」と(いふは)〔者〕、不善心の起(る)は、即(ち)是(れ)煩悩なり。何の煩悩有(り)て(か)、更(に)来(り)て相染ずる耶《や》。「*煩悩不触心《ぼんなうふしよくしむ》。心不《しむふ》[10]〔得〕触煩悩《しよくぼんなう》[11]」(といふは)〔者〕、「触」(は)猶《なほ》[12](し)「及」[13](なり)〔也〕。煩悩 自《みづか》(ら)滅して、後の心に及(ば)不《ず》。心、亦煩悩に触(れ)不《ず》。既(に)相及(ば)不《ず》。[14]竟《つひ》に何の染[15](ずること)か

さを比べる
まず不染、ついで染について明かす。

遠理 深遠な如来蔵の道理。

実法道 あらゆる事象を実体的にとらえる存在観。

相続道 あらゆる事象に実体を認めず生滅変化するものとみる存在観。「相続道」と「実法道」の語は、敦煌本にも出す。

疑ひて云く なぜに染・不染が識別し難いかという疑問の提示。

刹那善心…得む いまの疑問に答える中、まず第一に、あらゆる事象を実体的にとらえる存在観(実法道)からすると、染まらないということがいえるという点に関しての注釈。すなわち、「刹那に生滅する善心は、煩悩に染まらない」という経文の意味は、実法道からすれば、善心が先に滅して、煩悩はその直後に生ずるから、その時点においては煩悩に染まった善心なるものが存在しないから、どうして染まるということがありえようか、染まらない。

刹那不善心…する耶 「刹那に生滅する不善心もまた、煩悩に染まらない」という経文の意味は、不善心(悪心)の生ずるのは煩悩によるから、さらにどんな煩悩がやってきてこれを染めようとするのか。不善心は決して煩悩によって染まらない。

煩悩不触心…か有らむ 「煩悩は心と〔接〕触せず、心は煩悩と〔接〕触しない」という経文のうち、「触」とは「及」のことで、煩悩がわれわれの心にその作用を及ぼすという意味である。それで、煩悩が滅すれば直後の心に影響を及ぼさないし、心もまた煩悩に影響を及ぼすことがない。こうして両者は互いに影響しあうことがないから、どうして染まるということがありえようか、染まらない。

第二明相続道中有染、

然有煩悩・有煩悩染心者・相続道中、仮名有染、言以「前善心 〔九四ウ〕

不滅、転為後悪、悪有染前之義、言世間近事染与不染、如是難

定、況乎佛性深理豈可定尒、

従自性清浄以下、第四推明於佛、可見、

従勝鬘夫人以下、章中第二、如来述成、就中有二、第一直述其

上所説即然、難可定也、第二従如是二法

1 **有** 後朱「ン」あり。
2 **心** 応朱「といふは」あり。
3 **仮** 応朱「カ」、応墨「テ」あり。
4 **染** 応朱「ト」あり。
5 **名** 応墨「ク」あり。
6 **不** 応墨「ルニ」あり。
7 **為** 応墨「ヲモテ」あり。
8 **前** 応墨「ノヲ」あり。
9 **言** 文墨「ハ」あり。
10 **尒** 応墨「ナリト」あり。
11 **可** 応朱「ンヤ」あり。
12 **下** 文墨「ナリト」あり。
13 **なり** 本のまま。「は」と訓ずべきか。
14 **推** 応朱「ユツル」あり。
15 **直** 文墨「ニ」あり。

第二に…明す 第一の存在観(実法道)によって染まらないということを明かしたから、ここでは第二の存在観(相続道)によって染まるということを明かす。

然有煩悩…染と名く 「然るに現に煩悩があり、煩悩によって心が染まる」という経文の意味は、第二の存在観からすれば、仮りの呼称として染まるということがいえる、というのである。

前の善心…義有り 一刹那の前後に生ずる心についていうと、前の善心が滅びないで、それがそのまま後の悪心に転ずるのであるから、悪心には前の善心を染めるという意味のあることが知られる。

佛性 如来蔵の同義語。ただし、本経には「仏性」(大乗の『大般涅槃経』で強調されている思想)の

有[1](らむ)。

○云何不ㇾ触法。而能得ㇾ染ㇾ心。世尊。然有ニ煩悩一。有ニ煩悩染ㇾ心。自性清浄心。而有ㇾ染者。難ㇾ可ニ了知一。

第*二(に)相続道(の)中に染有(ることを)明(す)。

「*然有煩悩《ねんうぼんなう》。有煩悩染心《うぼんなうぜむしむ》[2]」(といふは)〔者〕、相続道の中に、仮(り)[3]て有染[4]と名[5](く)。言(ふこゝろ)は前の善心滅(せ)*不《ず》[6]して、転じて後の悪(と)為《ナ》[7]ルヲ以(て)、悪(に)前[8]のを染する〔之〕義有り。言(ふこゝろは)[9]世間の近事(の)染(と)不染与《と》、是(の)如(く)定(め)難(し)。況(や)〔乎〕佛*性の深理(は)豈*に尒[10]なり(と)定(む)可《べ》[11](けむ)や。

○唯佛世尊。実眼実智。為ニ法根本一。為ㇾ通ニ達法一。為ニ正法依一。如実知見。

「*自性清浄《じしやうしやうじやう》」(といふ)従《よ》(り)以下[12]なり[13]。第*四に明を〔於〕佛に推《ゆづ》[14](る)。見(つ)可《べ》(し)。

「*勝鬘夫人」(といふ)従《よ》(り)以下(は)、章の中の第二に、如来の述成(したまふ)。中(に)就(て)二有(り)。第一(に)、直[15]に其(の)上の所説(は)即*(ち)然なり、定*(む)可《べ》(きこと)難(し)といふ(こと)を述(ぶ)〔也〕。第二(に)「如是二法」*

用例はない。この点から、学者によっては「如来蔵」を説く本経のほうが古い成立と考えている。

豈に…可けむや　日常経験の事例たる「心の煩悩による染・不染」ということについてすら、はっきりと識知し難いのであるから、まして出世間の深遠な道理たる如来蔵について、その染・不染を識知することの難しいのは当然である。↓補

◇自性清浄…　㈣仏のみ染・不染の区別を知りたもう　↓補

第四に…推る　敦煌本では「推ニ崇与仏一、明ニ唯仏証知一」とする。

◈勝鬘夫人…　〔二〕仏の敷衍

われわれの心が、本来、清らかなものであること(自性清浄心)と、その心が煩悩に染まり、汚されるということとの不思議な道理を解明して、それによって如来蔵と煩悩との関係を説明した勝鬘夫人の考えは、真理にかなったものとして釈尊によって承認された。そこで、これより釈尊は夫人の説を敷衍して、このように説く。——そもそもこの道理は、仏のみが知るところのものであるから、人びとはただ仏の教えを聞いて信ずるより外に、大乗の道に入ることはできない。つまり信心と五種の真理観察法によって、人びとはだれでも、この自性清浄心が煩悩に汚されているということに確信をもつことができる。それ故に、現在のみならず未来においても、まず仏を信ずることが大切であるとすすめる。この一段を二つに分ける。

即ち然なり　釈尊が勝鬘夫人の所説にたいして、その通りであると嘉みすること。

定む可きこと　煩悩の染・不染を識知すること。

如是二法　心の本性が清浄であるということと、心が染汚されるということの二つ。

1 此　応墨「ノ」あり。
2 信　応朱「する」あり。
3 人　応墨「ヲ」あり。
4 可　蔵本なし。
5 法　左傍墨点あり。汚点か。
6 者　応朱「といふは」あり。
7 者　応朱「といふは」あり。
8 定　応墨「テ」あり。
9 説　文墨「コト」あり。
10 難　応墨「カ」あり。
11 已者　応朱「ヤミタマフコトハ」あり。
12 染　応朱「ル」あり。
13 似　後朱「タ」あり。
14 不染なり　別訓「染(せ)不(る)なり」あり。
15 已　後朱「たまふ」あり。
16 定　此下応墨「理」補入。

以下、出能信此難定理人、

自性清浄心・而有染汙・難可了知者・言蔵為煩悩被染、難可了知也、有二法難可『了知者二法謂、蔵理世事也、謂自性清浄心・〔九五オ〕難可了知者・言蔵理染不染難可知也、彼心為煩悩所染・亦難了知者・謂、世事染不染難可知也、然勝鬘自難定説故、推明於佛、而佛亦更述其語而已者有二意、一事中作論、亦似染、理中作談亦不染、所以更述其語而已也、

従如是▽二法以下、第二出能信難定

是―本経「此」に作る

(といふ)従《よ》(り)以下(は)、能く此の定[1](め)難(き)理を信[2](ずる)人[3](を)出す。

○勝鬘夫人。説二是難解之法一。問二於佛一時。佛即随喜。如レ是如レ是。

自性清浄心。而有二染汙一。難レ可二了知一。有二二法一。難レ可二了知一。謂自性清浄心。難レ可二了知一。彼心。為二煩悩一所レ染。亦難レ可[4]二了知一。

*「自性清浄心《じしやうしやうじやうしむ》。而《に》*有《う》染汙《ぜむわ》。難可了知《なんかれうち》」者《と》いふは、言(ふこゝろは)蔵*い煩悩(の)為(に)染(ぜ)被《ら》(ると)イフコト、了知(す)可《べ》(きこと)難(し)〔也〕。「有《う》二《に》法[5]《ほふ》。難可了知《なんかれうち》」(といふは)〔者〕[6]、「二*法」といふは謂(く)、蔵の理と世の事と(なり)〔也〕。「謂《ゐ》自性清浄心《じしやうしやうじやうしむ》。難可了知《なんかれうち》」(といふは)〔者〕[7]、言(ふこゝろは)蔵の理の染不染(は)知(る)可《べ》(きこと)難(きなり)〔也〕。「彼心《ひしむ》。為《ゐ》煩悩所染《ぼんなうしよぜむ》。亦《やく》難了知《なんれうち》」(といふは)〔者〕謂(く)、世の事の染不染(は)知(る)可(きこと)難(きなり)〔也〕。然(るに)勝鬘(は)自(ら)定[8](め)て説[9](くこと)難[10](きが)故(に)、明を〔於〕佛(に)推《ゆづ》(り)タテマツル。而(る)に佛(も)亦更に其*の語を述(べ)て〔而〕已[11]《や》(みたまふことは)〔者〕二(の)意有(り)。一*(に)事の中に論を作《な》(す)は、亦染[12](ずる)に似[13](たり)。理の中に談を作《な》(す)は亦不染[14]なり。所以《このゆゑ》(に)更(に)其(の)語(を)述(べ)て〔而〕已[15]《や》(みたまふ)なり〔也〕。

「*如是二法」(といふ)従《よ》(り)以下(は)、第二(に)能く定[16](め)難(きを)信ずる

◇自性清浄…　㈠勝鬘夫人を嘉みする

有染汙　この経文のことばは「染汙(ぜんま)有るは」と読む。煩悩に染み汚れるの意。如来蔵が自性清浄心のものでありながら、しかも煩悩に染汚されるものであるという。

蔵　如来蔵のこと。

二法…となり　如来蔵の遠理なること(蔵の理)と、煩悩によって染汚されること(世の事、前述の世間の近事)の二つ。敦煌本は「近遠の両理」という。

其の語…已みたまふことは　勝鬘夫人の所説を釈尊がくりかえして述べるだけであったわけは。

一に事の中…不染なり　理由の第一は、個々の具体的な事実の次元で説明しようとすれば、「染まる」という印象が強く出る。理由の第二は、普遍的な道理の次元で論じようとすると、「染まらない」ということになる。

◇如是二法…　㈡如来蔵を信ずる

人、上勝鬘既言難定、此如来亦言難定、即「為信无拠、所以挙 〔九五ウ〕
能信人、勧信莫疑也、就中有三、第一惣明深解者能信、諸凡難
信、第二従若我弟子以下、正出能信人、即是信順二忍菩薩、第
三従此五種巧便以下、結有能信、
就第二正出中即有二、第一直出二忍章門、第二従随順法智者以
下、釋順忍、
若我弟子・随信信増上者者▽・信信忍章門、信増上・者・謂、登 者—蔵本なし
住之信、信中之上也、依明信已・随「順法智・而得究竟者・順 〔九六オ〕
忍章門・而

1 言 応墨「マウシ」「イ、」あり。
2 言 応墨・後墨「ノタマフ」あり。
3 拠 応墨「ヨントコロ」あり。
4 信 応墨「ルコト」あり。
5 疑 応墨「コト」あり。
6 莫 応墨「レト」あり。
7 勧 応墨「ム」あり。
8 能 応朱「ク」あり。
9 信 応朱・応墨「ス」あり。
10 有 応墨「コトヲ」あり。
11 信 蔵本なし。
12 者 文朱「と」あり。
13 信 文墨「トイハ」あり。
14 者 「り」あり。後朱か。
15 謂 応朱「ク」あり。

即ち信を…无し 勝鬘夫人も釈尊も理解し難いということになれば、この所説をどのように信じてよいやらわからなくなってしまう。
能信の人…勧む 信心をもち、真理に随順する智慧をもつ人びとこそ、この難解な如来蔵を信ずる者であるといって、信心をすすめる。
深解の者 経文では、汝(第七地の求道者)と偉大な教えを身につけた求道者たちとする。
諸の凡は 経文では、声聞とする。
信順二忍 信忍と順忍の二つ。経文の「随信信増上」のうち、「信増上」が信忍(信心によって得た智慧)で、初地以上の求道者が得るもの。「随信」

とは初地以前の段階における普通の信心をいい、この信心が深められていくと、「信増上」すなわち信忍の位に至る。チベット訳は簡潔に、「信心をもち、信心をもっぱらにして」とする。「随順法智」を順忍(真理に随順して得た智慧)という。

此五種巧便　経文によれば、順忍の求道者が精通すべき五種の真理観察の方法が説かれている。

◇如此二法…　(一)の1 信ずる人と信じ難い人この項についての注釈は、省略されている。

◇第二に…　(二)の2 信ずることのできる人2を分けて、イ信忍と順忍、ロ順忍とする。

◇若我弟子…　(二)の2イ 信忍と順忍
この所の経文、チベット訳は「わが弟子たちにして、信心をもち、信心をもっぱらにしている者たちは、その信心の光によって、真理に随順する智をもって、このこと〔本性として清浄な心が煩悩によって汚されている〕に関して、確信をもつであろう」と訳す。次章の注釈(三三七頁)において、「若我弟子随信云云」以下から『本義』では真子章に入れていると説明している。

登住　初地の位に登ること。信忍は初地以上の求道者が得るもの。

而るに疑ふ…挙ぐるなり　経文は順忍を得るために五種の真理観察の方法を説き、信忍に関して説いていないので、疑念をもつ者があろう。その疑念を解くならば、「随信」によって「信増上」すなわち信忍が得られ、信忍によって順忍が得られるから、信忍は順忍の根本であることが了解できよう。敦煌本は「此の中、正しく順忍を明かし、兼ねて信忍を明かす。若し五種の観成ぜば則ち是れ順忍観、若し成ぜずんば則ち是れ信忍。故に別して信忍を明かさざるなり」という。

人(を)出す。上には勝鬘既に定(め)難(しと)言[1](ひ)、此には如来亦定(め)難(しと)言《〈ノタマ〉》[2]フ。即*(ち)信(を)為《〈ナ〉》ス(に)拠《よんどころ》[3]无(し)。所以《このゆゑ》に能*信の人を挙(げ)て、信[4](ずること)疑[5](ふこと)莫《なか》[6](れと)勧[7](む)〔也〕。中(に)就(て)三有(り)。第一(に)惣《そう》じて深解《*じむげ》の者《も〈の〉》[8]能(く)信ず[9]、諸*の凡は信(じ)難しと明(す)。第二に「若我弟《にやくがで》子《し》」(といふ)従《よ》(り)以下(は)、正(し)く能信の人を出(す)。即(ち)是(れ)信順《*しんじゆん》二《に》忍《にん》の菩薩なりト(す)。第三(に)「此五種《*しごしゆ》。巧便《ぎやうべん》」(といふ)従《よ》(り)以下(は)、能信有[10](る)こと(を)結す。

○如*レ此二法。汝及成ニ就大法一。菩薩摩訶薩。乃能聴受。諸餘聲聞。唯信ニ佛語一。

第*二(に)正(しく)出(すが)中(に)就(て)即(ち)二有(り)。第一(に)直に二忍章門を出(す)。第二(に)「随順法智者《ずいじゆんほふちしや》」(といふ)従《よ》(り)以下(は)、順忍(を)釋(す)。

○若我弟子。随信信増上者[11]。依ニ明信一已。随ニ順法一智。而得ニ究竟一。

「若我弟子《*にやくがでし》。随信信増上者《ずいしんしんぞうじやうしや》[12]」者《〈と〉》いふは、「信[13]」といふは信忍章門なり。「信増上」(といふは)〔者〕[14]謂[15](く)、登住*(の)〔之〕信なり。信が中(の)〔之〕上(なり)〔也〕。「依明信已《えみやうしんい》。随順法智《ずいじゆんほふち》。而得究竟《にとくくきやう》」者《〈と〉》いふは、順忍章門(なり)。而*(るに)

疑只是順忍章門、随信信増上者・只是挙順本也、
第二釋・唯釋順忍、
一観、観察施設根者・謂、五根仮施設、意解者・謂六識、境界者・謂六塵・此是十八界観、二観観察業報者・謂、因果二観、三観観察阿羅漢眠者・謂、无明住地惑観、四観観察心自在楽・禅楽者・謂、智禅二観・智慧照境住放為楽、五観観三乗神通力観、

1 **門** 後墨「ナリ」あり。
2 **眠** 蔵本「眼」に作る。
3 **定** 蔵本・疏文なし。
4 **者** 応朱「といふは」あり。
5 **果** 応朱「ノ」あり。
6 **惑** 後墨「ヲ」あり。
7 **観** 後墨「ス」あり。
8 **智慧の…放なるを** 文墨によれば「智慧ノ照ト境ノ住トヲ放〈ホシイマヽ〉ニスルヲ」となる。
9 **慧** 応墨「ノ」あり。
10 **境** 応墨「ヲ」あり。
11 **照** 応墨「コト」あり。
12 **放** 応墨「ホシイマ、ナルヲ」「任放〈ホシイマヽナル〉」あり。
13 **観** 応朱「する」あり。
14 **若** 蔵本なし。
15 **信** 蔵本なし。
16 **所** 蔵本なし。
17 **如** 蔵本なし。

◇第二に釋… ㈡の2ロ 順忍
一の観 順忍を得る五種の真理観察方法の第一。中国の諸注釈は(敦煌本も含めて)、「施設の根と意解と境界とを観察す」と読んでいるようである。いまもこの見解に従っているが、訓点本は「施設」を五根に付して解している。↓補
五根 眼・耳・鼻・舌・身・意のうち、最後の意根を除いた五つの感官。
意解…六識なり 第六の根、すなわち意根の認識作用とは、第六の意識のことである。
境界…六塵なり 六根が働くところの対象(境界)とは、六塵(色・声・香・味・触・法)である。

疑(ふらくは)只是れ順忍章門[1](ならむ)。「随信信増上《ずいしんしんぞうじやう》」者《とは》いふは、只是(れ)順の本(を)挙(ぐるなり)〔也〕。

○随ニ順法一智者。観ニ察施設根。意解境界一。観ニ察業報一。観ニ察阿羅漢眠[2]一。観ニ察心自在楽。禅定楽[3]一。観ニ察阿羅漢。辟支佛。大力菩薩。聖自在通一。

第*二に釋(す)。唯順忍(を)釋す。

一*の観に、「観察施《くわんざちせ》設根《せちこん》」といふは〔者〕謂く[4]、五*根の仮施設なり。「*意解《いげ》」といふは〔者〕謂(く)、六識なり。「*境界《きやうがい》」といふは〔者〕謂(く)、六塵(なり)。此(れは)是れ十*八界の観なり。二*の観に「観察業報《くわんざちごふほう》」といふは〔者〕謂(く)、因果[5](の)二観(なり)。三*の観に「観察阿羅漢眠《くわんざちあらかんめん》」といふは〔者〕謂(く)、无明住地の惑[6](の)観[7](なり)。四*の観に「観察心自在楽《くわんざちしむじざいらく》。禅楽《ぜんらく》」(といふは)〔者〕謂(く)、智禅の二(の)観(なり)。*[8]智[9]慧の境[10]を照(して)住《とゞま》[11](ること)放《ほしきまゝ》[12](なるを)楽と為《す》。

五*の観は三乗の神通力(を)観[13](ずる)観なり。

○此五種。巧便観成就。於ニ我滅後。未来世中一。若我弟子[14]。随信信増[15]上。依ニ於明信一。随ニ順法一智。自性清浄心。彼為ニ煩悩所[16]ニ染汙一。而得ニ究竟一。是究竟者。入ニ大乗道一因。信ニ如来一者。有ニ如[17]レ是大利益。不

十八界の観なり　六根・六境・六識の三種を合わせて十八界という。「界」とは識別作用の働く領域の意。第一の観察は十八界に関するものという。

二の観　業(行為)の因と果を観察する。

三の観　一説によれば、阿羅漢たちが四住地の惑を断じていること、あたかも「覚」のごとくであるけれども、完全に無明住地の惑を断じていない。そのことを指して「眠」という(『勝鬘宝窟』大正蔵三七、八上)。「眠」は「睡眠」の略で、身体を不自由にし心を暗くさせる心作用。凝然は第三観を「無明観」と呼んでいる(前掲書、一三九頁下)。

四の観　経文の「心自在楽禅楽」を「心自在楽たる禅楽」と読む説を吉蔵は『勝鬘宝窟』(大正蔵三七、八上)に出している。義疏は心自在楽と禅楽と二つに分け、前者を智慧自体の働き、後者を禅定において得る楽と解している。この解釈は吉蔵等の著作に見えず、敦煌本と同じである。

智慧の境を…楽と為　敦煌本では心自在楽＝智慧についての解釈で、「謂ニ智恵照レ境。任放為レ楽也」とある。これによる限り、義疏の「住放」は誤記である。智慧の働きは観察の対象(境)をありのまま把握するから、それを「楽」という。なお、太子義疏には、敦煌本の「禅楽者禅定楽也」に相当する説明文を欠いている。『勝鬘宝窟』(同上)に出す一説によれば、心自在楽を定果(禅定の結果として得るもの)、禅楽を定体(禅定それ自体のもつ楽)とする。しかしながら、チベット訳によれば、「心を自在に働かせる諸の禅定における喜と楽」としている。このほうが禅定観を説く原意といえよう。

五の観　声聞・縁覚・菩薩(チベット訳や菩提流志訳には菩薩がない)の具える神通力を観察する。

1種 応朱「といふ」あり。
2佛 応墨「ニ」あり。
3為 応墨「ル」あり。
4作 応墨「コトヲ」あり。
5義 応朱「といふは」あり。

〔六六ウ〕

従『此五種以下、第三結有能信、

入大乗道因者、明大乗道為佛作因、又云・八地以上是大乗道、

信順二忍、是大乗因、信如来者・有如・是大利益・不謗深義者・

言此人、前能信佛語故・得如是五種観之利益、所以因此五観之

力、今亦能信此難定之理也、

㆑謗㆓深義㆒。

「*此《し》五《ご》種《しゅ》」(といふ)従《よ》(り)以下(は)、第三に能信有(る)ことを結す。

「*入大乗道因」といふは〔者〕、大乗道(は)佛[*2](の)為[3](に)因と作《な》[4](ることを)明(す)。*又云(く)、八地以上は是(れ)「大乗道」なり。信順二忍は是(れ)大乗(の)因なり。「*信如来者。有如是大利益。不謗深義[5]」(といふは)〔者〕、言(ふこゝろは)此(の)人、前に能く佛語を信(ずるが)故(に)、是(の)如(き)五種の観の〔之〕*利益を得、所以《このゆゑ》(に)此の五観(の)〔之〕力に因て、今亦能(く)此の定(め)難(き)〔之〕理を信ずるなり〔也〕。

◇此五種… ㈡の3 信をすすめる

経文の「若我弟子…而得究竟」の意味について、三三一頁注「若我弟子…」を参照。

入大乗道因 大乗道すなわち本経に説く一乗道に入る因という意。

佛の為に 「仏果を得るための」という意。

又云く 一説を挙げる。それは、第八地以上の求道者はすでに大乗道を歩む者であり、その大乗道に入る因となるものが信忍と順忍の二忍であるという。

信如来…深義 チベット訳に基づいて経文の意をとるならば、この漢訳は「如来を信ぜん者、是の如きの大利益有り。深義を謗らざればなり」と読めるであろう。「大利益有り」をチベット訳では、輪廻の衆生を利益すること多大であるとする。

利益 義疏は五種の観察によって得られる利益と解する。しかしながら、前注のチベット訳および次の真子章に出す「余の大利益有り」(三三七頁)に照らして、ここにいう大利益は求道者の得る衆生救済の利他のことであり、真子章の「余の大利益」は自利についてのものといえよう。敦煌本には注釈するところがない。

従尒時勝鬘以下、正躰中之第三、挙真子一章、明御乗人、乗躰乗境已竟、故此挙真子一章、明三忍菩『薩、受此乗而行也、本〔九七オ〕義云、従若我弟子以下、入真子章、就中有二、第一如来但挙信順二忍故、名為略明真子、従此下、勝鬘備挙三忍故・名為広明真子、而如来欲以此経推功於勝鬘故、但略明信順二忍、合為勝鬘真子章也、随欲可用、就中初開為三、第一勝鬘請説、第二如来命説、第三従白言以下、正説、

更有餘大利益者、上已明乗躰及境、

1 **而** 応朱「に」あり。
2 **推** 応朱「ユツラント」あり。
3 **明** 応墨「タマフ」あり。
4 **説** 文墨「ヘシト」あり。

真子章　本論中、最後の章である。勝鬘夫人は仏力によって大乗道に入り得る三種類の人を例示し、もって真の仏弟子の在り方を説く。釈尊はこれまで夫人が説いてきた内容を承認し称讃するとともに、夫人がこのように見事にさとりの世界を説き明かすことができたのも、まったく過去久遠の昔から、多くの仏たちに仕えてきた信心の賜物による、と結んでいる。

◈尒時勝鬘…　I本章の位置とあらまし

正躰　正説(本論)。すでに第一章の注釈に入る直前において、正説が十四章よりなり、これを三分するということを述べている(↓四九頁)。

真子　真の仏弟子の略。↓補

御乗の人　真子章は正説の第三「行乗の人」を明かす章で、「行乗」とは「三忍の菩薩、此の乗に御して行ず」る意味であると注釈している(↓四九頁)。したがって真子とは三忍の求道者である。

乗躰　一乗の教の本質。正説の第一で、第一章から第五章までを含める。

乗境　一乗の教えが目指す真理観察の対象。正説の第二で、第六章から第十三章までを含める。

三忍　さきに挙げた信忍と順忍に、無生忍(無生法忍ともいう)を加える。無生忍とは不生・不滅の真理をさとる智慧のこと。凝然は『仁王経』の五忍の説明によって、信忍は初地から第三地、順

(第十四　真子章)

*「尒時勝鬘《にじしょうまん》」(といふ)従《よ》(り)以下(は)、*正躰(の)中の〔之〕第三に、*真子(の)一章(を)挙(げ)て、*御乗の人を明(す)。*乗躰と*乗境と已に竟(り)ぬ。故に此は真子(の)一章を挙(げ)て、*三忍(の)菩薩の、此(の)乗を受(け)て〔而〕行(ずる)こと(を)明(す)〔也〕。*本義(に)云(く)、*「若我弟子《にゃくがでし》」(といふ)従《よ》(り)以下(は)、第一(に)如来(は)但《たゞ》信順二忍(を)挙(ぐるが)故(に)、名(け)て略(し)て真子(を)明(すと)為《す》。此《こ》(れ)従《よ》(り)下は、勝鬘備《つぶさ》に三忍(を)挙(ぐるが)故(に)、名(けて)広(く)真子を明(すと)為《〈す〉》。而ル[1]ニ如来(は)此(の)経(を)以(て)*功を〔於〕勝鬘に推《ゆづ》[2](らむと)欲《おぼ》(す)が故(に)、但略(して)信順二忍をのみ明[3](したまふ)。*合(し)て勝鬘真子章と為《す》(るなり)〔也〕。欲《おも》(ふに)随(ひて)用(ゐる)可《べ》(し)。*中(に)就(て)初(に)開(き)て三(と)為《す》。第一には勝鬘説(か)むと請ず。第二(に)は如来説[4](くべし)と命(じたまふ)。第三に「白言《びゃくごん》」(といふ)従《よ》(り)以下(は)、正(し)ク説ク。

○尒時勝鬘。白レ佛言。更有ニ餘大利益一。我當下承ニ佛威神一。復説中斯義上。

*「更有餘大利益《きゃううよだいりやく》」(といふは)〔者〕、*上には已(に)乗躰と〔及〕境とを明(せ)ど

忍は第四地から第六地、無生忍は第七地以上の求道者に属すとしている(前掲書、一三九頁中)。

本義に云く　ここに出す『本義』の説(「広く真子を明すと為」まで)は敦煌本のそれと似ているが、ただ真子章を別開して、「尒時勝鬘白仏」から勝鬘師子吼章をたてる(太子義疏は真子章とする)点だけが異る。したがって、『本義』といわれるものは、敦煌本にごく近い系統のもの(慧遠・吉蔵の系統と敦煌本との間か)であろうか。↓補

若我弟子　自性清浄章の経文後段(三三一頁)に出す。

中に就て二　第一は、信・順二忍を挙げ、如来が略して真子を説明する部分で、『本義』はこれを真子章とする。第二は、信・順・無生の三忍を挙げ、勝鬘夫人が広く真子を説明する部分。

功を…推らむ　「而ルニ」から本義の説を批評する。『本義』のたてる真子章では、如来が信・順二忍を挙げて説いたのに、いまこの真子章で無生忍を加えた三忍を夫人が説くことになった理由は、その功績を夫人に帰せようとした如来の大悲心に在るのであるという。

合して…為るなり　二忍と無生忍を合し、三忍をもって真子を説明するから、この一段を「勝鬘真子章」と名づける。勝鬘夫人が真の仏弟子であることはもちろんであるから、「勝鬘真子」という。

◈**更有餘…**　Ⅱ本章の内容　〔一〕自説を述べる許しを乞う

上には…と言ふ　正説を乗体・乗境・行乗人の三つに分け、第三の行乗人を明かすのが真子章としたから、経文の「更に余の大利益有り」とは、まさしく行乗人すなわち三忍の真子についてであるとする。

而未明『行乗人、故言更有餘大利益、亦可、上如来挙能信染不 〔九七ウ〕
染人利益、故仍言更有餘通行此経人利益、

就第三正説中、開為五、

第一惣唱三種人、

第二従何等為三以下、別列三種人、三種人、若為別、

1 **便** 蔵本「更」に作る。
2 **推** 蔵本「惟」に作る。
3 **推** 蔵本「惟」に作る。
4 **若** 文墨「ヲモテ」あり。
5 **諸** 蔵本此下に「甚」あり。

亦可し…　ここにいう「余の大利益」とは、染・不染の道理を信ずる人の得る利益の外に、本経の教えを実践する人びとの得る利益を指すという。

◈佛言便説　〔一〕仏、許したもう　この項についての注釈は省略されている。

◈第三の正説…　〔三〕夫人の自説　以下、第三の部分を五つに分ける。

惣じて…唱ふ　総論的に三種の人、すなわち以下に説く三忍の人を挙げる。経文の「離ニ自毀傷一」とは、如来蔵の深遠な教えの意義をあえて誹謗しないことであると敦煌本は解釈する。チベット訳は、教えを誹謗せず自己を守るとする。凝然は三種の人の説明を、つぎに出す三忍の説明と対応させて、「離自毀傷」は「於諸深法不自了知…仰推世尊」(信忍)、「生大功徳」は「成就随順法智」(順忍)、「入大乗道」は「成就甚深法智」(無生忍)としている(前掲書、一三九頁下)。ここにいう「生大功徳」は多くの福徳を生むという意、「入大乗道」は大乗道に志すという意、「仰推世尊」は世尊を仰信するの意。

若をもて別と為　三忍の人を個別的に挙げて説明するから、「もしは」(若)という文字を付して区別する。

も、〔而〕行乗(の)人(を)明(さ)未《ず》。故(に)「更有余《きやううよ》大利益《だいりやく》」と言(ふ)。亦*可《いふべ》(し)、上に如来能(く)染不染を信ずる人(の)利益を挙(げたり)。故(に)仍《なほ》(し)「更(に)餘の此(の)経を通行《つうぎやう》する人の利益有り」と言(ふ)。

○*佛言便説[1]。

*第三の正説(の)中(に)就(て)、開(き)て五(と)為《す》。

○勝鬘白レ佛言。三種善男子善女人。於ニ甚深義一。離ニ自毀傷一。生ニ大功徳一。入ニ大乗道一。

第一(には)*惣《そう》じて三種(の)人を唱(ふ)。

○何等為レ三。謂若善男子善女人。自成ニ就甚深法智一。若善男子善女人。成ニ就随順法智一。若善男子善女人。於ニ諸深法一。不ニ自了知一。仰推[2]ニ世尊一。非ニ我境界一。唯佛所レ知。是名ニ善男子善女人一。仰推[3]ニ如来一。

第二(に)「何《が》等為《とうゐ》三《さむ》」(といふ)従《よ》(り)以下(は)、別に三種の人(を)列(す)。三種の人をば、「*[4]若《にやく》」をもて別と為《す》。

○除ニ此諸善男子善女人一已。諸餘衆生。於ニ諸深法[5]一。堅著妄説。違ニ背正法一。習ニ諸外道一。腐ニ敗種子一者。當下以ニ王力一。及天竜鬼神力一。而調中伏之上。

第三従除此諸善男子以下、明調伏悪人、
言勝鬘自能以如王力及天竜力而調伏之也、
第四従尒時勝鬘以下、明説竟致敬、
第五明佛述嘆、即是有二、第「一嘆其調伏悪人、第二従汝已親〔九六オ〕
近以下、嘆説非適今、
此義者、通挙躰境及行乗人諸義也、

1 **致**　「すること」あり。衍か、又は「す」の誤か。
2 **説**　「すること」あり。応朱か。

勝鬘自ら…　ここの一段の経文のチベット訳は以下の通り。「かれらは真実の教えに違背する者であり、異教徒であり、腐った種子の持主だから、たとい君側に侍っていても調伏すべきであると申上げたい。種子の腐ったかれらは、天上・人間・阿修羅等の世界から追放されるべきである、と勝

第三(に)「除此《ちよし》諸善男子《しよぜんなむし》」(といふ)従《よ》(り)以下(は)、悪人を調伏すベシトいふ(こと)を明(す)。

言(ふこゝろは)*勝鬘自《(ミ)づか》(ら)能(く)*王力(と)〔及〕天竜の力(との)如(く)ナルを以て、〔而〕之(を)調伏(するなり)〔也〕。

○尓時勝鬘。与二諸眷属一。頂二礼佛足一。

第四(に)「尓時勝鬘《にじしようまん》」(といふ)従《よ》(り)以下(は)、説(き)竟(り)て*敬(を)[1]致(すと)いふ(ことを)明(す)。

○佛言。善哉善哉。勝鬘。於二甚深法一。方便守護。降二伏非法一。善得二其宜一。汝已親二近。百千億佛一。能説二此義一。

第五には*佛の述嘆を明(す)。即(ち)是(れ)二有(り)。第一(には)其(の)悪人(を)調伏(することを)嘆ず。第二(に)「汝已親近《によいしんごん》」(といふ)従《よ》(り)以下(は)、[2]説すること*今(に)適《(ハジ)》メタルに非(ずと)嘆(ず)。

「*此義《しぎ》」と(いふは)〔者〕、通(じ)て躰と境と〔及〕行乗の人との諸義を挙(ぐ)〔也〕。

鬘夫人が如来に申上げている」。いま義疏の解釈では、勝鬘夫人みずから王力や天・竜の力にも匹敵する調伏力で、かれら悪人を調伏できるとしている。これは漢訳に基づいているからであろう。

王力と天竜の力　吉蔵の説によると、これらの悪人は道理をもって説得できない者たちだから、威勢力を具える王力と天竜の力とによるという。左記に吉蔵の説をまとめて示そう(『勝鬘宝窟』大正蔵三七、八九中)。凝然もこれを引用し、吉蔵の文章中の「濡語」を「煗語」、「苦言」を「善言」に訂正している(前掲書、一四〇頁上)。

降邪
- 説法力(内邪にたいする)
  - 煗語
  - 善言
- 威勢力(外邪にたいする)
  - 顕力(王力など)
  - 幽力(天竜力など)

敬を致す　経文の「眷属」とは、夫人をとりまくおつきの人をいう。また「頂礼仏足」とはインドの礼法のうち、最敬礼に相当するもの。両ひざと両ひじを大地につけて、仏の両足をひたいで戴く仕方である。

佛の述嘆　仏が夫人をほめたもうことを述べるの意。経文の「善哉」とは、原語「サードゥ」の訳で、「その通りである」「もっともである」「見事である」という讃辞。

今に適メ…非ず　勝鬘夫人が本経において説き明かすことができたのも、過去久遠の昔から、無数の仏たちにつぎつぎと仕えてきたためで、今に始まったのではないという意。

此義　本経の正説に含まれている乗体(一乗の教えの本体、万善)・乗境(一乗の教えが説く観察の対象＝相対と絶対の四聖諦)・行乗の人(一乗の教えを実践する人＝三忍の求道者)のすべての意義。

從尒時世尊放勝光明以下、経中第三流通説、又開為三、第一明如来将欲流通此経還於舎衛国、第二從尒時世尊・入祇桓▽林以下、正明流通、第三從時天帝釋白佛言以下、列十六名結成題目、

桓―蔵本「洹」に作る

就第一還舎衛中、亦有二、第一直唱還、第二從勝鬘以下、明「奉〔六八ウ〕送、

1 暨　蔵本「暫」に作る。

流 通 説　これより以下は、本経を序説、正説、流通説と三分した中の第三、つまり結語に当る部分である。義疏は結語の部分を三つに分ける。

◈尓時世尊…　Ⅰ結語のあらまし

流通説　流通分ともいう。どの仏典にも末尾にこの部分があり、正宗分(正説、本論)で説いた教えが広く世間に流布されるべきであると勧めて、その経典の結びとする。

題目を結成す　経題名目、つまり経名を定めること。

◈第一…　Ⅱ結語を解釈する　〔一〕釈尊の帰還

阿踰闍国の王宮内における勝鬘夫人と釈尊との説法が終った後、釈尊は直ちに舎衛国へ帰還された。見送りを終えた夫人と夫の友称王は国中の七歳以上の男女を、一人残らず大乗の道に帰依させた。

還りたまふ　舎衛国に帰還なさる状況を記す。経文のうち「身、虚空に昇ること、高さ七多羅樹なり」とは、釈尊がターラ樹の七倍ほどの高さまで空中に昇られたという意。

奉送　釈尊の帰還を見送る状況描写のうち、「厭足無く」は、疲れも感ぜずの意。「目、暫くも捨てず」は、まばたきせずにじっと見上げて見送ったの意。「眼の境を過ぎ已りて」は、釈尊の姿が人びとの視界から遠ざかるとの意。「念仏を具足して」は、仏すなわち釈尊のことを憶念し続けて忘れないという意。

(流通説)

「*尓《に》時《じ》世《せ》尊《そん》。放《はう》勝《しよう》光《くわう》明《みやう》」(といふ)従《よ》(り)以下(は)、経の中の第三の*流通説なり。又開(き)て三と為《す》。第一(に)如来、将に此(の)経(を)流通(せむと)欲《おぼ》(して)〔於〕舎衛国に還(り)タマフコトヲ明(す)。第二(に)「尓《に》時《じ》世《せ》尊《そん》。入《にふ》祇《ぎ》桓《くわん》林《りむ》」(といふ)従《よ》(り)以下(は)、正(しく)流通を明(す)。第三(に)「時《じ》。天《てん》帝《たい》釋《しやく》。白《びやく》佛《ぶつ》言《ごん》」(といふ)従《よ》(り)以下(は)、十六(の)名を列《つら》(ね)て*題目を結《けち》成《じやう》す。

○尓時世尊。放二勝光明一。普照二大衆一。身昇二虚空一。高七多羅樹。足歩二虚空一。還二舎衛国一。時勝鬘夫人。与二諸眷属一。合掌向レ佛。観无二厭足一。目不二暫[1]捨一。過二眼境一已。踊躍歓喜。各各稱二歎。如来功徳一。具二足念佛一。還入二城中一。向二友稱王一。稱二歎大乗一。城中女人。七歳已上。化以二大乗一。友稱大王。亦以二大乗一。化二諸男子一。七歳已上。挙二国人民一。皆向二大乗一。

*第一(に)舎衛(に)還(り)タマフ中に就(て)、亦二有(り)。第一(に)直(に)*還(りたまふ)コトを唱(ふ)。第二(に)「勝鬘」(といふ)従《よ》(り)以下(は)、*奉《ぶ》送《そう》を明(す)。

亦可、身出城而送、亦可、但心送而已・還入城亦然、

就第二正明流通、又分為四、第一明将欲附嘱先集衆、第二従向天帝釋以下、為衆復広説此経、第三従説已告帝釋以下、附帝釋流通天上、第四従復告阿難以下、附阿難流通人間、

1但　応朱「き」あり、「し」の誤か。
2将　再読。

*亦可《いふべ》(し)。身、城を出(で)て〔而〕送(りたてまつ)る。亦可《いふべ》(し)。但[1](し)心をもて送(りたてまつらく)而已《のみ》。「還(り)て城(に)入(る)」(と)イフコト(も)亦然なり。

○尒時世尊。入二祇桓林一。告二長老阿難一。及念二天帝釋一。應レ時帝釋。与二諸眷属一。忽然而至。住二於佛前一。尒時世尊。向二天帝釋一。及長老阿難一。広説二此経一。説已告二帝釋一言。汝當四受二持。読三誦此経一。憍尸迦。善男子善女人。於二恒沙劫一。脩二菩提行一。行二六波羅蜜一。若復善男子善女人。聴二受読三誦。乃四至執五持経巻一。福多二於彼一。何況広為レ人説。是故憍尸迦。當下読二誦此経一。為二三十三天一。分別広説上。復告二阿難一。汝亦受持読誦。為二四衆一広説。

第*二(に)正(しく)流通を明(すに)就(て)、又分(ち)て四(と)為《す》。第一(に)将に*附嘱《ふぞく》(せむと)欲《おも》(はむと)[2]将《し》(て)先(づ)衆を集(むることを)明(す)。第二(に)「向天帝釋《かうてんたいしやく》」(といふ)従《よ》(り)以下(は)、衆(の)為(に)復広く此(の)経(を)説(きたまふ)。第三(に)「説已告帝釋《せちいがうたいしやく》」(といふ)従《よ》(り)以下(は)、*帝釋に*附して天上に流通す。第四(に)「復告阿難《ぶがうあなん》」(といふ)従《よ》(り)以下(は)、阿難に附して人間《にんげん》に流通(す)。

亦可し…　釈尊を見送った仕方について、二通りのことが考えられるとして、第一は夫人自身が城外に出て見送ったということ、第二は夫人がただ心の中で見送ったという考え方をあげる。敦煌本は前者を「形還」、後者を「心還」という。

◈**第二に**…　〔二〕本経の流布を命ず　釈尊が舎衛城の隣りに在る祇園精舎に戻り、帝釈天(神々の主たるインドラ神)と仏弟子阿難(アーナンダ)に向って、勝鬘夫人が述べた教説を説き聞かせ、さらにこれを広く神々や人間界に流布するように命じたもうた。ここは流通説の中心となる部分で、四つに分けられる。

附嘱　仏が経を世に説き広めることを人びとに依頼すること。

帝釈　帝釈天、天帝釈ともいう。インドラ神で、姓をカウシカ(憍尸迦)という。

附して…流通す　依頼して説き広めることを命ずる。経文には、「帝釈天に告げていう。この教説を記憶することのほうが、長い年月をかけてさとりを求める六波羅蜜の修行をするよりも、遙かに福徳が多いし、そのような自利にもまして、人びとに説き明かして流布する利他行がさらに優れている。だから、汝、帝釈天の支配下にある三十三の神々の世界(忉利天と一括していう)に流布せよと命ずる」とある。しかしながら、チベット訳によれば、この一段は極めて簡単な文となっており、帝釈天みずからこの教説を記憶し、三十三の神々の世界に説き広めよという。なお、阿難に告げることばのうち、経文の「四衆」とは、教団を構成する比丘・比丘尼・優婆塞(男子の在家信者)・優婆夷(女性の在家信者)の四種の集りをいう。

帝釋是佛檀越、常為請法之主、阿難是佛親侍、兼復多聞、所以附属此二人也。

就第三列十六名結成題目、即有七、〔九九オ〕

「第一明帝釋請経名、

第二従佛告帝釋以下、如来嘆経功徳、

第三従憍尸迦以下、許説戒聴、

第四従時天帝釋以下、奉旨、

*帝釋は是れ佛の檀越(なり)。常(に)法(を)請(ずる)〔之〕主為《た》り。*阿難は是(れ)佛の親侍なり。兼(ね)て復多聞なり。所以《このゆゑ》に此の二人(を)附属(す)〔也〕。

*第三(に)十六(の)名(を)列(ね)て題目(を)結成(する)に就(て)、即(ち)七有(り)。

○時。天帝釋。白レ佛言。世尊。當三何名二斯経一。云何奉持。

第一(に)帝釋経(の)名を請(ずることを)明(す)。

○佛告二帝釋一。此経成二就。无量无邊功德一。一切聲聞縁覚。不レ能二究竟。觀察知見一。

第二(に)「佛告帝釋」《ぶつがうたいしゃく》(といふ)従《よ》(り)以下(は)、如来、経の功徳(を)嘆(じ)タマフ。

○憍尸迦。當レ知此経。甚深微妙。大功德聚。今當三為レ汝。略說二其名一。諦聴諦聴。善思二念之一。

第三(に)「憍尸迦」《けうしか》(といふ)従《よ》(り)以下(は)、*説カムト許(し)て聴(くことを)戒《イマシ》ム。

○時。天帝釋。及長老阿難。白レ佛言。善哉世尊。唯然受レ教。

第四(に)「時。天帝釋」(といふ)従《よ》(り)以下(は)、*旨(を)奉《うけたまは》(る)。

帝釋は…主為り　帝釈天は仏に布施・供養する者(ダーナパティ。檀越と音写し、訳して施主)であり、いつも仏に説法を請う施主である。

阿難は…多聞なり　阿難は釈尊の晩年二十五年間、その侍者となって親しく仕え、かつ十大弟子の一人として多聞第一と称せられている。「多聞」とは、多く教説を記憶し暗誦すること、つまり教説を学習することに秀でている人をいう。

◈第三に…　〔三〕経名を定める　帝釈天がこの経の呼び名を質問したのに答えて、釈尊は本論に含まれる十四章の名称と、さらに二つの名称を加えた十六名を列挙する。ついで最後に加えた二つの名称を一つに合わせ、この経の経名と定められた。そこで、帝釈天および阿難をはじめとして、説法の座に集まっていた者たちは、釈尊の説法を聞いて大いに喜び、これをたたえ合った。この部分を七つに分ける。

説カムト…戒ム　仏がこれからこの経の呼び名を説くから、耳を澄まして「よく聞け」と誡める。経文の「諦聴諦聴。善思念之」を敦煌本は注釈して、「諦聴」を聞慧、「善思」を思慧、「念之」を修慧とし、聞・思・修の三慧に配当している。

旨を奉る　仏のことばに従うことを承諾する。

1勝鬘…と名く　別訓「勝鬘師子吼（と）名（く）、是（の）如（く）受持（すべし）」あり。
2吼　文墨「ト」あり。
3持　文墨「スヘシ」あり。
4後　応墨「ノ」あり。

第五従佛言此経以下、正列十六名結成題目、
然此経、既以上十四章為正躰、則名亦應有十四、而今列中倍二、
合有十六名、一名勝鬘師子吼、如是受持、二名復次憍尸迦・此
経所説・断一切疑決定了義・入一乗道、而此二名、更「无別躰、〔九九ウ〕
前一名但是通以人名、標其所説一教、後一名亦惣取其所説理

正躰　総説の注釈中（↓二九頁）に、正説を説明して「正といふは経の正躰なり」という。この経は十四章を設けて正説（本論）となしているの意。
名も亦…應し　十四章がこの経の正説を構成して

○佛言此経。歎如来真実。第一義功徳。如ㇾ是受持。不思議大受。如ㇾ是受持。一切願摂大願。如ㇾ是受持。説不思議。摂受正法。如ㇾ是受持。説入一乗。如ㇾ是受持。説无邊聖諦。如ㇾ是受持。説如来蔵。如ㇾ是受持。説法身。如ㇾ是受持。説空義隠覆真実。如ㇾ是受持。説一諦。如ㇾ是受持。説常住安隠一依。如ㇾ是受持。説顚倒真実。如ㇾ是受持。説自性清浄心隠覆。如ㇾ是受持。説如来真子。如ㇾ是受持。説勝鬘夫人師子吼。如ㇾ是受持。復次憍尸迦。此経所ㇾ説。断一切疑。決定了義。入一乗道。

第五(に)「佛言此経《ぶつごんしきやう》」(といふ)従《よ》(り)以下(は)、正(しく)十六(の)名(を)列(ね)て題目(を)結成す。

然(も)此(の)経は、既に上に十四章(あるを)以(て)正躰*(と)為《す》。〔則〕名*も亦十四有(る)應《べ》(し)。而(も)今列(ぬるが)中に二*(を)倍《ま》(す)。合(し)て十六(の)名有(り)。一(には)*[1]「勝鬘《しようまん》師子《しし》[2]吼《く》。如是《にょぜ》受持《じゆぢ》[3]」と名(く)。二(には)*「復《ふ》次《じ》憍《けう》尸迦《しか》。此経所説《しきやうしよせち》。断一切疑《だんいちさいぎ》。決定了義《くゑちぢやうれうぎ》。入一乗道《にふいちじようだう》」と名(く)。而(も)此(の)二(の)名は、更に別躰*无(し)。前の一の名は但シ是レ通*(じ)て人の名ヲ以(て)、其の所説一教なりと標(す)。後[4](の)一(の)名は亦惣*(じ)て其(の)所説の理(を)

いるから、章名も十四あればよいの意。経文に出す十四名は以下のごとくである。1如来の真実・第一義の功徳を歎ずる、2不思議なる大受(大誓約)、3一切の願の摂たる大願、4不思議なる、正法を摂受することを説く、5一乗に入ることを説く、6無辺の聖諦を説く、7如来蔵を説く、8法身を説く、9空義の隠覆の真実を説く、10一諦を説く、11常住・安穏なる一依を説く、12顚倒・真実を説く、13自性清浄心の隠覆を説く、14如来の真子を説く。

二を倍す　外に二つを加える。

勝鬘…受持　「勝鬘師子吼」を題目としてこの経を受持すべきである。チベット訳にも、「「勝鬘夫人の師子吼」という題名であると記憶せよ」とする。吉蔵などが十五章説を採用するのは、この一段の経文によるのであろうか。ちなみに、吉蔵は十四名を挙げる経文を「例別名勧持」とし、「復次…広分別説」を「列総名以付属」として、「総名」を第十五の「勝鬘師子吼」と解している。太子義疏がつぎの「復次…入一乗道」の一句を第十六名としたのは、敦煌本と同じ。

復次…入一乗道　チベット訳には「カウシカよ、この経中で説示され解説されたことはすべて、「迷いを断ち切る説」、「決定説」、「唯一の教え」と名づけられる、と記憶すべきである」とある。

別躰无し　独立の文章がないの意。

通じて…標す　この経を説いている勝鬘夫人の名前を採って、夫人の所説の経であるということを表示する。

惣じて…目く　「勝鬘師子吼」という名は、この経全般にわたって一貫して説かれている道理をとり挙げて、経名としたのである。

為目此経、然此十四章・即其名躰各異・不可以題巻首、所以挙此二名、以為首題也、経題云勝鬘師子・吼、此挙第十五名、一乗大方便方広、挙第十六名、

第六従憍尸迦・今以此説以下、重勧流通、

第七従帝釋白佛言以下、奉旨而受行也・

「勝鬘経義疏巻一▽」

〔100オ〕

巻一―慶応本なし

1 **吼**　文墨「ト」あり。
2 **云**　「ルハ」あり。文墨か。
3 **名**　「と」あり。「を」の誤か。
4 **勝鬘経**　蔵本「勝鬘師子吼一乗大方便方広経」に作る。

取(り)て為に此の経に目《なづ》く。然(も)此(の)十四章(は)、即(ち)其の名躰*各(と)異なり。以(て)巻*の首に題(す)可《べ》(から)不《ず》。所以《このゆゑ》に此の二(の)名(を)挙(げ)て、以て首題と為《す》〔也〕。経(の)題(に)「勝鬘師子吼《しようまんししく》」(と)云(へる)[2]は、此れは第十五の名[3](を)挙(ぐ)。「*一乗大方便方広《いちじようだいはうべんはうくわう》」といふは、第十六(の)名(を)挙(ぐ)。

○憍尸迦。今以二此説一。勝鬘夫人。師子吼経一。付二嘱於汝一。乃至法住。
受持読誦。広分別説。

第*六(に)「憍尸迦《けうしか》。今以此説《こむいしせち》」(といふ)従《よ》(り)以下(は)、重(ねて)流通を勧(む)。

○帝釋白レ佛言。善哉世尊。頂二受尊教一。時天帝釋。長老阿難。及諸大會。天人阿脩羅、乾闥婆等。聞二佛所説一。歓喜奉行。

勝[4]鬘経

第*七(に)「帝釋白佛言《たいしやくびやくぶつごん》」(といふ)従《よ》(り)以下(は)、旨を奉《うけたまは》(りて)〔而〕*受行《じゆぎやう》(するなり)〔也〕。

勝鬘経義疏巻一

名躰　各章の名まえと内容。↓三四九頁注「名も亦…應し」

巻の首…不　経の巻頭に掲げるわけにはいかない。

一乗大方便方広　第十六名の意味を採ったものであろう。第十五と第十六の両名を合わせたのが本経の題名というが、チベット訳名も「聖なる勝鬘夫人の師子吼と名づける大乗経」と呼ぶ。「一乗」は本経において明かす大乗の究極の教えということである。夫人がすぐれた種々のてだて(方便)をもって、如来蔵の意義を説いていることを「大方便」という。「方広」(ヴァイプリヤの訳、方等ともいう)とは大乗の教えを指す名。

第六に…　経文の「乃至法の住せんには」とは、この世に正法が存続する限りはの意。

第七に…　経文の「天人」は天と人すなわち神々と人間をいう。「阿修羅」(アスラの音写)は闘争的な一種の鬼神で、仏教守護の八部衆の一つ。「乾闥婆」(ガンダルヴァの音写)は帝釈天の雅楽を司る神といわれ、同じく八部衆の一つ。

受行　信受奉行ないし受持奉行の略。

（奥書）　文永四年の奥書は、次のように解読される。「文永四年丁卯五月　日、九旬の談義より以後は早（すみやか）に大経蔵に送り進（まつたて）らる可し。更に私の住坊に留め置く可からざるものなり。」

「（墨書別筆二）「奉寄進法隆寺　〔一〇〇ウ〕

應永十六年己丑卯月五日　弁祐敬白」

「文永四年丁卯五月　日

九旬談義以後者早可被送進大経蔵

更不可留置私住坊者也

大勧進円学」

「（墨書別筆一）「伝領実雅」　〔一〇一オ〕

（墨書別筆二）「弁祐」（擦消）

「□□」（擦消）

「□□□□」（擦消）

「□□□□」（擦消）

（墨書別筆三）「伝領會度得業」

上宮聖徳法王帝説

家永三郎
築島裕 校注

（第一紙）
「○○上宮聖徳法王帝説
伊波礼池邊雙欟[1]《ナミツキノ》宮[2]《ニ》一治天下橘豊日天皇・娶《マイテ》庶《ソ》妹[3]《マイアナホ》□人王《ノヲ》一為大后《ト》一生《メル》児・
厩戸《ト》豊聡《サト》耳《ノ》聖一徳法王《ナリ》・
次久米《メノ》王　次殖《ウエ》栗《ノ》王　次[4]茨《スイ》田王
[5]ヘ又天皇娶[6]蘓我《ノ》伊奈米《ミノ》宿一祢大臣《ノ》女子・名伊《ハ》志支那《ノ》郎女一生児多米《メノ》王・ヘ又天皇・娶葛木《テノ》当麻倉[7]《クラヘ》首名比《ハ》一里一古女一子《カ》・伊比古郎女[8]《ヲ》一生児一乎《ヲヲ》麻呂古王・次須加弖《テ》古《コノ》女王・此王拝[9]《ヘ》祭伊勢神前《ニ》一至于《ル》三天皇也[10]　合聖王《ノ》兄弟[11]七[12]王子也・○○聖徳法王・娶膳《テカシハテヘノ》部・加多夫《フ》古《ノ》臣女子・名菩《ハホ》岐《キ》と《キ》美郎《ミノ》[13][14]生児春米《ツイシネノ》女王・次長谷《ハセノ》王　次久波太《クハタノ》女王　次波《ハ》止利《トリノ》女王　次三枝王　次伊止志古《イトシコノ》王　次麻呂古王　次馬屋古女王　已上八人

1ナミ—以下漢字右傍仮名ハ何レモ漢字ノ中程ヨリ少シ下レル位置ヨリ記シ始メタルモ印刷ノ都合上普通ノ振仮名ノ位置ニ記ス　2此返点原本ノ形ノママニ記ス、必ズシモ「二」ヲ伴ハズ、以下同断　3妹—字画一部欠、此下四字分全欠、欠部ノ左傍ニ後筆(平安期)「妹穴穂部間」ノ五字アリ、右傍「マイアナホ」五字各字字画一部欠　4茨田王—右傍仮名「スイ」本ノママ、解説五八一頁参照　5ヘ—原本ㄱノ形ニ作リ「又」字ノ右肩ニカヽリタル位置ニ記セルモ、印刷ノ都合上コノ形ニテコノ位置ニ記ス、以下同断　6娶—モト「取口」ノ二字ノ如ク記シタルヲ「女」ヲ重書シテ「娶」一字ノ形ニ訂セリ　7ク—字画一部欠損カ　8古—字画一部欠損　9拝—字画一部欠損　10也—字画一部欠損　11弟—字画大部分欠損、太子伝私記ニヨリテ推定ス　12七—底本破損欠失、第一紙一四行「十四王子也」(三五六頁四行)等トアルニヨリテ推定ス　13郎—此下「女」脱カ　14生—別筆ニテ重書セルカ

上宮聖徳法王帝説　↓補

伊波礼池邊雙欟宮　伊波礼は紀に磐余と表記。↓補

治天下　史記、秦始皇本紀に用例がある。大宝令施行の大宝二年以後は「御宇」の文字をあてるようになったようである。↓補

橘豊日天皇　漢風諡号は用明天皇。漢風諡号撰進前の記録ではすべて国風帝号を記す。

天皇　↓補

庶妹　↓補

穴穂部間人王　↓補。以下、系譜中の人名の諸書による表記の異同については、補注の表参照。

娶きて　妻とする。漢字の娶の字義はともかく、七世紀の日本では、一般の慣行は妻訪婚であった。↓補

大后　スメラミコトの嫡妻。令制以後の皇后。↓補

厩戸豊聡耳聖徳法王　聖徳太子。↓補

ソ　↓補

久米王　推古紀に、新羅攻撃軍の将として発遣され、推古天皇十一年に筑紫で死んだ、とある。

王　紀には天皇一世の男子を皇子、女子を皇女、二世以下を王、女王と記すのを例とするが、本書の系譜部分では皇族男女をみな王、女王と記す。↓補

殖栗王　↓補

茨田王　↓補

蘇我伊奈米宿祢　蘇我は氏、伊奈米(紀等には稲目と表記)は名、宿祢は姓(かばね)。↓補

上宮聖徳法 王 帝説《*かみつみやノさうとこノノりノおほきみノたいせち》

伊波礼池邊雙欟宮《*いはれノいケノへノなみつキノみやに》 治 天 下《*あメノしたしらしめしし》 橘 豊日 天皇《*たちはなトヨひノ*すめらみコト》、庶妹《*ままいロド》(穴穂部間)人《*あなはべノはしひトノ》王《おほきみ》を娶《*ま》きて大后《*おほきさき》ト為《し》て生《う》める児《こ》は、厩戸豊聡耳聖徳法 王《*うまやとノトヨとみみノさうとこノノりノおほきみ*》ソ。次《つぎ》に久米《*くメノ》王《*おほきみ》、次《つぎ》に殖栗 王《*ゑくりノおほきみ》、次《つぎ》に茨田 王《*まむたノおほきみ》ソ。

又《また》、天皇《すめらみコト》、蘇我伊奈米宿祢 大臣《*そがノいなメノすくねノ*おほおみ》ノ女子《*むすめ》、名《*な》をば伊志支那 郎女《いしきなノ*いらつめ》トいふを娶《ま》きて生《*う》める児《こ》は、多米王《たメノおほきみ》ソ。又《また》、天皇《すめらみコト》、葛木當麻倉首《*かづらキノたぎまノくらひト》、名《な》をば比里古《*ひロこ》トいふが女子《むすめ》、伊比古郎女《いひこノいらつめ》を娶《ま》きて生《う》める児《こ》は、乎麻呂古王《をまロこノおほきみ》ソ。次《つぎ》に須加弖古 女 王《すかてこノ*ひめおほきみ》ソ。〈此《コ》ノ王《おほきみ》は、伊勢《*いせ》ノ神《かミ》ノ前《みまへ》に拝《ゐや》び祭《いは》ひて、三《*みはしら》ノ天 皇《すめらみコト》に至《いた》るソ。〉合《*しかしなが》ら聖 王《*ひじりノおほきみ*》ノ兄 弟《いロねいロド》は

七 王《ななはしらノみ》子《こ》ソ。

聖徳 法 王《さうとこノノりノおほきみ*》、膳部加多夫古臣《*かしはでノかたぶこノおみ》ノ女子《むすめ》、名《な》をば菩岐ゝ美郎(女)《はききみノいらつめ》トいふを娶《ま》きて生《う》める児《こ》は、春米 女 王《*つきしねノひめおほきみ》ソ。次《つぎ》に長谷 王《*はつせノおほきみ》、次《つぎ》に久波太女 王《くはたノひめおほきみ》、次《つぎ》に波止利女《*はトりノひめ》王《おほきみ》、次《つぎ》に三枝 王《*さきくさノおほきみ》、次《つぎ》に伊止志古 王《いトしこノおほきみ》、次《つぎ》に麻呂古 王《まロこノおほきみ》、次《つぎ》に馬屋古女 王《うまやこノひめおほきみ》ソ。〈已上《*かみつかた*》、八人《やたり》ソ。〉

大臣　臣の姓の氏から出て、大連とならび最高の国政掌理の地位。のちの令制の大臣ではない。↓補

女子　日本紀私記(乙本)神代下に「女子牟須女」とあるによる。

名をば…トいふ　↓補

郎女　女郎とも表記、女子を呼ぶに用いる。↓補

生める児・葛木當麻倉首・比里古・女王　↓補

伊勢ノ神ノ前に拝び祭ひて　伊勢の日の神(当時皇祖神であったか疑問)を祭る巫女となった、との意。後世の斎宮。↓補

三ノ・合ら・聖王　↓補

兄弟　↓本頁「庶妹」補

膳部加多夫古臣　膳部(膳とも表記)は氏、加多夫古は名、臣は姓。↓補

春米女王　皇極元年紀に、蘇我蝦夷が造墓工事に上宮乳部の民を役使し、上宮大娘姫王が憤言を述べた旨記されているが、上宮大娘姫王とは春米女王のことであろうとも言われている。↓補

長谷王・波止利女王　↓補

三枝王　聖徳太子平氏伝雑勘文所引上宮記逸文には、膳妃所生の子に「合七王也」の注(上宮記原文か疑問)があり、雑勘文編者は、三枝王とは伊等斯古・麻里古・馬屋三王の三ツ子の総称と解したが、住吉大社神代記に「三枝墓」の存在を記すこと、欽明記に三枝部穴太部王の名あること等より考え、三枝王は人名であり、三ツ子説と七王の所伝は誤としたい。↓補

已上・八人　↓補

〽又聖王・娶《テ》蘇我馬古《マ1コ》叔尼《シクニ》大臣女子《ノ》・名《ハ》召[2]古郎《フコノ》女《ヲ》生児山代大兄王《エノ》・ 此王有賢尊之心棄身
命而愛《スル》人民也・後人与父聖王相濫《トイフ》非也・ 次財《3タカラノ》王 次日置《ヒオキノ》王 次片罡《カタノ》女王 已上四人
○又聖王・娶《テ》尾治王《ノ》女子・位奈部《キナ》橘《ヘノ4ノ》王《ヲ》生児・白髪部《5シラカヘノ》王・ 次手[6]□合聖王
児十四王子也・ ○山代大兄王・娶《テ》庶妹春米王《ノヲ》生児難波麻呂古王《ヲ》[7] 次麻呂古
王・次弓削王・ 次佐《サ8キノ》と女王・ 次三嶋女王 次甲可《カムカノ》王 次尾治《ヲ9チ》王・
〽聖王庶兄多米《メ》王・其父池邊天皇崩後《下》・娶《テ》聖王母《ノハワ》穴太部間人王生児佐富《サトミノ》女
王也・ 祖[10]〽斯貴嶋・宮治天下・阿米《メ》久尓於志波留支・ 廣庭《ヒロハノ》[11]□皇・ 聖王祖父也 娶《テ》檜《ヒノ》
前《クマノ》天皇女子・伊斯比女命《メノミコヲ》生児他田《オサ12タノ》宮《ニ》治天下・天皇・怒那久良布《フト》刀多麻斯支《シキノ》
天皇《ナリ》 聖王伯《オチ》叔也 〽又娶宗我稲目足尼《ミノタリニノ》大臣女子《ノ》・支[13]多斯比《シヒ》賣命《メノミコヲ》生児伊波礼《イハレ》池邊宮《ニ》
治天下・橘《ノ》豊日天皇 聖王父也 〽妹少治田宮治天下・↓

1 コ―某字ノ上ニ「コ」ト重書ス 2 召―刀自ノ誤カ 3 タ―字画一部欠損 4 橘―字画一部欠損 5 シラ―「ラ」ノ字画一部欠損 6 手―字画存疑、此下「嶋女王」三字欠損、補紙後補 7 王―字画一部欠損 8 キ―原本「＼」ノ形ニ作ル、「ヽ」ノ誤写カ 9 治―右傍仮名二字アリ、墨消シテ読ムコト能ハズ 10 祖―後筆カ 11 □―「天」カ 12 タ―字画一部欠損 13 支―字画一部欠損

馬古叔尼 紀等に馬子宿禰と表記。↓補

刀自古郎女・山代大兄王・賢しく ↓補

身命を…愛みき 皇極紀に、皇極天皇二年、蘇我入鹿等が兵を率いて山背大兄王を襲ったとき、大兄王が、東国に行き軍を興して還り戦おうという進言をしりぞけ、「一身の故に由りて、百姓を傷ふを欲りせず。是を以て吾の一身をば入鹿に賜ふ」と述べ、妻子と共に自殺した、とある。「身命」は岩崎本皇極紀院政期墨点に「身命《イノチ》」とある。

人民・愛みき・濫る・非ず ↓補

日置王 和名抄(道円本)薩摩国条に「日置比於岐」とある。

片岡女王 同右、上野国条に「片岡加太乎加」とある。

尾治王 上宮記に「乎波利王」とある。

白髪部王 前田本雄略紀院政期点に「白髪皇子《シラカ》」、同継体紀院政期点に「白髪部《シラカ》」等とある。

聖王ノ児は十四王子ソ この系譜部分は、男系により親子関係を遺漏なく示しているが、妻の名は子の母として記されているにすぎず、配偶関係を遺漏なく示すのを目的としていない。敏達紀には、敏達天皇の女菟道貝鮹皇女(うぢのかひだこのひめみこ)が東宮聖徳に嫁したと記されている。本書にその名の記されていないのは、子が無くて記載する場所が無いためにすぎない。太子の妻は、少くとも四人はいたとすべきであろう。↓補

弓削王 和名抄(道円本)河内国条に「弓削由介」とあるによる。

甲可王 上宮記に「加布加王」とあるによる。

庶兄　↓三五五頁「庶妹」補

崩して　↓補

穴太部間人王を娶きて　江戸時代の学者は、子が生母でない父の妻と婚姻するのを乱倫と考えたが、神武記に当芸志美美命(たぎしみみのみこと)が父の嫡妻伊須気余理比売(いすけよりひめ)と婚姻することの見えるのをはじめ、古典に同例の記述多く、古代日本の親族慣習法で許容されていた婚姻であった。

佐冨女王　上宮記に長谷王に嫁したとある。↓補

斯貴嶋宮治天下阿米久尓於志波留支廣庭天皇　漢風諡号は欽明天皇。斯貴嶋宮は紀に磯城嶋金刺宮とあり、阿米久尓…は記に天国押波流岐広庭、元興寺縁起所引塔露盤銘に阿米久爾意斯波羅岐比里爾波(あめくにおしはらきひろにには)と表記。

祖父　前田本継体紀院政期点に「祖父《オホチ》」とあるによる。オホチは「大父」の意であろう。

檜前天皇　漢風諡号は宣化天皇。↓補

他田宮治天下天皇怒那久良布刀多麻斯支天皇　治天下の次の天皇の二字は衍か。漢風諡号は敏達天皇。怒那久良…は、紀に渟名倉太珠敷、記に沼名倉太玉敷と表記。↓補

伯叔　↓補

宗我稲目足尼　紀等に蘇我稲目宿禰と表記。

支多斯比賣命　↓補

少治田宮治天下止余美氣加志支夜比賣天皇　漢風諡号は推古天皇。本書は一か所を除き、少治田と記すが、法隆寺金堂薬師像銘・記・紀等により小治田を正しとすべきである。止余美気…は紀に豊御食炊屋姫と表記。

又《また》、聖王《ひじりノおほきみ》、蘇我《そがノ》*馬古叔尼大臣《うまこノすくねノおほおみ》ノ女子《むすめ》、名《な》をば*刀自古郎女《とじこノいらつめ》トいふを娶《ま》きて生《う》める児《こ》は、*山代大兄王《やましロノおひねノおほきみ》ソ。〈此《コ》ノ王《おほきみ》には、*賢《さか》しく尊《たふと》き心有《ココロあ》り。*身命《みいノち》を棄《す》てて*人民《おほみたから》を*愛《メく》みき。後《ノち》ノ人《ヒト》、父《ちち》ノ聖王《ひじりノおほきみ》ト相《あ》ひ*濫《みだ》るトいふは、*非《くもあら》ず。〉次《つぎ》に、財王《たからノおほきみ》、次《つぎ》に*日置王《ひおきノおほきみ》、次《つぎ》に*片岡女王《かたをかノひめおほきみ》ソ。〈已上《かみつかた》、四人《たり》ソ。〉

又《また》、聖王《ひじりノおほきみ》、*尾治王《をはりノおほきみ》ノ女子《むすめ》、位奈部橘王《ゐなべノたちはなノおほきみ》を娶《ま》きて生《う》める児《こ》は、*白髪部王《しらかべノおほきみ》ソ。次《つぎ》に手《て》(嶋女王《しまノひめおほきみ》)ソ。合《しかしなが》ら*聖王《ひじりノおほきみ》ノ児《こ》は十四王子《トはしらあまりヨはしらノみこ》ソ。

山代大兄王《やましロノおひねノおほきみ》、庶妹春米王《ままいロドつきしねノおほきみ》を娶《ま》きて生《う》める児《こ》は、難波麻呂古王《なにはノまロこノおほきみ》ソ。次《つぎ》に麻呂古王《まロこノおほきみ》。次《つぎ》に*弓削王《ゆゲノおほきみ》、次《つぎ》に佐ゝ女王《ささノひめおほきみ》、次《つぎ》に三嶋女王《みしまノひめおほきみ》、次《つぎ》に*甲可王《かふかノおほきみ》、次《つぎ》に尾治王《をはりノおほきみ》ソ。

聖王《ひじりノおほきみ》ノ*庶兄多米王《ままあにたメノおほきみ》、其《ソ》ノ父《ちち》池邊天皇《いケノべノすめらみコト》*崩《かむあがりま》して後《ノち》に、聖王《ひじりノおほきみ》ノ母《はは》*穴太部間人王《あなほべノはしひトノおほきみ》を娶《ま》きて生《う》める児《こ》は、*佐冨女王《さほノひめおほきみ》ソ。

*斯貴嶋宮治天下阿米久尓於志波留支廣庭(天)皇《しキしまノみやにあメノしたしらしめししあメくにおしはるきひロにはノすめらみコト》、〈聖王《ひじりノおほきみ》ノ*祖父《おほち》ソ。〉*檜前天皇《ひノくまノすめらみコト》ノ女子《みむすめ》、伊斯比女命《いしひめノみコト》を娶《ま》きて生《う》める児《こ》は、*他田宮治天下天皇《をさたノみやにあメノしたしらしめししすめらみコト》、〈聖王《ひじりノおほきみ》ノ*伯叔《をぢ》ソ。〉怒那久良布刀多麻斯支天皇《ぬなくらふとたましきノすめらみコト》ソ。

又《また》、*宗我稲目足尼大臣《そがノいなメノすくねノおほおみ》ノ女子《むすめ》、*支多斯比賣命《きたしひめノみコト》を娶《ま》きて生《う》める児《こ》は、伊波礼池邊宮治天下橘豊日天皇《いはれノいケノべノみやにあメノしたしらしめししたちはなトヨひノすめらみコト》ソ。〈聖王《ひじりノおほきみ》ノ父《ちち》ソ。〉妹《いも》*少治田宮治天下《をはりたノみやにあメノしたしらしめしし》

止《ト》余《ヨ》美《ミ》氣《ケ》加《カ》志《シ》支《キ》夜比《ヒ》賣《メノ》天皇聖王姨母也 ＼又娶支多斯《シ》比《ヒ》賣《メノ》同母弟《ノ》[1]・乎《ヲ》阿《ア》尼《ニノ》命《ヲ》一生児一倉

橋宮《ニ》治天下[2]・長谷部天皇《ナリ》聖王伯叔也 ＼姉穴太部間人王聖王母也

右五天皇無雑他人一治天下也・但倉橋第四・少治田第五也・

＼少治田宮御宇天皇之世・上宮厩戸豊聡耳命・嶋《ノ》大臣共《ニ》輔《ク》天下政《マツリ》[3]一而興隆三寶・

起《ツ》元一興天四[4]皇等《ノ》寺《ヲ》一制一爵《ス》[5]十二級《ヲ》・大徳・少徳・大仁・少仁・大礼 □ 大信[6]

少信 大義・少義・大智・少智・

(第二紙)「＼池邊天皇后・穴太部間人王・出於厩戸之[7]一時・忽産《ニ》○生《ス》[8]上宮王《ノ》と命《ノミコトヲ》一 幼少《ナルニ》聡一

敏《ナリ》・有一智《ナリ》・至《テハ》長大之時《ニ》一一時《ニ》聞《テ》八人之白一言《ヲ》二而辨《ス》其《ノ》理《ヲ》二又聞一《ヲ》一智《ル》八《ヲ》一 故号《テ》曰《フ》

厩戸豊聡八耳命《ノミコト》一＼池邊天皇其太子・聖徳王・甚愛念之一令住宮《ノ》南上大殿《ニ》一故・

号上宮王《ト》一也・ ＼上宮王《ノ》師高麗《ノ》慧慈法師・王《ニ》命《ラク》・能《ク》悟《リ》涅槃常住《ノ》五種佛性之理《ヲ》一

明《ニ》開《キ》法花三車《ノ》権實二智之趣《ヲ》一通達《シ》維摩不思議解脱之宗《ヲ》一 ↓

1 茀—「弟」ノ誤カ　2 天—字画一部欠損　3 政—底本モト「改」ノ如キ字体ニ作リ、偏ヲ墨消シテ右傍ニ別筆ニテ「政」ト記セリ、右傍仮名「マツリ」アリ、ソノ下ニ「ﾏ」ノ如キ形見ユ、「コト」カ　4 四—「天」ノ上ニ返ル符号アリ　5 十—字画一部欠損　6 大信少信—料紙継目ニ記シテ四字各字字画一部欠損、右傍ニ別筆ニテ「大信小信」ト記セリ　7 之—返点本ノママ　8 生—後筆右傍補入

姨母　新撰字鏡に「姨母乎波」とある。

倉橋宮治天下長谷部天皇　漢風諡号は崇峻天皇。

他人・第四　↓補

厩戸豊聡耳命　聖徳太子の名に特に命の号を付するのは、皇太子であったためで、紀・万葉集等に草壁皇子尊などの類例がある。↓補

嶋大臣ト共に天下ノ政を輔ケて　推古紀によると、蘇我馬子が飛鳥の家の池中に嶋を興し、嶋大臣と呼ばれた、という。↓補

三寶を興し隆にす　三宝は仏・法・僧、つまり仏教のこと。推古二年紀に皇太子及び大臣に詔して三宝を興隆せしめた、と記されているが、特定の年月にそのような詔勅が発せられたのではなく、聖徳太子と蘇我馬子との執政の時期に、寺院の造立などの盛んになり初めたというのが真相で、本書の記載のほうが史実にちかいと思われる。↓補

元興ト四天皇トノ等き寺　元興寺はもとの名は飛鳥寺。紀・元興寺縁起によれば、崇峻天皇の時から推古天皇の初年にかけて、蘇我馬子が、百済から渡来した工人の力をかり造立した、日本最初の本格的大陸式伽藍をそなえた寺院。法興寺ともいう。その本尊丈六釈迦は鞍作鳥(止利仏師)の作。後世の変形・補修は多いが、今も残っており、東西北の三金堂・五重塔・廻廊・門等の礎石のほかに、塔刹柱所納の舎利容器等も埋蔵されている。

四天皇は難波の四天王寺。本書・紀等には、聖徳太子が物部守屋討滅を四天王に祈って建立したとあるが、史実として疑わしい。古今目録抄所引大同縁起に最古の伽藍・仏像・仏具等の記述があ

る。その内に金堂の阿弥陀三尊は恵光が大唐より将来安置したものとあり、これが最初の本尊とすれば、恵光帰国の推古三十一年(紀)を遡らぬ創建とする説もあって、聖徳太子創建とする確証はとぼしい。↓補

爵十二級を制る ↓補

大徳 翰苑所引括地志逸文に「一曰麻卑兜吉寐。華言大徳」とあり、大徳にマヒトキミの訓があったことを伝えるが、十二階の全部にこのような日本語の訓があったかどうかはわからない。「徳」をトコと訓むことについては↓三五五頁「上宮聖徳法王帝説」補

厩戸に出で…産生れます 新約聖書のイエスが厩で生れたという説話に符合する。おそらく中国を経て八世紀初めにイエス説話が伝来したのであろう。↓補

幼く少くして聡敏く智有り 唐の高僧伝の「少而神情聡敏」などの修辞の類による作文か。↓補

長大る ↓補

一時に八人ノ…八を智る 高僧伝の「才悟機敏、一聞能達」「聡敏易悟、目覧七行」などの修辞の類による作文か。「辨〈さだ〉む」は、岩崎本推古紀平安中期点に「辨《サダメ》ニ訴訟ニ」とある。

故・号をば…ト曰ふ・太子 ↓補

甚に愛み念ひて 高僧伝の「幼而頴悟聡哲神、其父知非凡器愛而異之」などの修辞の類による作文か。↓補

宮ノ南ノ上大殿…上宮王トいふ 上宮は現存の地名ウヘノミヤから来たもので、この一節は人名起

止余美氣加志支夜比賣天皇《トヨみケかしきやひめノすめらみコト》ソ。〈聖王《ひじりノおほきみ》ノ*姨母《をば》ソ。〉

又《また》、支多斯比賣《きたしひめ》ノ同母弟《おなじはらノいロド》、乎阿尼命《をあねノみコト》を娶《ま》きて生《う》める児《こ》は、*倉橋宮《くらはしノみやに》治天下《あメノしたしらしめしし》長谷部天皇《はつせベノすめらみコト》、〈聖王《ひじりノおほきみ》ノ伯叔《をぢ》ソ。〉姉《いロね》穴太部間人王《あなほベノはしひトノおほきみ》ソ。〈聖王《ひじりノおほきみ》ノ母《はは》ソ。〉

右《みぎ》ノ五《いつはしら》ノ天皇《すめらみコト》は、*他人《あたしひト》を雑《まじ》ふるコト無《な》く、天下治《あメノしたしらしめ》しき。〈但《ただ》し、倉橋《くらはし》は第《*ヨはしら》四《にあたり》、少治田《をはりた》は第五《いつはしらにあたる》ソ。〉

少治田宮《をはりたノみやに》御宇《あメノしたしらしめしし》天皇《すめらみコト》ノ世《みヨ》に、上宮厩戸豊聡耳命《かみつみやノ*うまやとノトヨとみみノみコト》、*嶋大臣《しまノおほおみ》ト共《とも》に天下《あメノした》ノ政《まつりゴト》を輔《たす》ケて、*三寶《さむほう》を興《おこ》し隆《さかり》にす。*元興《ぐわこう》ト四天皇《してわう》ト等《ゴト》き寺《てら》を起《た》つ。*爵十二級《かがふりトしなあまりふたしな》を制《つく》る。*大徳《だいとこ》・少徳《せうとこ》・大仁《だいに》・少仁《せうに》・大礼《だいらい》・(少礼《せうらい》)・大信《だいし》・少信《せうし》・大義《だいぎ》・少義《せうぎ》・大智《だいち》・少智《せうち》ソ。

池邊天皇《いケノへノすめらみコト》ノ后《きさき》、穴太部間人王《あなほベノはしひトノおほきみ》、*厩戸《うまやと》に出《い》でし時《とき》に、忽《たちまち》に上宮王《かみつみやノおほきみ》産生《あ》れます。王《おほきみ》ノ命《みコト》、*幼《いときな》く少《わか》くして聡敏《さと》く智《さとりあ》有り。*長大《ひトトな》る時《とき》に至《いた》りて、*一時《ひトトき》に八人《やたり》ノ白《まを》す言《コト》を聞《き》きて其《ソ》ノ理《コトわり》を辨《さだ》む。又一《またひトつ》を聞《き》きて八《やつ》を智《さと》る。*故《かれ》、*号《な》をば厩戸豊聡八耳命《うまやとノトヨとやみみノみコト》ト曰《い》ふ。池邊天皇《いケノへノすめらみコト》、其《ソ》ノ*太子聖徳王《ひつぎノみこさうとこノおほきみ》をば、*甚《にへさ》に愛《メグ》み念《おも》ひて、*宮《みや》ノ南《みなみ》ノ上大殿《かみつおほトノ》に住《はべ》らしむ。故《かれ》、号《な》をば上宮王《かみつみやノおほきみ》トいふソ。

上宮王《かみつみやノおほきみ》、*高麗慧慈法師《こまノゑじノほふし》を師《ノリノし》トして、王《おほきみ》ノ命《みコト》、能《ヨ》く*涅槃常住《ねちはぢやうぢう》、五種佛性《ごすぶつさう》ノ理《コトわり》を悟《さと》り、明《あきらか》に*法花三車《ほふくゑさむさ》、権實二智《ごじちにち》ノ*趣《おもむぎ》を開《ひら》き、*維摩不思議解脱《ゆいまふしぎげだち》ノ宗《むね》を*通《トは》り

且ハ知リ経部薩婆多両家之辨ヲ一亦知テ三玄五経之旨ヲ一並ニ照ス天文地理之道ヲ一即造テ法花等経ノ疏七巻一号テ曰フ上宮御製ノ疏ト一太子所問之[1]義ニ師・有所不通一太子・夜夢ニ見・金人来テ教フ不解之義ヲ一太子寤メテ後ニ即[2]解ス之ヲ一乃以傳フ於師ニ一と亦領一解如是一之事一非一二一耳・乀太子起七寺一四天皇寺・法隆寺・中宮寺・橘寺・蜂丘寺・（并彼宮賜川勝秦公）池後寺・葛木寺・（賜葛木臣）

乀代[3]午年四月十五日・少治田天皇・請上宮王一令講勝鬘経・其儀如僧一也・諸王公主及臣連公民・信受無不嘉也・三箇日之内・講説訖也・乀天皇布施聖王物[4]一播磨國・揖保《イヒホノ》郡・佐《サ》勢《セイノ》地五十万代・聖王即以此地一為スル法隆寺地也（今在播磨田三百餘町者）

乀慧慈法師賷トテ上宮御製ノ疏ヲ一還歸本國ニ一流傳ス之一聞ク壬午年二月廿二日夜半聖王薨逝一也之[5]乀慧慈法師聞之一奉為王一命一講経發願曰・逢[6]テ上宮聖一必欲所化・吾慧慈来年二月廿二日死トイフ者ハ・必逢聖王一面奉浄土一↓

1 之―字画一部欠損、別筆重書シテ「之」トス　2 解―字画一部欠損　3 代―「戌」ノ誤カ、右傍ニ別筆ニテ「・傳云太子卅五秋七月様」トアリ　4 物―右肩ニ「・」点アリ、「於」ノ誤カ　5 之―墨消　6 逢―左上端「・」点アリ

源説話として後人の造作したものであろう。↓補

高麗慧慈法師・涅槃常住五種佛性ノ理　↓補

法花三車権實二智　法華経譬喩品に三乗を三車に譬え、三車の一大車に帰するを説き、また同方便品に如来権実二智の能を嘆ずるを並記したもので、要するに法華経の経旨を指す文句。↓補

趣　↓補

維摩不思議解脱ノ宗　維摩経流通分に、この経亦不可思議解脱の法門と名づくとあるによったもので、要するに維摩経の経意を指す文句。↓補

通り達り　↓補

且　↓補

経部ト薩婆多トノ両ノ家　経部は経量部、薩婆多は説一切有部とも言い、ともに小乗二十部の一。天平勝宝四年の文書によれば、東大寺に薩婆多宗があって、倶舎宗を指している。↓補

三玄五経ノ旨　周易を真玄、老子を虚玄、荘子を談玄と言い、三玄と総称する。五経とは、易・尚書・詩経・礼記・春秋を言い、儒教の経典。仏教研究のことを述べて、外典に通じたとするは、高僧伝に「善三蔵及春秋老易」「特精外典」などの修辞の類に源するかとも思われるし、また南北朝の学僧のかような学風が七世紀前半の日本にも伝えられたことも事実であった。↓補

並びに　↓補

天文地理ノ道　推古紀によれば、推古天皇十年百済の僧観勒が天文地理の書等を伝えたという。↓補

達《さと》り、且《*また》 経部《*かうぶ》ト薩婆多《さちはた》ト両《ふたつ》ノ家《いへ》ノ辨《わきま》へを知《し》り、亦《また》 三玄五《*さむぐゑご》経《かう》ノ旨《むね》を知《し》りて、並《*なら》びに天文《*てもん》地理《ちり》ノ道《みち》を照《てら》す。即《すなは》ち法花《*ほふくゑ》ノ等《ゴト》き経《かう》ノ疏《そ》七巻《ななまき》を造《つく》りて、号《な》をば上宮御製疏《かみつみやノごせいノそ》ト曰《い》ふ。太 子《ひつぎノみこ》ノ問《ト》ふ義《*コトわり》に、師《ノりノしトは》 通らぬ所有《*トコロあ》り。太子《ひつぎノみこ》、夜《ヨる》、夢《*いメ》に、金《*くがね》ノ人来《ひトきた》りて、解《さと》らぬ義《コトわり》を教《をし》ふト見《み》る。太 子《ひつぎノみこ》窹《さ》メて後《ノち》に、即《すなは》ち解《さと》る。乃《*いま》し以《も》て師《ノりノし》に傳《つた》ふ。師《ノりノし》も亦《また》、是《*かく》ノ如《ゴト》き事《コト》を領《*をさ》メ解《さと》るコト一二《ひトつふたつ》に非《*あら》ずあらくノミ。

太 子《ひつぎノみこ》 七《*ななつ》ノ寺《てら》を起《た》つ。四天皇寺《してわうじ》、法隆寺《*ほふりうじ》、中宮寺《*ちうくうじ》、橘 寺《*たちはなでら》、蜂丘寺《*はちをかてら》、〈幷《あは》せて彼《ソ》ノ宮《みや》を川勝 秦 公《かはかつノはたノきみ》に賜《たま》ふ。〉 池後 寺《*いケしりノてら》、葛 木寺《*かづらキノてら》。〈葛木 臣《かづらヤノおみ》に賜《たま》ふ。〉

戊午《*ぼご》ノ年《トし》ノ四月 十五《しぐわちノじふご》日《にち》に、少治田 天 皇《をはりたノすめらみコト》、上宮 王《*かみつみやノおほきみ》に請《ま》せて、勝鬘《そうま》経《かう》を講《ト》かしむ。其《*ソ》ノ儀《ヨソほひ》、僧《はふし》ノ如《ゴト》し。諸《もロもロ》ノ王《おほきみ》ト公主《*ひめみこ》ト臣《おみ》ト連《むらじ》ト公 民《*おほみたから》ト、信受《*う》ケて嘉《*よ》みせずトいふコト無《な》し。三箇日《*みか》ノ内《うち》に講説《ト》き訖《をは》りぬ。天皇《すめらみコト》、聖 王《ひじりノおほきみ》に、播磨國揖保郡《*はりまノくにいひはノこほり》 佐勢《させ》ノ地《トコロ》五十《い》万《ヨロづ》 代《*しロ》を布施《*おくりもノ》したまふ。聖 王《ひじりノおほきみ》、即《すなは》ち此《コ》ノ地《トコロ》を以《も》て法隆寺《ほふりうじ》ノ地《トコロ》ト為《す》。〈今播磨《*いまはりま》に在《あ》る田《た》は三百《みほ》餘 町《トコロあまり》ソトいてり。〉

慧慈法師《ゑじノはふし》、上宮御製疏《かみつみやノごせいノそ》を賷《*も》ちて、本 國《*もトつくに》に還《*か》帰《へ》りて流《*つ》傳《た》ふ。壬午《じむご》ノ年《トし》ノ二月《にぐわちノ》廿二日《にじふににち》ノ夜半《*よなか》に聖 王《ひじりノおほきみ》 薨逝《*かむさりま》しぬト聞《き》く。慧慈法師《*ゑじノはふし》聞《き》きて、王 命《おほきみノみコト》ノ奉 為《おほみため》に経《かう》を講《ト》き願《*ちかひ》を發《おこ》して曰《い》はく、「上宮《かみつみや》ノ聖《ひじり》に逢《*まゐあ》ひて必《かなら》ず化《*おもむ》ケられむト欲《おも》ふ。吾《*あれ》慧慈《ゑじ》、来《*コ》む年《トし》ノ二月 廿二日《にぐわちノにじふににち》に死《し》なば、必《かなら》ず 聖 王《ひじりノおほきみ》 に逢《まゐあ》ひて、浄土《*ざうど》に 面奉《*まゐむか》は

法花ノ等き…御製疏ト曰ふ・義・ぬ・夢 ↓補

金ノ人 もと古代中国で祭儀または宮殿の装飾等に用いられた銅製の人形偶像の称。魏書に、孝明帝が夜夢に金人の飛来するを見、天竺に仏教を求めたことが記され、仏教に関係ある霊異的存在とされるにいたり、大唐故三蔵玄弉法師行状にも、金人夢告の説話が見える。かような中国仏教にまつわる類型的説話から出たものであろう。↓補

乃し・是ノ如き事・領メ解る・非ずあらくノミ ↓補

七ノ寺を起つ 法隆寺伽藍縁起幷流記資財帳には、法隆学問寺・四天王寺・中宮尼寺・橘尼寺・蜂丘寺・池後尼寺・葛城尼寺を敬造したとあり、延暦僧録には、大官寺・四天皇寺・法隆寺・皇后宮及橘寺・妙安寺・般若寺の「僧三寺」「尼寺五」を作った(寺名は七しか無い)とあるなど、聖徳太子造寺説話の成立発展が見られるが、史実としてこれらがすべて太子造立の寺院とは考え難く、七寺とは七仏七衆七地など仏家愛用の名数単位を借用したまでで、後世の七大寺の類と同じ心理の所産か。

法隆寺 ↓補

中宮寺 尼寺。確実な創立年代・造立願主不明。↓補

橘寺 尼寺。橘は橘豊日宮の地で聖徳太子生誕の地との伝説があるが、寺の確な創立事情は不明。↓補

蜂丘寺 法名広隆寺。承和五年の広隆寺縁起によれば、推古天皇三十年に秦河勝が聖徳太子の為に

建立した寺という。これが史実であろう。↓補

池後寺 ↓補

葛木寺 尼寺。葛木氏の建立した寺か。↓補

戊午ノ年 推古天皇六年。↓補

上宮王に請せて勝鬘経を講かしむ ↓補

其ノ儀僧ノ如し 梁の武帝が錫を鳴らし扇を執って金字般若経を講じた故事を暗示する作文か。↓補

公主 皇女・女王。↓補

公民 宣命の「皇子等王等百官人等天下公民」等の修辞から着想して加えた文字であろう。

信受ケて・嘉みせず・三箇日 ↓補

播磨國揖保郡佐勢ノ地 播磨国揖東郡鵤村か。↓補

代 古代の田地面積単位。稲一束を得べき地で、ほぼ高麗尺六尺を一歩とした五歩の田積に当るという。

布施 ↓補

今播磨に在る田は三百餘町・賫ちて・本國・還帰りて・流傳ふ・夜半・薨逝しぬ ↓補

慧慈法師聞きて 以下慧慈の死に関するほぼ同じ説話が推古紀にもあるが、高麗から伝えられた史実とは認めがたい。

願を發して・逢ひて・吾・来む年・化ケられむ・浄土・面奉はむ ↓補

病發りて・命終せぬ ↓補

大御身・勞れ賜ひし ↓補

歳次丙午ノ年 紀の用明天皇元年に当るが、紀で

遂如其言到明年二月廿二日發病命終也。

〈池邊大宮御宇《ニ》[1]天皇。大御身勞賜。時歳次丙午年。召於大王天皇与[2]太子。而誓願賜。我大御病大平欲坐故。将寺[3]薬師像作仕奉詔。然[4]當時崩《シ》賜。造不堪。者少[5]治田大宮御宇《ニ》[6]大王天皇。及東宮聖徳[7]王[8]大命受賜。而歳次丁卯年仕奉。

○[9]右法隆寺金堂《ニ》坐薬師像光後銘文[10]《ナリ》即寺造始縁[11]由也

〈法興元世[12]一年。歳次辛巳十二月《ニ》鬼前大后崩。明年正月廿二日《ニ》上宮法王[13]枕[14]病。弗悆《コヽロヨカラス》于食。王后[15]仍以勞疾《シテ》並著《ヒク》於床《ニ》。時王后王子等。及与[16]國[17]臣深懐《テ》愁毒共相發願《ス》仰依三寶《ヲ》當造釋像尺寸王身《ナルヲ》蒙此願力轉病延壽。安住世間。若是定業以背世者[18]《リ》。往登浄土早[19]昇[20]《シメ上》妙果《ニ》二月廿一日关酉→

1御宇―別筆墨消シ、右傍ニ「治天下」ト記セリ　2与―字画一部重書、欠損　3寺―別筆墨消シ、右傍ニ「造寺」ト記セリ　4然―字画一部欠損　5少―原銘「小」ニ作ル　6御宇―別筆墨消シ、左傍ニ「治天下」ト記セリ　7徳―別筆墨消　8王―右下「一」ノ形アリ、不明　9○―符号一部欠損　10文―此下「ｰ」本ノママ　11縁―右傍ニ別筆ニテ「今私云東壇佛之」トアリ　12世―原銘「卅」ニ作ル　13王―原銘「皇」ニ作ル　14枕―「沈」ノ誤カ　15后―第一画及第二画重書　16与―別筆墨書抹消、右傍ニ「與」ト記セリ　17國―字画大部分欠損、別筆ニテ補書シ、ソノ直上右傍ニ更ニ「与」字ヲ補入ス、原銘「諸」ニ作ル　18リ―「ハ」トモ見ユレドモ恐ラク「(テヘ)リ」カ　19早―別筆墨書抹消シ、右傍ニ「早」ト記セリ　20シメ上―「(ノボラ)シメタテマツル」ト訓ズルカ

む」トいへり。遂《つひ》に其《ソ》ノ言《コト》ノ如《ゴト》、明年《くるつトし》ノ二月廿二日《にぐわちノにじふににち》に到《いた》りて、病發《*やまひおこ》りて命《*いノち》終《う》せぬ。

池邊大宮治天下天皇《いケノへノおほみやにあメノしたしらしめししすめらみコト》、大御《*おほみ》身《み》労《*つか》れ賜《たま》ひし時《トき》に、歳次《*さいじ》丙午《へいご》ノ年《トし》に、大王天皇《*おほきみすめらみコト》ト太子《*ひつぎノみこ》トを召《*め》して、誓願《*コひちか》ひ賜《たま》ひしく、「我《あ》が大御病《おほみやまひ》大平《*たひらか》にあらむト欲《*おも》ひ坐《ま》すが故《ゆゑ》に、寺《てら》(造《つく》り)、薬師《*やくし》ノ像《みかた》作《つく》りて、仕《*つか》へ奉《まつ》らむ」と詔《*みコトノり》したまひき。然《しか》あれドも當時《*ソノトき》に崩賜《*かむあがりたま》ひて造《つく》り堪《*あ》へずありしかば、小治田大宮治天下《をはりたノおほみやにあメノしたしらしめす》大王天皇《おほきみすめらみコト》ト、東宮聖王《*ひつぎノみこひじりノおほきみ》、大命《*おほみコトう》受ケ賜《たま》ひて、歳次《さいじ》丁卯《*たうまう》ノ年《トし》に仕《つか》へ奉《まつ》る。右《*みぎ》は法隆寺《*ほふりうじ》ノ金堂《*こむだう》に坐《いま》す薬師《やくし》ノ像《みかた》ノ光《ひかり》ノ後《うしロ》ノ銘《*まう》ノ文《も》ソ。即《すなは》ち寺造《てらつく》る始《はじメ》ノ縁由《*ヨし》ソ。

法興元卅一年《*ノりノおコるはじメノさむじふいちね》、歳次辛巳《さいじしし》ノトしノ十二月《じふにぐわち》に、鬼前大后《*かむさきノおほききさき》崩《かむあがりま》しぬ。明年《くるつトし》ノ正月廿二日《さうぐわちノにじふににち》に、上宮法皇《かみつみやノ*ノりノおほきみ》、沈病《*みやまひおも》りて悆《*い》えたまはず。干食王后《*かしはでノきさき》仍《*なほ》し以《も》て労《つか》れ疾《やまひ》したまひて並《ならび》に床《トコ》に著《つ》きたまふ。時《トき》に王后王子等《*きさきみこたち》、諸臣《もロもロノおみ》ト、深《ふか》く愁《*うれ》へ毒《いた》むコトを懐《*おも》ひて、共《トも》に相願《あひ*ちかひ》を發《おコ》ししく、「三寶《さむほう》を仰《あふ》ぎ依《ヨ》りて、當《*まさ》に釋《*さか》ノ像《みかた》ノ尺寸《*さかき》ノ王《おほきみ》ノ身《みみ》にあるを造《つく》らむ。此《コ》ノ願《ちかひ》ノ力《ちから》を蒙《*かがふ》りて、病《やまひ》を轉《*メぐら》し壽《*みいノち》を延《の》べ、世間《*ヨノなか》に安《やすらか》に住《トドま》りたまはむ。若《も》し是定《コれさだま》れる業《ごふ》ありて以《コれをも》て世《*ヨ》を背《ソむ》きたまはば、浄土《ざうど》に往《ゆ》き登《ノぼ》りて早《*すむやケ》く妙《たへ》なる果《むくい》に昇《ノぼ》らむ」トいひき。二月廿一日癸酉《にぐわちノにじふいちにちくゐいう》ノ

は天皇発病を二年丁未とし一年の差がある。↓補

大王天皇　推古天皇を指す。大王は天皇より古い帝号だが、大王天皇という連称の由来は不明。元興寺縁起には大々王等とある。

太子　聖徳太子。

召して・誓願ひ　↓補

大平にあらむ　平癒すること。↓補

欲ひ坐す・薬師ノ像　↓補

仕へ奉らむ　仏事に奉仕する意で、ここではこの像とこれを本尊とする寺を造立すること。↓補

詔・當時に・崩賜ひて・堪へず・東宮・大命　↓補

丁卯ノ年　紀の推古天皇十五年。この記述を史実とすれば、今の法隆寺の前身である若草伽藍はこの年の建立となるが、問題がある。↓次項補

右　ミギのミもギも甲類乙類の区別未詳。

法隆寺ノ…薬師ノ像ノ光ノ後ノ銘ノ文　↓補

金堂　金堂とはもと中国で金殿玉楼という意味で建築一般の美称であったが、仏殿に用いたところから転じて、古代の朝鮮と日本とで、仏殿の称呼となった。後世の寺院では本堂という。↓補

銘ノ文　本来は押韻の文をいうが、日本では造像記等の金石文等をも銘と言った。

縁由　↓補

法興元卅一年　紀に法興という年号は見えぬが、釈日本紀所引伊予国風土記所引湯岡側碑文記にも法興六年十月歳在丙辰とあり、紀の崇峻天皇四年を元年とする法興という年号の存在は否定できぬ。飛鳥寺の法名を法興寺というから、同寺造立を記念する私年号であろう。法興三十一年は紀の推古

天皇二十九年に当る。↓補
鬼前大后　間人女王を何故鬼前と記すか、その読み方とともに、いまだ確な解釈がない。↓補
法皇　聖徳太子伝私記所引法起寺塔露盤銘に「聖徳皇」、鑑真大和上伝序に「上宮皇帝」、聖徳太子伝補闕記に「大法皇」など、「皇」字の用例が多い。
沈病りて・悆にたまはず　↓補
干食王后　上宮記に膳を食と表記し、続紀天平宝字三年条に食朝臣三田次の名があり、干食は膳と同義同訓で、干食王后は膳部菩岐々美郎女を指す。従って「干食」の古訓例を未だ得ないが、しばらくカシハデと訓じておく。「王后」の訓も他例を知らないが、意により一往キサキと訓じた。
仍し　顕密二教論天喜点に「仍《ナヲ》シ无上菩提を証すること能(は)不(ず)」の例がある。副詞ナホに間投助詞シのついた形。
王后　記に倭建命の妻弟橘比売をも倭にある他の妻をもともに后と記しているのと同じく、聖徳太子の妻をすべて王后と記すのは、異例でない。この王后は蘇我刀自子郎女、王子は山代王か。
愁へ毒むコト・懐ひて・願を發ししく・當に…む・釋ノ像　↓補
尺寸ノ王ノ身　聖徳太子等身の像の意。↓補
蒙りて・轉し・壽を延べ・世間　↓補
世を背き　死ぬこと。↓補
早く　↓補
王后　干食王后。夫の一日前に死し、母后と太子と磯長(しなが)陵に合葬された。

王后即世・翌《ヨク》‐日《ニ》[1]法王登‐遐・关未年三月中《ニ》如願㆒敬造釋迦尊像・并侠侍及荘嚴具㆒
竟・乘《テ》斯微福《ニ》㆒信道知識・現在安隱・出生入死・随奉三主・紹隆三寶㆒遂共彼岸・
普遍六道・法界含識㆒得脱苦縁・同趣菩提㆒使司馬鞍首《ヘノ》止利佛師造《カナリ》・
(第三紙)「右法隆寺金堂坐釋迦佛光後銘文如件[2]
〈釋曰・法興元世一年《イハ》此能《ク》不知《コト》㆒也《ナリ》・但案《3シテ4》帝記㆒云《ヲ》・少治田天皇之《ノ》世・東宮
厩戸豊聡耳命《ノミコト》大臣宗我馬子宿祢共《ト》平《ニ》‐章而《テ》建立三寶《5下ヲ》㆒始興大寺《カ》㆒故曰法興元世《フ》㆒
也《ナリ》・此即銘《ニ》云《フ》法興元世一年也《ナリ》・後見人・若可疑年号《カト》㆒此不然㆒也・然則言一年㆒
字其意難《シ》見㆒然所見㆒者《ハ》聖王《ノ》母穴太部王《ノ》薨‐逝辛巳年者・即少治田天皇御世故《カニ》即
指《テ》其年㆒故《カレ》云一年《ト》㆒其无異‐趣・鬼前大后者《ハ》・即聖王母・穴太部間人王也・云鬼
前‐者《イハ》此神也・何故《カトナラハ》言神前皇后㆒者《ハ》此皇后同↓

1王—原銘「皇」ニ作ル　2件—此下別筆墨書「今私云是正面中墓佛之」　3シテ—底本「〵」ノ形ニ作ル　4帝—底本下「巾」ノ部分ヲ「吊」ノ如キ形ニ作ル　5下—「タマフ」ト訓ズベシ

即世しぬ・登遐しぬ ↓補
癸未ノ年 紀の推古天皇三十一年。
俠侍 脇侍(士)。わきだち。↓補
莊嚴ノ具 仏像をかざる天蓋、台座その他の仏具。具〈そなへ〉は丹鶴本神代紀下鎌倉期点に「為二汝往来遊レ海之具《ツナヘト》一」とあるによる。
微きにある・福・乗りて ↓補
知識 共に仏に奉仕する集団。
現在 観智院本類聚名義抄に「生前《メノマヘ》」とあることから類推して訓んだ。
安ケく隠にあり ↓補
三ノ主 聖徳太子と間人母后と膳妃。
紹隆えしメ ↓補
彼岸 成仏した境地。これに達するを登といった。
六道 天上・人間・修羅・畜生・餓鬼・地獄を六道と言い、仏教で浄土以外の全世界をいう。↓補
普遍し 大日経随行儀軌天暦点に「遍《アマネハシ》」とある。
法界ノ含識 全世界のすべての生あるもの。↓補
苦しき縁 仏教では浄土以外をすべて苦界と見る。
菩提 ↓補
司馬鞍首止利佛師 海外より渡来した司馬達等の孫、多須奈の子。司馬は渡来前の本国の氏、鞍部は来日後の氏、首は姓、止利は名で鳥とも書く。仏師は造仏者の職名。飛鳥寺釈迦像も止利の作。↓補
法隆寺ノ…釋迦佛ノ光ノ後ノ銘ノ文 ↓補
銘 黒川本色葉字類抄に「銘《メイ》」とあるが、呉音としてはミヤウと認めて、その古形としてマウ

ひに、*王后《きさき》*即世《うせま》しぬ。翌日《くるつひ》に法 皇《ノリノおほきみ》*登遐《うせま》しぬ。*癸未《くゐみ》ノ年《トし》ノ三月《さむぐわち》ノ中《うち》に、願《ちかひ》ノ如《ゴト》、敬《うやま》ひて釋迦《さか》ノ尊《たふと》き像《みかた》、并《ならび》に*俠侍《けふじ》ト*莊嚴《さうごむ》ノ具《そなへ》トを造《つく》りまつり竟《をは》りぬ。斯《コ》ノ*微《すこし》きにある *福《さきはひ》 に*乗《ヨ》りて、道《みち》を信《う》ケたる*知《ち》識《しき》、*現在《メノまへ》に*安《やすら》ケく隠《おだひ》にあり、生《さう》を出《い》で死《し》に入《い》るに、*三《みたり》ノ主《あるじ》に随《したが》ひ奉《まつ》り、三寶《さむほう》を*紹隆《さか》えしメ、遂《つひ》に共《トも》に*彼岸《ひが》にして*六道《ろくだう》に*普遍《あまねは》し、*法界《ほふかい》ノ含 識《ヨロヅノもノ》*苦《くる》しき縁《ヨし》を脱《まぬか》るるコト得《え》、同《おな》じく*菩提《ぼだい》に趣《おもむ》かむ。

*司《し》馬鞍 首《めノくらノおひトノト》 止利《り》佛師《ぶつし》に造《つく》らしむ。

右《みぎ》は*法隆寺《ほふりうじ》ノ金堂《こむだう》に坐《ま》す釋迦佛《さかノほとケ》ノ光《ひかり》ノ後《うしロ》ノ*銘《まう》ノ文《も》件《くだり》ノ如《ゴト》し。

*釋《さく》して曰《い》はく、法興 元世一年《ほふこうノぐわせいちね》トいふは、此能《これヨ》く知《し》らぬソ。但《ただ》し*帝記《たいき》を*案《かむが》ふるに云《い》はく、少治田天 皇《をはりたノすめらみコト》ノ世《みヨ》に、東宮《ひつぎノみこ》、厩 戸豊聡耳命《うまやとノトヨとみみノみコト》、大臣宗我馬子宿祢《おほおみそがノうまこノすくね》ト共《トも》に、*平章《あゲつら》ひて三寶《さむほう》を建*立《た》て、始《はじ》メて大《おほき》なる寺《てら》を*興《た》てたまふ。故《かれ》、法興 元《ほうこうノぐわ》世《せ》ト曰《い》ふソ。此即《これすなは》ち銘《まう》に*法興 元世一年《ほふこうノぐわせいちね》ト云《い》ふソ。後《ノち》に見《み》む人《ひト》、若《も》しは*年号《ねがう》かト疑《うたが》ふべし。此然《これしか》にはあらぬソ。然《しか》あらば、一年《いちね》ト言《い》ふ字《な》は、其《ソ》ノ意見《ココロあらは》れ難《がた》し。然《しか》あれドも見《あらは》るるは、聖 王《ひじりノおほきみ》ノ母《みはは》、穴太部王《あなほべノおほきみ》ノ薨逝《うせま》しし辛巳《しし》ノ年《トし》は、即《すなは》ち少《を》治田天 皇《はりたノすめらみコト》ノ御世《みヨ》にあるが故《ゆゑ》に、即《すなは》ち其《ソ》ノ年《トし》を指《さ》して、故《かれ》、一年《いちね》ト云《い》ふ。其《ソ》れ*異《け》なる趣《おもむきな》无し。鬼前 大后《かむさきノおほきさき》トいふは、即《すなは》ち聖 王《ひじりノおほきみ》ノ母《みはは》、穴太部間人 王《あなほべノはしひトノおほきみ》ソ。鬼《かむ》前《さき》ト云《い》ふは、此神《これかミ》ソ。*何《なに》が故《ゆゑ》にソ神前 皇后《かむさきノおほきさき》ト言《い》ふトならば、此《コ》ノ皇后《おほきさき》ノ*同《おなじ》

母苐[1]。長谷部天皇。石寸《イハムラ》神前宮治天下。若疑其姉・穴太部王即其宮坐故稱神前皇后也。言明年者即壬[2]年也。二月廿一日癸酉王后即世者此即聖王妻膳大刀自也。二月廿一日者壬午年二月也。翌日法王登遐者。即上宮聖王也。即世登遐者是即死之異名也。故今依此銘文應言壬午年正月廿二日聖王枕[3]病也。即同時膳大刀自得勞也。大刀自者二月廿一日卒也。聖王廿二日薨也。是以明知膳夫人先日卒也。聖王後日薨也。則證歌曰〽伊我留我乃止美能井乃美豆伊加奈久尓。多義弖麻之母乃止[4]美乃井能美豆。〽是歌者膳夫人臥病而将臨没時乞水。然聖王不許[5]。遂夫人卒也。即聖王誄而詠是歌。即其證也。但銘文意顕夫人卒日也。不注聖王薨年月也。然諸記文分明云壬年午[6]二月廿二日甲戌[7]夜半上宮聖王薨逝也。出生↓

1苐―「弟」ノ誤カ　2壬―此下別筆墨書右傍補入「午歟」トアリ　3枕―「沈」ノ誤カ　4止―字画一部欠損　5シテ―底本「〾」ノ形ニ作ル　6午―「年」ノ上ニ返ルベキ符号アリ　7戌―底本「成」ノ字ニ似タル字体ニ作ル

とよんだ。

釋して曰はく　↓補

帝記　天武十年紀に帝紀及上古諸事を記さしめたとあり、記の序文にその原資料として帝紀及本辞（帝皇日継及先代旧辞）の名が見え、天平二十年の文書に「帝紀二巻日本書」とあるなどの例によって、古代の皇室関係の記録「帝紀」の存在が知られるが、本書書名の「帝説」やこの「帝記」との関係は不明。この「帝記」についても不明。

案ふるに　↓補

平章　続日本紀天平九年四月十四日条に同語がある。本書所見の「共謀」と同じ意味らしい。「平章」は書経、堯典に「平二章百姓一」とあり、蔡伝に「平、均、章、明也」と述べており、分ち明らかにする意。醍醐寺本遊仙窟康安点に「平章《とアケツラフ》」と訓じているのに拠る。

建立て　「建立」は連文の一で、前田本継体紀院政期点に「興建《タテ》」、九条本祝詞平安中期点に「振立《フリタツル》」などとあるによって訓じた。

興てたまふ　前田本仁徳紀院政期点に「興《タテ》二宮室《オホミヤを》一於菟道《ウヂ》二而居《マシマス》之」、北野本天武紀下院政期点に「初興《タツ》二薬師寺《ヤクシを》一」とあるによる。

法興元世一年　この文の筆者は丗を世と読み、以下の説を立てたのである。

年号　饅頭屋本節用集に「年号《ネンガウ》」とあるによる。

異なる趣　↓補

何が故にソ　「何故」は古くナニガユヱニソと訓じた。その例、西大寺本金光明最勝王経平安初期点「何が故(に)ソ二身たるかラニ涅槃に住(せ)

不」、弥勒上生経賛平安初期点「何(が)故にそ独り十五日に涅槃しタマフ」。
同母弟 前田本仁徳紀院政期点に「同母妹《オナジハラノイロメ》」、北野本天武紀上院政期点に「同母弟《ノイロト》也」とある。

石寸神前宮 古典にこの宮名見えず、不明。↓補
疑はくは ↓補
稱ししか 北野本斉明紀院政期点「称《マウシ》二天豊財重日足姫天皇《のスメミオヤノミコトを》二」とあり、マウスの古形マヲスを採った。
故今此ノ銘ノ文に依りて…ト言ふべし 聖徳太子伝補闕記の病無くして死んだとの伝の反証となることを指摘する意か。そうであるとすれば、この部分は補闕記以後に書かれたことになる。
卒せぬ 北野本孝徳紀院政期点に「押使《スヘ》高向玄理は卒《ミウセヌ》二於大唐二」とあるによる。
是を以て…トいふコトを 聖徳太子伝暦の太子と妃と同夕死んだとの伝の反証となることを指摘する意か。そうであるとすれば、この部分は伝暦以後に書かれたことになる。
夫人 前田本敏達紀院政期点、図書寮本履中紀永治点などに「夫人《キサキ》」とあるによる。
先日 北野本舒明紀院政期点に「先日《サキ》之事」とあるによる。
證むる 北野本天智紀院政期点に「証二知《アキラメシロシメセ》此事《を》二」とあるによる。
伊我留我乃…井能美豆 井は水の出る場所、泉・井戸・川のいずれにも用いる。↓補
臥病 北野本天智紀院政期点に「天皇臥病《ミヤマヒシタマフ》」

母弟《はらノいロド》長谷部天皇《はっせべノすめらみコト》、*石寸神前宮《いはれノかむさきノみや》に天下治《あメノしたしらしめ》したまひしかばソ。若《も》し*疑《うたが》はくは、其《ソ》ノ姉穴太部王《いロねあなほべノおほきみ》、即《すなは》ち其《ソ》ノ宮《みや》に坐《いま》ししが故《ゆゑ》に、神前皇后《かむさきノおほきさき》ト*稱《まを》ししか。明年《くるつトし》ト言《い》ふは、即《すなは》ち壬(午)《じむご》ノ年《トし》ソ。二月廿一日癸酉《にぐわちノにじふいちにちくゐいう》ノひに、王后《きさき》即世《うせま》しぬトいふは、此《これ》即《すなは》ち聖王《ひじりノおほきみ》ノ妻《め》、膳大刀自《かしはでノおほとじ》ソ。二月廿一日《にぐわちノにじふいちにち》トいふは、壬午《じむご》ノ年《トし》ノ二月《にぐわち》ソ。翌日《くるつひ》法王《ノりノおほきみ》登遐《うせま》しぬトいふは、即《すなは》ち上宮聖王《かみつみやノひじりノおほきみ》ソ。即世《うせま》しぬ、登遐《うせま》しぬトいふは、是《これ》即《すなは》ち死《し》ぬるコトノ異《け》なる名《な》ソ。*故《かれ》、今此《いまコ》ノ銘《まう》ノ文《も》に依《ヨ》りて、壬午《じむご》ノ年《トし》ノ正月廿二日《さうぐわちノにじふににち》に、聖王《ひじりノおほきみ》沈病《みやまひおも》るト言《い》ふべし。即《すなは》ち同《おな》じ時《トき》に膳大刀自《かしはでノおほとじ》勞《つかれ》を得《え》たまひしソ。大刀自《おほとじ》は、二月廿一日《にぐわちノにじふいちにち》に*卒《みう》せぬ。聖王《ひじりノおほきみ》は廿二日《にじふににち》に薨《うせま》しぬ。*是《ココ》を以《も》て明《あきらか》に知《し》りぬ、膳《かしはでノ》*夫人《きさき》は*先日《さき》に卒《みう》せぬ、聖王《ひじりノおほきみ》は後《ノち》ノ日《ひ》に薨《うせま》しぬトいふコトを。*證《あきら》むる歌《うた》に曰《い》はく、「*伊我留我乃《いかるがノ》、止美能井乃《トみノゐノ》美豆《みづ》、伊加奈久尓《いかなくに》、多義弖麻之母乃《たゲてましもノ》、止美乃井能美豆《トみノゐノみづ》」トいへり。是《コ》ノ歌《うた》は、膳夫人《かしはでノきさき》*臥病《みやまひ》して*没《し》なむトしたまひし時《トき》に、水《みづ》を乞《コ》ひたまひき。然《しか》あれドも聖王許《ひじりノおほきみゆる》したまはずて遂《つひ》に夫人《きさき》卒《みう》せぬ。即《すなは》ち聖王《ひじりノおほきみ》*誅《せ》メて是《コ》ノ歌《うた》を詠《ヨ》みたまひき。即《すなは》ち其《ソ》ノ證《あかし》ソ。但《ただ》し銘《まう》ノ文《も》ノ意《ココロ》は夫人《きさき》ノ卒《みう》せにし日《ひ》を顕《あらは》すソ。聖王《ひじりノおほきみ》ノ薨《うせま》し年《トし》ト月《つキ》トを*注《しる》さぬソ。然《しか》あれドも、*諸《もロもロ》ノ記《ふみ》ノ文《も》に*分明《あきらか》に壬午《じむご》ノ年《トし》ノ二月廿二日甲戌《にぐわちノにじふににちかふじゆつ》ノひノ夜半《よなか》に上宮聖王《かみつみやノひじりノおほきみ》薨逝《うせま》しぬト云《い》へり。「生《さう》を出《い》で

入死者《イハ》若其往反所生之辞也・三主者・若疑《クハ》神前大后・上宮聖王膳夫人・合此三所也・

∴斯帰斯麻宮《シキシマニ》治天下天皇・名《ク》阿米久尓意斯波留支《アメクニオシハルキ》比里尓波乃弥己等《ト》二娶巷奇《テカウキ》大臣名《ナハ》伊奈米足尼《イナミタリニ》女《ノムスメ》名《ナハ》吉多斯比弥乃弥己等《キタシヒ[1]ミノミコトヲシテ》為大后《ト》一生《ヲハ》名多至波奈等已比乃弥己等《ク[2]タチハナトヨヒノミコト》・妹《ヲハ》名等已弥居加斯支移比弥乃弥己等《クトヨミケカシキイヒメノミコト》二乀復娶大后弟[3]名乎阿尼乃弥己等《ヲアニノミコトヲ》為后《トシテ》一生《ヲハ》名孔部間《クアナホヘノ[4]》一人公主《ハシヒトノヒメミコト》二乀斯帰斯麻天皇之子《シキシマノ》名《ヲハ》蕤奈久羅乃布等多麻斯支乃弥己等《ヌナクラノフトタマシキノ[5]ミコト》一娶庶妹《テソマイ》名《ク》等已弥居加斯支移比弥乃弥己等《ルヲトヨミケカシキイヤヒメノミ[6]コトヲ》一為大后《トシテ》一坐乎沙多宮《オサタノニ》一治天下・生《スルヲ》名尾治王《クヲハリノオホキミ》一多至波奈等已比乃弥己等《タチハナトヨヒノミコト》・娶庶《テソ》一妹《マイ》名《クルヲ》孔《アナホ》一部間《ヘノ》一人公《ハシヒトノ》一主《ヒメミコヲ》一為大后《トシテ》一坐瀆邊宮《シテイケノヘノニ》一治天下・生《スルヲ》名等已刀弥々乃弥己等《クトヨトミミノミコト》一娶尾治大王之女《ノヲ》名多至波奈大《チ》一女郎《ヲ》一為后《ト》二乀歳在辛巳十二月廿一日[7]癸酉・日入孔部間[8]人母王崩[9]↓

1弥―右傍ニ「ミ」アリ、墨消シテソノ下ニ更ニ「ミ」ト記セリ　2タ―「チ」ノ上ニ「タ」ト重書ス　3苐―「弟」ノ誤カ、天寿国曼荼羅繡帳縁起勘点文(以下「勘」ト略称ス)「弟」ニ作ル　4間―某字ニ重書シテ「間」トス　5ミコト―右傍ノ仮名ノ位置底本ノママ6乃―墨筆ニテ抹消セリ　7日―勘等(頭注参照)ナシ　8孔部間人母―勘「母孔部間人王」ニ作ル　9崩―右肩ニ合点ヲ加ヘテ之ヲ抹消ス

とあるによる。

没なむトしたまひし　大唐西域記長寛点に「如何《イカン》、当《ニ》従《ヨリ》レ斯没《シナムトス》」とある。「将臨」の訓は未だ得ないが、意により「なむとす」と訓じた。

誅メて　「誅」は図書寮本類聚名義抄に篆隷万象名義を引いて「責也、罰也、殺也、計也、教也」とあり、コロス・セメの訓を記している(出典名不記)。古訓点にも「誅戮《セメコロシメ》」(大般涅槃経平安後期点)などの例があるが、ここは自らの心を責める意に用いてある。

注さぬソ　北野本欽明紀鎌倉期点に「撰而注《シルシ》二詳其異《ケナルコトヲ》一」とあるによる。

諸ノ記ノ文…云ヘり　「諸ノ記ノ文」は後引天寿国繡帳亀甲文等を指す。紀の辛巳年二月癸巳死去の伝の反証となることを指摘する意か。

分明に　図書寮本允恭紀永治点に「爰采女分明《アキラカに》に瞻衣中有《ニ》鎧而具奏《ヨロヒ　テツブサにマウス》」とあるによる。

合りて　金剛波若経集験記平安初期点に「合《コゾリ》レ州共聞、競送二飲食一」とあるによる。

斯帰斯麻宮治天下…比里尓波乃弥己等　漢風諡号は欽明天皇。→三五七頁注

阿米久尓意斯波留支比里尓波乃弥己等　「波留支」は「開」の意。継体記には同じく「天国押波流岐(ハル)広庭命」とあるが、同一人名を、継体紀には「天国排開広庭尊」の「開」の注に「此云二波羅企一(ハラキ)」とあり、元興寺縁起所引元興寺塔露盤銘には「阿米久尓意斯波羅岐(ハラキ)比里尓波弥己等」とあり、ハルキとハラキとは互に通じて用いられた

ことを知る。恐らく動詞ハルクの連用形で、ヒラキとも同源の語であり、語義も同類であったと思われる。ハルクの派生形にハルカスがある。

巷奇　紀等に蘇我と表記。「巷奇」の字面は元興寺縁起所引元興寺丈六光銘にも見え、元興寺塔露盤銘には「巷宜」ともあり、ソガであろうことは推測される。「巷」は去声絳韻二等匣母の文字で gàng のような音であったが、これが何故にソの音に充てられたか、未だ明かでない。「奇」は平声支韻三等群母の字で、古音 gia のような音であったので、これを国語音のガを表記するのに用いたものであろう。

伊奈米足尼　紀等に稲目宿禰と表記。

多至波奈等已比乃弥己等　漢風諡号は用明天皇。→三五四頁注。他に元興寺丈六光銘に「多知波奈止与比天皇」などとあるので、「至」はチの音の表記であることが推定される。「至」は去声至韻三等照母の字で、後世はシで表記されるが、上古音は tśiad のような音で、古くはチの国語音表記に用いられた。欽明紀二年に見える安羅日本府河内直云々の注にある百済本紀に「加不至費直」と見え、同十五年の百済人の言を記した文中に、内臣云々とある次に「遣二有至臣等一…有至臣帥レ軍…」などの例がある。

等已弥居加斯支移比弥乃弥己等　漢風諡号は推古天皇。→三五七頁注。「已」は「以」と同音で、上声止韻四等喩母の字であり、上古音は jia のような音であったと推定される。国語音ヨを表記するのに適当な文字であったのであろう。「移」は平

死《し》に入《い》る」トいふは、若《も》しは其《ソ》ノ生《う》まるる所《トコロ》に往《ゆ》き反《かへ》る辞《コトば》ソ。三《みたり》ノ主《あるじ》トいふは、若《も》し疑《うたが》はくは、神前大后《かむさきノおほきさき》、上宮聖王《かみつみやノひじりノおほきみ》、膳夫人《かしはでノきさき》、*合《コゾ》りて此《コ》ノ三所《みトコロ》ソ。

*斯帰斯麻宮治天下天皇《しきしまノみやにあメノしたしらしめししすめらみコト》、名《な》をば*阿米久尓意斯波留支比里尓波乃弥己等《あメくにおしはるきひロにはノみコト》トまをす、*巷奇大臣《そがノおほおみ》、名《な》をば*伊奈米足尼《いなメノすくね》トいふが女《むすめ》、名《な》をば吉多斯比弥乃弥己等《きたしひめノみコト》トいふを娶《ま》きて大后《おほきさき》ト為《し》て生《う》めるを、名《な》をば*多至波奈等已比乃弥己等《たちはなトヨひノみコト》トまをす。妹《いロド》ノ名《な》をば*等已弥居加斯支移比弥乃弥己等《トヨみケかしきやひめノみコト》トまをす。復《また》、大后《おほきさき》ノ*弟《いロド》ノ、名《な》をば*孔部間人《あなほべノはしひトノ》公主《ひめみこ》トまをす。

斯帰斯麻天皇《しキしまノすめらみコト》ノ子《みこ》ノ、名《な》をば*蕤奈久羅乃布等多麻斯支乃弥己等《ぬなくらノふトたましきノみコト》トいふが、庶妹《ままいロド》ノ、名《な》をば等已弥居加斯支移比弥乃弥己等《トヨみケかしきやひめノみコト》トいふを娶《ま》きて大后《おほきさき》ト為《し》て、*乎沙多宮《をさたノみや》に坐《いま》して、天下治《あメノしたしらしめ》しき。名《な》をば*尾治王《をはりノおほきみ》トまをすを生《う》みたまふ。多至波奈等已比乃弥己等《たちはなトヨひノみコト》、庶妹《ままいロド》ノ、名《な》をば孔部間人公主《あなほべノはしひトノひめみこ》トまをすを娶《ま》きて大后《おほきさき》ト為《し》て、*濆邊宮《いケノべノみや》に坐《いま》して、天下治《あメノしたしらしめ》しき。名《な》をば*等已刀弥弥乃弥己等《トヨとみみノみコト》トまをすを生《う》みたまふ。尾治大王《をはりノおほきみ》ノ女《むすめ》ノ、名《な》をば*多至波奈大女郎《たちはなノおほいらつめ》トまをすを娶《ま》きて后《きさき》ト為《し》て生《う》みたまふ。歳在辛《さいざいし》巳十二月《しノじふにぐわちノ》*廿一《にじふいち》ノ癸酉《くゐいう》ノ*日入《ひぐれ》に、孔部間人母王《あなほべノはしひトノははノおほきみ》崩《うせま》しぬ。

声支韻四等喩母の字で、上古音は jia のような音であったと推定され、国語音ヤを表記するのに適当な字であったと考えられる。

弟　古代には、姉に対し後に生れた女性同胞を弟といった。妹は兄に対しての語であり、同時に夫に対しては妻をいう。

乎阿尼　紀に小姉と表記。

孔部　本書巻頭系譜に穴太部と表記。↓補

蕤奈久羅乃布等多麻斯支乃弥己等　漢風謚号は敏達天皇。↓三五七頁注

乎沙多　本書巻頭系譜に他田、紀に訳語田と表記。

尾治王　何故ここに王と記し、後文に大王と記すか、理由不明。

瀆邉宮　本書巻頭系譜・紀等に池辺と表記。↓補

等已刀弥〻　本書巻頭系譜・紀等に豊聡耳、元興寺縁起所引丈六光銘に等与刀弥〻と表記。

多至波奈大女郎　本書巻頭系譜に位奈部橘王とある。

廿一ノ癸酉　佐佐木信綱紹介繡帳亀甲文写断簡・伏見宮家本繡帳縁起勘点文・九条家本亀甲文全文写本等の鎌倉時代の亀甲文写本、上宮太子拾遺記所引亀甲文等にすべて「廿一癸酉」とあり、「日」を除き亀甲文正四百字をみたすことに徴し、本書に「廿一日癸酉」とある「日」が衍字で、亀甲原物が「廿一癸酉」であったことは、今日疑を容れぬところとなった。辛巳年十二月廿一日は実は甲戌であり、「一」を衍とし、「廿日癸酉」とする説もあったが、今では一衍字説は成立しない。また、干支の誤を理由とし、亀甲文を後年の作とする説

〔明年二月廿二日甲戌[1]夜半太子崩〔于時《ニ》多至波奈大‐女‐郎・悲哀嘆息白《テ》畏《ス》「天[2]（第四紙）
之・雖[3]恐懐心二難止[4]・使我大王[5]与母王・如期・従‐遊痛酷《カラキコト》无比二我大王所告一
世間虚[6]《ムナシ》‐仮《ナリ》・唯仏《ノミ》是真《レ》‐玩《ナリ》・味《下シ》其法《ヲ》一謂我大王・応生於天壽國之中《ニ》二而彼國之
形[7]眼所《ニナリ》・叵看《ミ》一悕《マレニ》因図像《テテヲ》一欲《ヘリト》・観大王往生之状《ヲ》二天皇聞[8]《キコシメシテカナシフ》之悽状[9]《ヲ》二一告曰・有一
我子二所啓一誠以為然《スナリト》一勅《テ》諸采女等《ニ》一造繍《リヌウテ》帷二張一画《ヲ》者《スルモノ》東漢末[10]《ノ》賢・高麗《ノ》加‐西‐
溢《イチ六》・又漢奴加己利《ノヌカコリ》・令《ケム》‐者椋部秦久麻《モツムコヘノハタクマ》
●右在法隆寺蔵繍《シウ六》《ヌヒモノ》帳二張・縫着《ヌヒツケタリ》《フ六》亀背上《ノ》文字者一也[11]・
巷奇《カウキ》蘊我也　弥字或當賣音也　已字或當余音也　至字或當知音也　白畏天之者天即少治田
天皇也　太子崩者即聖王也　従遊者死也　天[12]壽國者猶云天耳　天皇聞之者又少治田天皇
也　令者↓

1戌―底本「成」ニ似タル形ニ記セリ　2天―此下勘「皇前日啓」ノ四字アリ、現存繡帳亀甲文ニモ「皇前日啓」ノ一顆アリ　3恐懐―勘「懐恐」ニ作ル　4止使―勘「使止」ニ作ル　5王―勘「皇」ニ作ル　6虚―底本「虗」字ノ上ニ重書シテ「虚」トセルニ似タリ　7形―右傍ニ仮名ノ如キモノ一字アルモ不明　8聞―某字ニ重書シテ「聞」トセリ、右傍「キコシ」ト記セルヲ墨筆ニテ抹消シテ更ニ「キコシメシテ」ト記シタルナリ　9状一―勘「然」ニ作ル　10漢末―二字字画一部欠損　11也―此下墨書別筆ニテ「更〻不知者之」アリ　12天―字画一部欠損

も出たが、亀甲文を太子死去直後の作として不合理な点は他にない。

日入 ↓補

崩しぬ 聖徳太子伝私記所引法起寺塔露盤銘にも「上宮太子(中略)臨崩之時」とあり、法隆寺旧蔵観音像銘に「笠評君名大古臣辛丑日崩去」とあり、太子の死に崩の字をあてるは異例でない。古代人は日本語の発音を重視し、漢字の用法に拘泥しない風があった。

悲哀ビ嘆息きて・恐 ↓補

期りしが如従遊 間人母后が太子と浄土での再会を約し死去したとの意。遊は北魏の永熙三年造像銘に「願令亡者遊神西方浄仏国土」とあるなどの例のように、死者が浄土に往生するの意。↓補

酷きコト 前田本雄略紀院政期点に「酷《カラ(キ)》毒」、図書寮本武烈紀永治点に「酷刑《(カ)ラキノリ》」などとある。

比 北野本舒明紀院政期点に「為比《タクヒ》」とある。

世間は虚り假りにして唯佛ノミ是真ソ ↓補

玩び 図書寮本類聚名義抄に「慈云…弄也、好也、戯弄也…モテアソフ書」とあるによる。或いはカシヅクなどとも訓むべきか。

天壽國・應し・彼ノ國・形・叵き・悕に ↓補

状 白氏文集天永点に「状《カタチ》」の訓例を見る。

悽然ビ・有る… ↓補

一ノ我が子 推古天皇の孫橘女王に対する愛称か。

采女 もと小国家の君主が統一君主に服属する際に祭祀権献上の象徴として貢献した巫女であったようだが、のちには豪族から献上された宮廷の侍

明年《くるつとし》ノ二月《にぐわちノ》廿二日《にじふににち》ノ甲戌《かふじゆつ》ノひノ夜半《よなか》に、太子《ひつぎノみこ》崩《*かむあがりま》しぬ。時《とき》に多至波奈大女郎《たちはなノおほいらつめ》、悲哀《*かなし》ビ嘆息《なゲ》きて、畏《かしこ》き天《すめらみコト》(皇ノ前《みまへ》に)白《まを》して(曰《まを》さく、「啓《まを》さむコト)恐《*おそり》ありト雖《いへド》も、懐《おも》ふ心《ココロ》止《や》み難《がた》し。我《あ》が大王《おほきみ》、母王《ははノおほきみ》ト期《*ちぎ》りしが如《ゴト》、従遊《ずゆ》したまひき。痛《いた》く酷《*から》きコト比《*たぐひな》无し。我《あ》が大王《おほきみ》ノ告《ノ》りたまゝらく、「世間《*ヨノなか》は虚《うつは》り假《か》りにして、唯佛《ただほトケ》ノミ是真《コれまコト》ソ」トノりたまゝり。其《ソ》ノ法《みノり》を玩《*もてあそ》び味《あぢは》ふに、我《あ》が大王《おほきみ》は天壽國《*てずこく》ノ中《うち》に生《うま》れたまふ應《*べ》しト謂《おも》ゝり。而《しか》るもノを彼《*ソ》ノ國《くに》ノ形《*かたち》は眼《まなこ》に看《み》叵《*がた》き所《トコロ》ソ。悕《*まれ》に像《みかた》を図《あが》くに因《ヨ》りて、大王《おほきみ》ノ往《ゆ》きて生《うま》れたまゝる状《*かたち》を観《み》むト欲《おも》ふ」トまをす。天皇聞《すめらみコトきコしめ》して悽然《*かなし》ビ、告《つ》げて曰《ノりたま》はく、「有《*あ》る一《*ひトり》ノ我《あ》が子《こ》ノ啓《まを》す所《トコロ》、誠《まコト》に以《も》て然《しか》ソト為《おも》ふ」トノりたまゝり。諸《もロもロ》ノ采女《*うねめ》等《たち》に勅《みコトノり》して繡帷《*ぬひもノノかたびらふたはり》二張を造《つく》らしメたまふ。畫《*ゑが》く者《ひト》は東漢《*やまとノあやノ》末賢《まけ》、高麗《こまノ》加西溢《かせい》ソ。又《また》、漢《あやノぬ》奴加己利《かコり》、令者《*つかさひト》椋部《*くらひトでノ》秦《はたノ》久麻《くま》ソ。

右《みぎ》は法隆寺《*ほふりうじ》ノ蔵《くら》に在《あ》る繡帳二張《ぬひもノノかたびらふたはり》に縫《ぬ》ひ着《つ》ケたる龜《*かメ》ノ背《せ》ノ上《うへ》ノ文字《もじ》ソ。

巷奇《かうき》トいふは〈蘇我《そが》ソ。〉弥《み》ノ字《じ》は〈或《ある》いは當《まさ》に賣《め》ノ音《おむ》にあらむ。〉已《い》ノ字《じ》は〈或《ある》いは當《まさ》に余ノ音《おむ》にあらむ。〉至《し》ノ字《じ》は〈或《ある》いは當《まさ》に知《ち》ノ音《おむ》にあらむ。〉白畏天之《びやくいてし》トいふは〈天《*て》は即《すなは》ち少《を》治田《はりたノ》天皇《すめらみコト》ソ。〉太子《たいし》崩《ほう》トいふは〈即《すなは》ち聖王《ひじりノおほきみ》ソ。〉従遊《ずゆ》トいふは〈死《し》ぬるヿトソ。〉天壽國《てずこく》トいふは〈天《て》ト云《い》ふが猶《ゴト》くにあらくノミ。〉天皇聞之《てわうもし》トいふは〈又少治田天皇《またをはりたノすめらみコト》ソ。〉令《らう》トいふは

猶監也

〽上宮時臣[1]勢三杖大夫歌

○伊加留我乃・止美能乎何波乃・多叡婆許曾・和何於保支美乃・弥奈和須良叡米《メ》・

○美加弥《ミ》乎《ヲ》須《ス》・多婆佐《サ》美《ミ》夜麻乃・阿遅《チ》加氣《ケ》尓《ニ》・比止乃麻乎之志・和何於保支美波母

○伊加留我乃・己《コ》能《ノ》加支夜麻乃・佐可留木乃・蘓《ソ》良《ラ》奈《ナ》留許等乎・支美尓麻《マ》乎[2]《ヲ》佐《サ》奈《ナ》

〽丁未年六七月・蘓我馬子宿祢大臣・伐《ウツ》物部《ノ》[3]室屋大連《ヲ》‐時大臣軍士不[4]《シテ》尅‐而退・故則上宮王・擧《テ》四王像‐建《テ》軍士前《ニ》‐誓云・若得亡此大連‐奉為四王‐造寺尊重供養者《トイヘリ》・即軍士得勝‐取《リ》大連‐訖・依此‐即造難波四天王寺‐也・聖王生十四年也・

〽志关嶋天皇御世・代[5]午年十月十二日・百齊國主明王・始奉度佛[6]像経教并僧等・勅授《テ》蘓我稲目宿祢大臣令興隆‐也・

〽庚[7]寅年・焼滅佛殿佛像‐流却於難波堀江《ニ》・↓

1 臣―「巨」ノ誤ナルベシ　2 乎―「尓」字ニ重書シテ「乎」トス　3 室―墨筆ミセケチトシテ右傍ニ「守」ト記セリ　4 シテ―底本「〉」ノ形ニ作ル　5 代―「戊」ノ誤カ　6 佛―字画一部欠損　7 庚―字画一字欠損

女を呼ぶ名。↓補

繍帷　↓補

畫く者　画師。紀の白雉四年条に「画工狛竪部子麻呂」、斉明五年条に「高麗画師子麻呂」とあり、七世紀の画師には高麗系の人が多かったようだ。「者」字は人物を表す時古くは必ずヒトと訓じた。

東漢　↓補

令者　紀の欽明三十年条に田令、大化二年条に坊令、天武元年条に湯沐令などの官職名が見える。↓補

椋部・法隆寺ノ蔵に在る繍帳二張・龜ノ背ノ上ノ文字　↓補

天は即ち少治田天皇　本書今本「皇前日啓」の四字を脱す。この文の筆者は脱字のまま解釈した。

大夫　朝廷の高級官僚の称呼。令制では五位以上の官人。↓補

伊加留我乃…和須良叡米　止美能乎何波は今、富雄川というが、聖徳太子伝補闕記の「富乃小川」を採る。↓補

美加弥乎須…於保支美波母　↓補

伊加留我乃…支美尓麻乎佐奈　↓補

丁未ノ年　紀の用明天皇二年。以下蘇我物部合戦説話は紀・聖徳太子伝補闕記等に類似の記事として載っているが、いずれも四天王寺の縁起の類から出た造作談であろう。

軍士　前田本雄略紀院政期点に「軍士《ヒト》」、図書寮本舒明紀永治点に「軍衆《イクサヒト》」とある。

上宮王…尊重供養し奉らむ　十四歳の聖徳太子が

蘇我物部合戦の勝敗を決する力をもつ人として従軍したとは考え難い。四天王寺を太子本願の寺とする寺の縁起で造作せられた説話であろう。

取り　記に、倭建命が熊曾建を「取」るために発遣されたこと、伊服岐能山の神を「取」ろうとして赴いたこと、目弱王の安康天皇暗殺を「人取二天皇一」と伝えたことなど、古典に「取る」を殺すという意に用いた例が多い。

志癸嶋天皇ノ御世に戊午ノ年…度し奉る　志癸嶋天皇は漢風諡号は欽明天皇(→三五七頁注)。→補

明王　三国史記、百済本紀に「聖王、諱襛」、欽明紀には「聖明王、更名聖王」とある。

興し隆えしむ　→補

庚寅ノ年　紀の欽明天皇三十一年に当る。破仏のこと、紀には欽明十三年仏教渡来条に続いて記し、敏達十四年条に重ねて仏殿を焼き、仏像を難波の堀江に棄てたことを記すが、「或本」に物部守屋らが破仏を謀ったが、蘇我馬子が諍って従わなかったとあるをも引いており、いずれにせよ、蘇我物部の政権争奪戦に信仏破仏を附会した造作談と思われる。

殿　→補

難波ノ堀江　後世飛鳥にその古跡と称するものがあるが、大和の仏殿を焼き仏像を難波に棄てるという不合理を救おうとする後世の造作であろう。難波の堀江は仁徳記にも見える有名な地名で、ここでは文字どおり今の大阪の難波の堀江として書かれているとすべきであろう。

却つ　→補

〈監《げむ》ノ猶《ごと》し。〉

上宮《かみつみや》ノ時《とき》に、巨勢三枝《コせノみつゑノ》*大夫《まちきみ》ノ歌《うた》ひしく、

*伊加留我乃《いかるがノ》、止美能乎何波乃《トみノをがはノ》、多叡婆許曾《たえばコソ》、和何於保支美乃《わがおほきみノ》、弥奈和須良叡米《みなわすらえめ》。

*美加弥乎須《みかみをす》、多婆佐美夜麻乃《たばさみやまノ》、阿遅加氣尓《あちかゲに》、比止乃麻乎之志《ひトノまをしし》、和何於保支美波《わがおほきみは》母《も》。

*伊加留我乃《いかるがノ》、己能加支夜麻乃《コノかきやまノ》、佐可留木乃《さがるキノ》、蘇良奈留許等乎《そらなるコトを》、支美尓麻乎佐奈《きみにまをさな》。

トいへり。

*丁未《たうみ》ノ年《トし》ノ六七月《ろくしちぐわち》、蘇我馬子宿祢大臣《そがノうまこノすくねノおほおみ》、物部 守屋大連《もノノべノもりやノおほむらじ》を伐《う》つ。時《トき》に大臣《おほおみ》ノ*軍 士《いくさひト》尅《か》たずて退《しりぞ》く。故《かれ》、*上宮 王《かみつみやノおほきみ》、四王《しわう》ノ像《みかた》を擧《あ》ゲて軍士《いくさひト》ノ前《まへ》に建《た》て、誓《ちか》ひて云《い》はく、「若《も》し此《コ》ノ大連《おほむらじ》を亡《ほろぼ》すコト得《え》ば、四王《しわう》ノ為《たメ》に寺《てら》を造《つく》り、尊重供養《そちうくやう》し奉《まつ》らむ」トいへり。即《すなは》ち軍士《いくさひト》勝《か》つコト得《え》て、大連《おほむらじ》を*取《ト》り訖《をは》りぬ。此《コれ》に依《ヨ》りて即《すなは》ち難波《なには》ノ四天王寺《してわうじ》を造《つく》る。聖 王《ひじりノおほきみ》ノ生《あ》れまして十 四 年《トトせあまりヨトせ》ソ。

*志癸嶋 天 皇《しキしまノすめらみコト》ノ御世《みヨ》に、戊午《ぼご》ノ年《トし》ノ十月 十二日《じふぐわちノじふににち》に、百齊國《はくさいこく》ノ主《あるじ》*明王《まうわう》、始《はじ》メて佛《ほトケ》ノ像《みかた》 経教《かうけう》并《なら》びに僧等《そうら》を度《わた》し奉《まつ》る。勅《みコトノり》して蘇我稲目宿祢大臣《そがノいなメノすくねノおほおみ》に授《さづ》ケて*興《おコ》し隆《さか》えしむ。

*庚寅《かうい》ノ年《トし》に、佛《ほトケ》ノ*殿《みあらか》佛《ほトケ》ノ像《みかた》を焼《や》き滅《ほろぼ》し、*難波《なには》ノ堀江《ほりえ》に流《なが》し*却《す》つ。

少治田天皇御世。乙《キノ》[1]丑年五月。聖徳王与嶋大臣。共《ニ》謀《テ》《イツハ》建立佛法《ヲ》。更興三寶。
即准[2]五行定爵位レ也。七月立十七餘法也。
レ[3]飛鳥天皇御世。关卯年十月十四日。蘓我豊浦《ウラノ》毛人《エミシノ》大臣児《カコ》入鹿《イルカノ》臣□[4]□[5]林[6]太[7]郎《ト》一
坐《キテ》於伊加留加宮《ニ》一山代《ノ》大兄《エ》及其昆《ヒ》苐《コン》[8]等。合《テ》十五王子等《ヲ》□[9]□[10]□[11]
(第五紙)
「[12]□□[13]皇[14]御世乙巳年六月十一日レ近[15]江天皇生[16]廿一年敓於林太郎[17]□[18]□[19]以明日一其
父豊《トヨ》[20]浦《ラノ》大臣《ノ》子孫等皆滅之。

○志歸嶋天皇治天下卌[21]一年辛[22]卯年四月崩陵檜前坂合罡也

○[23]他田天皇治天下十四年乙巳年八月□[24]陵[25]在川[26]内志奈[27]□

○池邊天皇治天下三年丁[28]未年四月崩[29] 或云内川[30]志奈我中尾□[31]

○倉橋天皇治天下四年壬子年十一月崩實為嶋大臣所滅也 陵倉橋罡在也

1キノ—此下「ー」ノ形ノ仮名見ユ、「ト」カ　2五—字画一部欠損　3飛鳥天皇—右傍墨書別筆「皇極天皇也」トアリ　4□—一字欠損　5□—下半「心」ニ似タル字画アリ　6林—某字ニ重書シテ「林」トセルモノノ如シ　7太—某字ニ重書セルカ、字画一部欠損　8苐—「弟」ノ誤カ　9□□—二字分欠損、「飛鳥」ナルベシ　10□—右端字画見ユルモ判読スルコト能ハズ　11□—「也」ノ下半ニ似タル字画見ユルモ更ニ墨書シテ抹消セルカ、此下墨書別筆書入「○悉滅之也」ノ四字アリ　12□□—約二字分欠損　13□—墨書別筆ニテ「天」ト補入　14皇—右傍墨書別筆「□徳(字画一部欠損)天皇也」トアリ、又左傍墨書別筆「神護天王」トアリ　15近江天皇—右傍墨書別筆「天智天皇也」トアリ　16生廿一年—左傍墨書別筆「天地天王」トアリ　17郎—字画一部欠損　18□—一字欠損　19□—下端ニ「一」ノ形ノ字画見ユルモ判読スルコト能ハズ　20ラ—重書カ　21卌一—墨筆ニテ抹消シ、右傍ニ「王代云卌二年文」ト記セリ　22辛—字画一部欠損　23○—符号大部分欠損

乙丑ノ年ノ五月　紀の推古天皇十三年に当るが、紀では三宝興隆の詔を二年甲寅に(→三五八頁注)、冠位十二階始行を十一年癸亥に、憲法十七条肇作を十二年甲子に、それぞれ記している。この乙丑年五月を建立仏法、定爵位、立十七条法のすべてにかかるものと解するならば、本書と紀との年月が相違する。

嶋大臣ト共に謀り　→三五九頁「嶋大臣ト共に天下ノ政を輔ケて」補

五行に准へて　玉林抄・日本書紀通証・書紀集解に、冠位十二階の徳目中徳を除く五徳を木火土金水の五行に准じて配列してあると説く。

爵ノ位　紀にいう冠位十二階、本書前半部にいう爵十二級(→三五九頁)。

七月に十七餘ノ法を立つ　推古紀には十二年(甲子)四月条に「皇太子親肇作二憲法十七条一」、一心戒文所引天長元年官符所引登美藤津解には「(推古)十年十二月始製二憲法十七条一」とする。

癸卯ノ年　紀の皇極天皇二年。

十月十四日　皇極紀には十一月丙子朔、聖徳太子伝補闕記に十一月十一日丙戌とする(後者により前者に丙子朔の次に丙戌脱とする説がある)。

毛人　紀に蝦夷と表記する。東北の住民蝦夷を毛人とも記す故に、人名表記にも通用させたもの。

林太郎　皇極紀に「林臣入鹿也」とある。→補

伊加留加宮・昆弟　→補

十五ノ王子等を悉滅しき　聖徳太子伝補闕記には入鹿の山背大兄王襲撃のときに太子の子孫男女二

少治田《をはりた》天皇《ノすめらみコト》ノ御世《みヨ》に、*乙丑《おちちう》ノ年《トし》ノ五月《ごぐわち》に、聖徳王《さうとこノおほきみ》、*嶋大臣《しまノおほおみ》ト、共《トも》に謀《はか》りて佛《ほトケ》ノ法《みノり》を建立《た》て、更《さら》に三寶《さむほう》を興《おコ》す。即《すなは》ち*五行《ごがう》に准《なずら》へて*爵《かがふり》ノ位《くらゐ》を定《さだ》む。*七月《しちぐわち》に十七《トをあまりななつ》餘ノ法《ノり》を立《た》つ。

飛鳥天皇《あすかノすめらみコト》ノ御世《みヨ》に、*癸卯《くゐまう》ノ年《トし》ノ*十月十四日《じふぐわちノじふしにち》に、蘇我豊浦《そがノトゆらノ》*毛人大臣《えみしノおほおみ》が児《こ》、入鹿臣《いるかノおみ》、□□*林太郎《はやしノおほいらつこ》ト、*伊加留加宮《いかるがノみや》に坐《いま》しし山代大兄《やましロノおひね》ト其《ソ》ノ*昆弟等《いロねいロドたち》、合《しかしなが》ら*十五《トはしらあまりいつはしら》ノ王子《みこ》等《たち》を(悉滅《コトゴトほロぼ》しき)。(飛鳥天)皇《あすかノすめらみコト》ノ御世《みヨ》に、*乙巳《おちい》ノ年《トし》ノ六月十一日《ろくぐわちノじふいちにち》に、*近江天皇《あふみノすめらみコト》〈*生《あ》れましししより廿一年《はたトせあまりひトトせ》ソ。〉林太郎《はやしノおほいらつこ》を殺《コロ》したまひき。□□明日《くるつひ》を以《も》て、其《ソ》ノ父豊浦大臣《ちちトゆらノおほおみ》ノ*子孫等《うみノこたち》を皆滅《みなほロぼ》したまひき。

*志歸嶋天皇《しキしまノすめらみコト》、天下治《あメノしたしらしめ》ししコト卌一年《ヨそトせあまりひトトせ》、〈*辛卯《しまう》ノ年《トし》ノ四月《しぐわち》に崩《かむあがりま》しぬ。陵《みささき》は檜前《ひノくま》ノ坂合岡《さかあひノをか》*にあるソ。〉

*他田天皇《をさたノすめらみコト》、天下治《あメノしたしらしめ》ししコト十四年《トトせあまりヨトせ》、〈*乙巳《おちい》ノ年《トし》ノ八月《はちぐわち》に(崩)《かむあがりま》しぬ。陵《みささき》は川内《かふち》ノ*志奈(我)《しなが》に在《あ》るソ。〉

*池邊天皇《いケノへノすめらみコト》、*天下治《あメノしたしらしめ》ししコト三年《みトせ》、〈丁未《たうみ》ノ年《トし》ノ四月《しぐわち》に崩《かむあがりま》しぬ。或《ある》が云《い》はく、川内《かふち》ノ志奈我《しなが》ノ中尾(陵)《なかノをノみささき》トいふ。〉

*倉橋天皇《くらはしノすめらみコト》、*天下治《あメノしたしらしめ》ししコト四年《ヨトせ》、〈*壬子《じむし》ノ年《トし》ノ十一月《じふいちぐわち》に崩《かむあがりま》しぬ。實《まコト》は嶋大臣《しまノおほおみ》に

十三王が害せられたと記し、二十三王の名を列挙する。これにより本書の十五王子の上の「二」が脱したとする説もあるが、襲撃前に死んだ王もあるし、太子の子孫が一所に集住していたはずもなく、補闕記の太子の子孫全滅の記事は信用できず、本書の十五王子等悉滅の伝にも疑問がある。

乙巳ノ年 紀の皇極天皇四年。

近江天皇 漢風諡号では天智天皇。

生れましししより廿一年 紀には舒明天皇十三年に年十六とあるから、本書と一年相違する。

子孫 前田本雄略紀院政期点に「子孫《ウミノコ》」とある。

志歸嶋天皇天下治ししコト卌一年 →三七三頁「志癸嶋天皇ノ御世に戊北ノ年…度し奉る」補

辛卯ノ年 紀の欽明天皇三十二年辛卯。

にあるソ 下文に「陵倉橋罡在也」とあるにより補読した。以下同断。

他田天皇 漢風諡号は敏達天皇。→三五七頁注

乙巳ノ年 紀の敏達天皇十四年乙巳。

志奈我 紀・延喜式等に磯長と表記。

池邊天皇 漢風諡号は用明天皇。→三五四頁注

天下治ししコト三年 記にも「治天下参歳」とあるが、紀は、乙巳即位、丙午元年、丁未二年死とする。即位の年をふくめるか否かで在位年数に一年の相違を生じたものか。なお→三六二頁注「歳次丙午ノ年」

倉橋天皇 漢風諡号は崇峻天皇。→三五八頁注

天下治ししコト四年 紀は丁未即位、戊申元年、壬子五年死とする。本書と一年相違する。

壬子ノ年 前注参照。

○少治田天皇治天下卅六年戊子年三月崩陵大野罡也或云川内志奈我山田寸

○上宮聖徳法王・又云法主王・甲午年産・壬午年二月廿二日薨逝也・生卌九年小治田宮為東宮也墓川内志奈我罡也

24□—一字欠損、証注ニ「原欠二崩字一。今依レ例補」トアリ　25陵—字画一部欠損　26川内—二字各字字画一部欠損　27奈—以下三字以上欠損　28未年四月崩—五字墨書別筆重書　29崩—以下墨書別筆「秋七月奉葬河内磯長中尾山陵二」ト補シ、「河内磯長中尾山陵」ノ七字ヲ見セケチトセリ　30川—上ニ返ル返符ヲ附ス　31□—一字欠失、墨書別筆「陵」ト補入

為りて滅《ほろぼ》さえたまひしソ。陵《みささき》は倉橋岡《くらはしノをか》に在《あ》るソ。〉

*少治田天皇《をはりたノすめらみコト》、*天下治《あメノしたしらしめ》しし コト卅六年《みトせあまりむトせ》、〈*戊子《ぼし》ノ年《トし》ノ三月《さむぐわち》に崩《かむあがりま》しぬ。*陵《みささき》は大《おほ》野岡《のノをか》にあるソ。或《ある》が云《い》はく、*川内《かふち》ノ志奈我《しなが》ノ山田《やまだ》ノ寸《むら》にありトいへり。〉

上宮聖徳法王《かみつみやノさうとこノノりノおほきみ》、又《また》は*法主王《ほふすわう》ト云《まを》す。*甲午《かふご》ノ年《トし》に産《あ》れまし、壬午《じむご》ノ年《トし》ノ二《に》月廿二日《ぐわちノにじふににち》に薨逝《かむさりま》しぬ。〈生《あ》れましより卌九年《ヨそトせあまりココノトせ》ソ。小治田宮《をはりたノみや》ノトきに東宮《ひつぎノみこ》ト為《な》りたまひき。墓《みはか》は*川内《かふち》ノ志奈我《しなが》ノ岡《をか》にあるソ。〉

少治田天皇　漢風諡号は推古天皇。↓三五七頁注

天下治ししコト卅六年　記に「治㆓天下㆒参拾漆歳」とあり、本書・紀と一年相違する。紀に崇峻天皇五年とする壬子年即位によりこの年をふくめたものか。

戊子ノ年　紀の推古天皇三十六年。

陵は大野岡　紀に遺詔により竹田皇子の陵に合葬したとあるが、ここか否か不明。

川内ノ志奈我ノ山田ノ寸　記に「後遷㆓科長大陵㆒」、延喜式にも「磯長山田陵。小治田御宇推古天皇。在㆓河内国石川郡㆒」とある。

法主王　用明紀にも見える。法主とは雑阿含経に「世尊為㆓法主㆒」とある。

甲午ノ年に産れまし　記・紀に所見がなく、聖徳太子伝暦以後異伝が多いが、この記述は元興寺縁起に「馬屋門豊聡耳皇子、桜井等由良治天下豊弥気賀斯岐夜比売命生年一百、歳次癸酉」「天皇耳皇子白、今我等無朝(期の誤か)生年之数算、建於百位」の年齢と符合し、もっとも信用できる所伝であろう。

川内ノ志奈我ノ岡　紀に「磯長陵」、延喜式に「磯長墓」とある。外形は一遍聖絵に鎌倉時代当時の実景描写がある。内部構造は、明治十二年の実検記によれば、横穴式古墳で隧道の奥に石室があり、その奥正面とその左右とに合計三枚の石をすえ、付近に棺の破砕した断片とおぼしき布張黒漆の腐朽した板片が残っていたという。古伝のとおり、聖徳太子と間人母后と膳妃との三人を納めた棺を棺台に安置した合葬墓であったと認められる。

傳得僧相慶之[1]

「」(草名)[2]

(朱印)欣賞

(朱印)[4]徹定珍蔵

[5]和劦法隆寺勧学院文庫

(裏書)　↓補

1 傳得僧相慶之―墨書別筆　2 草名―墨書又別筆　3 朱印―後代ノ押捺ナリ　4 朱印―後代ノ押捺ナリ(鵜飼徹定)　5 和劦―以下十字補修料紙ニ記セリ、近時ノ墨書ナリ

補注

見出し項目の下の( )内は、本文の頁と行数を示す。たとえば(一三1)は、一三頁1行目であることを表わす。

憲法十七条

憲シキ法(一三1) 「憲」の訓イツクシキのイツクシは、厳然としている、威厳があるの意。「憲」の字には「法令」「準拠する」の意はあるが、「厳然」の意は見出されないようで、「憲法」が厳然たる法であることから、イツクシキノリと訓じたのであろう。なお古くウツクシは「可愛らしい」の意で、イツクシとは区別されていた。

十七條(一三1) 古来、和語の数詞は発達が不十分で、古代においても漢語が多く用いられたと思われるが、日本書紀の古訓では、数詞について格別に和訓を用いた所が多い。トヲチアマリナヽヲチもその一例で、助数詞ヲチを各単位ごとに附し、単位の間をアマリで結ぶ。トヲチのトは「十」の意、ヲチは通証に小路の義というが未詳。又「條」に「を」のヲコト点が無いが、漢籍の古点には目的格に「を」を伴わない例が多く見える。

和グを以て貴しと為(一三3) ヤハラグはここでは四段活用で自動詞。墨点では「(ヤハラ)カナルヲ」と訓じている。又、「為」が他動詞として用いられる場合、後世では「(…ト)ナス」とよむが、古くは一般に「(…ト)ス」とよんだ。

黨有り(一三3) 「黨」の訓タムラのタは接頭語、ムラは群の意で、集団、派閥をさす。岩崎本皇極紀平安中期朱点にも同訓があり、前田本継体紀院政期点にも「二隊」をフタヽムラと訓ずる。又、日本霊異記(興福寺本上一七)には「儻得ニ観音菩薩像一」の文の中で「儻多牟良止之天」と訓じた例がある。

達ル(一三4) 岩崎本推古紀平安中期朱点に「達矣」をサトリタマヒヌと訓じ、又、法隆寺本法苑珠林長承点にも「達」をサトテ(サトッテ)と訓じている。

君父に順は不(一三4) 「父」の訓カゾは書紀古訓に頻出する語。仁賢紀訓注に「鹿父鹿父人名也、俗呼ㇾ父為ニ柯曾一」、和名抄に「父、尒雅云、父為考和―(知と)、日本紀私記云加會」(真福寺本十七ウ三、「知と」脱か、道円本により補入)とあり、古くからチチに対して「俗」の語カゾがあったらしい。この「俗」は親愛の意の表現かともいわれるが、なぜ書紀の訓として後世に伝えられたかについては未勘。

乍(一三4) 玄応一切経音義に「乍、仕嫁反、蒼頡篇、乍、両辞也」とある。南海寄帰内法伝平安後期点・大慈恩寺三蔵法師伝永久点・観智院本類聚名義抄にも同じくマタと訓ずる。この箇所の左訓「アルキハ」は、中世以後の新訓らしい。尤も「乍」をアルイハと訓じた古例も、慈恩伝永久点・文鏡秘府論保延点など、平安後半期以後多い。↓内藤湖南『秘籍大観古鈔本日本書紀解説』・神田喜一郎『日本書紀古訓攷証』

篤く三寶を敬フ(一三7)　「敬」の訓ヰヤマフのヰヤは「礼」の意、マフは動詞を作る接尾語。ウヤマフ(仏足石歌)の形と併用されたか。ヰヤブも同義語らしく、日本書紀にも「礼《ヰヤビ》」、又続日本紀宣命「為夜備末都利」(三八詔)の例もある。なお、憲法各条の訓読文の末尾を見るに、第二条では「篤く三寶を敬フ」と終止法で結んでいるが、第三条では「詔を承(り)ては必(ず)謹メ」と命令法で結んでおり、終止法・命令法の両者が併用されている。

三寶は佛法僧なり(一三7)　拾介抄は「仏法僧也」を分注とし、日本書紀通証もこれに従うべしとし、群書類従本も分注とした。書紀集解はさらに「後人所加」と言っている。憲法十七条の中には、このような説明文は例なく、文体からみても、後人の注が本文に混入したと考えるほうが合理的と考えられる。勝鬘経に「法者即是説二一乗道一、僧者是三乗衆。此二帰依、非二究竟帰依一。(中略)若有二衆生一、如来調伏、帰二依如来一、得二法津沢一、生二信楽心一、帰二依法僧一。是二帰依、非二此二帰依一、是帰二依如来一。帰二依第一義一者、是帰二依如来一。此二帰依、第一義、是究竟帰二依如来一」(本巻二三五―二三九頁)とあり、伝聖徳太子撰勝鬘経義疏に「夫昔日梯橙三宝及五乗之別、同是方便之説。非二是実説一。今則既会二五乗一入二於一乗一、同為二常住一果之因一。故亦明下昔日梯橙三宝非二是究竟一、唯今日常住一躰為中帰依之極上也」(本巻一四八頁)と説かれていて、太子の勝鬘経研究が事実であるならば、その点からも「三寶者佛法僧也」という説明句の付加はむしろ無用の感がある。しかし、推古紀本文でこの四字が分注であったとする明証なく、勝鬘経義疏を太子の真作とするに問題のある今日、しばらくこれを後人の付加とするを避けて本文の一部としておく。なお、図書寮本推古紀には「三宝」に「ホトケ」の訓があり、天武六年紀に「大設二斎飛鳥寺一、以読二一切経一。便天皇御二寺南門一、而礼二三宝二」とあるは、同十四年紀に「天皇幸二于飛鳥寺一、以二珍宝一奉二於仏一而礼敬」とあると対比し、前者の「三宝」は後者の「仏」に当ると解せられ、続紀天平勝宝元年の聖武天皇が東大寺盧舎那仏像前殿に着座し「北面対像」した席での宣命の「三宝乃奴止仕奉流天皇羅我大命盧舎那像能大前仁奏賜」の「三宝」を、歴朝詔詞解には「仏」の意としているが、釈日本紀秘訓では「三宝」はすべて音読とされていて、憲法十七条の三宝を仏の意に限定することは、さらに精考を要する。「僧」の訓ホシはホフシ(法師)の意。ホフのフを無表記とした形か。他にも「衆僧」をモロ〳〵ホシ(岩崎本皇極紀平安中期点)、「僧」をホシ(図書寮本舒明紀永治点)などの例がある。かように字音語をもとの漢字から離れて別の漢字に附して和訓のように用いた例は他に少い。

四の生レ(一三7)　この「四の生レの終の歸、萬の國の極れる宗」は欽明十三年紀の「是法於二諸法中一、最為二殊勝二」などと同じく、仏教を諸教中最高の思想とする。十七条に儒家・法家等の思想があっても、仏教を基本精神とすると見られるゆえん。伝聖徳太子撰勝鬘経義疏に「帰依之極」(本巻一四八頁)、同維摩経義疏に「夫天下事品雖レ羅、要在下離レ悪取上レ善。離レ悪取レ善、必以二三宝一為レ本」とある。「生」の訓ムマレはウマレの転。古く「宇美(ウミ)の子の」(万葉集巻二十、四四六五)、「生知二合有末礼奈加良一」(興福寺本日本霊異記上一八)などの例がある。図書寮本・北野本にウマレとある方が、古形を存するのかも知れない。

法(一三9)　ミノリのミは敬意を表わす接頭語。ノリは仏法の意。なおこのように、和訓の語頭の音節だけを表記して以下を表記しない例は、本点の中に他に、「行」に「〈オ〉(こなはれ)」、「民」に「〈オ〉(ほむたから)」、「要」に「〈カ〉(ならず)」、「斉」に「〈ト〉ゝ(のほら)」、「典」に「〈ノ〉(り)」、

「詐」に「〈ア〉(ざむく)」、「覆」に「〈クツ〉(かへす)」など例が多いが、これは平安初期の古訓に多く見られる表記形式であって、その名残ではないかと思われる。

貴び非あらむ(一三9)　タフトブは古く上二段活用であって、打消の形はタフトビズであった。「非」にヲコト点「す」を加えてあるから、ズアラムと訓じたと思われる。ズアラムはザラムの古形で、平安初期の古点本によく見え、これも古形残存の一例かと思われる。

人尤ダ悪しきモノ…教ふるをモチて従ふ(一三9)　悪しきモノのモノは古く物体・鬼神・魔物・不明確な対象などを意味し、はっきりと人間を指すことと稀であった。モノは又、モノガナシ、モノオモフのように、漠然とした状態を示す接頭語から、「世の中は空しきもの」のように形式的な概念を指し、更にはタツベキモノカのように助詞的用法にまで広がっている。ここは形式的な概念を指した例か。モチテのモチは原文「以」字の略体。促音便の「モテ」かも知れないが、一往本来の形による。

詔(一三12)　ミコトノシは岩崎本墨点・図書寮本・北野本ともミコトノリとあるから、シはリの誤かとも思われるが、或いはミコトノリシ(シは動詞スの連用形)の促音便のミコトノッシの促音無表記かも知れない。

臣(一三13)　ヤツコラマのヤツコは「家之子」の意、ラマは接尾語で、オホミコトラマ・マホラマなどとも用いられる。ラはワレラなどのラで、体言の下に附き、それを中心としてその周辺を含めた概念を表わす語という。↓阪倉篤義『語構成の研究』。マはカヘラマ・フツマなどのマで情態的意味を表わすともいわれるが、語義必ずしも明確でない。

むと欲る(一三14)　ムトスルは後世ムトホツスと訓ずるが、「欲」は「猶将也」(助字弁略)と説かれるように、未来の意を表わす字であり、古くはムトスと訓まれたことが多い。

耳(一三15)　ノミのノは助詞、ミは「身」で、「それ自体」ということから、強意を表わす助詞に転じたとされる。助詞ノは古く体言を承け、用言の連体形を承けることは無かった。古くは「…スルノミ」とは訓ぜず、「…スラクノミ」と訓じた。↓小林芳規「「らくのみ」「まくのみ」源流考」(文学論藻八)

羣卿百寮(一五2)　「羣卿」は図書寮本永治点にマチキミタチ、北野本院政期点にマチキムタチと訓ずる。又、マウチキムタチ(九条本祝詞平安中期点)の例もある。マヘツキミタチの音転といわれるが、ヘがウに転じた音転例は少く、他にはツカヘマツル→ツカウマツルなどがあるに過ぎない。又ツからチへの音転も併せ生じたことになり、この語源説は確でない。或いは「待ち君」の意か。タチは複数を示す接尾語。

民(一五2)　推古紀二十九年二月条で岩崎本古朱点に、「黎元」をオホムタカラと訓じ、前田本継体紀院政期点・図書寮本反正紀・允恭紀永治点に「民」をオホムタカラと訓ずる。オホミタカラの転。オホミは天皇の所有物であるがゆえの尊称。タカラは「田族」の意で、田を生活単位とする部族の意から、百姓、人民の意となる(大野晋説)。上の他、百姓・黎元・民庶・億兆・黔首・民萌・万民・居民・元々・万族・黎庶・戸口・居人・庶(書紀古訓)、公民(九条本祝詞平安中期点)、人民(和名抄・観智院本類聚名義抄)、群有・民庶・黎庶(大唐西域記長寛点)などの例がある。

要ず(一五3)　「要」字は必要の意で、阿毘達磨雑集論平安初期点「要可奈良(ス)」、大乗掌珍論天暦点「要カナラス」など、古くからカナラズと訓じた例がある。

齊ら非(一五3)　古くト、ノホル(四段)が自動詞、ト、ノフ(下二段)が他動詞であった。続日本紀宣命「兵を発し等等乃比」(一九詔)は異例。「非」は一般にアラズと訓じた。これをズと訓ずるのは例が少い。

國家(一五5)　日本書紀古訓では「区宇」「天下区宇」「普天之下」「宇宙」「海内」「宇」などを、九条本祝詞平安中期点では「天下」を、アメノシタと訓じ、日本霊異記には「宇、阿米乃之多」(類従本、上序)の訓釈の例を見る。

明に訴訟を辯めよ(一五6)　「訴訟」の訓ウタヘはウルタヘの転。ウルタフは金剛波若経集験記平安初期点に「獄」をウルタヘ(石山寺蔵本)、「訴」をウルタフ(天理図書館蔵本)と訓じた例がある。平安中期以降はウッタフと第二音節が促音となった(図書寮本類聚名義抄の声点による)。→遠藤嘉基『訓点資料と訓点語の研究』一三九頁

況乎(一五7)　イハムヤのかかる文の文末を「…ヲヤ」で結ぶ訓法は平安中期以降の新しい形で、古くは多く「…ハ」「…ヲバ」などで結んだ。→春日政治「古点の況字をめぐって」(『古訓点の研究』所収)、小林芳規「古点の況字続貂」(東洋大学紀要一二)

者(一五8)　「者」をヒトと訓ずるのは、平安初期には一般に行われていた古い形だが、平安後半期にはモノに転じた。→門前正彦「漢文訓読史上の一問題(二)—「ヒト」より「モノ」へ—」(訓点語と訓点資料一一)。ドモは「共」「伴」の意で、複数を表す接尾語であるが、古訓点中では日本書紀古訓だけに例外的に用いられ、一般にはラが用いられた。

利(一五8)　クホサは語源未詳。クフサの形もあり(猿投神社本文選弘安点・観智院本類聚名義抄)、利益の意。ホの清濁は未詳。

讞スを聴く(一五9)　「讞」は説文に「議ㇾ罪也」、広韻に「議ㇾ獄」「正ㇾ獄」、集韻に「評ㇾ獄也」とあり、訴訟を裁決するの意。

佞ミ(一五15)　「佞」の訓カダミは動詞カダムの連用形。ねじけた心を持ち、又それによって行動する義で、人を欺く、おかすなどの意に用いる。形容詞形カダマシ。前田本敏達紀院政期点に「奸志」の「奸」を「カタミの」、西大寺本金光明最勝王経平安初期点に「姧詐」を「カタミイツハルコト」と訓じ、日本霊異記(類従本中二)には「他鳥逓来婚姧」の「姧、可陁弥」の例がある。

下に逢ひては上の失を誹謗ル(一七1)　古くアヤマツは自動詞で、無意識による過失をおかす意、アヤマルは他動詞で邪道に入らしめるの意と、二者の間に区別があった。また「誹謗《ソシル》」のように、二字の熟語(連文)を一語の和語で訓ずることは、古訓点の中でも平安初期の文献と日本書紀古訓とに多く見られる。→春日政治『西大寺本金光明最勝王経古点の国語学的研究』坤一二五頁・築島裕『平安時代の漢文訓読語につきての研究』一四五頁

忠(一七2)　イサヲシサのイサヲは「勇男」の義で、勇ましい男子の意、イサヲシはそのように勇ましいさまの意、サは形容詞の語幹に付いて体言化する接尾語。「忠」は新撰字鏡の注に「厚也、讜言也、敬也、直也」とあり、マメ(前田本雄略紀・同継体紀院政期点)などの和訓もある。イサヲシサは必ずしも的確な訳語とは思われないが、「忠勇」の意と解した故かも知れない。

仁(一七2)　「仁」は広韻に「仁賢。荘子曰、愛ㇾ人利ㇾ物、謂二之仁一。釈名曰、仁忍也。好ㇾ生悪ㇾ殺善含ㇾ忍也」とある。前田本継体紀院政期点に「仁」「慈仁」をメクミ、図書寮本允恭紀永治点に「仁恵」をウツクシヒメクミ、大唐西域記長寛点に「慈仁」をメクミと訓じた例がある。

永久(一七9)　岩崎本平安中期点には別にトコメツラの訓があるが、トコメヅラは「いつまでも愛賞すべき状態である」の意であって、「永久」の字面には適切とは思われない。金光明最勝王経音義に「鎮」を「止己之奈へ尓」、大慈恩寺三蔵法師伝永久点に「不古」をトコシナヘナリと訓じた例などによって、ここもトコシナヘと訓むのが適当か。

早く朝りて晏く退ヅ(一七11)　「朝」は説文に「旦也」とあり、もと早旦の

意で、早旦出仕の義から官に出仕するの意となったようである。正字通に「朝、古者朝而聴レ政、百官咸見、故朝見曰レ朝、夕見曰レ夕」とある。マキルはマキ(参、尊貴なものの意)イル(入)の約。「晏」は小爾雅、広言、楚辞、離騒注に「晩也」とあり、おそい、くれるの意。マカヅはマカリヅ(罷出)の音便マカンヅで、その撥音ンを表記しない形。平安中期以降の語形か。

公の事靡盬シ(一七11)　後漢の王符の潜夫論に、「詩云。王事靡レ盬。不レ遑レ将レ父。言在レ古間暇而得レ行レ孝。今促不レ得レ養也」とあり、又、戴侗の六書故に「盬、猶緩暇也」とあり、「靡盬」を無暇の意に解するのは、魯詩の古説ではないかといわれる。「靡」は広韻に「無也」とある。又イトは「暇」の意(イトマのマは接尾語か)、ナシは「無」の意。享和本新撰字鏡「偬伊止奈志」とある。↓神田喜一郎『日本書紀古訓攷証』

忿を絶ち瞋を棄て(一九2)　忿(コヽロノイカリ)と瞋(オモヘリノイカリ)について、集解では成唯識論の「云何《イカナルヲカイフ》為レ忿《ト》、依《リテ》レ対《ムカフニ》二現前不饒益《ノ》境《ニ》一憤発《スルヲ》為レ性《ト》、能障《サヘ》二不忿《ヲ》一執《ルヲ》レ杖為レ業《ト》、謂《ク》懐《ク》レ忿《ヲ》者《ハ》多《ク》発《オコスガ》二暴悪身表業《ノヲ》一故。云何《ヲカイフ》為レ瞋《ト》。於《テ》二苦苦具《ニ》一憎恚《スルヲ》為レ性《ト》不安悪行所《ト》二以為《スル》一レ業《ト》謂《ク》。瞋《ハ》必《ズ》令《メ》二身心《ヲシテ》熱《セ》一レ悩《ヲ》起《ス》二諸《ノ》悪業《ヲ》一不善性《ノ》故《ニ》也」の例を引いている。しかし「忿」は説文に「悁也」、段注に「忿以二狷急一為レ義」、広韻に「怒也」とあり、又、「瞋」は説文に「張レ目也」、広韻に「怒也」とあって、共に怒る意ではあるが、漢字の本義は「忿」は心がせまくせわしく怒ること、「瞋」は目を張って顔色に出して怒ることで、書紀古訓にコヽロノイカリ、オモヘリ(顔面)ノイカリと区別して訓じたのは、妥当な解釈と見られる。オモヘリは顔つき・顔色の意(オモヘリはオモヒアリの約で、オモは「面」の意)。又、「神色」をタマシヒオモヘリと訓じた例もある(前田本雄略紀院政期点)。北野本のオヘリはオモヘリからの音転 omberi であろう。

彼是ムズレば…彼は非むず(一九3)　「是」の訓ヨムズレバはヨミスレバの音便。ヨミスは形容詞ヨシの語幹ヨに接尾語ミ及びサ変動詞スの複合した形で、「良いとする」「是認する」の意。アシムズはアシミスの音便で、右と同じ語構成であり、「悪いとする」「否認する」の意。

共に是れ凡夫(一九5)　大威徳陀羅尼経に「於《テ》二生死《ニ》一迷惑流転《シ》住《シテ》二不正道《ニ》一故名《ヅク》二凡夫《ト》一」とある。タヾヒトはタヾのヒトの意で、金光明最勝王経平安初期点に「士庶《タヾヒト》」、岩崎本推古紀平安中期点に、「凡人《タヾヒト》」「俗人《タヾ》」の例がある。

鐶の端无きが如し(一九6)　「鐶」は集韻に「金環也」とあり、金属製の輪の意で、具体的には「耳輪」「指輪」「腕輪」などを指す。「耳輪」の意は張籍の蛮中詩に「玉鐶穿レ耳誰家女」とある例などで、ミヽカネの訓もこの意に解した結果と思われるが、ミヽカネの訓は観智院本類聚名義抄にも見える。尤も憲法十七条のこの部分は「指輪」又は「腕輪」とも解し得る文脈であり、和名抄では「鐶」を「由比万岐」(ユビマキ)と訓じている。なおミヽカネと類義の語にミヽクサリがあり、和名抄には「璫」を「美々久佐利」(ミヽクサリ)と訓じている。

衆に従ひて同じく擧へ(一九8)・**必ず衆與論ふ宜し**(二三4)　衆議を重んずるのは、「承詔必謹」「上行下靡」という専制君主思想と矛盾する面もあるが、「上和下睦」という和合の精神と「共是凡夫耳。是非之理、詎能可定」という有限性の自覚などの仏教思想により、専制主義の緩和をはかろうとしたのであろう。なお、古代日本には、例えば武烈死後の継嗣が絶えたときに、大伴金村大連が物部麁鹿火大連・許勢男人大臣等と「籌議(はかり)」、男大迹王を迎えて天皇に立てたと継体即位前紀に、百済王が仏像等を献じたときに、欽明天皇が仏を「可礼以不(ゐやまふべきやいなや)」と群臣に「歴問(とひめとひ)」うたと欽明紀に見えるなど、朝廷において群臣の衆議により事を決する慣行があったらしい。古事記神代巻に、天照大御神の天石屋戸入りに際し、八百万神が天安之河原に「神集集(かむつどひつどひ)」善後策を講じたこと、解決してのち八百万の神が「共議（ともにはかり）」速須佐之男命を追放したことの記されているのは、あるいは上記のような朝廷での群臣の共議の慣行を素材として作られた説話であるかもしれない。このような慣行の存在もまた憲法十七条の衆議尊重思想の基礎をなすか。大化二年の詔にも「夫君㆓於天地之間㆒而宰㆓万民㆒者、不㆑可㆓独制㆒、要須㆓臣翼㆒」とある。あるいは専制君主制形成以前の半共和制的首長時代の遺風をとどめるのかとも思われるが、これらの遺風は、七世紀における専制君主制の基本的性格を少しも動かすものではない。衆の訓モロ、、はモロの畳語で、多数の人間の集合体を指す語。

おのおのすべて。各人全部の意。「挙」の諸本の訓の内、図書寮本のマコナへ、北野本のマエナへはオコナへの誤写であろう。篆隷万象名義には「挙」に「行也」の注があるが、その源は原本玉篇に在ったと推定される。又、周礼、鄭玄注に「猶㆑行也」と見える。↓神田喜一郎『日本書紀古訓攷証』

明に功過を察て賞シ罰ふること必ず當れよ(一九9)　「功」の訓イサミは動詞イサムの名詞形。勇んで行動したことの結果。功績。「衫子之幹イサミ」(前田本仁徳紀院政期点)の訓例がある。タマモシはタマモノシの音便タマモンジの撥音ンの無表記であろう。平安中期以後の新しい形と思われるが、あまり一般化せず、やがて忘れられて、岩崎本墨点・図書寮本・北野本などでは、再びもとの形タマモノシが用いられたのではなかろうか。タマモノはタマヒモノの音便。ツミナフルのナフは体言などの下に附いて動詞を構成する接尾語で、アキナフ・イザナフ・オトナフなど四段活用の例が多いが、トモナフのように下二段活用の例もある。

日者(一九9)　「日者」は、漢書、高帝紀、顔師古注に「日者、猶㆓往日㆒也」と見える。一方、ヒゴロは㈠幾日間かの間、㈡平生、㈢近い過去などの意の用例があるが、この場合は㈢の意と見られる。観智院本類聚名義抄同訓。

斂(一九12)　「斂」は説文に「収也」、爾雅、釈詁に「聚也」などとあり、おさめあつめるの意。ヲサムは名詞ヲサ(長)に接尾語ムがついて出来た動詞で、首長が統治するの意から、乱れたものを平定する、広く散在するものを一ケ所に集めるの意となった語と思われる。ここは人民から財物労力等を取り集めるの意。

與り聞く(二一2)　「与」に去声点を附しているのは、この字を去声すなわち「参与也」(広韻)に当る意味で訓むべきことを示しているのであるから、アヅカリの訓を是とすべきである。

嫉ミ妬ム…無かれ(二一4)　玄応一切経音義(妙法蓮華経)に、「王逸曰、害㆑賢曰㆑嫉害㆑色曰㆑妬」とある。ウラヤムはウラ(心)ヤム(病)の意で、新撰字鏡に「怏、心不服也、宇良也牟、又阿太牟、又伊太牟」、日本霊異記(類従本中一)に「有㆓嫉妬人㆒、讒㆓天皇㆒奏」「嫉妬ニ合ウラヤミ」とあるように、心穏かでなく、進んで他を傷つけようと行動する意を持った語であったらしく、現代語では単に羨望の念を抱くだけの語義であって、少しずれがある。形容詞形のウラヤマシも、古く「妬忌」「猜」等の訓として用いられ、現代語とは小異がある。

患(二一5)　ウレへはウレフの名詞形。古くウレフは下二段活用であった。四段活用からのウレヒは南北朝時代以降の新形。↓大野晋「奈良朝語訓釈断片——訓点語の利用による——」(国文学〈関西大学〉五)

己(二一6)　原文には「己」字に上声圏点が加えられているが、広韻によれば「己」字は上声のみであり、又「已」「巳」も共に上声であって「已」にのみ去声も存し、声点を加えた意義は詳でない。

悦び不(二一6)　動詞ヨロコブは後世は四段活用であるが、古くは上二段活用であった。古訓点でも、平安中期ごろまでは何れも上二段であったが、平安後半期から四段活用が見える。しかし院政期以後にも上二段の例は多く残存しており、特に漢籍の古訓では永く上二段が伝承された。↓有坂秀

世「祝詞宣命の訓義に関する考証」(『国語音韻史の研究』所収)

五百にして乃し今賢に遇ふ(二一7)　イホトセニシテは「五百歳之後」の意。イホは「五百」、トセは「歳」の意でトシに同じく、助数詞として用いられる形。なおトシは五穀、殊に稲をいう意があるが、この方が原義で、稲の収穫の時間単位をトシと称したといわれる。「乃」は古書虚辞集釈に「猶レ方也」とあり、「今」の意で、又同書に「転語詞也」「即也」とあるように、接続詞のようにも用いられる。一方、イマシは「今」に助詞シの複合した副詞で、「ただいま」の意から、「そこで」「すなわち」の意にも用いられる。ここは原義の用法。

農桑の節なり民を使ふ可から不(二三2)　「農」の訓ナリハヒは動詞ナルの連用形ナリに接尾語ハヒの複合した語。ナルは成長・成熟の意から「生計を立てる」の意となった語で、ナリ・ナリハヒは生計・生業の意であるが、古代は農業が生活の中心であったことから、農をナリハヒと訓じたものと思われる。日本霊異記には「産業」(中一六)をナリハヒ、「営農」(類従本下三〇)をナリハヒヲシと訓じ、日本書紀古訓にも「農〈ナリハヒ〉」(前田本継体紀院政期点)・「耕〈ナリハヒ〉」(前田本仁徳紀院政期点)などの例がある。「桑」の訓コガヒはコをカフことで、養蚕の意。コは「蚕」のこと(万葉集巻十二、二元九一「母が飼ふ蚕(こ)」)。クハコ(万葉集巻十二、三〇八六「桑子」、新撰字鏡「蠶久波古」、東大寺諷誦文稿「桑子」)ともカヒコ(新撰字鏡「蚕加比古」、和名抄「蠶、俗為レ蚕、和名賀比古」)とも称した。

勝鬘経義疏

巻一(二七1) 「巻一」という巻序の表記について疑義がある。古くは一般に「巻第一」又は「第一巻」と記すのが例であって、「巻一」とするのは極めて異例である。本書には尾題にも同じく「勝鬘経義疏巻一」とある。又、全一巻であるのに「巻一」と記す点も不審である。衍文とすべきか。法隆寺本異版及び慶応本には「巻一」の二字がない。

此は是れ…(二七1) この撰号は『法華義疏』のそれと同様に、天平勝宝五年(七五三)以降に書写された際、後人によって書き加えられたらしい。しかも最初のころは「此是」や「非海彼本」の文字が示すように、鑑真の来朝にともなう日中文化交流を機として、わが国の仏教研究の成果を示す必要上、あえて加筆したと考えられる。藤枝晃「解説」および花山信勝『勝鬘経義疏の上宮王撰に関する研究』(昭和十九年、岩波書店)参照。

勝鬘(二七3) 勝鬘夫人が釈尊に代って大乗仏教の深遠な思想——如来蔵思想——を説き明かすという、女性の求道者が主人公となっている本経は、男性の求道者維摩居士を主人公とする『維摩経』とならんで、古来有名である。聖徳太子がその当時、中国大陸で盛行していたこれらの経典に関心を抱き、宮中で講経したと伝えられるのももっともといえよう。

西紀三〇〇年ごろ、如来蔵を論じた文献に、サーラマティの著作『宝性論』(究竟一乗宝性論。梵名ラトナゴートラ・ヴィバーガ)がある。この中に言及された『(聖)勝鬘経』(〔アーリヤ〕シュリーマーラー・スートラ)の名前が広く使われていたようである。

本経は右の『宝性論』の著わされた直前に成立し、中期(これをさらに二つに分けた中の第一期)大乗経典のグループに属する。五世紀の前半、劉宋時代にインドの僧グナバドラ(求那跋陀羅)が中国にきて始めて本経を翻訳した(四三六年)。太子義疏や慧遠(浄影寺)・吉蔵(嘉祥大師)の諸師たちが依用したのは、この求那跋陀羅訳である(大正蔵一二巻所収)。なお、八世紀初頭、唐時代にきたボーディルチ(菩提流志)が本経を改訳している(七〇六～七一三年)。これは『大宝積経』第四十八会の『勝鬘夫人会』と呼ばれる(大正蔵一一巻所収)が、求那跋陀羅訳ほど使われなかった。チベット訳は右の菩提流志訳とよく一致するといわれる。その外、サンスクリットの断片が若干現存する。詳しくは、高崎直道『如来蔵思想の形成』(昭和四十九年、春秋社)を参照されたい。

なお、本経の主題たる如来蔵思想とは、われわれの仏になる可能性の根拠は、われわれ迷いの凡夫の本性中において求められると説くものであり、如来蔵は中国仏教以来強調されてきた仏性と同義語である。しかしながら、この如来蔵思想は大乗仏教の二大学派たる中観と瑜伽行の二つの背後にかくれて表面に出なかった。けれども、これらの学派の説く空観と唯識思想の二つと密接に連結しつつ、仏教の実践道を端的に教える思想として、如来蔵思想が中国・日本の仏教生活の基調となってきたことを忘れてはならない。なお、本経において原典よりの漢訳が明確でなかったことは確かであるが、しかしながら、「迷いのうちに悟りあり」の本経の旗印が、多くの人びとに発心の希望を与えてきたことは、仏教史の告げるところである。

化(二七5) 「化」は去声禡韻合転二等暁母の字で、原音はkwe と推定され、本邦でも、大体鎌倉時代の末ごろまでは、ケ ke と区別してクヱと表記された。例えば、観智院本類聚名義抄に「化 禾クヱ」(仏上三二)(「禾」は「和」の略字で「和音」の意。名義抄の「和音」は大体「呉音」に相当する)、心空法華経音義に「〔クヱ〕化」とある。

所以（二七5）　傍訓「コノユヘニ」は古くは「コノユヱニ」と表記される語。「所以」が文首に在る場合、古点では「コノユヱニ」と訓ずるのが普通である。これを「ユヱニ」と訓ずるのは後世の形である。

礼（二七7）　「礼」は、韻鏡で上声齊韻来母の字であり、漢音レイ、呉音ライであるが、儒書の例に拠って漢音レイとよんだものかと思われる。観智院本類聚名義抄「礼 禾ライ」（仏下末一四）、心空法華経音義「〔ライ〕禮」。

十四（二七8）　太子義疏、敦煌発見の『勝鬘義記』、あるいは敦煌本（古泉円順の校訂本、『聖徳太子研究』第五号所収）などでは本論を十四章（実質的には十二章である。つまり、第七の如来蔵章が第六の无辺聖諦章の中に、第八の法身章が第九の空義隠覆章の中に、それぞれ組み込まれている）に分け、慧遠や吉蔵などは、左記の表のごとく十五章に分けている。花山信勝は十四章説が十五章説よりも以前の古説であるという（前掲書、三三六頁）。

慧遠説　十五
- 十四　自利行
  - ①〜⑬　顕一乗体
  - ⑭　示信順益
- 一　利他行—⑮

吉蔵説　十五
- 十三　正説法
  - ①〜③　起説方便
  - ④〜⑬　是正説法
- 二　勧信護法—⑭⑮

太子義疏説　十四
- 五　明乗体
  - ①〜③　明七地行一乗方便
  - ④⑤　明八地上行一乗正体
- 八　明乗境—⑥〜⑬
- 一　行乗人—⑭

なぜに章の区分が諸注釈によって相違するかについていえば、本経の「流通説」に説く経文の語句に基づいて章名をたて、それに合せるように本文を注釈家が区切ったからであり、しかも、この『流通説』は学者の見解によると、西紀五〇〇年前後に附加されたからという。詳しくは藤枝晃「解説」を参照されたい。

我れ无知の女人なりと…得しめタマへ（四五9）　勝鬘夫人が心中に釈尊を祈念して、「どうか、お目にかからせてください」と願ったことについて、太子義疏はそのような夫人を「無知な女性」と把えている。このことは、夫人が仏弟子とならない以前の凡夫の身であったことを指すと思われる。しかしながら、『勝鬘経』のなかで説法獅子吼する夫人は、太子義疏の考えからすれば、すでに仏智を体得した大乗のすぐれた求道者の身分であり、さかのぼれば釈尊の分身であるとたたえられている。無知の人間、それもかよわい凡夫の女性が、さとりの明知を得た聖者へと転じていく実践の過程を、義疏は『勝鬘経』の注釈において明確に示そうとしている。ここに義疏注釈者がこの経典をとり挙げて、在家道としての仏教を広く明らかにしようとした意図が看取される。

『勝鬘経』と対比して、同じく女性をテーマにした『観無量寿経』（浄土三部経の一つ）は、マガダ国の王妃ヴァイデーヒー（韋提希）夫人の悲劇を序話として説法が進められている。無道にもわが子阿闍世（アジャータシャトル）太子によって、夫とともに幽閉された夫人が、身の不仕合せをなげき、阿弥陀仏の浄土に生まれる方法を釈尊に尋ねたとき、まず釈尊は彼女に向かって「汝はこれ凡夫なり」といわれ、仏力によってのみ、浄土に生まれられると告げた。そして、釈尊は浄土往生のための十六の観察法を説き、最後の、ただ一声の念仏を称えるだけであっても往生できると教えた下下品の往生は注目される。説法を聞きおわった夫人は、さとりを得る身となったという。この韋提希夫人という凡夫の女性を主題とする『観無量寿経』こそ、浄土教が在家仏教の性格を打ち出すのに大いに力あった。

親鸞が『観無量寿経』の韋提希夫人の上に、在家止住の凡夫が弥陀の本願に救われていくすがたを発見し、太子義疏が凡夫の姿を現じた勝鬘夫人に心引かれて、真実の教えに生きる自己を見出していこうとしたことは、きわめて興味深い。親鸞は日本仏教の高僧たちのうちで、随一の熱烈な太子信仰者であったことも、このことを証左するものであろう。

有作无作の八聖諦(四九5)　われわれの相対世界は、為作・造作によって成立しているから、その世界のものを対象として真理観察していくところの四聖諦は、「有作の四聖諦」と呼ばれる。これに反して、われわれの相対世界は本然にして絶対の真理のあらわれにすぎないから、絶対に則した相対のものを対象として真理観察していくところの四聖諦は、なんらの為作や造作も必要としないから、「無作の四聖諦」といわれる。

そもそも、四聖諦(四つの聖なる真実)は、釈尊のさとりの内容を説法の形式にうつして説いたもので、根本教説の一つとされている。すなわち、苦諦(苦という真実)・集諦(苦の原因は愛執であるという真実)・滅諦(愛執が滅ぼされた境地は真実であるということ)・道諦(愛執の滅尽に導く八正道の実践は真実であるということ)の四つをいう。釈尊滅後、部派仏教(小乗仏教)の時代になると、四聖諦を観察することが修行道の根本となり、煩瑣な観察法が説かれるに至った。『勝鬘経』は、大乗仏教の立場から、この煩瑣な観察法を有作と無作の範疇でまとめたといえよう。

太子義疏によれば、有作と無作の八聖諦をもって、一乗の教えが説くところの「智慧によって真理・真実をさとる観察の対象」となし、第六の無辺聖諦章から第十三の自性清浄章に至る八章において説明されるとする。そのうち、有作の四聖諦は二乗(声聞乗と縁覚乗)の人びとによって修められる不完全なものであるが、無作の四聖諦は、本経で論ずるごとく、大乗の人びとによって修められる完全なものである。それにしても、有作と無作の八聖諦は、仏によってのみさとられる深遠なもの、というのが無辺聖諦章の趣旨である。つぎの如来蔵章は如来蔵を説く重要な一章であるが、趣旨としては如来蔵の概念を使って、無辺聖諦章の説示をさらに詳説する。そして、如来蔵章の後半に、二種の四聖諦の異名十種を挙げる。すなわち、迷いの世界の内部における名称として有作・有量・有辺・有為・有余を、迷いの世界の外部における名称として無作・無量・無辺・無為・無余を出している。

自分行(四九9)　他分行の内容は、正法をしっかり身につける摂受正法の実践(大乗行・波羅蜜行)であり、一乗の教えの本体である「善」の探求にほかならない。このような高度で深遠な実践をなすために、第七地以下の凡夫に在っては、まず求道者として身に修める十大受や三大願をたてるべきであるから、そのような実践を自分行という。したがって、他分行の完成を目指して、戒や願をたもつ自分行がなされるわけで、その点からいえば、自分行は他分行のなかに含められるものであろう。つまり、「在るべき求道者」のすがたは、自分行の凡夫から他分行の聖者へと、ひたすら「善」を探求しつづけていく者のうちに見出されるといってよい。

真身(五三10)　太子義疏の法身にたいする考え方は、従来、大乗仏教で説いてきた法身・報身・応身の三身説とちがって、独自のものである。法身を説明するのに、真身(仏の本地)と応身(仏の迹地)の二つをたてる。歴史的人物としての釈尊を応身と一般的にいうのに、釈尊を指してただちに法身と呼び、また仏子勝鬘を法身の者とたたえている。この場合の法身は、真身と応身を一つに合わして呼んでいる名まえであろう。したがって、太子義疏の理解する法身とは、無相のものが有相のすがたをとるという、真理そのものの働きの面を打ち出したものといえる。『維摩経義疏』でも、法身に静的と動的の二面あることを説き、「法身そのものは生ずることはないが、しかしただ衆生を導こうと欲するがゆえに、やはり生を受けるすがたを現ずる」とし、われわれが修行して体得する結果は、法身というただ一つの結果であると論じている。おそらく、実相身(真身)と為物身(人びとを救うために現われた応身)の二つが、一にして不二のものであるという点に着眼して、法身という一身を説いたのではなかろうか。このことは『法華義疏』でしばしば論ぜられる真実と方便の関係にも結びつく。すなわち、真実は必ず他のものをして真実たらしめる働き・てだて(方便)をもつものであって、真実と方便は別のものがらではないから、法身＝真実といえば、おのずと応身＝方便を示して、われわれにそのすがたを現わすのである。法身を真身と応身の二つに分けた太子義疏が、それにもかかわらず、もっぱら法身のことばのみを使ったわけも、そのあたりに事情があるのであろう。

実智(六一9)　真実＝智慧が実智であり、真実の働き＝智慧の働きが方便智(権智)である。方便に相当する梵語はウパーヤ(方便)・カウシャリヤ(善巧)で、「巧みなてだて」という意味である。ウパーヤは「そばに近づいていくこと」であり、真実が不真実なるものに近づいて、真実たらしめていく働きを意味する。真実は必ずそれみずからのうちに真実化の働きをもつ。その真実化の働きが方便である。実智を空智とすれば、方便智は有智である。『法華義疏』の方便品では、実智と権智について詳しく解釈している。

第二の…(六九7)　小乗の在家信者はだれでも五戒をたもつが、いまは大乗の在家信者の守るべき十大受を掲げて、これを守るべきであるとしたことは、本経の特色だといえよう。これらの十大受は、大乗の求道者が共通して守るところの三聚浄戒(三つの清らかな誓戒)の中に含められるものとして説かれているから、本経は小乗と大乗の在家信者の守るべき誓戒を念頭に置いて、新しい立場から打出した在家者の誓戒ということができる。義疏によれば、十大受と三聚浄戒との関係は、つぎの通りである。

- 摂律儀戒
  - 第一受　小乗の五戒について犯心を起こさない。
  - 第二・三受　目上・目下の両者について悪心を起こさない。
  - 第四・五受　自・他の両者について悪心を起こさない。
- 摂衆生戒
  - 第六・七受　慈心をもって人びとに楽を与える。
  - 第八・九受　悲心をもって人びとの苦を抜く。
- 摂善法戒―第十受　正法をしっかり身につけて忘れない。

本経では「摂受正法」を経の眼目としているから、右の三聚浄戒の中の第三、摂善法戒が重視されるのは当然である。ところで、つぎに三大願章が説かれるのであるが、この場合、戒と願との関係如何が問われるべきであろう。

戒も願も自他のすべての人びとにとって、究極の善の実践をその内容としているから、その点からいえば戒と願の両者は本質的に同じであるといえる。戒は「くりかえして、しっかり身につけること」であり、願は宿願・誓願・本願などと術語されるように、「かねてからの願い」ということである。十大受の一々を見てもわかるように、いずれも勝鬘夫人の決意と願いの相即したものとなっている。『無量寿経』などの本願を説き明かす大乗諸経典においても、願は「発願する求道者の戒」という性格をもっている。つまり、願いが実践のすべてとなって身に修められていく。戒は原始仏教以来、仏道を体得するための基本であり、一たび戒を身につければ、その人の戒めの香りが四方・八方にただよい、かれがその戒めを無意識のうちに犯そうとしても、すでに薫習した戒めの潜在力が働いて、戒めに背く行為がおのずとなされずにすむとされている。願の場合においても、自己がみずからの願いの実現に向って努力する過程と、その願いが実現された後の実践とを一貫して、つねにかれは自己の願いに生きつづける者であるから、かれの全生活は願力に支えられたものとなる。

止善・行善(七五14)　止善は消極的に不善(=悪)をなすことを斥けて制止することで止悪と同じ。行善は積極的に善をなすことで作善と同じ。七仏通誡偈において「諸悪莫作　衆善奉行　自浄其意　是諸仏教」とあるうち、「諸悪莫作」を止持戒、「衆善奉行」を作持戒という。この場合の止持戒は止善、作持戒は行善に相当する。

　ちなみに、右の偈文を「諸悪を作すことなかれ云云」と禁止的に読むべきではない。パーリ文によれば「もろもろの悪をなさないこと、もろもろの善を実行すること、自己の心を清めること、そのことが目ざめた人(=仏)たちの教えである」となっているからである。つまり、仏教で説く「戒」の精神は、自己自身が誓いをたて、その戒めどおりの生活を自主的・積極的に営んでいくところに在る。

意を建つること異なり(一三九2)　この一段は頭注に記したごとく、敦煌本の解釈とほとんど同じである。中国の注釈者(吉蔵『勝鬘宝窟』を参照)が「捨身とは、進んで奴隷になることである」とした見解を斥けて、捨身飼虎(法隆寺の玉虫厨子の側面に画かれた画は有名である)のごとき積極的な利他の布施行を「捨身」としている。これは奴隷制社会の脱皮による人間平等を意図した大乗仏教の理念が中国に浸透した結果であろう。また「捨命」の解釈にしても、ただ単に他人のために死ぬことではなくして、君主のために忠臣が生命を捧げることであるとしたのも、儒教倫理に近い。このような思想的基盤に立って『憲法十七条』に「私を背きて公に向ふは、是れ臣の道なり」(第十五条)とされるに至ったのも首肯できよう。

无三二の稱なり(一五一16)　一乗が声聞乗、縁覚乗、菩薩乗(大乗)の三つでもなく、また声聞乗と縁覚乗の二つを含むものでもないということを、「無二亦無三」と『法華経』で説明している。つまり、『法華経』が大乗の教えではあるが、他の大乗諸経典とちがって、究極の教え(一仏乗、一乗)を説くからであるという。それと同様のことが『勝鬘経』の場合にもいえるとして、義疏は『般若経』や『維摩経』を一段低い教えと解釈しているのである。

習善(一五三6)　修行の結果得られた善(報善)は、あらかじめ果報を期待して得られたものであるから、なんらの果報も求めずにひたすら身につけていこうとす善(習善)に比べれば、遙かに劣ったものであると義疏は解釈する。

　道を求めてやまない求道の過程を重視した義疏の実践観は、釈尊いらいの「求道」の真髄を把握したものといえよう。釈尊が八十歳で入滅されたとき、修行者スバッダ(須抜)に向って、「わたくしは二十九歳で善を求めて出家し、ここに五十年余となった。云云」と告げている。三十五歳で仏となった釈尊であるから、そのときいらい善を求めていく求道生活を必要としなかったはずである。それにも拘わらず、仏となる以前も仏となった以後も、生涯かけて「善とは何か」を探求しつづけた。仏たらんとする者はもちろんのこと、仏もまた求道者であるという点に、仏教の実践道の本質がある。

言ふこゝろ…如し(一七一10)　小乗の聖者たちの最高位である阿羅漢は、知的煩悩と情的煩悩の二つをともに離れて、煩悩のけがれを滅して解脱した聖者と呼ばれるけれども、肉体をもっている以上、かれらにはもろもろの危難・傷害によって恐怖心が生ずるであろうから、究極のさとりもなく、絶対の平安もないという趣旨である。しかしながら、小乗仏教では「阿羅漢は、恐れとおののきを離れている」と説いている(中村元・早島鏡正共訳『ミリンダ王の問い』2、二一二―五頁、平凡社・東洋文庫)。

　本経において阿羅漢のさとりが一段低いものと見なされた事情は、主として小乗を抑えて大乗を高揚しようとする大乗の人びとの立場に基づくのである。初期仏教いらい、究極のさとりは阿羅漢によって達成された。阿羅漢たちには、すでに心の感受作用(心受)が生起せず、いかなる苦しみも心に感受しないから、さとった人と呼ばれるのである。だが、肉体の感受作用(身受)、例えば傷つけられたならば痛いという苦の思いは当然生ずるけれども、そのような身体上の苦しみの感受は、阿羅漢にとって心の苦しみの感受とはならないのである。身受がどれほどあっても、心受とならず、しかも心受のすべてを生起しない人が阿羅漢、つまりさとった人といわれる。それにも拘わらず、大乗の人びとが小乗を低く評価するために、「阿羅漢に恐怖心が生ずるから、かれらには安らぎがない」というのは、誤解であろう。

无明住地(一七七4) 『勝鬘経』に説く煩悩論として、五住地煩悩がたてられている。

- 三界の内の煩悩(分段生死)
  - 見煩悩(見惑、見道で断ぜられる知的煩悩)
    - 1 見一処住地の惑
  - 愛煩悩(修惑、修道で断ぜられる情的煩悩)
    - 2 欲愛住地の惑
    - 3 色愛住地の惑
    - 4 有愛住地の惑
- 三界の外の煩悩(変易生死)
  - 右のあらゆる煩悩の根本
    - 5 無明住地の惑

(1〜5)五住地の惑

前念を因…改易し(一八五1) 輪廻の主体が、非連続の連続という時間の流れのごとく、前の生存から後の生存へと相続し、しかも主体は同一の形状を保持して次から次へと転移するのではなくて、いわば非一非異のものとして輪廻していくというのが仏教の輪廻観である。ところで、仏教では原始仏教いらい無我の教えを説いてきたが、無我ということを無主体・無霊魂と誤解した人びとから、「輪廻する以上、その輪廻の主体がなければならない」と主張されたために、部派仏教の時代において種々の輪廻主体論が論じられた(中村元・早島鏡正共訳『ミリンダ王の問い』3の「解説」を参照。平凡社・東洋文庫)。

七徳不満(二〇五9) この個所の注釈は敦煌本と同じである。ただ義疏は七徳の名称を意識的に若干変えていることがわかる。

太子義疏	敦煌本	勝鬘宝窟
智慧不満	智恵不備	断過有余
断不足	断未足	
解脱未満	解脱未足	三事有余
清浄未円	清浄未円	
功徳未満	功徳未備	
智境不周	智境不周	知諦有余
涅槃未極	涅槃未具	涅槃有余

三点(二〇九12) ここに挙げる涅槃の三つの徳性は、第一章「歎仏真実功徳章」では、仏地(仏のさとりの境界)の三つの徳性として出されている。涅槃も仏地も同じであるから、両者の趣旨は異なっていない。三つの徳性は三昧ともいわれる(般若を一味、法身を等味、解脱を解脱味とする)。これらの徳性は涅槃の異名とされるもののなかに含められている。

涅槃は安らぎの境地に名づけ、解脱は束縛からの解放を指す。涅槃を平等あるいは平和と呼べば、解脱は自由に相当するであろう。そして、涅槃が宗教の領域にかかわるものとすれば、解脱は文化の領域に属するといえよう。したがって、涅槃と解脱を同一視する場合でも、人間文化の創造性・開拓性を明らかにしようとする解脱の面を見失うならば、涅槃の本質は単なる空寂のものでしかないことになる。さとりとは、ここでいう涅槃と解脱の両面、現代的表現でいえば平等と自由の両面が相即不離のものとなっているもの、といえるであろう。

聖諦者…(二五七2)　敦煌本の章のたてかたと太子義疏とを比較すると、次のようになる。

太子義疏	敦煌本
第六　無辺聖諦章 第七　如来蔵章	第六　無辺聖諦章
第八　法身章 第九　空義隠覆章	第九　空義隠覆章

『勝鬘宝窟』(旻師もまた如来蔵章と法身章を別章としない)も敦煌本(太子義疏によると、この科文のたて方を述べる文を「本義」としている。藤枝晃「解説」参照)と同じ科文をたてるが、太子義疏の法身章は「世尊。過於恒沙」(二七九頁)より初まるのに、『勝鬘宝窟』の相当部分は「世尊。如来蔵智」(二八一頁)より初まる。太子義疏が如来蔵章と法身章とを分け、「本義」と仰いだであろう有力な諸注釈の説をここで採用しなかった点は注目される。『勝鬘宝窟』によれば、この二章は「諦の甚深の義を歎ずる」から無辺聖諦章に属するという古旧釈を紹介し、如来蔵章と法身章を分けるのは「晩講人」の考えであるとしている(大正蔵三七、六六下)。

如来蔵(二五七5)　如来蔵は煩悩のなかに隠れて存在しているが、それがあらわにすがたを示したところを指して法身と呼ぶ。隠れているという「蔵」の意味については、本章IIの(二)如来蔵と法身によって八聖諦を信ぜよと勧める、の項を参照。また、第十三、自性清浄章にも五種の「蔵」を挙げて説明している(三二三頁)。

第八、法身章において、隠顕の両面があるけれども、如来蔵は法身であり、法身は如来蔵であるとして、両者の相即を明かしている。また如来蔵を観察する智慧を不空(如来藏智)、法身を観察する智慧を空(如来空智)と名づけている。ところで、煩悩のまよいのうちにある凡夫のわれわれにとって、われわれとともにある如来蔵の体得こそが、当面の課題なのである。なぜ、われわれは輪廻するまよいの凡夫なのであろうか。勝鬘夫人は「生死は如来蔵に依る。如来蔵あるが故に生死を説く」(三一三―三一五頁)と述べている。これは、まよいとさとりの関係を適切に明かしている文といえよう。すなわち、まよいとさとりが別々のものでなく、さとりがわれわれにとってのものだから、まよいのわれわれが存在するのであり、まよいがあるからさとりがあるというのである。

この如来蔵思想が『大乗起信論』などの諸経論を通して、わが日本仏教のなかに浸透したのも、一つには『勝鬘経義疏』が与って力があったといえよう。

二道一滅(二五九11)　両苦両集が隠であり、二道一滅が顕であるとするのは、敦煌本の解釈と同じ。如来蔵にたいする八聖諦の隠顕を図示すれば、つぎのごとくであろう。

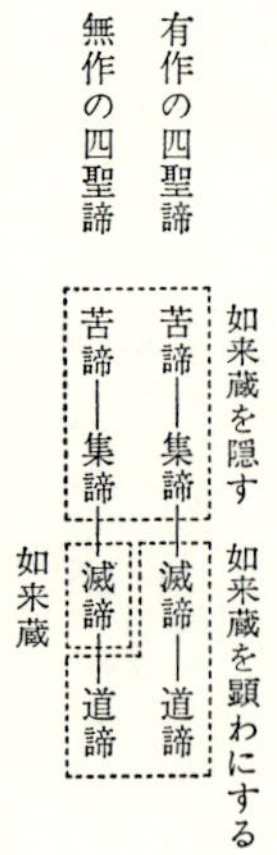

如を…云ふなり(二七五6)　原文「不究竟如也」を花山信勝(前掲書、二四〇―一頁)は、「仏究竟知也」または「究竟知也」と訂正すれば文意明瞭となるように思う、と述べている。この解釈は「何以唯仏究竟耶」の設問を承けたものである。もしも原文の通り読むならば、その文は「知一切未来苦」以下の説明中の文となり、二乗の人びとは仏に比較して「如」を究竟

していない、すなわち涅槃を完全にさとっていないという意味になる(『勝鬘宝窟』では「如」を涅槃と説明する)。

今の滅…異なり(二七七5)　中国仏教では、有にたいする無(あるいは空)という相対的な有と無という関係を超えて、空であるからこそ有(存在)が成立するという、絶対の有と無を説く。これを「真空妙有」と呼んでいる。『般若心経』の「空即是色」(くうそくぜしき)はこのことをいう。

壊滅…離す(二七七12)　最初期仏教いらい、煩悩の断・離・捨・滅・度・超などが語られているが、煩悩を一つ一つ断じ滅して、そこにさとりを得るということではなくて、どれほど煩悩があっても、それらにわずらわされなくなった自由・平安の境地を指して、「解脱」とか「涅槃」という。つまり、煩悩がみずからの働きを失なったところを煩悩の「滅」といい、煩悩自体の滅無の状態を「滅」というのではない。いわば煩悩の超克を「滅」という。太子義疏が、この点を明らかにしようとしていることは注目に値する。

本義(二八一15)　敦煌本の文はつぎの通りである(太子義疏は傍点部分を省いている)。「如来蔵章法身章。更无別文。即是前嘆甚深。及勧信二段也。附明以顕。不仮別出也」(四五二頁下)。傍点の部分は、敦煌本の科文によると、如来蔵章を五つに分けた第一と第二の部分で、それぞれ「如来蔵を挙げて八諦の甚深を嘆ず」と「法身を挙げて八諦を勧信す」と標している。つまり、如来蔵章で如来蔵と法身がすでに説明されているから、如来蔵章と法身章との二章をたてる必要はないという。

生死は如来蔵に依る(三一一10)　「生死」とは輪廻、流転と同じ。真実を真実と知らない無知によって、迷いの生存が限りなく続くことをいう。「如来蔵」は如来の母胎、あるいは衆生のうちにある如来の因子という意味で、煩悩のけがれにまつわられている状態中にある法身(真実)を指す。この句について、このあとの義疏の説明を参照。

善説(三一一11)　経文「如来蔵あるが故に生死を説く」をうけて、如来蔵の本質に関してこのように説示することが理にかなっているという意。ここでは、如来蔵は輪廻の「所依」(アーシュラヤ)であって、輪廻の主体ではないということが言外に語られている。

生死の二法(三一一12)　生と死の二つのことがら。輪廻と生死とは同義語で、迷いの種々な生存をくりかえす段階において、Aという生存の身にうけた諸感官が機能を失う(死)や否や、その瞬間、Bという生存の身となり、新たな諸感官をうける(生)ことを「生死」という。このような生死の連続は、真理・真実に無知なること(無明)によって惹起するものであって、本経では如来蔵という真理・真実を覆いかくすものが「生死」であると説明している。

豈に…可けむや(三二七8)　花山信勝は「豈に定む可きこと爾らん」あるいは「豈に定む可けん尒(ヤ)」と読むべきではないかとし、「尒」は「乎」の誤字ではないかと思われるという(前掲書、二四二―四頁)。

自性清浄…(三二七12)　前出の科文には、「第四従唯仏世尊以下推明於仏」とある。いまは経文の「唯仏世尊」を出すべきなのに、「自性清浄といふ従り以下なり云云」(自性清浄なりといふより以下は、第四に云云の意)としたのは、なぜであろうか。思うに、太子義疏が参考とした文献に引きずられたためであろう。例えば敦煌本によれば、義疏の「自性清浄といふ従り以下なり」のことばは、経文の「自性清浄心にして、しかも染あること、了知すべきこと難し」を指しているから、第四の項に入らない部分である。従って、七行目「言ふこころは…」の前に挿入し、「自性清浄(心)といふ従り以下は、言ふこゝろは世間の近事の染と不染与、是の如く定め難し云云」とすべきであろう。これは花山信勝のいう「原著未定稿の残跡」であろう。

一の観(三三三7) 「施設」を五根に付して解している。「施設」は「仮」ともいい、梵語プラジュニャプティの訳。縁起生にして実性がないという意味。

真子(三三七2) 一諦章の末尾の経文に「正見の者は是れ仏の真子なり」といい、流通説に本経の異名の一つとして「説如来真子」とある。「世間虚仮 唯仏是真」の信の世界に生きぬこうとした太子であったから、世俗の汚れの中に在りながらも、清浄・真実の仏たらんと願って歩む求道者を、真の仏弟子と把えた教説に共鳴したことであろう。太子の抱いた真の仏弟子の自覚は、例えば親鸞にも受け継がれ、親鸞はその主著『教行信証』信巻末に、「真仏弟子釈」の一段を掲げている。

本義に云く(三三七5) 太子義疏は真子章のたて方に関して、敦煌から発見された『勝鬘義記』(大正蔵八五、二六一中)および凝然の記す「別本疏」中の説(前掲書、一三九頁下)と全同であるが敦煌本とは異っている。

経文	太子義疏	敦煌本	慧遠・吉蔵等の諸師
「世尊如来蔵者」	第十三 自性清浄章	第十三 自性清浄心隠覆章	第十三 自性清浄隠覆章
「若我弟子随信」		第十四 真子章	第十四 真子章
「尒時勝鬘白仏」	第十四 真子章		第十五 勝鬘師子吼章
「尒時世尊放勝」	流通説	流通説	流通説

なお、第十五章を『勝鬘師子吼章』と名づけたわけを吉蔵は説明して、「勝鬘夫人が外化の徳をもって能く悪人を摧破すること、あたかも師子吼のごとくであるから」とする(『勝鬘宝窟』大正蔵三七、八六下)。

(表1) 正説の科文(四九頁)

- 正説(本論)
  - (初五章)一乗の体
    - 自分行
      - 第一 歎仏真実功徳章
      - 第二 十大受章
      - 第三 三大願章
    - 他分行
      - 第四 摂受正法章
      - 第五 一乗章
  - (中八章)一乗の境
    - 第六 無辺聖諦章
    - 第七 如来蔵章
    - 第八 法身章
    - 第九 空義隠覆章
    - 第十 一諦章
    - 第十一 一依章
    - 第十二 顚倒真実章
    - 第十三 自性清浄章
  - (後一章)行乗の人
    - 第十四 真子章

(表2) 第四、摂受正法章(一)願摂の科文(九七頁)

- 願摂
  - 一 まさしく願摂を明かす
    - 一 夫人が教えを受ける
    - 二 説くことを許される
    - 三 願摂を説く
  - 二 仏が夫人をたたえる
    - 一 夫人の現世の徳をたたえる
    - 二 夫人の前世の徳をたたえる
    - 三 夫人の説くところが諸仏のそれと同じであることをたたえる
    - 四 夫人の説くところが釈尊自身のそれと同じであることをたたえる
    - 五 摂受正法のすぐれた働きをたたえる

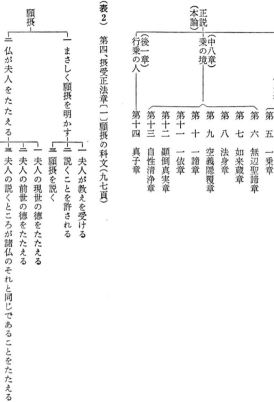

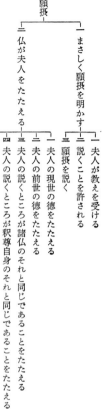

（表3）　第四、摂受正法章（二）行摂の科文（一〇三頁）

- 行摂
  - 一 まさしく行摂を明かす
    - 一 行摂の体（能生の体）
      - 一 夫人が教えを受ける
      - 二 説くことを許される
      - 三 行摂の体を説く
    - 二 出生の義
      - 一 法の出生
        - 一 大雲の譬
          - 開譬
          - 合譬
        - 二 大水の譬
          - 開譬
          - 合譬
          - 開合譬
      - 二 人の出生
        - 一 重担の譬
          - 開譬
          - 合譬
            - 正合
            - 結合
            - 四種の重担者をたたえる
        - 二 宝蔵の譬
          - 開譬
            - 正譬
            - 結譬
          - 合譬
            - 正合
            - 摂受正法の人をたたえる
            - 相即を明かす
    - 三 法と人の相即
      - 一 法と法の相即
        - 一 法と心の相即
        - 二 波羅蜜と法の相即
          - まさしく相即を説く
          - 相即の意味を解釈する
          - 相即の意味を総括する
      - 二 人と法の相即
        - 一 まさしく人と法の相即を説く
        - 二 相即の意味を解釈する
        - 三 三種の所有物を喜捨する意味
          - まさしく喜捨の意味を説く
          - 喜捨する人をたたえる
          - 喜捨する時期
          - 摂受正法の人の美徳

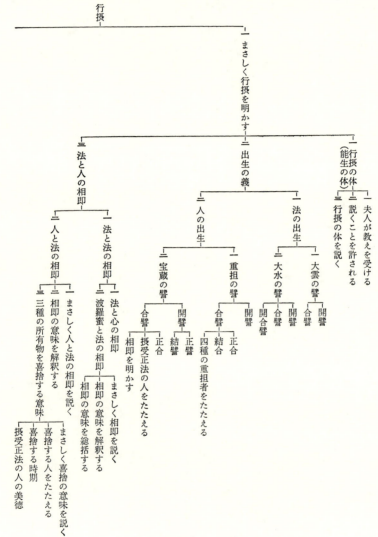

- 二 仏が夫人をたたえる
  - 一 まさしく夫人をたたえる
    - 一 ただちにほめたたえる
    - 二 くわしくほめたたえる
      - 一 力士の譬
      - 二 牛王の譬
      - 三 須弥山王の譬
  - 二 夫人にすすめる
    - 一 実践を広く人びとに説くことをすすめる
    - 二 実践の利益をまとめて説く
    - 三 実践を手短にすすめる
    - 四 実践の利益を手短に説く

（表4） 第五、一乗章Ⅱ本章を解釈する の科文（一五五頁）

- 一 すべての教えは一乗に入る
  - 一 五乗を一乗の中におさめとる（表5）
  - 二 二乗に説くさとりの因を一乗の中におさめとる（表6）
  - 三 二乗に説くさとりの果を一乗の中におさめとる（表7）
- 二 一体の三宝を明かす（表8）

（表5） 第五、一乗章Ⅱの〔一〕の㈠五乗を一乗の中におさめとる の科文（一五七頁）

- 一 仏は夫人に説くことを命ず
- 二 命をうけて夫人は一乗章を説く
  - 一 能生（あらゆる教えを生ずる摂受の心）について
    - 一 まさしく一乗の中におさまることを明かす
    - 二 一乗の中におさまるという意味を明かす
  - 二 所生（摂受の心から生じたあらゆる教え）について
    - 一 八河譬と種子譬を挙げて明かす
    - 二 大乗の本義にかなうことを明かす

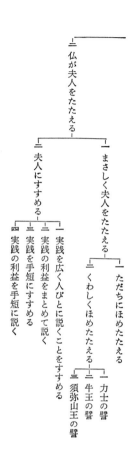

（表6）　同前㈡二乗に説くさとりの因を一乗の中におさめとる の科文（一六三頁）

- 一 六処を挙げ、総じて一乗の中におさめとることを明かす
- 二 仏教の興・衰
- 三 戒律の得・離
  - 一 波羅提木叉と毘尼は一体である
  - 二 毘尼とは大乗の学である
  - 三 右のことを解釈する
  - 四 結び
- 四 出家者の始・終
  - 一 大乗を是とする
  - 二 小乗を非とする
  - 三 以上を解釈する
- 五 さとりの果を挙げて、さとりの因と比較する
  - 一 両章門（悪未除章門と善法未満章門の二つ）を立てる
  - 二 両章門を解釈する
    - 一 悪未除章門を解釈する
    - 二 善法未満章門を解釈する

（表7）　同前㈢二乗に説くさとりの果を一乗の中におさめとる の科文（一七三頁）

- 一 四智と涅槃の果を斥ける
- 二 与奪の意味を解釈する
- 三 二種の生死を挙げて第二の文を解釈する
- 四 二種の煩悩を挙げて第三の文を解釈する
  - 一 ただちに解釈する
  - 二 煩悩の本体と特質を説く
    - 一 煩悩の本体と特質
      - 一 四つの潜在的煩悩
      - 二 無知
    - 二 煩悩の働きの勝劣を比較する
      - 一 四つの潜在的煩悩は無知に劣る
      - 二 無知は四つの潜在的煩悩より勝れている
      - 三 譬えを挙げて説く
      - 四 無知の勝れていることを説く
      - 五 結び

- 三　煩悩による行為の結果に不同がある
  - 一　四つの潜在的煩悩は迷いの生存を生じさせる
  - 二　無知は意生身を得させる
  - 三　無知は三種の意生身を得させる
  - 四　結び
- 四　無知の断除
  - 一　四つの潜在的煩悩と無知による行為の結果は不同である
  - 二　無知を断除する
  - 三　仏の智慧のみが無知を断除できる
- 五　前四項をそれぞれ結論づける
  - 一　二乗の四智と涅槃は究極のものではない
  - 二　究極のものは仏にのみある
    - 一　仏は究極のもの
    - 二　二乗は究極のものに達していない
      - 一　無知を断じていない
      - 二　一味を得ていない
      - 三　無知は煩悩の根元
      - 四　結び
  - 三　二種の煩悩を挙げて、二乗は分段生死のみを離れているが仏は変易生死をも離れている
    - 一　煩悩の本体と特質を結論する
    - 二　煩悩の働きの勝劣を比較することを結論する
    - 三　（輪廻の生存を招く行為に不同があることを結論する）は省略
    - 四　煩悩の断除を結論する
  - 四　二種の生死を挙げて、究極のものは仏にのみある
    - 一　仏は二種の生死をともに離れている
    - 二　二乗は分段生死のみを離れている
- 六　二乗が一乗に帰入することを結論する
  - 一　二乗は究竟していないことを知る
  - 二　さらに説明する
  - 三　帰入することを説く
  - 四　一乗によって得られるさとりの意義
    - 一　一乗のさとり
    - 二　菩提・涅槃・法身の三つの相即を説く

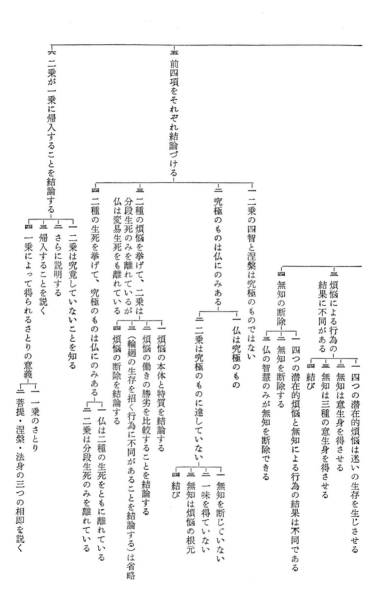

(表8) 同前〔二〕一体の三宝を明かす の科文(二三三頁)

- 一 別体の三宝は究極のものではない
  - 一 別体の仏宝をたたえる
    - 一 仏の常住性を明かす
    - 二 仏の大悲を明かす
    - 三 仏の大悲を説くことを勧める
    - 四 仏の常住性を説くことを勧める
    - 五 結論
  - 二 別体の法宝と僧宝は究極のものではない
    - 一 法と僧を列挙する
    - 二 法と僧は究極の帰依所ではない
    - 三 前項を解釈する
    - 四 結論
- 二 一体の三宝は究極のものである
  - 一 法と僧に帰依することは仏に帰依することである
  - 二 前項を解釈する
  - 三 一体の三宝を説く理由を明かす
  - 四 仏のすぐれた徳性と教えによって、一体の三宝を説明する
  - 五 これまで一乗の教えを説かなかった理由を説明する

(表10) 第九、空義隠覆章の科文(二八五頁)

- 一 空智の常住
  - 一 二種の如来蔵空智
  - 二 空如来蔵を観察する智慧
  - 三 不空如来蔵を観察する智慧
- 二 空智を説かなかった理由
  - 一 二乗の人びとの劣っているため
  - 二 説く時機が熟していなかったため
  - 三 空智をさとるのは仏のみである

(表9) 敦煌本の第九、空義隠覆章と義疏の対比(二七九頁)

敦煌本	義疏
一 明境之真実 ― 一 以蔵即法身	法身章〔一〕
一 明境之真実 ― 二 以法身即蔵	法身章〔一〕
一 明境之真実 ― 三 挙智以明境不異	同〔二〕
二 明隠覆	同〔三〕
三 明智之真実 ― 一 正明智	
三 明智之真実 ― 二 出空如来蔵	
三 明智之真実 ― 三 出不空如来蔵	
四 明隠覆 ― 一 明今日為説	
四 明隠覆 ― 二 明昔日所以不得説	
四 明隠覆 ― 三 結二乗不見	
四 明隠覆 ― 四 結唯仏独証	

(表11) 第十、一諦章の科文(二九一頁)

- 一 滅諦を究極とする
  - 一 (無常と常の)二章門を示す
  - 二 二章門を解釈する
- 二 滅諦の深遠なことをたたえる
  - 一 凡夫の認識や二乗の人びとの智慧を超えているわけを、生盲と嬰児の譬えで明かす
  - 二 凡夫の認識は二種の辺見に基き、二乗の人びとの智慧はそれに比べて清浄である
  - 三 凡夫の二種の辺見・四種の顛倒見、ならびに二乗の人びとの清浄な智慧を解釈する
- 三 滅諦を信ずることをすすめる
  - 一 正見の語義
  - 二 正見の内容たる法身の四徳
  - 三 結語

(表12)　敦煌本の第十一、一依章と義疏の対比(三〇五頁)

敦煌本 ／ 義疏

- 一 明昔依為非
  - 一 明依昔依之人
    - 一 正出依昔之人 ┐〔一〕
    - 二 挙上説下不知滅諦 ┘〔一〕
    - 三 釈所以与前一乗章相違意 ──〔二〕
  - 二 正明昔為二乗 ┐〔三〕
  - 三 正非昔依 ┘〔三〕
- 二 明今依為是
  - 一 以無作比於有作諦 ┐〔四〕
  - 二 以一滅諦比無作三諦 │〔四〕
  - 三 正出一依之体 ┘〔四〕

(表13)　敦煌本の第十二、顚倒真実章と義疏の対比(三一一頁)

敦煌本 ／ 義疏

- 一 明生死依如来蔵
  - 一 正明生死依如来蔵 ──〔一〕
  - 二 明如理而談 ──〔二〕
- 二 釈生死
  - 一 正釈生死相 ┐〔三〕
  - 二 明生死二法 ┘〔三〕
- 三 料簡生死与蔵異
  - 一 明生死 ┐〔四〕
  - 二 明如来蔵無生死
    - 一 正明蔵無生死 ┘〔四〕
    - 二 結 ──〔五〕
- 四 正明生死依如来蔵
  - 一 出所依之法 ┐〔六〕
  - 二 明生死依所依之法 │〔六〕
- 五 明衆生必有蔵理不得無也
  - 一 明仮説無蔵則為失 ┘〔六〕
  - 二 明必有得 ──〔七〕
- 六 明蔵体異於横計
  - 一 正明不同横計 ┐〔八〕
  - 二 明非死意境界 ┘〔八〕

(表14)　第十三、自性清浄章の科文(三二一頁)

- 一 勝鬘夫人の自説
  - 一 五種の「蔵」により煩悩の染・不染を明かす
  - 二 染・不染の区別は知り難い
  - 三 人びとの心の作用と如来蔵の深遠さを比べる
    - 一 不染
    - 二 染
  - 四 仏のみ染・不染の区別を知りたもう
- 二 仏の敷衍
  - 一 勝鬘夫人を嘉みする
  - 二 如来蔵を信ずる
    - 一 信ずる人と信じ難い人
    - 二 信ずることのできる人
      - 一 信忍と順忍
      - 二 順忍
    - 三 信をすすめる

上宮聖徳法王帝説

上宮聖徳法王帝説（三五五1） 上宮聖徳法王は聖徳太子の尊号。上宮については三五九頁注参照。聖徳は法隆寺金堂薬師像銘に「聖王」とあるのに加上して成立した号か。聖徳太子伝私記所引法起寺塔露盤銘に「聖徳皇」とあるが初見か。令集解所引古記所引一説に謚とする。仏僧の考案であろう。法王は法隆寺釈迦像銘に「法皇」とあり、聖徳太子平氏伝雑勘文所引上宮記逸文・用明紀に「法大王」の号が見え、釈日本紀秘訓にノリノオホキミと訓む。法華経譬喩品に「我為₂法王₁、於レ法自在、安₂穏衆生₁、故現₂於世₁」とあるなどよりその義が考えられる。上宮聖徳法王の尊号の下に付した帝説については、問題が多い。聖徳太子伝私記・上宮太子拾遺記・太子伝玉林抄等の類より浄土真宗教典志にいたるまで、すべて「帝記」と記しており、本書の原本に「帝記」とあったとする説の唱えられたこともあるけれど、右の引用がすべて本書今本の引用であることが確証されるので、誤写とするほかない。それにしても「帝説」では字義解けず、他に用例ある帝記（三六六頁注参照）が原本の書名であり、誤写されて帝説となったとの推測の余地はある。前引諸書に帝記とあるは、帝記と帝説との相互誤写の可能性の多いことを裏書する。

漢籍・仏書の書名は、古来、呉音で読むのが例であった。国書の書名も、呉音読みであったかとも思われるが、必ずしも明らかでない。中世以降の点本には「日本書紀」の場合、「ヤマトフミ」などという訓よみが伝えられているが、平安時代における確実な例証は未だ存しない。本書の書名を、呉音でよむならば、「じやうくしやうとこほふわうたいせち」となろう。しかし一往、「かみつみやノさうとこノりノおほきみノたいせち」という訓よみの推定を試みた。「上宮」は、カミツミヤとよむ。図書寮本用明紀永治点に「上宮《カムツ》」の例があるが、後世の音便と認める。古くカミのミは甲類で、下に助詞が続く場合は、カミツセ（賀美都瀬、万葉集巻十七、三九〇七）やカミツヒゲ（加美豆比介、新撰字鏡・和名抄）のように、カミツの形であったと考えられる。カムツの形になるのは、ミが乙類であるカミ（神）の場合であった。「聖」は去声勁韻三等に属する字で、後世の字音表記はシヤウであるが、古くはこの種の拗音の表記法は未だ固定せず、多く類音表記又は直音表記であった。観智院本類聚名義抄「者ウ」、御物本源氏物語若紫「さうとくたいし」（聖徳太子）などの例から、一往サウという直音表記を採用した。「徳」は入声徳韻に属する字で、後世の字音表記はトクであるが、古くは母音同化によって「とこ」の音があったと見え、「うばそこ」（宇都曾古）」（承徳本古謡集）、「だいとこ」（源氏物語）、「伊吉博徳《トコ》」（北野本孝徳紀院政期点）などの例がある。このトコ形を古形と認めた。「王」字の訓には、日本書紀の平安時代の古訓にオホキミ・ミコなどが見られるが、今オホキミを採った。「法王」は図書寮本用明紀永治点に「或名豊聡耳法《ノリノ》大王《オホキミ》・或云法主王《ウシオホキミ》」とあるによってノリノオホキミと訓ずる。

伊波礼池邊雙欟宮（三五五2） 和名抄（高山寺本）讃岐国条に「池辺以介乃倍」、同（道円本）に「池辺伊介乃倍」、図書寮本用明紀永治点に「池辺《ヘ》雙槻《ナミツキ》宮」（ツキに声点上・上あり）などとあるによる。

治天下（三五五2） 動詞シル（知）に敬意を表す接尾語ス（語源的には asu だったかという）が複合してシラスが生じ、更に敬意を表すメスが複合してシラシメスとなった。しかもメス自体が、ミル（見）の尊敬語であって、シラシメスは極めて高い敬意を表した語である。古くシロ（乙）シメスの形もあって併用された（大殿祭祝詞「所知食古語云志呂志女須」）。シルは「知る」

の意から「領知する」「統治する」の意を持つに至り、それに伴ってシラシメスもそのような意味で用いられた。

天皇（三五五2）　帝号としての「天皇」の初見は、法隆寺金堂薬師像銘が推古天皇の時の原物であるならば初見であり、天寿国繡帳亀甲文が聖徳太子死後間もない頃のものであるならばこれに次ぎ、野中寺弥勒像銘が天智天皇五年のものであるならばさらにこれに次ぐ。肥後江田古墳大刀銘・隅田八幡鏡銘・上宮記逸文等には「大王」とあって「天皇」の号は用いられていないので、おそらく推古朝頃に中国の古典によって日本の帝号として用い始めたものであろう。道教の経典から出たとする説、晋書安平献王列伝・越絶呉王占夢等の史伝に所見あるを指摘する説などがあり、いずれにしても中国の典籍の成語を採用したことは疑がない。

庶妹（三五五2）　新撰字鏡に「庶兄」を「万ゝ兄」と訓じ、「㚢」（他の字書類に所見なし）を「万ゝ妹」とあり、古事記伝は「庶妹は麻麻伊毛と訓ずべし」と述べている。石山寺本金剛波若経集験記平安初期点に「表兄」をマヽアニと訓じた例があり、和名抄にも「継父」を「万々知々」、「継母」を「万々波々」と訓ずるから、ママ…という古例のあったことは確であるが、新撰字鏡の「万ゝ妹」の「妹」をイモと訓じた確証が得られない。「妹」はyounger sisterの意で、書紀古訓では一般にイモト（イモヒトの音転であろう）又はイロトと訓じているので、一往ママイロトの訓を採ったが、ママイモヒトの形も考えられよう。「庶兄」（三五七頁十行）もママアニの訓を採ったが、ママオヒネ又はママイロネなどの形の存在した可能性もある。

穴穂部間人王（三五五2）　図書寮本用明紀永治点に「穴穂部《アナホヘ》間人《ハシヒト》皇女」、本書知恩院本に「孔部《アナホヘノ》間人公主」（三六八頁）と附訓がある他、関戸本三宝絵中にも「穴太部《アナオヘ》の間人《マウ》能皇[上]女」（保安元年写）とあり、古くアナホベの語があったことを知る。「間人」は和名抄（高山寺本）備中国浅口郡条に「間人波之布止」（ハシフトはハシヒトの音転）とあり、古くハシヒトと訓じたと推定される（和名抄道円本には、同じ項に「万無土」と訓があり、上記三宝絵にもマウ（ト）の訓があって、後にはマウト（マムト）と訓まれたことも確だが、多分ハシヒトの方が古形であろう）。

本書巻頭所見人名と上宮記・記・紀所見同一人物名との表記の異同を左に表示する。

本書巻頭系譜	上宮記	記	紀
穴穂部間人		間人穴太部	埿部穴穂部・穴穂部間人
久米	久米	久米	来目
茨田		茨田	茨田
蘇我伊奈米		宗賀之稲目	蘇我稲目
伊志支那		意意芸多志	石寸名
多米	多米	多米	田目・豊浦
比里古			広子（伊比古の名とする）
伊比古		飯之子	
乎麻呂古		当麻	麻呂子・当麻
須加氏古		須賀志呂古	酢香手
膳部加多夫古	食部加多夫古		膳傾子
菩支々美	菩支々弥		
春米	春米		
長谷	己乃斯里 字長谷部		泊瀬仲
久波太	久波侈		
波止利	波等利		
三枝	三枝		
伊止志古	（兄）伊等斯古		
麻呂古	（弟）麻里古		

馬屋古	(次)馬屋		
刀自古	刀自古		
山代大兄	山尻		山背大兄
財	財		
日置	俾支		
片岡	片岡		
尾治	乎波利		尾張
位奈部橘	韋那部橘		
白髪部	白髪部		
手嶋	手嶋		
難波麻呂古	難波		
麻呂古	麻里古		
弓削	弓削		
佐々	作々		
三嶋	(脱か)		
甲可	加布加		
尾治	乎波利		
佐富	佐富		

娶きて(三五五3)　新撰字鏡に「娶趣向反取也取婦也」、前田本雄略紀院政期点に「国香皇子娶《マク》長田《の》皇女《を》」とあり、古く「娶」字をマクと訓じたと考えられる。マクの語は古事記上に「妻まき(麻岐)かねて」など、「妻とする」の意の古例が多い。

大后(三五五3)　「大后」をオホキサキと訓じた例を得ないが、岩崎本推古紀平安中期朱点に「皇太夫人《オホキサキ》」、前田本仁徳紀院政期点に「皇大后《オホキサキ》」の例がある。これから推定して右のように訓じた。

厩戸豊聡耳聖徳法王(三五五3)　元興寺縁起所引元興寺塔露盤銘に「有麻移(ママ)刀等刀弥《トミミ》と乃弥己等」とあり、又図書寮本用明紀永治点に「豊聡耳《トヨトミ》法大王《オホキミ》」、北野本舒明紀院政期点に「皇大子《ヒツギノミコ》豊聡耳尊《トヨトミミ》」とあるによる。トミミは新撰字鏡に「聆」を「止弥と」(ママ)と訓じた例がある。

ソ(三五五3)　体言又は用言を承け、文末に在って陳述を表現する語として、古くソ・ゾ・ニアリ・ナリ・トアリ・タリなどが存した。この中、ナリは後世まで最も広く用いられたが、この語は比較的新しい時代に発達した語のようである。奈良時代には、ソ・ニアリ・ナリが併存したが、それらの中でソが最も古く、ニアリがこれに次ぎ、ナリは最も新しい形と考えられる。続日本紀天平宝字四年(七六〇)宣命(二六詔)などにもまだニアリの例が見える。ソは元来清音であったのが、奈良時代から平安時代にかけて濁音に移行したと見られている。

王(三五五4)　「王」はオホキミ・ミコ両訓があって、日本書紀古訓にも双方の例が多数見え、どちらとも定め兼ねるが、一往、「倭彦 王《オホキミ》」(前田本継体紀院政期点)、「眉輪 王《オホキミ》」(図書寮本允恭紀永治点)及び「安宿 王」(唐大和上東征伝院政期点)、「興世 王」(将門記承徳点)などの例により、前者を採った。

殖栗王(三五五4)　図書寮本用明紀永治点に「殖栗《ホクリ》皇子」(ホはヱの誤か)、北野本天武紀下院政期点に「五位殖栗《エクリノ》 王卒」、和名抄(道円本)阿波国名方東郡条に「殖栗恵久利」、金剛寺本延喜式神名帳大治点に「殖栗《エクリノ》 神社」とあるによる。

茨田王(三五五4)　図書寮本用明紀永治点に「茨田《マタ》皇子」、和名抄河内国条に「茨田万牟多」、金剛本延喜式神名帳大治点に「茨《マタノ》《スイタ》 田神社」とある。神名帳大治点によって、院政時代に「茨田」をスイタと訓じていた例のあることが知られ、知恩院本は単なる誤読でないことが判明する。マムタは語源未詳。スイタはスキタの音便であろう。

蘇我伊奈米宿祢(三五五5)　知恩院本では、この箇所に「蘇我《ノ》伊奈米《ミノ》宿‐祢」

と附訓し、他にも「宗我稲目足尼《ミノタリニノ》大臣」（三五六頁）、「巷奇《カウキ》大臣名伊奈米足《ナハイナミタリ》尼《ニ》」（三六八頁）のようにイナミと訓んでいる。「米」はメ乙類に属する仮名として用いられる字で、ミと訓まれる理由は明かでないが、この箇所だけの誤読でないことだけは知られる。

大臣（三五五5）　前田本雄略紀院政期点に「円《ツブラノ》大臣《オホオミ》」の訓があるのによった。なお岩崎本皇極紀平安中期朱点に「大臣《ヤオミ》伊梨柯須弥」、前田本仁徳紀院政期点に「大臣《オホイキミ》武内《の》宿禰」、観智院本類聚名義抄に「大臣オホイマウチキミ」などの訓例があるが、史学的観点よりみてふさわしくないと考えて採用しなかった。

名をば…トいふ（三五五5）　西大寺本金光明最勝王経平安初期点に「今法門有り、名をば無染著陁羅尼といふ」（今有法門、名無染著陁羅尼）（巻第七）、「一（り）の長者有（り）キ。名をば持水といひキ」（有一長者、名持水）（巻第九）などとある例による。後には「…トナヅク」と訓ずるのが一般的になった。

郎女（三五五5）　「郎女」の字面は書紀に見えないが、景行紀訓注に「郎姫、此云異羅菟咩」とある。記には「阿倍郎女」「阿具知能三腹郎女」「木之菟野郎女」「三野郎女」等が見える。

生める児（三五五6）　知恩院本ではコヲウムと訓じたらしい。古事記にも「久美度迩興而生子、水蛭子」「御合生子、淡道之穂之狭別嶋」等の例がある。

葛木當麻倉首（三五五6）　和名抄（道円本）に「葛上加豆良岐乃加美」「葛下加豆良木乃之毛」、履中記に「自当岐麻道廻」「当芸麻知」、履中紀に「哆摩知」とある。和名抄（高山寺本）の「当麻多以万」はタギマ→タイマの音便。奈良時代には一般に音便は未だ発生していなかった。「倉首」は紀に見えないが、図書寮本履中紀訓に「蔵部《クラヒトヘ》」、北野本天武紀下院政期点に「次《スキ》田倉人」と見える。用明記には「当麻之倉首比呂」とある。

比里古（三五五6）　「里」はロ乙類を表す仮名に用いられる字で、本書（繡帳銘）の中にも「阿米久尔意斯波留支比里尔波乃弥己等」（三六九頁）（同人を古事記に「天国押波流岐広庭命」、日本書紀に「天国排開広庭尊」と記す）とある他、万葉集防人歌にも「妹が去去里（心）」（巻二十、四三九一）（社）の神」（巻二十、四三九〇）、「夜之里（社）の神」の例もある。「里」は後世、之韻三等に属する字であるが、シナ上古音では ləg のような音であったと推定されており、ロ乙類を写すのに適当な字の一つであったと考えられている（董同龢『上古音韻表稿』、大野晋『上代仮名遣の研究』一八五頁以下）。

女王（三五五7）　図書寮本舒明紀永治点「女王《ヒメオホキミ》」「栗下女王《ヒメオホキミ》」とあるによる。

伊勢ノ神ノ前に拝び祭ひて（三五五8）　「拝《をや》び祭《いは》ひて」は、岩崎本推古紀平安中期朱点に「祭拝《イキヤフ》」「祭祀《イハヒ》」、同皇極紀平安中期朱点に「祭《イハフ》」とあるによる。

三ノ（三五五8）　天皇・妃・皇子の数を数える助数詞にはハシラを用いた。図書寮本允恭紀永治点「二《フタハシラ》天皇」、同履中紀永治点に「二《フタハシラ》嬪」、前田本継体紀院政期点に「八《ヤハシラ》妃」などの例がある。

合ら（三五五8）　松田本四分律行事鈔平安初期点に「合寺《ツカシナカラ》」とある。シカは「然」、シはサ変動詞連用形で、アリの意を表し、ナは助詞でノと同義、カラは古い体言で「それ自体」のような意味の語であって、シカシナガラで、「そっくりそのまま」「全部」の意の副詞として用いられた。

聖王（三五五8）　西大寺本金光明最勝王経平安初期点に「聖《ヒジリ》」、前田本仁徳紀院政期点に「聖《ヒジ(リ)》」の例がある。

膳部加多夫古臣（三五五10）　図書寮本雄略紀永治点に「膳臣《カシハデノオミ》」、同履中紀同点に「膳臣《カシハテ》」、前田本雄略紀古点に「膳夫《カシハテヘ》」とあるによる。

春米女王（三五五11）　知恩院本の附訓にツイシネとあるのはツキシネの音便

であること疑ない。シネはイネと同語で、熟語中にのみ用いられる形。アメ(雨)に対するサメ(コサメ・ムラサメ)など、ア行音(母音音節)で始る語が前の語を承けて語中に立つ場合にサ行音(sなど摩擦音・破擦音系の子音で始る音節)となることは他にも例がある。シネを、もともと広くイネ科植物を指した語かと見る説もある(時代別国語大辞典上代篇)。シネの古例は、神楽歌、細波に「み志禰つく」とあり、「御真津日子訶恵志泥命」(古事記中)と同人を「観松彦香殖稲天皇」(懿徳紀)とも記し、又書紀古訓にも「舂米部」(前田本仁徳紀院政期点)、「十握《トツカ》稲《シネ》」(図書寮本顕宗紀永治点)などの例がある。

長谷王(三五五11)　万葉集に「波都世乃加波」(巻十三、三二九九)、古今集(高野切・関戸本・元永本等)に「はつせ」の例が見えるのを始として、和名抄(高山寺本)大和国城上郡条に「長谷波都世」(道円本は「波都勢」に作る)とあり、前田本雄略紀院政期点に「泊《ハツ》瀬小野」、同敏達紀院政期点に「泊《ハツ》瀬」などの例がある。ハツセの語義は「川瀬ノ初マルトコロ」(大言海)というが、未詳。「ハ(端)ツ(之)セ(瀬)」とも解せられる。ハセはハツセが音便でハッセとなり、その促音の無表記と考えられる。ハセの初見は九条本延喜式祝詞平安中期点に「長谷《へせ》」とある例である。

波止利女王(三五五11)　ハトリはハタオリ(機織)の約。後世更に音便を生じてハットリとなる。和名抄(道円本)に「促織」を「和名波太於里米」と訓じている。

三枝王(三五五12)　サキクサは茸《きのこ》の一種で、「芝草」「霊芝」とも称し、後世サイワイダケと呼ばれるものといわれる。サキクサの古例は、聖語蔵願経四分律平安初期点に「鳩《サ》羅邪《ザ》文《ク》若草《サ》」とあり、和名抄(道円本)に「葛音娘和名佐木久佐日本紀私記云福草」「薺苨臍禰二音和名佐木久佐奈一云奘乃波」と訓じている。図書寮本顕宗紀永治点にも「福草部《サキクサ》《サイクサヘ》」の例がある。又催馬楽に「左岐久左の三つ葉四つ葉の中に殿造りせり」とある。サイクサはその音便で、サイクサの古形は既に和名抄(道円本)飛騨国大野郡条に「三枝佐以久佐」、加賀国江沼郡条に「三枝佐伊久佐」とある。

已上(三五五13)　医心方巻第二十一天養点に「已上《カムツカタ》」、観智院本類聚名義抄に「已上カムツカタ」、北野本孝徳紀院政期点に「介 以上《ヨリカムツカタウケタ》奉 法必須裒《ホメタマモノセ》賞」とあるが、カムツカタは音便で、古い形はカミツカタであったと考えられる。

八人(三五五13)　北野本舒明紀院政期点に「女鳾鮪女《メヌワラハ》等八人《ヤタリ》」とあるによる(但しヤタリの仮名は中世以後の筆の疑もある)。

馬古叔尼(三五七1)　「叔」は入声屋韻三等審母の字で、スクの音を表わし、「尼」は平声脂韻三等娘母の字で、上古音はnierと推定され、ネの音を表したもの。スクネは古事記下に「大前小前須久泥」と見え、「宿禰」と表記することが多いが、「叔尼」の方が古い字面で、続紀宝亀四年(七七三)五月条に「阿曾美為二朝臣一、足尼為二宿祢一」と見えている。スクネはスクナエ(少兄)の約といわれるが不審。オヒネ(大兄)に対する語であったようで、或いは古くイネ(兄)という語があって(イロネのネもこれと同語か)、オホイネ→オヒネ、スコイネ→スクネのような音転があったかとも推定される。

刀自古郎女(三五七1)　「衣通《トホリの》郎女《イラツメ》」(図書寮本允恭紀永治点)の例による。イラツメのイラはイロと同語で、同一血族をさし、ツは「之」、メは「女」の意で、女子への敬称。イラツコ(郎子)の対。知恩院本で「召《ア》古《コノ》郎女」と附訓したのは勿論訛であって、刀自の二字を一字と誤認した上、「自」を「貝」と誤ってよんだものである。因に知恩院本では他所でも「聖王妻膳大刀自《ヲホトノ》」(三六六頁)と訓じた例があるが、これは「自」を「目」に誤り、「目」をミと訓じたための誤読かと思われる。「目」をミと訓じた例は→三五五頁「蘇我伊奈米宿祢」補

山代大兄王(三五七2)　オヒネは↓三五七頁「馬古叔尼」補。「大兄」をオホエと訓ずる古例を見ることができず、鎌倉時代以後の新形かと思われる。オヒネの方は岩崎本皇極紀平安中期朱点に「中大兄《オヒネ》」とあるのを始め、前田本仁徳紀・継体紀・敏達紀、図書寮本顕宗紀などの古訓に例が多い。別に古くオホヒネの訓もあって、前田本仁徳紀や北野本舒明紀の古点に例があるが、これも或いは「大」をオホとよむことに惹かれて生じた後形ではないかと疑われる。

賢しく(三五七2)　前田本継体紀院政期点に「賢《サカシキヒト》」、図書寮本允恭紀永治点に「賢王《サカシキキミ》」とある。

人民(三五七2)　和名抄(真福寺本)には「日本紀私記云人民比度久佐或説云於保无太賀良」、同(道円本)には「日本紀云人民和名比止久佐一云於保太加良」とあり、又、図書寮本反正紀及び允恭紀永治点に「人民《オホムタカラ》」とある。オホムタカラ・オホタカラは音便でその原形はオホミタカラであったと推定する。尚一五頁「民」補参照。

愛みき(三五七2)　岩崎本推古紀平安中期朱点に「愛《メクムタマ(フ)》」、図書寮本雄略紀及び清寧紀永治点に「愛《メクミタマフ》」とある。

濫る(三五七3)　石山寺本金剛波若経集験記平安初期点に「濫《ミタリ(ニ)》荷ニ大恩ニ」、松田本四分律行事鈔平安初期点に「薄濫《イヤシヒミタリ》」とある。

非ず(三五七3)　図書寮本舒明紀永治点に「吾知《レトモ》ニ汝《イマ(シ)か》言之非《ヨウモアラヌことを》一」とあるにより、音便形ヨウモアラヌの原形として、ヨクモアラヌの形を推定する。

聖王ノ児は十四王子ソ(三五七6)　本書に恐らく児の無かったために記載されていないのであろう菟道貝鮹皇女をふくめて、太子が四妻十四子を有したことは、欽明天皇の六妻二十五子(記紀同数)、敏達天皇の四妻十六子(紀による。記は四妻十七子とする)、用明天皇の三妻七子(記紀同数)、舒明天皇の三妻五子、孝徳天皇の三妻一子、天智天皇の九妻十四子、天武天皇の十妻十七子(以上すべて紀による)等の太子前後の諸君主の例と比較して例外的ではない。妻訪婚のもとで妻の側にも多夫の自由が何程か許容されていたらしいにもかかわらず、「八千矛の　神の命や　吾〈あ〉が大国主　汝〈な〉こそは　男〈を〉にいませば　うち見る　島の埼埼　かき見る　磯の埼落ちず　若草の　妻もたせらめ　吾はもよ　女〈め〉にしあれば　汝を除〈き〉て　男は無し　汝を除て　夫〈つま〉は無し」(古事記)という歌に典型的に示されているごとき、特に支配階級の間で早くから形成された一夫多妻の慣行に、太子も従ったまでであろうが、それにしても太子が、平安朝風に言えば人並みの「すき」(源氏物語宿木)ものであり、中世風に表現すれば「愛欲の広海に沈没」(教行信証)する「凡夫」であったことを窺うに足りる。それは太子が人間らしい人間であったことを示す事実であり、それ故にこそ人間の有限性相対性をいっそう切実に自覚する機縁となったであろう点、親鸞の場合と一般ではなかったか、との推測も成立つのではないか。今まで太子はあまりに偶像化され、このような人間としての側面が看過されていたように思われるので、あえて注意を喚起するため一筆した。

崩して(三五七10)　カムアガルの仮名書の古例は見えないが、前田本仁徳紀院政期点に「誉田天皇崩《カミアカリマシヌ》」、図書寮本舒明紀永治点に「天皇崩《カミアカリマシヌ》ニ于百済宮ニ」とある。カミアガルは恐らく後世の形で、古くはカムアガルであったと推定される(有坂秀世「カムカゼ(神風)のムについて」『国語音韻史の研究』所収)。

佐富女王(三五七11)　古事記開化天皇条に「沙本之大闇見戸売」「沙本毘古王」「沙本毘売命」、雄略紀に「狭穂子鳥別」、武烈紀歌謡に「逗摩御暮屢、鳴佐褒嗚須擬」などと見えるにより、「佐冨」はサホと訓ずべきものと推定する。「冨」は去声宥韻(-ĭəu)の字であるが、古くはə類の母音を中心とする音節(pïuəi＜pïuəg?)であったかと推定されており(有坂秀世『上代音韻攷』三九六頁)、それがホ(Fo又はFö)の音を表すのに用いられたのであろう。なお知恩院本でサトミと訓じているのは後世の訛である。

檜前天皇(三五七12)　和名抄(道円本)大和国高市郡条に「檜前比乃久末」とあり、前田本継体紀院政期点に「檜隈《ヒノクマ》高田皇子」とある。クマとは曲りくねった内側の他から見えない部分をいう語であるが、「檜前」をヒノクマと訓じた理由は未考。

他田宮治天下天皇怒那久良布刀多麻斯支天皇(三五七13)　ヌは沼、ナは之、クラは谷の意、フト・タマは美称と考えられる。他田宮は和名抄(道円本)駿河国有度郡条に「他田乎佐多」とある。

伯叔(三五七14)　新撰字鏡に「伯叔父伯者父之兄叔者父之弟」とあり、又同書に「阿伯父《(ママ)》と兄江乎知」「阿叔父之弟也乙乎知」「伯父乎知」とある。怒那久良布刀多麻斯支天皇(敏達天皇)は聖王の伯父であるから、伯叔というのは当らない。或いは伯父の誤かとも思われる。しかし直ぐ下にも同語が見える。一往新撰字鏡により、伯叔をヲヂと訓じておく。

支多斯比賣命(三五七15)　欽明紀に「堅塩媛堅塩、此云二岐拕志一」、和名抄(道円本)に「黒塩、崔禹錫食経云、石塩、一名白塩、又有黒塩今案俗呼二里塩一為二堅塩一、日本紀私記云、堅塩、木多師是也」とあり、固まった塩を古くキタシと称したらしい。延喜式神名帳に、大和国城下郡岐多志太神社とあるキタシタは、堅塩田の意か。キタシの語源は未詳。

他人(三五九4)　観智院本類聚名義抄に「他アタシ(声点、○平平)」とあり、古くタは清音であったかと思われる。岩崎本推古紀平安中期朱点に「餘舎《アタシ》」、図書寮本允恭紀永治点に「不可聆《ナヤカセソ》他人《アタシヒトニ》」とあるによる。

第四(三五九4)　図書寮本允恭紀永治点に「第二子《フタハシラニアタリタマフ》」とある。序数詞「第―」は「―ニアタル…」と訓ずるのが古例であったと考えられる。

厩戸豊聡耳命(三五九6)　厩戸の由来に関する本書・紀等の説話については、三五九頁注参照。本書に太子の女に馬屋古女王の名が見える。上宮太子拾遺記に橘寺東南之辺相承田地文書に厩戸の号があると記されており、あるいは厩戸という地名、または氏の名に由来する当時の皇族名通有の命名によるものか。元興寺縁起所引塔露盤銘に有麻移刀、元興寺縁起に馬屋門または馬屋戸と表記。豊聡耳の豊も聡も美称で、語根は耳。記に天之忍穂耳命(あめのおしほみみのみこと)・耳王(みみのおほきみ)など、紀に神渟名川耳尊(かむぬなかはのみみのみこと)・手研耳命(たぎしみみのみこと)・采女耳(うねめのみみ)などの人名の多く見えるのによれば、耳は当時珍しくない人名であり、聖徳太子のみについて本書・紀等に説くごとき由来を必要とせず、これが後人の造作であることは三五九頁注「幼く少くして聡敏く智有り」以下参照。

嶋大臣ト共に天下ノ政を輔ケて(三五九6)　本書後半部に「嶋大臣と共に謀りて」(三七五頁)とある。推古紀には「為二皇太子一。仍録摂政。以二万機一悉委焉」、用明紀に「位二居東宮一、総二摂万機一、行二天皇事一」とあり、孝徳・斉明両朝の中大兄皇子、天智朝における大海人皇子と大海人の皇太弟辞退後の太政大臣大友皇子が事実上の摂政であったこと、天武紀に十年二月草壁皇子を立てて皇太子とし「因以令レ摂二万機一」と記されていることを考えれば、聖徳太子以降七世紀を通し皇太子摂政の慣行が開かれたと考えられる。魏書、世祖本紀に太平真君四年「令下皇太子副二理万機一総中統百揆上」とあり、三国史記、高句麗本紀に瑠璃王三十三年に太子を立て「委以二軍国之事一」、同、百済本紀に温祚王二十八年に太子を立て「委以二内外兵事一」と記されていることなどに徴し、六朝・朝鮮における皇太子摂政の慣行が継受せられたのであろう。しかし、聖徳太子の場合は、大臣蘇我馬子の国政総理の実権と矛盾なく、共同輔政の実をとったもののようで、「行天皇事」とまで記した紀にさえ、推古二十八年条には「皇太子嶋大臣共議之」と記しており、おそらく本書の記載するところが史実にちかいのではないか。

なお、日本古代にはヒツギノミコとは景行記に「此三王、負二太子之名一」とあるとおり複数の帝位継承資格者をいう語であって、一人の帝位継承者を定めて万機総摂の職を与えるようになったのは、天皇を頂点とする集権的官僚制確立期を迎えた六世紀末七世紀初頭、すなわち聖徳の立太子に始まるのではなかろうか。

三寶を興し隆にす(三五九7)　岩崎本推古紀平安中期朱点に「篤敬《ヰヤマフ》三宝二」とあり、「三」「宝」に声点を加えてあって、「三」「宝」の二字は音読したと認められるので、このよみ方によった。「三」は平声談韻の字で、この韻尾鎌倉時代までは-m の音であり、-ŋ の音とは発音上区別されていた。その仮名表記は、古くから―ムが多く行われていたので、それに基づいてサムと記した。又「宝」は上声皓韻幫母の字で本来は pâu のような音であり、字音仮名遣ではハウであるが、古い時代の文献の仮名書では何れもホウと記されている。恐らく頭子音が p という唇音であった関係で、母音が狭くなって o に近く発音され、それを反映したものと考えられる(↓有坂秀世「帽子等の仮名遣について」『国語音韻史の研究』所収)。

「興し隆にす」は、西大寺本金光明最勝王経平安初期点に「興《オコさマノ》二如《キ》レ是《の》念《を》一」、大唐三蔵玄奘法師表啓平安初期点に「隆《サかりに》厚《(ケ)れは》」とあるによる。

元興ト四天皇トノ等き寺(三五九7)　これらの寺名は、後世の訓み方に準じて音読とした。但しその字音の仮名表記の方式は、平安初期以前は後世と異って、必ずしも固定していなかったと推定される。「元」は平声元韻外転第二十二合転三等疑母の文字で、後世は呉音ではグワンと表記された(伊京集「元三大師《グワンサンダイシ》」)が、古くグワのようなカ行合拗音は類音表記が行われて仮名表記は稀であったから(小林芳規「訓点における拗音表記の沿革」王朝文学第九号、昭三八・一〇)、古い時代の仮名表記それ自体矛盾であるが、仮に後世の表記を採用してクワと記した。又撥音尾 -n の表記は、平安初期の文献では、無表記・ニ表記・イ表記などが併存して固定していなかったから、それ以前の時代の仮名表記を決定することは困難であるが、一往無表記の方式で統一することにし、結局「元」はグワと表記した。同一の規準で「天」はテと表記した。「興」は平声蒸韻三等暁母の字で、xĭeng のような音であり、喉内撥音尾を有するが、古い時代の喉内撥音尾の表記は、ウが主体であったと考えられるから、コウと表記した。又、「元興寺」は後世グワンゴウジと連濁の形で呼ばれたが、連濁は早くとも院政初期ごろ以降の現象と推定されるから(小林芳規「院政・鎌倉時代における字音の連濁について」広島大文学部紀要二九ノ一、昭四五)、それに従って連濁を起さない形として表記した。「皇」は「黄」と同音で、平声唐韻匣母の文字であり、後世呉音ではワウと表記された(心空本法華経音義「黄、ワウ」)ので、これに従った。「等」は、平安中期以降は多くラと訓まれたが、平安初期にはトノゴトキと訓まれることが普通であったので、それに従った。

爵十二級を制る(三五九8)　本書後半部には、推古天皇乙丑年(紀の推古天皇十三年)五月の下に、「更興三宝、即准五行定爵位也」(三七四頁)とあるが、紀には推古天皇十一年癸亥十二月に始めて冠位を行なうとし、大徳・小徳・大仁・小仁・大礼・小礼・大信・小信・大義・小義・大智・小智の十二階の名を記している。本書の「少」を「小」とするほか、徳仁礼信義智の順序は同じである。北史倭国列伝には大徳・小徳・大仁・小仁・大義・小義・大礼・小礼・大智・小智・大信・小信の内官十二等をあげる。日本の古典と徳目の順序を異にする。冠名に選んだ徳目と十二の数は儒教思想から出ており、儒教思想を現実の政治に利用した点と、世襲の姓のほかに個人の勲功に応じて与える栄典を創始した点とにおいて、画期的な歴史的意義をもつ。ただ蘇我馬子のような最高の実権者はこの冠位制の上に超越していたもののごとくである。

「爵」は、北野本孝徳紀院政期点に「爵位《カウフリ》」とあり、カウブリの原の形はカガフリであったと推定されるから、その原形によって訓じた。カガフリは新撰字鏡に「褁頭加我不利須」「幞頭加と不利須」の例がある。

二桁の数詞に助数詞を伴って用いられる時、その古訓法は、字音でよむか、又は和語でよむ場合には各桁ごとに助数詞を添えてアマリで結ぶ方式であった。後者は日本書紀の古訓に見出される。今姑く後者の例によった。助数詞「級」は図書寮本舒明紀永治点に「一級《ヒトシナ》」とあるによる。

「制る」は、北野本孝徳紀院政期点に「制《ツクル》㆓七色一十三階之冠㆒」「制《ツクル》㆓冠十九階㆒」とあるによる。

厩戸に出で…産生れます(三五九10)　ウマヤは「馬屋」の意。「馬」は奈良時代には「宇麼」(雄略紀)、「宇麻」(万葉集巻十七、三九九三)・「宇馬」(同巻十四、三五三八)・「宇万」(同巻十八、四〇八二)などの例により、一般にウマであったと考えられる。平安時代にはムマの形が生じたが、これは後の形としてここでは採らない。

「産生」は、前田本雄略紀院政期点に「天皇産《アレマシテ》而神光《(ア)ヤシ(キ)ヒ(カリアリ)》」とあり、同本仁徳紀院政期点に「后生《アレマセリ》㆓大兄去来穂別《オヒネノイサホワケ》天皇㆒」とある。漢文では他動詞として下に目的語を伴うが、訓読の際には下の名詞を主語とし、アレマスを自動詞の述語として訓ずる例がある(右の第二例)ので、本文もこの方式を襲った。

幼く少くして聡敏く智有り(三五九11)　「幼少」は、北野本天武紀上院政期点に「幼少孺子《イトケナクワカキコトモ》《イトキナキワカキコトモ私》」とあるが、石山寺本金剛波若経集験記平安初期点に「少小《イトキナキ》」、同大智度論天安点に「小《イトキナキ》」などあるのを始として、古くは何れもイトキナシである。イトケナシは後拾遺集の例が最古で、イトキナシの方が古い形と推定されるので、天武紀の古訓も左訓(私記の訓)の方が古い形を伝えていると見て、イトキナクと訓じた。「聡敏く《さと》」は、北野本孝徳紀院政期点に「聡敏《サトクテ》」とあるによる。「智《さとり》」は、岩崎本推古紀平安中期点に「聖智《ノサトリ》」とあるによる。

長大る(三五九11)　書紀古訓には例を見ないが、成実論天長点に「長大」を「人トナラシメタテマツレリ」と訓じている。ヒトトナルは成人となるの意で、この名詞形はヒトトナリである。

故(三五九12)　文頭・句頭の接続詞「故」は、古くカレと訓ぜられたことが多く、西大寺本金光明最勝王経古点、弥勒上生経賛白点など、平安初期の古訓点に例が多い。カレはカアレの約で、カは副詞「斯」、アレは動詞アリの已然形で、已然形だけで助詞を伴わずに条件法(この場合は順接)に用いるのは上代に見られた語法であり、古訓点にはカレ、ナニスレゾなど一二の例が残存している。

号をば…ト曰ふ(三五九12)　「号」は「名」と同義で、「号」をナと訓じた例は、図書寮本允恭紀永治点その他に例がある。「号曰…」を訓じた古例を未だ見出さず、同紀同点に「時人号《ナツ(ケ)て》曰㆓衣通郎女《トホリイラツ(メト)》㆒」(ナヅケテ…トイフ)とあるが、「名曰」は古くナヲバ…トイフと訓じた例が多いので(→三五五頁補)、それに準じて「号曰」をもナヲバ…トイフと訓じた。

「八耳」は他例が見えない。神代紀に「八《ヤ》箇《ツ》耳《ミ》」とあるが、ツは「箇」に対する訓か。図書寮本舒明紀永治点に「八牛《ヤツ》」とあり、「八耳」もヤツミミとも訓じ得るか。

太子(三五九13)　前田本仁徳紀院政期点に「太子《ヒツキノミコ》」とある。ヒツギは「日嗣」で、帝位を嗣ぐ予定の皇子の意。

甚に愛み念ひて(三五九13)　「甚に」は、岩崎本皇極紀平安中期点に「其巫甚多《ニヘサニ》」とあるによる。語源はニヘ(贄)サハ(多)ニの略と説かれるが、ハという音節の脱落の理由が説明されていない。ニヘサニは極度の意であるが、主として日本書紀古訓にだけ見える語。肥後風土記逸文に「天皇歴御覧曰、俗見二多物一、即云二爾陪佐爾一」という語源説が見えるが、語源未勘。ニヘ(贄)のへは乙類であり、時代別国語大辞典にはへを乙類とするが、ここでは姑く甲類とする。

宮ノ南ノ上大殿…上宮王トいふ(三五九14)　ハべりはハヒアリの音転といわれる。貴人の許に伺候する意。法華経方便品平安初期点に「我等《やと》千二百及余《の》求《たてまつる》レ仏《を》者《ひとハヘリ》」などの例が古い。別に古くからハムベリの形もあったようで、岩崎本皇極紀平安中期点には「居《ハヘリ》二三嶋《に》一」の例があるが、一方同推古紀同点には「安《ハムヘ(リ)》二置阿斗《の》河辺館《ムロツミに》一」のようにハムへりの形もある。しかし右の語源説に従えば、ハべりの方が古い形で、ハムヘリは後にム(ヨか)が添加された形と考えられる。

高麗慧慈法師(三五九15)　「高麗」は、前田本仁徳紀・雄略紀院政期点に「高麗《コマ》」とあるによる。コマは語源未詳であるが、「肥濃」の意の古語コマ又は動物の「駒」と関係あるか。少くとも「高麗」の字音ではない。

「法師」は字音語であるが、古くその仮名表記にはホシと書かれたことがあり、岩崎本皇極紀平安中期点に「衆僧《モロくホシ》」、図書寮本舒明紀永治点に「僧《ホシ》」の例がある。ホシはホフシが音転してホッシとなった語の促音無表記ではなく、「法」字の入声韻尾無表記であろう。入声韻尾の無表記については、西大寺本金光明最勝王経平安初期点に「捷《セ》」など古く例があり、この方が古い方式とも考えられるが、一往、北野本舒明紀院政期点の「学《モノ》問僧《ナラフホウシ》」などの例により、ホフの形で記しておいた。

涅槃常住五種佛性ノ理(三五九15)　正倉院文書東大寺写経所関係文書に、「涅槃五種仏性義一巻。十一張」を天平十五年写了したこと、同十九年禅院寺より奉請した書中に「涅槃五種仏性義一巻」が見えることなど、神護景雲二年にいたるまで、たびたび同じ書名がくり返し記されており、それが涅槃経の註疏類と並列されているところから、涅槃経の教義に関する書と思われるが、撰者も内容も不明である。涅槃常住が涅槃経の基本教義であることは明白であるが、五種仏性についてはまだ明解が出ていない。北本涅槃経に「五住菩薩下至初住、仏性五事。一真二実三浄四可見五善不善。善男子是五種仏性六種仏性七種仏性、断善根人必当得故」とあるが、涅槃経中におけるこの語の唯一の所見である。玄叡の大乗三論大義鈔巻二に「問、三論一家建二立仏性一、有二幾何種一。答、凡有二五種一。謂、境界仏性、観智仏性、菩提果仏性、涅槃果仏性、非因非果正因仏性。(中略)問、五種仏性拠二何経論一而為二建立一。答、涅槃経云、仏性者有レ因有二因因一、有レ果有二果果一。又云、是因非レ果、是果非レ因、是因是果、非レ因非レ果、名為二仏性一。(中略)依二此経論一立二五種仏性一」とあるのも、参考すべきであろう。ただし、聖徳太子が涅槃経の義に通じていたという所伝は、経部薩婆多のごとき小乗を学んだという所伝とともに、史実としては傍証を欠く。

「涅槃」は梵語 Nirvāṇa の音訳で、後世はネハンと記されるが、「涅」は入声屑韻の字(niet)であるから、字音通りならば本来はネチと表記された可能性が大きい。梵語原音に近く発音され表記された可能性もなくもないが、一往字音通りとして扱った。「五種仏性」はもし和訓で読めば「五《いつ》種《くさ》ノ仏《ほトケ》ノ性《さが》」となる。「種」は前田本雄略紀に「百八十種《クサ》」とあるによる。ホトケは「仏」の字音 but にケ(モノノケなどのケ)が附いた語といわれる。又サガは「性」の字音 sïäng によるというが未詳。源氏物語に「人のさが」、後撰集に「春のさが」などの例があり、古くから和語化していたらしい。「性」をサガと訓じた例は、乾元本神代紀上卜部兼夏点に「神性《カムサカ》」とあるが、丹鶴本などには見えず、必ずしも確な古例ではない。

法花三車権實二智(三五九16)　「法華」は後世ホッケとよむが、「法」字は入声乏韻の字で、古くからホフと表記された。文鏡秘府論保延点に「法《ホフ》」、前田本色葉字類抄に「法華ホフクヱ」などの例がある。ホッに転じたのは下の「華」字の頭子音の影響によるもので、その時期は鎌倉時代以後である。「華」は平声麻韻合転二等匣母の文字で、クヱはワ行合拗音の一であるが、鎌倉時代又はそれ以後にケに転じた。古く合拗音の仮名表記は稀であった(→三五九頁「元興ト四天皇トノ等き寺」補)が、今仮にクヱという表記によって記す。

趣(三五九16)　オモムキという名詞の平安前半期以前の古例は未だ得られないが、動詞オモムクの例は、法華文句平安初期点(「投《オモムキ》」)、西大寺本金光明最勝王経平安初期点(「赴《オモムカム》」)などの例がある。オモムクは「面向《おもむ》く」で、その方角に向うの意が原義である。

維摩不思議解脱ノ宗(三五九16)　「維摩」は梵語 Vimalakīti の音訳。「維」は平声脂韻合転四等の字で、古くユイと表記された(観智院本類聚名義抄・心空本法華経音義など)。ユキと記すのは江戸時代後半以後の韻学説による推定形であって、古例に即しない。「宗《むね》」は観智院本類聚名義抄に同字同訓があるのによる。

通り達り(三五九16)　北野本応神紀室町期点に「莫《ナシ》レ不《ストイフコト》ニ通　達《トホリサトラ》ニ」と見える。又、「通達する」の意の場合、後世は「…ニ通ズ」というが、古くは「通暁する」「通達する」の意のときには「…ヲ通ズ」と訓じた(→築島裕『興福寺本大慈恩寺三蔵法師伝古点の国語学的研究　研究篇』四四四頁)。

且(三六一1)　後世一般にカツと訓ずるが、接続詞として句頭に在る場合、古くマタと訓じた(例、大唐三蔵玄奘法師表啓平安初期点「猶《し》且《た》遠徼《クハシ(くし)て》ニ義冊《を》ニ」、弥勒上生経賛平安初期朱点「且《マタ》挙《て》ニ偏《に》勝《(れた)ることを》ー　」)。

経部ト薩婆多トノ両ノ家(三六一1)　「経」は平声青韻四等見母の文字で、呉音では後世キヤウと表記され(観智院本類聚名義抄)、この字音は平安初期には「逆《キアクす》　」「恐敵《チアク》」(西大寺本金光明最勝王経古点)、「嬰伊阿宇」「壌尓阿宇」(央掘魔羅経古点)のような例がある。「婆」は平声戈韻並母の文字で漢音では清音であったと認められる。

三玄五経ノ旨(三六一1)　「玄」は平声先韻合転四等匣母の文字。合拗音表記並に撥音尾無表記については→三五九頁「元興ト四天皇トノ等き寺」補。「五経」は北野本推古紀の古点に「五経《ゴキヤウ》」とあり、この訓点の年代は鎌倉時代頃かと考えられるから、この例だけから古く音読されたと推測することは必ずしも論拠が十分ではないが、他の傍証を得ないままに、一往このように処理する。「旨」は、不空羂索神呪心経寛徳点に「咸用《ノ》取《するとき》ニ　則茲旨《のムネ》ニ」とあるによる。

並びに(三六一2)　西大寺本金光明最勝王経平安初期点に「叢林果樹並《ナラヒ》滋《トモニシゲク》栄」とあるによる。ナラビニは動詞ナラブの連用形ナラビに助詞ニの附いて生じた副詞である。

天文地理ノ道(三六一2)　「天」「文」は共に舌内撥音尾-nを持つ字であり、撥音尾無表記とした。北野本天武紀上鎌倉期点に「天文遁甲《テムモムトンカフ》」、同推古紀鎌倉期点に「天文地理書《テムモンチリノフミ》」とあり、音読したと考えられる。尤も欽明紀古訓には「地理《ツ(チ)ノコトワリ》」ともあるが、北野本(室町時代写)にも訓は無く、これは後世の訓法の疑がある。

法花ノ等き経ノ疏七巻を造りて号をば上宮御製疏ト曰ふ(三六一2)　天平十九年の法隆寺伽藍縁起幷流記資財帳に「法華経疏参部各四巻、維摩経疏壱部三巻、勝鬘経疏壱巻。右、上宮聖徳法王御製者」とあり、天平宝字五年の同寺東院資財帳にも、同様の「御製」三疏の存在を記し、法華経疏と維摩経疏とには「正本者」と注している。天平十年代後半の東大寺写経所文書にも、しばしば「上宮王撰」等と注された疏の書写の事実が見え、法隆寺旧蔵の加筆添削のある法花義疏の草稿が皇室所蔵として現存し、三疏ともに中世以来板本として全本文が伝わっている。しかし、これが太子の著作であるか、法花義疏稿本が太子の自筆本であるかについては、二十世紀以後有力な否定説が出ており、今後の精考にまつべきものがある。勝鬘経義疏についての解説参照。なお、三疏を通算すると、八巻になり、本書に七巻とする理由は不明。あるいは欠巻ある写本で数えたためか。

「疏」は、前田本敏達紀院政期点に「表疏」の例もあるが、「表疏」の「疏」は上奏文の意で、本書の場合の経の注釈書の意とは異るので、音読とした。

義(三六一3)　岩崎本推古紀平安中期朱点に「信《は》是義《コトワリノ》本《なり》」、前田本仁徳紀院政期点に「友于之義《コノカミオトフトノコトワリ》」その他の例による。

ぬ(三六一3)　打消の助動詞の連体形にはヌ・ズアル・ザルなどがあるが、ヌを最も古い形と考え、本書の訓法としてはすべてこの形で統一した。

夢(三六一3)　後世の形はユメであるが、古くはイメであった。万葉集に「伊米」「伊目」「伊味」と見え、平安時代に入ってからも、日本紀竟宴和歌(延喜六年度)に「見る伊米覚めて」、前田本仁徳紀院政期点に「随相夢也《イメアハセノマヽニ》」「夢《イメミタマハク》」とある。ユメの古例は、石山寺本大智度論元慶点に「夢《ユメ》」、古今集に「思ひ寝に寝しゆめなれば」とあるのを古例とする。

金ノ人(三六一4)　後世はコガネであるが、古くはクガネであった。万葉集に「久我禰」とあり、コガネの古例は本草和名に「金屑、和名古加禰」、和名抄(道円本)に「銑和名古加禰」、延喜式平安中期点に「金《コカネ》」とあるものなどである。

乃し(三六一4)　文頭に在る「乃」は古くイマシと訓まれた。石山寺本成唯識論巻第十寛仁点に「乃《イマシ》至《て》二十地《に》一方《に》永《に》伏盡」と加点した例がある。イマは副詞の「今」の意、シは間投助詞。

是ノ如き事(三六一5)　飯室切金光明最勝王経巻第六平安初期点に「是如《キ》之事」とある。

領メ解る(三六一5)　図書寮本清寧紀永治点に、「領」に「ヲサムル所」と附訓がある。

非ずあらくノミ(三六一5)　「而已」は古く、「…クノミ」と訓じた。又、アラズの未然形は古くアラズアラであったと考えられる。↓小林芳規「らくのみ」「まくのみ」源流考」(文学論藻八、昭三二・一〇)。

法隆寺(三六一6)　前田本色葉字類抄に「法隆寺ホウリウシ」とあるによる。

中宮寺(三六一6)　前田本色葉字類抄に「中宮チウグウ」とあるによる。「宮」は心空本法華経音義に「〔クウ〕空」とあるにより、連濁を起さない形として清音によんだ。

橘寺(三六一6)　万葉集に「橘寺之長屋爾吾率宿之」(巻十六、三八二二)とあり、「橘寺」を西本願寺本等ではタチバナノテラと訓じているが、これは和歌であり、次の「蜂丘寺」などの古例もあるので、ノを入れずにタチバナテラと訓じておく。

蜂丘寺(三六一6)　前田本色葉字類抄に「蜂罡寺ハチヲカテラ今広隆寺也」とあるによる。

池後寺(三六一7)　尼寺。法名は法起寺。聖徳太子伝私記に「法起寺塔露盤銘文。上宮太子聖徳皇壬午年二月廿二日臨崩之時於山代兄王勅御願旨此山(岡の誤であろう)本宮殿宇即処専為作寺及(乃入の誤であろう)大倭国田十二町近江国田卅町至于戊戌年福亮僧正聖徳御分敬造弥勒像一軀構立金堂至于乙酉年恵施僧正将竟御願構立堂塔丙午年三月露盤営作」とあり、これによれば、天武天皇十四年乙酉に堂塔が、慶雲三年丙午に塔露盤がそれぞれ作られたことが確認せられるが、すべての記述が史実かどうかは疑問。今、創建当初の三重塔が存する。

前田本色葉字類抄の伊の姓氏部に「池後イケシリ」とある。

葛木寺(三六一7)　前田本色葉字類抄に「葛木カツラキ」とあるによる。

戊午ノ年(三六一8)　干支の古い時代の訓法は詳でない。先ず十干については、和訓としてキノエ・キノト・ヒノエ・ヒノト・ツチノエ・ツチノト・カノエ・カノト・ミヅノエ・ミヅノトがあるが、これらの初見は、兼輔集(延喜〈九〇一—九二三〉頃)の十干を詠み込んだ物名歌であり、それより古い和語の例が見えない。それゆえ、古くは音読したものと推定して、本書ではすべて字音語として取扱った。十二支については、万葉集に「子」をネ、「卯」をウと訓じたと見られる証があり、正倉院文書の戸籍に、「根麻呂」「宇志売」など、生年の十二支によって命名したかと考えられる人名があるなどの根拠により、上代にすでに十二支が行われていたとされている(時代別国語大辞典上代篇「干支・月名について」)。しかし十干を音読しながら、一方では十二支を訓読したということは考えにくいから、十干が音読ならば十二支の方も音読の方が妥当と考え、本書では、十干十二支を通じ、すべて字音語として扱った。因に万葉集総索引でも、訓読は空見出しとし、字音読を本見出しとしている。

又、月名についても万葉集など上代の文献に和語の例があるが、平安初期以前の古訓点には例を見ず、書紀古訓にも、岩崎本推古紀平安中期朱点に「元日《ムツキノツ(イタチ)》」のような例はあるが、日次の日付を和読した例が、院政期以前の古点には見出すことが出来なかったので、本書ではすべて音読とした。

上宮王に請せて勝鬘経を講かしむ(三六一8)　紀には推古天皇十四年七月の条下に同じことを記した後に「是歳、皇太子亦講二法華経於岡本宮一」とあり、法隆寺伽藍縁起幷流記資財帳に「戊午年四月十五日、請上宮聖徳法王令講法華勝鬘等経岐」とあって、年月経名回数等に諸書間に異同がある。さらに、三経義疏が太子の著作かどうかとあわせて、太子講経が史実かどうかについても、学説が対立している。六朝時代の中国においてしばしば帝王の講経が行われ、例えば魏書に世宗が永平二年式乾殿において諸僧朝臣のために維摩詰経を講じたことが見える。梁の武帝が同泰寺において金字摩訶般若経を講じたときは、錫を鳴らして堂に昇り扇を執って講じた。聖徳太子がこれらの先例を模して経を講じたとも解せられるが、これらの故事から太子講経説話を造作したとも推測せられよう。

「請せて」は、岩崎本推古紀平安中期点「皆請《マセテ》レ之欲レ留」などの例による。下二段活用の動詞マスであり、「申請する」「言上する」の意。他に図書寮本清寧紀永治点「便起《タテ》二柴《シハ》宮《シハカキ》一を権《カリに》奉《マツル》二安置《マセ》一」、金剛波若経集験記平安初期点「拝二礼舎利塔一、内著《マセマツレリ》二　一切経一」のような例もあり、マスは他に「置く」のような意もあった。マセマツルと熟して用いられる所から察すると、マセは尊敬語とは認めにくく、四段活用のマス(坐)と直接結びつけることは難しく思われる。「講かしむ」は、岩崎本推古紀平安中期点に「令レ講《トカ》二勝鬘経《を》一」、北野本持統紀下院政期点の「講《トカシム》二説金光明経《を》一」などの例による。

其ノ儀僧ノ如し(三六一9)　儀《ヨソほひ》は、丹鶴本神代紀下に「平生之儀《イケリシトキノヨソフヒ》」とある。僧《ほふし》は→三五九頁「高麗慧慈法師」補

公主(三六一9)　「公主」の字面に和訓を施した古例が得られなかったが、「皇女」をヒメミコと訓じた書紀古訓の例は極めて多いので、類推して「公主」もヒメミコと訓じた。

信受ケて(三六一9)　「信受」の字面を訓読した例は見出し得なかったが、「不レ信《ウケタマハ》二　仏法《ミノリを》一」(前田本敏達紀院政期点)、「天皇信《ウケタマ(フ)》二　根使主之《の》讒言《ヨコシコトを》一」(図書寮本安康紀永治点)のように、「信」をウクと訓じた例が多いので、類推して訓じた。

嘉みせず(三六一9)　「嘉」は「嘉《ヨロコフ》」(白氏文集巻第三天永点)、「嘉《ヨミス》」(史記孝文本紀延久点)などの訓があり、双方とも適切な訓と思われるが、一往後者

を採った。ヨミスは「良し」の語幹ヨに接尾語ミが附き、更にサ変動詞スの添った形である。

三箇日（三六一10）　「三箇日」の古訓の例を未だ得ないので、姑く万葉集（巻六、九九三）の「三日月」を元暦校本・西本願寺本などでミカヅキと訓じているのによる。

播磨國揖保郡佐勢ノ地（三六一10）　「揖保《いひぼ》」は、和名抄（道円本）播磨国条に「揖保伊比保」とあるによる。「地」は、前田本仁徳紀院政期点に「山《ヤ》守 地《モリノトコロ》」、北野本天智紀院政期点に「阜 地《ミシカヤトコロ》」「要地《ヌミトコロ》」とあるによる。

代（三六一11）　万葉集に「然もあらず五百代小田を苅り乱り」（巻八、一五九二）、播磨国風土記（餝磨郡）に「即奉二塩代田廿千代一」など、「代」は田地の面積の単位を表す助数詞の用例がある。「代」の古訓の例を得ないが、九条本延喜式祝詞平安中期点に「辞代主《コトシロヌシ》」、北野本持統紀院政期点に「於二来《コ》年一《ヨリ》当《ヘシ》レ折二其代《シロに》一」などの例によって、シロと訓ずる。

布施（三六一11）　北野本持統紀院政期点に「其布施《オクリモノは》　以二当官物《を》一充之」とある。

今播磨に在る田は三百餘町（三六一12）　紀の岡本宮講経の記事の後に「播磨国水田百町施二于皇太子一。因以納二于斑鳩寺一」、法隆寺伽藍縁起幷流記資財帳戊午年講経条下に「播磨国佐西地五十万代布施奉。（中略）伊河留我本寺、中宮尼寺、片岡僧寺、此三寺分為而入賜岐」、同書資財条に「播磨国揖保郡弐佰壱拾玖町壱段捌拾弐歩。右播磨田、（中略）布施奉地五十万代、即納賜者之中〔十万九千五百六十一束二把代〕、成町二百十九町一段八十二歩」、日本霊異記大部屋栖能古伝に「遣二播磨国揖保郡内二百七十三町五段余水田之司一」とそれぞれ見え、本書裏書に「或本云、播磨水田二百七十三丁五反廿四歩云々、又本云、三百六十丁云々」と記されている（「或本」のは「廿四歩」を除き日本霊異記の、「又本」のは聖徳太子伝暦の、それぞれ田積と一致する）。これらの田積の相違は、おそらく開発による田積の増加を示すもののようで、本書の「今」がどの時期に当るかを考える資料となるのではないか。

「三百」の古訓例未詳。観智院本類聚名義抄にミホと訓じた例がある。「町」の古訓例も見えない。岩崎本推古紀室町期点に「二十町《ヘタチトコロ》」とあり、後世のものであって、十分に信を置き難いが、他証を得ないので一往これに従う。「…餘」は「…アマリ」と訓ずるのが古例で、図書寮本崇峻紀永治点に「二万余《フタツヨロツアマリ》」、前田本仁徳紀院政期点に「四万余項《ヨ、ロツアマリ》」などの例があり、助数詞を訓じない形も見えるが、北野本天武紀下院政期点に「十有余人《トタリアマリ》」とある例によって、「三百餘町」をミホトコロアマリと訓じた。

賚ちて（三六一13）　石山寺本金剛波若経集験記平安初期点に「賚《モテリ》」、図書寮本履中紀永治点に「非二太子所賚《ノモチタマヘリシ》　鈴《に》一乎《ヤ》」とある。

本國（三六一13）　北野本天武紀下室町期点に「本国《モトツクニ》」とあり、又、図書寮本顕宗紀永治点・前田本継体紀院政期点に「桑梓」をモトツクニと訓じた例があるのによる。

還帰りて（三六一13）　「還帰」の字面は斉明紀三年九月等に見え、連文の一と考えられる。その訓の古例は未だ得ないが、善珠の成唯識論述記序釈（奈良末期成）の自注と見られる訓釈に「還加倍礼刊（利の誤か）」、西大寺本金光明最勝王経平安初期点に「捨《て》レ身《を》而不《スナリヌル》レ帰《カヘラ》」の例があるにより、「還帰」をカヘルと訓ずる。

流傳ふ（三六一13）　「流伝」に対する古訓の例は未だ得ないが、図書寮本崇峻紀永治点に「流《ツタヘム》二通三宝《に》一」の例があるのによって、ツタフと訓じた。

夜半（三六一14）　岩崎本推古紀平安中期点・図書寮本崇峻紀永治点に「夜《ヨ》半《ナカ》」とある。

薨逝しぬ（三六一14）　「薨逝」の字面に対する古訓を未だ得ないが、岩崎本推古紀平安初期点に「厩戸《の》豊聡耳《の》皇子《の》命薨《カムサリマシぬ》二 于斑鳩宮《の》一」とあるによってカムサリマスと訓ずる。

願を發して(三六一15)　岩崎本皇極紀平安中期点に「焼《タキてコリを》レ香 発《オ(コス)》レ 願《チカヒを》 」とあるによる。チカヒは動詞チカフの連用形で、神仏に対して祈願するの意を表す。日本霊異記(下二)に「強盟猶咒」の「盟」に「知可比天」の訓注がある。

逢ひて(三六一15)　岩崎本推古紀平安中期点に「遇《マウアヒて》二 上宮《の》太子《に》於浄土一」とあり、マウアヒの古形はマヰアヒに遡ると考えてこのように訓じた。

化ケらゐむ(三六一15)　動詞オモムクは「面向く」で、四段活用(自動詞)(→三五九頁「趣」補)と下二段活用(他動詞)とがあった。下二段活用は、その方向に向かせるの意で、教導する・教化するの意を有する。最古の例は源氏物語より遡らないけれども、古くからムがブに転じてオモブクの形が存したものと見え、続日本紀宣命に「教へ給ひ於毛夫気給ひ」(六詔)と見えるのを始めとして、石山寺本金剛波若経集験記平安初期点に「勧二化《オモフケ》一切一、具脩二功徳一」「勧化《オモフケ》」の例が見える。ここではオモムクを古い形として採用した。前田本継体紀院政期点には「聖化《のオモフケ》憑レ茲《に》遠扇」の例もある。受身の形には上代の文献にユ・ラユ及びル・ラルの二種があるが、ユ・ラユの方が古い形と考えられる。ユは四段活用に、ラユは下二段活用「寝《ぬ》」に接続した形があるが、オモムクは下二段活用なので、右に準じてラユが接続するものと推定した。ラユはヤ行下二段活用と見られるから、未然形語尾のエは古くヤ行のエであって、ア行のエとは区別されていた。

吾(三六一15)　古代語の例にはアレ・ワレの二形があるが、アレの方をより古い形と認めてこれを採用した。以下「我」をも同じくアレと訓じた。なお、連体格としてはアガ・ワガの二例の中、アガを採用した。

来む年(三六一16)　岩崎本推古紀平安中期点に「以二来《こむ》年《の》二月《の》五日《を》一」とある。

浄土(三六一16)　岩崎本推古紀平安中期点に「浄土」に声点を加えて字音でよんでいるのによって、字音よみとした。

面奉はむ(三六一16)　北野本孝徳紀院政期点に「奉《マウムカヒ》二対唐国天子《のミカトに》一」とあるによって、マヰムカフの語の存在を推定し、弥勒上生経賛平安初期朱点に「唯面《ムカヒタマフのみ(ニシ)て》 不《す》レ背《キタマは》 」の例があるによって、マヰムカハムの訓を定めた。

病發りて(三六三1)　図書寮本舒明紀永治点に「泊瀬王、忽発《オコリ》レ病薨《ウセマシヌ》 」とあるによる。このように、漢文自体では、動詞(発)—目的語(病)の順に記されているものを、訓読の際に、動詞(述語、オコル)を後に、主語(ヤマヒ)を先にして主語↓述語の形に倒読することは、古訓に時折見られる例である。

命終せぬ(三六三1)　北野本孝徳紀院政期点に「天皇、聞二旻法師、命終《ウセヌと》一」とあるによる。

大御身(三六三3)　オホ・ミは共に美称で、敬意を表す語に冠する接頭語。古事記中巻に「意富美岐」(大御酒)、東大寺諷誦文(平安初期写)に「臂ォホミタ、(ムキ)」「自ォホミテツカ(ラ)」「睫ォホミマナ(コ)」「睛ォホミメ」、西大寺本金光明最勝王経平安初期点に「奉為《オホミタメ》」などの例があって、少くとも平安初期までは一般にオホミであったことを知る。オホムはその後の時代に生じた音便形である。「大御」をオホミと訓じた古例は未だ得ないが、九条本延喜式祝詞平安中期点に「大御心《オホム》」とある形から存在を推定する。

勞れ賜ひし(三六三3)　「労」は広韻に「倦也、勤也、病也」とあり、大乗阿毗達磨雑集論に「労倦」を「ツ可レ有六(ツカレウム)」と訓じた例を見る。又、大唐西域記長寛点に「教化労《イタツケルカナ》 邪」「忘レ労《イタツキヲ》 」の例があり、これによってイタツキタマヒシと訓ずることも考えられる。「賜」は敬意を表す接尾語タマフを表したものと見られ、古くは「賜」が用いられたが、奈

良時代中期から「給」が現れるようになった。↓築島裕『平安時代の漢文訓読語につきての研究』九四三頁

歳次丙午ノ年(三六三3)　前田本継体紀院政期点(廿五年十二月条、割注)に
Ⓐ或本云天皇廿八年歳次甲寅《トシ》崩。而《を》此《か》云、廿五年歳次辛亥《トシ》崩者、取二百済本記《を》一為レ文。其文云大歳辛亥《トシ》三月、軍進《て》至二于安羅一…由レ是而言《は》三辛亥之歳当《に》二廿五年一、後勘《カム》校者知《し》之也。
とあって、「歳次甲寅(の)トシ」「歳次辛亥(の)トシ」のように訓じたと思われる。又、北野本持統紀院政期点(八年三月条)では
Ⓑ粤《コヽニ》以二七年歳次《トシ》癸巳《を》一
の如く見える。ⒶとⒷとは恐らく別の訓法と思われる。何れにしても、「トシ…ニヤドル」と訓じた形跡はない。本書には「歳次丙午年」と「年」の字があるが、これは、Ⓐのよみ方と対応するものかと思われるので、一往、サイジヘイゴノトシのように訓ずることとした。

召して(三六三4)　岩崎本皇極紀平安中期点に「召《メ(シ)て》二翹岐《を》一安二置《ハムヘ(ラシ)む》於阿曇山《の》背《の》連《の》家《に》一」とある。メスはミルの尊敬語で(ミーアスの音約とされる)、本来「御覧になる」の意であるが、呼びよせるの意に意味が拡大したと見られる。

誓願ひ(三六三4)　岩崎本推古紀平安中期点に「天皇詔二皇太子大臣及諸王諸臣一共同発《タ(ツ)》二誓願《コヒチカ(フ)ことを》一」「皇后誓願《コヒチカヒシて》之」、北野本持統紀院政期点に「応二誓願《コヒチカフ》二」などとある例による。「誓願」の字面は、野中寺弥勒菩薩像台座銘(六六六)や金井沢碑(神亀三年〈七二六〉)などにも見える。弥勒像銘には「丙寅年四月大旧八日癸卯開記橘寺知識之等詣中宮天皇大御身労坐之時誓願之奉弥勒御像也(下略)」とある。

大平にあらむ(三六三4)　法隆寺金堂薬師仏光背銘には「太平」とある。図書寮本反正紀永治点に「天下太平《タヒラカナリ》」とあるによる。「ニアラム」の方が「ナラム」よりも古い形と認めて右のように訓じた。↓春日政治『西大寺本金光明最勝王経古点の国語学的研究』坤一六三頁

欲ひ坐す(三六三5)　万葉集に「牽牛《ひこぼし》の念座良武従情見吾辛苦」(巻八、一五四四)、「何方に念座可」(巻三、四四三)の例と考え合せて、「欲坐」はオモヒマスと訓ずる。

薬師ノ像(三六三5)　岩崎本推古紀平安中期点に「始《て》造二銅繡《の》丈六《の》仏像《のミカタ》、各一軀《ハシ(ラ)を》一」とあるによる。カタは物に似せて作ったものの意で、法華義疏長保点に「可《(ケム)や》レ不《は(アル)》二触《て》レ像《カタに》而置《を》レ心哉」の例があり、ミカタのミは敬称である。

仕へ奉らむ(三六三5)　「仕奉」の字面は、金井沢碑に「如是知識結而天地誓願仕奉石文」とあるのを始として、万葉集にも「大御食爾仕奉等」(巻一、三八)、「恐等仕奉而」(巻三、二三九)など例が多い。

詔(三六三5)　岩崎本推古紀平安中期点に「承《タマハ(リ)ては》レ詔《ミコトノリを》必謹《メ》」の例があるによる。ミコトノリのミは敬称、コトは「言」、ノリは「宣」の意。

當時に(三六三6)　北野本天武紀上院政期点に「当時《トキニ》摩下軍少以《て》不レ能レ距」とあるによって推定する。

崩賜ひて(三六三6)　上には「崩」をカムアガリマシテと訓じたが、「賜」字があるので、右と大体同義と考えられるカムアガリタマヒテの形を採った。

堪へず(三六三6)　西大寺本金光明最勝王経古点に「悲《ひ》泣《クこと》不《すして》レ堪《アへ》レ忍」とあり、万葉集に「おく露霜に安倍ずして」(巻十五、三六九九)などの例によって上のように訓じた。

東宮(三六三7)　前田本敏達紀院政期点に「是嫁《ミアヒス》二於東宮《マウケノキミ》聖徳《日次ノミコ》一」、図書寮本舒明紀永治点に「東宮《マウケノキミ》開《ヒラカス》別《ワケノ》皇子」とあり、「東宮」にはヒツギノミコ・マウケノキミの二訓の存したことを知る。マツケの古形はマケと考えられるから、「まケノきみ」という別訓も推定される。

大命（三六三7）　岩崎本推古紀平安中期点に「逆二皇命一耶」とあるによる。又、万葉集に「勅旨反云二大命一」（巻五、八九四）とある。

法隆寺ノ金堂に坐す薬師ノ像ノ光ノ後ノ銘ノ文（三六三8）　この薬師像の彫刻様式は、銘文によれば後の造立とされる金堂釈迦像よりも新しいという説が美術史学界で有力となっており、また銘文も文体と内容との両面から推古天皇十五年の文章であるかどうかについて疑問が提出されている。また、この像を安置する現在の法隆寺金堂は、若草伽藍址発掘調査により天智天皇九年全焼後の再建にかかる建物であることが確となったが、あるいは現存の薬師像の前身としての古像があって若草伽藍とともに焼失したと考える余地もあるし、他方、薬師造像史の上から推古朝に薬師像が造られる可能性がないという説もある。

法隆寺蔵「薬師如来像光背銘」には次の如くある。（帝説の引用と相違する文字に。印を付して示した。）

池邊大宮治天下天皇大御身勞賜時歳／次丙午年召於大王天皇与太子而誓願賜我大／御病太平欲坐故将造寺薬師像作仕奉詔然／當時崩賜造不堪者小治田大宮治天下大王天／皇及東宮聖。王大命受賜而歳次丁卯年仕奉

金堂（三六三8）　岩崎本推古紀平安中期点に「金堂」と声点があり、古くから字音語であったと認められる。黒川本色葉字類抄に「金堂コムタウ」とある。

縁由（三六三8）　岩崎本推古紀平安中期点に「縁」をヨシ、同皇極紀同点に「所由」をヨシ、阿毗達磨雑集論平安初期点に「由」を「与之」などの訓例があり、「縁由」を連文と認めて、ヨシと訓じた。又、前田本仁徳紀院政期点に「縁」をコトノモト、同雄略紀に「所由」をコトノヨシと訓じた例があり、「縁由」はコトノモト又はコトノヨシと訓ずることも可能のようである。

法興元卅一年（三六三10）　年号のよみ方の古例は、天武紀下に「改レ元曰二朱鳥元年一朱鳥此云二阿訶美苔利一」という訓注があり、古訓点にも北野本孝徳紀院政期点に「大化の元の季」、同天武紀下同点に「朱鳥《アカミトリノ》元年《ハシメノトシ》」などの例がある。しかし年号「二年」「三年」等をフタトセ・ミトセなどと訓じた古い例が得られないので、これらは音読に従ったものと推定した。

鬼前大后（三六三10）　従来説が多く帰する所を知らない。「十二月鬼、前大后崩」又は「十二月鬼前、太后崩」と読んで、鬼は魄の省文とし、鬼を十二月朔日とする説、魄前を生魄即ち下弦の前日で十二月廿二日とする説などもあるが、鬼前大后を人名と見るのが有力であろう。但し鬼前を神前と同じとしてカムサキと訓む説、前は箭の略で、鬼箭をアナホ（べ）と訓ずる説（宮沢俊雅説）などがある。姑く本書の説に従ってカムサキノオホキサキと訓じておく。

沈病りて（三六三11）　図書寮本舒明紀永治点に「天皇沈病《ミヤマヒオモリテ》」とあるによる。オモリは動詞オモルの連用形で、オモルはオモシと同系で、重くなるの意の古語。

悆にたまはず（三六三11）　「悆」は広韻に「悦也」とあり、図書寮本履中紀永治点には「天皇玉躰不悆《オホムヤマヒシタマヒ》」と訓ずるが、意訳的に過ぎる憾がある。今、観智院本類聚名義抄にヤスシ・イユの訓があるのによって、上のように訓じた。「弗」は否定を表す副詞で「不」と同義に用いる。

愁へ毒むコト（三六三13）　大般涅槃経巻第十九に「莫レ生二愁毒一」とある本文と関係があるかとも思われる。東大寺本平安後期点では、この所を「愁へ毒《イタ》ムこと（を）生（ずること）莫（れ）」と訓じているのによって、このように定めた。

懐ひて（三六三13）　漢書楊雄伝天暦点に「覧二四荒《を》一而顧懐《カヘリミオモフ》兮」とある。

願を發ししく（三六三13）　「発願」については→三六一頁「願を発して」補。

オコシシクのシクは回想の助動詞キについてのいわゆるク語法で、古く回想の引用について用いられた。又、その結びは「…キ」の形を取った。

當に…む(三六三13)　「当」字は後世の訓読では「マサニ…ベシ」と再度読まれる字であるが、このような形式が成立したのは平安中期以後であって、古くはマサニと訓じたがその結びは「…ム」・「…ベシ」など一定せず、又その結びの辞の附訓も、「当」字に対してでなく、文の末尾の文字に添えて記すのが常であった。↓小林芳規「漢文訓読史上の一問題―再読字の成立について―」(国語学一六、昭二九・三)

釋ノ像(三六三14)　仏足石歌に「舎加のみあと」とあり、又極楽願往生歌(康治元年、一一四三)にもサカの仮名書の例がある。

尺寸ノ王ノ身(三六三14)　「尺寸」の他例を見ないが、岩崎本皇極紀平安中期点に「其《の》茎《の》長《サ》八尺《サカ》」、北野本斉明紀院政期点に「と(鱗)長数寸《アマタキ》」とあるのにより、サカキと訓じた。

蒙りて(三六三14)　カガフルはカウムルの古形。万葉集に「畏きやみこと加我布理」(巻二十、四三二一)、新訳華厳経音義私記に「蒙可何布流」、金剛波若経集験記平安初期点に「冠《カ、フラ》」、地蔵十輪経元慶点に「冠ニ飾《カ、フリカサレリ》　其首ニ」とあるのなどが古例である。

轉し(三六三14)　成実論天長点に「転《メクラ(し)》レ輪《を》」とある。

壽を延べ(三六三14)　図書寮本顕宗紀永治点に「寿《イノチ》」の訓例があり、前田本継体紀院政期点に「性命《ミイノチ》」の例がある。

世間(三六三15)　前田本色葉字類抄に「世間ヨノナカ」とある。

世を背き(三六三15)　動詞ソムクは後世は「…ニソムク」のように助詞ニに続くが、古くは「…ヲソムク」のように助詞ヲに続いた。例、西大寺本金光明最勝王経平安初期点「不《し》レ乖《ソむか》ニ時序《ヤツイテを》一」。

早く(三六三16)　「早」は「早《スみや(か)に》　出《たり》ニ塵表《のに》ニ」のように古く平安初期以降、スミヤカニと訓じた例があるが、万葉集に「須牟也気久早帰りませ」(巻十五、三七四八)のようにスムヤケシの語が見え、この方をより古い形と見て採用した。

即世しぬ(三六五1)　「即」は「終」の意で「即世」は死ぬこと。左伝、成公十三年に「無禄献公即レ世」とある。この語の古訓は例を得ないが、意義によって右のように訓じた。

登遐しぬ(三六五1)　帝王の崩御をいう。「遐」は遠の意で遠い天に登るの意。後漢書、礼儀志に「登遐皇后詔ニ三公ニ」とある。この語の訓例は未だ他例を得ないが、意義によって訓じた。

俠侍(三六五2)　図書寮本用明紀永治点に「丈六《の》仏像《のミカタ》、狭侍《の》菩薩也」とあるにより、字音語と認めた。

微きにある(三六五3)　新撰字鏡(天治本)に「侚小鵵、須古志支奈留」とあるによる。

福(三六五3)　動詞サキハフの連用形から転じた名詞で、サイハヒの古形。万葉集に「ことだまの佐吉播布国と語りつぎ」(巻五、八九四)とある。

乗りて(三六五3)　「乗」は漢書、司馬相如伝、張揖注に「乗、用也」とあり、それによるの意。法隆寺本妙法蓮華経玄賛保安点に「乗《ヨテ》ニ物《フツ》機ニ而誕《ア、ヒシ》レ跡」、大唐西域記長寛点に「乗《ヨテ》ニ其載《の(タマ)ヘル》　経福力《の》ニ所《ロ》レ致遂《ニ(タ)リ》得《(こと)と》レ為レ人」とある。

安ケく隱にあり(三六五3)　続紀宣命に「心毛安久於多比仁在」(三一詔)とあり、オダヒの形が古く存した。他に続紀宣命に「意太比之美」(五一詔)、続後紀に「於太比之久在」(天長十年二月廿八日詔)など、形容詞オダヒシも存したが、ここではオダヒニの形を採った。何れにせよオダヤカは後世の転化した形である。

紹隆にしメ(三六五4)　前田本継体紀院政期点に「紹《サカエシメ》ニ隆　帝《アマツヒツキヲ》　業ニ」とあるによる。

彼塄(三六五4)　「塄」は新撰字鏡に「塄至衣居移二反曲岸久万又作(イ太)乎利又宇(イ井)太乎利」とあるのに、竜龕手鑑には「音岸」と注があって音が異っているので不審であるが、多分「彼塄」は「彼岸」と同義に用いられたものではないかと思われる。

六道(三六五5)　伊京集・明応本節用集・黒本本節用集に「六道《ロクタウ》」、天正十八年本節用集に「六道《ダウ》」とあるによる。

法界ノ含識(三六五5)　「法界」は図書寮本類聚名義抄に「法界慈と三乗妙法所依相故名為法界と者体義但妙法依」とある。「慈」は窺基の法華経音訓である。その訓み方の傍証は未だ古例を得ない。「含識」は心識を含有するもの、即ち有情をいう。四分律行事鈔資持記に「心依二色中一、名為二含識一、総二摂六道有情之衆一」とある。岩崎本推古紀平安中期点に「思二弘《メ》徳化《イサホヒを》一、覃《オヨヒ》被二含‐霊《■ロツノモノ》一」とあるによって訓じた。

菩提(三六五5)　梵語 Bodhi の音訳で、大智度論四に「菩提《トイフハ》名《ク》二諸仏《ノ》道《ト》一」、同四十四に「菩提秦言《ニハ》二無上智慧《ト》一」等とあり、煩悩障を断じて涅槃を証する一切智、又は所知障を断じて諸法を知る一切種智をいうとされるが、注維摩経に「肇曰、道之極者称曰二菩提一、秦無二言以訳レ之。菩提者蓋是正覚無相之真智乎」とあり、悟りの極致のような意味にも用いられていて、本書の場合も恐らくこの意に近いと思われる。前田本色葉字類抄に「菩提同(僧侶分)ホタイ」の例がある。

司馬鞍首止利佛師(三六五6)　「司馬」は、易林本節用集に「司馬《シバ》」とあるが、「馬」は古く呉音でメとよんだと思われるのでそれに従った。「鞍」は南海寄帰内法伝平安後期点に「韀《クラ》」とあるによる。「首」は前田本雄略紀院政期点・図書寮本清寧紀永治点などにオヒトとあるに従う。後には音転してオフトの形が多く行われた。「仏師」は黒川本色葉字類抄に「仏師フッシ」とあるによる。

法隆寺ノ金堂に坐す釋迦佛ノ光ノ後ノ銘ノ文(三六五7)　現在の法隆寺金堂の中の間に本尊として安置されている。この銘文についても疑問をいだく説も無いではないが、学界ではおおむね銘文に記すとおりの時点で作られた文章とされている。像容も典型的な六朝様式を示し、推古朝の作として彫刻史上適切とされている。はじめ若草伽藍にあり、天智天皇九年火災の際搬出され、現金堂再建竣工後その本尊とされたのであろう。

法隆寺蔵「釈迦三尊像光背銘」には次の如くある。(帝説の引用と相違する文字に。印を付して示した。)

法興元卅一年歳次辛巳十二月鬼/前太后崩明年正月廿二日上宮法/皇沈病弗悆干食王后仍以労疾並/著於床時王后王子等及與諸臣深/懐愁毒共相發願仰依三寶當造釋/像尺寸王身蒙此願力轉病延壽安/住世間若是定業以背世者往登/浄土早昇妙果二月廿一日癸酉王后/即世翌日法皇登遐癸未年三月中/如願敬造釋迦尊像并俠侍及荘嚴/具竟乗斯微福信道知識現在安隠/出生入死随奉三主紹隆三寶遂共/彼塄普遍六道法界含識得脱苦縁/同趣菩提使司馬鞍首止利佛師造

釋して曰はく(三六五8)　以下注文の文章で、これが製作された時期については、平安中期延喜十七年以後とする説もあるが、必ずしも明確でないので、今仮に奈良時代末期の訓法と推定されるものを掲げることにした。平安後半期以後になると、訓法が歴史的に変化し、助詞ソは助動詞ナリに代り、「当」字の訓法は「マサニ…ム」が「マサニ…ベシ」のように統一されて「当」は再読されるようになるなど、一部に相違が生ずる。

注釈の文の古い訓法は、先ず掲出語を字音でよみ、次に「○○(掲出語)トイフハ…ソ」の型の文でよんだようで、この伝統は長く中世にまで及んだと考えられる。以下この方針によって訓じた。

案ふるに(三六五8)　前田本雄略紀院政期点に「案《カムカヘトヒ》ニ勀合《コトノヨシを》所由《ソノヨシヲカムカヘトヒタマフ》一」とあるによ

る。

異なる趣（三六五14）　岩崎本推古紀平安中期点に「悪三其異《ケなることを》二於人《に》二」「異《ケ》国」、前田本雄略紀院政期点に「異心《ケナル》」などの例があり、古く「異」の字は多くケナリと訓じた。

石寸神前宮（三六七1）「寸」は「村」の省画で「石寸」は「石村」と同じという。古事記用明天皇段には「御陵在二石寸掖上一」とある。「石村」は和名抄（道円本）土佐国香美郡条に「石村伊波牟良」とあり、イハムラと訓まれるが、別に、磐余でイハレと訓ずべしとも説かれる。「神前」はカムサキと訓ずることができる。和名抄（道円本）に「近江国神埼加無佐岐」、「播磨国神埼加無佐岐」、「肥前国神埼加美佐木」、「近江国神崎郡神崎加無佐木」、「讃岐国寒川郡神埼加無佐木」、「肥前国神埼郡神埼加無佐岐」の例がある。

疑はくは（三六七1）　後世はウタガフラクハと訓ずる字であるが、ウタガフは四段活用の動詞であるから、本来はウタガハク（ハ）であって、真言浅深随聞記院政期点に、「竊疑《にかハク(ハ)》天竺《の》曼荼羅中《に》以《の》三此院《の》近《は》二釈迦院《を》一故《に》」とあり、これらによってウタガハクハと訓じた。因にウタガフラクの形も既に院政期には見えており、文鏡秘府論保延点に「竊疑《にフラクハ》正声之已失《セムコトヲ》」とある。

伊我留我乃…井能美豆（三六七10）「斑鳩の富の井の水、生かなくに食げてましもの、富の井の水」。ヰは地を掘って水を得るものをいうが（和名抄）、自然の湧水をもヰと称した。この歌のトミノヰは富の小川のことかともいわれる（南京遺響）。イカは四段活用の動詞イクの未然形。一説にイカはイガで「汝が」の意という（岩波古語辞典）。ナクニは打消の助動詞ヌにアクが附いて縮約された形、ニは助詞。タゲは、皇極紀童謡に「米だにも多礙（タゲ）て通らせかましゝのをぢ」とあり、万葉集に「妻もあらば採りて多宜（タゲ）まし佐美の山野上のうはぎ過ぎにけらずや」（巻二、二二一）、岩崎本推古紀平安中期点に「共食者《アヒタゲ人》」、前田本雄略紀院政期点に「共食者《アヒタゲヒト》」などとある例により、古く「飲食させる」の意であったことを知る。テは完了の助動詞ツの未然形、マシは仮想を表す助動詞。歌意は「所詮生きていることができなかったのならば、斑鳩の富の井の水を飲ませてやればよかったものを」の意。

孔部（三六九8）　上文には「穴太部間人王」に、紀には「穴穂部間人皇女」・「泥部穴穂部皇女」に、古事記には「間人穴太部王」に作るので、「孔」はアナホと訓じたと推定される。ホはイハホ、カキホなどの接尾語ホであろうか。

瀆邊宮（三六九14）　書紀には「池辺」「池辺雙槻宮」とあり、「瀆」は「池」と同訓であったと思われる。「瀆」字は、説文に「溝也」とあり、段注に「按、瀆之言、竇也、凡水所レ行之孔曰レ瀆、小大皆得レ称レ瀆」とあり、又玄応一切経音義に「四瀆、徒木反、爾雅、水注澮曰レ瀆、説文、溝也、又邑中曰レ瀆也」とあり、本来は「みぞ」の意であって、「いけ」とは異るようである。岩崎本皇極紀平安中期点でも「溝瀆」をウナテと訓じ、北野本孝徳紀院政期点にも「穿二溝瀆《ウナテ》一」「穿《レル》レ瀆《ウナテを》」などの例があり、図書寮本類聚名義抄にもケガルの訓（周易古訓を引く）を挙げるのみであって、本邦でも多くは正用していたものであろうが、法王帝説では「池」の意に通用したものかと思われる。

日入（三六九16）「日入」をヒグレと訓じた古例を未だ見ないが、冥報記長治点に「日晩《ヒクレニ》」の例があるのによる。但し万葉集に「比能具礼にうすひの山を越ゆる日は」（巻十四、三四〇二）とあるから、ヒノグレと訓ずるのがよいかも知れない。なお観智院本類聚名義抄には「曛」「昡」をヒクレと訓じた例がある。

悲哀ビ嘆息きて（三七一2）「悲哀」をカナシブと訓じた古例を見ないが、「悲」「哀」をそれぞれカナシブと訓じた例は書紀古訓にも極めて多く、

「悲哀」はその連文と認められるから、カナシブと訓ずることにした。ナゲキテの訓は、図書寮本仁賢紀永治点に「歎息《ナゲク》」とあるによる。

恐(三七一2) 動詞オソルは古く上二段活用・下二段活用・四段活用の諸例が見られるが、この内上二段活用を最も古い形と認め、その連用形の名詞化の形としてオソリを採った。

期りしが如従遊(三七一3) 「従遊」は、史記、仲尼弟子伝に「子路喜従游」とあり、又、詩経、斉風伝に「従、逐也」とあり、又「遊」は戦国策注に「遊、行」とあって、「従遊」であとを追い行くの意と考えられるが、尚勘うべきであろう。

世間は虚り假りにして唯佛ノミ是真ソ(三七一4) 聖徳太子の遺著として古くから憲法十七条と三経義疏とが知られているが、別に詳説するとおり、これらを太子の作とすることに疑問が出ている今日、太子の思想を直接に示す文章としては、この遺語がもっとも確実なものであり、舒明紀に山背大兄王が、父太子の没に臨み諸子等に「諸悪莫作、諸善奉行」(諸の悪しきことをなせそ、諸の善きわざおこなへ)と遺訓したと語った旨記されているのが、これに次ぐ。舒明紀の遺語は七仏通戒偈の成句をそのまま用いたものであるが、本亀甲文所引遺語は仏典に出典なく、聖徳太子の創作句であり、それだけに確実不動の史料にとぼしい太子の仏教思想をうかがう稀有貴重の文字といえよう。「世間」の語は伝太子作勝鬘経義疏に「世間者謂人天」(本巻一六二頁)とあり、仏典に広く見えるところ、「虚仮」の語も、例えば維摩経に「直心是道場、無虚仮故」、涅槃経に「一切諸法皆是虚仮」とあるなど、これまた用例が多く、両者を対比して同様の思想を述べた例としては、伝太子作勝鬘経義疏に「生死即是顛倒、如来蔵即是真実、今明一切衆生皆有真実之性」(本巻三一二頁)などのほか、はるか後世に親鸞の語として唯円が歎異抄に書きとどめた「煩悩具足の凡夫、火宅無常の世界は、よろづのことみなもてそらごとたわごとまことあることなきに、ただ念仏のみぞまことにておはします」の一句など、もっともこの語によく符合するものとして注目に値する。世間を虚仮として否定し、否定の否定を媒介として高次の真実に転換するという弁証法的思考方式は、生死禍福の対立を知りながらその間に絶対否定の転換を措定することなく連続内在の世界観内にとどまってきた日本人にとり画期的な意義を有するものであって、この一語は日本思想史上重大な意義を有するものとして特筆大書しなければならない。ただし、その深刻な否定の論理は、孤立した知識人であった聖徳太子の個人思想にとどまり、八世紀に入ってからも、せいぜい「世間は空(むな)しきものとあらむとそ此の照る月は満ち闕けしける」(万葉集巻三、悲傷膳部王歌)、「よのなかはむなしきものとしるときしいよよますますかなしかりけり」(同巻五、大宰帥大伴卿報凶問歌)等という、無常悲哀感としてやや近似した思想が表明されるにとどまり、その哲学的大成は鎌倉新仏教開祖等の出現まで待たねばならなかった。

「虚仮」の語義を右のように理解した上で、その古い訓法には、音読と訓読との両方の可能性が想定される。音読した場合は、呉音によれば、コケとよんだものと思われる。又、訓読した場合は、多分ウツハリカリニシテと訓じたと思われる。和語イツハルは平安時代以降の新しい形であって、古くはウツハルであったと考えられる。イツハルの最古例は平安初期の東大寺諷誦文稿や西大寺本金光明最勝王経古点から現れるが、石山寺本金剛波若経集験記古点には「佯死」を「ウツハリシニス」と訓じており、この方が一層古い形と推定される。書紀古訓の中でも、前田本継体紀院政期点の「虚《ウツハリコトナラム》也」や図書寮本允恭紀永治点の「詐《ウツハル》」などは、古形の残存と見られよう。カリニシテは大般涅槃経平安後期点の「仮《カリニ》」とあるによる。

天壽國(三七一5) 「天寿国」という成語は従来仏典に所見無く、例えば隋の開皇十年造仏銘に「生□□阿弥陀像一□□生同登□得天寿」とあるなどにより西方浄土とする説、法隆寺金堂本尊より類推して釈迦浄土とする説、七世紀前半に優勢であった弥勒浄土とする説、特定の仏に限られぬ彼岸を指すとする説など、諸説があった。三井家所蔵の開皇三年の写経奥書に「願亡父母託生西方无寿国」とあるのが紹介せられ、この「无」を「天」と読み、初めて天寿国の先例が見出されたとする説と、「无」は「無」の別字であって天寿国ではないとする説との論争が行われたが、「无」はやはり字形上「天」であると精密に考証する説も出た。いずれにせよ、天寿国は橘郎女が太子の遺語から推測して太子往生の国と考えた浄土であり、これをもって太子信仰の浄土とするのは、亀甲文を誤読した見解にすぎず、太子が死後の浄土を信じていた証拠は存しない。

應し(三七一6)　「応」は後世は「マサニ…ベシ」と再読する文字であるが、古くは多くベシと一回のみ訓ずるのが例であった。

彼ノ國(三七一6)　遠称の代名詞カは古くはあまり発達していなかったため、「彼」はソノと訓ずることが多かった。

形(三七一6)　外貌・様相の意。「貌」「形貌」なども表記される場合と同義であろう。新訳華厳経音義私記には「他形」を「保可之伎可多知(ホカシキカタチ)」と訓じている。

叵き(三七一6)　古書虚字集釈に「叵、不可也」とあるように、不可能の意を表す字。東大寺諷誦文稿(平安初期写)には「叵《カタク》レ忘叵《カタキハ》レ忍親子《ナリ》」とある。

悕に(三七一6)　「悕」は「稀」の誤であろう。石山寺本大唐西域記院政期点に「稀《マレニ》少《スクナシ》」と訓じた例がある。

悽然ビ(三七一8)　「悽」字はカナシヒ(西大寺本金光明最勝王経平安初期点)、イタミ(石山寺本金剛波若経集験記平安初期点)などと訓じた例があり、「悽然」の訓例は未だ得ないが、右の例に基いて一往カナシビと訓じた。なお動詞カナシムは少し時期が下り、平安中期以降から生じた新しい形のようである。

有る…(三七一8)　後世は「一ノ我ガ子有リ」のように訓ずるのが例であるが、古くは多く「有ル…」のように訓じた。例、「若有ル衆生の病苦に遭(ひ)て…」(西大寺本金光明最勝王経平安初期点)。

采女(三七一9)　万葉集には「婇女」の字面をウネメと訓じている。又允恭紀四十二年には「新羅人…訛二畝傍山一謂二宇泥咩一」とあり、ウネメなる形が古く存したことは推測出来るが、確実ではない。和名抄(道円本)には伊勢国三重郡条に「采女宇禰倍」とあり、又書紀古訓にも「采女」を何れもウネへと仮名附けしている(図書寮本履中紀・反正紀永治点、北野本舒明紀院政期点)から、平安時代にはウネへ(ウネベ)の形も存したことが判る。大言海はウナゲ(嬰)べの略としてウネベの方を古形としているが、メを「女」と見るならば、ウネメの方を古い形と見るのが良いのではないかと思われるが、なお後考を俟ちたい。

繡帷(三七一9)　文鏡秘府論保延点に「繡《ヌヒモノ》」の訓例がある。又、和名抄に「帷」を「加太比良」と訓じ、又、漢書楊雄伝天暦点に「帷《カタ(ヒラ)》」、大唐西域記長寛点に「帷《カタヒラ》」の訓がある。カタビラの語の例としては、東大寺諷誦文稿に「帳《カタ》」とあるのが最も古い。

東漢(三七一10)　「漢」はもと中国の王朝の名であるが、その国人が本邦に綾を将来したことによって、「漢」をアヤと訓ずるようになったといわれる。そして氏の名称となったのであるが、大和国在住のものを東漢、河内国在住のものを西漢と称し、前者をヤマトノアヤ、後者をカフチノアヤと称した。前田本雄略紀院政期点に「東漢直《ヤマトノアヤノ(アタ)ヒヱ》」の訓例がある。

令者(三七一10)　ツカサヒトは、九条本延喜式祝詞平安中期点に「百官人《モヽノツカサヒト》」の例がある。

椋部（三七一10）　クラヒトベの和語の例は、図書寮本履中紀永治点に「蔵《クラヒト》部」とある。「椋」は「倉」と通じ用いられた字のようで、万葉集に「椋橋乃山」（巻三、二九〇）とも「倉橋之山」（巻九、一七六三）とも書き、又「小椋山」（巻九、一六六四）とも「小倉之山」（巻八、一五一一）とも書く。又続紀和銅六年条に「倉垣忌寸子首」とあるに対して、続紀慶雲四年条に「椋垣直子首」とある。「椋」をクラと訓じた古例は、黒川本色葉字類抄に「椋垣《クラカキ》」とあるのが古い。「椋」が何故に「倉」と通用され、クラと訓ぜられたかについては諸説があるが、必ずしも明確でない。中で、「京」には倉庫の意があり（広雅、釈室に「京、倉也」、史記太倉公伝の集解に「徐広曰、京者倉廩之属也」とある）、「京」と「椋」とが同音で通用したとする説がある。「京」「椋」通用して「椋」を倉庫の意に用いたという確な例の示されないのが難点であるが、有力な説として記しておく。

法隆寺ノ蔵に在る繡帳二張（三七一12）　定円曼茶羅講式・聖誉抄・中宮寺縁起（林幹弥紹介による）等によれば、文永十年に中宮寺の尼信如が間人皇后の忌日不明を歎き念仏して祈る間、夢告により法隆寺の綱封蔵に忌日を記した曼茶羅のあることを知り、翌十一年綱封蔵に盗賊の入ったのを機会に蔵内を捜索し、一櫃の中からこの繡帳を発見し、法隆寺より譲り受け、京都に上り花山院諸継・法印定円に依頼して亀甲文を解読し、忌日を知るを得、それよりこの繡帳は中宮寺に安置せられるにいたったという（中宮寺縁起には、最初中宮寺にあって後法隆寺に移った由記すが、真実か否か不明）。原形は長さ「壱丈六尺」と伝えられ、文永発見の際はなお原形を存していたもののようであるが、その後爛脱し、現在は一部僅小の断片をとどめるにすぎない。

龜ノ背ノ上ノ文字（三七一12）　繡帳の原形には、周囲に百顆の亀甲を配し、一顆四字、合計四百字の亀甲文が縫出されていた。現在では、中宮寺に「部間人公」「于時多至」「皇前曰啓」「仏是真玩」「利令者椋」の五顆と藤田家所蔵の「天下生名」の一顆と存するほか、正倉院御物古裂の内に「娶」「奈」「居」「廿」「仏」の五字の断片があり、重複する「仏」を除き、累計二十八字が現存するのみである。しかし、四百字完備のころ、すでに本書中の引用文のごとき書写がなされ、また別に御物手鑑・酒井宇吉外三家の五所に分蔵される十二字詰一行の鎌倉時代写本断簡七葉計十行が残存するほか、宮内庁書陵部所蔵伏見宮家本天寿国曼茶羅繡帳縁起勘点文・同九条家本中宮寺縁起首闕部書写亀甲文の二本の鎌倉時代の写本があり、これらを本書の引用文ならびに現存亀甲文残片と対校することにより、四百字の全文を復原することができる。本書引用文の誤脱もこの方法により補正できた。

宮内庁蔵「天寿国曼茶羅繡帳縁起勘点文」には次の如くある。（帝説の引用と異る箇所に。印を付して示した。）

斯歸斯麻宮治天下天皇名阿米久尓意斯波留支比里尓波乃弥己等／娶巷奇大臣名伊奈米足尼女名吉多斯比弥乃弥己等爲大后生名多至波奈等已比乃弥己等妹名等已弥居加斯支移比弥乃弥己等復娶大后弟名乎阿尼乃弥己等為后生名孔部間人公主／斯歸斯麻天皇之子名蕤奈久羅乃布等多麻斯支乃弥己等娶庶妹名等已弥居加斯支移比弥乃弥。己等為大后坐乎沙多宮治天下生名尾治王／多至波奈等已比乃弥己等娶庶妹名孔部間人公主為大后坐瀆邊宮治天下生名等已乃弥弥乃弥己等／娶尾治大王之女名多至波奈大女郎為后／歳在辛巳十二月廿一。癸酉日入母孔部間人。王崩明年二月廿二日甲戌夜半太子崩／于時多至波奈大女郎悲哀嘆息白畏天皇前曰啓之雖懐恐心難使止我大皇与母王如期従遊痛酷无比我大王所告世間虚假唯佛是真玩味其法謂我大王應生於天壽國之中／而彼國之形眼所叵看悕因啚像欲觀大王住生之状／天皇聞之悽然告曰有一我子所啓誠以為然勅諸采女等造繡

帷二張／畫者東漢末賢高麗加西溢又漢奴加己利／令者椋部秦久麻

大夫（三七三2） 北野本舒明紀院政期点に「臣」をマチキミと訓ずる他、多くの例から古くマチキミなる語の存したことを知る。岩崎本皇極紀平安中期点に「数大夫」をマチキムタチと訓ずるのはマチキミタチの音便で、マチキミに複数を表す接尾語タチの添った形であろう。古くマヘツキミ（景行紀、魔幣菟耆瀰）の例があるので、その音転とされるが、一往マチキミを古い形と認めておく。

伊加留我乃…和須良叡米（三七三3） 「冨」は斑鳩附近の地名。係助詞「こそ」とそれに対する結びの已然形「め」を伴って、逆接の条件句を作る。「忘らえめ」の「忘ら」は四段活用動詞の未然形、「え」は可能を表す古代語の接尾語（又は助動詞）「ゆ」の未然形。「仮に斑鳩の冨の小川の流れが絶えたならば、我が大君の御名を忘れることができようが、小川の絶えることがないように、御名を忘れることは決してできないであろう」の意。この歌は諸書に掲載されているが、若干の異文がある。日本往生極楽記に「弥名和須良礼女（ミナワスラレメ）」とあり、本書のエがレに代っているのは、平安時代以降の史的変遷の結果を示しており、本書の方が古い形を示していることを知る。拾遺集・帝王編年記などのミナヲワスレメ、今昔物語集・伝暦などのミナハワスレメも、恐らく後に変った形であろう。

美加弥乎須…於保支美波母（三七三4） ミカミヲスは枕詞といわれるが語義未詳。武田祐吉は「御神食す」と釈くが（続万葉集）、「弥」は甲類のミの仮名で神《カミ》のミは乙類であるから、遽に承諾し難い。ヲスは「食す」か。タバサミヤマは山の名というが未詳。アヂカゲも未詳。木本通房の説に、アヂを植物の名とするのは一考に値するか。アヂフ・アヂサキ・アヂマメ・アヂカヲシ・アヂサハフなどのアヂと関係あるか。又、アヅサのアヅとも関係あるか。マヲシは願い出るの意とも考えられる。歌意試解「多婆佐美山のアヂの木蔭で我が大君に向って愁訴言上したことよ」。

伊加留我乃…支美尓麻乎佐奈（三七三6） コノカヤマは固有名詞とする木本説もあるが、やはり「此の垣山」と解したい。サガルキは「枝の垂れ下る木」の義か。ソラナルコトは、武田説に薨去のことの虚言なることの意と解するが、下文との関係が不審である。マヲサナのナは終助詞で動詞の未然形マヲサに付いて、願望を表す。歌意試解「斑鳩の垣の如く周囲をとり囲んだ此の山の枝の垂れ下った木のように、実のない、実現する見込もない願いごとだが、それを君にお願い申上げて見たいものだ」。

志癸嶋天皇ノ御世に戊午ノ年…度し奉る（三七三13） 紀には、欽明天皇十三年壬申十月条に「百済聖明王（更名聖王）、遣二西部姫氏達率怒唎斯致契等一、献二釈迦仏金銅像一軀幡蓋若干経論若干巻一」、元興寺縁起所引塔露盤銘には「大和国天皇斯帰斯麻宮治天下名阿米久爾意斯波羅岐比里爾波弥己等之奉仕巷宜名伊那米大臣時、百済国正明王上啓云、万法之中仏法最上也。（中略）則受仏法造立倭国」、元興寺縁起には「大倭国仏法創自斯帰嶋宮治天下天国案春岐広庭天皇御世蘇我大臣稲目宿禰仕奉時治天下七年歳次戊午十二月度来。百済国聖明王時、太子像幷灌仏之器一具及説仏起書巻一篋度而言（下略）」とあり、百済より仏教公伝をひとしく欽明朝の時のこととしながら、年・月および献上品名に異同がある。ことに戊午の年のこととする本書および元興寺縁起、戊午の年を欽明天皇七年とする後書の所伝は、十三年壬申とする紀と、欽明在位の紀年の立て方をも異にしている。己未年宣化天皇死、欽明天皇即位、庚申年欽明天皇元年、辛卯年欽明天皇三十二年天皇死とする紀の紀年によれば、戊午は宣化天皇三年に当り、欽明在位中に戊午の年をふくまない。本書の後の部分に欽明の「治天下卌一年」とあるのから逆算すれば、欽明の即位は辛亥年、紀の継体天皇二十五年に当り、紀が空位時代とする壬子・癸丑の二年、安閑天皇の代とする甲寅・乙卯の二年、宣化天皇元年とする丙辰年より同天皇四年とする己未年までの期間は、本書によればみな欽明在位の期間となるのである。この二つの紀年法の対立を解釈する必要から、紀には錯簡があり大幅に在位年数の訂正を必要とする説が提出され、次いで欽明天皇即位後に安閑・宣化両天皇が対立する君主として在位し、宣化死後に欽明に帰一したと推定する説が考案せられた。いずれにしても、紀の欽明在位三十二年、十三年壬申仏教公伝よりも、本書の在位四十一年、戊午仏教公伝のほうが史実と合致すると思われる。

興し隆にしむ(三七三14)　西大寺本金光明最勝王経に「興《オコさマク》二如《キ》レ是念《の》《を》一」、地蔵十輪経元慶点に「興《オコサム》二諸《の》闘諍《を》一」とあり、又前田本継体紀院政期点に「隆卒《サカエフハルコト》」とあるによる。

殿(三七三16)　古語拾遺に「瑞殿」の注として「古語美豆乃美阿良加」とあり、九条本延喜式祝詞平安中期点にも「瑞殿《ミツノミアラカ》」とある。

却つ(三七三16)　南海寄帰内法伝平安後期点に「有《らは》レ長《きこと》割却《サリステ》」、大慈恩寺三蔵法師伝永久点に「破却《ヤリステ、ム》二文《ツ》書一」などとある。

林太郎(三七五5)　「太郎」は、前田本継体紀院政期点に「太郎皇子《オホイラツノ》」とあるが、恐らくオホイラツコのコの脱落と思われる。右に基づき、オホイラツコと訓じた。→三五五頁「郎女」補

伊加留加宮(三七五5)　推古九年紀に「春二月、皇太子初興二宮室于斑鳩一」、同十三年紀に「冬十月、皇太子居二斑鳩宮一」、同二十九年紀に「春二月己丑朔癸巳、半夜廐戸豊聡耳皇子命、薨二于斑鳩宮一」(大安寺縁起資財帳には「飽浪葦墻宮」で死んだとある)とあり、太子は推古十三年から死にいたるまで斑鳩宮に居住していたかのように思われる。しかしながら、推古天皇が初め豊浦宮に(推古即位前紀・元興寺縁起)、後に小墾田宮に(推古十一年紀・上宮聖徳法王帝説)住み、大臣蘇我馬子が飛鳥河の傍の家にあった(推古三十四年紀。石舞台古墳の付近であろうとされる)のに、馬子と共に最高輔政者であった太子が、飛鳥の地をはるかに離れた斑鳩宮に住んではたしてその任を尽し得たであろうか。斑鳩が海外交通の要衝難波に通ずる便益に富む点に着目して、むしろ斑鳩居住に積極的な政治的意義を求めようとする見解もあるが、天皇と馬子と密着しつつ政治の実際に深入りしていた時期の太子の居住地としては、どう考えても不自然である。紀が憲法十七条を甲子革令の年に配し、辛酉革命の年に当る推古九年に斑鳩宮創建を置いたという見解の当否をしばらく別としても、少くとも推古九年という紀の係年には疑問がある。膳郎女への妻訪が相当期間継続し、最後にその本貫に同棲するにいたったのであろうから、権力行使の無意味を深く認識して摂政の任をほとんど放擲するにいたったらしい晩年の移居と考えるほうが、無理の少い推定ではあるまいか。しかしながら斑鳩宮は膳郎女の家ではなく、太子が新に別に建てた宮であったので、膳郎女の所生でない山背大兄王に伝領されたらしく、皇極二年紀に「十一月丙子朔、蘇我臣入鹿、遣二小徳巨勢徳太臣大仁土師娑婆連一、掩二山背大兄王等於斑鳩一。(中略)巨勢徳太臣等、焼二斑鳩宮一」とある。このようにして斑鳩宮は焼失し、再建されなかった。法隆寺東院はその旧地に建立されたと伝えられ、夢殿の地域の考古学的発掘の結果、斑鳩宮とおぼしき建築物の存在が確認されている。

昆弟(三七五5)　「昆」は詩経、王風伝、論語皇疏に「昆、兄也」とあり、「昆弟」は兄弟の意。「昆弟」の訓例は未だ得ず、図書寮本雄略紀永治点に「兄《(イロ)》弟《ネタチ》」と訓じた例があるが、ここでは試みに各字ごとにイロネイロトと訓じた。

（裏書）

□治田天皇代

庚戌春三月学問尼善信等自百済還住桜井寺今豊浦寺也初桜井寺云後豊浦寺云〻

曾我大臣云ハ豊浦大臣云〻

観勒僧正ハ惟（「推」ノ誤カ）古天皇之即位十年壬戌来之

佛工鞍作鳥

〓祖父司馬達多須奈

或本云播磨水田二百七十三丁五反廿四ト（「歩」ノ略字ナルベシ）云〻

又本云三百六十丁云〻

有本（二字字画一部欠損）云誓願造寺恭敬三寶十三年辛丑春三月十五日始浄土寺云〻

注云辛丑年始平地关卯年立金堂之代申始僧住己酉年三月廿五日大臣遇害关亥搆塔关酉年十二月十六日建塔心柱其柱礎中作円穴刻浄土寺其中置有蓋大鋭（「鋺」ノ誤カ）一口内晟（「盛」ノ誤カ）種〻殊玉其中有塗金壺〻内亦晟種〻珠玉其中有銀壺〻中内有鈍金壺其内有青王（玉）王（玉）瓲其内納舍利八粒丙子年四月八日上露盤戊宣（「寅」ノ誤カ）年十二月四日鋳丈六仏像乙酉年三月廿五□（一字欠損カ）點佛眼山田寺是也注承暦二年戊午南一房寫之真曜之本之

曾我日向子臣字無耶志臣難波長柄豊碕宮御宇天皇之世任筑紫大宰帥也甲寅年十月关卯朔壬子為天皐永悆起般若寺云〻□京時定額寺之

曾我大臣ハ惟（「推」ノ誤カ）古天皇卅四年秋八月嶋大臣曾我也臥病為大臣之男女幷一千人□□□（三字欠損、下端「之」ノ字画ノ一部ニ似タル形見ユ、「出家也」カ）又本云廿二年甲戌秋八月大臣病臥之卅五年夏六月辛丑薨之

〔参考〕

Ｅ本（「勝鬘義疏本義」敦煌本）

藤枝晃
古泉円順　校録

北京図書館蔵敦煌写本「奈93」の古泉円順録文(一九六九、『聖徳太子研究』第五号所収)に若干の改訂を施してここに再録する。

一、右録文は原写本の通りに改行するが、ここでは一々改行せず、一〇行ごとに原写本の行次を( )内に示し、五〇行ごとに太字とする。また、章ごとに段落を設けた。

二、原写本の写真について再校訂し、右録文の文字・句点を改めたところがある。

三、『勝鬘経』本文の引用は「 」をもって示した。

四、敦煌写本の他の写本「玉24」による挿入字句には〈 〉を付した(古泉録文の校記参照)。

五、破損による不分明の個所、明白な脱字などは〔 〕の中に補い、また衍文の類は削除し、誤字は訂した(古泉録文の校記参照)。

六、原写本は、一句切りごとに二—三字分の空白を設けて段落を示し、古泉録文はそれを一字分の空白で表わす。ここでも、古泉録文のごとく、一字分の空白で区切りを示した。

七、漢字は原則として通行の字体(新字体)を用いた。原写本に用いられた異体字については、古泉録文の「異体字一覧」を参照。

八、伝上宮王撰『勝鬘経義疏』との対比に便ならしめるため、下欄に、法隆寺蔵刊本(本巻所収)の丁数を示した。

（一）則以摂受先。列欲則□ 〔二〇オ〕
明失。蓋此明趣悪也。□
「我見如是」已下是。　第二。明見摂□
見不忘。摂受菩薩有大福也。　第三。立誓以断疑。又分
為四。　第一。引証以立誓。従「法主世〔尊」已下是。〕 〔二〇ウ〕
第二。〔出〕声以証此誓。声以証言不虚。花以証行必感果。
従〔「説是〕語時」已下是。　第三。衆疑得断。而発願言
□。従「彼見」已下是。　第四。世尊記之。従「世尊悉
記」已下是。
　第三。三大願章。　又分為二。　〔第一。明三大願。
又分為二。〕　第一。為願作願。将述三願。故先以此願。 〔二一オ〕
安慰衆生。大士立〔懐。非但自為。必先〕（二〇）願為物也。
初廿八字是也。「実願」者。必行其行也。　第二。正発
三願。三願即分為三。　第一願。願得正法智。「正法智」
者。上住之智也。昔持所願。願断滅果耳。今帰惑□□。
故願亦殊也。勝鬘迹居住下。今之所願。願得登住智也。
此願是自行。故在先也。従「以此善根」已下是。以此為
願作願之善根。及帰依十受之善根也。　第二願。為衆生
説。即是化他。故次説也。従「我得正法智」已下是。

第三願。護法。兼自行化他。故在後説也。従「我於摂受
正法」已下是。爾時未有摂受正法。為護於正法故。捨身
命財也。　第二。世尊述成。又分為三。　第一。去説。 〔二一ウ〕
仏正述成。三願広大之意。従「爾時世尊」已下是。　第
二。喩説。為願作広大之譬。従「一切色」已下是。　第
三。合譬。従（二〇）「如是菩薩」已下是。「皆悉入此三大
願中」者。此三願。並是地前之願。而言摂諸行者。非如
八地已上。一心備摂。直以住前諸願。无有出此願者。故
言摂耳。何以言之。自行之中。莫過智恵。外化之中。恵
亦為勝。護法一願。兼自行外化。恒沙諸願。豈復加過此
願。故言悉〔入〕三願中也。
　就第四摂受正法章。　又分為二。　第一。明願。　又 〔二二オ〕
分為二。　第一。正明願摂。従「爾時勝鬘」已下是。「承 〔二二ウ〕
仏威神」者。外形端粛曰威。内心難測曰神。今言承者。
直是如来許以後。説恣其所弁。非謂異術相加。如木石之
能言□□□□亦承仏威神。既是自言已行。承威義不顕。
自此章已去。皆□談八地。若不威。何以能爾。故自此之
言。其義顕也。「調伏大願」者。心恒附理為調伏。无徳 〔二四オ〕
不期。（三〇）為大願也。「真実无異」者。明如仏所説也。

「恣聴汝説」者。深心会理。言必得機。故仏恣聴也。
「一切皆入一大願中」者。此願是八地之願也。自七地已
下。一切諸願。八地一心皆備。合之語願。則有恒沙。談
心唯一而已。故言皆入一大願中也。「所謂〔摂〕受正法」
者。此出大願之体。「真為大願」者。結成大願。　第二。〔二四ウ〕
如来讃成。雖有四〔句〕。合為二雙。　第一雙。挙勝鬘自
徳為嘆。初述現果。果有智恵方便。従「仏讃勝鬘」已下是。
有述往因。従「汝已長夜」已下是。「久種善根」者。挙来
世弟子。成其殖因来久。　第二雙。挙他為嘆。美其所説。
高同諸仏。初明与三世仏同。従「汝之所説」已下是。有
明与釈迦同。又分為四。　第一。直明説与我同。従「我〔二五オ〕
今得」已下是。　第二。嘆所説甚深。不得辺(四〇)際。
従「如是我説」已下是。　第三。釈疑。「如来智慧」已
下是。物疑云。摂受功徳。不得辺際。便謂如来。不知其
辺。故云。如来之智。亦无辺際也。　第四。明結。摂受〔二五ウ〕
正法。有自行外化功徳。无有辺際。「何以故」已下是。
第二。明行摂。又分為二。　第一正明行摂。又分為三。
第一。明行摂之体。従「勝鬘白仏我当」已下是。「広大
義」者。亦牒前広大之義句也。「則是无量」者。釈広大

義也。「得一切仏法」者。釈所以无量也。「摂八万四千法
門」者。出此一切仏法也。此云一切及无量。並是少分。
故指言八万四千。「八万四千」者。仏地有三百五十功徳。
修一功徳。必用十善。三百五十功徳。凡用三千五百善。
復以三千五百善。治三毒及三毒等分。有四三千五百。合
成一万四千善。三毒及等分。従六根中起。治於一根。有
(五〇)一万四千。六根有六万。四六廿四。有二万四千。故
有八万四千也。　第二。明出生。凡有四譬。又分為二。〔二六ウ〕
第一。有雨譬。明法能出生。又分為二。　第一。雲譬。
取其蔭覆之能。明八地摂受。能蔭覆衆生。又分為二。
第一。作譬。譬中有四句。合為二雙。　第一雙。明能生。
初句為本作譬。「又如劫初成時」者。此譬八地大士。法
身初成也。後句為迹作譬。「普興大雲」者。譬八地大士。
応身説法也。　第二雙。明所生。初句。明能生五乗之因。〔二七オ〕
「雨衆色雨」者。五乗善根也。後句。明能生五乗之果。
「及種種宝」者。譬五乗果也。　第二。合譬。合譬有三
句。分為二。　第一。一隻句。併合上劫成興雲能生二喩。
「如是摂受正法」。此句是也。八地本之与迹。並是摂受
正法。故直以一句合之也。　(六〇)第二。一雙。合上所生。

初合上第四及種種宝譬。「雨无量福報」。此句是也。　後〔二七ウ〕合上第三雨衆色雨譬。「及无量善根之雨」。此句是也。第二。水譬。取其洗蕩之用。明八地摂受。洗蕩垢累也。又分為三。　第一。作譬。譬中有四句。合為二雙。　第一雙。明能生。初句為本作譬。「又如劫初成時」者。此猶譬八地法身初成也。此譬与前。語意倶同也。後句為迹作譬。「有大水聚」者。亦譬八地。応身説法也。此譬。語異於前。而意同前也。　第二雙。明所生。初譬出生菩薩大乗。従「出生三千」已下是。此譬。語之与意。倶異於前也。後譬出生四乗。従「四百億」已下是。此譬。語之与意。亦倶異於前。前譬後雙。合大小而離因果。譬此後雙。合因果而離大小也。　第二。合譬。合譬有五。分以為二。　第一。一句。併合上第一雙。劫成水聚。能生二譬也。「如是摂受正法」。此句是也。　第二。四句。合上第二雙所生譬。初一句。合上出生。菩薩大乗。従「出生大〔二八オ〕乗」已下是。後三句。合上四百億類洲。　第一句。以人合上一百億類洲。「一切世間。安隠快楽」。此句是也。第二句。以天合上第二百億類洲。「一切世間。如意自在」。〔二八ウ〕此句是也。言天自在。勝於人也。　第三句。以二乗同出三界。共合上三百億類洲。「及出世間安楽」。此句是也。第三。結譬与合譬。「劫成」者。牒譬之初也。「乃至天人本所未得」者。牒合之末也。合譬末云。「出世間安楽」。此是人天。本所未得也。譬則牒初。合譬牒末。踰略中間。故言乃至也。「皆於中出」者。雙結之也。四百億類洲。〔二九オ〕従劫中出。天人未得。従摂受生也。　第二。有譬。明人能生出。何以言之。以合譬中皆言「善男子女人」故也。又分為二。　第一。重担譬。取其荷負之義。又分為二。〔二九ウ〕第一。作譬。又分為二。　第一。為摂受能生人作譬。従「又如大地」已下是。　第二。為人所生法作譬。又分為四。　第一。「大海」。譬菩薩。取其抱納无窮為況也。〔三〇オ〕第〔二〕。「諸山」。譬縁覚。取高出之義也。　第三。「草木」。譬声聞。取其頭数繁多為譬也。　第四。「衆生」。以譬人天。人天在生死中。如六道衆生。処処受生。故以為譬也。　第二。合譬。又分為三。　第一。正合譬。又分為二。　第一。合為人作譬。従「如是摂受正法」已下是。「建立大地」者。建立摂受正法。如大地。「踰彼大地」者。地唯負形。不能載神。神形倶載。有過於地也。第二。合人所生法譬。又分為四。　第一。合上第四衆生。〔三〇ウ〕

従後倒合也。従「何等四」已下是。前言五乗。此言四乗。合人天為一。蓋随時之宜也。　第二。合上第三草木。従「求声聞」已下是。此是根性中而求也。　第三。合上第二諸山。従「縁覚」已下是。　第四。合上第一大海。従「求大乗」已下是。　第二。結荷負之義。従「是名摂受」已下是。　第三。嘆摂受人之徳。又分為三。　第一。将欲讃嘆故。先牒前荷負之語。従「世尊如是」已下是。第二。嘆有真友之徳。従「普為衆生」已下是。　第三。嘆為世法母之徳。従「大悲安慰」已下是。　第二。宝蔵譬。取其蔵得之義也。又分為二。　第一。作譬。又分為二。　第一。正作譬。又分為二。　第一。為能生人作譬。(100)「又如大地四種宝蔵」。此句是也。　第二。為人所〔三一オ〕生法作譬。又分為四。　第一。「无価」。譬菩薩乗。　第二。「上価」。譬縁覚乗。　第三。「中価」。譬声聞乗。　第四。「下価」。譬人天乗。　第二。結譬。「是名大地。四種宝蔵」。此句是也。　第二。合譬。合譬又分為三。　第一。正合譬。又分為二。第一。合能生人譬。従「如是摂受正法」〔三一ウ〕已下是。「得衆生四種最上大宝」者。五乗之善。義属衆生。八地大士。備之在心。故言得衆生之宝也。言最上。

偏挙勝耳。　第二。合所生法譬。又分為四。　第一。合下価。倒従後合也。従「何等為四」已下是。　第二。合〔三二ウ〕中価。従「求声聞」已下是。　第三。合上価。従「求縁覚」已下是。　第四。合无価。従「求大乗者」已下是。第二。結合譬。従「如是得大宝」已下是。「得此奇特希(110)有功徳」者。明衆生得此五乗之善。異於菩薩心中之善也。　第三。明即。従「世尊大宝蔵」已下是。「即是摂受正法」者。明大宝蔵所譬。四乗善根。即是摂受正法。更无別体也。　第三。明相即。以釈物疑。物疑之〔三三オ〕生。因前四譬。其二譬明法能出生。二譬明人能出生。物謂人法異体。故致譬不同。又因此義。広生諸疑。謂万行正法。異於摂受之心。摂受之心。又異波羅蜜。今解相即。以釈此疑。又分為二。　第一。明法法相即。為疑之本。本在人与法異。而此情固執。一往難除。故先明法法相即。令其稍解。後明人法相即。為悟則易也。又分為二。　第一。明万行正法。即摂受之心。凡有五句。若具其文。応有六句。合為三雙。略(120)无第六句也。第一雙。牒。将明相即。故先牒也。初言「摂受正法」。此〔三四オ〕句牒所摂万行正法也。後言「摂受正法者」。此句牒能摂之心。　第二雙。反覆明不異。初言「无異正法」。此句明无有摂受心。異於万行正法也。後言「无異摂受正法」者。此句明无有万行正法。異於摂受正法之心也。　第三雙。明相即。前明无異。亦可。各体相似。以為无異。此言未了。故今正明即也。初言「正法即是摂受正法」。此句明万行正法。即是摂受之心也。後句応言。摂受正法。即是正法。経文闕也。　第二。明波羅蜜即摂受正法。又〔三四ウ〕分為三。　第一。正明相即。若具其文。亦応六句。今闕前雙牒。又闕最後一句。相即但有中間三句。分以為二。第一雙。反覆明不異。初（一三〇）言「无異波羅蜜」。謂无有摂受正法。異於波羅蜜也。後言「无異摂受正法」。謂无波羅蜜。異於摂受正法也。　第二隻句。言「摂受正法。即是波羅蜜」。此明即是也。亦応有波羅蜜即是摂受正法句。文略也。　第二。挙六度。以釈正法波羅蜜義。従〔三五オ〕「何以故」已下是。言何以故。正法即是波羅蜜也。六度釈中。各有二意。並初述度相。後明即是義也。「乃至捨身」者。天下難捨。莫過身命。故言乃至。示為施之極矣。此下凡言「乃至」。皆略易而挙難也。「将護彼意」者。応機接物。令其无悖也。「而成熟之」者。使其因此獲安也。

「彼所成熟衆生」者。此釈檀度。所以即是摂受正法之意也。「彼」者勝鬘。彼於八（一四〇）地大士。摂受之心也。彼心中正法。由施所成熟衆生。而得建立此正法。不異於檀。故言即是也。六度文中。皆従「彼所」已下。明即是義也。「不乱心」者。内无覚観也。「外向心」者。縁六塵心也。「久時所作」者。身業也。「久時所説」者。口業也。「一切論」者。五明也。如十地釈。　第三。結即義。従「是故世尊」已下是。　第二。明人法相即。又分為三。　第〔三五ウ〕一。正明即。凡有五句。若具其文。応有六句。合為三雙。略无第六句也。　第一雙。牒。初言「摂受正法」。此句牒摂受之心万行也。後言「摂受正法者」。牒法所成人。所以得知。是牒人而異於上。義見下文。　第二雙。反覆明不異。初言「无異摂受正法」。此句明无有人異摂受正法也。後言「无異摂（一五〇）受正法者」。此句明无有摂受異於人也。　第三雙。正明相即。初言「摂受正法善男子善女人。即是摂受正法」。此句。挙人以即摂受正法也。後句応言摂受正法。即是善男子善女人。経文闕也。　第二。釈相即之義。従「何以故」已下是。言「善男子善女〔三六オ〕人為摂受正法而捨三種分」。此能捨之心。即是摂受正法心。既成此行人。摂受正法。則得異人也。　第三。出捨三分為之義。因第二釈。焔明之也。又分為四。　第一。正〔三六ウ〕明捨三分義。旧釈。「捨身」謂自放為奴。「捨命」為人取死。今言。捨身捨命。皆是死也。但立意異耳。若如投身餓虎。此意在捨身。非苟欲捨命。若義士一感。見危授命。此称也。「捨財」者。謂身外之物也。凡（一六〇）有七句。為一隻三雙。　第一一句。直総挙三分。従「何等為三」已下是。　第二雙。明捨身。初明行因。従「捨身者」已下是。「後際等」者。謂未来也。未来則无際。自无際以来。常〔三七オ〕捨身也。又以金剛心為後際。生死極於此時。自此以来。常捨身也。推後三帰。応如前釈也。後句明得果。従「離老病死」已下是。既以後際為期。故所得之果。皆常住。第三雙。明捨命。初句明行因。従「捨命者」已下是。後句明得果。従「畢竟離死」已下是。「通達一切」者。智慧為命也。　第四雙。明捨財。初句明行因行。従「捨財者」已下是。後句明得果。従「得不共」已下是。言功徳法財。不如世財与五家共有也。「得一切衆生殊勝供養」者。語倒。応言得供養殊（一七〇）勝一切衆生。謂法財資神。勝世財也。或順文直釈。謂得人天財。殊勝供養也。　第二。勝鬘讃嘆。捨三分之人。又分為三。　第一将欲讃嘆。故先牒摂受之人。従「世尊如是」已下是。　第二。嘆其為諸仏所記。従「常為」已下是。　第三。嘆其為物瞻仰。「一切衆生」已下是。　第三。明捨三分時節。又分為四。　第一。牒捨身之人。従「世尊又善男子」已下是。　第二。〔三七ウ〕正明捨三分時節。従「法欲滅時」已下是。夫護法之功。在法将滅。滅而更挙。護功乃顕也。「諍訟」者。法言非法。非法言法也。　第三。明正行護法。従「以不諂曲」已下是。曲心詐善曰諂。諂心事成〔曰曲〕。多就口業也。迤是心非曰幻偽。多就身業也。「愛楽摂受」者。不用前三。用後二也。　（一八〇）第四。明此人功重。必為諸仏所記。従「入法朋者」已下是。　第四。引仏為証。又分為二。第一。明自見。従「世尊我見」已下是。「如是大力」者。捨三分之力。能得常住之果也。　第二。引仏為証。従「仏為実眼」已下是。「実眼」取其能見。「実智」取其能知。「根本」示以宗極。「通達」表於无礙。四事若斯。故為乗十地之所依也。引証之明。窮於此矣。　第二。如来讃成。又分為二。　第一。讃嘆述成。又分為四。　第一。嘆人説会理。従「爾時世尊」已下是。　第二。力士譬。譬於正法。勝〔三八オ〕

人天乗。又分為二。　第一。作譬。従「如大力士」已下
是。大士譬八地菩薩。「少触身分」者。譬八地心中一行
也。「生大苦悩」者。譬魔王憂苦也。　第二。合譬。従
「如是勝鬘」已下是。(一九〇)「少摂受正法」者。取八地家
一行。合上少触身分也。「令魔苦悩」者。自此下合生大
苦悩也。　第三。牛王譬。譬於正法。過於二乗。又分為
二。　第一。作譬。従「如牛王」已下是。「勝一切牛」者。
一切牛能負重致遠。以況二乗。能化衆生。而化功不及菩
薩。猶群牛之不及牛王也。　第二。合譬。従「如是大乗」
已下是。　第四。須弥山王譬。譬於八地大士。勝於七地
已還菩薩。又分為二。　第一。作譬。従「又如須弥」已
下是。須弥取其高顕。出衆山之上。以況八地出過遠行之
域也。　第二。合譬。従「如是大乗捨身命」已下是。「以
摂取心」者。言以摂取心。摂受万行正法也。「勝不捨身
命財」者。七地未是法身。応変不顕。故不与捨身之名。
並為初住大(二〇〇)乗也。　第二。結勧。又分為四。　第
一。広勧。従「是故勝鬘」已下是。「開示」者。以摂受 〔三八ウ〕
正法。開示人天也。即対前力士譬也。「教化」者。教化
二乗也。即対上牛王譬也。「建立」者。謂建立大乗。七
地已還菩薩也。即対上須弥山王譬也。　第二。広結勧。
従「如是勝鬘」已下是。「如是大利」者。結人天之利也。
「大福」者。結二乗也。「大果」者。結大乗也。亦従劣
至勝。対三譬為結也。　第三。重略明勧。従「勝鬘我於」
已下是。　第四。重略明結。従「是故摂受」已下是。
　就第五一乗章。又分為二。　第一。正明一乗。　第二。 〔三九オ〕
明一体三宝。梯橙三宝。及与五乗。同是方便之教。既会
五乗。入於一乗。亦改於梯橙。而明一体也。又一体三宝。
雖非一乗。而是一乗之果。挙(二一〇)果以明乗。　就第一 〔四一ウ〕
正明一乗。又分為三。　第一。総明万善。入於一乗。前摂
受正法章。明能出生五乗。但取能生。為摂受正法。不取
所生五乗。収善則不尽也。此章明能生之摂受。所生之五
乗。皆入一乗。収善則尽。又分為二。　第一。会能生摂
受。〔入〕於一乗。又分為二。　第一。正会。従「仏告」已 〔四二ウ〕
下是。前摂受章。皆勝鬘承仏威神。求説其理。蒙仏聴許。
然後乃説。此章仏先命説。而勝鬘奉旨。所以然者。勝鬘
迹居近行。而遠説深理。不敢専輒。所以求聴。而上来所
説。莫不无勢。才堪宣弁。審可告説。故如来垂旨。命有
可述也。「是摩訶衍」者。能生摂受正法。即是八地以上 〔四三オ〕

大乗也。所以不即七地已還大乗者。以知非摂受正法故也。(二二〇) 第二。釈会。従「何以故」已下是。「出生一切声聞」者。明所生五乗。既同験能生之法。非兆異体也。「世間」者。人天乗也。「出世間」者。七地已下菩薩也。 第二。会所生。五乗之善。入於一乗。又分為二。 第一。〔四三ウ〕引二譬。正会五乗。以入一乗。又分為二。 第一。八河譬。譬其始生。又分為二。 第一。作譬。従「世尊如阿耨」已下是。「達」者。此言无熱。竜之名也。竜居此池。故従竜為名也。池在崑崙山頂。其水四面。流出八河。八河中水。即是池水。更无異水。従於一乗。出四乗因果。而四乗因果。即是一乗也。此文似明出義。入義現下結文中也。 第二。合譬。従「如是摩訶衍」已下是。 第二。種子譬。譬其終成。明増長義也。又分為二。 第一。作譬。従「世尊又如」已下是。(二三〇) 種子依地而生。種子〔四四オ〕即是地大。如依四乗大乗増長。四乗亦即大乗也。又釈。依地生種子。種子不離地。依大乗出五乗。五乗不離一乗也。 第二。合譬。従「如是一切」已下是。 第二。結入一乗。従「是故世尊」已下是。前会能生摂受。有釈无結。此会所生五乗。有結无釈。蓋欲省文。互現意也。

又前明義未周。故釈而不結。後明義粗竟。結而不釈也。「住於大乗」者。明住七地已還大乗。「即是住於二乗」也。若二乗出於大乗者。住大則不応住二。以不出入。故住大則住二也。「住」談其始。「摂受」語其終也。 第二。偏明二乗因。以入一乗。所以偏会二乗者。以人天未有別求。〔四四ウ〕大小未定。初直総会。総於理自足。七地已還菩薩。本来求仏无仮。重会二乗。為物所信。莫不謂有別果。故委曲慇懃。重明(二四〇)入義也。又分為五。 第一。総挙六処。以入一乗。昔時学小。有此六事。会入大乗。又分為三。 第一。直総唱六処。「如世尊説六処」。此句是也。此六〔四五オ ウ〕道。生尽智无生智之処也。 第二。別列六名。此六合為三雙。 第一雙。就教。教有興衰。相対為一雙。此是二乗得果之縁也。一者正法住。仏滅度後。五百年中。余風未毀者也。此明興也。二者正法滅。五百年後。像法中也。此明衰也。 第二雙。就戒。善戒有取離。相対為一雙。此是得果之因也。一者波羅提木叉。此謂報解脱。戒言報得解脱也。此明取也。二者比尼。此名滅悪。此明離也。第三(雙)。就人。人有始終。相対為一雙也。此是稟教行善之人也。一者出家辞親。欲受三帰依。此明始也。二者受具足。白四羯磨。修律義戒。此明終也。 (二五〇) 第三。正会六処。入於一乗。従「為大乗故」已下是。明二乗教取一乗教。二乗戒取一乗戒。二乗人取一乗人。 第二。別会第一雙。教之二処。以入一乗。又分為二。 第一。会正法住。従「何以故」已下是。「何以故正法住者為大乗故説」者。此合為一語。言何以正法住。而是為大乗故説也。言「大乗住即正法住」。所以正法住。為大乗説也。第二。別会正法滅。従「正法滅者」已下是。亦応言「何以故。正法滅者為大乗故説」也。言「大乗滅即正法滅」者。為大乗説也。 第三。別会第二雙。戒善二処。以入一乗。又分為四。 第一。将欲明会入。先明波羅提木叉比尼一体。従「波羅提木叉」已下是。「義一名異」者。此釈顕一。義是一也。 第二。正会入一乗也。「比尼者即大乗学」。此七字是也。 第三。釈入一乗。従「何以故 〔四六オ〕以依仏」(二六〇) 已下是。言仏是乗即是也。従仏受具足。不容是小也。此未会人。借人以釈戒善耳。 第四。結入意。「是故説大乗威儀戒是比尼」。此十一字是也。言依仏出家。而受此戒。是故説是大乗戒。是大比尼也。 第四。別会第三雙。人之二処。以入一乘。又分為三。 第一。

明是大乗出家。「是出家是受具足」。此七字是也。言大乗出家。是乗大受具足也。 第二。明非小。従「是故阿羅漢」已下是。「无出家受具足」者。无別小乘。出家受具足也。皆是大乗。故非小也。 第三。釈是大非小。従「何以故阿羅漢」已下是。言依仏出家。仏既大。故羅漢亦是大。而非小也。六処之中。唯木叉比尼。明相即者。以同体一時故也。以正法住滅。興毀異時。出家受具。前 〔四六ウ〕後非一。故不 (二七〇) 得相即也。 第五。举果為況。以明因入也。又分為二。 第一。章門。又分為二。 第一章門。明善法未満也。「故阿羅漢帰依於仏」。此八字是也。第二章門。明悪法未除也。「阿羅漢有恐怖」。此六字是也。第二。釈上章門。有両何以故。即分為二。 第一。先釈第二章門。又分為三。 第一。直明阿羅漢有怖畏。即法説也。従前「何以故」已下是。「无行」者。无有三界外。治道之行也。「想住」。謂変易生死。怖畏之想住。在〔胸〕懐也。 第二。譬説。従「如人執剣」已下是。執剣害凡。凡怖畏重。執剣害聖。聖怖畏軽。今言羅漢於変易生死。怖畏心軽。正可如人執剣。害己而已。 第三。結。 〔四七オ〕従「是故阿羅漢」已下是。「无究竟楽」者。非无有楽。

但変易生死。未尽楽未究竟也。（二八〇）第二。後釈第一
章門。又分為三。　第一。直許理言。堪為物作依者。則
不求依於他也。従後「何以故」已下是。　第二。以衆生
為類。言衆生无有帰依之徳。則有恐怖。求於帰依也。
「彼彼」者。言処処也。　第三。結恐怖与羅漢。従「如
是阿羅漢」已下是。　第三。収二乗果。以入一乗。又分
為五。　第一。奪其所得四智。及涅槃果也。四智不究竟。〔四八オ〕
即是道諦不足。亦是有為果不周。涅槃不究竟。即是滅諦
不満。亦是无為果未極。既未満未極。便進趣向仏。又分
為五。　第一。奪尽智。従「世尊阿羅漢」已下是。「有
余生法」者。煩悩為受生之法也。以煩悩尽。為尽智之境。
今煩悩有余。所以照尽之智。不究竟也。「故有生」者。
以生不尽。明煩悩不尽。奪无生智也。　第二。奪（二九〇）
梵行已立智。従「有余梵行」已下是。「成故不純」者。〔四八ウ〕
雖有三界治道。非一切道満。故言不純也。道即梵行。梵
行是境。境既未成。智亦未究竟也。　第三。奪所作已弁
智。従「事不究竟」已下是。「当有所作」者。当有三界
外。治道応修也。夫弁是事訖之名。尚有道応修。則所
為未弁。境既未弁。則智亦不究竟也。　第四。奪不受

後有智。従「不度彼故」已下是。不度変易生死也。「当
有所断」者。当有无明住地。煩悩応断也。既有煩悩。猶〔四九オ〕
応受生。生既未尽。則後有応受。不受之境既未満。照境
之智。亦未窮也。　第五。奪二涅槃果。従「以不断故」
已下是。言不断无明住地惑也。「去涅槃界遠」者。惑既
未断。猶有変易生死。去常住妙有涅槃遠也。　第二。雙
釈与奪。（三〇〇）仏昔言其究竟。此則為与。勝鬘今説其未
満。此則為奪。与奪相交。事須解釈。凡有十事。合為五〔四九ウ〕
雙。皆以前事釈奪。明唯如来皆得。則余人不得也。後事
釈与。方便故与也。五雙次第。釈前五奪。　第一雙。釈
尽智。従「何以故唯有」已下是。此「何以故」。通冠下四
雙。五雙皆以「唯有」。為言初也。　第二雙。釈梵行已
立智。　第三雙。釈所作已弁智。　第四雙。釈不受後有
智。此四雙中。初言「一切功徳」。次言「无量功徳」。次
言「不思議功徳」。次言「第一清浄」。皆趣言之。无別所
以也。　第五雙。釈涅槃果也。「之所瞻仰」者。明仏唯
究竟也。「去涅槃界遠」者。奪二乗也。「観察」者。挙智
為章門。「解脱」者。挙断為章門。「四智究竟」者。釈観
（三一〇）察也。「得蘇息処」者。釈解脱也。言无為凝寂。為

蘇息処也。此皆方便。不了義説也。　第三。挙二種生死。以釈第二段。第二段中。明仏是究竟。二乗非究竟。今明二種生死。二乗唯除分段。所以未究竟。仏二死皆除。所 〔五〇オ〕
以究竟。亦得遠釈上第一段。二死未尽。所以勝鬘今奪。断除分段。所以如来昔与。又分為三。　第一。直挙二種生死。以釈於前。「何以故有二種死」。此七字是也。二種生死者。一者分段生死。二者不思議変易生死。分段有二種。一者色身分段。謂形質国土也。二者寿命分段。謂修短期限也。三界果報。皆名分段也。八地已上。身无形色。命无期限。但以明代闇。以新易故。刹那改変。故名変易。非下地所測。称不思議也。分段生死。亦念念生滅。而不名変（三二〇）易者。以身命一報。有定期限。分段麁顕。故従為名也。変易生死。於八地九地。亦有劫数期限。但期 〔五一ウ〕
限約他。故不従為名。前念是因。後念是果。新新改変。変易義彰。故従為名也。今判生死。応有四種。一者分段生死。以有漏業為因。四住地煩悩為縁。二者不思議変易生死。以无漏業為因。无明住地煩悩為縁。三者二国中間生死。以有漏勝善為因。三界余習為縁。初流来時。无余此習。无此生死。反流之日。断正使結。方起習業。潤勝善業。至於七地。方用受生也。二国中間。猶有形色。寿命期限。有同分段。念念生滅。有同変易。但非正結所感。故不称分段。既有形色。不名変易。故曰二国中間也。四者初流来時生死。初（三三〇）流来時。在三界外。无无漏業。不即受八地。変易生死。但以闇惑相伝。故受生死。流入三界。但起取相。取相相伝。乃至極重。以極重取相。受三途生。始是分段生也。此前悉是。流来生死。流来生死。无有形色。寿命期限。以新易故。与変易同。但不以无漏為因。唯闇闇相続。念念下墜。所以別立。為一種生死也。〔五二オ〕
約分段生死。及変易生死。故有八諦。約二国中間。又有四諦。初流来時。亦応有四諦。合十六諦也。以有人言。初流来時。未入三途。於其中間。有修道即仏。応有滅道。故有十六諦也。今釈不然。初流来時。必生三途。然後厭苦集。求涅槃。反流之日。方修滅道。初流来時。唯有苦集。无有滅道。四種生死。有十四諦也。若相収摂。二国中間。属於分段。初（三四〇）流来時。属於変易。勝鬘今日。〔五二ウ〕
為釈究竟。故明二死。但除分段。則不究竟。兼除変易。則為究竟。分段挙始。変易挙終。則中間可知。初流来時。未明断結。无以証仏究竟。所以不説。又二国中間。縁非正使。初流来時。无无漏業。故略不説。　第二。出二種生死。又分為二。　第一。出名。従「何等為二」已下是。　第二。出体。従「分段死者」已下是。「虚偽衆生」〔五〇ウ〕者。謂煩悩顛倒。受三界生。乃有聖人。聖人少。故偏言虚偽衆生也。「謂阿羅漢」者。今釈二乗七地。並未免色形。生二国中間。未受変易生死。八地已上。无復形色。但意慮相伝。以明易闇。是変易生也。今言二乗受変易生死者。以昔是二乗。転為菩薩。於七地中。具修万行。登於八地。受変易生。仍昔本名。言二（三〇）乗之人。受変易生。実是八地也。「究竟无上菩提」者。言仏果。乃免変易生也。又釈云。金剛心。名為学仏。亦名无上菩提。乃至金剛心。不免変易生。　第三。結与奪。結第一段也。所以不結第二段者。以第三段。本釈第二段。又相去近。結義可知。第一。以遠故須結。又分為二。　第一。結仏昔与。又分〔五一オ〕為四。　第一。結尽智。従「二種死中」已下是。　第二。結梵行已立智。従「得有余果」已下是。　第三。結所作已弁智。従「凡夫人天」已下是。　第四。結不受後有智。従「阿羅漢」已下是。略不結涅槃果。　第二。結勝鬘今奪。又分為二。　第一。結奪尽智。従「非尽一切」〔已下〕是。　第二。結奪不受後有智。従「亦非尽一切」已下是。由梵行已立。故煩悩尽。梵行已立智。入尽智中摂。由（三〇）所作已弁。故不受後有。所作已弁智。入不受後有智摂。但結奪二智。則苞於四智。四智既不究竟。涅槃理自不備也。　第四。挙二種煩悩。以釈第三生死有二種也。釈云。夫生死必因煩悩。煩悩必致生死。二乗已断之惑。既感分段。未除之累。理招変易。所以生有二也。亦即釈第二段。既有煩悩。二乗所不能断。故四智未備。仏能永除。所以究竟。亦即釈第一段。二乗断一。故仏昔与。〔五一ウ〕未断其二。故勝鬘今奪。又分為三。　第一。直挙二種煩悩。以釈於前。従「何以故有煩悩」已下是。　第二。出煩悩体相。又分為四。　第一。正明二種煩悩体相。又分為三。　第一。開二惑章門。「煩悩有二種」。此句是也。〔五二オ〕第二。出四住地。此即（三〇）釈二惑章門。第一惑也。又分為四。　第一。列四住地章門。「何等為二。謂住地煩悩」。此句是也。　第二。列起煩悩章門。「煩悩」。此句是也。　第三。釈住地章門。従「住地有四」已下是。　第四。釈起煩悩章門。従「此四住地」已下是。「刹那心」者。識心也。「刹那相応」者。想受等心也。　第三。出

无明住地。此即釈二惑章門之第二惑也。従「世尊心不相
応」已下是。根本枝條。並无四心相応也。「无始」者。
无有始於已者。故言无始也。　第二。格量煩悩。力用勝
負。又分為六。　第一。明四住地力劣。従「此四住地」〔五四ウ〕
已下是。「一切上煩悩」者。恒沙上煩悩也。従无明住地
上生。亦映彰衆行之上。謂為上煩悩也。「依種」者。別
相煩悩。依通相而有。謂之為依。通相煩悩。能生別相。
名之為種。今言（三八〇）依者。取五住地家。起煩悩也。種
取四住地。根本取相也。欲以比格无明住地。故牒来也。
第二。明无明住地力勝。与前反覆為二也。従「世尊如
是」〔已下是〕。「於有愛数四住地」者。有愛。謂无色界惑。
有数色優反。取下色愛。欲愛。及見一処。足為四住地也。〔五五オ〕
第三。列悪魔為譬。従「譬如」已下是。魔於欲界。大力
自在。譬无明住地。於衆惑力大。　第四。合譬。従「如
是无明」已下是。　第五。釈无明住地所以勝。従「恒沙
等数」已下是。「上煩悩依」者。言无明住地。是根本為
恒沙上煩悩所以依也。「亦令四種煩悩久住」者。亦為四
住地。遠作根本也。此就生以明勝也。「菩提智之所能断」
者。金剛心。断惑已尽。名為学仏。故言菩提智断也。就
滅以明勝也。乃未明断。借断明力也。　（三九〇）第六。結
力勝。従「如是世尊」已下是。　第三。明潤業不同。又〔五五ウ〕
分為四。　第一。明潤有漏業。而生三有。従「有如取
縁」已下是。言四住地惑。能助業取果。為果之縁也。
「有漏業因」者。通善悪業也。　第二。明潤无漏業。受
変易生。従「如是无明住地」已下是。　第三。明无明住
地。通潤一切業受生。従「此三地」已下是。「此三地」
者。此三界地也。「彼三種」者。彼三乗人也。「意生」者。
意慮相伝。変易生也。「身生」者。三界分段生也。上雖
言三地三種。未明有色无色。更重挙二生。以顕之也。
「及无漏業生」者。前言意生。直談変易果生。此言无漏〔五六オ〕
為業。是因能生也。「依无明住地」者。前来所牒。三地
三種。及无漏能生。通依无明住地。即通潤義也。「有縁
非无縁」者。物謂変（四〇〇）易生死。可由无明住地。分段
生死。不応縁无明住地。故言无明住地。於分段生死。有
縁非无縁也。　第四。還正明潤无漏業。得変易生。従
「是故三種」已下是。　第四。明断義。又分為四。　第
一。直唱二種住地不同。従「世尊如是有愛」已下是。〔五六ウ〕
第二。釈所以不同。従「无明住地」已下是。「離四住地」

者。以離故不同也。　第三。正明仏智所断。従「仏地所断」已下是。「仏地所断」者。此通語仏地一切功德也。「仏菩提所断」者。偏出断結之智。即照空之解也。　第四。釈断。従「何以故」已下是。「何以故」。唯仏能断。以二乗但断四種住地。不能断无明住地。故无明住地。唯是仏地所断也。「无漏不尽」者。言二乗応无之漏不尽。〔五七オ〕故不能断也。応无之漏。即无明住地惑也。（四一〇）故下云「无漏不尽者。即是无明住地」也。漏既不尽。故「不得自在力」。「亦不作証」者。无断可証也。　第三。結。結〔五八オ〕前第二段。唯如来究竟。二乗不究竟也。所以不結第一段者。前第三段。以結不重結也。以第四段。本釈第三段。又相去近。結義可知。又不結也。第二段相去以遠。又未遥結。故今結之也。又分為四。　第一。結二乗不究竟。〔五八ウ〕凡明七德不備。即分為七。　第一。明智恵不備是色。従「世尊阿羅漢」已下是。「最後身菩薩」者。七地菩薩。習万行備。是色身之最後也。「於彼彼法」者。処処境也。　第二。明断未足。従「以不知見故」已下是。　第三。明解脱未足。従「以不断故」已下是。　第四。明清浄未円。従「名有余清浄」已下是。　第五。明功德未備。従（四二〇）「名成就有余」已下是。　第六。〔明〕智境不周。従「以成就有余」已下是。所以以一事。牒前第三第四第五三事。作其并引者。第二已牒第一。第三已牒第二。第四不牒第〔五九オ〕三。第五不牒第四。所以第六并牒前三也。　第七。明涅槃未具。従「是名得」已下是。「名向涅槃界」者。向常住涅槃仏性也。前明断未備。是煩悩断有余涅槃也。此明身智忘无余涅槃也。　第二。欲〔結〕如来究竟。凡明七德備足。以対二乗七德未満。五德正相対。両德不相対。前明不備有断与〔功德〕。不明法身与帰依。今明備足有法身与帰依。不明断及功德。蓋互言之耳。分文為八。前一「若」為上引。二「於」為章門。次四「等」為釈。一「是故」形之八文者。　第一。明智境備足。対前第六也。従「若知一切」已下（四三〇）是。未是正明仏德円満。故言菩薩行。　第二。〔五九ウ〕明涅槃備足。対前第七。即是章門也。従「於无常壊」已下是。「无常壊」者。分段生死。有身壊命終也。「无常病」者。変易生死。无復身壊命終。但有生滅无常。差於死壊。可名為病也。　第三。明帰依満足。不対前也。亦即章門。従「於无覆護世間」已下是。「无覆」者。分段衆生也。上无蔭蓋。為无覆。傍无力授。為无護。此言小重也。「无

依」者。変易衆生也。以未有帰依之徳。此言小軽。　第
四。明法身等。以釈涅槃満足。亦不対前也。「何以故」
已下是。此「何以故」。冠下三徳也。「法无優劣」者。言〔六〇オ〕
法身与諸仏。无有優劣。此即一等也。　第五。明智慧与
諸仏等。以釈涅槃満足。対前第一也。従「智慧等」已下
是。　第六。明解脱（四四〇）与諸仏等。以釈涅槃満足。
対前第三也。従「解脱等」已下是。　第七。明清浄与諸
仏等。以釈涅槃満足。対前第四。従「清浄等」已下是。
以四等。釈於涅槃。則帰依可知。故不別釈也。　第八。
挙三点。以結上七徳。従「是故」已下是。「一味」謂般〔六〇ウ〕
若也。「等味」謂法身也。「解脱味」即一解脱也。所以但
挙三者。猶如伊字要挙者耳。　第三。釈結二乗不究竟。〔六一オ〕
以成第一。第一直明二乗不満。今明因不満。所以果不満
也。又分為五。　第一。将釈二乗未満。先牒其不得極果
三点。従「世尊若无明住地」已下是。「明解脱」。謂智体
无累也。　第二。明二乗因不満。故果不究竟。又分為三。
第一。明无明住地。通相无知不断。別相无知。亦不断。
従「何以故」已下是。　第二。明通相无知（四五〇）既不断。
別相无知不断也。従前「過於恒沙等」已下是。言煩悩顕

数。過恒河沙也。　第三。明通相別。无知既不断。即不
得智。亦不証断。従次「過恒河沙等」已下是。「応得不得」
者。応得諸行。及別相知見。皆不得也。応証无知之断。〔六一ウ〕
亦不証也。智断之因不満。所以果不究竟也。断非正因。
亦相縁由。説以為因。　第三。結无明住地。為衆惑之本。
正以此惑。能生衆惑。故離因果之徳不満。故重言之也。
従「是故无明」已下是。「積聚生一切」者。由其不断。
能広生一切修道。所断之煩悩也。　第四。列恒沙上煩悩。
前第二段中云。恒沙上煩悩。未識其相。今略以十二。明
其相也。従「上煩悩」已下是。「上煩悩者」。此一句総也。
下十句。皆是別相知見上惑。別相知見。或名為「心」。或
（四六〇）名為「止」。乃至或名「无畏」也。此惑映鄣諸知見之
上。故名為上。亦名従通相上起。故名為上也。「彼生心上」
者。彼无明住地。能生心上煩悩也。又釈云。十二句中。
以為六雙。初一雙総。「上煩悩者」。総挙煩悩也。「心上」
者。挙所鄣之行也。言総定恵等。皆名為心。次止観為一
雙。明定恵之初也。次禅与正受。為一雙。広於止也。次
方便与智為雙。広於観也。智即実智也。次果与得。為一
雙。果談法。当討分遂得談人。人法相対。故為一雙也。

次力与无畏為一雙。得菩薩十力四无畏也。　第五。更結
无明住地。為衆惑之本。由第四段。出恒沙煩悩之相。故
重結也。従「如是過〔恒〕沙」已下是。「皆因无明住地。縁 〔六二オ〕
无明住地」者。恒沙本无。而住地能弁。此為因義。恒沙有
所生之理。而住地助発。此即縁義也。　第四。釈
結如来究竟。以成第二。　第二直明如来究竟。今明因満
故。所以果満也。凡有七階。前六為三雙。後一為結也。
第一雙。謂之雙牒。牒於上也。将明仏断。所以牒也。初 〔六二ウ〕
牒五住地煩悩。従「世尊於此起」已下是。「刹那相応」
者。四住地也。「心不相応」者。无明住地也。後牒无明
住地。能生之義。従「世尊若復過恒沙」已下是。　第二 〔六三オ〕
雙。雙明離衆惑也。初作譬。従「譬如」已下是。後合譬。
先合種子譬。従「如是過恒沙」已下是。次合地譬。従
「一切皆依」已下是。次合地壊譬。従「若无明」已下是。
次明合後亦随壊譬。従「過恒沙等」已下是。　第三雙。
雙明得因果也。正明得因満。所以果満也。初明得因中智
断。先明得智。従「如是一切」已下是。次明得断。
従「離一切過」已下是。後明得果。現衆徳。法王法主。
即為二章門。次釈法王章門。従「而得自在」已下是。次
釈法主章門。従「如来応等正覚」已下是。「我生以尽」
者。法主自説。四智究竟也。　第四。後一結也。従「是
故世尊」已下是。「以師子吼」者。勝鬘自言所説。得理
无畏也。「依於了義」者。説仏是究竟也。「一向記(=已)
説」者。无復二言也。　第五。料簡結出仏非是一乗。収
結三乗。以為一乗也。又分為二。　第一。料簡。又分為
三。　第一。総唱有二種智。即是章門。初十字是也。以
理言之。四智皆有二種。不受後有智。是四智之最後。故
略挙為言也。　第二。明如来四智究竟。即是二種智之一 〔六三ウ〕
種也。置位為言。所作已弁。梵行已立。本在金剛已還。
通而為論。亦在仏果。今明照仏果法身。為梵行已
立智。所作已弁智。蓋就通門明義也。又分為四。　第一。
明尽智究竟。従「謂如来」已下是。「无上調御」者。自
調。調他。「降伏四魔」者。天魔是悪縁。煩悩魔是悪因。 〔六四ウ〕
陰魔死魔是悪果。是則両魔是因。親疎為二。二魔是果。
総別為両。通是陰魔。取臨終一念。説為死魔也。除四魔
尽。則煩悩尽。尽智究竟也。　第二。明梵行已立智究竟。
従「得不思議」已下是。以法身智恵。為梵行已立体也。
第三。明所作已弁智究竟。従「於上更无」已下是。　第

四。明不受後有智究竟。従「昇於第一」已下是。　第三。明二乗四智不究竟。即是二種智之第二種智也。又分為四。第一。明二乗智未究竟。従「世尊阿羅漢」已下是。「度〔六五オ〕生死畏」(五〇〇) 者。度分段生死畏也。「次第得解脱楽」者。次第断三界惑。縁之而生楽。謂解脱楽也。「作是念」者。此前明境。此下明智。照前境也。照我将来不受生死苦。即不受後有智也。応備四者。略説一也。　第二。明二乗自知不究竟。従第二「世尊」已下〔是〕。「観察時」者。〔六五ウ〕言明四諦時。得於四智。能推理仰観。仏涅槃満足。則自知不究竟。　第三。明在因之時。已知不究竟也。従「世尊」第三世尊 已下是。「彼先所得」者。彼二乗人。先得〔六六オ〕五方便。及三果四向也。「不愚於法」者。不迷常住一乗之理。自知必得作仏。「不由於他」者。推理自知。不従他教也。　第四。釈自知之意。従「何以故」已下是。「皆入大乗」者。二乗既是大乗。无有小大之異。我既親行大乗之因。因既不異。果理応同。作此推度。故能自知。未是究竟也。　(五一〇) 第二。正結入一乗。又分為三。第一。正結三乗以為一乗。「是故三乗即是一乗」。此八字是也。　第二。明一乗因満。即菩提果満。又分為三。

第一。正明因満故果満。従「得一乗者」已下是。　第二。以菩提即涅槃。従「阿耨三菩提者」已下是。　第三。以涅槃即法身。従「涅槃界者」已下是。所以作此相即者。以果地備有万徳。而菩提是万中之一。今但云「得一乗者」。得於菩提。疑者或得。不得余〔徳〕。故以菩提即涅槃。法身明得菩提。即得余徳也。　第三。明果満故因満。〔六六ウ〕此与前覆却言之也。又分為四。　第一。正明果満故因満。従「得究竟法身者」已下是。　第二。明相即。相即意如前。従「无異如来」已下是。　第三。結果満故因満。従後「得究竟法身者」已下 (五二〇) 是。　第四。釈究竟義。従「究竟者」已下是。　第二。明一体三宝。又分為五。〔六七オ〕第一。明常住大悲。為帰依之本。虚空常住。而不大悲。菩薩大悲。而不常住。並不可依。故兼挙常悲。以為依本。又分為五。　第一。明常住。従「世尊如来」已下是。「无限斉」者。不可限極也。「後際等住」者。一切衆生。成仏都尽。此為後際也。而衆生尽。如来常住。与後際等。則常住不尽也。　第二。明大悲。従「如来无限斉」已下是。　第三。勧説大悲。従「无限大悲」已下是。説称於理。故名善説也。　第四。勧説常住。従「若復説言」已下是。　第五。結成常住大悲。可帰依之義。従「是故於未度」已下是。　第二。正出常住帰依之体。従「常住帰〔六七ウ〕依者」已下是。言只是（五三〇）一而有三義。以自覚覚他。名之為仏。体無非法。是名為法。与性理和。即名為僧。第三。料簡今昔二依。得失之異。凡有七事。又分為二。第一有六事。料簡法僧二宝。又分為二。　第一有四事。〔六八オ〕明昔梯橙法僧為非。即分為四。　第一。雙牒昔梯橙法僧。従「法者説一乗道」已下是。「説一乗道」。即一乗教也。梯橙三宝。以経教為法宝。学衆為僧宝。説一乗教。説三乗教。並是法宝。学一乗衆。学三乗衆。並是僧宝。一乗教勝。三乗教劣。今挙勝以兼劣也。挙手低頭。皆学一乗。通於凡下。故不取為僧。学三乗衆。習理修行。法事和同。故取為僧也。　第二。明昔日法僧。非是究竟。少分而已。従「此二帰依」已下是。　第三。釈昔法僧非究竟意。先（五四〇）釈法非究竟。従「何以故」已下是。「説一乗道法」〔六八ウ〕者。説一乗道法。能得究竟法身。則一乗非極也。「於上更无説一乗法事」者。於法身上。更不説有進趣。則法身是極也。究竟既在法身。則知昔日以言教為法。非是極也。後釈僧非究竟。従「三乗衆者」已下是。言三乗之衆。既

有恐怖。帰依於他。故非究竟也。　第四。結二依非究竟。従「是故二依」已下是。　第二有二事。明今日一体。法僧為是。即分為二。　第一一事。正明今日一体。法僧為是。従「若有衆生」已下是。「帰依法僧」者。帰依常住法僧也。言此衆生。已受調伏。得法利益。心生信楽。故為説教。極法僧也。所以知此明一体法僧者。以上結来。梯橙已竟也。　第二有一事。明今日帰依勝。「是二帰依」者。是今日常住二帰依也。「非此二帰依」（五四〇）者。非此梯橙二帰依比也。言昔不如。今日勝也。「是帰依如来」〔六九オ〕者。言今日二帰依。即是如来所以勝也。又一解。「是二帰依非」。明昔〈日〉二帰依為非也。「此二帰依是」。明今帰〈依〉為是也。「帰依如来」者。以一体故。帰依法僧。〔六九ウ〕即帰依如来。　第二有一事。偏明仏宝。帰依最勝。従「帰依第一義者」已下是。无常苦空為偽。常楽我浄。為第一義也。　第四。結一体三帰依。又分為三。　第一。正結一体三帰依。同是究竟。従「此二帰依第一義」已下是。〔七〇オ〕第〈二〉。釈所以同是究竟。従「何以故」已下是。「无異如来」者。无別法僧。異於如来。无別如来。異於法僧。法僧如来。即是一体。所以同是究竟也。　第三。釈所以

无異。従後「何以故」已下是。「説一乗道」者。明三帰依。同以一乗為因。所以体一也。「成就師（五六〇）子吼説」者。引仏説為証也。　第五。遠結一乗。明乗果既因。所以還結一乗章也。又分為四。　第一。明昔随宜説三。従「如来随彼」已下是。　第二。会二即大。従「即是」已下是。　第三。釈所以即大。以入大故也。従「二乗者」已下是。　第四。嘆乗是第一。従「一乗者」已下是。十地経云。説一乗。是説第一義諦。説三乗。是説世諦也。

　就第六无辺聖諦章。大判為二。　第一。将明今是。先〔七一ウ〕弁昔非。又分為五。　第一。牒二乗所得。又分為四。第一。直牒。其「初観聖諦」者。観有量四聖諦也。　第〔七二オ〕二。牒其断。「以一智」者。以一有作諦智也。「断諸住地」者。断四住地惑也。　第三。牒其得断功徳。「四断知」者。因智得四住地惑断。故因四処之断。以為断智也。亦可。以四諦下結断。為四断智。「功徳作証」者。証（五七〇）无為功徳也。　第四。牒其得少分観。「亦善知此四法義」者。〈四〉作諦義也。　第二。奪其上上之名。又〔七二ウ〕分為四。　第一。正奪无有上上智。従「世尊无有」已下是。昔謂羅漢金剛心。是学中之極。以為世間之上。羅漢果心。名為上上。今明二乗未満。不得称上上智也。　第二。以智釈无上上。「四智漸至」者。智既未満。更応漸有所至。故非上〈上〉也。又釈云。更有四諦勝智。応漸至也。　第三。以境釈无上上。「及四縁漸至」者。更有勝四諦。為智之縁。応漸至也。　第四。挙仏為上上智。顕二乗之非上上也。従「无漸至」已下是。言仏〈智〉円極。无所更至。故言无漸至也。　第三。奪其第一義智。六句〔七三オ〕合為三雙。　第一雙。雙牒是非。即為章門。此中本明非而説是者。為顕非也。（五八〇）初牒是。従「世尊金剛喩者」已下是。言如来惑尽常住。生滅所不能摧。可喩金剛也。後牒非。従「世尊非声聞」已下是。　第二雙。雙釈是非。初釈非。従「世尊以无二」已下是。二乗但有作諦智。无无作諦智。以无両相四諦之智。故言无二也。「断諸住地」者。四住地也。後釈是。従「世尊如来応等」已下是。第三雙。雙結是非。初結是。従「世尊若壊一切」已下是。後結非。従「初聖諦智」以下是。　第四。奪聖義。又分為三。　第一。正奪聖義。従「世尊聖義者」已下是。第二。釈奪。以其成就有量功徳。所以奪也。　第三。明〔七三ウ〕

少分之聖。從「成就少分」已下是。　第五。奪其諦。以
其不能窮諦理。故非其諦也。又分為二。　第一。正明非
其諦。又分為二。　第一。明苦集非其諦。從「聖諦者」
已下是。定非其諦者。未了苦習也。　第二。明滅
道非其諦。從「亦非」已下是。「功德」者。即滅道也。
第二。明是如来諦。又分為三。　第一。明如来窮知諦理。
從「世尊此諦」已下是。　第二明為物〈宣〉説。從「然
後」已下是。　第三。結諦属仏。從「是故」已下是。
第二。正明今是。又分為五。　第一。挙如来蔵。歎八諦　〔七四オ ウ〕
甚深。又分為三。　第一。正歎。即為章門。又分為三。
第一。嘆深妙難知。從「聖諦者説甚深」已下是。　第二。
明非二乗所知。唯仏能照。從「非思量」已下是。「〈非〉思
量」。即是二乗。「是智者」。即是如来也。　第三。明非凡
夫所信。從「一切世間」已下是。　第二。釈嘆。又分為三。
第一。釈嘆深妙難知。從「何以故」已下是。「此説甚深　〔七五オ〕
如来之蔵」者。於此八諦如来蔵。蔵既甚深。八諦
亦甚深也。无作滅諦。即如来蔵。自余七諦。非即蔵体。　〔七五ウ〕
而皆言甚深者。両苦両集。能隠於蔵。二道一滅。能顕於
蔵。故皆名甚深也。　第二。釈非二乗所知。唯仏能照。
從「如来蔵」已下是。　第三。以蔵貼諦。釈非凡夫所信。
「如来蔵処。説聖諦義」。此句是也。言蔵既甚深。故凡
不能信也。　第三。結嘆。又分為三。　第一。結嘆深妙
難知。從「如来蔵処甚深」已下是。　第二。結嘆非二乗
所知。從「〈非〉思量」已下是。　第三。結嘆非凡夫所信。
從「一切世間」已下是。　第二。挙法身。勧信八諦。又　〔七六オ〕
分為二。　第一。牒信如来蔵。以勧信法身。法身即蔵。
信蔵則応信法身也。又分為二。　第一。牒信。從「若於
无量」已下是。　第二。勧。從「於出无量」已下是。
第二。牒信蔵。信法身。及信二智。以勧信八諦。
又分為二。　第一。牒。從「於説如来蔵」已下是。　第
二。勧。從「此則信解」已下是。　第三。明八諦体相。
凡有十句。分以為六。　第一。一句。総唱有二種聖諦。　〔七六ウ〕
從「如是難知」已下是。　第二。一雙句。列二聖諦名。
初句。列作諦名。從「何等為」已下是。後句。列无作諦
名。從「説无作」已下是。　第三。雙句。釈会有作有量。
二名一体。初句。直会。從「説作聖諦義者」已下是。後
句。釈所以名有作有量。從「何以故」已下是。二種聖諦
相対。応有十名。三界内諦。凡有五諦名。一者有作諦。　〔七八ウ〕

二者有量諦。三者有辺諦。四者有為諦。五者有余諦。三界外諦。亦有五名。一者无作諦。二者无量諦。三者无辺諦。四者无為諦。五（六二〇）者无余諦。此十種名。皆從人而立也。二乗七地。猶有修習之作。故名有作。在思量之境。故名有量。既可思量。故名有辺。猶有修習之為。故名有為。修習尚自有余。故名有余也。八地已上。修習已満。无復修習之作。故名无作。絶思量之境。故名无量。既不可量。故名无辺。无復修習之為。故名无為。修習以満。无復有余。故名无余。比於如来。不得称此。五无刑〔七九オ〕於下地。故言五无耳。三界内諦。既為二乗七地所照。以境從人。故道有前五名。三界外諦。既為八地已上所照。亦以境從人。故有後五名也。就法〈為〉談。亦有此十名。今但論其從人得名辺耳。然八地已上。亦照三界内諦。二乗七地。亦復仰信三界外諦。今遂其義顕。以為名也。二乗七地。所見分明。但斉三（六三〇）界。故以三界内諦。從之為名。八地已上。照三界外諦。以彼深境。從之立称也。「非因他能知一切苦」者。二乗必因他知也。非此因他。〔七七オ〕能知一切苦。如是无量人也。此言一切。是少分一切也。又釈云。因他是二乗人也。非此因他之人。能知以三界内外。一切苦集滅道也。既不一切皆知。則非无作无量之人。故所照之諦。是有作有量也。　第四。一雙句。以二種生死。二種涅槃。所以有二種聖諦。初句。明二種生死。從「是故世尊」已下是。二乗七地。名有為人。分段生死。是有為人所知。故曰有為生死。八地已上。名无為人。変易生〔七七ウ〕死。是无為人所知。故曰无為生死也。有為生死。即是有量苦習。无為生死。即是无量苦習也。後句。明二種涅槃。從「涅槃亦如是」已下是。「有余」二乗涅槃也。「无余」謂仏涅槃。若有（六四〇）余人所知所得。名有余涅槃。若无〔七八オ〕余人所知所得。名无余涅槃。有余涅槃。即兼有量滅道。无余涅槃。即兼无量滅道也。　第五。一雙句。釈会无作无量。二名一体。初句。直会。從「説无作聖諦義者」已下是。次句。釈所以名无作无量。從「何以故」已下是。「以自力知」者。八地以上。入法流水。不復修習。念念自知也。无作人所知。名无作諦也。　第六。一句。総結。從〔七八ウ〕「如是八」已下是。「如来説四聖諦」者。於八諦之中。如来昔為小乗之人。但説有作四聖諦〈義〉也。又釈。三界内外。雖有八諦。如来通説。合為四諦。内外雖殊。同是一苦。余三亦爾。　第四。結〈四〉无作聖諦。唯在於仏。又〔八〇オ〕

分為四。第一章門。明唯仏究竟。從「如是无作四聖」已下是。第二章門。明非二乗究竟。從「非（六五）阿羅漢」已下是。第三。釈非二乗究竟。從「何以故」已下是。「非下中上法」者。下者声聞。中者縁覚。上者如来。〔八〇ウ〕非三種人。皆得究竟涅槃。唯上者得耳。下中不得也。第四。釈唯仏究竟。從「何故如来」已下是。「何故」。義同何以故也。「知一切未来苦」者。此苦於仏。乃是過去。刑於二乗。故名未来也。二乗已知作諦。作諦為過去。未知无作諦。无作諦為未来也。「一切煩悩」者。即无明住地。「上煩悩」者。恒沙上煩悩也。「所摂受」者。謂无漏業。〔八一オ〕為煩悩所摂受也。「一切集」者。総収前業煩悩為集也。「滅一切意生身陰」者。謂滅諦也。「一切苦滅作証」者。擬道諦也。第五。料簡二種滅諦。自余三諦。雖深浅有殊。而同是有法。昔滅是无。今滅妙有。両相偏殊。故偏須料簡。又分為二。（六六）第一。明昔滅非真。從「世尊非壊」已下是。断煩悩滅。名壊法滅。不〈可〉以此滅。為无作真滅也。第二。明今滅是真。從「所言苦滅」已下〔八一ウ〕是。「无始无作无起」者。此三明其无生。金剛心謝。種智初興。亦得言始。亦得言為。万行所作。亦得言起。但得則常住。无復有終。故言无始。不復更作。故曰无作。起者言生。以其无滅。故言无起也。「无尽離尽」者。此二明其无滅也。「常住」者。通非生非滅也。「自性清浄」者。此明雖非壊滅。以離於煩悩。亦名為滅也。

如来蔵章法身章。更无別文。即是前嘆甚深。及勧信二〔八三オ〕段也。附明以顕。不仮別出也。

就第九空義隠覆章。為釈疑故。明此義也。又分為四。〔八二オ〕第一。明境之真実。又分為三。第一。以蔵即法身。從〔八二ウ〕「世尊過於恒沙」已下是。（六七）明此蔵為過恒沙煩悩所弊。不離不脱不異於煩悩。隠在煩悩者也。此蔵若成就時。即説〈為〉法身也。第二。以法身即蔵。從「世尊如是」已下是。此尽反覆相明也。第三。挙智。以明境不異。「如来蔵智。是如来空智」者。此句是也。未離煩悩。名如来蔵智。照此蔵。名如来蔵智。法身已離煩悩。名之為空智。照法身。名為空智。只照隠時之蔵。即智顕時。為法身。更无異体。故言如来蔵智。是空智也。若法身顕時。亦知是昔日隠時之蔵。亦得言空智。是如来蔵智。以知智之不異。故知境是一体也。第二。明隠覆。從「如来蔵者」已下是。此中但言如来蔵者。唯牒於境。不牒於智。

故知明境隠覆也。「本所不見」者。正以如来説苦空无常〔八三オウ〕
（六八〇）之教。隠覆此理。故三乗不見得也。　第三。明智之真実。又分為三。　第一。正明智。従「世尊有二種」〔八四オ〕已下是。「空智」者。但云二種如来蔵智。於義亦足。所以復言「空智」者。以境有空不空。智必須空。故正言空智也。　第二。出空如来蔵。従「世尊空如来」已下是。即法身也。空无煩悩。包蘊衆徳。謂空如来蔵。此挙境以顕智也。　第三。出不空如来蔵。従「世尊不空」已下是。未離煩悩。故言不空。此亦挙境以顕智也。　第四。明隠覆。此中牒智。不牒於境。故知明智隠覆也。又分為四。第一。明今日為説。二蔵空智。二乗能信。従「此二空〔八四ウ〕智」已下是。　第二。〈明〉昔日所以不得説。適以二乗。有四倒之惑。不堪聞常。昔日所以為不説。苦空无常之教也。従「一切阿羅漢」已下是。「不顚倒境界転」（六九〇）者。計仏地常楽。是不顚倒。但廻常楽之計。在生死中。故言転也。　第三。結二乗不見。即隠覆義也。従「是故一切」已下是。　第四。結唯仏〈独〉証。従「一切苦滅」已下是。

就第十一諦章。又分為三。　第一。明一諦体相。料簡〔八五オウ〕異於三諦。此中料簡八諦。而但言四諦者。両苦両集両滅両道。並各合為一。但言三諦无常。則六諦被除也。妙有滅諦。亦不取壊法之滅。壊法之滅。亦非无常。故不渉言理。亦被除也。又釈。作四聖諦。一向不論。但就无作四諦。捨三取一也。又分為四。　第一。明捨章門。「三是无常」。此句是也。无常故応捨也。　第二。明取章門。「一是常」。此句是也。常故宜取也。　第三。釈捨章門。又分為三。　第一。明三是累法也。　第一。明是有為相。「三諦（七〇〇）入有為相」。此句是也。入有為〈相〉。猶是有為也。　第二。明是无常。「入有為相者是无常」。此句是也。　第三。明是処虚妄法。「是虚妄法」。此句是也。第二。明三非非勝法也。　第一。明非諦。「虚妄法者非諦」。此句是也。諦者言実。言非諦。則対上是虚妄也。第二。明非常。対上前是无常也。　第三。明非依。対前是有為相。是有為相。故不可依也。　第三。結三非。第一。結非諦。従「是故苦諦」已下是。「非第一義諦」。即結非諦也。　第二。結非常。　第三。結非依。　第四。釈取章門。又分為三。　第一。明三非非累法也。　第一。〔八六ウ〕明非有為。「一苦滅諦離有為相」。此句是也。「離有為」。

猶非有為也。　第二。明是常。〈「離有為相是常」〉此句是也。義応言非无常也。　第三。明非虚妄（七一〇）法。「常非虚妄法」。此句是也。　第二。明三是是勝法也。　第一。明是諦。「非虚妄者是諦」。此句是也。　第二。明「是常」。第三。明「是依」。　第三。結是諦。従「是故滅諦」已下是。応備結三。略二也。　第二。嘆一諦甚深。凡有五雙。第一雙。正嘆甚深。初句〈明〉非凡夫所縁。従「是滅諦過」已下是。後句。明非二乗境界。従「亦非一切」已下是。　第二雙。作譬。初句。為凡夫作譬。従「譬如生盲」已下是。凡夫无智。不見一諦。如生盲无眼。不見衆色。後句。為二乗作譬。従「七日」已下是。二乗智浅。但照作諦。一諦甚深。非其境界。如嬰児眼弱。能見余物。日輪色妙。非其所覩也。　第三雙。合譬。初合生盲譬。従「苦滅諦者」已下是。後合嬰児譬。従「亦非二乗」已下是。　第四雙。料簡。二人雖同不見。而不見（七二〇）不同。初明凡夫愚惑。故不能知。従「凡夫識者」已下是。「二見」者。断常見也。「顛倒」者。四倒也。後明二乗智浅。故不能見。従「一切阿羅漢」已下是。「則清浄」者。无有二見顛倒也。雖是清浄。而不見也。　第五雙。

更広釈第四雙。初釈凡夫愚惑。故不能知。又分為二。第一。釈二見。凡有八事。前後各為一隻。中六合為三雙。〔八七オ〕第一。一事。明二見。従我見生。従「辺見者」已下是。「我見妄想」者。妄計即離之我也。即故生断。離故生常也。　第二。雙列二見之名。初列常見。「所謂常見」。此句是也。後列断見。即「断見」両字是也。　第三。雙挙生死涅槃相対。以明二見。初明計生死神明都断。為断見也。従「見諸行无常」已下是。後明計生死有涅槃（七三〇）是常。従「見涅槃常」已下是。　第四一雙。就色〔心〕相対。以明二見。初明於色計断。従「於身諸根」已下是。物見身壊命終。五根不続。便謂色法永滅。故生断見也。「於有相続不見」者。謂来身也。後明於心計常。従「於心相続」已下是。凡夫心識起動。交臂已謝。与境遷移。未嘗暫息。但仮名相続。謂為二心。而愚者不達。執以為常也。第五。一事。明二見失於中道。従「此妄想見」已下是。〔八七ウ〕「於彼義」者。謂中〈道〉義也。計常則太過。計断則不及。亦可。計断為太過。計常為不及。倶失中道也。　第二。釈顛倒即四倒也。従「顛倒衆生」已下是。後釈二乗智浅。故不能見。従「一切阿羅漢」已下是。　第三。勧信一諦。

又分為三。　第一。正勧信。従「或有衆生」已下是。明
若（七四〇）信仏語。則是正見也。　第二。釈所以勧意。従
「何以故」已下是。以仏是常楽我浄。俱相符実。即是正
見。所以勧也。「是常波羅蜜」者。有因有果。无相彼岸
是因。波羅蜜常楽我浄是果。因果彼岸。皆究竟也。　第
三。結勧。従「於仏法身」已下是。「是仏真子」者。信
常正見。継紹仏種也。「従仏口生」者。因教而生也。「従
正法生」者。藉理而生也。「従法化生」者。藉教会理。〔八八オ〕
化凡為聖也。「得法余財」者。七財。仏已先得。今随仏
後。得仏之余七財法也。

　就第十一依章。又分為二。　第一。明昔依為非。又
分為三。　第一。明依昔依之人。又分為三。　第一。正〔八八ウ〕
出依昔之人。従「世尊浄智者」已下是。除三界惑。名為
浄智。无三界相。称智波羅蜜也。　第二。挙上説下。不
知滅諦。従「此浄（七五〇）智者」已下是。説四依智二乗浄
智。二乗浄智。尚非境界。況五方便中。依四作諦生智。
而能得知也。又釈。仏為五方便人。説依法不依人等四依
也。　第三。釈所以与前一乗章相違意。従「何以故」已
下是。前言「不愚於法」。今云「尚非境界」。二言相承。
復須釈也。前言「不愚於法」者。是当覚当得。不言已覚
已得。但仰信而已。今言非其境界者。非真見也。「於彼
義」者。滅諦義也。　第二。正明昔為二乗。故説四依。
従「為彼故」已下是。四依即是四諦。為智之所依也。
第三。正非昔依。従「世尊此四依者」已下是。　第二。〔八九オ〕
明今依為是。又分為三。　第一。以无作比於有作諦。故
名為上。「一依者一切依上」。此句是也。　第二。以一滅
諦。比无作三諦。為「出世間上上」。　第三。正出一依
之体。体（七六〇）即滅諦。勝出故言「第一」也。

　就第十二顚倒真実章。又分為六。　第一。明生死依如〔八九ウ〕
来蔵。本際深。故不可知。又分為二。　第一。正明生死
依如来蔵。始終不可知。従「世尊生死者」已下是。生死〔九〇ウ〕
則是顚倒。如来蔵即是真実。夫一切衆生。皆有真実之性。
若无此性。則一化便尽。与草木不殊。縁有此性。必得大
明。因未得中間。終不断絶。終不断絶。由此真実。故言
生死依如来蔵也。前一依章。明出於万惑。堪為物依。今
明非唯出惑之後。堪為物依。未出惑時。已為生死所依也。
「本際不可知」者。夫生死非无始終。但始終難測。故言〔九一オ〕
不可知。本際即衆生之原也。　第二。明如埋而談。名為

善説。従「世尊有如来蔵」已下是。　第二。釈生死義。又分為二。　第一。正釈生死相。従「世尊生死生死者」已下是。所以重言生死者。上生死。牒取前語。後生死。向下（七七〇）為釈也。「諸受根没」者。諸根皆有通識。領受縁義。故名受根。生者死時。諸根不能通識領縁。謂為〔九一ウ〕没也。「不受根起」者。不能通識領縁之根。次第起也。第二。明生死二法。能蔵於如来。従「世尊生死者」已下是。前言生死。此言死生。各言一辺也。備言。皆応有二。生者死。死者生也。　第三。料簡生死与蔵異。又分為二。第一。正明生死。従「世間言説」已下是。謂以言説。説世間法。有生有死也。「死者諸根壊」。不為解生死義。挙此顕如来蔵无生死也。　第二。明如来蔵无生死。又分為二。　第一。正明蔵无生死。従「非如来蔵」已下是。第二。結。従「是故如来」（七八〇）已下是。以如来蔵常住不変。故能為生死。作依持建立也。　第四。正明生死依如来蔵。如来蔵能為依持建立也。又分為二。　第一。出所依之法。従「世尊不離」已下是。「不離」者。言如来〔九二オ〕蔵。不離煩悩也。「不断」者。未断煩悩也。「不脱」者。未脱煩悩也。「不異」者。与煩悩俱。未得相異也。「不思議仏法」者。明如来蔵。唯在煩悩之中。而其理深妙。非下地所測。故謂為不思議仏法也。又一釈云。蔵体真実堅固。故不可離。不可断。不可脱。略与理不異也。　第二。明生死依所依之法。従「世尊断脱」已下是。生死之法。終可断。可脱。可異。可外也。亦可。言与理異。在理外也。通結皆是有為法也。言能為此有為法。作「依持建立者。是如来蔵」也。　第五。明衆生必有蔵。理不得（七九〇）无也。又分為二。　第一。明仮設无蔵。則為失。又分為二。　第一。明若无蔵。則一念便断。不種苦。厭苦楽。而求涅槃。従「世尊若无」已下是。　第二。釈。従「何以故」已下是。「及心法智」者。意根能伝。解与識。故称為知也。「刹那不住」者。若无当果。一化便尽。安得種苦。而求涅槃也。　第二。明必有得。従「世尊如来蔵者无前」已下是。「无前際」者。謂未来也。「不起」者。謂現在也。「不滅」者。謂過去也。又云。応有无後際。経文少也。不起。即无前不滅。即无有後也。由此当果之理。故生死依之而不断。未成仏中間。或種衆苦。或求涅槃也。第六。明蔵体異於横計。又分為二。　第一。正明不同横計。従「世尊如来蔵者非我」已下是。　第二。明非死意境界。従「如来蔵者堕身見」已下是。
第十三自性清浄心隠覆章。又分為二。　第一。〔九二ウ〕
勝鬘自説。又分為四。　第一。将欲明蔵染不染義。先会〔九三オ〕
五種蔵。无有別体。一者。「如来蔵」。蘊在煩悩之内。故
名為蔵。亦可。包含為当来万徳。謂之為蔵。二者。「法
界蔵」。謂常住法性也。三者。「法身蔵」。四者。「出世間
上上蔵」。五者。「自性清浄蔵」。五蔵。前一後一是隠時。
中三是顕時。隠顕雖殊。其体一也。　第二。正明自性清
浄心。而為煩悩隠覆。従「此自性清浄」已下是。「客塵煩
悩」者。四住地惑也。「上煩悩」者。恒沙惑也。言為此惑
「所染」者。是不思議如来境界耳。非余人所知也。此
意有不染而染也。仏性与法身一体。其性真実。故言不〔九三ウ〕
染。而為煩悩所覆。故言而染也。　第三。挙世間近事。
以況遠理。以為釈也。言生死中心。染与不染。常
難可了知。況仏性深妙。染与不染。而易可知乎。正応仰
信而已。寧可生疑。又分為二。　第一。正明近事。又分
為二。　第一。正明実法无染。従「何以故」已下是。「刹〔九四オ〕
那善心非煩悩所染」者。実法道中。善心前滅。煩悩後生。
既不相及。安得有染。「刹那不善心亦非煩悩所染」者。
不善心起。即煩悩是。有何煩悩。更来相染也。「煩悩不
触心」者。触猶及也。煩悩自滅。不及後心。既不相及。
竟有何染。　第二。明相続有染。従「世尊然有」已下是。
「有煩悩染心」者。相続道中。仮名有染。以前善不滅。〔九四ウ〕
転為後悪。後悪有染前之義也。　第二。明遠理難知。従
「自性清浄心」已下是。「難可了知」者。向明善不善心。
染与不染。尚難了知。況仏性深理。故宜難可了知也。
第四。推崇与仏。明唯仏証知。従「唯仏世尊」已
下是。　第二。如来述成。勝鬘説上四段之意。即分為四。
第一。述其会五種蔵義。従「勝鬘夫人」已下是。　第二。
述其明自性清浄心。而為煩悩隠覆。従「自性清浄心」已
下是。　第三。述其挙世間近事。以説遠理。従「有二法
難可了知」已下是。「二法」者。即述上近遠両理也。〔九五オ〕
第四。述其推崇与仏。従「如此二法」已下是。「二法」
者。仏性之理。及善悪之心。其向明唯仏証知。今推解。〔九五ウ〕
在已師及弟子。互相讃成也。
　就第十四真子章。又分為二。　第一。仏略説真子。但
明信順二忍也。又分為三。　第一。章門。又分為二。
第一。明信忍章門。従「若我弟子」已下是。「信増上者」

者。謂登住之信。信中之上也。又云此（八三〇）信。信仏性
増上之法也。　第二。明順忍章門。〈従〉「依明信已」已〔九六オ〕
下是。　第二。正出忍体。以釈上章門。此中正明順忍。
兼明信忍。若五種観成。則是順忍。観若不成。則是信忍。
故不別明信忍也。五種巧便観者也。　第一。観十八界。
「観察施設根」者。謂五根仮施設也。「意」者。謂意根
也。「解」者。謂六識也。「境界」者。謂六塵也。　第二。
観因果。「観察業報」。此句是也。　第三。観阿羅漢眠。
「阿羅漢眠」。謂无明住地惑也。　第四。観知禅。「観察
心自在楽」者。謂智恵照境。任放為楽也。「禅楽」者。
禅定楽也。　第五。観三乗神通。従「観察阿羅漢辟支
仏」已下是。　第三。結。従「於我滅後」已下是。言此〔九六ウ〕
人於仏滅後。能乗行大乗也。「而得究竟」者。美其解不
染而染義也。（八四〇）「入大乗道因」者。言大乗道。為仏作
因也。又云。八地是大乗道。信順二忍。是大乗道之因也。
第二。勝鬘広説真子。備明三忍也。又分為二。　第一。〔九七オ ウ〕
勝鬘正説真子。又分為五。　第一。総唱三種善人。従
「爾時勝鬘」已下是。「離自毀傷」者。能不誹謗。　第
二。列无生忍。従「何等為三」已下是。　第三。列順忍。
「成就随順法智」。此句是也。　第四。列信忍。従「於
諸深法」已下是。　第五。明調伏悪人。従「除此諸善男
子」已下是。　第二。如来述成。勝鬘所説真子也。従
「仏言善哉」已下是。「降伏非法」者。偏述其五段。調〔九八オ〕
伏悪人也。

就第三流通説。又分為三。　第一。直叙如来還於舎衛。〔九八ウ〕
又分為三。　第一。明仏説法既竟。還於本国。従「爾時
世尊」已下是。　第二。明勝鬘奉送世尊。（八五〇）従「時
勝鬘夫人」已下是。亦可。恋迹飛騰。送仏出城。亦可。
心送而已也。　第三。還於宮内。以大乗広化。従「具
足念仏」已下是。還入城中者。亦可。形還。亦可。心還。
第二。為四衆広説。正明付嘱。又分為四。　第一。将欲
付嘱。故先集衆。従「入祇桓林」已下是。　第二。従始
至末。重説経。従「向天帝釈」已下是。　第三。付嘱帝
釈。天上流通。以其是仏檀越。常為請法之主。所以付嘱
之也。従「説已告帝釈」以下是。　第四。付嘱阿難。人
間流通。以其是仏侍者。兼復多聞。故付嘱也。従「復告
阿難」已下是。　第三。列十六経名。結成題目。又分〔九九オ ウ〕
為五。　第一請経名字。及流通方法。従「時天帝釈」已

下是。　第二。嘆経深妙。許其当説。従「仏告帝釈」已下是。　第三。将欲説故。先挙三（八六〇）慧。以誡勧之。「諦聴」者。謂聞慧也。「善思」者。思慧也。「念之」者。修慧也。聴為其始。故懃懃再誡也。　第四。正説十六経名。従「仏言此経嘆」已下是。　第五。明帝釈阿難受教奉行。従「帝釈白仏」已下是也。　（以下空白）

解説

歴史上の人物としての聖徳太子

家永三郎

一　聖徳太子についての古来の認識

聖徳太子はその死の直後から、例えば法隆寺金堂釈迦銘に用いられている「法皇」などの尊称からうかがわれるように、特別の尊敬の念をもって仰ぎ見られ、僅々半世紀の間に神格化された超人間的存在に化し、その伝記は現存する最古のものにおいてさえすでに神話と称するほかない様相を呈している。時代の下るにしたがって神格化は加速度的になり、神格化された太子を対象とする太子信仰が発展した(小倉豊文『聖徳太子と聖徳太子信仰』)。柳田国男によれば、日本民族固有の信仰に、もし漢字を宛てるならば大子と書くべき「だいし」という神の子を尊敬する伝承があって、弘法大師・聖徳太子と混同した形跡があるという(『日本神話伝説集』所収「大師講の由来」)が、そうした事情もあって、いっそう広汎に弘通した。その結果、歴史上の人物としての聖徳太子の客観的な行実をとらえることは極度に困難となり、世人の脳裏にある聖徳太子についての知識はもちろん、学問の世界においてさえ、どこまで史実かわからない内容から成る認識が横行している、というのが偽りのない実態であると言ってよい。

古代・中世において聖徳太子は、もっぱら日本仏教の開祖として、あるいは菩薩・高僧の化身として、仏家の崇敬の的となってきた。そのことが、思想界で儒教やそれから派生した国学が優勢となった近世では、排仏論の一環の中で聖徳太子非難論を続出させたが、明治維新以後、排仏論の退潮、仏教の天皇制国家への新なる忠誠奉仕の進行する中で、天皇制イデオロギーの高揚が、皇太子という身分にあった聖徳太子に従来よりも崇敬理由を加重して太子を日本史上の偉人とする見方が再確立し、国定教科書を通して浸透した画一的教育の力により全国民の心理に定着した。他方、近世では学問的に評価されなかった仏教文化が、近代史学・美術史学・日本仏教史等の研究の発展に伴なって高い評価を受けるようになると、仏教文化の出発点にある飛鳥文化の開拓者として聖徳太子には、政治権力者の面より文化人的相貌の面で重視される傾向が濃くなった。それ故に、敗戦による日本人の日本史像に大きな変革が生じ、例えば楠木正成とか乃木希典とかいう政治史上・軍事史上の偉人群が顚落しても、聖徳太子の偉人としての地位はゆるぐことなく存続したのである。だが、そうした世人の聖徳太子観の推移を通し、聖徳太子の生涯に関する確な史実の認識は、時を追ってますます不安定となってきている。少くとも今日までの学界の研究成果を総合しても、安定した太子の伝記に関し異論のない事実として叙述できる範囲はきわめて僅少であるといわねばならない。ここでは、聖徳太子研究史のごく大まかな回顧の中から、確実な史実として認定できるのはどの程度までであるかを考え、次にその範囲内で思想家としての聖徳太子が日本思想史上どのような地位を占めるかについて私見を述べることとする。もっとも、聖徳太子研究文献は汗牛充棟のありさまで(『聖徳太子と日本文化』所収若林隆光編「聖徳太子関係文献目録」は昭和二十四年までの分について、『聖徳太子論集』所収同人編「続聖徳太子関係文献目録」は二十五年から四十五年までの分についてのもっとも網羅的な文献目録であり、研究史をたどるために有益であるが、太子を主題としない一般史学その他の研究中にも太子に言及したものが多いから、すべてを悉しているとはいえない)、しかもその内には仏家の立場からする護教的ないし讃仰的色彩を帯びたものが圧倒的に多く、上述の天皇制イデオロギーもからみ、純学術研究の形をとる論著にも太子偉人観を自明の前提としているものが大部分であって、玉石混淆の厖大な研究史をくまなく精査して学界の共同財産と認めるに足りる成果を適切に抽出するなど、一朝一夕になし得るところでなく、結局私の貧しい管見と判断力とによる、かなり個人的色彩の強い結論となるかもしれないことをあらかじめお許しいただくほかはない。

二　聖徳太子についての根本史料とその批判

前近代において聖徳太子の伝記としていちばん広く読まれたのは、日本書紀を除くと、聖徳太子伝暦であった。藤原猶雪により延喜十七年(九一七)の撰と考証されたこの書は、日本書紀その他の先行古典を資料として用いながら、きわめて多くの潤色を附加し、全く一篇の創作物語と化している。明治以後の近代史学による聖徳太子研究は、伝暦による虚構の太子伝説からの脱却、根本史料への復帰をめざして開始されたのであり、明治二十八年の薗田宗恵の『聖徳太子』と同三十六年の久米邦武の『上宮太子実録』の二書がその先駆をなすものといってよかろう。

両者ともに太子伝に妄誕の多いのを歎じ、薗田は、もっとも信ずるに足るのは日本書紀、これに劣らず確実なのは上宮聖徳法王帝説であって、この二書を基本として研究すると言い、久米は、法隆寺薬師銘・伊予国湯岡碑文・中宮寺繍帳銘・法隆寺釈迦銘の四を「甲種　確実」とし、次に「乙種　半確実」をさらに三等に分ち、上宮聖徳法王帝説を優、日本書紀を平、聖徳太子伝補闕記・法隆大安両寺縁起資財帳・四天王寺本願縁起を劣とし、優・平ともに「尽くは信じがたし」とし、劣は「確実と認むべき節の少き書」とするなど、きわめて厳密な批判的態度をとり、聖徳太子伝暦以下を「丙種　不確実」としてほとんど無価値としているが、これらに聖徳太子平氏伝雑勘文所引上宮記逸文を加えれば、ほぼ太子研究の根本史料と称するに値するものは、尽きると思われる。しかも、久米が確実とした内で法隆寺薬師銘は、福山敏男が昭和十年に『夢殿』誌上に発表した「法隆寺の金石文に関する二三の問題」で天武朝後半以後の文としたのをはじめとし、多くの学者から推古朝の遺文であることに強い疑問が出されており、確実の史料はきわめて数少くなるのである。

久米が「尽くは信じがたし」とした書紀・上宮聖徳法王帝説について、徹底的な史料批判を加えたのが、昭和五年の津田左右吉の『日本上代史研究』であった。この書では、厩前出産記事が白髪について「生而白髪」としているなどと同例の厩戸の名の説明説話に過ぎないこと、推古十五年紀の神祇拝祭の詔勅とそれに関する記事は、民族的風習である神祇の拝祭は一定の場合に行なう一定の儀礼であり、かかる漠然たる意味でかかる拝祭があったとは信じがたく、仏教に関する記事の多いのに対し神道のことを掲げようとして造作されたのであるまいかと思われること、憲法十七条肇作の書紀の記事も、講経製疏についての書紀または上宮聖徳法王帝説の所伝も事実の記録と考えられぬこと、二十一年紀の片岡の飢者についての物語、二十九年紀の高麗僧慧慈の言などが、いずれも太子の聖者たることを示すために作られたもので、前者は神仙伝・高僧伝等の中国古典に祖型のあること、二十八年紀に天皇記国記臣連伴造国造百八十部並公民等の本記を録したとあるのは、孝徳紀の即位記事に「臣連国造伴造百八十部羅列匝拝」とあるごとき諸家の総称に、皇子王臣百官公民と列記する宣命の例にしたがって公民を加えた造作であろうし、国記の「国」も大化以後の画一的な地方行政区画としての国の成立以後に考えられる名であるなどの理由で、これらの文字全体が信用しかねることなどの史料批判が展開され、従来太子伝の重要部分とされてきた記事の大部分について、その信憑性に否定的見解が示されている。津田の古典批判を継承した福山敏男は、昭和九年『史学雑誌』に発表した「飛鳥寺の創立に関する研究」において、元興寺縁起と崇峻・推古紀の飛鳥寺創建記事を検討し、両者が共通の史料から出ていること、推古十三年紀・十四年紀の飛鳥寺造立に天皇・太子が関与したとするのは、文武朝に最初の勅願寺である大官大寺が造営されている頃、飛鳥寺をも勅願になるものとして主張しようとする意図による造作であろうこと、鞍作鳥に関する記事は飛鳥寺とは無関係の坂田寺の縁起作者の造作によるものであろうことなどの大胆な新説を発表した。日本書紀に、天武・持統紀の末尾三巻を除き、潤色・造作に成る記事のすこぶる多いことに徴し、津田・福山の批判的研究は、書紀の太子関係記事の信憑性について絶大な寄与をなしたというべく、その内、憲法十七条についての論は別の解説で詳述するとおり賛成しがたく、三経義疏については後述のとおり現在の私としては判断を留保したいが、その他はほとんどみな津田・福山の説を採ることができると考えられ、書紀ならびに上宮聖徳法王帝説の説話的部分については、このような鋭い史料批判を常に擬しながら読まねばならないゆえんを強調しておこう。

これに対し、法隆寺金堂釈迦銘と天寿国繡帳銘との記述は、間人女王の忌日干支のごとき細かい誤はあるにしても、まずほとんどみな正確な史実を述べたものと認められ（湯岡碑文は、法興年号が法隆寺金堂釈迦銘のそれと符合するので、信憑性があると思うが、伊予国風土記逸文引用という形で伝わっている点で、若干の問題はある)、上宮記逸文・上宮聖徳法王帝説・古事記・日本書紀の太子関係の系譜記事も、書紀に局部的問題のあるほか、ほぼ正確と見てよいであろう。帝説と書紀との年紀の相違は、天寿国繡帳銘と符合する前者によって後者を訂正しなければならず、前者に所見がない、あるいは前者と相違する書紀の年紀については、全体としてどこまで信じてよいか、判断できぬと言うほかない。このほかに、法隆寺金堂薬師像銘・元興寺縁起所引塔露盤銘・同丈六光銘・元興寺縁起・法隆寺伽藍縁起幷流記資財帳・大安寺伽藍縁起幷流記資財帳等にも重要な記事があるけれど、太子の名の出てこない元興寺塔露盤銘を除き、太子の伝記としての史料価値はすこぶる疑わしい。

以上は、主として太子の伝記に関する陳述史料としての価値の程度を検討したのであるが、太子の居住した斑鳩宮の遺跡、これに隣接し太子が創建したと伝えられている若草伽藍の遺跡、そこからの出土品などの遺物(物質的遺物)史料のほかに、太子の著作とされている憲法十七条と三経義疏とがあり、これらの太子の思想を示す遺物(文献的遺物)史料としての価値如何が、現代の太子研究についての最大の難問となっている。両者ともに別に解説があるので、ここでは深入りしないが、後者について簡単に問題状況を一言しておこう。三経義疏は八世紀以来上宮御製疏としてその完本が伝わり、仏家の引用または研究の対象となってきたが、東アジア仏教史の流れの中でその学説史的位置を考察し、太子の真作であるか否かを、内容に立ち入って検討したのは、昭和八年の花山信勝著『法華義疏の研究』と同十九年の同『勝鬘経義疏の上宮王撰に関する研究』である。花山の研究により、これらが南北朝中国仏教界の大勢に適合する書であることはほぼ立証せられたけれど、それ故に両疏が太子の真作として疑ないと断定する決定的なきめ手には欠けていたように思われる。花山に先だち、津田は前引書で、現当二世の安楽を祈る外は無かった当時の生きた信仰とは交渉の少い煩瑣な学究的講説が、摂政の地位にあった経世家の手で作られたことに否定的見解を示した。常識論の域を出ない疑問ながら、三経義疏作者への最初の疑問として注目される。小倉豊文は、昭和二十八年『史学研究』に発表した「三経義疏上宮王撰に関する疑義」

において、天平十年代の写経所文書を精査し、従来撰者不明であった法華・勝鬘二疏が天平十九年(七四七)になって上宮王撰とされるにいたったとし、法隆寺で製疏説話の成立した後に三経義疏が太子の作とされたと認め、あるいは朝鮮人の作かとの臆測を述べ、次いで福井康順は昭和三十一年に『印度学仏教学研究』に載せた「三経義疏の成立を疑う」以下の論文で、維摩経義疏のみについてであるが、太子死後三十六年も生存していた唐初の杜正倫の百行章の引用のあることを主な理由として太子の著作であることを否定した。これに対しては内藤竜雄の反論があり、また別に渡辺照宏の太子著作否定論もあるが、省略に従う。昭和四十七年『続日本古代史論集』中巻に発表された井上光貞「三経義疏成立の研究」は、最新のかつきわめて水準の高い論文であって、中国教学史の大勢をふまえ、また小倉論文で見落された天平十九年以前すでに「上宮王撰」の存在した事実をも指摘し、三疏の製作主体として太子個人ではなく、推古朝頃の最高の知識人ともいうべき朝鮮系外国僧の集団的活動を想定すべきであるとし、維摩経義疏は推古朝を少し下った頃に、他の二疏はそれに先だつ推古朝なかば以後に成立したものであろうと結論している。なお、勝鬘経義疏についての藤枝晃・古泉円順の敦煌本義疏発見に基く新説と、これに対する批判(例えば、『聖徳太子論集』所収平川彰「勝鬘経義疏と奈93との関係について」)に関しては、勝鬘経義疏の解説に譲って、ここでは立入らない。

かつて私は、三経義疏の引用書が南北朝のものに限られ、引用書もきわめて少いこと、憲法十七条との文章の類似することなどから、太子の真作として取扱ってきたが、現在の私には上記の諸学説の対立する状況下で、いずれを是とすべきか判断する力を欠くので、三経義疏が太子の著作であり太子の思想を知るための確実な遺物史料となし得るかどうかについては、後日の精考をまつことにしたい。

三　聖徳太子の確実な伝記の大略

上記のような史料批判に基き、太子について確実な史実として記述できるのは、大略次の程度であろうか。

橘豊日命（漢風諡号用明天皇）を父とし、穴太部間人女王を母として、甲午年（西暦五七四年、以下同じ）に生れた。厩戸王・豊聡耳王・上宮王等の多くの名をもっているが、いずれも地名・氏族名あるいは当時他に例の多い人名を襲用して命名したもので、特別の由来によるとの伝承はすべて後人の附会であろう。ただ死去直後から法皇（法王と同じ）と呼ばれ、やがて法主王・聖王（法隆寺薬師銘が推古十五年の文ならば生前の称となるが、薬師銘を一応後年の文章としてこう言う）・聖徳王等という尊称が用いられるようになった。

渟中倉太珠敷命（漢風諡号敏達天皇）と嫡妻豊御食炊屋姫命（漢風諡号推古天皇）との間に生れた菟道貝鮹女王を妻としたが、その間に子が無かったと考えられる。外に膳部菩岐岐美郎女を妻として八人の子を、蘇我刀自子郎女を妻として四人の子を、位奈部橘女王を妻として二人の子を、それぞれ儲けた。おそらく妻訪婚の形で四人の妻と交ったのであろうが、同時に二人以上の妻をもつことを当然とする古代支配階級の慣行に従ったまでである。推古紀によると、推古九年（六〇一）に斑鳩宮を興したとあり、終生そこに住んだ。その近隣に建てられた今の法隆寺の前身である若草伽藍は太子の創建と伝えられているが、太子生前に寺がすでに存在した確証はない。斑鳩は膳氏の本拠であり、けだし膳郎女ともっとも親密の関係を結び、その居処に妻訪いして永住する結果となったと考えられ、斑鳩宮推古九年創建は疑わしく、晩年のことであろう。

推古即位以前に太子が政治的に活動したとは考えられない。蘇我馬子が物部守屋を攻め滅したのは五八七年のことであって、十四歳の少年であった太子がこの戦に加わるはずがないという久米の説は合理的である。推古が五九二年に即位すると、おそらく日本で最初の皇太子となり、同時に大臣蘇我馬子と並んで国政総理の任に就くこととなった（家永三郎『日本歴史の諸相』所収「飛鳥朝に於ける摂政政治の本質」）。ただし書紀がこれを摂政と記しているのは、推古朝の用語ではないかもしれない。推古紀をみると、二十年頃まで政治記事が多く、その年紀の厳密な正確性は判断できず、信じがたい内容の多いのも上述のとおりながら、大体推古朝の前半期において、太子が馬子と共に国政総理に相当の熱意を傾けたことは認めてよいであろう。しかし、それがどこまで太子の創意に出たか、馬子との共議によるかは、思想関係の事蹟をふくめ、どこまで渡来朝鮮人学者・僧侶に委託したかとあわせて、判別は不可能にちかい。一切を太子個人の独創に帰するは、太子を超歴史的偉人と見る神話的思考を脱し得ない非学問的な考え方であるが、それと同時に、初期の太子が、当時の日本の最高支配権力者として所属階級の一般的意識の水準で行動していたことを見落さないよう特に注意を喚起しておこうと思う。

例えば、少くとも太子が関与した推古朝前半期の内政・外交の内で、まず重要なのは、書紀によれば十年(六〇二)の来目王の将軍任命に始まり、その翌年の来目の死、当摩王の将軍任命とその妻の死による中止に終る新羅攻撃の軍事行動であるが、憲法十七条で「和」を強調した太子でありながら、外国に対する流血の闘争を伴なう侵略戦争の遂行を積極的に企画しているのを見ても、太子が少くともこの時期には、伝統的な朝鮮侵略政策を継承するヤマトの権力者としての常識の枠内で行動していたと考えるほかない。太子にインドのアショーカ王と比べられる哲人政治家の面影の見られるのは否定できないが、それもどこまでもアジア的古代専制国家の権力者としての基本的立場に付加される二次的な特色にすぎぬことを看過しては、太子を七世紀という時代の制約から切断した空談となってしまう。山折哲雄「アジア的専制君主の宗教政策」(『アジアイデオロギーの発掘』所収)に明快に論ぜられているとおり、アショーカ王が主観的にいかに「法」の実現を詔勅の中で説示しようとも、それは客観的には「専制支配に抑圧された人民の無限のどうこくと、その幻想としての救済の待望を、またあきらめと紙一重の抵抗を、そして社会変革の先駆としての農民反乱——等々を映し出す鏡」にすぎなかったが、憲法十七条もそれが専制君主の詔勅に準ずるものであったかぎりでは、アショーカ王の詔勅と客観的に同様の政治的本質をもつ。それに先だってアショーカ王が十万人の殺戮を伴なうカリンガ征服戦争の遂行者であったように、聖徳太子が新羅侵略戦争の遂行者であったとしても、別に異とするに足らないのではなかろうか。階級的支配＝収奪と異民族征服とを原理的に否定するならば、古代専制国家の存立し得ないのを考えれば、その摂政であった太子が侵略戦争を企画したのも、憲法十七条が階級的支配＝収奪関係を大前提とした上での慈恵政策の表明にすぎなかったのも、自明の事実というべきであろう。

しかしながら、井上光貞「推古朝外交政策の展開」(『聖徳太子論集』所収)に説かれているとおり、中国・朝鮮をふくむ東アジアの国際情勢の推移の中で、朝廷の外交政策は朝鮮への武力侵略から直接中国すなわち隋との国交開始による友好主義に転換する。隋との使節交換の係年と経過とについては、書紀と隋書等との間に一致するものと相違するものとがあって、いろいろ解釈の余地は残るにせよ、太子の関係政績中で確実な事実のもっとも豊富に知られる事業である。それはもちろん国際政治のパワーポリティックスにより採用された政策であったとしても、隋書に記された「聞海西菩薩天子重興仏法。故遣朝拜」というヤマトの使の言、書紀の記す留学生・学問僧の発遣等に徴し、仏教を主とする中国思想・文化の積極的摂取に主要な動機があったことも否定しがたく、仏教に傾倒した太子の発意によるところが大きかったであろう。

太子は、冠位十二階や憲法十七条に、中国を源泉とする儒教・仏教等の外来思想をその理論的体系に基き、日本人として初めて主体的にとり入れた。仏教については、憲法十七条において臣僚に対し信仰を勧めると共に万人皆「凡夫」にすぎないという人間有限性の自覚を明示していること、妻膳郎女に「世間虚仮、唯仏是真」と告げたこと、臨終に山背大兄王ほか諸子に「諸悪莫作、諸善奉行」と言ったこと(舒明紀に記すところで、舒明紀のこの部分は、叙事がきわめて詳細かつ具体的で事実の記録と認められる)等の確実な事実が認められ、その他の多くの信憑性のとぼしい、あるいは疑問のある所伝を一切度外視しても、日本仏教史上における太子の意義のきわめて重要なことが確認できる。書紀や上宮聖徳法王帝説の記すところの高麗より来日した僧慧慈、百済の貢人である博士覚哿に学んだというのも、事実であろう。文化の面でそのほか、黄書画師・山背画師の設定、百済人味摩之による伎楽の教習等は、係年はともかく、特に疑う理由もない。

推古三十年壬午(六二二)二月二十二日に斑鳩宮で死し、その前年に死んだ母間人女王、その前日に死んだ妻膳郎女と磯長墓に合葬された。享年四十九。以上が太子の伝記としてほぼ確実な事実の大略である。

確認されたかぎりの確実な伝記を追うと、太子の思想はほぼ三期に分って考えられる。

第一期は、あるいはすでに仏教思想と接触していたかもしれぬが、まだ七世紀支配階級の権力者としての通常意識の枠内に限局されていた新羅侵略軍発遣の頃までである。

第二期は、主体的に仏教・儒教を活用して日本の内政改革の方向を示そうとして冠位十二階を制定し憲法十七条を肇作するとともに、進んで中国仏教の能動的な学習を主目的として隋との国交を開始した時期である。憲法十七条の根底にある仏教思想が、右のような政治的必要から説かれていながら、それにとどまらぬ要素をもふくんでおり、次の時期の思想への萌芽をうかがわせることは、憲法十七条の解説に述べる。

第三期は、推古紀の係年によると、政治的活動の記事のほとんど載っていない晩年の時期である。おそらく太子はこの時期において、仏教の根本思想の理解に到達するとともに、もはや専制権力者としての政策遂行に情熱を注ぎ得なくなったのではなかろうか。本人の衷情を表明した日記の類もなく、極度にとぼしい史料から、そのようなデリケイトな心情を認定するのは、実証に固執するかぎり不可能であるが、少くとも晩年の二の遺語から右の推測を導くことは可能でもあるし、これを否定する反証も無いと思う。はじめは為政者として政治的・文化的政策の一環として興隆をはかった仏教であったけれど、晩年の太子にとって造寺造仏のごとき外的事業に終始する現世信仰および現世の延長としての浄土往生を祈る仏教の魅力は消えて、「世間虚仮、唯仏是真」という仏教の原点ともいうべきもののみが胸中に刻印されて残ったのではなかったろうか。それは現実肯定・内在的世界観しか有しなかった日本人がはじめて否定を媒介とする世界の弁証法的構造に目を向けた画期的思想の表明であった(家永三郎『日本思想史に於ける否定の論理の発達』)。しかしながら太子がこの原点に立ち、「諸悪莫作、諸善奉行」を実践しようとするならば、専制国家最高の支配=収奪者としての摂政の地位にあることはもちろん、皇族という特権身分にあることに矛盾を自覚しなければならなかったはずである。太子の作と伝えられ、少くとも七世紀の著作と認められる維摩経義疏の「国家事業為煩」、法華義疏の「不親近国王王子大臣官長。是驕慢縁」という考え方をとることなしに「世間虚仮、唯仏是真」の立言はあり得ないからである。推古紀の係年を大略信用するとして、晩年を政治的活動の空白期とみるならば、権力者としての行動をほとんど放擲して孤立した一知識人と化したかのように見える太子も、釈迦が王城を棄てたように斑鳩宮を棄てることも、支配＝収奪者の地位を棄てることもしないままに世を去った。私は太子の思想は太子の生涯の中で完成されることなく、男山背大兄王にいたってはじめて完成されたと考える。

推古の死後、山背が皇位継承者として有利な条件をもちながら、蘇我蝦夷が田村王を推すのを見てあえて争わずして田村の即位を容認したという舒明紀の所伝と、蝦夷の子入鹿が太子の一族を忌み、六四三年軍兵を遣して斑鳩宮を襲撃させたとき、東国に赴き乳部による軍を編成して反撃しようとの献策をしりぞけ、「吾、兵を起して入鹿を伐たば、其の勝たむこと定《うつむな》し。然るに一つの身の故に由りて、百姓を残《やぶ》り害《そこな》はむことを欲《ほ》りせじ。是を以て、吾が一つの身をば、入鹿に賜ふ」と言って、妻子とともに自殺したという皇極紀の所伝は、これを事実とするならば、ひとり君主の地位を放棄するに吝でなかったにとどまらず、生命を捨てて人民の罹災を防止するをあえてしているのであり、人民のために捨身の行を実践したものと言うべく、まさしく父太子の遺誡に示された仏教の本義を色読したものと見なされるのではなかろうか。階級的歴史的制約のために、山背王の捨身は、外的には権力争奪戦の中での消極的自己否定に終ったとはいうものの、その行為の精神的本質は、比較思想論的にあえて言えば、「己が生命《いのち》を救わんと思う者はこれを失い、我がためまた福音のために己が生命を失う者はこれを救わん」（マルコ伝八章）というキリスト教の福音とも実質的に揆を一にするものがある。太子の完成できなかった思想的境地は、皇位ばかりでなく生命までをも人民のために進んで棄てた山背王の死という実践において完成された、と私は考えたいのである。もちろん、このような思想は、太子から山背王という限定された人物間の孤立した思想として、日本思想史上に閃光のように現われてたちまち消えうせたとはいうものの、「世間虚仮、唯仏是真」「諸悪莫作、諸善奉行」の二つの遺語を組み合せて構成される太子の宗教的実践的世界観が、やがて十三世紀の鎌倉新仏教に、十九世紀から二十世紀の内村鑑三・柏木義円・木下尚江らのキリスト者に、いっそう高次の形で再現したのを見るとき、日本における理論的哲学思想史の冒頭に立つ太子の意義は、決して軽視を許さないものがあるのではなかろうか。

憲法十七条

家永三郎

憲法十七条は日本書紀推古天皇巻、すなわち推古紀の引用文として伝えられている。推古紀の古写本としては、岩崎本と呼ばれる平安中期書写の東洋文庫所蔵本がもっとも古く、これには古訓点が付せられていて、古代の書紀講読者がどのようにこの漢文を読み、その語句をどのように解釈していたかをも知ることができて、史料価値がきわめて大きい。推古紀以外に、永承年間に法隆寺五師であった千夏の草名をふくめた古写本の影写本である広島大学所蔵『聖徳太子十七憲章幷序註』、承安三年書写の大原三千院所蔵の四天王寺御手印縁起等とあわせ書写した本、嘉禎二年書写の池田家所蔵本、法隆寺に伝わる弘安八年の版本以下、単行の憲法十七条のテキストがあり、岩崎本推古紀と本文に若干の相違が見られるが、推古紀以外に憲法十七条の独立の伝本があったとは到底考えられないから、いずれも推古紀から抄出したもの、またはその転写本とすべきであろう。本文に岩崎本と僅少の相違のあるのは、推古紀の伝写の間に生じた誤写あるいは意改に由来するものと推測せられ、あるいは岩崎本の校訂に役立つ場合もなしとしないであろう。

このように、日本書紀の引用文としてのみ伝わっているところから、憲法十七条を聖徳太子の作とすることへの疑問がすでに早く江戸時代から生じていたのであって、狩谷棭斎の『文教温故批考』にその説が見える。棭斎のように、神武紀の詔勅が後世の造作であるから憲法十七条も後人の造作とするのは、神武紀と推古紀との性格の相違を無視した論であるけれど、日本書紀に引用せられる詔勅その他の、その記載年月の作とされる文章に、造作や大幅な改作を加えたものの多いことを想起するときに、書紀の引用文としてしか伝わっていない点で、憲法十七条を聖徳太子の作ないし推古朝の遺文とすることに不安を感ずるのは、むしろ学問的に厳格な態度といえる。したがって、古代漢文の専門家によって、憲法十七条が七世紀前半の文章として年代的に適切であることが、用語・文体の上から様式論的に裏付けられることによってのみ、右の不安は解消せられるであろう。日本古代漢文に精通する小島憲之がこれを推古朝の遺文と認められるとしていることは、その意味で、椋斎流の観点からする疑問をいだくものに安心感を与えるに役立つ。

次に、内容上からの偽作説もある。津田左右吉は『日本上代史研究』において、三経義疏も憲法十七条もともに太子の作ではないとしたが、憲法について偽作説を主張した主な理由は、内容が大化の改新以後の政治制度にふさわしく、特に改新以前には存在しなかったはずの「国司」の文字のある事実に求めた。しかしながら、律令的中央集権的官僚国家組織は、決して大化の改新以後に突如として創出せられたものではなく、六世紀末から七世紀初頭にかけて次第にその方向にそい、例えば皇室直轄領としての屯倉、直轄民としての田部等の創設増設、直轄民の戸籍編成、官司制の形成、皇太子と大臣との共同輔政という形での天皇大権の強化等の律令国家成立の先駆的現象が広範にあらわれてきているのを見れば、思想面でも七世紀前半にその先駆的意図の表出が見られても、少しも不合理ではないと思われる(石母田正『日本古代国家論　第一部』参照)。「国司」が大化の改新以前に存在しなかったと断定するに足りる確証はなく、後の地方行政単位としての「国」の長官としての「国司」とは同一でないにせよ、中央政府から地方に派遣せられるある種の官職があって、それに「国司」という文字を宛てたとして、十分に説明がつく。むしろ憲法には、氏姓制の存続している状態を前提とし、その制度内に中央集権的官僚国家的精神を導入しようとする意図のみがふくまれ、後の整然とした政治組織の存在をそこから読みとることはできない。聖徳太子が冠位十二階を制定したことが確実な史実であり、それが氏姓制の上に個人の勲功表彰を加味する妥協的な官僚制導入の意図にとどまるものと認められることとあわせ考えるならば、憲法十七条は、その意味でも冠位十二階制定と同一の主体的意図と客観的条件との所産と認めてなんらの矛盾がないのではあるまいか。私は、なお一抹の疑問は残るとはいえ、一応憲法十七条は、三経義疏との関係とは別に、聖徳太子の作と認めておくことにしたい。実際の作文に当り、博士覚哿その他の学者・渡来人が手をかしたかどうかは必ずしも重要な問題ではないし、また肯定する史料も否定する史料もないから、論ずるだけの実益を欠く。

憲法十七条は、頭注に示すとおり、多くの中国古典、特に儒家・法家・道家等の典籍から直接間接に語句を借用しているほかに、仏教の思想が色濃く流れている。換言すれば、中国・朝鮮からの積極的な理論的体系的思想を摂取し、それを縦横に駆使しつつ、新しい政治思想を宮廷に導入しようとして臣僚に訓示した詔書類似の公文書ということができる。仏教が正式に日本の朝廷に伝えられたのは欽明朝における百済の聖王の仏像等の献上、ならびにその頃から始まる僧の番上であったが、もっぱら呪術としてのみ受容された仏教を普遍人類的意義をもつ思想として活用したのは聖徳太子が最初であり、また儒教の伝来は継体朝以来の同じく百済からの五経博士の番上にあった(応神朝の王仁論語渡来談は事物起原説話であって史実ではない)が、儒教等の中国哲学の経典の講読にとどまらず、その政治社会思想を日本の政治制度の中に主体的に活用したのも、また聖徳太子の冠位十二階制定が最初であった。憲法十七条には、仏教と儒教その他の中国社会哲学とがあわせふくまれており、これによってはじめて日本人の創作にかかる大陸理論思想を継受した実践原理の著作化がなされたわけである。記紀の原資料としてすでに六世紀頃には成立していたはずの神代説話等もまた日本で内発的に構成された政治思想の表現であるが、それは歴史的神話の形をとった物語として叙述されていたと推定されるから、理論の形で一定の思想を文章化した憲法十七条は、日本最初の理論的思想著作として画期的な意義を有する。

憲法十七条は、上述のとおり、推古紀とともに流布したばかりでなく、聖徳太子伝暦に全文掲載され、さらに書紀・伝暦から抄出された単行写本・板本の形でも流布し、聖徳太子信仰の普及に伴なって、多くの知識人に読まれ、早くから注釈の形でその語句の出典研究が進められていた。前記の千夏の草名のある『聖徳太子十七憲章并序註』をはじめ、文永九年法隆寺宝光院の談議評定の結果に成る『聖徳太子十七ケ条之憲法并註』、正和三年橘寺僧法空著の『聖徳太子平氏伝雑勘文』、同人著『上宮太子拾遺記』、『聖徳太子御憲法玄恵註抄』、文安年間法隆寺僧訓海著の『太子伝玉林抄』等の仏家の手に成るもの、谷川士清の『日本書紀通証』のごとき和学者の注釈、河村秀根父子の『書紀集解』のごとき漢学者の注釈等、古代末から近世にわたる数多くの注解によって、ほとんど中国古典の類似文句(それらのすべてが作者がそれから採ったという意味での出典とは認められぬが)の捜検はなされ尽したにちかい。しかし、それらの注釈による出典捜検は、その内に作者が直接間接に典拠として利用した古典の語句を検出した功績をのこしたとはいえ、それらの典拠から出た中国思想が憲法十七条の中でどのような体系として組織せられ、憲法が中国思想を活用してどのような実践原理を表明しているかについては言及するにいたっておらず、そのような観点からの考察は、明治以後の近代的な文学・史学研究の開始にまたねばならなかったのである。

その観点に立つ最初の卓越した研究として、まず指を屈すべきは、岡田正之がはじめ『史学雑誌』に発表し、のちに『近江奈良朝の漢文学』に収録した「憲法十七条に就いて」と題する論文であろう。この論文は、憲法十七条が書紀によれば推古天皇十二年甲子に作られたとあるを重視し、讖緯説の説く辛酉革命甲子革命の思想により、ことさら甲子の年に作られたこと、十七の条数は管子に「天道以九制、地理以八制」、春秋緯書に「陽数極于九」「陰極于八」等とある陰陽思想により、九八の両数を合算し、天地の道に協い一統を総ぶる意をこめたものであること、各条文中に管子・韓非子等の法家の思想が多くふくまれていること等を指摘し、憲法十七条全体の思想構造にライトをあてた独創に富む見解であった。

しかしながら、岡田の実証的な創見にもかかわらず、はたして憲法十七条を流れる内在的精神を考えるときに、陰陽思想や法家の思想をそれほど重視してよいかについては、当然異論の出るのを免れなかった。岡田の多くの独創的指摘にもなお前近代の諸注家の出典捜検を完全に脱却しない、内在的理解を欠く外的系譜究明にとどまるきらいなしとしなかったからである。

その意味で、岡田と対蹠的な見解を示したのが、村岡典嗣の「憲法十七条の研究」(『日本思想史上の諸問題』所収)である。この論文では、本居宣長の学問を近代的な思想史学として再生産した村岡らしい方法をもって憲法十七条の中心思想が何であるかを改めて考え、たとい儒家・法家の思想を用いているとしても、その根底にあるのは仏教思想であって、例えば儒家の語とされてきた「和」の思想も、むしろ僧宝の和合の精神であり、「無忤」もその和合のための慈悲矜哀による無諍とする仏家の解釈のほうが適切であるとしている。

「歴史上の人物としての聖徳太子」で述べたとおり、聖徳太子についての研究はほとんど仏教家の護教的讃仰論と呼ぶべきものが多く、憲法十七条についても、岡田のような視角からの議論はむしろ例外であって、仏教中心の解釈が多い。十七の条数についても、姉崎正治の「御筆集成の三経義疏抄と十七条憲法の条章及外国語訳文に就いて」(『日本上代文化の研究』所収)に、維摩経義疏に万善浄土の因たる中に凡そ十七事ありとしているのを引いて、憲法十七条の条数をそこに求めているように、むしろ仏典、ことに太子の著作とされる三経義疏との関係に求めようとする意向が優勢を占めていた。条数だけではなく憲法十七条の全体の精神についても、同様の試みがしばしばなされ、中でも白井成允の「十七条憲法と勝鬘経義疏との思想的連関」(『速水博士還暦記念心理学哲学論文集』所収)は、その種の研究中でも白眉と称すべきものであるけれど、三経義疏について重大な見解の対立が生じている学界の現状況にかんがみ、三経義疏によって憲法十七条の思想を考えることについては、今日の私としてはしばらく一切留保することをお許しいただきたい。それはともかく、村岡の見解は、かような仏家系統の解釈に同調したものであって、岡田論文ほどの独創性にはとぼしいけれど、大局的にみれば、仏・儒・法・道諸家の雑然たる並列と見るよりは、仏教思想を根底とするという見方のほうが作者の真意によりちかいものがあるのではないかという点で、特に国学の研究者であり、護教的仏教家ではない村岡の見解は説得力に富んでいる。

といっても、憲法十七条は、どこまでも朝廷の臣僚に示した政治的規範であって、個人的修徳や魂の救済を論じた著作ではなく、仏教もここでは為政者の公的行為を規正する政治道徳として援用された色彩が濃い。前に述べたとおり、ここには氏姓階級が土地人民を世襲的に支配収奪し、オホキミは増加しつつあるがなお僅少の直轄地民を除けば氏姓階級の上に立つのみで人民とは間接の支配被支配の関係しか有しないという状態の下で、皇室による人民の直接支配、氏姓階級の固有の世襲的支配権のオホキミの任命する官職への転化、という方向が、具体的な政治理想として強く主張されている。それは現に大臣との共同輔政という形をとりながら皇太子摂政という代表君主制を創設することにより皇権の強化に第一歩をふみ出し、姓に加えて冠位という個人的栄爵を制定して官僚制の整備に着手した現実によって裏づけられており、既成事実の追認でないとともに単なる観念的空想的目標を掲げたものでもない。第三条から第九条までと第十一条から第十六条までにその方向が明示されており、特に「承詔必謹。君則天之。臣則地之。(中略)君言臣承。上行下靡。故承詔必慎」という第三条、「国司国造、勿斂百姓。国非二君。民無両主。率土兆民、以王為主。所任官司、皆是王臣。何敢与公、賦斂百姓」という第十二条には、君主権の強化が、「賢哲任官、頌音則起。姧者有官、禍乱則繁」という第七条、「諸任官者、同知職掌」という第十三条、「背私向公、是臣之道矣」という第十五条には、世襲固有の特権階級からオホキミに任命され忠実にその職に従事する官僚への転化促進が、それぞれ強調されている。

六世紀頃のいまだオホキミが諸豪族の統合者にすぎなかった時期の政治思想である神代説話等記紀の原資料では、皇室の諸豪族支配の正当化がなされれば足りたのであるから、人民の登場する場面は必要がなかった(八世紀に完成された成書としての記紀に、例えば仁徳天皇の愛民説話が大きな位置を占めているのは、儒教の政治思想によって後から付加された新時代の造作談である)。これに対し、人民の直接支配を志向する憲法十七条では、豪族の官僚化と平行して、人民支配の原理が大きくクローズアップされ、君主即国家にとどまらぬ、人民を含む「天下」の観念が導入せられるのを必須とする。「其百姓之訟、一日千事。(中略)有財之訟、如石投水。乏者之訴、似水投石。是以貧民、則不知所由」という第五条、「国司国造、勿斂百姓」という第十二条、「使民以時、古之良典。故冬月有間、以可使民。従春至秋、農桑之節、不可使民。其不農何食。不桑何服」という第十六条等にはその原理がよく示されている。この点については、つとに三浦周行の「聖徳太子の憲法十七条」(『聖徳太子論纂』所収)が指摘しているところであって、第四条の「国家自治」などとある「国家」は「ミカド」ではなく「アメノシタ」(あるいはそれと同義の国語)で訓読しなければ意味をなさぬのであり、そこに新しい「国家」の観念の自覚を見出し得るのであった。政治が支配層内部の支配関係にとどまらぬ、全人民を対象とする支配の作用までを包含するのが語の本来の意義であるとするならば、全き意義での政治思想が日本において体系的に表現されたのは、憲法十七条を以て嚆矢とすべきであろう。ここに憲法十七条の日本思想史に占める第一の意義があるとしなければならぬ。

右のような意味において、憲法十七条は、大臣とならぶ最高権力者摂政聖徳太子の専制君主哲学の表示であって、そのかぎり、前近代の他の時代、他の身分の諸々の為政者の作った政治規範と共通の性格をもち、人民の側から為政者に向ってつきつけた政治思想とは、およそ正反対の姿勢に立つものである。民の利益をはかることが強調されていても、それは権力者の恩恵として上から与えるものにすぎず、人民にその利益を要求する権利を認めるものでは決してない。憲法十七条の愛民思想が価値基準を人民の側に置いていないことを看過するときには、この古典の歴史的本質の認識を不可能ならしめるものであることを銘記すべきである。

ただし、同じく権力者の上からの政治思想といっても、その哲学的背景はさまざまであり、近世武士の「百姓とぬれ手ぬぐひは、しぼるほど出るもの」(『百姓盛衰記』)という裸の力万能の思想を衣着せることなしにむき出しにした一方の極限から、儒教的愛民・仏教的慈悲等のベールに包んだものにいたるまで、諸類型を立てることが可能であるが、憲法十七条は、君・臣・民の身分的＝階級的支配＝収奪社会を是認する歴史的制約を負いながらも、さきに村岡の説くように、その根底にあると考えられる仏教思想は、単に社会的矛盾の露呈を隠蔽し階級闘争の展開を抑制する支配者イデオロギーとして機能するにとどまらず、そのような社会的歴史的制約を超えて、普遍人類的な現実否定の方向をはらんでいる点で、政治思想の表現としては稀有の例外的特質を有しているのを注意しなければならぬ。例えば、「篤敬三宝。(中略)則四生之終帰、万国之極宗。何世何人、非貴是法。人鮮尤悪。能教従之。其不帰三宝、何以直枉」という第二条、「人皆有心。心各有執。彼是則我非。我是則彼非。我必非聖。彼必非愚。共是凡夫耳」という第十条の一節のごとき仏教思想を端的に述べている部分は、もはや政治思想の域を脱していて、権力者の立場に立っての発言というよりは、一知識人である作者の仏教信仰の表明ともいうべきひびきを帯びていると言えるのではなかろうか。仏教が政治思想と結合するときには、中国からの伝統にしたがって日本でも鎮護国家の仏教となったのであり、大化の改新以後の仏教はそのような仏教として発展したのであるが、憲法十七条においては、仏教的正念を為政者の心術として勧奨する点で仏教の政治的利用という側面のあるのは否定しがたいとしても、仏教を政治に奉仕せしめる意図の全く無い点で、後の鎮護国家思想とは質を異にしている(二葉憲香『古代仏教思想史研究』参照)。

「歴史上の人物としての聖徳太子」において述べたとおり、古代の最高支配層の一人として生れ成長し、はじめは普通の為政者として政治的活動を行なってきた聖徳太子が、晩年には現実世界の政治的葛藤をも、あるいはその支配層の身分をも、「虚仮」と諦観する高次の世界に悟入した形迹がうかがわれるとするならば、憲法十七条に散見する超政治的宗教哲学的思想の表明は、そのような晩年の心境への萌芽がすでに生じていた事実を物語るものと解せられようか。このような超政治的世界観をふくむ政治思想であるという点に、憲法十七条の日本思想史上における、他に例のとぼしい特色ある所産としての意義を数えることができる。

中村元は、古代において強大な王朝が確立するに際し、部族対立時代と異なる普遍的指導理念が、詔勅などの文章表現として公示される、という世界思想史共通の現象が見られるとし、インドのアショーカ王の詔勅やチベットのソンツェンガンポ王の十六条法等と憲法十七条との類似性を指摘している。それらを知らずしたがってそれから学ぶすべのない聖徳太子の憲法十七条がそれらと類似していても、単に偶然に過ぎないけれど、岡田正之は北史・後周書の蘇綽伝に見える六条詔書、北斉の五条の文と内容の相似たところのあることを注意し、小島憲之は、燉煌本十戒経の十戒(「六者、宗親和睦、无有非親」、「七者、見人之善事、心助歓喜」等)や「持身之品」(「与人臣言則忠於上」、「与野人言勧於農也」等)のごときやさしい典籍の教え、特にこの種の俗経に暗示を得たものかと言っており、憲法十七条を世界思想史的な連環の中に位置づけて考える必要は大きいであろう。しかしながら、これら今まで指摘されてきた諸例のいずれに比べても、憲法十七条には、相対的政治道徳的訓言から絶対的宗教的世界への志向が目立っており、聖徳太子の思想歴を反映する個性の顕著な点で、依然としてその種の文章の一例に解消しがたい面があるように思われる。

憲法十七条については、あまりにも参考文献が多過ぎて、到底列挙できない。「歴史上の人物としての聖徳太子」に引用した若林隆光の文献目録に拠られたい。ただ、『聖徳太子全集　第一巻　十七条憲法』は、昭和十七年発行のものであるから、戦後の研究は全然収められていないけれど、近世までの注釈書と明治以後の学者の研究論文との内から代表的なものを選んで収録しており、きわめて便利な文献集として今日なお十分に利用できることと、有名な「以和為貴」という第一条の句の同文を中国古典から発見した滝川政次郎の研究(昭和三十八年国学院大学紀要『国体論纂』所収「国家制法の始『上宮太子憲法十七箇条』」)が出典捜検史に新しい成果を加上したこととの二点のみを付言しておく。

勝鬘経義疏

藤枝晃

一　まえがき

本稿は、上宮王聖徳太子の撰述と伝えられる『勝鬘経義疏』について書誌学的解説を加えることを目的とする。この書は、いわゆる「三経義疏」の一つで、『勝鬘師子吼一乗大方便方広経』、通称『勝鬘経』の注釈書である。「義疏」とは五—六世紀に仏典注釈書に通常用いられた呼び名である。この書の内容に関する従来の諸研究は、印刷されて世に伝わる『勝鬘経』の諸注釈書とこの書とを対比しての作業であった。ところが近年になって敦煌写本中より十指に余る五—七世紀の注釈書が知られるようになり、とくにその中の一本(後述の「E本」)が主題の『勝鬘経義疏』とたいへんよく似た内容のものであるために、この注釈書の成立に関する従来の見方を根本から考え直さねばならない情勢に立ち至っている。こうした観点から、主題の伝聖徳太子撰『勝鬘経義疏』と、それに似た敦煌写本(E本)との対比検討によって両者共通の祖本のかたちを追及して、それら相互の間の関係を解明し、主題の『勝鬘経義疏』の正しい位置づけを試みたい。

本題にはいる前に、学界一般の『勝鬘経義疏』の成立についての諸見解と、それに対するわれわれの関わり方の概略を述べておく方がよいように思う。

『勝鬘経義疏』の内容・成立・伝承などに関しては、花山信勝(一九四四)の研究が一つの転期を画するものであった。(注1)花山博士は、『法華義疏』を扱ったその前作(一九三三)(注2)の手法をさらに推し進めて、この『勝鬘経義疏』の㈠奈良朝並びに以後の記録に見えた伝承、㈡現行本に至る諸刊本の伝承関係とその校合、㈢その内容について『大正大蔵経』巻八五に収められる二つの古注と慧遠・吉蔵の両注などとの類同点の検討などから、その結論として『勝鬘経義疏』は上宮王の親撰であると説いた。(注3)この本が現われてからは、『勝鬘経義疏』の研究に一つの定型の如きものができて、これの文章の中から、吉蔵の『勝鬘宝窟』などとの不一致の部分をとり出して対比し、これこそ聖徳太子の独自の解釈、独自の思想であると説く論文が続々と出てきた。そして、こうした傾向が『勝鬘経義疏』に関する研究の主流であった如く見受けられる。(注4)

これに対して『勝鬘経義疏』をも含めて三経義疏が太子の親撰であることを疑う流れも一方に存していた。古くに津田左右吉(一九三〇)は、『日本書紀』その他の史書の記事の検討から、太子の三経義疏撰述の話は後世になってからの作為であると説いた。(注5)戦後になって小倉豊文(一九六三)は、右の史書の記載のほかに写経所の記録などの「外面史料」の検討に基づいて、三経義疏を上宮王撰とするのは天平十九年(七四七)以後のこと、いいかえれば太子に対する信仰がかたちをとりはじめてからのこととの論証などから、このことは客観的史実とは認め難い、との重要な提言を行なった。(注6)

われわれが『勝鬘経義疏』にかかわりをもつようになったのは、右の日本史家や仏教学者とは全く別の方向からである。私ども京大人文科学研究所の「敦煌写本研究班」で、一九六七年ごろに、五—七年間ばかりの研究計画として、敦煌写本中の北朝期に書かれた仏典注釈書を洗いざらいとり上げ、一連の『北朝仏教資料集成』といったものを作ることを考えた。敦煌写本を大きく分けると、㈠北朝期(五—六世紀)、㈡唐期(七—八世紀)、㈢吐蕃期・帰義軍期(九—一〇世紀)の二〇〇年ずつの三期となり、写本の形状からいっても、内容からいっても、それぞれに特徴がある。その内の北朝期の写本とは、六世紀末の隋朝による中国統一より以前のもので、すべて北朝独特の用紙の上に、楷書成立以前の漢字、いわば隷書から楷書へ移る過渡期の書体で書かれる。隋の統一とともに南朝系の薄手の麻紙の上に完成した楷書で書かれた写本が現われるが、これらは形態・内容ともに、北朝期のものとも、次の唐期のものとも明白に区別し得るので、いうなれば第一の北朝期から第二の唐期への過渡期を形成する。(注7) 右の北朝期の写本のうち、仏典の注釈書類はすべてその後の中国で散佚した。われわれの共同研究は、これら北朝系仏典注釈書写本を及ぶ限り集めて、録文・解題し、全体を通じた解題によって、学界の利用に供するとともに北朝仏教学の実体を浮かび上がらせることを意図したものである。北朝の仏教学は、同じく今では歴史の表面から姿を消した当時の道教・儒教の学問、ないし歴史一般とは無縁でなかったはずである。

その後、これら北朝期から隋期の注釈書やその他の写本をひと通り読んだ後に、いまわれわれが得た結論の中で、当面の問題について重要なことの一つは、北朝前半期の注釈書は、一つの章とか一つの段落とかの大意をとることに重点があり、とくに難解な語句にだけ注解を加えるという行き方であったのに対して、北朝後半期になると、次第に注釈が細かになって、一つの大段落を幾つかの中段落に分け、それをさらに小段落、ないし小々段落にまで細分し、また文義の解釈についても、異派の説とか、微妙に違った解釈、ないし相矛盾する説までも並記するようになり、それと共に、原典の一句一句についての説明も加えられるようになる。これは、注釈は詳しいほど親切な注釈であり、異説を多く並べるほど、それが原文の理解に役立ち、同時に、異説を多く知るほど、それだけすぐれた学者であるとする考え方がそこにあったと見受けられる。このようにして、綿密に異説を網羅した注釈書が一旦でき上ると、それが最も拠るべき標準注釈書となって、それだけが学ばれるようになり、そこに至るまでの諸注釈は、時代遅れの注釈、権威をもたない不完全な注釈ということになって、学者から見捨てられ、姿を消して行ったことが、おのずと理解せられる。大づかみな注釈から細かな注釈への転回点は、どうやら五世紀の末あたりにあったものらしく、また異説包容主義が頂点に達するのは隋から唐初にかけての頃だったようである。『勝鬘経』の注釈の場合、慧遠(五二三—五九二)が北朝系の注釈書の多くを取込んで『勝鬘義記』を作ったあと、南朝系の吉蔵(五四九—六二三)が、慧遠の注解をそのまま使って、そこに洩れた南北の注解をその文中に挿入して厖大な『勝鬘宝窟』を作り、これが現代に至るまで『勝鬘経』の標準注釈書として通用している。

いま、ロンドン・パリ・北京等に分散して所蔵せられる敦煌写本群の中に、北朝期から隋代に書かれた『勝鬘経』の注釈書は十点ばかり見出される。いずれも巻子本で、北朝風の書体で書かれるので、北朝系の用紙に書かれたと見られるが、一点だけ、次表のHに見える慧遠の『勝鬘義記』巻下(六一三年書写)だけが隋代の書写で、南朝系の用紙の上に楷書で書かれる。後で比較のために引合いに出すので、簡単な一覧表を次頁に掲げる。(注8)

ところが、その中の一本、次頁の「表一」に「E本」とする注釈書が、「G本」伝聖徳太子撰述の『勝鬘経義疏』に極めて近い内容のものであることを発見したことは、われわれにとっても少なからぬ驚きであった。近いという意味は、その本の七割ばかりの分量の文章が『勝鬘経義疏』と同文であるばかりでなく、『勝鬘経義疏』の中で「本義」と呼んでいる本にほぼ当ることも判った。

われわれの研究班において『勝鬘経』注釈書の講読・校録は班員の古泉円順君が主として担当したが、この作業を一通り終了した段階で、私は古泉君の調査結果に基づき、且つ『勝鬘経』本文の諸写本の調査結果を加えて、この一群の写本の書誌学的解題を発表した。(注9)この段階では、この「E本」を『勝鬘義疏本義』と呼んだ。本来は『勝鬘義疏』と呼ばれていたはずである。他の注釈書にも同じ題をもつものがあり、それらと区別するためには撰述者の名をとって「誰某の勝鬘

〔表一〕現存する五—七世紀『勝鬘経』注釈書一覧

	写本番号	印刷本	著者	標題	写本の年代	分章
A	S一六四九 +S五八五八	T二七六三			五世紀後半	不分章
B	S二六六〇	T二七六一	慧掌蘊	勝鬘義記	五〇四	十五経 初句為題
C	S五二四	T二七六二	照法師	勝鬘疏	五一二	(首欠) 上五章 乗之体 下八章 乗之境 真子章 勝鬘章 流通説
D	S六三八八 =餘四六				六世紀中葉	〔第一序説〕 第二正宗 上五章 中八章 下二章 第三流通説
E	奈九三=玉二四			〔勝鬘義疏本義〕	六世紀中葉	〔第一序説〕 〔第二正説〕 十四章 第三流通説
F	S二四三〇				六世紀末	
G		T二一八五	伝聖徳太子	勝鬘経義疏		第一序説 第二正説 初五章 明乗之体 中八章 明乗之境 後一章 明行乗人 第三流通説
H	P二〇九一 +P三三〇八	続蔵(巻上)	慧遠	勝鬘義記巻下	六一三	序 正宗 上五章 明一乗行 下八章 明一乗理 真子章 獅子吼章 流通説
I		T一七四四	吉蔵	勝鬘宝窟		十三章 正説法 後二章 勧信護法

「写本番号」記号　S=英国図書館蔵スタイン(Stein)コレクション。P=フランス国立図書館ペリオ(Pelliot)敦煌漢文写本。
「印刷本」記号　T=大正大蔵経。

義疏」と呼ばれていたはずであるが、それが判らないので、区別のための一応の呼名として、日本に伝わる『勝鬘義疏』が「本義」と呼ぶ本であるから、このように名付けたものである。それに先立って、一九六八年一二月七日に四天王寺女子大学で開かれた聖徳太子研究会学術大会でも、その概要を報告した。『勝鬘義疏本義』敦煌本の存在が正式に学界に紹介せられたのは、これが初めてのことであると思う。

つづいて翌一九六九年一一月に開かれた同大会で、藤枝・古泉連名で、右の報告の補遺の意味で「慧遠の『勝鬘義記』について」と題し、吉蔵の『勝鬘宝窟』が、慧遠の注釈を土台にして、南北諸家の注釈をその間に插入したものであること(その際に南朝諸家からの引用にはその名を挙げ、北朝諸家の場合には名を挙げない)と、慧遠の文体の特徴とについて報告した。また、古泉君は別に「『勝鬘経義疏本義』原本」と題し、伝上宮王本と敦煌本との不一致の個所の分析を通して、両者の祖本のかたちを追及し、右の「E本」は『勝鬘経義疏』が「本義」と呼ぶ本そのものではなく、いまは失われた「本義」原本なるものがあり、それに手を加えたものが敦煌の「E本」であり、他の諸注をとり入れてもっと多く手を加えた一本が『勝鬘経義疏』の「本義」となっていると説いた。翌一九七〇年に古泉君はこの「E本」を、全文の景印、校録本文に、書誌学的解題を付して発表した。(注10)

以上が『勝鬘義疏本義』敦煌本についてのわれわれの今までのかかわりのあらましである。

われわれの発表に対して、この『勝鬘義疏本義』敦煌本と伝聖徳太子撰『勝鬘経義疏』との関係、ないし近似を否定する趣旨の反論が幾つか現われた。(注11)どれもが両本の不一致の個所を取り上げて、そこだけをむやみに強調し、だから両本は無縁であるという方向に導く。ただし、この類の反論が出たのは一九七一年ごろまで、いいかえれば古泉円順(一九六九)の校録本文が発表せられるまでの段階でのことであった。これが一旦発表せられると、当初は敦煌本と上宮王本との関係を疑視する立場にあった金治勇(一九七二)が、この敦煌本こそ上宮王本にいう「本義」そのものであるとしたのも、(注12)校録本文発表に対する応答の一つである如く見受けられる。また井上光貞(一九七二)が、太子の周辺の朝鮮系学僧の関与を考えた仮説を提示した。(注13)「三経義疏」の太子親撰説とその否定的立場との間から出てきた一つの折衷説ともいうべきものである。

現在の段階では、われわれは「E本」すなわち『勝鬘義疏本義』敦煌本の校録本文を発表しただけで、他の敦煌諸本、とくに主題の伝聖徳太子撰『勝鬘経義疏』と内容上深いかかわりをもつ「D本」(S六三八)、「H本」(慧遠の『勝鬘義記』下巻)などの校録本文を発表するまでには、われわれの作業は進んでいない。そうした段階で、「G本」だけを取り出してわれわれの見解を述べるのは時期尚早の嫌いがある。しかし、本思想大系の刊行順序は動かし難いので、手続は前後するが、「D本」「H本」などの校録本文の発表に先立って、ここに『勝鬘経義疏』を解題する次第である。

二　書物のかたち

主題の『勝鬘経義疏』は、奈良時代になって幾つかの写しの巻子本が作られた形迹があるが、(注14)その後、原本も写しも巻子本はみな失われて、今日残る最古のテキストは、本巻の底本とした鎌倉時代の刊本でしかない。この書はもともと法隆寺で『法華義疏』四巻、『維摩義疏』三巻と併せて「三経義疏」と呼ばれ、一組のものとして扱っていた模様なので、他の二書と全く同形でないにしても、少なくとも際立って違ったものではないと推定し得る。『法華義疏』のみはその原本が今日に伝わっているので(いわゆる「御物本」)、右の仮定の上に立って、それに依って『勝鬘経義疏』の原形を推定する途がわれわれに残されている。

いま御物となっている『法華義疏』は、四巻の巻子より成る。原形のままではなく、後に説く如く奈良時代に補修せられた形迹をとどめている。用紙は南朝—隋系の黄褐色に染めた薄手麻紙、一紙は縦八寸二分(二四・八センチ)、横一尺六寸五分(五〇センチ)ばかりが標準である。(注15)書き損じなどのためか、間々短い紙が混じる。縦の長さが当時の一尺で、一紙は縦一尺横二尺となるように漉かれてあった。これにヘラで毎紙二九行分の罫を引き、罫と罫との間に字が埋められる。これらのことは隋代の巻子本のきまりであって、敦煌やトルファン発見の当時の巻子本も同様のきまりに従っており、(注16)また近くは一九七四年秋、奈良国立博物館の「正倉院展」に隋経の標本として出陳せられた『賢劫経』巻二も用紙・形式ともこれと大きく変る所はない。(注17)通常の経典の場合は、これに兎毛筆で端正な楷書で毎行一七字詰で本文を書くのがきまりであるが、この場合は注釈であるので、用筆はやはり兎毛筆らしいが、行書といえば当る程度の早書きの書体である。このことも、当時の注釈書や戒律書の通例である。四八七頁の説明の中で、北朝式と唐式との過渡期にあたる隋式の写本といったものがこれである。

ただ『法華義疏』の場合、一行になるべく多くの字を詰めることを意図したと見えて、ずいぶん平たい字体におし詰めていて、しかもその書体で四巻を通している。よほど筆の立つ職業写字生の筆と見受けた。職業写字生の筆というのは、敦煌写本の諸例からの類推である。数百点に及ぶ同類の注釈書や戒律書の場合、職業写字生の書いたもの、やや筆の立つ僧が仲間の僧尼に頼まれて書いたもの、僧尼自身が学習用に書いたもの、また後世のものではあるが撰述者本人の草稿手入れ本の四通りがあることが識語などから知られ、それぞれの差違は顕著に識別し得るから、そのようにいうのである。

この写本の特徴の第二は、行間の書込みや貼紙をしての訂正がかなり多く見受けられることである。このことは、この巻子を太子親筆と見る説の重要な根拠となっているのであるが(注18)、敦煌の諸例で見れば、職業写字生の写本であっても、この程度の修正ならば、さして珍らしいことではなく、とくに撰者の自筆本と見ねばならぬ体裁のものではない。ただ、書入れの個所がかなり多く見られるのは、これの拠った原本が未整理の形のものであったという推測は成り立つ。

その次に、この写本について問題とせねばならないのは、巻頭の標題と撰号とである。巻子本において、書物の標題は巻首の第一行に書かれるのがきまりである。撰号を書く場合は、その下部に書かれる。そして、次の行から本文がはじまる。ところが、この写本では、第一紙の外側、見返しの左端に天地いっぱいに貼紙して、その貼紙の左に片寄せて次頁の図のように書かれる。これは甚だ異例である。

貼紙の用紙は、本文のそれとは異質の厚手の紙、すなわち唐代や奈良朝の写本に使われる麻紙と見られる紙で、これを栗色に染め、若干の艶出しを施したもののように見受けられ、約五センチ幅に紙高一杯に貼りつけられる。そこに書かれた標題は本文を模した如きやや早書きの書体、撰号は天平経そのままの端整な楷書で書かれる。つまり本文の書体との間

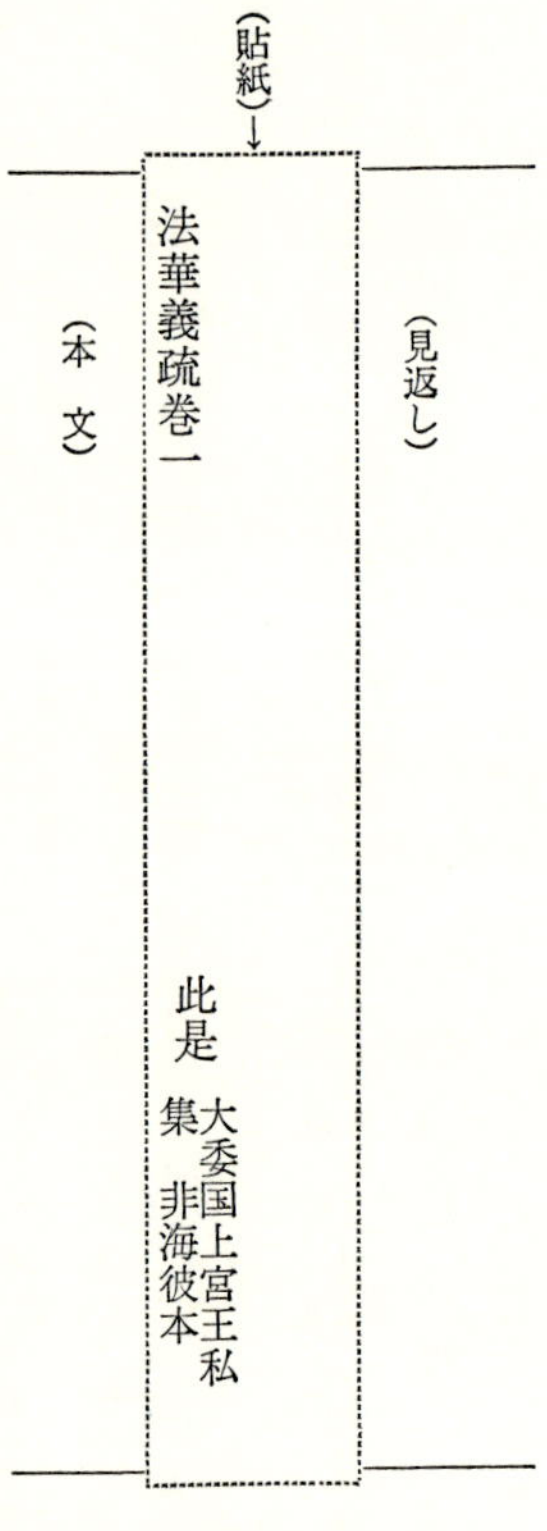

に百年以上の差が認められる。この貼紙とその上の書体とについては、従来の研究者もすでに注意する所である。(注19)

この貼紙の貼られた巻子の見返し、並に表紙は三〇センチ以上の長さである。奈良朝期、従ってその手本となった唐代のきまりでは、本紙を半截して二枚を貼り合わせ、巻子の外側が表紙となり、内側が見返しとなる。だから表紙・見返しの寸法は本紙の半分の長さとなる。(注20)ところが、この巻子の場合、それよりずっと長いのは、奈良朝になって長寸の料紙が現われてから表紙・見返しが補修せられたと見られる。

もう一つ注意すべきことは、巻一の第一紙の寸法が標準より若干短く、そこには二八行しか書かれていないことである。もっとも唐―奈良朝写本の場合、首行は空白にしておいて、第二行の位置に標題を書きはじめるのがきまりである。(注21)隋経の場合、敦煌写本はたいてい巻首が千切れているので、同じきまりであったかどうかを確認し難いが、空白であったにせよ、首行に標題・撰号が書かれてあったにせよ、この巻子では一行分だけ切り取られて、代りに別紙が貼りつけられたことになる。また、空白であったとすれば、この書物はもともと標題をもたなかった、ということになり、いささか異例のように思われる。空白でなかったとすれば、何か別の標題ないし撰号が書かれてあったと見なければならない。いずれにせよ、標題はともかく、撰号はこのように後人の貼紙に書かれたものでしかないのであるから、これは正式の撰号と認めることはできない。

右の如く、法隆寺で『法華義疏』と一組にして扱っていたからには、『勝鬘経義疏』の原本も恐らく同様に南朝―隋系の形式に従って当時の職業写字生の筆に成る巻子、すなわち当時の正規の形式の書物であったと推測し得る。そして撰述者については、『法華義疏』の撰号が右の如きものであるからには、本書の巻頭に見える撰号も同様の作為によることが十分に考えられるから、これに拘束されないで以下の論を進めることとする。

『法華義疏』の場合、鎌倉刊本はいまの「御物本」を底本としてかなり忠実に版をおこしたことが確認せられている。(注22)ただし、欄外や行間の書込みなどは、本文に追込まれて、その形迹を残してないから、その意味では原本の形は崩れていると申さねばならない。『勝鬘経義疏』の鎌倉刊本も、『法華義疏』『維摩義疏』と一連の開版事業であったので、一往は同程度の信頼度のものと受け取るべきである。その場合、底本となった巻子本は原本であったのか、あるいは奈良時代に作られた写しであったのかは、今は確認する由もない。従って、本書の原形の問題には、これ以上立入るすべもない。

その後、徳川時代から明治・大正・昭和にかけて、この本はしばしば覆刻せられた。覆刻のたびに開版者はいろいろ工夫をこらした。それらは専ら読者のためを思っての親切心から出たこととは理解できるけれども、結果においては、手を加えただけ原本の形からだんだんと遠ざかることになっている。例えば、徳川時代の寛永版ではまず漢文に訓点・送りがなが付け加えられた。推古時代に漢文の返りよみはまだ行なわれていなかった。明治の島田蕃根版では、欄外に科段表が付け加えられた。法隆寺版「昭和会本」になると『勝鬘経』本文が『義疏』の段落ごとに插入せられた。『義疏』の文は、読者が経の本文を暗記していることを前提としている書き方で、われわれは本文を横に置いてないと意味が判らないから、この処置は一往は適切といえるが、その場合、経の本文が大字、『義疏』の文が小字であらわされることは、『義疏』の覆刻としては本末顚倒したかの感を受ける。この方式は、近く一九七一年に出た「四天王寺会本」にもそのまま受けつがれている。

三　注釈のかたち

㈠「本義」の改修本

『勝鬘経義疏』の外形上の問題は以上の如くであって、こんどは注釈自体に立ち入る順である。本書の後半部の所々に、「本義」の解釈に従わない旨の断り書きが見える。そのこと自体が、本書はその「本義」なるものに依拠して書いたものであり、とくに断らない場合は「本義」にそのまま依っていること、いいかえれば、本書は「本義」の一つの改修本であることを語っている。そして、これも前に触れた通り、敦煌写本中の「E本」(北京図書館蔵「奈93」及び「玉24」)がその「本義」にかなり近いものであることが知られた。しかしながら「E本」は、後で述べるように「本義」そのものではなく、やはり一つの改修本である。ただ、改修の度合いが少なく、他書からの引用もあまり見られず、ことに「G本」(伝聖徳太子撰『勝鬘経義疏』)が「本義云」として引用する文はほとんどそのまま「E本」に見出されるので、われわれは今までのところ「E本」を「本義」敦煌本と呼んできた。しかし実体に即していえば、後に説くように(五三四頁)「改修本の敦煌写本」と呼ぶ方があたる。その関係を図示すれば、次の如くになる。

〔表二〕『勝鬘経義疏』諸本の関係

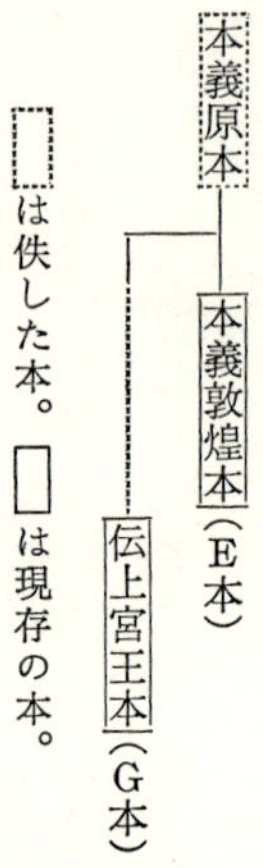

E・G両本の共通の祖本となった「本義」原本は残念ながらいまは失われている。また誰の作であるかも、さらには北

朝の著作か南朝の著作かさえ、現在の時点では明らかでない。しかし、E・G両本を重ね合わせることによって、一致する部分はそのまま「本義」原本の文と認め得るほかに、不一致の部分も、その違い方の分析によって「本義」原本の原形をある程度は推測できる。

このような次第で、主題の「G本」の内容面の解題のためには、これの「E本」との一致・不一致をまず取上げ、然る上で他の前後する諸注釈書との関係を明らかにすれば、それらの相互関係はおのずと定着することになる。

「G本」の「E本」との一致・不一致点を説明するとなると、「E本」の文章を多量に且つしばしば引用しながら、多くの言葉を費さなければならない。それを敢てしたとしても、「E本」が手許にないために、以下の説明の当否を検討するために不便を覚える向きも少なくないことが案ぜられる。むしろ「E本」の本文そのものをそっくり掲げた方が手取早くもあり、また説明の不行届や、それによる誤解を免れることにもなると思う。少なくとも、「G本」の「E本」との一致点については、読者は本巻に収める『勝鬘経義疏』の本文と、字を逐って順に比べることによって、その過半が同文ないし殆んど同文であることを見とるであろうから、一致点の一々について論ずることは不要となる。

以下には、両本の不一致の諸点を幾つかの型に分けて取り上げてゆくこととしたい。その不一致の程度は十四分の三ないし三分の一と説かれる。(注23) いままでは、この不一致点を取り出して、「G本」と「E本」との関係を疑問視ないし否定する意見を出す論者もあった。(注24) だが、この不一致点こそ、両本の密接な関係を示すものであり、それの検討から「G本」における改修の状況と「本義」原本のかたちとが浮かび上ってくることになる。説明の便宜上、当面の問題の重要度とは無関係に、一見して識別し得る形式上の大きな不一致点から、だんだん細かな問題に進むこととする。

(二) 『勝鬘経義疏』(G本)の「E本」との不一致点の分析

その一　分章と分段

「G本」を「E本」とひき比べてまず眼につく相違点は、「E本」が『勝鬘経』全体を実質的には十二章に分けていたのに対して、「G本」では十四章にしたことである。これは当時の注釈の通例に従ったものである。敦煌写本中の諸注釈書について見ると、最古の「A本」(〔表一〕参照。以下同様)では章を分けることはなかった。「B本」になって十五の「経」に分けるが、その一々に題はなく、冒頭の一句をとって経名としていた。「C本」以後は、どの注釈書も十四あるいは十五の章に全体を分けるようになる。その区切り方が経の後半部において注釈書ごとにまちまちになっている。まず章の区切り場所がまちまちであり、それが積重なった挙句には、例えば、経の「世尊。生死者。依如来蔵」にはじまる一段(三一三頁六行)を、「E本」「G本」ともに「顚倒真実章第十二」とするが、「C本」と高麗蔵とは「自性清浄章第十三」とし、さらに「H本」では「一依章第十一」の一部に含まれ、ここは区切りとならない、といった類である。この経を十四あるいは十五章に分けることの依りどころは、経の本文の末尾に見える経の内容を説明した次の文章である。(以下の引用においては、なるべく訳文を付けるが、「G本」と「E本」との文が並ぶときなどは付けない。)

〔引用一〕

仏言此経。歎如来真実。第一義功徳。如是受持。不思議大受。如是受持。一切願摂大願。如是受持。説不思議。摂受正法。如是受持。説入一乗。如是受持。説无辺聖諦。如是受持。説如来蔵。如是受持。説法身。如是受持。説空義隠覆真実。如是受持。説一諦。如是受持。説常住安隠一依。如是受持。説顚倒真実。如是受持。説自性清浄心隠覆。如是受持。説如来真子。如是受持。説勝鬘夫人師子吼。如是受持。(三四九頁)

仏のたまわく、此の経は如来真実第一義功徳を歎ずるなり、かくの如く受持せよ。以下「しかじかのことを説くものなり、かくかくの如く受持せよ」の繰返し。

ここに十五の項目を経の内容として挙げる。その内の「入一乗」あたりまでは、経の前半の大段落の主題がそれらの項目にほぼ合致する。そこで六世紀の注釈家たちは、ここに挙げられた項目を一々の段落の標題と見立てて、経の本文を十

五、もしくは十四の章に分けることを試みるようになった。十四とするのは最後の「勝鬘師子吼」を経全体の題と見立てるものである。ところが後半部は、文章が短い所に、それに割当てるべき項目が多い上に、それらの項目が前後して繰返して文中に現われ、この順に章を分けることはもとより無理な話である。それを敢て十四もしくは十五の章に分けるから、注釈家ごとに区切り方がまちまちとなる。さらにいうならば、もともと、この条りを含む経の末尾約三十行の文章は古い写本には見えないで、これは後世、西紀五〇〇年前後に付加されたものである。(注25)

しかし当時の注釈家はこの文章が後人の付加であることなど、たぶん知らなかったであろうし、また、たとえ末尾三十行をもたない古い写本を眼にする機会があったとしても、当時の風潮としてそれは不完全な古本ということで無視したに違いない。かれらの誰もが経文自体に見えるこの十五項目を尊重し、それに従って章を分ける方法に固執していた。「G本」の撰述者も、中間の二章を抹殺した「本義」を底本としながら、何とかして十四もしくは十五章に区切ろうとする一般の風潮から脱し切れず、右の二章をもつ章分けを施したのである。

「本義」が中間の二つの項目のために章を立てないことについては、「E本」(六六―六七行)に説明があり、「G本」も「本義云」として同じ説明を節略引用する(八三オ)。

〔引用二〕

如来蔵章法身章。更无別文。即是前嘆甚深。及勧信二段也。附明以(已)顕。不仮別出也。(E本六六―六七行)

〔第七〕如来蔵章と〔第八〕法身章とは、〔これらの章のための〕独立の文としては何もなく、前章の〔第二段「正明今是」の第一「如来蔵を挙げて八諦の〕甚深なるを嘆ず」と〔第二「法身を挙げて八諦を〕勧信す」の二段がそれに当る。そこの説明ですでにはっきりしたから、別にその章を立てる方法に依らないのである。

「本義」の撰述者も、右に見る如く、末尾三十行が後人の付加であることなどはもちろん知らないで、ただ経文の内容に即して、如来蔵と法身とに関する議論は上にすでに述べられたから、ということで、この二章を省き、以下の経文の主題と章題とを合わせることを心掛けたのである。この行き方は当時の仏典注釈学に見られる「章」なる区分の趣旨からいうと、筋が通っているといえる。「章」とは経の本文の内に幾つかの段落に亙って説かれる一つの大きな主題をさす。注釈家はそうした大きな主題を発見し、それが如何に説かれるかを、大小の段落に区切りながら一句一句説明し、経文が一つの主題から次の主題へと移るに従って一つの経を幾つかの「章」に区切った。(注26) 漢代の「章句の学」に由来する注釈法である。区切られた結果をみると、現代の書物に使われる「章」と似ている。しかし現代の「章」と根本的に違う点は、現代の「章」分けが原則として著者が施すものであるのに対して(たとえ編集者などが施したとしても、読者はそれを著者のものとして受け取る)、そちらの「章」は経文自体に見えるものでなく、注釈者が発見した主題を章題に名づけ、それによって「章」分けを施したことである。そして『勝鬘経』の場合は、それら主題を注釈者が発見するのでなくて、経の本文の中に一通り挙げられているから、注釈者はその区切り方だけを工夫するという点で些か異例ではある。

「章」とは本来このような趣旨のものであるから、『勝鬘経』の古い写本や宋元明版には章分けはない。(注27)『大正大蔵経』の拠った高麗版一切経だけが章分けをするのは、その編者のさかしらである。

当時の注釈の傾向として、一つの章を幾つかの大段落に分け、それをさらに中段落に、小段落にと小分けにして行くが、「E本」ではこの行き方がとくに顕著であり、諸注釈の中で異彩を放っている。そして、この分段法は「本義」原本にほぼそのまま依ったものの如くである。いいかえれば、「E本」は分段法に関する限りは、「本義」原本のそれをそっくり受けついで、改変の手を加えてないように見受けられる。もう一度いいかえれば、「E本」は「本義」原本の分段法に眼目をおいた一つの改修本で、分段法は原本の趣をそのまま伝え、他の面で若干の省略を試みたものと見受けられる。

「本義」が右の如く中間の二章を削ってまで煩瑣きわまる分段主義をおし通したのに対して、「G本」は、小段落、小々段落など、細かな段落分けをしばしば省略したことが対照的である。もっとも、「G本」の分段ですら、他の諸本と比べるとかなり煩瑣ではあるけれども、「E本」に比べると、全体としてその煩瑣ぶりはかなり緩和されているといえる。

その一つの例として、「G本」において、「本義」の煩瑣な区切り方を改めたことをわざわざ断っている場合を示す。

〔引用三〕

本義。従「二種死中」以下。結第一奪。先結仏昔与。従「非尽一切」以下。結今日勝鬘奪。（G本五三オ）

「本義」では、「二種死中」以下は、第一段の否定の「しめくくり」である。まず仏が昔に肯定したことの「しめくくり」をし〔三五二—三五七行〕、「非尽一切」以下の文は、今日に勝鬘が否定することの「しめくくり」となっている〔三五七—三六二行〕。

ここの「E本」の所説は「G本」の引く「本義」の通りである。それと「G本」の科段分けとをそれぞれ表示すれば左の如くで、「二種死中」以下は「E本」の「三（結）与奪」にあたり、「G本」では三・四の「釈」にあたる。

〔表三〕

〔E本〕

- 三 挙二種生死（釈）第二段
  - 一 直挙二種生死（以釈）於前
  - 二 （出）二種生死
    - 一 （出）名
    - 二 （出）体
  - 三 （結）与奪
    - 一 （結）仏昔与
      - 一 （結）尽智
      - 二 （結）梵行已立智
      - 三 （結）所作已弁智
      - 四 （結）不受後有智
    - 二 （結）勝鬘今奪
      - 一 （結奪）尽智
      - 二 （結奪）不受後有智

〔G本〕

- 三 挙二種生死（釈）第二段
  - 一 （立）二種死章門
  - 二 （釈）二種死章門
  - 三 （釈）昔与是方便之意
  - 四 （釈）究竟非在二乗之意

「引用三」に見る「G本」が「本義」を引用した趣旨は、右の表示の通り「本義」では煩瑣な分け方になっていたのが、簡略な分け方に改まっているとの断り書きであると理解できた。

いま、段落の小分けを省略するといったが、小分けの省略とは、段落分けの末端を打ち切ることである。典型的な例をもう一つ挙げる。それは「E本」六八—七三行の文章で、ここは二字だけの一句を一つの科段とする科段細分の極端な場合の一つであるが、その上に「E本」の文には、その文のきまりから言って当然あるはずの「又分為三」の句を脱したのか省略したのか、それが見えないから、たいへん紛らわしい文体となる。ここの文を表示すれば次のようになる。

〔表四〕

- 三（釈）捨章門
  - 一（明）三是是累法
    - 一（明）是有為相
    - 二（明）是無常
    - 三（明）是処虚妄法
  - 二（明）三非非勝法
    - 一（明）非諦
    - 二（明）非常
    - 三（明）非依
  - 三（結）三非
    - 一（結）非諦
    - 二（結）非常
    - 三（結）非依
- 四（釈）取章門
  - 一（明）三非非累法
    - 一（明）非有為
    - 二（明）是常
    - 三（明）非虚妄法
  - 二（明）三是是勝法
    - 一（明）是諦
    - 二（明）是常
    - 三（明）是依
  - 三（結）是諦

これに対応する「G本」の文は次の通りである。

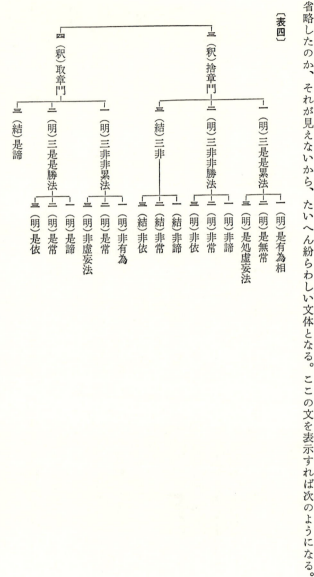

〔引用四〕

第二。「何以故」以下。釈二章門。先釈無常章門。後釈常章門。釈無常門中。亦有二。第一。正釈。第二。結。就釈常章門。亦有釈結。従「是故」以下。結。皆可見。（G本六六オーウ）

ここを二つの章門に分け、それぞれを「釈」と「結」とに分ける、というだけの説明で、それ以上の説明は一切省かれる。いいかえれば「E本」に見られる末端の段落がすべて打ち切られたのである。

以上、「E本」と「G本」とをひき比べて、まっさきに眼につく大きな違いを述べたが、分章と分段との仕方については、それぞれ「G本」自体の文章の中で説く条りがある。あまり本質的な問題とはいえないが、どちらもかなりの分量があって目立っている。次に節を改めて、この二種の文章を取り上げることとする。

その二　「来意」　章ごとの主題

「G本」には章ごとにその初めに「来意」としてその章の主題について簡単な解説を与えるのに対して、「E本」の各章のはじめには、二ヵ所を除いて、そのような文章は見えない。「来意」とは「この主題がここに来ることの意味」というほどの心で、前の主題がかくかくであったから、次にこの主題が来るという趣旨の簡略な説明で、時には「前が第二章だったから、こんどは第三章である」という説明とあまり変らない程度の無意味なものも見られる。

「来意」という術語が通用するほどに、当時の注釈書にはこうした「来意」を書くのが通例であったようである。しかし、一々の章の趣旨を説明する場所は、章ごとのはじめとは必ずしも限らない。全体のはじめに「第一章の主題は何々、次いで第二章では主題が何々の問題に発展し、第三章ではさらに進んで何々の問題にはいる…」といった説明方法もあり、全体の構成を通観するためにはこの方が有効である。こちらの説明法は「鉤鎖相生」(H本)、あるいは単に「相生」(D本)という術語で呼ばれる。「鉤や鎖のからまり合う如く、一つの主題が発展して次の主題を生ずる」という意味と受けとれる。そして、「来意」といい、「相生」といっても、それは同じ趣旨のものであり、ただその場所によって呼名がちがうだけである。甲の注釈に「来意」として見える説明文が、そのまま乙の注釈書に「相生」の文章として引用せられることもある。こんなわけで、一つの注釈書としては「相生」か「来意」かのどちらかがあればよいわけのものである。主題の「G本」の場合は、各章のはじめに「来意」が見え、全体のはじめには従って章ごとの「相生」はない。その代りに「正説」のはじめに、「正説」十四章を初五章(乗の体)、中八章(乗の境)、後一章(乗を行ずる人)の三つに大きく分ける説明を掲げ、そのあと、初五章を自分行と他分行とに分ける説明を加えて第一章の「来意」につなぐ(八オ)。(注28)

『勝鬘経』の他の諸注釈書の場合、「D本」は、序説のあと、「正宗分」のはじめに第一章から第十四章までの「相生」を一まとめに掲げる(七三—八三行)。そのようにしながら、この本は各章のはじめにもまた「来意」を掲げる。「H本」も同様に「鉤鎖相生」のほかに「来意」も重ねて述べる。このようにすれば、全体の構成をいったん把握した上で、各章ごとにその意味を改めて確認するという効果があり、説明を繰返した撰述者の親切心は理解できるとしても、これは明らかに重複である。「G本」に見る如く、各章ごとに「来意」があれば、章ごとの「相生」は不要なはずである。それを裏返して言えば、章ごとの「来意」の見えない「E本」の場合は、当然その失われた巻首に「相生」があったはず、ということになる。「章」という区分をするからには、章の主題を説明した文言がどこにもないことはあり得ないからである。

主題の「G本」が「相生」法をとらずに、各章ごとの「来意」による方法をとった理由は明白である。「G本」各章の「来意」の項には、他の注釈書の「来意」の説を幾つも引用併記し、時には一つ一つを批判する。もし、これをはじめにまとめたなら、とくに後半の章の区切り方がまちまちになった部分など、混乱を極めた解説となる。だから「G本」段階にもなると「相生」の方法に依ることができなかったのである。

その三　科段分けの説明文

主題の「G本」においては、一つの章を幾つかの大段落に分けるとき、まずその区切り場所を示し、且つ一つ一つの段落の意味を説いた上で、はじめに戻って、第一の大段落をさらに幾つかの中段落に分ける区切りと段落ごとの意味づけを行ない、第一の中段落をさらに小段落に区切るときは、また同様の手続きを繰返した上で、はじめに戻って本文内容の説明にはいる。そして第一の中段落の説明を終って第二の中段落に入るとき、それが第二の中段落であることを注意し、それから小分けに進む。例えば、第一章の「来意」のすぐ後につづけて、この章を「正嘆常住真実」と「請救」との二つの段落に分かつ説明をした後に、その第一の段落をさらに四つに分けることを言い(九オ)、それから数十行あとの第二の段落のはじまりには、改めて「従「哀愍覆護我」以下、章中第二請護」との断り書きが見える(三オ)。本書のように煩瑣な段落の分け方を施す場合には、この手続は親切であり、時には必須でもある。そして、このやり方は「G本」に限らず、他の注釈書もだいたい同様の手続きをふむ。「G本」の場合、注意を必要とするのは、小段落の説明のあと、注釈に入るとき、第一の小段落の標題は原則として省略されることである。例えば三ウ「得衆生」の前の標題(一二〇頁)。

ところが「E本」はそうした方法をとらない。章のはじめに、その章を幾つかの段落に分けると述べ、直ちに第一の段落をさらに幾つかに分け、その第一をまた幾つかに分けるといって説明を進める。だから、すぐ後の「第二」とあるのは、最末端の段落であることは容易に理解できるとしても、その後に中段落の「第二」の見出しが来たとき、読者は少し戸惑うこともある。大段落の「第二」「第三」の見出しは数十行も離れて現われ、「第三」「第四」などの中小段落の見出しが交互に現われるとき、読者は十分に注意していながらも、しばしば混乱を覚えることとなる。第一、第二…の数字に誤脱などあれば、なおさらのことである。学習者はめいめいが分段表を作り、それを傍に置きながら読み進めて行ったに違いないが、その際に注意を怠って分段法を間違えでもすると、いいようのない混乱を起すことになる。このようにいうと「E本」の方式はたいへん不適当である如く聞えるが、「G本」方式は、右に見たように実は同じことを重複して述べるものであり、理窟からいえば「E本」方式でよいわけである。混乱が起るとすれば、その責任は専ら学習者の側にある。あるいは、訓練のために、ことさらに分段の説明文を省略したものであるかも知れない。

この分段の説明文は、「本義」原本ではどのように処理せられていたのであろうか。もともとは「G本」方式で説明文があったのを、「E本」の編者が重複を嫌って削った場合と、もとは「E本」方式でこの説明文がなかったのを、「G本」もしくはその以前の改修者が親切心から挿入した場合との両様が考えられる。それを実証する術はないけれども、他の注釈書にも一応この類の説明文が見え、また「E本」が簡略を旨とした節略本であることを考え合わせると、「本義」原本にはもともとこの説明文があったものと考えたくなる。

この説明文の有無は、どちらにせよ、注釈の本質に関係する問題ではない。では、なぜこのために一節を立てたかというと、「G本」の中ではこの類の文章がかなりの部分を占めることに気づいて頂きたいためである。もっと具体的にいうと、「G本」の「E本」との不一致部分は三割程度と数えられるが、さきの「来意」と、その延長の如き「摂受正法」「一乗」などの章題の語義についての議論、並びにこの科段分けの説明文を合わせると、三割の内の半ば以上を占める。

その四　「可見」 削除の注記

「G本」は「本義」の一つの改修本であるとさきにいったが、改修とは原本に対して増補・改訂・削除などの手を加えることである。「G本」の文中には、そうした処置を加えたことを改修者がみずから、もしくは学習者などが断り書きをした場合がたくさん見られる。以下の三節には、それら増補・改訂・削除の跡をそれぞれ節を分けて取り上げることとしたいが、見易い順に、削除の例から取り上げてゆくこととする。

「G本」には約四十ヵ所に「何々可見」という句が見える。話の次第は明白だから、その意味は「判るだろう」ということで、その何々には説明を加えてない。まず例を挙げる。

〔引用五〕

第三。如来述成。可見。（G本三ウ）

〔引用六〕

第三段は「如来述成」、ここの意味は判るだろう。

許聴可見。（G本二四オ）

次は仏が勝鬘夫人の話をきくことを承知した次第、ここの意味は判るだろう。

この場合「E本」にひき比べると、必ずといってよいほど、そこには一往の説明文が見られる。右の二例は、それぞれに対応する個所に次のような文言が見える。

（引用五）＝第二。世尊述成。又分為三。第一。去説。…。第二。喩説。…。第三。合譬。（E本一七―二四行）

（引用六）＝「恣聴汝説」者。深心会理。言必得機。故仏恣聴也。（E本三〇―三一行）

すると、これら「可見」は、表面上は「判るだろうから説明を加えない」という意味であるが、実際は「判るだろうから「本義」にもとあった説明文を省略した」との意味に使われていると見なければならない。一々の場合について見ると、このように省略されるのは、文字通り判りきった説明文の場合もあるが、また説明が混み入っていたり、分段が複雑で説明が面倒な場合にもこの「可見」が使われる。さきに引いた「引用四」の「常章門・無常章門」の例は後者の場合である。そこでは「皆可見也」として「E本」で十五行もの文章が切り捨てられること、さきに見た通りである。

「余疏有記。而今不記」（他の注釈書に説明があるから、今は説明を記さない）とする例（二六オ）もこの類に算え得る。

「G本」に「可見」との断り書きがあって説明が省略せられている個所のうち、「E本」のそれに対応する個所にもやはり説明が加えられていない場合が七ヵ所ばかりある。これらは、㈠「本義」にもともと説明がないのを、「G本」の撰述者が手拍子に「可見」と書きこんだか、㈡「本義」にもとあった説明文を、「E本」も削除したが、「E本」は削除した場合にとくに断り書きする例にはなってないから、何も断り書きをせず、「G本」の方はきまりに従って削除の場合に「可見」と書き入れた、との両様の解があり得る。「G本」が「可見」とする場合の手続きとして、原本の説明の一句ないし数行を朱筆で抹消して、その場所に「可見」と書き入れたのであろうから、抹消もせずに「可見」と書き入れることはあり得なかったはずである。もしそうであるならば、「G本」が「可見」とする場合は、「本義」原本にはそこに必ず何らかの説明文があったことになる。そして「G本」において削除せられた「本義」の原文が「E本」にこれほど多く見られることは、「E本」と「本義」原本との近さを示すものであり、またその反面、「E本」は「本義」原本と同本ではなく、時に節略もあることを示す徴証の一つといえる。

その五　「一云」「又云」　増補の注記

次には「G本」において増補についての断り書きが見える場合を取り上げる。

「G本」には経文の一つの句の説明、あるいは科段の区切り方の説明のうちに、一往の説を述べた後に、「一云」「又云」「亦可」「又解」「又釈」「亦釈」「或云」「一解云」などと標記して、別の説明を並べ掲げる場合が五十例ばかりあり、中には「又云」が二度つづいて現われることもあり、さらには「第一解…、第二解…、第三解…」などとして二ないし四の異説を並記する場合も七、八例見られる。右に挙げた標記の語はどれも「一説にいう」「別の解釈によると…」「…という解釈でもよい」といった意味のもので、標記の言葉自体が、こちらの説明は「G本」の改修者の意見でなくて、他の注釈書からの引用であることを示している。簡単に考えれば、「本義」の説を一通り写して、その後に現われた新説を後に挿入した、ということになりそうであるが、一々の場合について検討してみると、そのようになっているのは僅か一、二例にすぎないで、大部分の場合は、次の三通りの手続きで別説が示される。

㈠「本義」がすでに「一云」などとして引用したものを地の文ともそのまま写した場合。

㈡新説を採用した後に、「本義」のもとの説を「一云」などとして並べ掲げた場合。

㈢「本義」の説が全く捨てられて、地の文も「一云」とする別説もともに新しい説明となっている場合。

右の通りの内容であるから、「一云」「又云」などは、形式上は新説の挿入でありながら、㈠の場合は「本義」のままであり、㈢の場合は増広よりは「本義」説の新説との置き換えというべきであり、㈡だけが実質的に見て新説の増広ということになる。

これら諸方式をそれぞれ例を挙げて説明する。

右に挙げた「一云」「又云」「亦可」などの語は、どれも一つの主説を述べる外に別説を並記するための言葉で、そのどれもが当時の注釈書に同じ目的のために普通に使われていた語であって、異説の軽重などのために様々の標記の語を使い分けた形迹は認め難い。

(1) 「本義」そのままの場合

「一云」「亦釈」などと標記した引用文のうち、地の文も引用別説もそのまま「E本」に見える場合がある。従ってこれらは「G本」における増広でなく、もともと「本義」の説とその引用文とを、「E本」も「G本」もそのまま丸写ししたことを知る。この種の場合が「G本」二十丁以降の両本共通部分に「表五」の諸例を見出せる。

〔表五〕「本義」そのままの「又云」。

	主題	G本の用語	G本所在	E本対応個所
(1)	捨身・捨命	旧釈・今云	三六ウ	一五六—一五九行
(2)	後際	又云	三七オ	一六二—一六四行
(3)	種子の譬	又釈	四四オ	二三〇—二三一行
(4)	四断智	亦可	七二オ	五六八—五六九行
(5)	八諦・四諦	又云	七八ウ	六四六—六四八行
(6)	四依智	一云	八八ウ	七五〇—七五二行
(7)	四不	又云	九二オ	七八二—七八六行
(8)	大乗道因	又云	九六ウ	八四〇—八四一行

中から二、三の例を取り上げる。

〔引用七〕

旧釈。「捨身」。謂自放為奴。「捨命」。為人取死。今云。捨命捨身。皆是死也。但建意異耳。若如投身餓虎。本在捨身。若義士見危授命。意在捨命。…「後際等」者。謂未来。未来則无際。謂常捨明矣。又云。金剛心為後際。（G本三六ウ—三七オ）

旧釈にいう、「捨身」とはみずからの身分を抛棄して奴となることをいい、「捨命」とは人のために死ぬことをいうのだ、と。今いう、「捨命」も「捨身」もみな死ぬことだが、ただその心のもち方が異なるだけだ。たとえば、投身餓虎の如きは、本《こころ》は捨身である。義士が危難を救うために命をさしだすというような場合は、その心は捨命である。…「後際等」とは未来をいう。未来とは〔どこまでが未来か〕際限のないものである。〔その無際限の未来において〕常に捨身（命）の心をもつことをいうのである。又いう、金剛心が後際である、と。

「E本」において、これに対応する文章は一五六—一六四行に見える。そこで既に「旧釈」を一旦挙げ、それを改めて「今言」と標記する説明も、「G本」とほとんど同じ文言である。しかも、「非苟欲捨命…一感」という「G本」に見えない文言があり、それによって「捨命」と「捨身」の区別はいっそうはっきりする。ここは、「旧釈」と「今言（云）」との対照並記は、「本義」にもともとあり、「G本」はそれを写しながら若干の省略を施したと見るべきである。それにつづく「後際等」の説明と、付加せられた「又云」以下の引用も、また「E本」に見え、そして、ここも、地の文も引用文も「G本」には省略があることを知る。それだけでなく、「謂常捨明矣」の一句の意味がよく通らないのは、「E本」とひき比べると、身→命→明と誤を重ねたものらしいと推測がつく。

〔引用八〕

「況四依智」者。是謂五方便中。依四諦生智者也。一云。仏為五方便人。説四依道。故云四依智也。（G本八ウ）

説四依智二乗浄智。二乗浄智。尚非境界。況五方便中。依四作諦生智。而能得知也。又釈。仏為五方便人。説依法不

依人等四依也。(E本七五〇—七五三行)

ここは四依智と二乗浄智とを説く。二乗浄智すら〔滅諦の理解については〕、まだその段階に達してないのに、ましてや五方便中の四作諦より生じた智などに依って、これが理解できようか。別の解釈にいう、仏は五方便に達した人であり、法に依り、〔法を説く〕人に依るのではない、などの四依智を説くのである、と。

この場合のE・G両本の文言を比べてみると、本来は四依智と二乗浄智との二つの段階の智の説明文であったのを、「G本」は四依智だけのそれにつづめたことを知るが、その際につづめ方が適切でないために、経文では「不完全な智」と説かれる四依智が、そういう意味になってない。前の例と同じく、外見は「本義」の丸写しの如く見え、実はその趣旨が損われている例である。

〔引用九〕

四不。皆明未出惑也。又云。蔵体真実。不可離断脱。与理不異也。(G本九二オ)

第一。出所依之法。従「世尊不離」已下是。「不離」者。言如来蔵。不離煩悩也。「不断」者。未断煩悩也。「不脱」者。未脱煩悩也。「不異」者。与煩悩倶。未得相異也。…又一釈云。蔵体真実堅固。故不可離。不可断。不可脱。略与理不異也。(E本七六二—七六六行)

第一、所依の法を述べる、「世尊不離」以下の文である。「不離」とは如来蔵が煩悩を離れぬをいうのである。「不断」とは、それがまだ煩悩を断たないのをいうのである。「不脱」とは、それが煩悩を脱しないのをいうのである。「不異」とは、それが煩悩と一体であって異なりようがないのをいうのである。…また別の解釈にいう、〔如来〕蔵の体は真実堅固であって、離れることもできず、断ずることもできず、脱することもできず、〔仏法の〕理とほぼ異なりはない、と。

「E本」の前後を通読すると、ここは経文の「不離・不断・不脱・不異」と「断脱異外」とについて、それぞれ(1)煩悩を軸にした説明と(2)仏法の理を軸とする説明とを並べ掲げてある。二種の注釈書からの引用文がそれぞれの本文について分かれて示された如くである。その説明文の前半を「G本」はここに示したように甚だしくつづめ、且つ後半を削除したので、「本義」のかたちが残ってはいるものの、本来の意味を読みとり難い。

(2)「本義」の解が別説となる場合

「一云」などと標記した文言を「E本」と比べると、それに先立つ地の文章には新しい解釈が掲げられ、そのあとに「E本」と同じ、ないし同趣旨の文言が見える場合が次表の如く十例あまりある。この他に三、四の解を並べ掲げるときは、常に「本義」の解がその一つに見える。こちらは六例ばかりある。

〔表六〕「本義」の説が別説となる場合。

	主題	用語	G本所在	E本対応個所
(1)	実願	一云	二一オ	一〇行
(2)	真実無異	又云	二四オ	三〇行
(3)	広大義	一云	二六オ	四四行
(4)	仏菩提智能断	一云	五五オ	三八八—三八九行
(5)	無漏業生	一云	五六オ	三九七—三九八行
(6)	無漏不尽	一云	五七オ	四〇八—四一〇行
(7)	非下中上法	又云	八〇オ—ウ	六五〇—六五二行
(8)	所摂受	又云	八一オ	六五六行
(9)	何以故	一云	八八ウ	七五二—七五五行
(10)	一切依上	一云	八九オ	七五八行
(11)	本際不可知	又云	九〇ウ—九一オ	七六七—七六八行

(12) 生死生死 —— 一云 —— 九一オ —— 七六九—七七一行

(13) 法界蔵 —— 又云 —— 九三オ —— 八〇三行

例を幾つか挙げる。

〔引用一〇〕

「以此実願」者。通言以我今将願三大願也。明大士立懐。非但自為。必先為物。故云「安慰衆生」。一云。「実願」者。必行其行。（G本三一オ）

「以此実願」とは、〔三願を〕通ずるもので、我れ今将に三大願を願わんとすという。大士《ほとけ》が懐を立てるのは、ただ自己のためだけでなく、必ず衆生のためを先にすることを明かすものである。だから次に「安慰衆生」というのである。一説にいう、「実願」とはその行を行ぜんとの決意である、と。

「実願」者。必行其行也。（E本一〇行）

〔引用一一〕

広大義者。謂行体也。一云。牒前句。（G本二六オ）

「広大義」者。亦牒前広大之義句也。（E本四四行）

「広大の義」とは、これも前の〔摂受正法が〕広大であるとの句を牒《さ》したものである。

〔引用一二〕

重言「生死」者。欲釈生死二義故。上為生。下為死。重挙之也。一云。上牒前語。下向下為釈。（G本九一オ）

「生死生死」と重ねていうのは、「生死」の語の二つの意味を説明せんがためであって、上の「生死」は「生」を意味し、下のは「死」を意味する。一説にいう、上のは前の語を牒《しめ》し、下のは以下の説明文に方向づける、と。

所以重言「生死」者。上生死。牒取前語。後生死。向下為釈也。（E本七六九—七七〇行）

(3)　増広した文の中の別説

いままでに見た「一云」の類は、「本義」そのままの場合か、もしくは別説として「本義」の解釈が見えるなど、とにかく「本義」の原文に関係して「一云」が現われたのであるが、その外に、「E本」に見えない文言、これは挿入増広あるいは新説の置き換えと見得るが、そうした文章の中に「一云」などとして別説が掲げられる。これには「G本」の編者が新説をいったん引用した後に、さらに別の新説を知って挿入した場合と、「一云」ぐるみ他の注釈書から引用した場合とがあるはずであるが、その何れであるかを確認する術をいま持たない。

この方式には、比較対照すべき文が「E本」にないのであるから、例を挙げて説明はしない。

〔表七〕新増文中の「又云」。

主題	用語	G本所在
(1) 摂受正法	或云(三ヵ所)	二二ォ
(2) 無価＝最上	又云	三二ォ
(3) 善	又云	四一ォ
(4) 涅槃	亦可	六〇ゥ
(5) 聖諦十名	亦可	七八ゥ
(6) 諸大声聞	一云	八四ゥ

(4)　単純な別説挿入

「一云」などの見出し語の本来の意味からいうと、そこには「本義」の解説のほかに、その後に現われた新説を付加挿入するのが建前の如く受け取れるものであり、さらにいえば、このような場合は後世の印刷本では小字や双行注で挿入せられることもある。ところが「G本」には、前にもいった通り、そうした単純な別説挿入の例は甚だ少なくて、私の見つけた限りでは次の二例が見られるだけである。そうなると、「G本」での新説の取り入れ方は⑵の方式、つまり新説の方を主説とし、「本義」の方を別説とするのが基本方針であったと言わねばならないので、この二例はむしろ例外的な処理ということになる。

〔引用一三〕

第一。先出行摂之体。亦可。能生之体。（G本二五ウ）

〔引用一四〕

彼者。彼无明住地。能生心上煩悩。一云。彼者。即謂彼心。（G本六一ウ）

「引用一三」は慧遠の解と同じである。後段「引用一二」の「私釈少異」と関係する解釈であるから、あるいは同一人の書き入れかと見られる。

⑸ その他

「一云」などの標記による別説並記の仕方は右の四通りで一往は尽くしているわけであるが、その組み合わせ、あるいは変形とも言うべき例が幾つかある。

〔引用一五〕

今約分段・変易・中間。三種生死。有十二諦。約初流来。唯有苦集二諦。所以大合有十四諦。或云。初流来時。或有値仏。修道得仏故。亦有滅道二諦。所以猶有十六諦。而今釈不然。初流来時。入三界。方起取相。乃別苦楽。求修滅道。即无滅道二諦明矣。（G本五二オ）

今、分段・変易・中間の三種の生死〔各四諦〕を合わせると十二諦となる。初流が来るときは苦諦と集諦とだけがあるのを合わせて都合十四諦となる。ある説にいう、初流が来る時にも、仏にあって道を修め仏果を得るものもあるから、やはり滅諦と道諦とがある。だからやはり十六諦となる。私の解釈はそうではない。初流が来るとき、三界に入って、はじめて取相を起し、その上で苦と楽とを区別し、滅道を修めることを求めるのだから。そのとき滅諦と道諦とがないことは明らかである。

「E本」のこれに対応する文章では(三四―三九行)、主説と「以有人言」を冠する別説(これは「G本」の「或云」以下と同じ)、ともに十六諦説を出した後に、「而今釈不然」以下に十四諦説を出す。「G本」では「初流来時。唯有苦集。无有滅道」の一句を主説に移して、主説も十四諦説をとり、「或云」以下の十六諦説を批判する形とする。

〔引用一六〕

「知一切未来苦」者。苦仏已過。但約二乗。未知未来苦為言。故云。不究竟如也。亦可。知一切衆生…。又云。所摂受。…。一云。所摂受。謂四住地也。(G本八〇ウ―八一オ)

ここは少し混み入っている。最初の地の文は、「E本」六三行以下と同じ趣旨で、恐らく「E本」の文の方が原形に近く、「G本」の文は省略が甚だしい。それにつづく「一切煩悩」「上煩悩」「所摂受」「一切集」などの句の説明には「亦可」以下の文をわきから引用挿入したあと、「所摂受」以下の句の「本義」の説明を「又云」として掲げ、さらにその後に「一云」として「所摂受。謂四住地也」の句を挿入付加したものである。最後の「一云」以下は後人の挿入であるかも知れない。

〔引用一七〕

疑云。何以名有作有量耶。釈曰。「非因他能知一切苦」者。因他。謂二乗七地。言非此因他人。能知三界内外。一切苦集滅道也。(G本七七オ)

「非因他能知一切苦」者。二乗必因他知也。非此因他。能知一切苦。如是无量人也。此言一切。是少分一切也。又釈云。因他是二乗人也。非此因他之人。能知以三界内外。一切苦集滅道也。(E本六三一―六三三行)

「非因他能知一切苦」とは、二乗の人ならば他の助けによって知るものであるが、この他の助けによらないで一切苦がかくも無量であることを知ることができる人をいうのである。ここに「一切」というのは少分の一切である。又別の解釈にいう、「因他」とは二乗の人である。この因他でない人は、三界の内外にある一切の苦集滅道を知ることができるのである。

この例では、「E本」を見ると、一往の主説のあとに「又釈云」として別説を掲げるのを、「G本」ではその主説を取り去って、本来の別説を主説に置き換えたことを知る。

〔引用一八〕

「二乗。不能断。唯仏菩提智能断」者。就断明勝。菩提智。謂空解也。此未明断。借断明力。一云。金剛心。断惑已尽。名為学仏。故云如来菩提智断。（G本五五オ）

「菩提智之所能断」者。金剛心。断惑已尽。名為学仏。故言菩提智断也。就滅以明勝也。乃未明断。借断明力也。

（E本三八八—三八九行）（訳文—略）

この例では、「G本」は二説並記の形となり、「E本」では一つの通貫した説明の形をとるが、その文言はほとんど同じで、「G本」において「菩提智。謂空解也」の一句が多いのと、「断」と「滅」とが置き代わるだけの相違しかない。「本義」の通貫した解釈を「G本」が二つに分けたのか、あるいはもともと二説が並記せられていたのを「E本」が一つにまとめたかの何れかである。「照四諦時」（G本六五ウ、E本五〇三行）も同様の例である。

以上、「G本」に見える「一云」などと標記しての別説並記の方式のあらゆる型を見てきた。この外に「第一。第二。…」として、幾つかの別説を並べる方式があり、通常はその一つに「本義」の説が見える。これらの諸例を通観して言えることは、(1)の主説・別説ともに「本義」のままである場合を別にして、「G本」改修者は新説の取り入れに極めて積極的であって、数十ヵ所について、「本義」の説を新説と置き換え、その内のあるものだけ「本義」の説を別説として残したのである。「G本」に見えるこれら新説の量と質とは、「G本」の「本義」ないし「E本」からの時間的距離を示すはずのものであるが、今は同時代の注釈書のほとんどが失われているので、新説の一つ一つの来源を指摘することはできない。ただ、新説のうち「H本」並びに「I本」と一致するものが少ないことは、改修が「H本」出現以前の段階で行なわれたことを示すとだけはいえる。

その六　「本義云」改訂の注記

こんどは「G本」における改訂の断り書きを取り上げる。

「G本」の後半部に十四ヵ所に亙って「本義云」と標記して、章や段落の区切り方もしくは文言の解釈について「本義」のそれとの相違点を断り書きし、時にはその理由まで論ずる。その十四ヵ所の「本義」から引用した文言、あるいは区切り方が「E本」と一致することから、「E本」こそ主題の『勝鬘経義疏』(G本)が「本義」と呼ぶ原本そのものであると当初は考えていたこと、前に述べた通りである。その十四ヵ条の所在は次表の通りである。

〔表八〕「本義云」の例。

主題	G本所在	E本対応個所
(1)「二種死中」以下の科段	五三オ	三五二—三六一行
(2)「究竟不究竟」の科段	五七ウ—五八オ	四一一—四八四行
(3)「法無優劣」等の解釈	六〇オ—六〇ウ	四三七—四四二行
(4)「収結三乗以為一乗」の始終の標示	六四オ	四八四行
(5)同　右	六五ウ	四八四—五〇四行
(6)「今日一体為帰依之本」の科段	六八オ	五一九—五三一行
(7)「帰依第一義」の語釈	六九ウ	五五三—五五四行
(8)「結一体三帰依」の科段	六九ウ	五五五—五五六行
(9)「一体三帰依同是究竟」の語釈	七〇オ	五五六—五五八行
(10)「遠結入一乗」の科段	七〇ウ	五六〇—五六四行
(11)「苦滅二諦=無作」の語釈	七九ウ	六六一—六六四行

⑿　如来蔵章・法身章の分章	八三オ	六六六―六六七行
⒀　空義隠覆章首の標示	八三オ	六六八行
⒁　真子章の分章	九七オ	八二七―八四七行

右の内の第⑿例と第⑴例とは、章の区切り方と科段の区切り方とを「G本」が改めた例としてさきに引用した(「引用二」及び「引用三」)。

いままで「G本」における「本義」の文の削除や増広の跡をかなり多量に確認してきたが、この段階で改めて「本義云」の処理手続を見ると、さきの「可見」や「一云」の場合と些か性質が違うように見受けられる節のあることに気づく。それは「可見」や「一云」などの場合は削除や増広挿入が改修の手続そのものであって、その理由、あるいは結果についての説明はない。これに対して、「本義云」の註記は、ある時は改訂の理由を述べ、ある時は改訂の個所を註記する。後者の場合は、すでに改訂を経た後で書かれた言葉であるから、明らかに「可見」や「一云」が改訂手続そのものであることと性質が違っている。この点について参考にせねばならないのは、『法華義疏』の「本義云」の若干例である。『法華義疏』では「本義云」が数十例もあるのだが、「御物本」巻子本を見ると、その幾つかが行間に小字で書き入れてある。もちろん大部分の場合は地の文として他と同じ大きさの字で書かれてある。小字で行間に書き入れたのは、写字生の不注意による書き落しを、あとで書き入れたものであることは、書き入れの字が地の文と同筆であることから明白ではあるが、それの依った原本にも、このような脱落を起させ易いように、やはり行間か欄外に書き入れてあったに違いない。「本義云」との標記につづく文言の性質が、本来はそうした書き入れであったと見なければならない内容のものであって、今の「G本」の如く、地の文に紛れこんでいるのは、文言の性質上ふさわしい形とはいえない。次の諸例を見られたい。

〔引用一九〕

⑷従此以下。結収入一。(G本㐂オ)

これより以下は「収入一」を結す。

この短い句は、この所の区切り方が「本義」と比べて大幅に違っているために、改修者ないし学習者の一人が行間か欄外かに註記したものと見るにふさわしい文言である。それが転写もしくは開版の段階で本文に紛れこんだと見るのが妥当である。

〔引用二〇〕

⑽従「若如来」以下。明一体三宝中。遂結入一乗。（G本七〇ウ）

「若如来」より以下は「一体三宝」を明かす内の「遠く入一乗を結す」条りとなる（「遂」は「遠」の誤写）。

これも同様の例と解せられる。

〔引用二一〕

⒀又云。従「過於恒沙」以下。入第九空義隠覆章。此是明境之真実。而昔以空義隠覆而不顕也。（G本八三オ）

「本義」ではまた「過於恒沙」より以下は第九空義隠覆章にはいる。この段落は「境の真実を明かす」とせられ、以前（の注釈書）は「空義隠覆」として標出しなかった。

これは、その数行前の「過於恒沙」の条のあたりにもとは書き入れられてあったのを、改修のどの辺かの段階で「G本」の空義隠覆章の直前に押しこんだものであることは明白である。

⑺「帰依第一義云々」の解釈のあとに「本義」の説を挙げる。それにつづけて「本義」の科段の相違に関する註記⑻と、「同是究竟云々」の「本義」の文言⑼とが見える。どれも明らかに行間か欄外の註記の紛れこみである。しかも⑼につづく「本義」の説に対する批判の文が切離されて、第四段落の説明と第五段落の説明との中間に插入せられる。これらの紛れこみのために、「G本」の文章の調子が損われるばかりでなく、論旨までが乱れる。

他面、「G本」改修者の引用と認めるべき場合もあって、あとに引く「引用二五」＝「表八」の⑵の場合は、この引用文が「G本」の地の文を形成するかに見える。

従って、「本義云」の引用文のうちには、改修者自身の改訂点についての断り書きと、「G本」が「本義」から大きく違った個所の所々に後人がその相違点を註記した書き入れとの両様が認められ、大部分が後者である、ということになる。

その七　「私釈」「私云」　別説挿入の注記

以上、「G本」に見られる削除・増補・改訂を意味する標記について一通り検討を加えてきたが、「一云」などとは少し趣きの違った異説併記の方式がある。その一つは、「G本」の摂受正法章のはじめに、「E本」と同じ科段分け、それは「本義」そのままと見られるが、その説明のあとに「私釈少異」として一つの異説を掲げる。

〔引用二二〕

就中初開為二。第一。従初訖「有大功徳。有大利益」。明願摂。第二。従「勝鬘白仏言。我当承仏神力」。竟章。明行摂受。私釈少異。此章正以出生義為宗。…。(G本三オ)

この章をまず二つの段落に分ける。第一は、初めから「有大功徳、有大利益」までは願摂を明かす。第二は、「勝鬘白仏言、我当承仏神力」より章の終りまでは行の摂受を明かす。〃私釈〃はこれと少し異なって、この章はまさしく出生の義が中心題目である。云々。

そして、第二の段落の説明においても、

〔引用二三〕

従「我当承仏神力」以下。第二。明摂行。私云。正明出生義。(G本三ウ)

「我当承仏神力」以下は、第二、摂行(行摂の倒)を明かす。私に云う、〃出生〃の義を趣旨とする。

と、再び「本義」の説の他に、ここは出生の意味を説く段落であるとの〃私〃の見解を挙げる。「E本」「G本」ともに、この第二段落の中の第二小段落、四つの比喩の条、いいかえれば第二段落の主要部分を「出生(の義)を明かす」とする。

これは古く「C本」(S五三四)がこれら比喩を「行願の出生、人の出生」とするのにまで溯る解釈であるが、「G本」はそれを第二大段落全体におし拡げたのである。

ところで、この〃私〃とは何人であろうか。もし、それが「G本」改修者であるならば、この〃私〃の説を主説とし、「本義」の説の方は「本義云」なりと「一云」なりと標記して参考説として出して然るべきである。前後を通読すると、この「私釈少異」以下の文章を取り去ると、「G本」の文章はそれで完結しているから、さきの「本義云」の内のある場合と同じく、後人の註記が本文に紛れこんだものと見なければならない。「私釈少異」あるいは「私意少異」と標記する文章が、「E本」に欠けた第一嘆如来真実章の中にも各一ヵ所見える(一〇ゥ及び三ウ)。ともに挿入句であることは一読して明らかであるが、とくに後者の場合、「G本」の主説が「金剛心とは四種の魔のうちの天魔に打勝つ境地」とするのに異を立てて、「陰魔と死魔とに打勝つもの」と説くものであって、主説のあとに三つの別説を挙げた後に置かれる。この挿入の仕方は、それなりの意味は認められはするが、もともとは主説の欄外あたりに書き込まれた註記を強いて本文の中に組みこんだために、この場所にしか置きようがなかったものと解せられる。

もう一つ、「引用二二・二三」の挿入句について引掛かるのは、それにいう摂受正法章の主題を出生の義とし、「我当承仏神力」以下の段落を出生の義の本論とするという解釈が「H本」(慧遠『勝鬘義記』巻上・続蔵本、二八葉ォ下段)にまた見えることである。これが「G本」の地の文であれば、「H本」は「G本」より後にできたと見られるから、慧遠は「G本」説に従ったものということになる。ところが、これが後人の挿入文であるからには、書き入れをした〃私〃と慧遠とが同じ材料に拠ったか、それとも慧遠の「H本」を見た〃私〃が書き入れたかのどちらかということになる。前者の場合であれば、〃私〃は「G本」渡来以前の中国の人でなければならないが、後者の場合であると、「G本」改修以後、日本渡来までの間ということもあり得るし、また、極端な場合を考えれば、奈良朝における慧遠『勝鬘義記』渡来より以後、鎌倉時代の開版までの間での書き入れということも考えられないではない。

その他の「私釈」「私意」「私懐」の諸例は慧遠の解とは無関係であるので、これら三ヵ所の書き入れが同一人によるものか、複数の人によるものかも定め難い。

その八　「今」「須」　改修者の意見

今までいろいろと「G本」の改修手続を見てきたが、そこに見出したものは、他の注釈書からの引用の処理法が大部分であって、改修者自身の言葉を聞くことがなかった。一見したところでは改修者独自の新解かと思われるものも、たいていは他書からの引用であると見当がついた。だが、全篇に眼を通してゆくと、これこそ改修者の言葉と知られる文言も所々に見つかる。それは、幾通りかの説を併記した後にそれを検討批判する文や、「本義」を引用しての反論などである。その際の見出し語は必ずしも一定してないが、「今釈」「今不須」など、「今」字を用いて旧に対する場合、「若尓」「然」「而」などとして意見を出す場合などがある。

摂受正法章のはじめに「来意」を述べた後に、「摂受正法」の語義を述べた条りがある。「万行を摂することができる心が摂受である、云々」と、一往の主説を掲げるのにつづけて、これの解釈については他にもいろいろの説があると、「或云」を三度繰返して三つの異なった解釈を並べる。そのあと、しめくくりとして次の如くいう。

〔引用二四〕

而今所須者。八地以上。一念之中。備修万行之心。為摂受。所修之行。当理非邪。故言正。為物軌則。故言法。初地以上。七地以還之行。実是真无漏故。亦応言正。為物軌則故。亦可称法。然但一念之中。不能備修万行。亦未並観。故猶不得摂受之名。且臨文自証。若尽并取七地以下。以為摂受正法者。那得言菩薩所有恒沙諸願。一切皆入一大願中。所謂摂受正法。所言自分他分、以此為弁也。(G本三オ—三オ)

〔以上の如く様々の解釈があるが〕それについて、今、採用した説はこれである。八地以上の者は一念の中に完全に万行の心を修得している。これが「摂受」である。それが修める行は、理に当り邪でないから「正」といい、物の軌則となるから「法」という。初地から七地までの者の行の場合、真の無漏であるから正といってよく、物の軌則となるから法ともいえる。けれども一念の中に万行をそっくり修めることもできず、並び観ずるにも至らない。だから摂受とはいえない。且つ〔経の〕文章自体について検討しても、七地以下でも正法を摂受するとするならば、〔八地以上の〕菩薩の一切の諸願がすべて一大願中に入るとどうしていえるか。摂受正法も、自分・他分も、ここで区別をするのである。

つまり「摂受正法」の語義については、はじめに挙げた主説を採用する理由を述べたものである。ところが、同じ説明が「I本」(吉蔵『勝鬘宝窟』)の中にも見える。それは曇達師の説として「起八地之初。一心具万行。教化衆生」の句が引用せられ、この説は中興寺の鐘表師と安師、荘厳寺の旻師が盛に伝えたとある。すると「G本」のあとの説明句も改修者の意見の形をとってはいるが、同じ説の信奉者たちの説の引用である可能性が大きいことになる。

さきに挙げた「引用七」でも、旧釈に対する「今釈」は、創見でなくて「本義」からの引用であると知った。「今」という場合でも常に引用である、といったらいい過ぎになるが、「今」が常には「G本」改修者の創見ではないとだけはいえる。

次には「本義」の科段分けに従い難い理由を述べたものの一つとして「表八」の中の第(2)例を挙げたいが、少し長文になるから、要点だけを引く。詳しくはE・G両本の本文に就いて見られたい。

〔引用二五〕

従「世尊阿羅漢辟支」以下。別会二乗果中之第五。歴結前四重。上来四段。但承上事即釈。而不悉明其之相。故此更簡而結也。即分為四。(中略)本義云。従此下。結前第二。唯如来究竟。二乗不究竟。就中分為四。(中略)若尔。只結第一第二。不結第三第四而已。且已結更釈。釈結則無窮。此少不宜。故不須也。(G本五七オ―五八オ)

(前略)本義は、これ以下の文は前の「第二、如来は究竟、二乗は不究竟」の段を結す、とし、更に四つの段落に分ける。(中略)そのように段落の意味づけをすると、第一〔如来究竟〕、第二〔二乗不究竟〕の二段だけを結することになり、第三、第四段の結がないばかりでなく、その上、一旦結したものをまた釈することになり、釈と結とが無限に繰返される。この説は些か不適当だから、ここには採用していない。

「引用二四」と「引用二五」との二つの例は、それぞれ「須」と「不須」との理由を述べるための文章である。「須」とは二つ以上の説を並べ比べて、そのどれを採用するかの態度決定である。そして、この「須」こそが「G本」改修者の改修についての基本姿勢と見受けられる。すなわち、知る限りの異説を集めて、その中から最適のものを選ぶ。「G本」の場合は「本義」を一往の基準として、その一節一節を他の注釈書と比べて、それより優れたと認められるものがあれば、「本義」の説と置き換え、「本義」説に捨て難いものがあるときは「一云」などとして残すこと、さきに見た通りである。そこでは選択取捨の結論だけ示して理由までは述べない。それを「須《もち》」いたことがそのまま理由だからである。ここでは、むしろ例外的に、その態度決定の理由を述べる。その中に改修方針の根本が示されていることを注意したい。「若尓」「然」「而」を冠して述べられる改修者のことばは、常に旧説に対する論評を出るものではない。「本義」に依るにしろ、他の説をとるにしろ、すべて先人の説の踏襲であって、新説を述べることは何ら意図していない。当時の注釈書とは所詮そうしたものであった。

その九　「釈」「釈疑」　E本のつづめ

今までは「G本」の改修の迹をひたすら辿ってきて、その間に時に「E本」の改変の例も見出したのであるが、こんどは「E本」における改修の一つの方式を取り上げる。

「G本」の中にしばしば「標疑云。…」といったん疑問を提出して「釈曰。…」とそれに答える形式の解説がある。科段の説明においては、この様な場合は通常は「釈」あるいは「釈疑」とある。経文のこの解説に対応する個所は、常に「何以故」と問いかけて、後にその説明が答の形でつづく。従って「標疑云。…」は、その「何以故」は何を問うのかを示した解説である。そして、「何以故」に答える解説が「釈」である。

「G本」における「標疑云。…釈曰。…」の例の一覧を掲げる。

〔表九〕 標疑云。…釈曰。…。

主題	G本所在	E本対応個所
(1) 仏智無辺際	二五オ	四二行
(2) 正法即波羅蜜	三五オ	一三三—一三四行
(3) 人即法	三六オ	一五三—一五五行
(4) 与奪	四九オ	二九九—三一一行
(5) 二種生死	五〇オ	三一四行
(6) 煩悩体相	五三ウ	三六六—三六七行
(7) 仏地能断	五六ウ	四〇七—四〇八行
(8) 有作有量	七六ウ	六一六—六三四行
(9) 無作無量	七八オ	六四三—六四五行
(10) 非其境界	八八ウ	七五二—七五五行

「G本」に見える「標疑云。…釈曰…」の諸例を「E本」の対応個所と比べると、その一節を「釈」または「釈疑」と名づけることは「G本」と同じであるが、「標疑云。…」の解説はどの場合にも見えない。一例を挙げる。

〔引用二六〕

第二。釈相即義。標疑云。何以人即法耶。釈曰。八地以上人。為摂受正法。捨三種分。此捨之心。即是摂受正法之心。即以此心。既成此行人。然即此摂受正法之心。安得異於捨此三種分人。(G本三五ウ—三六オ)

第二、相即の義を釈す。「何以故」と疑問を標すのは、なぜ人が即ち法であるのか、と問うものである。釈していう、八地以上の人というのは、「正法を摂受せんがために三種の分を捨す」と経文にある。此の捨の心が即ち摂受正法の心であり、この心を以て此の行を成じた人がそれである。だから、この摂受正法の心は、この三分を捨した人と何の変りがあろうか。

第二。釈相即之義。従「何以故」已下是。言「善男子善女人。為摂受正法。而捨三種分」。此能捨之心。即是摂受正法心。既成此行人。摂受正法。則得異人也。（E本一五三—一五五行）

第二、相即の義を釈す。「何以故」より以下がこれである。〔経文に〕「善男子善女人。為摂受正法。而捨三種分」というのは、この能捨の心が即ち摂受正法の心であり、既に此の行を成就した人が正法を摂受するから〔普通の〕人とは違ったものになれるのだ。

後者には「標疑云。…」の説明こそ見えないけれども、「釈曰」以下の文章の趣旨は前者の説明と変らない。読み比べてみると前者の方がよく意味が通る。前者は「本義」をそのまま写し、後者は「標疑云。…」を省略し、「釈曰。…」の方も意味だけとって文言を節略したものの如く見受けられる。

次に、これの少々混み入った例を示す。ここでは「標疑」の解釈が二通りあって、その一を主解とし、もう一つの解を「亦釈」と冠して示す。

〔引用二七〕

従「何以故」以下。仍釈仏智无辺際。標疑云。何以如来智恵亦无辺際耶。（G本二五オ）

（前略）「何以故」と疑問をしめすのは、どうして如来の智恵も無限大なのか、と問うたものである。

釈曰。此摂受正法之理。有大功徳利益。故所生仏智。亦无辺際也。（G本二五オ—ウ）

釈して曰く、この摂受正法の理は大きな功徳と利益とをもつ。だからそこから生ずる仏智も無限大なのだ。

亦釈。何以摂受所有功徳。无辺際者。此摂受正法。上能感種智。下能化衆生。如是功徳利益。説不可尽。故不得辺際也。（G本二五ウ）

もう一つの釈。なぜ摂受〔正法〕のすべての功徳が無限大なのか、と問えば、此の摂受正法は、上は種智を感ずることができ、下は衆生を教化することができる。かくの如くその功徳と利益とは、説いても説き切れないほどだ。だからそれは無限大なのである。

第四。明結。摂受正法。有自行外化功徳。无有辺際。「何以故」已下是。（E本四三行）

第四は、〔「如来讃成」の段の第二「他を挙げて嘆をなす」の〕結び。摂受正法には自行と外化との功徳があって、それは無限大であることをいう。「何以故」以下がこれである。

一つの「何以故」を「G本」の正説では、前段にひきつづいて「如来智慧無辺際」の意味を問うものとし、「亦釈」の方では「摂受正法の功徳無辺際」の説明を求めるものとする。後者は「E本」の解釈と同じである。そして「E本」に「有自行外化功徳」というのは、「G本」に「上能感種智。下能化衆生。如是功徳利益」をつづめていったものと知られる。「E本」の短い句を敷衍潤色して「G本」ができたとは作文技術上から考え難いからである。すなわち「G本」は、さきの「一云」の新説の処理法と同じく、この場合も、この句についての新解を得て、それを正説とし、「本義」の解釈を「亦釈」として併せ掲げたものと推察がつく。だから「亦釈」の引用の中に「何以故」の説明まで含まれる。このような処理の場合に「G本」はしばしば節略を行なったことを前に見たから、「本義」の原文はもう少し詳しかったことが考えられる。「E本」は極度に節略した文言となっている。

なお十例ばかり「標疑云。…釈曰。…」が「G本」には見えるが、「E本」の対応個所は常に「標疑」の説明を省き、「釈」の文も同様にひどく節略する。また、「G本」では時には「E本」と異なった解釈を与えながら、「亦釈」をのせずに「本義」の旧釈を全く捨てる場合も一、二でない。

「何以故」の問いかけのすべてについて「G本」は「標疑云」の説明を与えているわけではなく、右の十余例以外は「E本」と同様に「釈」のみを述べ、時にはそれさえ省略することもある。「D本」「H本」などは「何以故」のすべてについて説明をつけるのが建前になっている。「本義」原本もその様にすべての「何以故」について説明があったのを、そこでは「G本」も節略したのか、それとも「本義」にも全部については説明してなかったのか、今は確かめようがない。

それはそれとして、経文の「何以故」の問いかけに応ずる説明の句を「釈」、ときには「釈疑」と呼ぶことは、E・G両本に共通であることは、さきに述べた通りである。そして、「E本」における「本義」原文を節略した跡が、この部分で顕著に現われている。

念のため断っておきたいのは、「釈」とは常に「何以故」に答える解説とは限らない。複雑な説明の場合にも「明」といわずに「釈」ということがある。

その一〇　「七地以下…八地以上…」　E・G両本の繁簡出入

今までの各項では、「本義」からの改修にあたって「E本」「G本」のどちらかの増広・省略、ないし改訂の跡を見てきた。こんどの項は、今までのように一方の明白な増広や省略でなく、両本の文章が同じ趣旨で、しかもその間に繁簡の差が見られるものである。それは『十地経』あるいは『十地経論』の所説に従って、七地以下の修行の未熟な者と八地以上の境地に至った大士とを対比させ、勝鬘夫人を八地菩薩の位置に据えて、『勝鬘経』の文章を解いて行く手法で、この手法は既にもっと古い『勝鬘経』の諸注釈書の中に見られる所である。例えば「D本」(S六三八) などがそれで、そこでたんに「経」と言えば『十地経』を指し、「論」といえば『十地経論』を指す。その類の文章が「G本」に頻繁に現われるので、これをこの本の撰述者独自の思想と解する向きもあるほどであるが、「E本」にも対応個所に同趣旨の文章が見える場合も少なくなく、「G本」独自のものとは簡単にいえない。

いま若干の例を左に示す。

〔引用二八〕

而此三願。並是住前之願。而言摂受諸願者。此但取住前諸願。非兼八地以上願也。(G本二ウ)

「皆悉入此三大願中」者。此三願。並是地前之願。而言摂諸行者。非如八地已上。一心備摂。直以住前諸願。无有出此願者。故言摂耳。(何以言之。自行之中。莫過智恵。外化之中。恵亦為勝。護法一願。兼自行外化。恒沙諸願。豈

復加過此願。故言悉〔入〕三願中也。〕(E本二〇—二四行)

「皆悉入此三大願中」とは、此の三願はすべて地前の願であり、諸行を摂した者のそれであることをいう。八地以上が一心のうちに完全に摂したものではない。ただ住前の諸願でも、この願の外に出るものではないのだから摂というだけである(以下略)。

〔引用二九〕

「恒沙諸願皆入一大願中」者。一願謂八地以上一念心中願。言七地以下。恒沙諸願。皆入八地以上一念願中。故云皆入一大願中。(G本二四オ)

「一切皆入一大願中」者。此願是八地之願也。自七地已下。一切諸願。八地一心皆備。合之語願。則有恒沙。談心唯一而已。故言皆入一大願中也。(E本三一—三三行)

「一切皆入一大願中」とは、この願は八地〔以上〕の願である。七地より以下の一切の諸願をば、八地〔以上〕は一つの心のうちにみな備えている。これを合わせた願の数は恒河沙数もあるが、心はといえば一つだけである。だから「皆入一大願中」というのである。

右の二例は明らかに同じ文章からの引用で、どちらの場合も「G本」の方が言葉数が少なく、「E本」の方が多い。仔細に見れば、短い文を敷衍して長い方ができたのでなく、「G本」が長い文をつづめたものといえる。すると、「本義」原本は「E本」と同文か、もっと長文の説明であったことになる。ことに「引用二八」の「E本」の終りの部分は、後からの付加でなく、前の部分と一貫した文章であることは明白であるから、「E本」の文が原本に近く、「G本」のはそれを削ったものであることを知る。

「G本」における省略のもっと甚だしい例を一つ示す。

〔引用三〇〕

従「世尊我見」以下。出三分義中。第四。引仏為証。証言行虚也。(G本三七ウ)

第四。引仏為証。又分為二。第一。明自見。従「世尊我見」已下是。「如是大力」者。捨三分之力。能得常住之果也。第二。引仏為証。従「仏為実眼」已下是。「実眼」取其能見。「実智」取其能知。「根本」示以宗極。「通達」表於无礙。四事若斯。故為乗十地之所依也。引証之明。窮於此矣。（E本一八一―一八五行）

第四、仏を引いての証明。ここをさらに二つに分ける。第一、自見を明かす。「世尊我見」より以下である。中の「如是大力」とは三分を捨する力をさし、この力があって常住の果を得ることとなる。第二、仏を引いての証明。「仏為実眼」以下である。「実眼」とは見る能力をさし、「実智」とは知る能力をさし、「根本」とは本体の極致をさし、「通達」とは無礙なるを意味する。仏はこの四つの能力をもつから十地に到達せんとする者の所依となるのである。証明の明瞭さはまことにみごとである。

同じく「第四。引仏為証」と題する一節であるが、「E本」の方はこの節をさらに二つに分け、そこで仏のもつ四種の超人的能力を解説するが、「G本」の方はそれと同じ経文に対して「証言行虚也」との一句の説明で片付ける。「証言行虚」とは、このままでは意味が通じないが、十大受章の「仏前立誓」の段中の説明文と照らし合わせると、この「行」の字は「非」の誤写であることは明白である。

次に「E本」の方がつづめている例を一つ示す。

〔引用三一〕

第二。合。可見。「世間」者。謂人天。「出世間」者。謂七地以還大乗。然所以只就七地以還為合者。七地以還大乗。昔日入於三中故。仍為合也。（G本四四オ）

（前略）「出世間」とは、七地以下の大乗をいう。しかしながら、ここで七地以下に就いてだけ比喩を解いた理由は、七地以下の大乗も、昔は三乗の中に数えられていたから、比喩の解説となり得るのだ。

「世間」者。人天乗也。「出世間」者。七地已下菩薩也。（E本三二一―三二三行）

両本の一乗章のはじめに、八大河と種子との二つの比喩を説く条りがあり、そこで経の本文は「世間出世間」を四度繰返す。右の説明文を「G本」は比喩の後に置き、「E本」はその前に置く。「G本」の説明は確かにそこの説明でなければならず、「E本」は「E本」で、初出の「世間出世間」の説明である。「本義」では二ヵ所にあった説明のうち「E本」は一つだけを採り、「G本」は二つを併せて後に置いたものと解せられる。

右の諸例では、E・G両本が同じ趣旨の文章をもち、それには共通の来源があり、引用に際しての手加減で繁簡の相違ができたに過ぎないことが明白な場合であった。この繁簡の相違が極端になると、一方が皆無という場合も起ってくる道理である。それの目立った例として次の二つを挙げる。本文は引用しない。

E本一三四―一四五行、「六度釈中。各有二意」以下。

E本三一四―三四行、「第一。直挙二種生死。以釈於前」以下。

この二例もやはり「七地以下…八地以上…」に関係した文章であるが、「G本」にはこの段の説明は皆無である。「E本」において、この両文ともそれぞれ地の文であって、挿入文ではあり得ない。然りとすると、これら長文は「本義」にはあったものを「E本」は取り入れ、「G本」は削除したということになる。

同じく「G本」の側にも「七地以下…八地以上…」に関して「E本」に見えない文言が数多く見られる。一例を示す。

〔引用三二〕

言八地以上。既是法身。故以万行正法為心。以心為万行正法。心法一体。更无二相。故云万行正法即是心。心即万行正法也。七地以下。自未法身。且不能一念備修。故不得然。（G本三四オ―ウ）

言うこころは、八地以上は法身になっているのだから、万行正法をその心とし、心は万行正法であり、心と法とは一体で、別のものでは全くない。だから「万行正法即是心。心即万行正法」というのだ。七地以下はまだ法身でなく、且つ一念の中にすべてを修めることはできないので、そうはならない。

このような例はまだたくさんある。だが「G本」だけにこの種の説が見える場合に、それは常に「本義」原本にあったものを「E本」側が削除したものとは定めかねる。なぜなら『十地経』の説を『勝鬘経』の解説に応用することは、南北朝を通じて当時は極めてあたりまえのことであったので、他の注釈書から引用した場合もまたあり得るからである。だから、一つ一つの場合について、「本義」からの引用か、他書からの引用かを判定しなければならぬことになるが、この判定はたいへん難かしい。

四　結論「本義」原本・E本・G本の位置づけ

以上の諸検討のまとめとして、主題の『勝鬘経義疏』の注釈としての性格を規定することがこの結論の主題となるべきであり、それには「本義」原本との関係が中心問題となる。それを説くためには、順序としてその前に失われた「本義」原本の実体を探って、その特徴を見きわめなければならない。そのことは現存する「E本」を媒体としてはじめて可能となる。従って、この結論は原本・E本それぞれの特徴とその相互関係をはっきりさせた上で、原本と「G本」との関係から主題の「G本」の注釈書としての性格へと話を進めて行くことになる。

(一)『勝鬘経義疏』本義原本

右の十項目に及ぶE・G両本の不一致点の検討の間に、読者はその重ね合わせの向う側に失われた両本共通の祖本なる「本義」原本の姿をおぼろげながらも認め得られたことと思う。さらに煩を厭わずに、「表五」から「表九」に挙げた諸例について一つ一つ両本の相違点を比べて行って頂いたならば、「本義」原本の実体について極めて確かな感触を得らるるに違いない。中には、ここまで「本義」原本の姿が具体的に感知できるなら、失われた原本をかなりの程度まで復原できるのではないか、と考える読者もおいでになるのではなかろうか。確かに、ある程度までは復原可能のようである。まず、

E・G両本中の両者に共通する文章は、そのまま「本義」原本の文章と認めてよい。そして、不一致の個所のうち、一方が省略したと認められる場合に詳しい方の文を採ることとする。例えば「可見」「釈疑」「七地以下……八地以上……」の諸例である。

このような操作による復原が、どの程度の歩留まりのものになるかについては、些か問題がある。というのは、「E本」は明らかに一つの節略本であり、「G本」も一方で挿入増広しながら、他方でかなり大幅な節略の手を加えて、結局はこれも一つの節略本となっている。節略本を二つ合わせたところで、原本の原形からはかなり離れたものにしかならないのではないかと考えられる。つまり、原本はE・G両本を合わせても復原しきれないほど煩瑣な感じのものであったと、私には受け取れるのである。そういった理解を前提にして、いままでの検討結果をまとめると、失われた原本とは次の如き注釈書であった如くである。

原本の第一の特徴は、当時に流行していた、もしくは漸く流行しかけようとしていた章分け・科段分け解釈法を取り入れて、その後者を他に類例を見ない程にまで徹底的に適用したことである。その徹底ぶりの一つは、摂受正法章の如きは上下九段の小段落に分かち、極端な場合には二字だけの小段落までできる。また、それを押し進めて、通説の十四章分けを断念して、実質的には経文を十二章に分けることまで敢てした。それだけ一々の章の内容を重んじたものであり、これは経の本文の的確な把握に基づいていたといえる。この科段分け法は、経の本文の難かしい形而上学的な議論を凡人に説明するために有効な一方法であることには間違いない。しかし、本文を幾つもの大中小の段落に切断して、その一つ一つに論理的意味づけを与えること、つまり文章構造の論理的解明に成功しても、それは本文の内容自体の理解とはまた別問題である。段落を区切り過ぎて、却って判り難くなる場合も起る。そこまで行かなくても、区切り方がここまで煩瑣になると、当然、それに対する反撥も起るわけで、「E本」や「G本」の改修そのものが反撥の一つの現われと見てよい。そういった行き過ぎはあるものの、後世の唐時代になっての定型化した科段法に比べれば、これは格段に自由であり、それだけ内容に即しているといえる。

特徴の第二は、これも当時大いに流行していた『十地経』『十地経論』の説を『勝鬘経』の所説に適用して、「七地以下…八地以上…」の形の説明をふんだんに盛りこんでいたと見られる。この手法は、この注釈書にはじまるものでなく、当時の注釈書一般の傾向であったことは、さきに述べた通りである。科段分けだけでさえも、並はずれて煩瑣である上に、この種の説明が繰返されたのでは、確かに学習者にとって負担の重いものであったに違いない。その文体から見て、学習課程の中心は暗誦であったと認められる。「E本」「G本」ともに、こうした部分をかなり思い切って削った形迹のあること、さきに見た通りである。

「本義」原本は右の二つの大きな特徴を具えた注釈書であった。当時に並び行なわれていた何十種かの『勝鬘経』注釈書の中で際立っていたに違いない。なぜなら、われわれが今日見る数種の注釈書の中で、このように一つの方針を頑固に押し通したものは他に見られないのだから。そして「E本」「G本」と、われわれが知っているだけでも二つもの改修本が、この本を台にして作られたことは、これが当時にあってそれだけ重く見られていたことを示す。ただ残念なのは、これが誰の作であるかを今もって明らかにし得ないことである。(注29)

選述の時期についていえば、「E本」書写の時期、「G本」の内容からの逆算と、他の注釈書との釣合いなどから、六世紀前半あたりということになり、さきの「表一」にあてはめれば、「C本」と「D本」との中間あたりの段階の注釈と見られる。原本の中にすでに相当量の異説の引用が見られるのは、五世紀まで溯り得ないことを示すものである。

(二) E本（敦煌本）

「本義」原本の原形推測の手掛りとなった「E本」は、この原本に手を入れてできた一つの改修本である。手を加えるための理由は、原本の煩瑣ぶりにあった。だからこの際の改修とは、すなわち節略であった。重要なことは、節略にあたって、原本の第一の特徴である科段分けを何よりも尊重し、これだけは手を加えずに、そっくり取り入れようと心掛けたものの如くである。その代りに、科段分けの説明文(これがもし原文にあったとしての話となるが)など、これはむしろ必要な重複なのであるが、それは重複であるが故に削り去られた。「釈」と呼ぶ説明文において、「何以故」の意味の説明文は、それにつづく説明文でおのずと判ってくるはずのものであるから、これも文章がつづめられた。原本の大きな特徴の第二である「七地以下…八地以上…」の説明文も、多くはつづめられたり省かれたりした。

このように煩瑣な原本の節略を旨としたものであるから、「E本」の改修者が増補挿入したと認められる文章はほとんどない。「G本」と比べるとき、所々にかなり長文の「G本」に見えない文章が見えるが(たとえば四六二—四六七行、六三〇—六三五行)、それらは常に「七地以下…八地以上…」の説明文であって、「G本」における省略と認めるべき性質のものである。また、それほど長文でなくて「G本」に見えない文言は無数にあるが、多くの場合、その文がなくては文章が意味をなさないものばかりで、挿入文とは認められない。

他の注釈書からの引用挿入の跡が見られないのは、原本尊重方針の確かさ、つまり改修者の見識といったものに基づく点もあろうかと思うが、一面からいえば、「E本」改修の時期が、原本選述の時からあまり時間が隔たっておらず、その間に採り入れるべき新説があまり現われていなかったという事情が考えられる。さらにいうならば、そういう条件を満たすのは、改修者は原本選述者の直接の弟子の一人ということになる。

「E本」の性格は右のように考えられるから、いままではこの本を『勝鬘義疏本義』敦煌本と呼んでいたけれども、実体に即するならば、『勝鬘義疏』本義の節略本の敦煌写本、あるいは『勝鬘義疏』改修本の敦煌写本とでも呼ぶ方がよいように思われる。

念のため要約すれば、「E本」は「本義」選述をあまり隔たらない時期に、重複を省いたり、長い文章をつづめたり、あるいは重要と思わなかった文章を削るなどの処理を経てできた節略本で、原本の趣旨はこれによってかなりよく伝えられ、とくに原本の科段分けはそっくり残されている模様である。後世になると一つの大きな注釈書の中から科段釈だけを取り出して「分門記」という形式の注釈書を作ることがあるが、「E本」はそういう「分門記」風の傾向をもつといってよい。

(三) G本（伝上宮王本）

「G本」も右の同じ「本義」原本からの改修本の一つである。ただ、改修の時期が「E本」よりは少なくとも三十年、ことによると五十年ばかり遅れる。それは、その後に現われたと見られる異説を多量に引用することから、そのようにいえるのである。曾ては名声の高かった「本義」原本が、何十年か経つうちに、次第に当初ほどでなくなって来たことは、物の道理として当然のことである。六世紀も半ばを過ぎると、同じ『勝鬘経』について、様々の注釈書が出現したことは、僧伝の類にも見え、また現存する諸注釈書の引用文にもそれは現われている。その段階になると、一つの注釈書は異説を及ぶ限り網羅したものでなければならなかった。「本義」原本のように異説引用の少ない注釈書は、そのことだけで時代から取り残される。そして、その看板である科段釈尊重主義は、章分けを重視する当時の風潮から見て、また受け容れ難いものであったに違いない。

「G本」の改修者は、こう言った観点から、曾ての名注釈書を当世風に改造することを意図したようである。先ず全体を十四章に分けた。その分け方は「本義」原本が第六章とする大段落を六・七の二章に、第九章を八・九の二章に分けた程度のことで、実質的にはさしたることではない。そこの条りの「本義云」の断り書きを見ると、「本義」は十四章区分法を断念しているけれども、十四章に分けることも不可能ではない、という意味のことを述べて、改修者はたいへん得意であったらしい。その次には、大筋については「本義」の科段釈に従いながら、細小段落を思い切って切り捨てた。「本義」の第一の特徴でありながら、その煩瑣ぶりが嫌われていた点の是正と見られる。また次には、くど過ぎると思った説明文も、大いに省略した。これは「七地以下…八地以上…」の説明にとどまらず、地の文までかなり削った形迹が、とくに後半部において認められる。その代りに、原本の選述より後に現われた新説をいろいろと取り入れた。その取り入れ方は、前に見た通り、「本義」の旧説をそうした新説に置き換え、旧説の捨て難いものだけを「一云」などとして残して行く、という方針であった。

「G本」改修者が同じ原本をたねにしての改修本である「E本」の存在を知っていたかどうか、ということまでは詳らかでない。E・G両本を比べてみた限りでは、「G本」改修に際して「E本」を参照した形迹は全くない。というのは、「E本」の巧みなつづめ方が「G本」には取り入れられてないからである。「G本」改修者の目指したのは、所詮「E本」とは全く異質の方向のものであった。

「G本」はこうした改修手続によってできたものである。そして、その結果は確かに典型的な六世紀後半の注釈書の体をなしている。当時の第一線に躍り出て、改めて世に迎えられたに違いない。しかし、これを「本義」の側から眺めると、「本義」のもっていた大きな特徴をあたら抹殺してしまい、凡庸な注釈書に成り下った格好になったといってよさそうである。

その改修の時期は六世紀半ば過ぎと見られ、遅くとも慧遠の『勝鬘義記』(H本)の出現より下ることはない。なぜなら、「G本」は慧遠の注釈を参照したとは認められないからである。もし、参照していたなら、改修はこの程度で済まなかったと見なければならない。そこには採用すべき新見が格段に多量に含まれている。慧遠と「G本」と同じ解釈がかなり多く見出されるが、それは慧遠が「G本」を参照したか、もしくは「G本」と同じ材料に拠ったからである。慧遠は北朝の注釈書にあらかた眼を通していた模様であり、その『勝鬘義記』は、吉蔵の『勝鬘宝窟』(I本)の現われる以前にあっては、もっとも内容豊富な『勝鬘経』の注釈書であった。(注30)

こうして一往の改修が成った後で、「G本」にはいろいろな書き入れが施された形迹がある。その書き入れは、改修より以後、日本渡来までの間と考えるのが筋ではあるが、改修者自身が行なったかも知れず、また日本に渡来してから版に起されるまでの間にも、書き入れようと思う人があれば、書き入れはできたはずである。しかし『法華義疏』の本文には、筆者以外の手による書き入れが見られないことを考え合わせれば、日本渡来以後の書き入れの可能性は極めて小さいといわねばなるまい。書き入れがあるからには、抹消の手も加わったかも知れないが、抹消の方はそれを証する手掛りがない。同様に、本文の改訂、たとえば新説との置き換えなどがあったとしても、これまた発見できない。改訂のことを気にするのは、改修は当初の一回だけであったのか、その後も絶えず新説を取り入れ、旧説を削るなどの処置が行なわれたであろうとか、あるいは現在の「G本」は何回かの改修を経たものではなかろうかと、当初は考えていたからである。(注31)それは「一云」「或云」などの別説標記の語の多様さが、別説挿入が一人の手でないこと、並びに引用書が多数であることを示すように思われ、その他にも改訂ぶりが何となく一様でないように見えたからである。しかし、右のように改修の跡を辿って行くと、章分け、科段分け、新説の挿入もしくは旧説との置き換え、文章の節略などは、一連の作業であると理解する方が当っているように見えて来た。

前掲の「引用」七・八・九以下、多くの引用例の中で「G本」の処理の不手際を示した。これはとくに不手際な場合を拾い出したのでなく、両本間の繁簡の差の目立ったものを選んだところ、「G本」の不手際が顕われたのである。これらの中には第一次改修の当初から存したらしいものもあるが、また転写や開版の間に生じたらしいものもある。現在の「G本」は第一次改修のあと、このようにかなりの乱れを生じていると見ねばならない。

これら諸本の関係の系図はさきに一度掲げたが、念のため改めて図示すれば別表の如くである。

〔表九〕『勝鬘経義疏』諸本系図

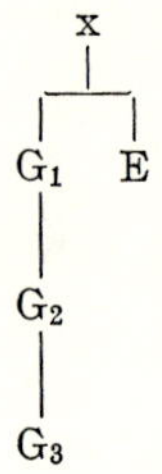

x＝原本
E＝改修本（敦煌本）
G_1＝改修原本
G_2＝改修より以後、開版に至るまでの巻子本。これは当然複数であるが、その間にどれだけの手を経たかは判らない。
G_3＝宝治刊本。宝治刊本以後の伝承は花山信勝（一九四四）第二章に詳しい。

「E本」と「G本」とを重ね合わせて、その不一致個所の分析から、両本共通の祖本なる「本義」原本の実体を探りあて、こんどはそれを基準として「G本」改修の足跡とその後の手の加え方を辿った経過は以上の通りである。このような手数をふんだのは、さきに疑問を示した本書の撰述者の問題を解決することを目指していたからである。改修の手続きとその程度、さらに内容を、できるだけ具体的に吟味することによって、この作業が西暦六〇〇年過ぎの飛鳥において果して行なわれ得たかどうかを確かめたかったのである。

本書改修の作業の実際は、前述の如く一時代前の名著を当世風に改編することであった。その名著の価値を一通り理解し、最新の学風の方向に沿って、幾つかの注釈書から新説を拾い出すということは、実は長安・洛陽、あるいは建康などの仏教学の中心地で、一通りの材料を手にした上で、そこの一流ではなくとも、せめて二流の学匠であってはじめて可能な作業である。かりに、日本で改修が行なわれたとするならば、なぜ、できのよくない「G本」だけが後世に伝わって、隋から渡来した大切な「本義」が世に残らなかったのか。同じく隋朝渡来の他の材料も「本義」に次いで貴重であったはずである。その改修作業は長年の講論を前提としてはじめて可能となるが、するとその関係者の間からそこで使われた材料とその経験とによって「G本」以外の著述ないし関係の記録が何か現われて然るべきである。

「三経義疏」の撰述を取り上げたいままでの諸研究は、漠然と奈良朝あたりの水準の仏教を脳裡にえがいているかに見える。ことは、それより一〇〇年以上も先立つ時期である。その時の日本に、仏教教理の学術的研究がどの程度進歩していたか、それを確かめた人のあることを知らない。そういう学術書が渡来するのは、六〇〇年になって遣隋使の派遣がはじまってからである。言い方をかえれば、遣隋使の大きな目的はそういうものの輸入にあったはずである。

敦煌から見出された「H本」、慧遠の『勝鬘義記』下巻の一写本(P. ch. 2091)の奥書には大業九年(六一三)の書写と見える。立派な薄麻紙に格段に整った楷書で書かれる。「I本」はまだできてない段階で、『勝鬘経』注釈書の中ではこの時にもっとも優れたものであった。ちょうど遣隋使の行った頃である。ところが遣隋使は「H本」でなくて、それより手軽な「G本」をもって帰って来た。「H本」はよほどの特権をもった人か、学力の高い人かでないと手にしなかったと見られる。『法華義疏』も『維摩義疏』も、みな節略本である。水準の高い注釈書のほかに、そのように少し手軽なものが学習者のために作られていたと見える。

『日本書紀』に見える太子の講経の記事が、しばしば『義疏』の撰述と結びつけられる。「講」と「撰」とは全く別のことがらである。撰の場合ならば、この種の史書のきまりとしては「書成、以献天子」と記されるべきである。講とは律令時代いらい「講書」の儀式となって伝わっている。その際は経典の一節だけを博士が朗読するのである。遣隋使が持ち帰ったばかりの難かしい『義疏』を、太子が天皇の前で声高く朗読したというのであれば、それは正史に記載するに足る盛事であったに違いなく、太子が超人的天才と称賛せられるのも十分に理由のあることであった。

〔注〕

(1) 花山信勝(一九四四)『勝鬘経義疏の上宮王撰に関する研究』(岩波書店刊。四六八頁)。

(2) 花山信勝(一九三三)『法華義疏の研究』二巻(東洋文庫叢刊第一八)。

(3) 花山信勝(一九四四)。この書の第一―三章の検討のあとにこの結論が書かれる。第一・第三章に挙げられた諸例は却ってこの注釈書が上宮王の親撰ないし日本での撰述を疑う論者が援用する所である。本書に引く慧遠『勝鬘義記』は、その上巻だけがこのときは知られるに過ぎなかった(『続蔵経』所収)。ところが敦煌写本中の二断片(P. ch. 2091, 3308)によってその下巻も過半がいまでは読み得ることになっている。

(4) 詳しくは次の二つの目録に就いて見られたい。

若林隆光編(一九四二)「聖徳太子関係文献目録」(財団法人聖徳太子奉讃会『聖徳太子と日本文化』附録一―一〇八頁)。

同人編(一九七一)「続聖徳太子関係文献目録」(聖徳太子研究会編『聖徳太子論集』六七七―七二四頁)。

(5) 津田左右吉(一九三〇)『日本上代史研究』(岩波書店『津田左右吉全集』第二巻「日本古典の研究」下、第四篇第四章、一二九―一三八頁)。なおそこには、五―六世紀における文化の流れの大勢から見て、このような注釈が当時の日本に「突如として」現われることは理に合わないという趣旨が述べられる。

(6) 小倉豊文(一九五三)「三経義疏上宮王撰に関する疑義」(『史学研究』五二号、一―一五頁)。

井上光貞(一九七二)「三経義疏成立の研究」(吉川弘文館『続日本古代史論集』中巻所収)には、さらに数か条の写経所記録を追加して、三経義疏を上宮王撰とする伝承が天平十九年より以前から存したことを説く。撰号に関しては同書四九一―四九三頁参照。

(7) 敦煌写本の分期法については下記に説いた。

Fujieda Akira (1969), "The Tunhuang Manuscripts. A General Description". II, *Zinbun* No. 10. pp. 17–39.

また、次の諸篇にも分期法、あるいは敦煌北朝写本について説く所がある。

藤枝晃(一九七二)「敦煌写本の編年研究」(『学術月報』二四巻一二号、七〇九―七一三頁)。

同　(一九六一)「北朝写経の字すがた」(『墨美』一一九号、一―三六頁)。

北朝期の用紙は故麻布を材料としたもので、下記参照。

藤枝晃(一九七〇)「楼蘭文書札記」(『東方学報』京都第四一冊、一九七―二一五頁)。

南朝―隋系の用紙については(注17)を見よ。

(8) この表は下記(注9)の論文の中で掲げた「表二　勝鬘経注釈書の敦煌写本一覧」を修正したものである。そこでは敦煌写本と伝存して印刷せられている注釈書とを別扱いにしたが、今は一本に統一した。また「写本の年代」の項にも若干の訂正を施した。

(9) 藤枝晃(一九六九)「北朝における『勝鬘経』の伝承」(『東方学報』京都第四〇冊、三二五—三四九頁)。なお、この論文の別刷が聖徳太子研究会の機関誌『聖徳太子研究』の付録のようなかたちで同会の会員に配布せられた。

(10) 古泉円順(一九六九)「敦煌本『勝鬘義疏本義』」(『聖徳太子研究』第五号、五九—一四二頁(内一二一—一四一頁は図版)、附表六枚)。この号は一九六九年八月に出るはずであったのが、印刷が遅れて実際に出たのは一九七〇年夏であった。従って、この学会報告は、「E本」本文未発表の段階で行なわれた。

一九六九年度の同大会での二つの研究発表は、ひきつづいて付印するはずであったが、分量が厖大であることと、印刷技術上の問題とのために遅延したが、吉蔵—慧遠の関係については、古泉君によってたぶん一九七五年中に『東方学報』に発表するように準備中である。右の二つの研究発表を同時に行なったのは、慧遠—吉蔵の関係を示すことによって、五—六世紀の仏典の注釈は、Aなる師匠から伝えられた注釈書に、Bなる弟子が他の説を插入したものがBの注釈書となるという発展過程の明白な例を示すことによって、『勝鬘経義疏』とその「本義」との関係の説明に資することを意図したのであるが、右に述べた如く「E本」本文はそのときまだ発表せられておらず、また慧遠の『勝鬘義記』下巻も未発表であり、われわれの意図は成功しなかったものの如くであった。

(11) 金治勇(一九七〇)「勝鬘経義疏と勝鬘経疏(奈93)との比較」(『印度学仏教学研究』一八の二)。
平川彰(一九七一)「勝鬘経義疏と奈93との関係について」(『聖徳太子論集』所収)。

そのほか。

(12) 金治勇(一九七三)「勝鬘経義疏の「本義」について」(『聖徳太子研究』第七号、二五—三八頁)。

(13) 井上光貞(一九七二)一四三—二一一頁。

(14) 花山信勝(一九四四)第一章第一節、とくに三二頁。

(15) 石田茂作(一九七三)「装潢」(聖徳太子奉讃会編『法華義疏　解説』一一—一四頁)の数字による。同じ『解説』に収められる西川寧「書法」(五七頁)に見える数字はもう数ミリ大きい。

(16) ただし、他の一般の巻子にあっては、罫はヘラで引かれるとは限らないで、墨ないし薄墨で引かれるのがむしろ通例であることは、後世の巻子本と変らない。
藤枝晃(一九七一)『文字の文化史』(岩波書店刊)。

Fujieda Akira (1966, 69), "The Tunhuang Manuscripts. A General Description". I, II, *Zinbun* Nos. 9–10.

(17)　一九七四年の展観は最近数年間に行なわれた正倉院聖語蔵写本の調査を経たものの中から選ばれたもののようである。その内の一九七一年秋調査に参加したとき、今西三治氏蔵、唐上元二年宮廷写本『妙法蓮華経』巻第五を持参して対比して、唐の宮廷写経に用いられた麻紙は隋代の麻紙と同質で、ただ厚さが格段に異なることを確認した。南朝―隋系の麻紙については下記参照。

A. Fujieda und Th. Thilo, "Fragment Ch. 462 und damit zusammenhängenden Fragmenten". Anhang zu den *Katalog chinesischer buddhistischer Textfragmente*. Bd. 1. Berliner Turfantexte.

(18)　花山信勝(一九三三)　第二篇第二章。並びに花山信勝(一九七二)「内容」(聖徳太子奉讃会編『法華義疏　解説』三〇―四二頁)。

(19)　石田茂作(一九七二)　一七―一八頁〝問題3〟。

花山信勝(一九三三)一六三頁注一五。同(一九四四)二九―三三頁。同(一九七二)四六―四七頁。

井上光貞(一九七二)はこれを天平時代の法隆寺の行信律師の作為ではないかと疑う(一七六頁)。

(20)　石田茂作(一九七二)　一七頁〝問題2〟。

(21)　このことは一九七四年一二月七日、聖徳太子研究会第一〇回学術大会での公開講演のあとでの、四天王寺管長出口常順師の示教による。

『法華義疏』の巻子本は、巻二以下も首行を空白としないが、本文に述べた通り、奈良時代に補修の手を加えられたようなので、原状を知り得ない。巻二と巻三とは、書き損じのためか、それぞれ第一紙が短い。しかし巻四の第一紙には二九行書かれる。

(22)　花山信勝(一九三三)　九二―九九頁。

(23)　古泉円順(一九六九)　六六―六七頁及び金治勇(一九七三)　三八頁注(6)。これらは藤枝晃(一九六九)の中に私が杜撰な数字を出したのを訂正したものである。

(24)　(注11)を見よ。

(25)　藤枝晃(一九六九)　三三四、三三七、三四七―三四八頁。

(26)　「章」についてのこの考えは、われわれの共同研究において荒牧典俊君が提言したものである。詳しくは同君が近く発表する『大義章』の解題の中で述べる予定である。

(27) 藤枝晃(一九六九) 三二八—三三二、三四七—三四八頁。

(28) この分け方は「C本」(S五二四)のそれに従ったものであるから、この説明文も「C本」もしくは同系の注釈書からの引用と見られる。

(29) 「本義」の選述者を金治勇(一九七三)は、吉蔵『勝鬘宝窟』に引かれる梁の旻師であるという。しかし、これは旻師が如来蔵章と法身章との二章を立てないこととの一致だけに依った論である。確かにこの点では「E本」は旻師の説と一致しているけれども、同じ『勝鬘宝窟』に引く別の条(巻下「五観」の解、大正大蔵経本八七頁下段)では旻師の説と「E本」とは一致しない。だから「E本」ないし「本義」原本は旻師の注釈ではないとだけは確言できる。

(30) 四八七頁並に(注17)参照。

(31) 古泉円順(一九六九) 六九頁の系図(表四)は、このような考えから作られている。

〔付〕「E本」(敦煌本)解題

「E本」は右に申した通り、北京図書館の所蔵する敦煌写本であって、日本ではそのマイクロフィルムあるいはそれからの焼付などが東京の東洋文庫、京都の京大人文科学研究所ほか若干の機関にしか置かれてなく、また古泉円順(一九六九)の本文校録並びに景印の載った『聖徳太子研究』も流布のあまり多くない出版物であるから、本巻に全文を再録した。そして伝聖徳太子撰『勝鬘経義疏』との対比の便のために、法隆寺蔵宝治刊本の丁付けを欄外下段に示した。以下、この敦煌写本についての書誌学的説明をできるだけ手短かに加えておきたい。前記古泉円順(一九六九)の前文は極めて要を得た解題であるから、詳しくはそれに就いて見られたい。なお、四三〇頁凡例参照。

北京図書館所蔵の敦煌写本中には、同じテキストの写本が二点あり、一つは「玉24」という番号で登録せられ、もう一つは「奈93」という番号であり、「玉24」本は一三紙を存し、「奈93」本は三六紙を存し、ともに不完の巻子本である(陳垣『敦煌劫余録』冊二、葉一〇裏)。同図書館のマイクロフィルムではそれぞれ一一三号、一一四号として、ともに第二巻に収められる。

奈本は首部が失われるが、尾部は経の末尾までの注釈を存し、あと半紙の余白があるから、欠失はないようであるが、尾題も識語もない。毎紙二五行、毎行二五—二八字前後、全体で八六二行を存する。本来は一一〇〇—一二〇〇行ばかりのものであったと見られる。玉本は首尾ともに欠け、三一〇行を存するのみである。奈本にひきあてれば、その五〇八—八四七行に当る。両本ともに文章の一句切りごとに二字分ばかりの空白をあける。写真があまり鮮明でないので、よくは判らないが朱点は打ってないらしい。両本ともに達筆の行書で書かれ、玉本の方が、汚れが少ないのか写真が鮮明ではあるが、誤脱が多い。書体は、他の紀年写本にひきあてると、六世紀半ばの書写と見られる。すなわちわれわれのいう「東陽王もの」の一つである。北魏の末に敦煌の町が燉煌鎮から瓜州に昇格し、皇族の東陽王・元太栄がその刺史となって赴任した(五三〇頃)。北魏が東西魏に分裂し、さらに北周へと中央では政府が交替しても、かれとその承継者たちは瓜州刺史の地位を保ち、実質は地方官というより諸侯のようなものであった。東陽王は中央から写字生や仏教の学匠をたくさん敦煌に呼び寄せたらしい。かれの発願になる写経の遺品は、その十年前に燉煌鎮が作った一連の写経に比べて著るしく書風を異にする。またこの時期の日付をもつ仏典注釈書の遺品もかなりの数に上り、中には朱点をうったものがあり、講義や学習の用に供せられたことを語っている。誤脱を比べると、奈本から玉本を写したのでもなく、玉本から奈本を写したものでもなく、同一の祖本からそれぞれに写したものであると知られる。

上宮聖徳法王帝説

家永三郎

一　伝本とその成立

「上宮聖徳法王帝説」という内題をもつ本書は、現在は知恩院に所蔵されているが、文政十三年(一八三〇)頃までは法隆寺に伝えられてきた古典であり、幕末に僧徹定の手に渡り、明治十二年に知恩院の蔵に帰した、という。きわめて複雑な性格を有する典籍であって、補注に述べるとおり、「上宮聖徳法王帝説」という内題が、本書今本最古の筆蹟部分の全体にかかる書名なのか、その内の冒頭部分のみ、あるいはある部分を除いた残りの部分のみにかかるものなのかという疑問があるばかりでなく、そもそも、「上宮聖徳法王帝説」とはどういう意味なのかからして明らかでないのである。本書今本は天下の孤本であり、本書の成立は、すべて本書今本とその後世における利用状況とから推測する外に考える途がなく、しかも本書今本は、一巻の完成した書と見るにはあまりにも整理のつかぬ不統一の体裁をとっているために、そのようなものが今本の形をとるにいたった経過についても、古典成立研究の通常の方法にとどまらぬ複雑な検討手続を経ねばならぬのである。

まず今本の基幹部分は、その筆蹟の書風によって筆記年代を考えるほかないが、延暦・弘仁(七八二—八二四)にちかいという説は、内容の検討の結果いささか古過ぎ、表本文末尾の「伝得僧相慶之」という本文と異筆の署名とその直下のまた異なる筆蹟の草名とによって考えるに、相慶は法隆寺大般若経奥書により永暦年間(一一六〇—一一六一)より仁安年間(一一六六—一一六九)にわたり法隆寺五師の地位にあった人、草名は法隆寺文書永承五年(一〇五〇)十二月九日売券の草名と同一形であり、同文書中の人名と法隆寺別当次第により当時法隆寺五師であった千夏と認められるので、本文の筆写は永承年間以前、おそらく平安朝中期のものであろうと推定せられるのである。本文には訓点等のほかに破損部分に補筆があるが、それらは本文と筆蹟を異にし、時代が下るものとしなければならず、裏書もまた平安朝の筆蹟ながら本文とは同筆でなく、文中に「注承暦二年戊午南一房写之真曜之本之」とあり、真曜は法隆寺金堂日記の「西室南一真耀五師房」と同一人物で法隆寺西室院居住の法隆寺五師であることが判明するから、裏書の記入は承暦二年(一〇七八)以後という結論となる。

裏書は、内容や記入場所から見て、表の本文と別個の後入の文章であることは明白である。しかし、表の同一筆蹟で書かれた本文が全部最初から内題により総括される同一の典籍として著作せられたとも言いがたいのである。前述のとおりこの部分だけでも、一読して、何人もそのあまりに不統一なのを感ぜざるを得ないほどに異質の部分が混在し、かつ重複が多いなどの、一つのまとまった成書には類のない乱雑な内容をもっているからである。

本書の冒頭には、聖徳太子を中心とした皇室の系譜が記載されている。私は、この部分にその後の部分と明瞭に区分されるまとまりが認められるので、かりにこの部分を第一部と呼んでおく。次に、聖徳太子の伝記に関する記載があり、これもまた一つのまとまりがあるので、第二部と呼ぶ。その後に法隆寺金堂の二仏像と天寿国繡帳との各銘文の引用とその内の二銘文の注釈文と巨勢三杖歌三首の引用とがあり、この部分はその前後といちじるしく異質であるので、これを第三部とする。その後に、第二部と重複はするが同一でもない聖徳太子の伝記その他の記載があり、この部分もまた前後と区別されるので、第四部とする。最後に、聖徳太子に関係深い五天皇の在位年間・死去年・陵と太子の生没年・墓等との記録があり、これまた一連の同質の体裁から成るゆえに、第五部とする。以上を表示すると、左のとおりである。

伊波礼池辺雙槻宮(三五四頁二行) ↓ 但倉橋第四少治田第五也(三五八頁三行)	第一部
少治田宮御宇天皇之世上宮厩戸豊聡耳命嶋大臣共輔天下政(三五八頁四行) ↓ 到明年二月廿二日発病命終也(三六二頁一行)	第二部
池辺大宮御宇天皇大御身労賜時(三六二頁二行) ↓ 蘇良奈留許等乎支美爾麻乎佐奈(三七二頁七行)	第三部
丁未年六七月(三七二頁八行) ↓ 豊浦大臣子孫等皆滅之(三七四頁六行)	第四部
志帰嶋天皇治天下卌一年(三七四頁七行) ↓ 墓川内志奈我岡也(三七六頁三行)	第五部

そこで各部ごとにその性格と成立年代とを考えると、第一部と第五部とは、どちらも皇室系譜あるいは古事記等にいう

帝紀の類から出たと一般に考えられている記述とほぼ体裁を同じくし、もっとも古くかつ歴史的事実を忠実に伝える古記録と認めてよかろう。これに対し第二部と第四部とは、記録的要素もあるがすでに神話化された太子伝説・寺院縁起をふくみ、第一部・第二部よりもややおそい時期の成立にかかり、必ずしも史実の記録と認めがたいものが多いようである。第三部は、現にその原物の全部または一部の存する三銘文の引用とその注釈と他に所伝のない三首の和歌の引用(銘文の注釈中にも他に所伝のない一首の和歌の引用がある)を連記したもので、銘文引用の目的を注釈文中から推測すると、頭注に記しておいたとおり、太子無病死去を説く聖徳太子伝補闕記と太子・膳妃同夕死去を説く聖徳太子伝暦とのそれぞれの誤を正すためと思われ、そうであるとすれば、この部分の執筆されたのは聖徳太子伝暦の撰述年代とされる延暦十七年(七九八)以後ということになり、ひいては今本筆記年代の上限もまたここに求められるであろう。

二　各部分と本書全体の成立

第三部の内に他の部分よりおそく成立した部分のあることは、つとに金子長吾・平子鐸嶺・津田左右吉の着目したところであったが、太田晶二郎は私のいう第三部全部が本文の勘物として書入れられたのちに本文と混融したものとした。私見は太田説を祖述するものにほかならぬが、私はさらに、聖徳太子伝補闕記が明らかに本書の第一・第二・第四・第五の各部分を見て原資料としながら、太子無病死去という不実を記載しているところから、補闕記の作者は本書中第三部を欠く古本に拠ったものと推定するものであって、第三部後入説を、外的徴証からも立証しうると考えるのである。山田孝雄は、さらに進んで、私のいう第一部と第二部にそれぞれ対応する裏書として第五部と第四部とが記入されたとする推定を行ない、本書の原始的な形態は第一部と第二部とのみとし(『国語と国文学』第三十巻第八号所収家永著書評)、久信田喜一はこの考え方をいっそう進め、第一部のみが最初に成立した原形であると推定している(『芸林』第二十三巻第六号所収「『上宮聖徳法王帝説』の成立年代について」)。いずれにしても、少くとも第三部を欠くのが本書古本の形態であったということになれば、第三部をも他と同筆で連続筆記している今本は、古本の転写本と考えざるを得ず、逸失した古本は今本よりさかのぼった時点での成立と考えられるのである。しかも第三部を除く四部分も、それぞれ異質の文献と認められるので、その成立については、各部分ごとに別々に検討するのが順序である。

まず第一部と第五部とは、いわゆる帝紀的記事に終始し、説話的要素を欠くこと、「治天下」の表記を用い「御宇」の表記を用いないこと等から考え、おそくとも大宝(七〇一—七〇四)までは下らぬ時期に成立したと認められる。記紀と相違する内容をふくむことは、相互に原資料を異にした結果であって、ただちに成立年代の前後を意味しないが、少くとも両部分またはその原資料が成書としての記紀よりも古いことは推測できよう。その内容から見て、皇室の系譜として作成されたのでもあろうか。

第二部と第四部とは、前述のとおり説話的要素多く、造作談を交え、聖徳太子神話のかなり発達した時期の文章と考えられ、「御宇」の表記のあることから早くても大宝より前にさかのぼらない、八世紀頃の成立であろうか。日本書紀と相違するところもあるが、これまた原資料を異にしたためで、おそらく成立は成書としての書紀の完成以後であろう。

第二部の大部分は、天平十九年(七四七)の法隆寺伽藍縁起幷流記資財帳等との共通性の顕著なこと等から考えて、法隆寺の寺伝から出たものと認められる。ただし、第二部の冒頭の「少治田宮御宇天皇之世上宮厩戸豊聡耳命嶋大臣共輔天下政而興隆三宝起元興四天皇等寺制爵十二級大徳少徳大仁少仁大礼少礼大信少信大義少義大智少智」の一段は、その次の「池辺天皇后穴太部間人王出於厩戸之時忽産生上宮王」に始まる太子伝の最初にあって然るべき出生・幼年説話に先行している点で順序転倒の位置にあるばかりでなく、法隆寺縁起では元興寺を太子創建寺院中に数えていないところから見ても、法隆寺の寺伝から出たと認められる第二部の残りの部分と異質であり、第三部の釈迦銘文注釈中に引用されている「帝記」と同様に、元興寺の寺伝から出た独立の説話文が、法隆寺の寺伝から出た一連の説話文の冒頭に置かれたものと考えるのが合理的な解釈であろう。

第四部には、法隆寺の寺伝から出たと思われる内容は無く、四天王寺や元興寺の縁起と符合するものがあるので、右両寺の寺伝に直接間接に由来するものをふくむ一連の記述と認められる。太田晶二郎が、「土人云、不レ知ニ時世之号名一。但知ニ嶋大臣時一耳」という摂津国風土記逸文の一句を引き、蘇我氏を軸とする歴史体系があったことを推測し、本書のこの部分もすべて蘇我氏という緯で貫かれていることを注意しているのも、傾聴に値しよう（『歴史教育』所収「『上宮聖徳法王帝説』夢ものがたり」）。

各部分の成立は、記紀や諸寺の縁起等の並行古典の所伝内容との比較を通し推測するほかに、語句の表記の新古の比較による方法もある。「治天下」「御宇」の用法がその一つであることはすでにふれたが、そのほか第一部の系譜の部分の人名表記は聖徳太子平氏伝雑勘文所引上宮記逸文のそれよりも新しいとされている。他の説話部分についても、七・八世紀の文献の用字法との比較による年代考定の試みがなされているけれど、国語学にくらい私としては、今深入りをさし控えたい。

第一部の前に書かれている問題の「帝説」が、補注で紹介した学説の推測するように「帝記」の誤写であり、帝記あるいは帝紀が一般に考えられているように、説話物語をふくまない系譜・生没年・陵墓等の記録を意味するならば、「上宮聖徳法王帝記」という内題が第一部のみの表題として付せられていたのであって、他の四部をふくむ今本全体の表題として書かれているわけではないという推論も可能であるけれど、これはいくつかの仮定を積み重ねた上での結論であって、今のところ私としては、「上宮聖徳法王帝説」という書名の正確な説明は不可能としておきたい。

三　本書の史料価値

まず、本書全体として、聖徳太子信仰・太子伝説発展を考えるための成書（仏像等の銘を別とすれば）として、日本書紀と並んでもっとも古い文献であり、聖徳太子伝補闕記や聖徳太子伝暦に先行する貴重な遺物史料としての価値をもつといえる。

次に、陳述史料としても、記紀の所伝を訂正し、あるいは記紀の伝えない事実を補うに足りる内容を多くふくみ、その点からも日本最古の記録の一つとして、陳述史料としての価値もきわめて高い。例えば、第一部の系譜には記紀の伝えないところを多くふくみ、上宮記とならんで記紀の皇室系譜の欠を補うことができる。第三部の釈迦像銘注釈文中に引く「帝記」の存在、「伊我留我乃…」という和歌、巨勢三杖の和歌三首も、その作者の真否はともかく、いずれも他に所見が無い。第四部の仏教渡来年月は、元興寺縁起とあわせて書紀の年紀を訂正するに足りる異伝である。第五部の各天皇の在位年数や聖徳太子の生没年等も、記紀と異なるところをふくみ、比較研究に値しよう。第三部に引用する二つの仏像銘は原物が現存するので、本書の誤字をふくむ引用文には独立した史料価値を見出し得ないけれど、原物のほとんど滅失した天寿国繡帳亀甲文は、宮内庁書陵部所蔵伏見宮家本・九条家本の亀甲文の各全文写本、諸家分蔵の写本断簡等とあわせて、現存しない亀甲文の全文を復原するための貴重なテキストである(『書陵部紀要』所収飯田瑞穂「『天寿国曼荼羅繡帳縁起勘点文』について」・『中央大学文学部紀要』所収同「天寿国繡帳銘の復原について」参照)。この亀甲文は、内容において聖徳太子の家族生活の一端を伝える確実な記録であるほかに、太子の思想の表現として疑う余地のない「世間虚仮、唯仏是真」の遺語を伝える点で、特に思想史の史料としてかけがえのない価値をもつ。

本書では、裏書は後補入の文字として補注欄に収めたが、そのうち、山田寺建立の記録は、七世紀後半の寺院建築過程ならびに塔仏舎利奉納方式を伝える確実な記録として、仏教考古学の他の寺院についての調査成果とあわせて珍重すべく、また曾我無耶志の般若寺建立も他に所伝のない記録であって、このような裏書が補入された今本の陳述史料としての価値は、本書固有の部分のそれにさらに加上されていると言えよう。

なお、本書の語句の表記が国語史料として重要な価値をもつことについては、別に解説される。

四　利用と研究の沿革

本書に法隆寺の寺伝による部分をふくむこと、法隆寺にある仏像等の銘文三を引用していること、法隆寺五師の伝領にかかり幕末まで法隆寺に所蔵されていたこと等は、本書の編述も法隆寺内で行われたという推定をもっとも合理的と感じさせる。しかしながら、千夏の草名以前の本書の存在状況を明確にすることは、きわめて困難である。前述のとおり、聖徳太子伝補闕記の原資料として本書今本よりも前の段階の古本が利用されたと認められることのほか、一心戒文所引天長元年(八二四)太政官符所引登美真人藤津解に「自開法華権実之智、具通維摩不二之宗」とあるは、あるいは本書第二部の一節を引用したのではないかとも考えられるが、断定はむつかしい。

平安末まで法隆寺において加筆・伝領等本書の披閲がなされてきたにもかかわらず、中世に入ってからは、法隆寺内でもその存在が忘失されていたのではないかと思われるふしがある。第一に、寺僧顕真が延応・寛元(一二三九—一二四七)の頃に執筆したと考定されている聖徳太子伝私記に初めて「上宮聖徳法王帝記」の名の下で本書第一部の一部の引用のあるのを初めとし、近世にいたるまでしばしば寺僧の太子伝関係著作に引用されているのであるが、玉林抄に「法皇帝記云」として本書第二部の一節を引くのと、太子伝阿弥陀院抄に同じく「法皇帝記曰」として本書第三部の巨勢三杖作歌を引く(林幹弥の研究による)のを別とすれば、他はすべて第一部の系譜の部分に限られているばかりでなく、揃いも揃って書名を「帝記」と記し、「帝説」と書いていないのである。太子伝私記の引用中に「本破不見給云」という注記があって、それが今本破損部分と一致しているところから、その引用が今本以外の別系統のテキストから出たのではないことは明白であるが、はたしてこれらの引用者は今本の実物を見て引用したのであろうか。もし今本全体を見ていれば当然参照すべき問題点に引用個所以外の今本記述を一切引用していないこと、すべてが「帝記」と誤記しているのは偶然の一致とするにはあまりに揃い過ぎていることなどによって思えば、おそらく今本の一部を抄写した断片的写本があって、顕真以下の引用者はみなそれから孫引したのであり今本は見ていない、と考えるほかに解釈がつかないのである。

第二に、補注に記したとおり、天寿国繡帳の存在も文永十一年(一二七四)の発見まで忘失され、間人皇后の忌日が不明であったのは、本書の存在が寺内で知られていなかったためと考えるほかない。いずれにしても、本書は、その重要な内容にもかかわらず近世に入るまで法隆寺内に死蔵され、今本成立以後は、太子説話の発展の上にもなんら加上する機能を演ずることなく、延喜十七年(九一七)撰述の聖徳太子伝暦に、書紀以外では、太子説話のほとんど唯一の源泉としての地位を独占させたのであった。

しかしながら、近世実証史学の成立が、はじめて本書の発見を導き、すでに神話化されていた太子の伝記に極度の造作を加上した太子伝暦から離れ、つとめて太子伝の原始態を復原しようとする意図を生み出し、本書は、その意味で書紀とならび、あるいは書紀をも凌ぐ高い史料をもつ古典として再評価されるにいたるのである。すなわち、大日本史編纂のために開始された水戸藩の修史事業の前提として展開された史料蒐集調査の中で、元禄八年(一六九五)太子伝補闕記その他とともに本書の転写が行なわれ、大日本史の稿本に引用された。本書の再発見と最初の学問的利用として、特筆に値する功績であるといわねばなるまい。次いで、塙保己一が水戸写本によってこれを群書類従に収めて公刊し、はじめて本書全文が世に広く紹介されることとなった。文政元年(一八一八)の頃、考証学者狩谷棭斎が本書の注解を試み、文政四年『上宮聖徳法王帝説証注』と題する、最初の注釈書を完成した。この書は明治末まで公刊されなかったが、伴信友はじめ多くの考証家が競ってこれを書写し、棭斎の注の上に自説を加えた書入れを行なっており、私の知るかぎりでも三十本内外の多きを数える。なかんずく明治の近代史学の成果をとり入れた平子鐸嶺の書入れが白眉といえよう。明治四十三年長田権次郎の『証注』公刊に次ぎ、大正二年鐸嶺書入を加えた『補校上宮聖徳法王帝説証注』が公刊せられたが、これにさきだち明治三十四年に金子長吾の『上宮聖徳法王帝説新註』が出版されており、本書全体にわたる最初の公刊注釈書となった。

棭斎の『証注』を起点とする一連の研究は、主として国学者系統の人々の考証学的研究であったが、明治以後、国語学・歴史学・考古学等の急速な進展に伴ない、本書の記紀を補正する陳述史料としての価値や国語史料としての価値が高く評価せられ、多くの学術研究にしばしば援引せられた。しかしながら、本書の成立についての文献学的批判は、津田左右吉らが簡単に論及したにとどまって、徹底的な考察を進める試みは、敗戦前にはあまりなされることなく、戦争中に家永三郎が、太田晶二郎らから多大の示唆を受けつつ遂行した研究が、昭和二十六年に『上宮聖徳法王帝説の研究　各論編内容研究編』、同二十八年に『上宮聖徳法王帝説の研究　総論編文献学的研究編』とそれぞれ題して公刊されたのが、論旨の当不当過不足はともあれ、本書にたいする本格的な全面研究書としては最初の試みであろう（昭和四十七年合冊して増補を加えた「増訂版」が刊行された）。この「日本思想大系」の解説・頭注・補注は、家永執筆の部分に関するかぎり、ほとんど右著書で達した水準を越えていないけれど、国語学に全然通じない家永の右著書の訓読の部分が国語学の研究成果をとり入れることができなかったのに反し、この大系本で、初めて本書に国語学の最新研究の成果に基く訓読文が作成されたのである。学問的基礎ある訓読を全部に施した点で、この大系本は本書研究史上画期的意義をもつと言ってよいであろう。

「憲法十七条」「勝鬘経義疏」「上宮聖徳法王帝説」の国語史学的考察

築島　裕

今回、「憲法十七条」「勝鬘経義疏」及び「上宮聖徳法王帝説」の三書を集録して「聖徳太子集」を編するに際し、その全体の本文の作成と、国語学の面からの附注を担当したのであるが、それらに関して若干の所見を述べ、読者の参考に供したいと思う。

一　「憲法十七条」について

「憲法十七条」は、本来、日本書紀巻第二十二、推古天皇の十二年四月の条の下に、その全文が収載されているものである。現存する憲法十七条の本文の内、年代の古いものは、何れも日本書紀巻第二十二の中に見出されるものである。これに対して、古来、憲法十七条だけが独立で一書を成すものもあるが、恐らくこれは、日本書紀の中から後人が抄出したものであろうと考えられる。

憲法十七条の本文の中で現存最古の写本は、東洋文庫蔵本の岩崎本日本書紀巻第二十二の中に収められているものである。この本には、書写奥書は存しないが、料紙・筆致等から見て、その書写年代は平安中期を下らず延喜の頃(十世紀初頭)まで遡るかと言われており、夙に国宝に指定されている。本巻編纂に当っては、この本を以て底本とした。又、この岩崎本には、全文に亙って数種の古訓点が加えられている。その大要は後に述べる通りであるが、本巻において訓み下し文を掲載するに当り、その古点の内、最も古いと推定される所の、朱点(及び一部は同じ頃の墨点)について、その訓み下し文を収載することとした。この朱点は、加点奥書は無いけれども、仮名字体やヲコト点の加点状態から見て、平安中期(十世紀)の頃のものと考えられるのであり、憲法十七条の訓法としては、現存最古の形を、これによって知ることが出来るのである。理論的には、撰述当時(聖徳太子撰とするならば七世紀初頭)の訓法を復元することも一つの行き方ではあろうが、奈良時代以前の漢文の古訓法を遡源復元することは、現在の研究段階では極めて困難であり、不確定の要素を多く含んだ訓み下し文の試案を提示するよりも、寧ろ実際の古訓点の実態を提供した方が、多くの点について有意義であろうと考え、右のような方式を適用した次第である。

岩崎本日本書紀巻第二十二は、巻子本一巻、縦二八・〇糎、全長一〇九三・〇糎、紙数二十二枚、料紙は白色であるが穀紙様の泥交りの特殊なものである。墨界を施し、界高二一・五糎、界幅二・〇五糎。一紙二十四行、一行十六字に記し、端厳な楷書体で書写されている。書写年代は、上述のように、平安中期を下らず、延喜頃まで遡るかといわれる。

岩崎本推古紀の朱点の仮名字体及びヲコト点は、第一・二図に示す如くである。「憲法十七条」の原漢文とその訓み下し文は、この岩崎本の本文と朱点の古点(及び墨点第一次点)に拠ったのであるが、更に参考として、次の諸本を採り上げ、漢文の本文と訓点とを校異として示した。

①岩崎本　墨点第二次点(院政期、仮名、ヲコト点・第五群点)

②図書寮本(現宮内庁書陵部蔵本)　朱点・墨点(永治二年(一一四二)、仮名、ヲコト点・古紀伝点か)

③北野本　朱点・墨点(院政期、仮名、ヲコト点・古紀伝点か)

底本を含めて都合四本の内、岩崎本朱点と、①岩崎本墨点第二次点とは、極めて近い関係にある。岩崎本墨点第二次点は、大部分が仮名の傍訓であって、朱点を襲ったものが多く、二三の小異があるに過ぎない。その仮名字体(第三図)及び

〔第一図〕岩崎本推古紀所用仮名字体表(朱点)

〔第二図〕岩崎本推古紀所用ヲコト点図(朱点)

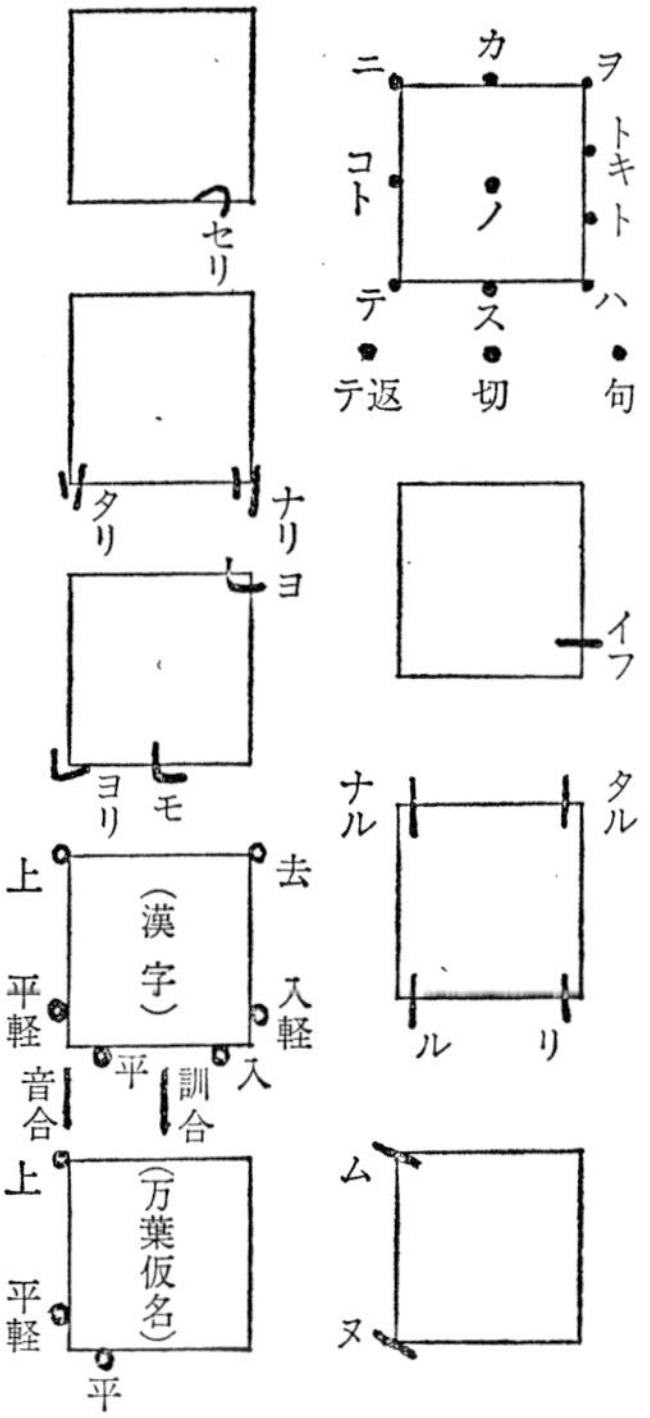

〔第三図〕岩崎本推古紀所用仮名字体表(墨点第二次点)

〔第四図〕岩崎本推古紀所用ヲコト点図(墨点第二次点)

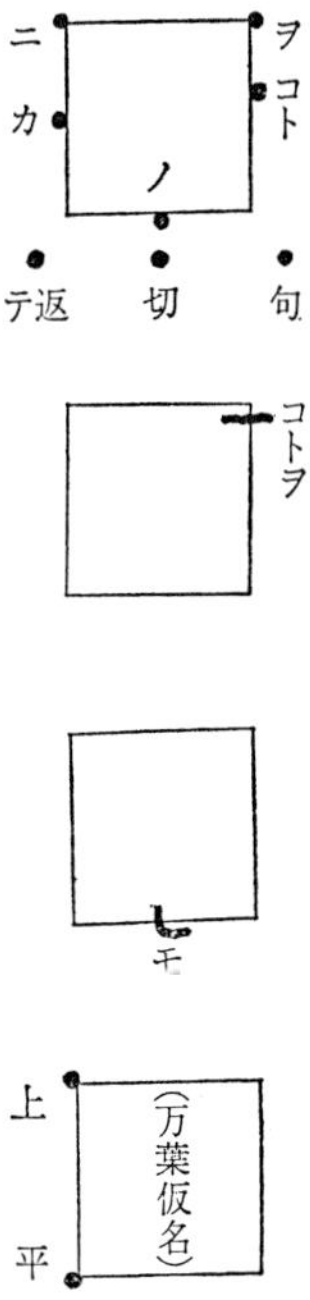

ヲコト点図(第四図)を示す。

これに対して、②図書寮本の訓法は、若干異る点が存する。又、③北野本の訓法は、②図書寮本と極めて近いものである。そのような例は本文中随所に見出されることであるが、試に一例を示せば次の如くである。

〔条〕	〔漢字〕	〔岩崎本朱点〕	〔①岩崎本墨点〕	〔②図書寮本〕	〔③北野本〕
一	達	サトル	サトル	サトリ	サトリ
二	敬	ヰヤマフ		ヰヤマヒ	ヰヤマヒ
	僧	ホシ	(ホ)ウシ	ホウシ	ホウシ
三	言	ノタマフをは		ノタマフトキハ	ノタマフトキハ
六	鋒	トキ		スクレタル	スクレタル
	佞	カタミ		カタマシク	カタマシク
七	賢哲	サカシヒト		サカシキヒト	サカシキヒト
十	瞋	オモヘリノイカリ	オモヘリノイカリ	オモヘリ	オヘリ
				オモテノイカリ	オモテノイカリ
	是非	ヨクアシキ	ヨクアシキ	ヨミシアシムスル	ヨミシアシムスル
十一	日者	ヒココロ	ヒココロ	コノココロ	コノココロ

右、主要な相違点を挙げたのであるが、全体として見れば互に近いのであって、中世以後の訓法と比較するならば、その相互の隔りの近いことは言うまでもない。

図書寮本は、その巻第二十三舒明紀の奥に、

永治二年(一一四二)五月廿七日以弾正弼大江朝臣

とあって、この「弾正弼大江朝臣」は大江匡衡(九五二—一〇一二)と推定されている。従って図書寮本の訓点は、舒明紀と同じく、推古紀も大江家伝来の訓法と推定し得るのであり、これと殆ど同一の訓法である北野本の古点も、同じく大江家の訓法と見る可能性が大である。「釈日本紀」巻第一所引の「新国史」の記事に拠れば、延喜四年(九〇四)度の日本紀講筵の際には、式部少丞大江千古が講座に預らしめられたと記されているが、千古は匡衡の曾祖父に当る人であって、大江家に日本紀の説が伝えられた可能性は大いに考えられるのである。

岩崎本の訓法がどのような流によるものか未だ詳でない。大江家以外であることは言えようが、紀伝の流であるか、明経の流であるかも詳でない。所用のヲコト点の形式から見れば、天暦二年(九四八)加点の漢書楊雄伝の古点(藤原良佐加点)などとも異り、寧ろ宇多天皇宸翰周易抄古点に近い点があって、宇多天皇は明経博士の善淵愛成と交渉が深かったことなど考え合せると、或いは明経道系統のものではないかとも思われるが、確ではない。

二 「勝鬘経義疏」について

「法華義疏」「勝鬘経義疏」「維摩経義疏」の三経義疏の内、「勝鬘経義疏」一巻を選んで、その全文と訓み下し文とを収載する。

「勝鬘経義疏」そのものの成立、及び本文については、他の解説に譲って省略し、ここでは主として底本として採用した法隆寺蔵本について解説を加え、併せて、法隆寺本の有する価値、殊に聖徳太子についての教学史の上で占める位置などにつき、若干の所見を述べたいと思う。又、本大系には収めることが出来なかったが、「法華義疏」及び「維摩経義疏」については、法隆寺において、本巻に収めた「勝鬘経義疏」と一具のものとして伝承されて来た古写本・古刊本が存するので、それらについても若干の言及を試みることとする。

「勝鬘経義疏」の諸伝本については、既に先学によって多くの研究があり、殊に、花山信勝博士の大著『勝鬘経義疏の上宮王撰に関する研究』においては、詳密周到な成果が示されていて、ここで今更加えることは殆ど無い。ここでは、本書の底本とした法隆寺蔵本の古刊本について、主として解説を加えることとする。ここで取上げるのは法隆寺経蔵内に存する「勝鬘経義疏」の刊本の中で最も古いと考えられる本(文永四年(一二六七)の奥書を有するので、仮に「文永本」と略称する)である。

法隆寺蔵本「勝鬘経義疏」は冊子本粘葉装一帖、料紙に雲母引の白楮交り斐紙を用いた刊本で、一頁七行、一行十九字を配し、全巻に改行が無い。縦二五・九糎、横一五・八糎、界線は無いが版面は縦約二一・四糎、横一二・五糎を算する。版面は漆黒で重厚な雰囲気を持った本である。刊記は存しないが、鎌倉時代の宝治元年(一二四七)頃の版と推定されている。その根拠は、本書と同じ版と見られる「法華経義疏」の巻尾の刊記に、

上宮太子御草本在法隆寺/校彼本彫此摸畢/宝治元年丁未十月日

とあることによって推定されるのである。

現存本は、表紙共都合百五丁を数えるが、現在の装幀は、後の修補によるものである。現装の表紙には、現装第一丁と共紙になっている表紙に薄茶地無文の厚紙を貼付け、共紙表紙との間に修補紙を挿入して貼合せてある。而るに現装の第一丁は、第二丁以下と比較すると、版面は同一と見られるが、文字の刷面の色合が異り、明に別刷である。料紙も質が異り、第二丁以下よりも楮が強く、雲母引も無い。又、訓点も異っていて、ヲコト点を有せず、南北朝時代頃の加点に係る仮名点のみである。この二丁(一紙二つ折)は明に別本の竄入であると知られる。

然るに現装の末尾を見ると、奥書を記した最後の丁(第百一丁)の次に更に二丁が存して、第百二丁及び第百三丁となるが、実はその第百二丁が本来の原表紙、第百三丁が本来の第一丁なのである。それは料紙、版面が、第二丁以下と全く同一であり、訓点も亦同一であることによって知られるのであって、本来は巻首に在った二丁一紙が、後に巻尾の位置に転

じたことが明である。多分、修補の際に誤って別本の巻首を貼付けてしまったが、後に本来の巻首が出て来たので、それを巻尾に貼加えておいたものであろう。従って、本来の装幀としては、表紙一丁、本文百一丁存したものであろうと考えられる。

原表紙(即ち現第百二丁)は変色しているが、本来、銀箔を散してあったらしく、法隆寺蔵本の「維摩経義疏」(刊本三帖、後述)の表紙と同質である。表紙右下には識語(多分人名であろう)があったらしいが、判読し得ない。表紙左下には、

勝鬘㐬

四十歳春正月廿五日
四十一歳正月□(「十五」カ)日□□
四十三春正月八日□□

という記載が見える。恐らく「聖徳太子伝暦」の記事によって、「勝鬘経義疏」・「維摩経義疏」及び「法華経義疏」製作の時期の太子の年齢を記入したものであろうと思われる。

本来の第一丁(現第百三丁)の表第一行には問題があって、

勝鬘経義疏巻一 此是大倭国上宮王私集非海彼本

とある。本書は全一巻で巻次は無い筈であるのに「巻一」とあるのである。第百一丁表には尾題があって、やはり同様に「勝鬘経義疏巻一」と見える。然るに巻首附載の別本の第一丁(現第一丁)の内題にはこの「巻一」がなくて、

勝鬘経義疏 此是大倭国上宮王私集非海彼本

とあるだけである。多分、後に「巻一」の衍文なることを知って、後に版面を削除したのであろう。

第百丁裏から第百一丁表にかけて、次のような奥書がある。(何れも墨書)

(奥書)

Ⓐ「文永四年丁卯五月　日
九旬談義以後者早可被送進大経蔵
更不可留置私住坊者也
大勧進圓學」
(別筆一)「傳領實雅」
(別筆二)「弁祐」(擦消)
「□□」(擦消)
「□□□□」(擦消)
「□□□□」(擦消)
(別筆三)「傳領會度得業」

(文永四年識語の前に在り)
Ⓑ(別筆二)「奉寄進　法隆寺
應永十六年己丑卯月五日　弁祐敬白」

Ⓐの奥書は文永四年の筆であって、本奥書ではない。従って、本書の刊行年次は、遅くとも文永四年以前であること疑無い。(因に、文永四年は上述の宝治元年から丁度二十年の後である。)

奥書に見える僧の中、実雅については、異本「別当記」(実乗本)に見られ、第七十八代別当で、興福寺松林院の僧で、僧正に至り、応永十六年(一四〇九)に他界した旨、高田良信師によって明にされた。(「法隆寺別当并法頭(歴代管主)次第」、「聖徳」第五十三号、昭和四十七年七月)又、高田師の御教示によって、右の奥書に見える「円学(覚)」及び「弁祐」について知見を得た。それによれば、円覚は法隆寺北室の勧進比丘で、文永五年(一二六八)西室修造の時の奉行衆、同年食堂厨房造立の際の勧進僧であり、又弘安七年(一二八四)新堂修理の際の勧進僧であった。又弁祐は源日房律師と称し、法隆寺閼伽井坊の住僧で、永享二年(一四三〇)舎利殿修理の際の修理奉行を勤め、嘉吉三年(一四四三)舎利預に補任、文安三年(一四四六)五月廿五日に六十八歳で他界している由である。

「勝鬘経義疏」についての記録は、古く奈良時代から見えているが、古写本・古版本の類で現存するものとしては、平安時代以前の遺品は一つも知られておらず、鎌倉時代の古版本を以て最古の本とする。然して、その刊本は、もとの版木は同一であったらしいが、何回かの版面の削除訂正などを行ったものと見え、現存する三種の本には、次のような前後関係のあることが明にされている。

①初刷本　法隆寺蔵本　完本

今回翻刻の底本としたもの。

②第一次修印本　慶応義塾図書館蔵本(石井積翠軒・宝玲文庫旧蔵本)

本文中十八葉欠損。

③第二次修印本　法隆寺蔵本

②③の前後については花山信勝博士の考証、①②の前後については阿部隆一博士の考証によって明になった所である。

右の諸本の本文のうち、①と②との相違について、略述すれば、

	①法隆寺本	②慶応本
(1)一ォ一	勝鬘経義疏巻一。。	「巻一」の二字削去
(2)五ゥ五	故。一云時者是謂説法鼓経時也	「故」の一字削去
(3)二〇ォ一	故云若不。忘失法即三行都忘	「不」の一字削去
(4)三八ォ五〜六	但形於八地以上一念備修備修。。故云不捨	「備修」の二字削去

(5)八七ウ三〜四　従一切阿羅漢以下釈二乗智就中亦可見　「就中」の二字削去
(6)一〇〇オ一　勝鬘経義疏巻一　「巻一」の二字削去

の都合六ヶ所について、①法隆寺本の衍字を②慶応本が削去して(2)(3)(4)(5)をそれぞれ空格のままとしているのである。①法隆寺本は、(2)(3)(4)(5)の各問題の文字を朱筆によって抹消しており、文永又は応永の頃の加点の際には、その衍字たることを認めていたことも明である。尚、②③の前後については、目下直接の関係が深くないので、省略に従うこととする。

本書には数種の訓点が施されている。朱書と墨書とがあり、朱点は仮名及びヲコト点(喜多院点)を併用し、墨書は仮名で記されるが、各〻に少くとも三種、都合六種類のものが識別される。即ち、次の通りである。

第一次点　朱点(仮名、ヲコト点・喜多院点、文永四年(一二六七)頃)(奥書Ⓐに対応か)
第二次点　墨点(仮名、文永四年頃)
第三次点　朱点(仮名、ヲコト点・喜多院点、応永十六年(一四〇九)頃、弁祐加点か)(奥書Ⓑに対応か)
第四次点　墨点(仮名、応永十六年頃)
第五次点　朱点(仮名、ヲコト点・喜多院点、室町中期以後江戸初期頃迄か)
第六次点　墨点(仮名、室町中期以後江戸初期頃迄か)

実際には更に細分されるべきものかも知れないが、判別の可能なのは右の程度である。又、この他に朱書及び墨書の漢文注(導)が行間欄外に多数記入されている。(今回の翻字では、この導の類は省略した。)この中、第一次点が主要な訓点であり、第二次点は主として第一次点と異る異訓を併記したものの如くであって、共に文永四年頃の筆致である。奥書Ⓐに対応するもので、文永四年の談義の際に加点されたものではないかと推定される。

第一次点(文永頃の朱点)の仮名字体表及びヲコト点図を次に掲げる(第五図・第六図)。又、第二次点(文永頃の墨点)の仮名字体を(　)に括って第五図の中に併記する。

〔第五図〕 法隆寺蔵本「勝鬘経義疏」（文永本）第一次点
仮名字体表（（　）内は墨点第二次点）

ア	カ	サ	タ	ナ	ハ	マ	ヤ	ラ	ワ	符疊
ア	カ（カ）	サ（サ）	タ（タ）	ナ（ナ）	ハ（ハ）	ニ（ニ）	ヤ	ラ（ラ）	ワ	タ、
イ	キ	シ	チ	ニ	ヒ	ミ		リ	ヰ	
イ	キ（丶）	し（し）		ニ	ヒ	三		リ		コ、ロ
ウ	ク	ス	ツ	ヌ	フ	ム	ユ	ル		云
ウ	ク（ク）	ス（ス）	ツ（ツ）	ヌ	フ（フ）	ム（ム）		ル（ル）		云
エ	ケ	セ	テ	ネ	ヘ	メ		レ	ヱ	事
エ		せ（せ）	チ（チ）	子	ヘ（ヘ）	メ		レ（レ）		丁
オ	コ	ソ	ト	ノ	ホ	モ	ヨ	ロ	ヲ	
	コ	ソ	ト（ト）	ノ	ア（ア）	モ（モ）	ヨ	ロ	ヲ（ヲ）	

〔第六図〕 法隆寺蔵本「勝鬘経義疏」（文永本）第一次点ヲコト点図（喜多院点）

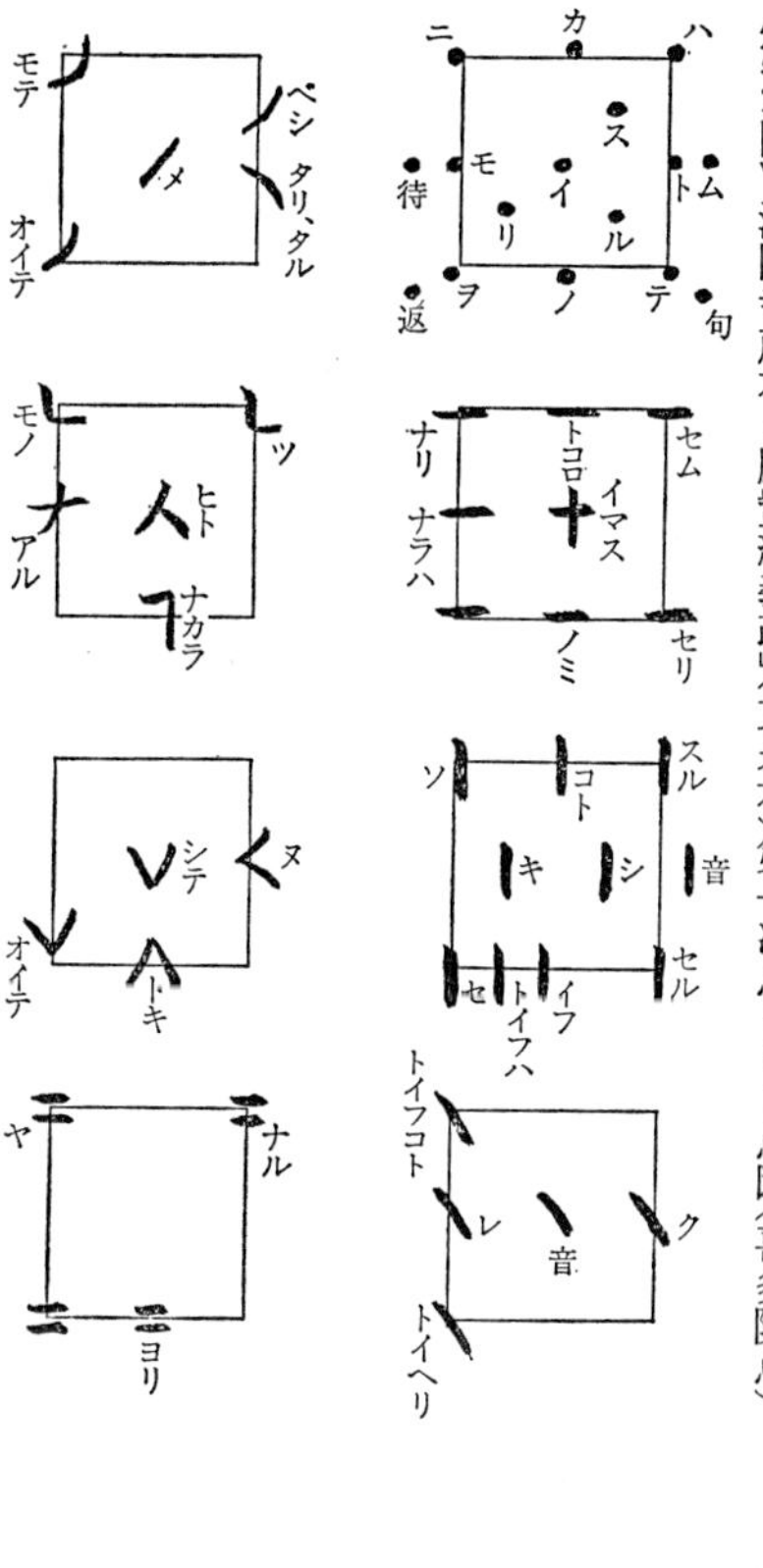

次に右の奥書の中に見られる「九旬談義」について考えて見たい。既に花山信勝博士が『勝鬘経義疏の上宮王撰に関する研究』の中で博捜の資料に基づいて論じて居られるので、それに拠りつつ、若干の資料を増加して更に考えて見たい。

「別当記」（法隆寺蔵本）の範円僧正の条に、

〽嘉禄三年丁亥（一二二七）四月十六日ヨリ至七月十四日九十日之間／義疏談義始行之。読師興福寺璋円已／講。弁当寺学頭被成畢。〽談義発願／結願ニ〽別当僧正範円之御下向在之。〽七月十四日夜講問番論義結構之講師璋円已講。問者専寺栄範小補公。論匠人と。栄増。顕真。覚増。聖算。信遍。澄弁六人。皆専寺也。

という記事がある。これによって、鎌倉時代初期の嘉禄三年に、九十日間の談義が行われていたことを知る。恐らく夏安居として行われていたのであろう。同じ「別当記」の玄雅法印の条に、

〽同（文永九）年壬申（一二七二）六月廿七日酉尅。談義鐘搥時。忽西寺鐘落畢。

という記事がある。この中の「談義」は恐らく九十日の談義の意であろう。時期も夏季であって、符合する。

これらの九十日間の談義が、本書奥書にいう「九旬之談義」と同じものであることは、恐らく誤無いであろう。所でこの行事は何時頃から始められたものであろうか。これについて、「斑鳩古事便覧」には次のように述べている。この本は江戸時代天保七年(一八三六)に、僧覚賢が輯録したもので、『大日本仏教全書』の寺誌叢書一に収められている。

三経院　此殿者。推古天皇二十七年己卯冬十月。皇太子録二四節遺願一。寄二田村臣一。奉二天皇一。第二云。住二法隆学問寺一僧侶。毎年九旬令レ講二法華勝鬘維摩三部経一。法輪常転而済二万民一。紹二隆三宝一以護二率土一。因レ茲号二三経院一。毎歳一夏九旬間講談。于レ今無レ缺也。

この記事によると、九旬談義は、聖徳太子の時から脈々として行われていたことになる。しかしこの文は、明に「聖徳太子伝暦」に拠り、それから抜抄したものである。「聖徳太子伝暦」には、

推古二十七年夏四月。……因有二四節意願一。……二云。住二法隆学問寺一僧侶。毎年九旬。令レ講二法花。勝鬘。維摩三部経一。法輪常転而済二万民一。紹二隆三宝一。以護二率土一。

と記されている。しかし「伝暦」が果して事実をそのまま伝えるかどうかは、疑問の多い所である。その書は藤原猶雪氏によって、延喜十七年(九一七)藤原兼輔の撰する所と言われており、この説によって花山博士は、九旬談義が延喜以後行われたであろうと推定されているのであるが、「伝暦」の延喜成立説については、尚検討の余地もあるようで、単にこの書の記事だけによって直ちに九旬談義が延喜まで遡るとすることには、遽に賛成し兼ねる点も残る。

結局、これらの資料から見た限りでは、九旬談義の起源を確めることは困難であって、寧ろ別の方面に資料を探らざるを得ないと思われる。

「別当記」を繙くと、「三経講讃」「勝鬘講」などの記事が、次のように散見している。

○別当記　信慶律師条

同(仁平)四年(一一五四)甲戌二月廿二日勝鬘講同断絶之了。即目代憲経依非法執行了。

○同　成宝僧都条

元久二年乙丑(一二〇五)蔵宝物自南北ニ移。依勧修寺僧正法務仰。經所下於三経院。三経講讃在之。講師三人。問者三人。

○同　範円僧正条

建暦元年辛未(一二一一)別当下向於上宮王院三経講讃在之。講師三人。問者三人。興福寺菊薗御時也。

○同　建暦二年(一二一二)十一月廿九日三ヶ日於上宮王院勝鬘会始之。聴衆十人異本廿五人。講師増弁金善房已講(以下略)

○同　建保元年癸酉(一二一三)勝鬘会竪儀始行之。竪義者厳度尊仏房得業成業名此時始。講師聖融五師。(以下、嘉禄二年(一二二六)に及ぶまで毎年勝鬘会講師の名を記す)

○同　〔同(寛喜二)年庚寅(一二三〇)十一月十四日三経講始行之。又名勧学講之。

これらの記事によると、平安末の仁平四年には勝鬘講が断絶したというのであるから、その時まで継続して行われていたことが推測される。そして少くとも鎌倉初期には、三経講讃が屢〻行われていたことが判るし、又、殊に勝鬘経については、勝鬘会竪儀が毎年行われ、その講師が定められていたというから、その際に勝鬘経の講読が行われたことは想像に難くない。そして、勝鬘経の講讃というのは、具体的には、恐らく聖徳太子撰とされていた「勝鬘経義疏」によって行ったものであろう。「斑鳩古事便覧」には、九旬談義が今に至るまで絶えないといっているが、中世以来連綿として後に及んだものと思われる。そして、法隆寺蔵本の「勝鬘経義疏」には、鎌倉時代から江戸時代にまで各時代に亙って、訓点や注記の記入が行われているが、これらはその談義の際における歴代の研学の跡を示すのであろう。

本書の訓点は、上述のように数種のものがあるが、中で文永頃の朱点が中心を成しており、全文に亙って解読し得るが、他の点は何れもこの文永頃の朱点を補足又は部分的に訂正するような形で加点されている。本書の解読文は、この文永頃の朱点を本文とし、その他の諸点は、これを頭注の形で付記することにした。

文永頃の朱点は、加点の識語が無くて、厳密に言えば、加点者も詳でない。しかし本書が文永四年当時には法隆寺の経蔵に在り、又勝鬘経の談義に使用されていたことは明である。又、後述の「維摩経義疏」には文永四年の加点識語があり、本書もこれと同時同種の加点である可能性が大きい。恐らく本書は、三経義疏として一括して法隆寺の学侶の間で加点されたと見て、誤無いであろう。所で、その加点は比較的詳細であるが、本文の内容の関係上、漢語の使用が多く、仮名の附訓はさほど多くない。従って、音韻や語彙の面では、あまり多くの国語資料を提供しないのであるが、語法の面については若干の注目すべき点がある。それは、鎌倉時代の加点でありながら、古い時代の訓法の名残を留めていると思われる面があることである。その例を次に示す。

Ⓐ助詞「イ」の使用

(例1)第三に、「彼見妙花」(といふ)従《よ》(り)以下は、衆い疑を断ずること得て、仍(し)願を発(す)といふことを明す
(第三、従彼見妙花以下、明衆疑得断、仍発願)(八七頁)

(例2)所修の〔之〕善い、理に当(り)て邪に非ず(所修之善、当理非邪)(九三頁)

(例3)境い修す応《べ》きこと有(り)(境有応修)(一七五頁)

Ⓑ人物を表す「ヒト」の使用

(例4)宜(し)く此(の)理を窮(むる)者《ひと》を明(す)宜《べ》(し)(宜明窮此理者)(二七三頁)

(例5)第一(には)蔵を信ずるひと(は)即(ち)法身を信(ず)といふことを明し(第一明信蔵即信法身)(二六一頁)

(例6)旧(き)ひとの釈(すら)く、「捨身」といふは謂く、自(ら)放に奴と為《ナ》ル(旧釈、捨身謂、自放為奴)(一三七頁)

Ⓒ「故」を「カレ」と訓ずる例

(例7)但(し)三(を)破(せむと)欲《す》(るが)故(に)、故《か》レ一ト云(ふ)〔也〕(但欲破三故、故云一也)(一五一頁)

(例8)因の中の善品は、復種種不同なりと雖(も)、〔而〕其の流の義、一(なるが)故(に)、故レ一ト云(ふ)(因中善品、

雖復種種不同、而其流義一故・故云一)(一五一頁)

Ⓓ「不」を「ズアリ」と訓ずる例

(例9)果累猶在(る)が故に、不可伏と言(は)不《ず》(ある)なり(果累猶在故、不言不可伏)(五九頁)

(例10)恐(るらく)は将に口い実に当(ら)不《ず》(あ)ラムカ《むか》と疑フ(疑…恐将口不当実)(六七頁)

Ⓔ「未」を再読せず、唯一回「ズ」とのみ訓ずる例

(例11)但し並(べて)照(す)こと能(は)未《ず》。故に波羅密の義、亦彰(は)レ未《ず》(但未能並照、故波羅密義、亦未彰)(八三頁)

(例12)生既に尽き未《ず》(生既未尽)(一七七頁)

(例13)此には断を明(さ)未《ず》(此未明断)(一九五頁)

Ⓕ「当」を「マサニ」と唯一回のみ訓じて加点する例

(例14)当に復誰が為にか〔而〕此の諦《返》を説(かむ)耶《や》(当復為誰而説此諦耶)(二六一頁)

(例15)三乗の初業は彼(の)義に於(て)但(し)当に覚し、当(に)得す(べし)(三乗初業於彼義但当覚、当得)(「べし」は「得」に付す)(三〇七頁)

Ⓐの「イ」は、奈良時代の国語文献に見られ、平安初期中期の訓点資料には屢〻用いられる助詞であって、種々の語に附いて語調を整える機能を持つ、間投助詞の類と考えられる。平安後半期には一般に使用されなくなるが、一部の古訓点には化石的に残存していて、これもその一例と見られる。「イ」の残存する他の文献は、多くは因明唯識などの法相宗関係のものが多く、古く法隆寺も興福寺の下に在って法相宗学が多く行われていたようであるから、本書の古点に助詞「イ」の残るのも、そのような環境の下では大いにあり得たことと思われる。

人物を表す「ヒト」の語は、補読又は「者」字を訓ずるのに用いられたが、平安後半期以後は一般に「モノ」となった。これは「モノ」という和語の語義が史的変化を遂げて、その指す範囲が拡大したことに基づく現象と考えられる。

「故」を「カレ」と訓ずることは、平安初期中期の古訓点に多いが、「カレ」は「カアレ」(斯有れ)の音約で、「アレ」は「アリ」の已然形であり、已然形が接続助詞(バ・ド・ドモなど)を伴わずに条件法を表すために用いられたのは、一般に古代の語法であって、それが漢文訓読の世界に遺存したのである。

打消の助動詞「ズ」に「アリ」を添えて「ズアリ」の形で用いるのは、「ザリ」の原形であって、平安初期の古点には多く見られる形である。

「未」字は、後世ではいわゆる再読字として、「イマダ…ズ」と訓ぜられ、同じ「未」の字に「イマダ」と「ズ」との二語が加点されるのが例であるが、古くは「未」を再読とせず、唯一回「ズ」とだけ訓ずるのが例であった。本点では「未」は何れも一回だけ「ズ」と訓じたようであって、確に再読した例は見出されない。これは平安前半期の古訓法と同様である。

「当」字も、いわゆる再読字で、後世は「マサニ…ベシ」と訓ぜられ、同じ漢字に二語の附訓がなされるのが例であるが、古くは「マサニ」と一度加点するだけで、その結びは必ずしも「ベシ」とは限らず、「ム」なども訓じ、又、その結びの語は「当」字に加点せず、下の動詞の字に加点していた。本書の例は、必ずしも確実な例ではないが、このような古例と同じ方式で加点されているようである。

かような例を数え上げると、本点には古い訓法の残存例の多いことが注目されるが、一方、鎌倉時代当代の訓法と考えられる面も、少からず存在するのである。例えば、「将」「須」などの字は、それ〳〵「マサニ…ムトス」「スベカラクハ…ベシ」のように再読していたようで、これは古い状態ではない。

Ⓖ「将」字再読の例

(例16)将に依(の)[之]極と為《す》(ることを)明(さ)む(と)将《(し)》て(将明為依之極)(二九一頁)

Ⓗ「須」字再読の例

（例17）故に須（らく）は、此れ相即（す）須《べ》シ〔也〕（故須此相即也）（二三一頁）

又、音韻の面でも、ハ行転呼音の例、語頭のオとヲとの混用の例、「アナドル」の例などが見える。「アナドル」は新しい形で、鎌倉初期までは一般に「アナヅル」であった。

〔ハ行転呼音の例〕　（ハ—ワ）易　カワル（二九頁）　（フ—ウ）教（ヲシ）ウルなり〔也〕（二三七頁）　（ホ—ヲ）故　ナヲし（八一頁）

遠　トヲシ（六九頁）

〔「オ」と「ヲ」との混用の例〕　在　ヲク（一二一頁）　謂　ヲモヘり（一七五頁）

〔「アナドル」の例〕　好（み）て群下を淩《アナド》ル（好淩群下）（七三頁）

かように後世の訓法が併存するにしても、少くとも一部分に古い訓法が残存する以上は、その訓法の由来が古い時代にまで遡ると推定することを妨げない。そしてその推定は、法隆寺における学問の歴史と深く関り合う重要な問題である。しかし、遺憾ながら現在の所、法隆寺の学問についての史的研究は、あまり深く行われていないようである。今、古訓点本の遺存の状態の面から、不十分ながら若干の考察を試みたい。

法隆寺で加点されたことを明記する古点本は、平安初期及び中期には未だ一例も見出されない。管見に入った最古の資料は、院政初期保安三年（一一二二）に、法隆寺僧覚印が書写移点したと記す所の、「妙法蓮華経玄賛」十巻である。本書は、夙に大矢透博士が『仮名遣及仮名字体沿革史料』で紹介し、後、中田祝夫博士の『古点本の国語学的研究　総論篇』などで奥書が紹介された本である。（しかしその内容の詳しい研究は未だ発表されていない。）この奥書は次の通りである。

（第一末奥）

保安三年四月廿二日書了　法隆寺僧覚印之

同年十月廿六日移点已了　興福寺円如房本為之以為令法久住　覚印了

東北院読本校點又了

即ち、興福寺円如房の本によって点を移したというのであるが、そのヲコト点は喜多院点であって、平安中期以降興福寺所用の点であった。これに次いで、次に挙げるような文献が古い所であるが、これらのヲコト点は一様に喜多院点を使用し、それらの中の幾つかのものは、興福寺の点本から移点したものであることが明に知られる。内容も、唯識や玄奘関係の文献など、法相宗学に縁の深いものが多い。これらの諸点を併せ考えると、法隆寺の学問は、興福寺の流を承けて、法相学を中心に行われていたと推定し得るように思われる。又、法隆寺の別当に補任せられた僧の出自の寺を見るのに、永承三年(一〇四八)に任ぜられた琳元已講辺りから以後、中世に及ぶまで、殆ど興福寺の人ばかりで占められていたという事実がある。このことも法隆寺の学問が、興福寺の強い影響の下に在ったと考える為の傍証となるように思われる。思うに、法隆寺は、十一世紀後半より興福寺の勢力の下に入り、やがてその系統の学問が流入し、十一世紀の始ごろから学問寺として興隆したのではなかろうか。大治一切経の勧進なども、この学問興隆の一環として考えることが出来るのではないかと思われる。

○法隆寺関係古点本の例

㈠妙法蓮華経玄賛　十巻　法隆寺　(喜多院点)
保安三年(一一二二)　法隆寺僧覚印書写移点　(興福寺円如房本に基く)

㈡辨正論(三教治道篇)　巻第一・二・三　三巻　法隆寺・大東急記念文庫・弘文荘　(喜多院点)
保安四年(一一二三)　静因書写移点

㈢破邪論　一巻　五島美術館　(喜多院点)
保安四年(一一二三)　法隆寺僧覚印書写加点

㈣大慈恩寺三蔵法師伝　巻第三・七・九　国立国会図書館・法隆寺　(喜多院点)
天治三年(一一二六)　法隆寺僧覚印書写移点　(興福寺経尋の本による)

㈤大唐西域記　巻第一〜十一　十一巻　法隆寺・神田喜一郎氏　（喜多院点）

大治元年（一一二六）　林幸・静因書写加点

㈥成唯識論掌中枢要　二巻　法隆寺　（喜多院点）

天承元年（一一三一）　覚印読

㈦成唯識論述記巻下　一巻　法隆寺　（喜多院点）

天承元年（一一三一）　法隆寺智印点

㈧法苑珠林巻第三十二　一巻　法隆寺　（喜多院点）

長承三年（一一三四）　法隆寺僧書写

これら古点本の中には、この勝鬘経義疏古点と類似の古い語法を残しているものが往々にして見出される。例えば、大慈恩寺三蔵法師伝天治三年（一一二六）点本は法隆寺僧五師覚印の書写移点した本で、祖点は興福寺経尋の訓点であるが、この本には、

賊い曰ク、「敢て師を害（せ）不、願（は）クは懺‐悔を受（ケ）タマヘ」（賊曰、不敢害師、願受懺悔）（巻第三第四一行）

古自（り）已‐来、諸‐王豪‐族、仁慈恵‐施するイハ皆〔於〕此に至る《(リ)テス》（自古已来、諸王豪族、仁慈恵施、皆至於此）（巻第三第六三〜六四行）

脂那国の僧の為に瑜伽論を講せむモノソ（為脂那国僧講瑜伽論）（巻第三第四〇四行）

のように、助詞「イ」や、文末を結ぶ「モノゾ」などの例が見えている。勝鬘経義疏の古訓法も、恐らくこれらと相伴って、同じ学問圏の中で伝承されたものであろうと思われる。

法隆寺の学問の起源については、右に述べたように、興福寺法相宗に遡るであろうと考えられるが、それを更に古く辿った場合、どのようであったかについては、資料の不足もあって、未だ十分に考え到らない。ただ元興寺法相宗などに遡

るのではないかという試案を述べて置く。喜多院点というヲコト点は、興福寺法相宗の間で用いられるようになったのが、現存資料で見る限り、十世紀の末までしか遡ることが出来ず、しかもそのヲコト点は、元興寺法相宗明詮大僧都所用の点であったことが明にされている（中田祝夫博士説）ことである。聖徳太子撰とされる「法華義疏」の古鈔本の一である慶応義塾図書館蔵本（巻第三、平安前期から中期にかけての書写）には、元興寺の古印を押捺しているが、これも法隆寺の学問と何等かの関係を示すかも知れない。

法隆寺経蔵には、三経義疏の古写本・古刊本が収められている。凡そ次のようなものである。

一　勝鬘経義疏　刊一巻一帖　（上述）
二　法華経義疏　巻第一　写一巻一帖
三　維摩経義疏　巻下　写一巻二軸
四　同　巻上中下　刊三巻三帖

以上の四本につき、親しく披閲する機を恵まれたので、以下概略を述べることにする。

○法華経義疏　巻第一

鎌倉中期写、巻尾若干を欠く。現存本の最末丁は、

法難・三《ハ》□次《ノ》二句《ク》明雖遇説法正得聞此法難《ヲ》・四《ハ》次《ノ》二句《ハ》・明
　三《ノ》為能信者・作《ニ》譬・即有
　釈迦仏

で終っており、大正蔵経によれば、巻第一の終まで尾題ともこの後四四三字程を存する筈であり、本写本の一丁当り所収字数表裏併せて約二九八字であるから、恐らくこの後一丁（一紙、四頁）を失ったのであろうと思われる。

料紙は楮紙、粘葉装縦長本、押界を施し、一頁七行、一行約二十一字に記す。全巻に亙って朱点(仮名、ヲコト点・喜多院点)及び墨点(仮名)を施す。原表紙一丁、本紙七十二丁、後補裏表紙一丁を算し、全帖に亙って、裏打修理を施してある。縦二七・〇糎、横一五・六糎、界高二三・四糎、界幅一・五糎を算する。原表紙は、「勝鬘経義疏」・「維摩経義疏」と同じ茶地無文の料紙を用いている。恐らく三経疏一具のものとして、鎌倉時代に調製されたのであろう。訓点は詳細であって、全文解読し得る程である。朱点・墨点共に、主な点は文永・弘安頃であるが、朱墨とも、それぞれ後代の点(室町初期頃か)を交えている。また、朱点には、更に別筆があって、文永・弘安より若干古いのではないかと思われるものが散見する。即ち、

Ⓐ朱点(仮名、鎌倉中期)
Ⓑ朱点(仮名、ヲコト点、文永・弘安頃)
Ⓒ墨点(仮名、文永・弘安頃)
Ⓓ朱点(仮名、室町初期)
Ⓔ墨点(仮名、室町初期)

のようになるかと思われる。附訓なども若干あり、国語史料としても有用である。

○維摩経義疏　巻下(写本)

巻下の一巻が巻子本二軸に仕立てられている。多分本来は一巻であったものが後に分巻されたのであろう。平安初期写、白色の穀紙(但し最末尾の一紙のみ少し異る)で、全巻裏打されている。墨界を施し、料紙は天地二七・七糎、界高二〇・七五糎、界幅二・二糎を算する。一紙二十五行、一行約二十一字に書す。前半の一巻は十七紙、後半の一巻は二十五紙より成る。巻尾に「法隆寺／聖霊院」の複廓方朱印がある。巻尾に次のような奥書がある。

(朱書)永萬二年丙戌五月九日移点了自体故点極猿(ママ)藉也仍加／潤色尤見苦事也

（墨書）御製疏三巻之内上巻闕也依之奉為大願（？）聖皇／上宮太子奉謝御広恩御所持御製作之奉書写敬白／大法師林誉之

本書には全巻に古訓点が加えられているが、それには少くとも次の四種類が区別される。

Ⓐ白点（仮名、ヲコト点・第一群点、平安初期）

Ⓑ朱点（淡色、仮名、ヲコト点・第一群点、平安初期）

Ⓒ朱点（濃色、仮名、ヲコト点・喜多院点、永万二年）

Ⓓ墨点（仮名、永万二年頃）

右の内、Ⓑの朱点は、仮名とヲコト点との他に漢文の注文（導）をも多く記入している。Ⓐ及びⒷの第一群点というのは、中田祝夫博士の命名であるが、その仮名字体とヲコト点とは第七・八図の如くであって（仮名字体の内で括弧に包んだものは朱点の仮名）、左下隅より四隅に、テ・ヲ・ニ・ハの点を配するものである。このヲコト点の形式は、平安初期天長五年（八二八）加点の成実論古点（聖語蔵及び東大寺図書館蔵本）、同じく承和八年（八四一）加点の大乗広百論釈論古点（大東急記念文庫蔵本）、飯室切金光明最勝王経註釈古点などと全く同一であり、仮名字体まで類似するものが多いのであって、この維摩経義疏の古点（白点及び淡朱点）の加点年代が、平安初期天長・承和頃のものであること、南都東大寺辺の学僧の間で読まれたであろうこと、などが推定されるのである。この後、法隆寺に伝来したのであろうが、永万二年の朱点は喜多院点であるから、多分法隆寺の僧によって加点されたものではないかと想像される。墨書の奥書に見える大法師林誉については、未だ詳しく勘えない。「血脈類聚記」第五に寛有阿闍梨付法弟子の一人に「林誉　五十八　筑後阿闍梨」があって、承安二年（一一七二）三月十日戊寅に近江山寺で受法した旨記事があるが、若しこの人と同一人であるならば、墨書の識語は承安の頃のものと見ることが出来るであろう。

本書の古訓点の内容についての検討は未だ尽していないが、平安初期点は、数少い当時の国語資料として極めて重要であり、又、永万点の方も、詳細な加点であって、全文解読することにより、院政期の国語史料として有益なものと思われ

〔第七図〕法隆寺蔵「維摩経義疏」巻下(巻子本)白点仮名字体表(（ ）内は朱点)

ア	カ	サ	タ	ナ	ハ	マ	ヤ	ラ	ワ	
	丁(丁)	左た	多	(小)			や	ら	和	
イ	キ	シ	チ	ニ	ヒ	ミ		リ	井	云
尹	(支)	し		尓	ヒ	乚		リ(リ)		云
ウ	ク	ス	ツ	ヌ	フ	ム	ユ	ル		
	久	页	川	(奴)	不(フ)	ム(ム)		ロ(ロ)		
衣	ケ	セ	テ	ネ	ヘ	メ	江	レ	ヱ	
ラ	介	せ	天(天)		て	目		夕		
オ	コ	ソ	ト	ノ	ホ	モ	ヨ	ロ	ヲ	
才	己(己)	ソ(兮)	止(止)	乃(乃)		ニ			ふ	

〔第八図〕法隆寺蔵「維摩経義疏」巻下(巻子本)古点・ヲコト点図

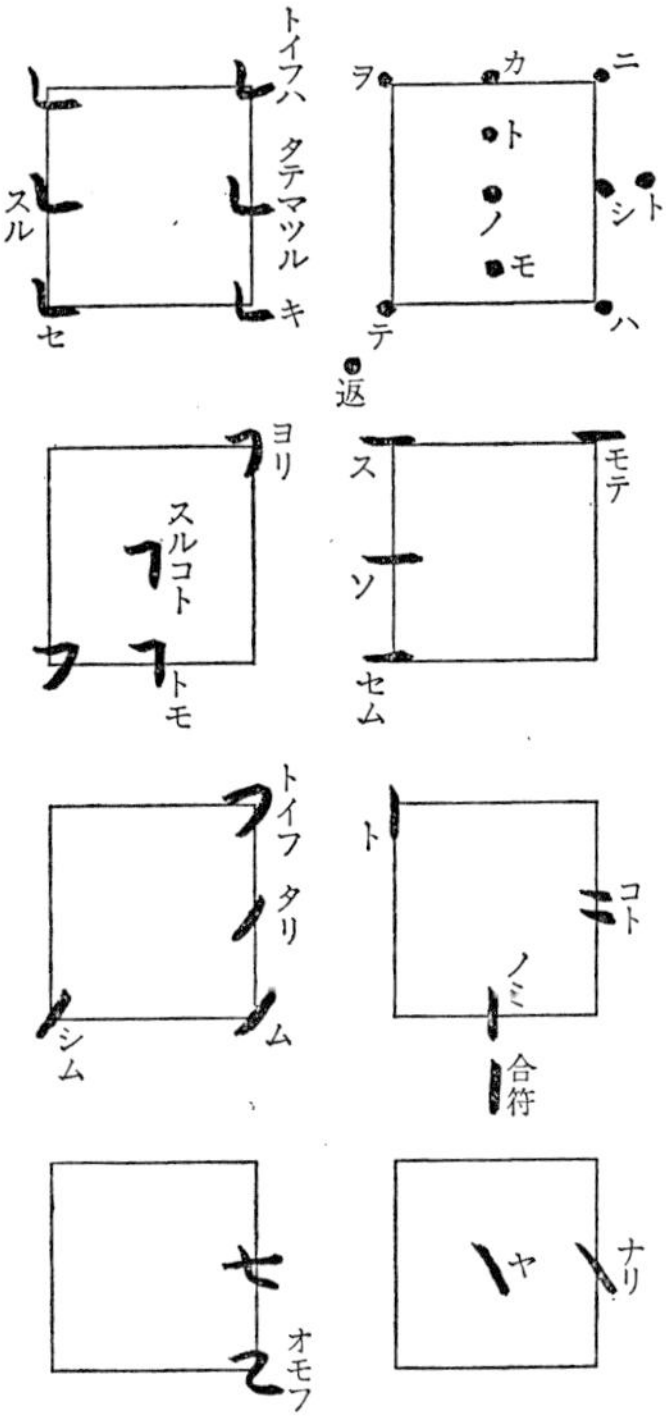

る。永万点の中には、古代の助詞「イ」の用法も見え、その訓法の由来の古いことが察せられる。例えば次のようなものである。

六十二見い挙體即(ち)空なり(六十二見挙體即空)

奥書には永万移点の際に若干の改点を施した旨を述べているが、尚その中には古い時代からの伝承を保っている面のあることも確である。

○維摩経義疏(刊本)

巻上・中・下の三巻三帖。鎌倉時代刊の古版本で、全巻修補を加えてある。刊記は無いから刊年は明確でないが、「法華経義疏」の宝治版(前述)と同版と認められるから、宝治元年(一二四七)頃の刊行と見てよいであろう。三巻三帖を有するが、料紙の面からは、巻上、及び巻中・下の取合せ本かとも思われる。

巻上は白紙雲母引の楮交り斐紙を用い、一頁七行、一行十九字に刻する。原表紙を存し、薄茶地に銀箔を散らしたもので、「勝鬘経義疏」・「法華経義疏」(写本)の表紙と一具のものと認められる。本紙の法量は縦二五・九糎、横一六・〇糎、版高縦二〇・六糎、横一二・八糎を算する。料紙は巻中と巻下とは黄色の楮交り斐紙を用い、巻上とは異った紙質である。

巻上の表紙には、その左下に「□□円覚」と墨書し、右下に別筆で「実雅」と墨書する。内題下及び尾題下に「實雅」単廓朱長方印各一顆を捺している。奥書は墨書で、

文永四年丁卯五月　日／九旬談義以後者早被送進／大経蔵。更不可被留置私住房者也／勧進圓學
(別筆一)「弁祐」
「□□」(二字擦消)

とあるが、この記事は「勝鬘経義疏」の奥書と殆ど同文である。尚この次に、

(別筆一)「奉寄進　法隆寺　閼伽井院
□□□
應永十六年乙丑卯月五日」
(別筆二)「延寶五年五月十八日従信賀受得之」
(別筆二)「良賛」(二字擦消)
「□□」(二字擦消)

のような識語がある。訓点については後述する。

巻中・下は共に黄色の楮交りの厚手の斐紙であって、巻上とは異った質の料紙であるが、法量は縦二五・八糎、横一六・〇糎で上巻と殆ど同じであり、版面も大同で版高も縦二一・〇糎、横一二・八糎と同様であり、書体や字配りは上中下三巻とも同じであって又同時に「勝鬘経義疏」とも同様であるから、多分同じ頃に異質の料紙に刷られたものと推定される。

なお巻中の第一丁は上半部が欠損している。

巻中の奥書は次の如くである。

(朱書)文永四年五月十日加點了生年六十一也

□ (別筆)「相伝良憲」 □

巻下の奥書は次の如くである。

(朱書)文永四年五月十四日加點了□(「生年六十一也」カ)

□(受カ)□

但しこれら奥書は共に全文に亙って擦消されていて、殆ど湮滅しており、辛うじて推読したものである。

訓点は巻上・中・下に亙って同様であり朱書及び墨書の訓点を加え、又、行間及び欄外に導を記入している。訓点は次の諸種のものが存する。

Ⓐ朱点(仮名、ヲコト点・喜多院点、文永四年)
Ⓑ墨点(仮名、文永頃)
Ⓒ朱点(仮名、ヲコト点・喜多院点、応永頃)
Ⓓ墨点(仮名、応永頃)
Ⓔ朱点(仮名、ヲコト点・喜多院点、江戸初期)
Ⓕ墨点(仮名、江戸初期)

恐らく「勝鬘経義疏」と一具のものとして伝承され、加点されたものと思われるのであって、その訓点の内容について

は未だ詳しく検討するに至っていないが、その中には、「勝鬘経義疏」古点と同様に、古い訓法を遺存するものがある。例えば、

但(し)迦旃延伝述の〔之〕時には、機い転(して)无相(に)なりぬ(但迦旃延伝述之時、機転无相)(中三四ウ三)

における「い」「になりぬ」などの類がこれである。恐らく「勝鬘経義疏」の訓点と共に古代の訓法が伝えられているのであろう。

三 「上宮聖徳法王帝説」について

「上宮聖徳法王帝説」一巻は、聖徳太子の伝記を誌した書として最も夙く成立した文献の一つであり、日本史学・仏教史学の上から重要な研究資料とされていることは言うまでもない。一方、国語史学の面から見ても、数少い上代語文献の一つとして貴重であるばかりでなく、その知恩院蔵本という平安時代の古写本は、その漢文本文に附せられた附訓と共に、別の観点からも重要性を持っている。それは、平安時代において、本書が、どのように理解され、受容されていたかを知るための好個の資料ともなるからである。

この意味において、本巻では、底本の原文を漢文のままの形で右面に掲げ、知恩院本の訓点を忠実に翻字し、一方、その本文を、本書の成立当時にどのように訓読したか、その当時の訓み方を、能う限り忠実に復元しようと試みた。本書は、全文漢字で記されてはいるけれども、純粋の漢文ではなく、いわゆる和化漢文の類であって、当時日本語を表現するための表現形式であったと見ることが出来る。さすれば、この訓読文は、本書成立当時の日本語文であって、それを現在我々が見るような漢文の形で表現したと考えることが出来る。

既に指摘されているように、知恩院本に附せられた訓点は、「誤読」を多く含んでいる。ここでいう「誤読」という意

味は、原著者が表現しようと意図したであろう所の国語の形を忠実に復元せず、それとは別の形で復元理解し、更にそれを訓点の形で表現したということである。例えば、「足尼」は恐らく「スクネ」という古代日本語を表記した字面であり、正しくは「スクネ」とよむべき語であるが、これを知恩院本の加点者は「タリニ」と訓じた。多分その語の意味を明確には把握していなかったものと思われる。又、「茨田王」の「茨田」は、恐らく「マムタ」と訓ずべき語であろうが、これを知恩院本では「スイタ」と読んでいる。このような「誤読」は、知恩院本の加点者(恐らく平安後半期の法隆寺の学僧であろうが)の、理解の限度を示したものであって、本文の成立そのものに向って直接に取組む立場から見れば、これらは寧ろ邪魔物であるに過ぎないであろうが、一方、平安時代の聖徳太子受容の知的水準は、この訓点によって始めて知られるのであり、右の「茨田王《スイタ》」にしても、院政時代書写の金剛寺本「延喜式神名帳」に「茨田神社《スイタ》」とあることなどを考え合せると、これらの訓法が、必ずしも加点者の恣意に出るものでなく、当時通用の訓法を準用した場合もあったことなどが知られるわけであって、聖徳太子受容史の一齣として、日本仏教史の上からも注目すべき事象であり、又、国語史の上にも、興味ある課題を提供するものと思われる。

知恩院蔵本一巻は巻子本で、縦二六・七糎、全長二二八・八糎、楮紙五枚を継ぎ、各紙約二十七行乃至三十行程度、一行二十五六字を記す。界線を施さず、料紙の天地一杯に書写している。表紙は古色を存するが、後補のものと見られ、外題に「上宮聖徳法王帝説」と墨書している。この筆写の年代は不明であるが、筆致から見て中世のものではないかと思われる。

本紙には虫損破損が多く、殆ど全巻に亙って裏打を施している。巻尾には裏打の料紙を更に長くして「和𠮷法隆寺勧学院文庫」と墨書している。この裏打並に識語書写の年代は江戸時代のものと考えられる。

本文は大体一筆に記されているが、その書写年代は平安時代中期を下らないといわれている。全巻に亙って墨書の返点・仮名を施すが、そのことについては後に述べる。

巻尾には本文とは別筆で花押を記し、更に又別筆で「傳得僧相慶之」と記している。この花押の筆者については、荻野三七彦博士・家永三郎博士の研究がある。即ちこれは法隆寺蔵「千夏譲状」に見える花押と同一のものであって、その文書には永承五年(一〇五〇)十二月九日の日附があり、「領主法隆寺五師」は僧千夏であって、この花押は千夏のものであると考証し、一般に花押と本文の書写とは必ずしも同筆とは断定出来ないが、本写本は永承五年前後を降らぬ時代の書写であると結論づけられている。この論は従うべきものと考えられる。

又、奥書の相慶という人物は、法隆寺の僧で五師の職に在った人であり、そのことは、法隆寺蔵本大般若経の跋に「長寛二年甲申(一一六四)八月六日酉時書写畢法隆寺之五師大法師相慶之」とある相慶と同人であろうと考えられている(穂井田忠友「観古雑帖」天保十二年の説)。又、『弘文荘待賈書目』第十七号(昭和二十四年四月)によれば、平安中期写の大般若波羅密多経の奥に、

永萬二年丙戌(一一六六)法隆寺　　願主相慶

とある。又、「平安遺文題跋篇」二四四四によれば、弘文荘所蔵(伊藤庄兵衛氏旧蔵本)の大般若経巻第百七十六の一巻があり、神護景雲元年(七六七)九月五日行信願経であるが、その奥書に、

長寛三年乙酉(一一六五)法隆寺五師大法師相慶。為興法利生。破損朽損教王一部六百巻。尋求加書写三百余巻矣。敬白。

とある由である。これらの記事から推察すると、相慶は長寛の頃法隆寺五師の職に在り、長寛・永万の頃、大般若経六百巻を具備することを発願し、神護景雲の写経などを揃えたが、尚足らざる三百余巻を書写した。或いは元永・保安の頃に勧進された一切経の延長として行われたものかも知れない。

本書には紙背に裏書があって、その中に、

□《「注」カ》承暦二年戊午(一〇七八)南一房写之真曜之本之

なる記事がある。これは、この奥書の書写の年代と筆者とを示すものかとも疑われるが、多分他書からの引用と見るべき

であろう。しかしその筆致は院政期を下るものとは思われない。家永博士に既に説があり、この中の「南一房」は法隆寺の三経院の北の部分、即ち西室の一房であり、真曜は法隆寺の五師であって、「金堂日記」にその名を見出すとされている。

又、本文の欠損の部分を補写した所がある。その中、第一紙第二行の「妹穴穂部間」の五字、第五紙第三行の「秋七月奉葬河内磯長中尾山陵」の十三字などがそれであるが、これは相慶の識語の筆致と類似するように見受けられる。又、本文に加えられた傍注の中、第二紙第二十二行の「今私云東壇仏之」なども似た筆致のように見える。本文傍注の中でも、第五紙第一行(第四紙最終行)の「□徳天皇也」「天智天皇也」、同第三行「王代云卅二年文」などは、裏書と似ているようだが、彼此比べると若干相違するようにも見える。

かような次第で、本書が平安時代永承の頃に法隆寺で書写されて僧千夏の手に在り、同寺に伝来して長寛・永万の頃(十三世紀後半)に五師相慶が伝領していたことは確実である。而してそれまでの間に、紙背の裏書、本文の傍注、及び本文の訓点が加えられたものと考えられる。(但し、本文の訓点は、長寛・永万まで下るとは考えにくく、それよりも古くて、十一世紀末ごろのもののように思われる。従って、相慶筆とは見にくい。)何れにせよ、これらの書入がすべて法隆寺の僧侶の手に成ったことは、殆ど確実であるといえよう。

尚、前述した通り、法隆寺の学問の興隆は、大体十二世紀初頭以降のことではないかと考えられるのであるが、本書の書写がそれを遡ること数十年の永承年間まで上り、以後法隆寺に伝来したということは、法隆寺の学問の魁が、少くとも十一世紀の半まで遡ることになるのであり、当時の学問史全体の上からも重要な意義を有することになると思われる。

「上宮聖徳法王帝説」の内容については、家永氏の別稿に譲るが、国語史学の立場からも本書については注目すべきことがあるので、以下それについて略述することとする。

第一は、本書の系譜の部分、銘文の部分などが、和化漢文によって綴られており、この種の文体の中で、古いものの一つに数えられることである。奈良時代には古事記・播磨国風土記・出雲国風土記などがこの種の文体を有するが、それら

〔第九図〕知恩院蔵本「上宮聖徳法王帝説」古点仮名字体表

ア ア	カ カ	サ サ	タ タ	ナ ナ	ハ ハ	マ 丅ニ	ヤ	ラ ラ	ワ	畳符 コ丶ロ
イ イ	キ ＼	シ し	チ チ	ニ ニ	ヒ ヒ	ミ 三		リ リ	ヰ 井	シテ V
ウ ウ	ク ク	ス ス	ツ ⺍	ヌ 又	フ フ	ム ム	ユ	ル		給 下
エ	ケ 个	セ せ	テ チ	ネ	ヘ へ	メ メ		レ し	ヱ	音 六
オ オ	コ コ	ソ ソ	ト ト	ノ ノ	ホ ワ	モ モ	ヨ ヨ	ロ ロ	ヲ シ	

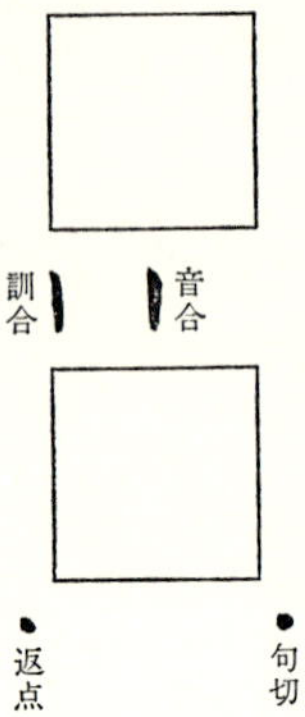

と相並んで重要な国語資料である。

第二は、文中に見られる万葉仮名である。尤も、これは本書の中でも部分によって異った性格のものが併存しており、本書全体として見た場合均質的ではない。繡帳銘などの中に見える「意《オ》」「里《ロ》」「巷《ソ》」「奇《カ》」「至《チ》」「已《ヨ》」「居《ケ》」「移《ヤ》」などの字母は、極めて古い時代の漢字音を反映していると見られるもので、他書には用例の稀なものが多く用いられている。又、巨勢三杖大夫の歌は「何《ガ》」「叡《エ》」「木《キ》」など、他例の少い仮名がある。これは時代は若干下るかと思われるが、尚注意すべき資料である。

第三には本文中、「巷奇 蘇我也 弥字 或当売音也」に始る三行の注文である。このような小字注文の書記形式は、古事記や日本書紀などに見られる割行の注文と通ずるものであるが、中で「従遊者 死也」のように「…者」とある形式は、古事記の訓注に、「次天津日子根命者凡川内国造、額田部湯坐連、茨木国造、倭田中直、山代国造、馬来田国造、道尻岐閇国造、周芳国造、倭淹知造、高市県主、蒲生稲寸、三枝部造等之祖也」とあるものなどと通ずるのであって、本文から訓注に至る一続きの文として理解すべきものである。勿論本書の場合、注文は本文中に挿入されたのでなく、本文と別途に纒めて書かれている点、古事記の場合とは相違するが、このような形式は、却って奈良時代末の善珠の「成唯識論明燈抄」や平安初期の「日本霊異記」(興福寺本など)に見られる訓注の形式と符合する点もあって、文体史上注目すべき点である。

墨書の訓点は、返点、仮名及び合符より成り、その仮名字体は大略第九図の如くである。

この仮名字体の筆致から見て、加点年代は大体十一世紀末頃と推定される。(或いは十二世紀に入ることがあるかも知れないが、鎌倉時代まで下ることは考えられない。) この中で一二注意すべき点を指摘すると、

(一)「シテ」の仮名に「V」の形を用いること。「但案帝記ヲ二云」(第三紙第二行)

(二)「音」の略字として「六」を用いること。「加-西-溢《イチ六》」(第四紙第五行)、「繡《シウ六》《ヌヒモノ》帳二張」「縫《フ六》着《ヌヒツケタリ》亀背上ノ文字者一也」(同第六行)

などである。「シテ」の仮名に「V」を用いることは、平安時代中頃以後例があって、後世の「メ」の源となったものであるが、中田祝夫博士は、ヲコト点の一種である喜多院点の中の第十図のような符号から発生したと論ぜられた。古点本の例で見ると、院政初期頃から例が見え(高僧伝康和二年(一一〇〇)点、大慈恩寺三蔵法師伝承徳三年(一〇九九)点、同永久四年(一一一六)点など)、しかも初頃の文献は、知り得る限りすべて喜多院点の点本であって、中田説の容認すべきことを裏附けている。本書の点にこの形が見えることから、本書の加点者が喜多院点の加点者又はそれと近い関係にあったことが推測されるのだが、喜多院点は、平安中期以降、興福寺や法隆寺などの学僧を中心として行われていたヲコト点であって、このことからも、本点が法隆寺乃至は興福寺辺の僧の加点であるとの推定の根拠の一となると思われる。

第十図

「音」の略字の「六」は、平安後半期以降、僧家の間に広く行われた。比叡山・興福寺・法隆寺などに互っているから、この点だけからは加点者の宗学の系統を限ることは難しいが、俗家でなくて僧家であることを知ることは出来よう。

所で、本書成立当時の訓法を復元することは、言うは易いけれども実際の作業に当っては極めて多くの困難な問題を包含している。先ず第一に、成立年代そのものについて諸説があり、その中の何れに就くべきかという問題である。本巻の場合、日本史学の立場からの加注者である家永三郎博士の所説に基き、全体を五部に分ち、

第一部　遅くとも大宝(七〇一―七〇四)までは下らぬ時期の成立。

第二部　早くても大宝より前に遡らない、八世紀頃の成立か。

第三部　「聖徳太子伝暦」の撰述以後。
第四部　第二部に同じ。
第五部　第一部に同じ。

のように推定された所説を基として業を進めることにした。但し、この内第三部は、三銘文とその注解、及び和歌三首から成る部分であるが、この部分の年代推定の論拠は、この部分が「聖徳太子伝補闕記」と「聖徳太子伝暦」との誤を破する為に記されたものであり、従ってそれらの諸書よりも後であるという趣旨であるが、この点については、尚別のケースを想定する余地もあること、文中に引用された銘文・和歌は明に奈良時代又はそれ以前のものである上、これらの注解文の部分の文体の上からも、奈良時代末期頃と仮定して、国語史学上からその矛盾を認めることが出来ないこと、などの理由によって、この第三部の内の、しかも注解の部分だけを後代の訓法で訓ずることを避け、姑く奈良時代末期の訓法を適用することとした。

所で、上代の文献の訓法を定める場合に、どのような方法に拠るべきであろうか。それは、上代の文献によって、漢字と、それに対する訓法との両者が併存するものを採り、その結び附きによって漢字の訓法を定めることである。しかし、このような条件を具えた語例は、その殆どすべてが記紀の訓注に見出されるものであるが、その例数は極く僅かに過ぎない。他に万葉集や風土記などの訓注も数える程しか存しない。奈良時代の古文書の中には、漢字の訓法を書加えたものがあるが、これも一二の例に過ぎない。又、それらの例は殆どすべて単語又は短い語連続であって、文の形を成したものは僅少である。従って、上代の文献だけから、古訓法を決定することは殆ど不可能に近く、どうしても次善の策を採らざるを得ない。下って、平安時代に入り、その初期に於て、漢文の訓点が創始され、漢文の字面、字傍、更には紙背などにその訓法を記入することが起るが、ここに至って始めて古代の漢字の訓法を知るための確実な例を多く見出すに至るのである。平安初期九世紀約百年の間は、訓点の創始期であるが、現在八十種程の古訓点の存在が知られている。それらの中には、明瞭細密な附訓を施した文献もあるが、それは寧ろ少数であって、西大寺蔵本金光明最勝王経古点、聖語蔵及び東大寺図書館所蔵の地蔵十輪経元慶七年(八八三)点、弥勒上生経賛古点、知恩院蔵本大唐三蔵玄奘法師表啓古点、石山寺及び天理図書館所蔵の金剛波若経集験記古点、石山寺その他所蔵の大智度論古点、東大寺諷誦文稿など数点に過ぎず、それ以外のものは、多くは粗放な点であったり、抹消その他によって認知困難であったりして、全体として漢字の訓法を知るために満足し得るような資料を得ることは決して容易でない。

平安中期以降、殊に平安後半期に及べば、訓点資料の分量は飛躍的に増大するが、ただこの時期になると訓法それ自体が平安前半期と相違して来る面が多く、殊に副詞・助動詞・助詞などの面では、明に決定的な差異があるのを始として、名詞・動詞等の訓法にしても、種々の不一致が認められる。従って、上代の訓法決定のための資料として手放しで平安後半期の訓点資料を用いることは危険である。

これらの中で、比較的古い時期の訓法を伝えていると推定されるものに、日本書紀の古訓点本がある。その書写年代及び加点年代は、平安中期の岩崎本を始として、院政期の図書寮本・前田本・北野本等がある。尤も、前田本・北野本などは、鎌倉時代にまで下るのではないかと疑われる面もあるが、少くとも訓点に関しては比較的古い形を温存していると考えられる。これらの諸本の訓点の種類は、次の如くであって、岩崎本は平安中期、他本は院政期(又は鎌倉初期)の訓点を含んでいる。この他、岩崎本・北野本には、右の古訓点の施されているのと同じ巻の同じ部分に、重ねて鎌倉時代又は室町時代の訓点の加えられている部分がある。これら中世の訓点の中には、古い訓法を伝えた部分もあるけれども、一方、鎌倉時代以降に新しく加えられたと考えられる要素も尠くない。恐らく卜部家の新説などではないかと思われる。例えば、干支や正月・二月などの月名を、古点では附訓した例が一つも見出されないのに、中世の点では、「正月《ムツキ》」「七月《フツキ》」などと和訓を加えた例が多いことなど、その一例である。しかしこれらの中世以降の訓法は、古代のものを忠実に伝承しているという保証がないので、これを本書の解読のためには原則として援用しないこととした。「釈日本紀」は、豊富な字例を含んだ書であるが、卜部の家説を多く含むものとして、やはり援用しないこととした。

これら現存古点本の訓法の起源が、何時代まで遡るかについての研究は容易ではないが、恐らく少くとも平安初期まで遡る部分があろうと推定される。それは多くの根拠によるのであるが、例えば、名詞の「イメ」(夢)、助詞の「カモ」(哉)、動詞「ウツハル」(偽)など、平安時代中期以後には他の形に転化した語で、書紀古訓と平安初期の古訓点との間に同種の例が多くあること、又、平安初期には、弘仁度、元慶度などに日本書紀の講筵が開かれ、その際師説が存して私記が作られたことが知られており、古訓がそれらの説を伝承したものと考え得ることなどである。

○日本書紀古写本訓点一覧

一、東洋文庫蔵本(岩崎本)

①巻第二十二　推古紀

Ⓐ朱点(平安中期、仮名、ヲコト点・第五群点)

Ⓑ墨点第一次点(平安中期、仮名、ヲコト点・第五群点、但しⒶとは別種)

Ⓒ墨点第二次点(院政期、仮名、ヲコト点・第五群点)

Ⓓ墨点第三次点(室町時代、宝徳三年(一四五一)、仮名)

②巻第二十四　皇極紀

(訓点は①に同じ)

二、図書寮本

③巻第十二　履中・反正紀

Ⓐ朱点・墨点(院政期永治二年(一一四二)、仮名、ヲコト点・古紀伝点か)

④巻第十三　允恭・安康紀

（以下訓点はすべて③に同じ）
⑤巻第十四　雄略紀
⑥巻第十五　清寧・顕宗・仁賢紀
⑦巻第十六　武烈紀
⑧巻第二十一　用明・崇峻紀
⑨巻第二十二　推古紀
⑩巻第二十三　舒明紀
⑪巻第二十四　皇極紀

三、前田本
⑫巻第十一　仁徳紀
Ⓐ朱点・墨点（院政期、仮名、ヲコト点・古紀伝点か）
⑬巻第十四　雄略紀
（以下訓点は⑫に同じ）
⑭巻第十七　継体紀
⑮巻第二十　敏達紀

四、北野本
⑯巻第二十二　推古紀
Ⓐ朱点・墨点（院政期、仮名、ヲコト点・古紀伝点か）
Ⓑ墨点（鎌倉末期か、仮名）

⑰巻第二十三　舒明紀
（以下訓点⑯に同じ）
⑱巻第二十四　皇極紀
⑲巻第二十五　孝徳紀
⑳巻第二十六　斉明紀
㉑巻第二十七　天智紀
㉒巻第二十八　天武紀上
㉓巻第二十九　天武紀下
㉔巻第三十　持統紀

結局、平安初期の古訓点一般と、右の日本書紀の院政期以前の古訓点とを中心として本書の成立年代において訓まれた形に出来るだけ近い形を想定しつつ、訓み下し文を作成した。上述のように、本文の成立年代が一様でないとなると、夫々の部分について若干の相違点が生ずべきは当然である。しかし現存する資料だけによって訓法を略々確実に遡り得るのは、平安初期までであって、奈良時代又はそれ以前の時代については、推定によって補うべき点が多くなるのであり、しかも、更にその時代の中で、どのように国語、殊に漢文訓読についての変遷があったかは、現在までの研究では殆ど明にされていないことであり、その時代の中で、更に年代の別によって訓み分けることは、目下の所、殆ど不可能といわざるを得ない。従って、本書の訓み下し文としては、実際には、平安初期又はそれよりも更に若干遡った年代、即ち奈良時代末頃の訓法を復元したことになると思われるが、何卒この点は諒とせられたい。

参考文献（国語学に関する研究文献を掲げた）

☆憲法十七条

吉沢義則「岩崎文庫所蔵尚書及び日本書紀古鈔本に加へられたる乎古止点に就きて」（影印本附載、大正七年八月、『国語国文の研究』所収、昭和二年四月）

神田喜一郎『日本書紀古訓攷証』（昭和二十四年一月、改訂版昭和四十九年七月）

上野務「日本書紀古訓に関する一考察—岩崎本を中心として—」（藝林第三巻第六号、昭和二十七年十二月）

築島裕『平安時代の漢文訓読語につきての研究』（昭和三十八年三月）

同「東洋文庫蔵日本書紀推古天皇紀について」（複刻日本古典文学館ニュース第一〇号、昭和四十七年六月）

小林芳規『平安鎌倉時代に於ける漢籍訓読の国語史的研究』（昭和四十二年三月）

同「日本書紀古訓と漢籍の古訓読—漢文訓読史よりの一考察—」（『佐伯梅友博士古稀記念国語学論集』所収、昭和四十四年六月）

日本古典文学大系『日本書紀 上』解説（昭和四十二年三月）

林　勉「岩崎本日本書紀の訓点」（『上代文学論叢』所収、昭和四十三年十二月）

同「日本書紀本文訓読研究覚書」（『続日本古代史論集 中巻』所収、昭和四十七年七月）

小島憲之「憲法十七条の訓読をめぐって」（同右）

福井康順「十七条憲法所引外典考」（『聖徳太子論集』所収、昭和四十六年十一月）

☆勝鬘経義疏

花山信勝『聖徳太子御製法華義疏の研究』（東洋文庫論叢第十八、昭和八年九月）

同『勝鬘経義疏の上宮王撰に関する研究』（昭和十九年八月）

同『聖徳太子御製勝鬘経義疏』（岩波文庫、昭和二十三年八月）

中田祝夫『古点本の国語学的研究 総論篇』（昭和二十九年三月）

阿部隆一「宝治刊「勝鬘経義疏」の原刻本とその修印について」（書誌学復刊新十七号、昭和四十四年十一月）

早島鏡正「勝鬘経義疏」（『日本の名著 2 聖徳太子』、昭和四十五年四月）

四天王寺『四天王寺会本勝鬘経義疏』（昭和四十六年十一月）

☆上宮聖徳法王帝説

狩谷棭斎『上宮聖徳法王帝説証註』（文政四年二月跋、昭和三年日本古典全集所収）

穂井田忠友『観古雑帖』（天保十二年、昭和三年日本古典全集所収）

平子尚補校『上宮聖徳法王帝説証註』（明治四十二年七月後叙、大正二年刊、昭和十六年二月花山信勝・家永三郎校訳岩波文庫所収）

大矢透『仮名源流考』(明治四十四年九月)
春日政治『校訂法王帝説』(大正十二年三月、謄写版)
同 「法王帝説攷考」(国語と国文学第十四巻第九号、昭和十一年十月)
同 「法王帝説続考」(文学研究第二十一輯、昭和十二年十一月)
橋本進吉「知恩院蔵上宮聖徳法王帝説解説」(古典保存会影印本附載、昭和三年四月)
荻野三七彦「太子史料の二三に就て」(『聖徳太子奉讃論文集 日本上代文化の研究』所収、昭和十六年四月)
家永三郎「上宮聖徳法王帝説の書史的研究」(歴史地理第七十五巻、昭和十五年一月)
同 『上宮聖徳法王帝説の研究』(昭和二十六年一月及昭和二十八年一月、増訂版昭和四十七年七月)
文化財保護委員会『国宝事典』(昭和三十六年七月)

＊

石塚晴通「本行から割注へ文脈が続く表記形式—古事記を中心とする上代文献及び中国中古の文献に於て—」(国語学第七十集、昭和四十二年九月)

日本思想大系 2
聖徳太子集

1975 年 4 月 4 日　第 1 刷発行
1985 年 7 月 15 日　第8-2刷発行
1991 年 3 月 8 日　新装版第 1 刷発行
2016 年 12 月 13 日　オンデマンド版発行

校注者　家永《いえなが》 三郎《さぶろう》　藤枝《ふじえだ》 晃《あきら》
早島《はやしま》 鏡正《きょうしょう》　築島《つきしま》 裕《ひろし》

発行者　岡本 厚

発行所　株式会社 岩波書店
〒101-8002 東京都千代田区一ツ橋 2-5-5
電話案内 03-5210-4000
http://www.iwanami.co.jp/

印刷／製本・法令印刷

ISBN 978-4-00-730545-0　Printed in Japan